北京文化艺术年鉴

BEIJING CULTURE-ART YEARBOOK

2017

《北京文化艺术年鉴》编辑部　编

方志出版社
Publishing House of Local Records

图书在版编目（CIP）数据

北京文化艺术年鉴. 2017/《北京文化艺术年鉴》编辑部编. —北京：方志出版社，2018.2

ISBN 978-7-5144-3224-4

Ⅰ. ①北… Ⅱ. ①北… Ⅲ. ①文化事业—北京—2017—年鉴 Ⅳ. ① G127.1-54

中国版本图书馆 CIP 数据核字（2018）第 204783 号

北京文化艺术年鉴（2017）

编　　者：《北京文化艺术年鉴》编辑部
责任编辑：陈　菁

出 版 人：冀祥德
出 版 者：方志出版社
　　地址　北京市朝阳区潘家园东里 9 号（国家方志馆 4 层）
　　邮编　100021
　　网址　http://www.fzph.org
发　　行：方志出版社图书经销中心
　　电话　（010）67110500
经　　销：各地新华书店
排　　版：北京中文天地文化艺术有限公司
印　　刷：北京中科印刷有限公司

开　　本：787 × 1092　　1/16
印　　张：21
彩插印张：6
字　　数：948 千字
版　　次：2018 年 2 月第 1 版　2018 年 2 月第 1 次印刷

ISBN 978-7-5144-3224-4　　定价：150.00 元

▲1 月 19 日，北京市副市长王宁（前排右二）到朝阳区垡头地区文化中心调研

◀文艺创作与时代表达：2016 北京文艺论坛

◀7 月 31 日，北京市文化局局长陈冬在匈牙利作曲家、钢琴演奏家李斯特逝世 130 周年纪念展开幕式上致辞

▲第四届北京惠民文化消费季暨第十九届北京艺术博览会在北京展览馆展出

▼7月1日，“天工传桑莲”——庆祝中国共产党成立95周年“一带一路”主题民间工艺美术展在中华世纪坛举行开幕式

▶纪念中国工农红军长征胜利80周年主题展览在中国人民革命军事博物馆展出

▶时代精神的文艺表达：2016·北京青年文艺评论人才读书研讨班

▶ 10 月 19 日，乌拉圭当代艺术展开幕式在首都图书馆举行

◀ 6 月，2016 中埃文化年暨首届“直观东方　实录风情”中埃文化活动在北京国际雕塑公园举行

◀ 11 月 12 日，中央文化管理干部学院组织“非洲剧院管理人员研修班”到中国木偶艺术剧院股份有限公司考察交流

▶ 6 月，“共话京藏情 · 同筑中国梦”——首都艺术家代表团赴西藏文化交流活动

▲ 中国作家协会深入学习贯彻习近平总书记文艺工作座谈会重要讲话培训研讨班在北京举办

► 12 月 29 日，北京老舍文学院揭牌

◄ 1 月 24 日，“东方少年中国梦”第三届新创意中小学生作文大赛颁奖会在北京市文联举行

◀ 北京文学 2016 年编辑宣传发行工作会

▶ 北京作协会员参观抗日小英雄王二小牺牲地

▲ 芳草“非遗”嘉年华之传统文化大讲堂进校园活动在垂杨柳中心小学金都分校举行

▲话剧《人间童话》(北京人民艺术剧院演出)

▲李六乙版话剧《樱桃园》(北京人民艺术剧院演出)

▲话剧《催眠》(北京人民艺术剧院演出)

▼话剧《俄狄浦斯》(北京人民艺术剧院演出)

◀话剧《悭吝人》(北京人民艺术剧院演出)

◀话剧《亲密》（中国国家话剧院演出）

▶话剧《大宅门》（中国国家话剧院演出）

◀话剧《杜甫》（中国国家话剧院演出）

◀ 新创话剧《临川四梦》（中国国家话剧院演出）

▶ 小剧场话剧《蠢蛋》（中国国家话剧院演出）

▲ 小剧场话剧《俺爹·俺爸》（中国国家话剧院演出）

◀ 话剧《实现》（首钢文化公司出品制作）

◀ 话剧《世界就在我眼前》（北京市残疾人联合会、北京综艺博览文化交流有限公司出品）

▶ 话剧《微时代之囍人》（北京市演出有限责任公司出品）

▶ 话剧《独自温暖》（北京市演出有限责任公司出品）

◀7月8日，第六届中国儿童戏剧节开幕式在中国儿童剧院举行

◀5月31日，中国儿童艺术剧院建院60周年庆祝大会

▶7月30日，中国儿童戏剧节儿童戏剧图书体验日活动在中国儿童艺术剧院举行

▲7月30日，中国儿童戏剧节儿童戏剧体验课在中国儿童艺术剧院举行

▼12月31日，中国儿童艺术剧院举办“小小代言人”颁奖活动

▶ 儿童剧《团仔圆妞》（北京儿童艺术剧院股份有限公司演出）

◀ 儿童剧《小象奇幻历险记》（北京儿童艺术剧院股份有限公司演出）

▶ 儿童剧《原始一家人》（北京儿童艺术剧院股份有限公司演出）

▶ 儿童剧《足球少年》（北京儿童艺术剧院股份有限公司演出）

◀儿童剧《时间森林》（中国儿童艺术剧院演出）

▲新版儿童剧《马兰花》（中国儿童艺术剧院演出）

▼儿童剧《竭泽而渔》（中国儿童艺术剧院演出）

▶儿童剧《亡羊补牢》（中国儿童艺术剧院演出）

◀5 月 10 日—12 日，中国儿童艺术剧院“温暖童心”——经典儿童戏剧走进江西黎川县幼儿园公益演出

▲8 月 17 日，台北如果儿童剧团《轻轻公主》新闻发布会在中国儿童艺术剧院举行

▼儿童剧《轻轻公主》（台北如果儿童剧团演出）

▲木偶剧《你是谁》（罗马尼亚坦达利卡动画剧院演出）

▼儿童剧《白色摇篮曲》（立陶宛“PADI DAPI 鱼”舞蹈剧团演出）

▶5 月 1 日，大型动漫舞台剧《棉花糖和云朵妈妈》在中国木偶艺术剧院大剧场首演（中国木偶艺术剧院股份有限公司演出）

◀10 月 1 日，杖头木偶戏《红军的战马》在中国木偶艺术剧院大剧场首演（中国木偶艺术剧院股份有限公司演出）

▶10 月 3 日，大型动漫舞台剧《熊猫和小鼹鼠》在中国木偶艺术剧院大剧场首演（中国木偶艺术剧院股份有限公司演出）

◀2 月 9 日，木偶戏《白雪公主》在中国木偶艺术剧院小铃铛剧场首演（中国木偶艺术剧院股份有限公司演出）

◀人偶剧《西游记》（中国儿童艺术剧院演出）

◀木偶剧《勇敢的朴爷爷》（中国儿童艺术剧院演出）

◀8月11日，安贞街道办事处组织小记者到中国木偶艺术剧院采访、学习

▶ 1月1日，2016 首届人民大会堂京剧名家名段新年演唱会

▶ 大型现代京剧《党的女儿》（北京京剧院演出）

▶ 大型交响京剧《大唐贵妃》（北京京剧院、中国歌剧舞剧院演出）

▶ 京剧《正考父》（北京京剧院演出）

◀ 12 月 29 日，叶少兰（前）出席爱徒李宏图（右三）收徒仪式

◀ 京剧《大圣归来》（北京集贤弘艺文化中心出品）

▲ 北京京剧院“每周一星”送大戏下基层

◀ 北京京剧院“寻梦承泽”项目启动

◀ 昆曲《飞夺泸定桥》(北方昆曲剧院演出)

▶ 知音版昆剧《怜香伴》(北方昆曲剧院演出)

◀ 昆曲《狮吼记》(北方昆曲剧院演出)

▶ 昆剧《汤显祖与临川四梦》（北方昆曲剧院演出）

◀ 昆曲《孔子之入卫铭》（北方昆曲剧院演出）

▶ 昆曲《望乡》（北方昆曲剧院演出）

◀ 2016 年北京市民族艺术进校园活动——评剧《花为媒》专场演出（中国评剧院演出）

▲ 12 月 4 日，评剧《母亲》走进北京工商大学（中国评剧院演出）

▼ 8 月 3 日， 中国评剧院在房山区良乡文化广场下基层演出

▲ 11 月 23 日，中国评剧院走进顺义区高丽营学校进行辅导

▼ 11 月 24 日，中国评剧院走进门头沟区清水学校演出

6月10日，河北梆子新编历史剧《张居正》在大兴影剧院首演（北京市河北梆子剧团演出）

11月29日，河北梆子小剧场戏剧《喜荣归？》在繁星戏剧村首演（北京市河北梆子剧团演出）

新排河北梆子传统戏《穆桂英挂帅》（北京市河北梆子剧团演出）

◀“传承之旅”——北京市河北梆子剧团五省巡回演出活动

▶1月，由北京戏曲艺术职业学院与北京市河北梆子剧团联合办学的 2013 届地方戏曲系河北梆子大专班毕业汇报演出在北京戏曲艺术职业学院排演场举行

▲北京市河北梆子剧团演出的河北梆子《北国佳人》数字电影在昌平区北七家影视基地拍摄

◀6 月 21 日，北京曲剧《徐悲鸿》在天桥剧场首演（北京市曲剧团演出）

▶5 月 1 日，北京曲剧《黄叶红楼》在北京园博园实景演出（北京市曲剧团演出）

▲12 月 4 日，“跨越半个世纪的思念”——人民艺术家老舍作品在民族文化宫大剧院展演

▼2 月 1 日，北京曲剧原创民族交响新年音乐会 在北京音乐厅演出

评剧《八女投江》(黑龙江省评剧院演出)

花鼓戏《带灯》(陕西省商洛市剧团演出)

话剧《一诺千金》(大连话剧团演出)

湘剧《田老大》(长沙市湘剧保护传承中心演出)

10 月 19 日，2016 当代小剧场戏曲艺术节在繁星戏剧村举行开幕式

2016 北京戏曲文化周在北京园博园举行

2016 当代小剧场戏曲艺术节开幕演出实验戏曲《追梦人》

河北梆子《孟姜女》（河北艺术学校演出）

▶ 2016 年第七届北京青年相声节老艺术家与青年相声演员合影

◀ 8 月 21 日，2016 北京少儿曲艺比赛颁奖仪式在老舍茶馆举行

▶ 7 月 5 日，第二届“宣南杯”京津冀鼓曲大赛开幕式演出在西城区第二文化馆举行

▲ 全堂八角鼓－什不闲《发四喜》

◀京津冀三地同源唱曲艺——北京曲协优秀曲艺节目基层巡演

▶北京曲协优秀曲艺节目在广渠门中学演出

◀北京曲艺创作传承基地在石景山区五里坨民俗陈列馆成立

▲北京曲协与四川省曲协座谈交流会

◀张尹（四川）、王凯（北京）在成都哈哈曲艺社交流演出

▶第七届北京青年相声节名家展演。李金斗（左）、李建华（右）表演相声《红灯记》

◀第七届北京青年相声节名家展演。李伯祥（左）、徐秀林（右）表演相声《怯讲究》

▲第七届北京青年相声节名家展演。康松广（左）、王文林（右）表演相声《山东话》

▲第七届北京青年相声节名家展演。付强（左）、石富宽（右）表演相声《口是心非》

◀第七届北京青年相声节名家展演。常贵田（左）、王佩元（右）表演相声《高人一头》

▲北京·陕西曲艺优秀作品专场演出。北京曲艺团种玉杰（右）、青年演员李想（左）表演京韵大鼓《受命妙峰山》

▲北京·陕西曲艺优秀作品专场演出。北京演员王玥波表演评书《舞台轶事》

◀北京·陕西曲艺优秀作品专场演出。陕西省演员表演陕北说书《咱是说书唱曲的人》

▶北京·陕西曲艺优秀作品专场演出。陕西省演员张瑞兵（左）、刘美兰（右）表演府谷二人台坐唱《拜大年》

▲“传统与传承”——2016 年京津冀杂技精品节目展演

◀“传统与传承”——2016 年京津冀杂技精品节目展演 中国杂技团《圣斗·地圈》

◀“传统与传承”——2016 年京津冀杂技精品节目展演 天津杂技团《顶花坛》

▶“传统与传承”——2016 年京津冀杂技精品节目展演吴桥杂技学校小武术

◀12 月 2 日，第三届北京大学生魔术交流大会在东城区图书馆影剧院举行开幕式

▶ 魔术《骰子》（黑川智纪［日本］表演）

◀ 魔术《炼金术师》（金英民［韩国］表演）

▼ 第三届北京大学生魔术交流大会研讨会

◀ 原创大型杂技舞台剧《熊猫当家》（中国杂技团演出）

▶ 原创语言杂技剧《北京》（中国杂技团演出）

▶ 中国杂技团在世界机器人大会上进行演出

◀ 中国杂技团参加 2016 年北京市春节团拜会演出

◀ 第三届中国北京国际魔术大会颁奖

◀ 中国杂技团参加第 40 届蒙特卡洛国际马戏艺术节

◀ “金长城杯” 世界魔术冠军作品金奖获得者丁洋在表演魔术

▶ 首都艺术家新疆行文艺交流活动——杂技演出

▶ 6 月，第二届华北五省区市杂技（魔术）创新节目展演《妙舞炫竹》（北京杂技团演出）

◀12月23日，2017首都市民新年音乐会在首都图书馆举行

◀7月23日，国家大剧院系列音乐会之“漫步经典”

◀5月22日，北京交响乐团在中央音乐学院主办的“国际现代音乐节”上与单簧管演奏家迈克尔·柯林斯演绎现代音乐作品

◀11月30日，“浓情大提琴”——纪念德沃夏克诞辰175周年，北京交响乐团与以色列大提琴演奏家米沙·麦斯基在国家大剧院合作演绎德沃夏克经典名曲

◀ 1 月 9 日，中央歌剧院舞台版歌剧《山林之梦》在世纪剧院上演

▶ 10 月 19 日，中央歌剧院歌剧《红军不怕远征难》在天桥艺术中心首演

◀ 9 月 19 日，中央歌剧院歌剧《莱茵的黄金》在国家大剧院首演

▶ 12 月 13 日，歌剧《丑角》(中央歌剧院演出)

▶ 9月28日，中央歌剧院音乐会版歌剧《茶花女》走进北京大学百周年纪念讲堂

◀ 7月21日，中央歌剧院在国家大剧院音乐厅演出马勒的《第三交响曲》

▶ 8月5日，中央歌剧院歌剧音乐会《乡村骑士》在国家大剧院音乐厅演出

◀ 12月6日，中央歌剧院摩洛哥专场音乐会在摩洛哥拉巴特穆罕默德五世剧院演出

◀11 月 20 日，卡雷拉斯告别音乐会在北京保利剧院演出

▶12 月 24，中央歌剧院 2016 歌剧 GALA 音乐会

▲2 月 20 日，北京市文联等主办的原创大型交响声乐套曲——“为你歌唱”在广播剧场首演

▲社会主义核心价值观少儿组歌合唱音乐会

▶7月1日，2016年“水立方杯”海外华裔青少年中文歌曲大赛（北京市演出有限责任公司以及北京中外名人文化产业集团承办）

◀歌唱幸福的新生活——高占祥、夏宝森声乐作品音乐会

▲4 月 3 日，痛仰乐队 2016“降噪”IV 摇滚·民谣系列音乐会（北京市演出有限责任公司出品）

◄8 月 1 日，王者归来——RAIN 北京演唱会（北京市演出有限责任公司出品）

◄9 月 1 日，查理·席姆小提琴独奏音乐会（北京市演出有限责任公司主办）

►音乐剧《小公主》（中国儿童艺术剧院演出）

▲4 月 19 日，北京交响乐团进基层专场演出在北京工业职业技术学院图书馆举办

▶合唱《十送红军》（北京音乐家协会主办）

▶北京歌剧舞剧院王俪霏演唱原创歌曲《杜鹃花开》

◀2016 年京津冀音乐创作交流大会

▲华北五省舞蹈大赛群舞《金穗儿银铃》获专业青年组表演一等奖、创作一等奖（中央民族大学舞蹈学院演出）

▶华北五省舞蹈大赛《刘二寻花》获专业青年组表演一等奖、创作一等奖（北京舞蹈学院演出）

▶华北五省舞蹈大赛《青树》获专业青年组表演一等奖、创作一等奖（北京舞蹈学院演出）

◀华北五省舞蹈大赛《秋风词》获专业青年组表演二等奖、创作一等奖（北京师范大学艺术与传媒学院演出）

◀华北五省舞蹈大赛原创作品《太液晴波》获业余中老年组表演一等奖、创作一等奖（大兴区文化馆舞蹈团演出）

▼大型原创民族舞剧《太平鼓声声》（门头沟区文化委员会、中国歌剧舞剧院联合出品）

7 月 31 日，匈牙利作曲家、钢琴演奏家李斯特逝世 130 周年纪念展开幕式在北京画院美术馆举行

“中华民族大团结　全国美术作品展”在中国美术馆展出

第三届中国油画双年展在中国美术馆展出

中国美术馆藏连环画原作精品展在中国美术馆展出

庆祝中国共产党成立 95 周年美术作品展览在中国美术馆展出

“北京意象”——休闲平谷绘画作品展在中国美术馆展出

首届中国美术馆收藏青年美术家作品展在中国美术馆展出

纪念鲁迅逝世 80 周年美术展在中国美术馆展出

▲“领袖·人民”——馆藏现代经典美术作品展在国家博物馆展出

▶笑写沧桑——民国时期漫画家孙之俊（1927—1949）作品展在北京画院美术馆展出

▶“不朽之光”——中国美术馆馆藏杨之光作品陈列在中国美术馆展出

▶徐竹初木偶雕刻作品捐赠展在中国美术馆展出

▶ 7 月 14 日，2015 级北京画院研修班结业典礼在北京画院美术馆五层报告厅举行

▶ 北京画院研究员、画家在克孜尔尕哈石窟采风

◀ 北京画院画家考察缅甸民间艺术

▶ 3 月 8 日，外国驻京女外交官参加四川省美术家协会主席阿鸽画展开幕式

10 月 12 日，“京华墨韵”——第十八届北京书法篆刻精品展开幕式在北京国艺美术馆举行

“翰墨凝香”——北京第二届女书法家作品展在北京国艺美术馆展出

京什书法交流展在北京市文联展出

中国美术馆当代书法邀请展

▲春节前夕，北京书协组织书法家“三下乡”送春联活动

▲京津冀书法教师擂台赛在北京举行

◀9 月 23 日，第二届北京摄影艺术展览开幕式在首都图书馆举行

◀12 月 22 日，第六届全国农民摄影大展启动仪式在中国摄影展览馆举行

▶第二十八届华北摄影艺术展在首都图书馆展出

◀"中华水塔"——生态保护成果摄影艺术展在中国摄影展览馆展出

◀朱宪民摄影展在国家博物馆展出

▼北京摄影家协会赴英国进行交流展览

▲"雪岸闻香"——赵羡藻摄影艺术展在中国美术馆展出

▶6月15日，"古巴革命领袖"——菲德尔·卡斯特罗纪实图片展开幕式在首都图书馆举行

▲法国摄影家四人摄影展在首都图书馆展出

中国图书馆学会公共图书馆分会 2016 年工作会议

▲ 9 月 12 日，中国图书馆学会公共图书馆分会 2016 年工作会议在首都图书馆举办

▲ 第二届阅读之城市民读书计划主题展在首都图书馆展出

► 4 月 6 日，中国人民大学图书馆宣传月启动仪式在中国人民大学图书馆举行

► 7 月 20 日，“北京国际经济贸易资料中心”在首都图书馆成立

◀3 月 17 日，孙毓敏捐书仪式在首都图书馆举行

▶“书眼看世界”——走进澳大利亚儿童文学作家简·古德温的创作世界活动在首都图书馆举行

◀12 月 9 日，京津冀图书馆合作发展研讨会在首都图书馆举办

▶4 月 22 日，第六届北京换书大集在首都图书馆举行

北京交通大学图书馆外景

"我的数字生活"大型数字资源主题展览在首都图书馆举行

"海外遗珍"——滨田德海旧藏敦煌遗书展在首都图书馆展出

"坐上贝格尔号"——驶向书中的博物世界主题展在首都图书馆展出

▲“书香溢我家”家庭情景剧比赛在首都图书馆举行

◀“我的校园生活”电子书获奖作品创作分享会在首都图书馆举行

◀“心有榜样”红领巾讲故事比赛在首都图书馆举行

▶“永远的怀念”——任继愈先生百年诞辰纪念展在国家图书馆举办

▶5月18日，国家典籍博物馆“青少年中华传统文化教育基地”授牌仪式在国家典籍博物馆举行

▲11月12日—20日，“中国——南亚图书馆管理与服务高级研修班”在国家图书馆举办

▶ 地坛庙会

▶ 龙潭庙会

▶ 厂甸庙会

▶ 大观园庙会

◀ 2016 北京戏曲文化周戏曲花车行进表演在北京园博园举行

▶ 8 月 21 日，“金刺猬”大学生戏剧节闭幕式在北京 9 剧场举行

▶ 第三届北京市老年舞蹈暨“舞动北京”群众舞蹈大赛在东城区第一文化馆举行

◀ 8 月 15 日，北京首届全民时尚舞蹈大赛启动仪式

▲9 月 11 日，第十一届“舞动北京”群众广场舞大赛复赛开赛

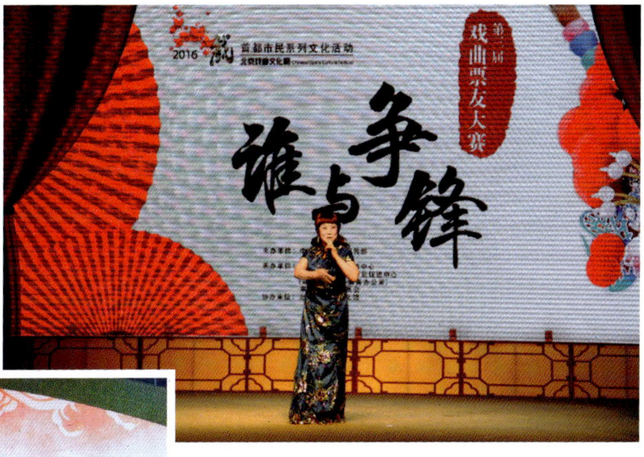

▲10 月 12 日，“谁与争锋”戏曲票友比赛在平谷区文化馆举行

▼全国百姓广场舞展演在石景山区文化馆举行

▶11 月 10 日，第三届“我爱唱歌”——2016 年京津冀百姓歌手大赛在密云大剧院举行

▲3月28日，“精彩世界 文化长城”2016年中外文化志愿者交流活动在延庆区举行

▲北京北大荒合唱团建团二十周年音乐会在国图音乐厅举行

▲首届北京百姓摄影家公益影像展在王府井步行街展出

◀北京太狮表演在通州区举行

“花开丰台”端午文化游园会

5 月，东方少年杂志社和新剧本杂志社共同组织《孙大圣之神秘伙伴》探班活动

舞蹈家陈爱莲在石景山文化馆授课

西城区“非遗”中心的内画艺术家栾亚男（中）介绍内画鼻烟壶

▲5月，首届京津冀地区民间花会展演在蟹岛度假村举办

◀糖人艺术家厚国毅把糖人小猴送给小朋友

◀同学们看张宝珍演示面塑技巧

◀剪纸艺术家展示剪纸艺术

北京文化艺术年鉴（2017）

主　　编　陈　冬

执行主编　徐恒进

特邀编审　赵庚奇　　陈世崇

副 主 编　（按姓氏笔画为序）

王晓燕　　刘　侗　　刘启泰　　张燕鹰

陈予一　　黄珊珊　　薛晓金

图片摄影及供稿者（按姓氏笔画排序）

王　凯　王　琪　王雨晨　王晓程　牛小北　边　群　史春阳
毕珉烽　向　伟　刘学忠　刘骁雨　闫　珉　纪　鸣　李春光
李树勇　杨少慧　吴赣生　张小野　张弘宇　张永红　张宇英
陆梨青　陈紫薇　欧阳树辰　周晓南　费　斌　徐有成　曹立栋
彭向阳　焦爱民　蔡江虹　薛晓金

图片提供单位

北京市文联　北京作家协会　北京戏剧家协会
北京美术家协会　北京书法家协会　北京摄影家协会
北京民间文艺家协　北京音乐家协会　北京舞蹈家协会
北京曲艺家协会　北京杂技家协会　北京文学月刊社
北京市文联研究部　北京文学月刊　东方少年杂志社
北京京剧院　北方昆曲剧院　北京交响乐团
北京市曲剧团　中国评剧院　中国杂技团有限公司
北京画院　首都图书馆　北京市河北梆子剧团
北京市艺术研究所　北京戏曲艺术职业学院　北京人民艺术剧院
中国木偶艺术剧院股份有限公司
北京儿童艺术剧院股份有限公司
中国儿童艺术剧院　北京市演出有限责任公司
北京市对外文化交流有限责任公司　国家图书馆
北京交通大学图书馆　中国人民大学图书馆　清华大学图书馆
东城区文委　西城区文委　朝阳区文委
海淀区文委　丰台区文委　石景山区文委
通州区文委　顺义区文委　怀柔区文委
平谷区文委　昌平区文委　门头沟区文委
房山区文委　大兴区文委　密云区文委
延庆区文委　燕山文化卫生分局

前　言

年年编年鉴，今年的心情颇有些不同，当这本 2017 年年鉴的书稿即将付印的时候，有一种莫名的惶恐和不安。

近读《毛泽东年谱》，毛泽东一生十七次通读《资治通鉴》，个别章节他究竟读了多少次，连他自己也记不清了。书读破了，就用胶布粘着，听说粘了很多地方。他读过的地方，还做了很多记号，有的是问号，甚至有大大的问号。有的是叉号，有的地方用红笔打了杠。还有的记号，谁也不知道是什么意思。

《资治通鉴》是宋人司马光所作，书上标的是五个人的名字，我猜想参加的人一定不止这些，当有几十人、几百人都不为过。这本鸿篇巨制是在司马光政治上失意的时候所做，前后花了整整二十年。史书说，光是资料就堆了好几间屋子。

我们当然不敢自比司马光,《资治通鉴》也是我们心中永远的仰视。但是我在编我们这本《北京文化艺术年鉴》的时候，心里常常会冒出一个奇怪的念头，多少年后，会不会有什么人，因为什么事，要查一个什么东西，来仔细阅读我们这本书呢？会不会有人在我们这本书上，打一个问号，或者打一个叉，或者做点什么记号呢。

我有时想，我们这种恍然和不安也许是好事，让我们面对这本书，常有敬畏之心，有时甚至如履薄冰，如临深渊。我这句话一点都不夸张，起码我是这样。

我特别庆幸的是，在我们 2004 年开编这本年鉴之初我们就有了心中的圭臬，让我印象深刻的是两件事。一是发稿前的集体审稿，我们会找一个僻静之地，邀请各个门类的主笔参加，还请来很多专家。比如赵庚奇、鲁刚、陈世崇等业内诸公。我们会把稿子投影在屏幕上，有疑问、有争议的地方，用红色标出。大家争论不休，有时甚至为一句话面红耳赤，座中有目力不济如我者，常常半天还不知就里，不免面有愧意。这一场景，至今暖暖地留在我心里。

另一件事是我们的评书会。成书以后，我们同样会觅一僻静之地，主要请专家指点，方志出版社的编辑和领导也都在座，气氛有那么一点点紧张，起码我是这样。我不知道专家会从鸡蛋里挑出什么样的骨头。但是，你真的佩服他们，他们真的就挑出好些骨头。你不得不连口称是，脸上的表情有时不那么自然。这时候我常拿一句话给自己解嘲，鉴书是最深的学问，你轻易够不着底。

2016 年是个极不平凡的年份，我们已经望不见他壮丽的背影，但是他的雄奇和瑰丽还深深地留在我们的记忆里。这本年鉴，我们在编写过程中是相当认真的，但也免不了有可商榷之处。我见过一位俄罗斯学者，他给我指出我们书里曾经有过的一段话，我们哪一年曾经说过，曹雪芹在西山黄叶村写了《红楼梦》，他对我说："这个结论太武断，你们中国的红学界都没有统一。曹雪芹也在通州住过多年，难道他就没有可能在通州写过《红楼梦》吗？"我惊愕之余，对他顿生敬意，也觉得自己背上挨了重重的一鞭。

小时候写作文，第一句话常常是光阴似箭、日月如梭。其实那时候，哪里懂得什么光阴。回头看去，这是我们编的第十三本年鉴，光阴真的似箭！时光老去，我们也一天天老去。但是我们的年鉴，却一天天、一年年往上长。这便是我和我们的各位主笔最快慰的事了。

徐恒进

2017 年 12 月

编　辑　说　明

一、《北京文化艺术年鉴》是一部大型文化艺术类资料工具书和史料文献，由北京市文化局主办，北京市文学艺术界联合会支持，《北京文化艺术年鉴》编辑部组织编写。本年鉴坚持以马克思列宁主义、毛泽东思想、邓小平理论、“三个代表”重要思想、科学发展观、习近平新时代中国特色社会主义思想为指导，坚持辩证唯物主义和历史唯物主义的立场、观点、方法，存真求实，力求全面、客观、系统地反映北京地区文化艺术的发展情况。

二、本年鉴采用类目体，分类目、分目、条目，以条目为主，直陈其事，文字力求言简意赅。

三、本年鉴从2005年开始，为配合续修《北京志·文化艺术志》，逐年编纂。2017年卷为第13本。当年出版的年鉴，记述上一年度北京地区文化艺术（按照《北京志·文化艺术志》的编写体例，目前暂不含电影、电视、文物内容，下同）各门类的发展和变化，为国内外各界人士了解和研究北京文化艺术提供最新的翔实信息，为文化艺术发展留存宝贵资料，为领导决策提供可资参考的依据。

四、本年鉴采用“大北京”的概念，记述北京市属文化艺术企事业单位情况和中央、部队在京文化企事业单位的情况。

五、本年鉴正文内容包括：规范性文件目录、大事记、综合、文学、戏剧、曲艺、杂技魔术、音乐、舞蹈、美术、书法　篆刻、摄影、图书馆、群众文化和各区文情，共15个部类。

六、本年鉴所刊载的文章和条目内容，主要来源于各文化艺术单位提供的资料，均经该类目撰稿人及责任编辑核实。

七、本年鉴反映2016年1月1日—12月31日北京文化艺术界的情况。凡在这一时限内发生的事情，均直书月、日，不再注明年份。部分内容因跨年度前后延伸的，则写明年份。

八、本年鉴目录按上述15个部类顺序排列；索引按笔画、拼音分别排序，检索范围仅限于条目内容。

中英文对照目录

（Contents）

规范性文件目录	（List of Standard Documents）
大事记	（Chronicle of Major Events）
综合	（Comprehensive）
文学	（Literature）
戏剧	（Drama）
曲艺	（Quyi）
杂技　魔术	（Acrobatics Magic）
音乐	（Music）
舞蹈	（Dance）
美术	（Art）
书法　篆刻	（Calligraphy and Seal Cutting）
摄影	（Photography）
图书馆	（Libraries）
群众文化	（Mass Culture）
各区文情	（Cultural Conditions of Districts）
索引	（Index）

目　　录

规章、规范性文件目录

大事记

2016 年北京文化艺术大事记……………………（ 3 ）

综　　合

概况……………………………………………（18）

机构

中国艺术职业教育学会社会艺术教育机构工作委员会………………………………（19）

中国文艺评论家协会艺术产业研究委员会………………………………（19）

君乡书院……………………………………（19）

中国文艺评论家协会新设立 4 个专业委员会………………………………（20）

中华文化促进会文化产权市场协作体…………（20）

中国演出行业协会艺术普及教育委员会………………………………（20）

中国文联文艺工作者职业道德建设委员会………………………………（20）

丝绸之路国际剧院联盟…………………………（20）

北京市学校中华传统文化促进会………………（20）

清华大学文化创意发展研究院…………………（20）

文化艺术市场

北京普及宣传《艺术品经营管理办法》…………………………………（20）

第四届北京惠民文化消费季……………………（21）

文化市场经营单位………………………………（21）

文化建设

新修订的《北京市惠民低价票演出补贴项目管理办法》正式执行…………………（21）

北京、张家口签订文化合作框架协议………（21）

北京发布实施《“十三五”时期加强全国文化中心建设规划》…………………（21）

北京文化艺术基金启动运作……………………（21）

北京市政府发布《关于支持戏曲传承发展的实施意见》……………………………（21）

习近平在中国文联十大、中国作协九大开幕式上发表讲话……………………………（22）

文化创意产业

颐和园文化创意产品展…………………………（22）

2016 中国国际文化艺术博览会………………（22）

第五届“动漫北京”……………………………（22）

2016 中国文化产业指数发布会………………（22）

《北京文化创意产业发展白皮书（2016）》发布……………………………………（22）

活动

京津冀公共文化服务示范走廊发展联盟首次联络员会议……………………………（22）

2015 中国网络文化产业年会…………………（22）

中国文学艺术界 2016 春节大联欢……………（23）

“2016 我爱北京”——市民新春联欢会……（23）

天桥・华人春天艺术节…………………………（23）

第十六届“相约北京”艺术节………………（23）
北京市剧院运营服务平台公布第一阶段入围展演剧目………………………………（23）
“2016 中俄青少年艺术嘉年华”北京专场文艺演出……………………………………（23）
2016“彼岸花开”民族地区艺术院校进京展演……………………………………（23）
中国民协第九次全国代表大会………………（24）
77 文创生活节…………………………………（24）
2016 年全国文化产业工作会议……………（24）
缤纷童年艺术节………………………………（24）
北京市剧院运营服务平台公布第二阶段入围展演剧目……………………（24）
第九届中国国际青年艺术周…………………（24）
第五届全国少数民族文艺会演………………（24）
2016 北京 798 艺术节………………………（24）
第四届北京文学艺术品展示会………………（25）
2016 年国家艺术院团演出季………………（25）
国际新经典艺术节……………………………（25）
“2016 未来艺术志”系列主题活动…………（25）
第三届 798 国际儿童艺术节…………………（25）
第五届北京青年艺术节………………………（25）
纪念红军长征胜利 80 周年文艺晚会………（25）
中国大众文化学会第四次全国会员代表大会……………………………（26）
中国文联第十次全国代表大会………………（26）
北京市区（局）、产（行）业文联原创文艺节目展演…………………………（26）

展览

中国艺术研究院著名艺术家系列精品捐赠展……………………………………（26）
丙申名家邀请展 1899—1994………………（26）
“繁星计划”——当代青年艺术家推广活动北京站首展……………………………（26）
“最后的村庄”展览…………………………（26）
“国戏视界 2016”中国戏曲学院新媒体艺术系作品展………………………（27）
中国艺术研究院艺术创作大展………………（27）
“走出边缘”——中国女性艺术发展研究文献展…………………………………（27）
中国文联老同志书法美术摄影作品展………（27）
《韩熙载夜宴图》数字艺术展………………（27）
2015 中国当代艺术年鉴展…………………（27）
首都文艺家创作采风作品展…………………（27）
2016 年度“青年艺术 100”北京启动展……………………………………（27）
2016“天工开悟中国当代艺术大展”………（27）
2016 中国艺术品产业博览会………………（28）
2016 年北京国际特色文化展………………（28）
第十一届中国北京国际文化创意产业博览会………………………………………（28）

非物质文化遗产保护

京津冀“非遗”藏品展示月…………………（28）
第八届北京端午文化节………………………（28）
传统文房制砚技艺精品展……………………（28）
第九届恭王府“非遗”演出季………………（28）
第四届“非遗”文化嘉年华…………………（29）

培训

2016 中国文联澳门艺术人才访学交流团…………………………………（29）
协同推进京津冀文艺事业创新发展培训班…………………………………（29）
中国文联第二期少数民族地区文艺骨干（藏族地区）研修班………………………（29）
中国文联第三期少数民族地区文艺骨干（新疆地区）研修班………………………（29）
首届全国中青年网络文艺人才研修班………（30）
2016·北京青年文艺评论人才读书研讨班…………………………………（30）
“中国演艺走出去”品牌译介与传播高级研修班…………………………………（30）

赛事与奖项

“文传榜·2015”……………………………（30）
第十届 AAC 艺术中国·年度影响力评选颁奖……………………………………（30）
北京市文化创意创新创业大赛………………（30）

交流

越南摄影绘画作品展…………………………（31）
甘肃省“双联”行动精准扶贫精准脱贫主题晚会进京演出…………………………（31）
2016 中拉文化交流年………………………（31）
第 16 届“京味儿文化之旅”赴台展示……（31）
首都艺术家赴西藏交流………………………（31）
首都艺术家赴内蒙古交流……………………（31）
首都艺术家赴新疆交流………………………（31）
海峡两岸艺术家书画摄影交流展……………（31）
中原风·河南省书法美术摄影作品晋京展……（31）
中国京族高脚罾暨广西防城港民族文化进京展演……………………………（32）
张家口戏曲艺术研究院进京演出……………（32）

评论与研究

全球化视野下的舞台艺术发展活动…………（32）
《压数量提质量力推精品——聚焦全国性文艺评奖改革》…………………………（32）
2016 第十三届中国文化产业新年论坛……………………………………（32）

首届艺术产业园区发展论坛…………………（32）
“加强与改进文艺批评”专题研讨会…………（32）
纪念红军长征胜利 80 周年
专题研讨会………………………………（33）
推进京津冀社区文化协同发展
座谈交流活动……………………………（33）
新文艺组织及非京籍、体制外文艺
工作者座谈会……………………………（33）
《保护非物质文化遗产公约》
成果框架专家会…………………………（33）
第四届艺术与科学国际学术研讨会…………（33）
第 34 届世界艺术史大会……………………（33）
马克思主义文艺理论与当代
文艺实践座谈会…………………………（33）
2016·北京文艺论坛…………………………（34）
加强文艺批评恳谈会…………………………（34）
“艺术民族志的书写”学术研讨会…………（34）
第十一届全国艺术院校院（校）
长高峰论坛………………………………（34）

纪念

贾芝逝世……………………………………（34）
《文艺理论与批评》创刊 30 周年
纪念研讨会………………………………（34）
老舍作品展演………………………………（34）

出版与传播

《2015 中国艺术发展报告》…………………（35）
中国文化网上线………………………………（35）
《中国公共艺术年鉴（2015）》……………（35）
《中华传统文化经典百篇》…………………（35）

文　学

概况…………………………………………（36）

作品

·长篇小说·

《喀什噶尔》…………………………………（37）
《极花》………………………………………（37）
《百年密意》…………………………………（37）
《独药师》……………………………………（37）
《蜻蜓眼》……………………………………（37）
《望春风》……………………………………（38）
《茧》…………………………………………（38）
《她们》………………………………………（38）
《软埋》………………………………………（38）
《陌上》………………………………………（38）
《北鸢》………………………………………（38）
《寻找张展》…………………………………（38）

·中篇小说·

《世间已无陈金芳》…………………………（38）
中篇小说集《北京往事》……………………（38）
《风中事》……………………………………（38）
《直立行走》…………………………………（38）
《命悬一丝》…………………………………（39）
《美国森林》…………………………………（39）
《女司机》……………………………………（39）
《白茅岭之狼一夜》…………………………（39）
《空色林澡屋》………………………………（39）
《义乌之囚》…………………………………（39）
《麦子熟了》…………………………………（39）
《地下三尺》…………………………………（39）

·短篇小说·

《云柜》………………………………………（39）
《九眼石》……………………………………（40）
《畜生》………………………………………（40）
《一百元》……………………………………（40）
《中国野人》…………………………………（40）
《小心》………………………………………（40）
《朋霍费尔从五楼纵身一跃》………………（40）
《星期二咖啡馆》……………………………（40）
《三色玫瑰》…………………………………（40）
《李木的每一天》……………………………（40）
《母语》………………………………………（40）
《核桃园的一个下午》………………………（41）
《七号工作室》………………………………（41）
《出警》………………………………………（41）
《你可以做无数道小菜，也可以
只做一道大菜》…………………………（41）

·纪实文学·

《柳青传》……………………………………（41）
《爆炸现场》…………………………………（41）
《空巢：乡村留守老人生活
现状启示录》……………………………（41）
《第四极——中国“蛟龙”
号挑战深海》……………………………（41）
《见证》………………………………………（41）
《白帽子军团》………………………………（41）
《疼痛的农村——“越南媳妇”
出逃背后调查》…………………………（42）
《一个记者的九年长征》……………………（42）

·诗　歌·

长诗《致马雅可夫斯基》……………………（42）
《中国好诗·第二季》丛书…………………（42）
诗集《疼痛》…………………………………（42）

·散文随笔·

《故乡的人，他乡的我》……………………（42）

《“定远”的碎片》……………………（42）
散文集《去年天气旧亭台》……………（42）
散文集《人生记忆》……………………（42）
《骡子》…………………………………（42）
机构
清华大学世界文学与文化研究院………（43）
十月文学院………………………………（43）
中国文联文艺工作者职业道德
建设委员会……………………………（43）
北京市教师作家协会……………………（43）
北京老舍文学院…………………………（43）
活动
《隐形者》首发式 ………………………（43）
中国作协向北师大捐赠图书……………（43）
第六届北京阅读季………………………（44）
2016年少儿报刊阅读季 ………………（44）
首都作家代表团赴新疆和田采访
北京优秀援疆干部……………………（44）
钱穆版《中国文学史》研讨暨
新书发布会……………………………（44）
“截句诗丛”首发 ………………………（44）
50余家文学网站代表及作家
签署网络文学行业自律倡议书………（44）
中国作家馆开馆…………………………（44）
北京国际图书博览会……………………（45）
《中国新古体诗选》首发式 ……………（45）
京味儿图书英国巡展……………………（45）
《纳西族现当代作家作品选集》
丛书出版发布会………………………（45）
北京十月文学月…………………………（45）
“诺贝尔之夜”文学沙龙 ………………（45）
中国诗歌万里行走进首发集团活动……（45）
第四届北京剧本推介会…………………（45）
会议
中国作家协会第八届主席团
第九次会议……………………………（46）
中国儿童文学研究会召开研讨会
暨换届大会……………………………（46）
第二届世界华文文学大会………………（46）
中国作家协会第九次全国代表大会……（46）
2016年度中国散文年会 ………………（46）
评奖比赛
2015中国散文排行榜 …………………（47）
2015年度《当代》长篇小说年度奖 ……（47）
2015年度中国作家出版集团奖 ………（47）
《民族文学》2015年度奖………………（47）
第五届唐弢青年文学研究奖……………（47）
青铜葵花儿童小说奖……………………（47）
《诗刊》2015年度陈子昂诗歌奖………（47）
21世纪年度最佳外国小说奖 …………（47）
曹文轩获2016年度国际安徒生奖 ……（48）
女科幻作家郝景芳入围雨果奖…………（48）
第四届冯牧文学奖………………………（48）
中国童书博览会童书榜发布……………（48）
第四届《人民文学》长篇小说双年奖……（48）
首届海峡两岸新锐作家好书奖…………（48）
中俄彼此最具影响的十部
文学作品评选…………………………（48）
2014—2015中骏杯《小说选刊》
双年奖…………………………………（48）
第五届《中国作家》郭沫若诗歌奖………（48）
长篇小说《日熄》获香港
“红楼梦奖”……………………………（48）
2016腾讯书院文学奖 …………………（49）
第十届中华图书特殊贡献奖……………（49）
中华诵读大赛颁奖………………………（49）
第七届全球华语科幻星云奖……………（49）
第十一届全国少数民族文学创作
“骏马奖”………………………………（49）
2016亚洲好书榜 ………………………（49）
2016年北京市优秀网络文学原创
作品发布活动…………………………（49）
第六届全国侦探推理小说大赛…………（49）
第八届傅雷翻译出版奖…………………（49）
首届龙榆生韵文学奖……………………（50）
刘震云获“影响中国”2016年度
文化学者称号…………………………（50）
第三届国际华文诗歌奖…………………（50）
第18届《当代》文学拉力赛颁奖 ………（50）
纪念
纪念丁玲逝世三十周年座谈会…………（50）
北京市写作学会成立30周年
庆祝大会………………………………（50）
杨绛逝世…………………………………（50）
柳青百年诞辰纪念座谈会………………（50）
刘白羽百年诞辰纪念座谈会……………（50）
鲁迅135周年诞辰、逝世80周年
座谈会…………………………………（50）
田间百年诞辰纪念座谈会………………（51）
《曹禺年谱长编》出版暨纪念曹禺
逝世20周年座谈会……………………（51）
研究与评论
中国诗歌对外翻译与传播
国际高层论坛…………………………（51）
首届青年报告文学理论家研讨会………（51）
中奥文学交流报告会……………………（51）

网络文学版权保护研讨会……………………（51）
“陈忠实的创作道路”研讨会……………………（51）
曹文轩荣获国际安徒生奖座谈会
　暨作品研讨会……………………（51）
世界文学的互译专家交流会……………………（52）
鲁院举行“群山合唱——新一代
　作家的锚定与塑形”研讨会……………………（52）
首届全国传记文学创作会……………………（52）
鲁迅文学院举行散文创作论坛……………………（52）
“鲁迅文化遗产与当代中国”
　国际学术研讨会……………………（52）
2016 鲁迅文化论坛……………………（52）
世界视野中的中国儿童文学学术论坛……………………（52）
“呼唤北京文学的高峰时代”论坛……………………（52）
叶广芩京味文学创作研讨会……………………（53）
中国新诗百年与翻译主题对谈……………………（53）
京津冀文学期刊与创作主题论坛……………………（53）

培训

鲁迅文学院第九届网络文学
　作家培训班……………………（53）
鲁迅文学院第二十九届中青年
　作家高级研讨班……………………（53）
2016《民族文学》重点作家培训班……………………（53）
鲁迅文学院第二十三期少数民族
　文学创作培训班……………………（53）
鲁迅文学院第二十四期少数民族
　文学创作培训班……………………（53）
鲁迅文学院第二十五期少数民族
　文学创作培训班……………………（53）
鲁迅文学院第三十届中青年作家
　高级研讨班（儿童文学班）……………………（54）
鲁迅文学院第二十六期少数民族
　文学创作培训班……………………（54）
鲁迅文学院第三十一届中青年
　作家高级研讨班（诗歌班）……………………（54）
鲁迅文学院第二十七届少数民族
　文学创作培训班……………………（54）
2016《民族文学》人口较少民族作家暨
　朝鲜文版作家翻译家培训班……………………（54）

戏　　剧

概况……………………（55）

机构

小剧场戏剧专业委员会……………………（56）
张君秋京剧艺术研究会……………………（56）
太阳花儿童舞台艺术联盟……………………（56）
中国皮影艺术委员会……………………（56）
超剧场……………………（56）
国家大剧院戏剧演员队……………………（56）
三庆园复建重张……………………（56）
菊影戏剧研究中心……………………（56）
丝绸之路国际剧院联盟……………………（57）

剧目

·戏　曲·

昆曲《孔子之入卫铭》……………………（57）
昆曲《怜香伴》……………………（57）
河北梆子《张居正》……………………（57）
北京曲剧《徐悲鸿》……………………（57）
国粹幽默剧《大圣归来》……………………（57）
国家京剧院版京剧《党的女儿》……………………（57）
京剧《大钊先生》……………………（57）

·话　剧·

话剧《给我一颗西地那非》……………………（57）
小剧场话剧《特殊病房》……………………（58）
话剧《大师》……………………（58）
话剧《杜甫》……………………（58）
话剧《大先生》……………………（58）
话剧《狐狸》……………………（58）
话剧《他有两把左轮手枪和
　黑白相间的眼睛》……………………（58）
话剧《福斯塔夫狂想曲》……………………（58）
小剧场京剧《明朝那点事儿——
　审头刺汤》……………………（58）
舞台剧《左耳》……………………（58）
话剧《爱在无爱城》……………………（58）
话剧《小雨的冰糖葫芦》……………………（59）
悬疑话剧《判你有罪》……………………（59）
话剧《摔出一片天》……………………（59）
北京人艺版话剧《樱桃园》……………………（59）
讽刺喜剧《拉黑》……………………（59）
话剧《亲密》……………………（59）
话剧《又到满山红叶时》……………………（59）
话剧《美好的日子》……………………（59）
国家大剧院版话剧《仲夏夜之梦》……………………（59）
话剧《实现》……………………（59）
小剧场话剧《催眠》……………………（59）
话剧《搁浅》……………………（60）
话剧《玩家》……………………（60）
话剧《人生不适情》……………………（60）
话剧《谋杀电视机》……………………（60）
话剧《乌托咖啡馆》……………………（60）
小剧场话剧《人间童话》……………………（60）
话剧《从湘江到遵义》……………………（60）
实验戏《追梦人》……………………（60）

话剧《比萨斜塔》……………………………（60）
小剧场话剧《长子》…………………………（60）
话剧《亲亲咖啡豆》…………………………（61）
话剧《二马》…………………………………（61）
话剧《世界就在我眼前》……………………（61）
话剧《魂·毒》………………………………（61）
话剧《启功》…………………………………（61）
话剧《五脊六兽》……………………………（61）
话剧《独自温暖》……………………………（61）
贺岁剧《莎士比亚别生气》…………………（61）
话剧《晚安，妈妈》…………………………（61）
话剧《爆米花》………………………………（61）
小剧场话剧《罗刹国》………………………（62）
·儿童剧·
儿童剧《我们在一起》………………………（62）
儿童剧《航天奇妙夜》………………………（62）
儿童剧《奔跑吧！小球星》…………………（62）
儿童剧《美食大冒险》………………………（62）
儿童剧《足球少年》…………………………（62）
儿童剧《孙大圣之神秘伙伴》………………（62）
儿童剧《时间森林》…………………………（62）
儿童剧《成语魔方三》………………………（62）
木偶剧《红军的战马》………………………（62）
木偶剧《熊猫和小鼹鼠》……………………（62）

活动

第三届北京曲剧艺术节………………………（63）
北京市文化局与中国戏曲学院
签订战略合作框架协议……………………（63）
京津冀河北梆子名家名段演唱会……………（63）
2016 年度亚洲儿童青少年艺术节
联盟会议……………………………………（63）
国家京剧院优秀剧目展演……………………（63）
第二届中国原创话剧邀请展…………………（63）
2016 年北京戏曲文化周………………………（64）
《丁西林民国喜剧三则》上演………………（64）
第四届艺术院校京剧专业中青年
教师高级进修班教学成果汇报演出………（64）
北京市优秀少儿题材舞台剧目展演…………（64）
第七届“北京·南锣鼓巷戏剧节”…………（64）
京剧名家名段演唱会…………………………（64）
全国基层院团戏曲会演………………………（64）
第六届中国儿童戏剧节………………………（64）
“薪火相传”系列剧目展演…………………（65）
2016 年“北京故事”优秀小剧场
剧目展演……………………………………（65）
第一届北京环保儿童艺术节…………………（65）
2016 千家店山水戏剧周………………………（65）
第五届全国少数民族文艺会演………………（65）
南方戏曲演出季………………………………（65）
“古旧变流行”艺术沙龙……………………（66）
2016 北京青年戏剧节…………………………（66）
2016 年两岸小剧场艺术节……………………（66）
中国京剧优秀青年演员研究生班
20 周年系列活动……………………………（66）
加强地方戏人才培养工作会议………………（66）
《红军的战马》《熊猫和小鼹鼠》首演
新闻发布会…………………………………（66）
首届全国少儿皮影传习成果展演……………（66）
2016 当代小剧场戏曲艺术节…………………（67）
徽剧再进三庆园演出…………………………（67）
2016“契约关系”演出季……………………（67）
第三届北京大学生小剧场戏剧节……………（67）
当代京剧名家收徒传艺
工程成果汇报演出…………………………（67）
陈堃銶捐赠王选所藏京昆资料………………（67）
2017 年新年戏曲晚会…………………………（67）

赛事与奖项

青年京剧演员挑战赛颁奖……………………（68）
第六届国际戏剧表演学院奖…………………（68）

交流

海南省琼剧院进京演出………………………（68）
台湾戏剧表演家剧团进京演出………………（68）
英国壁虎剧团到京演出………………………（68）
英国皇家莎士比亚剧团到京演出……………（68）
台州乱弹剧团进京演出………………………（68）
上海现代人剧社进京演出……………………（68）
宁夏演艺集团话剧院进京演出………………（68）
北京人艺赴新加坡演出………………………（68）
立陶宛 OKT 剧团到京演出……………………（68）
太原市晋剧艺术研究院进京演出……………（68）
天水市西秦腔研究院进京演出………………（69）
以色列哈比玛国家剧院到京演出……………（69）
陕西人民艺术剧院进京演出…………………（69）
中国豫剧优秀剧目北京展演月………………（69）
湖北省优秀剧目北京行………………………（69）
圣彼得堡国立戏剧学院到京演出……………（69）
天津法官进京演话剧…………………………（69）
郑佩佩进京演出………………………………（69）
安庆市黄梅戏艺术剧院进京演出……………（69）
英国 TNT 剧院到京演出………………………（69）
香港春天实验剧团进京演出…………………（69）
北京风雷京剧团赴台演出……………………（69）
靖江市锡剧团进京演出………………………（69）
南京市话剧团进京演出………………………（69）
深圳市福田区公共文化体育发展
中心进京演出………………………………（70）

杭州越剧传习院进京演出……………………（70）
上海越剧院 2016 年新剧目北京展演 ………（70）
粤剧《魂牵珠玑巷》惠民巡演
（北京站）……………………………………（70）
大连话剧团进京演出…………………………（70）
“小不点大视界”微剧场进京演出 …………（70）
江苏优秀现代戏市场推广演出
（北京站）……………………………………（70）
河北省优秀剧目进京展演……………………（70）
宿州市演艺集团进京演出……………………（70）
“上海三部曲”进京演出 ……………………（70）
西安话剧有限责任公司进京演出……………（70）
托克托县乌兰牧骑进京演出…………………（70）
北京市河北梆子剧团五省巡演………………（70）
青岛市京剧院进京演出………………………（71）
山东东营雪莲大剧院进京演出………………（71）
立陶宛国家话剧院到京演出…………………（71）
美国版《成语魔方》…………………………（71）
山东梆子进京演出……………………………（71）
立陶宛维尔纽斯小剧院到京演出……………（71）
河北传媒学院进京演出………………………（71）
西安演艺集团进京演出………………………（71）
“湘戏进京”展演 ……………………………（71）
澳大利亚大风车剧团到京演出………………（71）
加拿大彩纸花剧团到京演出…………………（71）
中国国家话剧院赴台演出……………………（71）
河北省河北梆子剧院进京演出………………（71）
武汉楚剧院进京演出…………………………（72）
福建地方戏经典折子晋京展演………………（72）
内蒙古民族艺术剧院进京演出………………（72）
铃木忠志携作品到京演出……………………（72）
河南豫剧院进京演出…………………………（72）
栗原小卷到京演出……………………………（72）
上海京剧院进京演出…………………………（72）
乡音版《临川四梦》进京演出………………（72）
双城皮影艺人进京演出………………………（72）
林奕华携新作进京演出………………………（72）
美国洛杉矶演员班剧团到京演出……………（72）
英国冰雪夏洛特剧团到京演出………………（72）
广州话剧艺术中心进京演出…………………（72）
2016 年吉林省优秀戏曲剧目
进京展演……………………………………（72）
阿那亚社区话剧社进京演出…………………（72）

纪念

周正逝世………………………………………（73）
“汤显祖在今天”研讨会 ……………………（73）
袁世海 100 周年诞辰系列活动………………（73）
梅葆玖逝世……………………………………（73）
李世济逝世……………………………………（73）
中国儿童艺术剧院庆祝建院 60 周年 ………（73）
王金璐逝世……………………………………（73）
韩善续逝世……………………………………（74）
吴桂苓逝世……………………………………（74）
金雅琴逝世……………………………………（74）
吴素秋逝世……………………………………（74）
纪念汤显祖逝世 400 周年
优秀剧目展演………………………………（74）
李毓芳逝世……………………………………（74）
梅葆玖百日祭京剧交响音乐会………………（74）
苏民逝世………………………………………（74）
江新蓉逝世……………………………………（75）
纪念白登云 110 周年诞辰学术研讨会………（75）
马长礼逝世……………………………………（75）

研究与评论

传承发展戏曲艺术经验交流现场会…………（75）
“前海学派与中国戏曲”学术研讨会 ………（75）
青少年戏剧教育研讨会………………………（75）

教育与传承

“天津——京剧艺术的重镇”展览 …………（76）
赵燕侠收徒朱虹、熊明霞……………………（76）
陈志清收徒凌珂………………………………（76）
丁培收徒杨林…………………………………（76）
燕守平收徒王媛媛……………………………（76）
刘长瑜收徒李晨………………………………（76）
燕守平收徒梁秀秀……………………………（76）
戏曲艺术人才培养“千人计划”
第一期高级研修班…………………………（76）
戏曲评论高级研修班…………………………（76）
民间戏剧社团骨干人才培训…………………（76）
2016 年非洲剧院管理人才研修班 …………（76）
孙毓敏、赵葆秀、叶金援举办集体
收徒仪式……………………………………（76）

出版与传播

《中国话剧艺术史》出版 ……………………（76）
《梅兰芳全集》首发式在京举行 ……………（77）
《昆曲艺术大典》首发式在京举行 …………（77）

曲　　艺

概况……………………………………………（78）

机构

北戏书馆平谷分馆……………………………（78）
北京少儿曲艺传承培训基地海淀区
民族小学基地………………………………（79）
《北京晚报》读者俱乐部新兴相声馆 ………（79）

东城区少年宫成为北京市青少年曲艺教育基地……（79）
北京戏曲艺术职业学院曲艺系……（79）
北京曲艺创作传承基地……（79）
作品
章回鼓书《古城暗战》……（79）
相声《新与旧》……（79）
相声《我知道》……（80）
相声《不让说》……（80）
活动
《北京曲艺 60 年》画册及系列丛书首发式……（80）
北京曲协第四届理事会第九次会议……（80）
北京曲艺抢救性保护二期工程系列演出……（80）
群声曲艺团成立 15 周年庆典演出……（80）
大逗相声四周年庆典演出……（80）
第二届全国高校曲艺教育峰会……（80）
“向党汇报”——纪念中国共产党成立 95 周年优秀曲艺节目展演……（80）
《中华曲艺艺谚艺诀和专业术语》编写启动……（81）
曲艺剧《望红台》新闻发布会……（81）
单弦、岔曲艺术展演……（81）
东城青少年文化艺术学院曲艺新项目启动式暨精品展演……（81）
宣南书馆迁址重张……（81）
第四届全国相声小品优秀节目展演……（82）
“京津冀三地同源唱曲艺”活动启动……（82）
“包公杯”作品征集活动座谈会……（82）
赛事　奖项
第二届“宣南杯”京津冀鼓曲大赛……（82）
2016 北京少儿曲艺比赛……（82）
第九届中国曲艺牡丹奖……（83）
第七届北京青年相声节……（83）
第三届“艺韵北京”群众曲艺大赛……（83）
交流
中华曲艺海外行巴拿马站演出……（83）
常祥霖赴津做讲座……（83）
中国曲协志愿服务团赴赤水演出……（84）
2016 巴黎中国曲艺节……（84）
中华曲艺海外行赴西班牙演出……（84）
苏州吴中区评弹团进京演出……（84）
中国曲协艺术团访问韩国……（84）
北京曲协与绍兴曲协交流座谈……（84）
沧州曲艺进京展演……（84）
第四届德国中国曲艺周……（85）
黄宏在都柏林大学举办曲艺讲座……（85）
北京·陕西曲艺优秀作品专场演出……（85）
中华曲艺情港澳展演·香港站……（85）
纪念
纪念刘立福暨青年评书演员交流展演……（85）
纪念关学曾逝世 10 周年专场演出……（86）
纪念高元钧 100 周年诞辰系列活动……（86）
回婉华逝世……（86）
中国艺术研究院曲艺研究所成立 30 周年学术座谈会……（86）
传承
刘兰芳、王印权夫妇收徒……（86）
田战义收徒……（86）

杂　　技

概况……（87）
机构
中国文艺评论家协会曲艺杂技艺术委员会……（88）
作品
杂技舞台剧《熊猫当家》……（88）
语言杂技剧《北京》……（88）
活动
2016 昌平区青少年魔术迎春会……（88）
杂技创作人才培养培训班结项汇报展演……（89）
第三届魔法小巨人首都少儿魔术大赛……（89）
中国杂协第七届理事会第二次会议……（89）
《从 0 到 1》系列魔术教材正式发布……（89）
第三届中国北京国际魔术大会……（89）
北京欢乐谷第十届国际魔术节……（89）
第一届首都杂技（魔术）文艺人才培训班……（89）
第三届北京大学生魔术交流大会……（90）
交流
加拿大圆核 CAVALIA 剧团到京演出……（90）
京津冀杂技精品节目展演……（90）
杂技音乐剧《新鹊桥会》进京演出……（90）
台湾戏曲学院暑期杂技研习班……（90）
加拿大炫光马戏工厂到京演出……（90）
南部战区陆军战士杂技团进京演出……（91）
“北京之夜”杂技精品专场演出在保加利亚举办……（91）
四川省遂宁杂技团进京演出……（91）
研究与评论
《中国杂技　国内叫座　国际叫好》……（91）
《北京市杂技市场营销现状分析与建议》……（91）
京津冀杂技精品节目展演研讨会……（91）

"南北魔术之道"——魔术的传承
与时代研讨会……………………………(91)

音 乐

概况……………………………………………(92)
机构
暴风摇滚公益基金会…………………………(93)
中国乐谷·华东乐库乐器城…………………(93)
中国民间文艺家协会民族音乐文化
产业研究委员会…………………………(93)
三高文化专项基金……………………………(93)
作品
音乐剧《虎妈猫爸》…………………………(93)
"哈尼交响·欢乐新春"音乐会 ……………(93)
国家大剧院版歌剧《歌女乔康达》…………(94)
交响套曲"为你唱歌"………………………(94)
国家大剧院版歌剧《唐豪瑟》………………(94)
国家大剧院版歌剧《水仙女》………………(94)
歌剧《长征》…………………………………(94)
音乐剧《布莱梅乐队》………………………(94)
音乐剧《音乐之声》中文版…………………(94)
大型民族音乐《寻找杜甫》…………………(94)
魔幻诗剧《从前有个山》……………………(95)
国家大剧院版歌剧《麦克白》………………(95)
交响童话作品《奥当女孩》…………………(95)
复排民族歌剧《小二黑结婚》………………(95)
大型交响套曲《长征》………………………(95)
歌剧《杜鹃山》………………………………(95)
音乐剧《墨·海》……………………………(95)
歌剧《红军不怕远征难》……………………(95)
音乐剧《天堂树》……………………………(95)
音乐剧《小公主》……………………………(95)
活动
国家大剧院慰问首都外来务工
人员专场演出……………………………(96)
叶小纲作品专场音乐会………………………(96)
于源春琵琶独奏音乐会………………………(96)
"北京风情"——大型原创民族
交响音乐会………………………………(96)
阎肃歌词作品合唱音乐会……………………(96)
超级大提琴2016……………………………(96)
第二届世界诗歌日音乐会……………………(96)
西方音乐巨匠手稿展…………………………(96)
国家大剧院歌剧节·2016……………………(96)
"中国故事"音乐会 …………………………(97)
"用音乐点亮人生"慈善音乐会 ……………(97)
京演交响乐团建团大型交响音乐会…………(97)
2016潮流音乐节 ……………………………(97)
国家大剧院五月音乐节………………………(97)
摇滚30年吉歌之声北京
巡回演唱会………………………………(97)
吴钊"古琴正韵"音乐会……………………(97)
2016北京大学生音乐节 ……………………(97)
杜鸣心作品专场音乐会………………………(97)
董锦汉大型二胡交响音画音乐会……………(98)
"敛步随音"中西室内乐
新作品音乐会……………………………(98)
"敬畏千年·房山石经"大型
佛教艺术音乐会…………………………(98)
2016年北京乐器展 …………………………(98)
社会主义核心价值观少儿
声乐套曲发布……………………………(98)
献给孩子们的歌剧音乐会……………………(98)
北京竹乐团专场音乐会………………………(99)
"民族管弦乐作品创作与研究"
结项演出…………………………………(99)
中美欧爵士名家音乐会………………………(99)
大好河山光耀中华公益演唱会………………(99)
"意象·净土"音乐会 ………………………(99)
门头沟原创作品交响音乐……………………(99)
2016北京音乐生活展 ………………………(99)
晨兴音乐桥20周年古典音乐季 ……………(99)
"打开音乐之门"系列音乐会 ………………(99)
"在水一方"经典老歌专场音乐会 …………(100)
第19届亚太管乐大会 ………………………(100)
第十三届中国国际合唱节……………………(100)
"沙出重维"演唱会 …………………………(100)
国家大剧院八月合唱节………………………(100)
"岁月流歌"演唱会 …………………………(100)
北京管乐交响乐团音乐会……………………(100)
中国笙文化国际艺术节………………………(101)
"世界在门外闪光"系列诗歌音乐会………(101)
"当东方遇见西方"主题音乐会 ……………(101)
"北方情思"民族音乐会 ……………………(101)
阿洪尼克独唱音乐会…………………………(101)
印度作曲家作品音乐会………………………(101)
朱韬独唱音乐会………………………………(101)
吴颂今作品音乐会……………………………(101)
"谭盾音乐桥·经典影乐"交响音乐会 ……(102)
中国少数民族精品音乐会"湘桂琼"………(102)
崔健演唱会……………………………………(102)
罗大佑作品演唱会……………………………(102)
2016香山静宜园皇家重阳音乐会…………(102)
第十九届北京国际音乐节……………………(102)

第十一届北京九门爵士音乐周……………（102）
第二届北京天桥音乐剧演出季……………（102）
傅庚辰作品音乐会…………………………（103）
“向人民汇报”音乐会 ……………………（103）
“半缘君”——周娟民族管弦乐
作品音乐会………………………………（103）
中央音乐学院国际室内乐音乐节…………（103）
中央民族大学音乐学院教师
作品音乐会………………………………（103）
郭文景作品音乐会…………………………（103）
“2016 创新中国”发明音乐会……………（103）
全国高校“中国音乐国际教育与
文化传播人才建设”联席会……………（103）
中国音乐学院国乐节系列活动……………（104）
第 21 届人民大会堂·北京
新年音乐会………………………………（104）
2017 北京新年音乐会 ……………………（104）
“多彩中华”新年音乐会 …………………（104）

交流

法国钢琴家朱利安到京演出………………（104）
李伟菘、李偲菘 30 周年作品音乐会 ……（104）
吴岳林高胡交响音乐会……………………（104）
南方歌舞团进京演出………………………（104）
武汉歌舞剧院进京演出……………………（104）
“兄弟本色”组合演唱会 …………………（104）
余隆入选美国艺术与科学学院院士………（105）
香港导演林奕华携其作品进京演出………（105）
铁娘子乐队到京演出………………………（105）
罗志祥“疯狂世界”巡回演唱会…………（105）
百老汇音乐剧《窈窕淑女》到京演出……（105）
音乐剧《犹太人在上海》进京演出………（105）
李克勤、容祖儿演唱会……………………（105）
野马马头琴乐团成立 30 周年
庆典音乐会………………………………（105）
英国“STOMP 打击乐团”到京演出………（105）
徐佳莹个人演唱会…………………………（105）
张杰世界巡回演唱会………………………（105）
音乐剧《马达加斯加》到京演出…………（105）
荷兰小虎队打击乐团到京演出……………（105）
周华健巡回演唱会…………………………（106）
林忆莲个人演唱会…………………………（106）
俄罗斯图列茨基合唱团到京演出…………（106）
3D 迷你歌剧《湮灭》到京演出…………（106）
美国管风琴演奏家卡彭特到京演出………（106）
俄罗斯的莫斯科柴可夫斯基
交响乐团到京演出………………………（106）
章红艳大仓正之助琵琶·鼓音乐会………（106）
英国皇家爱乐乐团到京演出………………（106）
卡雷拉斯到京演出…………………………（106）
俄罗斯小提琴家文格洛夫到京演出………（106）

赛事与奖项

“咪咕音乐·音为青春”中国大学
音乐超级联赛……………………………（106）
10 首申冬奥歌曲获评优秀 ………………（107）
“水立方杯”海外华裔青少年
中文歌曲大赛……………………………（107）
中国青年男高音声乐大赛…………………（107）
亚瑟·鲁宾斯坦国际青少年
钢琴比赛…………………………………（107）
京津冀声乐表演邀请赛……………………（107）
第一届北京肖邦国际青少年
钢琴比赛…………………………………（107）
第五届“民族管弦乐（青少年题材）
新作品评选”揭晓………………………（107）

评论与研究

中国民族歌剧传承发展座谈会……………（107）
2016 第三届音乐产业高端论坛 …………（108）
2016 年全国音乐与舞蹈领域艺术
专业学位研究生教育研讨会……………（108）
第五届全国乐器学研讨会…………………（108）

纪念

光明·中国探月公益音乐会………………（108）
阎肃逝世……………………………………（108）
王和声从艺 45 周年纪念音乐会 …………（108）
张藜逝世……………………………………（108）
郭颂逝世……………………………………（109）
中国国家交响乐团团庆六十周年
系列音乐会………………………………（109）
庆祝中国共产党成立 95 周年音乐会 ……（109）
纪念徐新音乐会……………………………（109）
纪念周巍峙 100 周年诞辰座谈会…………（109）
纪念红军长征胜利 80 周年音乐会 ………（109）
中国合唱协会成立 30 周年座谈会 ………（109）
郭乃安先生追思会暨学术
思想研讨会………………………………（109）
“百年振邦”交响音乐会 …………………（110）
纪念卞祖善从艺 55 周年
专场音乐会………………………………（110）
周东朝从艺 48 年唢呐作品音乐会 ………（110）
赵沨百年诞辰纪念学术活动………………（110）
周巍峙百年诞辰音乐会……………………（110）

教育

刘德海琵琶讲座……………………………（110）
索尔蒂中国大师班…………………………（110）
乐队首席与声部首席人才培养项目………（110）

出版与传播

“中唱优秀音乐家出版基金项目”系列专辑出版发布会…………（110）
《华乐大典》系列图书新书发布会…………（111）
《剧荟·新原创歌剧咏叹调选辑》钢琴版唱片首发式…………（111）
国家大剧院唱片公司发布自主品牌及产品…………（111）

舞 蹈

概况…………（112）

作品

轻舞剧《26分贝》…………（113）
舞剧《丝路长城》…………（113）
舞剧《昭君出塞》…………（113）
舞剧《兰花花》…………（113）
舞剧《九死一生·长征》…………（113）
舞剧《悟空》…………（113）
舞蹈《以爱之名》…………（113）
舞剧《方圆》…………（113）
舞蹈《UNKNOWN 未·知》…………（113）
中央芭蕾舞团版芭蕾舞剧《舞姬》…………（113）
舞剧《七尺》…………（114）
“非遗”舞剧《傩·情》…………（114）
舞剧《遥遥南水》…………（114）
民族舞剧《太平鼓声声》…………（114）
舞蹈诗《长征——向80年前的壮举深深鞠躬》…………（114）
舞蹈剧场《唐诗逸舞》…………（114）

演出

2016中国舞蹈新人新作晚会…………（114）
“经典芭蕾三合一”晚会…………（114）
《阡陌家园》专场晚会…………（114）
“深入生活、扎根人民”文艺创作成果展演舞蹈专场…………（114）
中央戏剧学院舞剧系舞剧剧目专场演出…………（115）
2016 CBDF国标舞艺术表演舞精品展演…………（115）
舞蹈作品集《沉香Ⅲ》舞蹈专场演出…………（115）
2016中国舞蹈年度巡礼专场晚会…………（115）

活动

2016北京舞蹈双周…………（115）
2016中国舞蹈十二天…………（115）
第二届北京新舞蹈国际艺术节…………（115）
中国歌剧舞剧院举办公益慰问演出…………（115）
第五届国家大剧院舞蹈节…………（115）
北京卓越人才（舞蹈）培养高校联盟系列活动…………（116）
中国歌剧舞剧院舞剧团60周年团庆系列活动…………（116）
中央民族歌舞团2016冬季欢乐周…………（116）

会议

第二届全国中小学舞蹈教育研讨会…………（116）
首届舞蹈美育研讨会…………（116）
赵梁ART“东方灵欲三部曲”分享推荐会…………（116）
纪念中国舞蹈史研究60年学术研讨会…………（116）

比赛

“贝蒂丹斯杯”2015年北京市体育舞蹈锦标赛…………（117）
第七届怀柔国际标准舞艺术节…………（117）
北京首届全民时尚舞蹈大赛…………（117）
第六届北京国际标准舞大赛…………（117）
第十届中国舞蹈“荷花奖”当代舞、现代舞评奖活动…………（117）

交流

西班牙玛利亚·佩姬舞蹈团到京演出…………（118）
英国NBT芭蕾舞团到京演出…………（118）
黎巴嫩卡拉卡拉舞蹈团到京演出…………（118）
埃及丽达民间艺术团到京演出…………（118）
古巴李斯特·阿方索舞蹈团到京演出…………（118）
法国洛林芭蕾舞团到京演出…………（118）
青岛演艺集团进京演出…………（118）
黑龙江艺术职业学院等进京演出…………（118）
四川省歌舞剧院进京演出…………（118）
西安演艺集团歌舞剧院进京演出…………（118）
罗马尼亚儿童喜剧歌剧院到京演出…………（118）
湖南省歌舞剧院进京演出…………（119）
藏族舞者白玛次仁进京演出…………（119）
重庆芭蕾舞团进京演出…………（119）
舞剧《英雄·玛纳斯》进京演出…………（119）
新疆生产建设兵团歌舞剧团进京演出…………（119）
黑龙江代表团舞蹈诗《乌苏里传歌》进京演出…………（119）
香港舞蹈总会到京演出…………（119）
宁夏回族自治区演艺集团歌舞剧院进京演出…………（119）
延边歌舞团进京演出…………（119）
宁德市畲族歌舞团进京演出…………（119）
英国新冒险舞团到京演出…………（119）
民族舞剧《太阳的女儿》进京演出…………（119）
重庆市歌舞团进京演出…………（119）

东北师范大学音乐学院进京演出…………（119）
阿根廷欲望探戈舞团到京演出……………（119）
摩纳哥蒙特卡洛芭蕾舞团到京演出………（120）
以色列巴切瓦舞团到京演出………………（120）
台湾蟲舞剧场进京演出……………………（120）
台湾舞蹈家许芳宜进京演出………………（120）
美国保罗·泰勒舞现代舞团到京演出………（120）
美国詹妮弗·穆勒舞蹈团到京演出………（120）
黔东南州歌舞团进京演出…………………（120）
纪念
芭蕾舞剧《大红灯笼高高挂》首演
15 周年纪念演出 ………………………（120）
纪念戴爱莲百年诞辰系列活动……………（120）
纪念孙颖学术成果系列活动………………（120）
彭松逝世……………………………………（120）
朱立人逝世…………………………………（121）

美　　术

概况…………………………………………（122）
机构
中国大众文化学会书画院…………………（123）
骏隆文化艺术中心…………………………（123）
故宫学院中国画研究院……………………（123）
北京文化产权交易中心中国书画
艺术品交易平台…………………………（123）
清华大学艺术博物馆………………………（123）
容珍堂美术馆………………………………（123）
金台社区流动美术馆………………………（124）
北京当代中国写意油画研究院……………（124）
北京工艺美术博物馆新馆…………………（124）
展览
中国自然之声油画艺术研究院
第二届中国风景油画邀请展……………（124）
“万卷河山”中国美术馆
“典藏活化”系列展 ……………………（124）
中国艺术研究院工笔画精品展……………（124）
“领袖·人民”中国国家博物馆藏
现代经典美术作品展……………………（124）
高冀生钢笔建筑速写画展…………………（125）
“戏韵丹青”——戏画八名家作品展………（125）
中国抽象艺术研究展………………………（125）
中华民族大团结全国美术作品展…………（125）
崔如琢故宫大展……………………………（125）
北京画院画家小幅油画展…………………（125）
近现代艺术大师油画作品展………………（125）
曾成钢中华民族大团结主题
雕塑创作观摩展…………………………（126）
《后禊帖》江超作品展 ……………………（126）
张凭艺术回顾展……………………………（126）
孙滋溪艺术展………………………………（126）
姚鸣京艺术展………………………………（126）
阳光地带书画十人展………………………（126）
吴休作品展…………………………………（126）
闻立鹏油画艺术展…………………………（126）
孙路坦培拉绘画作品展……………………（126）
老甲大写意作品展…………………………（127）
“中国精神·中国梦——美丽乡村行”
写生采风作品展…………………………（127）
韦江凡作品展………………………………（127）
中国美术馆藏连环画原作精品展…………（127）
中国艺术研究院中国雕塑院建院
九周年雕塑展……………………………（127）
第二届中国当代陶瓷艺术大展……………（127）
荣宝斋中国画双年展 2016 ………………（128）
全国少儿美术优秀作品汇报展……………（128）
“人民形象·中国精神”中国艺术研究院
艺术创作大展……………………………（128）
庆祝中国共产党成立 95 周年
全国美术作品展…………………………（128）
“走向自由”——古元艺术的
内在精神展………………………………（128）
庆祝中国共产党成立 95 周年“一带一路”
主题民间工艺美术展……………………（128）
中国当代工艺美术双年展…………………（128）
中国国家画院青年画院中国画作品展……（129）
当代没骨画邀请展…………………………（129）
中国艺术研究院中青年艺术家系列展……（129）
首届中国美术馆收藏青年美术作品展……（129）
“宫苑撷英”中国工笔重彩花鸟画展 ……（129）
彭斯绘画展…………………………………（129）
沈尧伊《地球的红飘带》连环画
原作研究展………………………………（129）
袁武水墨人物画展…………………………（129）
孙浩水墨作品展……………………………（130）
伍必端艺术研究展…………………………（130）
故宫藏历代书画展…………………………（130）
北京美协第十五届新人新作展……………（130）
第三届中国油画双年展……………………（130）
2016 全国素描艺术大展 …………………（130）
首届国际学院版画联盟邀请展……………（130）
李延声艺术展………………………………（131）
第三届世界华侨华人美术书法展…………（131）
张重庆油画艺术展…………………………（131）
黄胄作品展…………………………………（131）

许俊中国画展…………………………………(131)
刘焕章雕塑艺术展……………………………(132)
“诗意的流动”——中国铁路
美术作品展………………………………(132)
中国油画艺术国际巡展归国汇报展暨
2016 中国国家画院年展油画院展………(132)
20 位中青年画家“深入生活、扎根人民”
主题实践活动成果汇报展览……………(132)
李宝林八十艺术展……………………………(132)
杨晓阳美术作品展……………………………(133)
谭权书捐赠作品展……………………………(133)
王界山画展……………………………………(133)
图像·画意：当代工笔画学术邀请展………(133)
“北京意象·休闲平谷”绘画作品展………(133)
2016 中国雕塑邀请展………………………(133)
中华史诗美术大展……………………………(133)
王建中艺术作品展……………………………(133)
首届全国残疾人书画展………………………(134)
2016 中国国家画院“一带一路”采风
写生作品展………………………………(134)
第四届架上连环画展…………………………(134)
韩美林八十大展………………………………(134)
第十届中国工笔画作品展……………………(134)

活动

笔墨纸砚系列论坛……………………………(134)
基层劳动者风采美术作品展…………………(134)
第十五届北京电影学院漫画节………………(135)
中国美术国际交流公益基金设立……………(135)
天津人物画发展研讨会………………………(135)
《中国岩画（中英文）》期刊创刊推介会……(135)
第七届北京双年展创作研讨会………………(135)
第十六届 PHE 国际青少年书画
大会美育盛典……………………………(135)
中国陶瓷艺术发展基金创作基地揭牌………(135)
“美术馆的历史与未来趋势”
国际学术研讨会…………………………(135)
北京市文联书画创展基地揭牌………………(136)
中国绘画发展百年之路研讨会………………(136)
中国国家画院成立多个画种的
研究机构…………………………………(136)

比赛

第二届“石景宜博士杯——华夏书画
创作大赛”………………………………(136)
首届少儿环保公益绘画大赛…………………(136)
2016“樱花杯”全国青少年美术
作品展赛…………………………………(136)

交流

徐培晨百猴迎春展……………………………(136)
徐竹初木偶雕刻作品捐赠展…………………(137)
首届龙都书画名家进京作品交流展…………(137)
阿鸽作品展……………………………………(137)
何塞－玛丽亚·卡诺艺术展…………………(137)
周逢俊中国画展………………………………(137)
周中耀工笔画艺术展…………………………(137)
张江舟、罗伯特·哈特曼艺术交流展………(137)
西安美术学院版画系教师作品展……………(137)
胶东风情——烟台美术作品展………………(138)
威尼斯与威尼斯画派展………………………(138)
“美丽厦门”当代美术作品进京展…………(138)
中国写意油画学派名家研究展………………(138)
刘运君山水画展………………………………(138)
李震坚艺术展…………………………………(138)
闽籍艺术名家书画（北京）邀请展…………(138)
“丝路之梦”——兰州美术作品展…………(139)
临沂市书画作品晋京展………………………(139)
法兰西艺术院院士作品邀请展………………(139)
湖北省国画作品展……………………………(139)
谌北新油画艺术展……………………………(139)
沈阳书画院写生创作精品特展………………(139)
沈启鹏绘画六十年回顾展……………………(139)
江苏省国画院 60 年·中国画书法
作品展……………………………………(140)
毕加索走进中国艺术展………………………(140)
刘玉泉花鸟画展………………………………(140)
新中国美术家系列——黑龙江省国画
作品展……………………………………(140)
新中国美术家系列——福建省国画
作品展……………………………………(140)
“美丽中国 幸福香港”——2016 香港
美协会员展………………………………(140)
俄罗斯的心灵作品展…………………………(140)
“中国写意——来自中国美术馆的展览”
法国展……………………………………(140)
中国油画艺术国际巡展………………………(140)
意大利 19 世纪末—20 世纪初绘画
精品展……………………………………(140)
“祥泰之州”书画作品展……………………(141)
李斯特逝世 130 周年纪念展…………………(141)
广西柳州三江农民画晋京展…………………(141)
新中国美术家系列——山东省国画
作品展……………………………………(141)
赵绪成水墨艺术展……………………………(141)
河南省周口市书画名家作品晋京展…………(141)
“互绘·相知”——中外美术作品展………(141)
“丝路新语——我们新疆好地方”
美术作品展………………………………(141)

"中国写意——来自中国美术馆的艺术"
墨西哥展……（142）
河北美术作品进京展……（142）
纪念天津美术学院办学 110 周年教师作品展……（142）
"心智与图式"绘画作品展……（142）
张伟民花鸟画展……（142）
尼瓦尔唐卡·艺术展……（142）
姚钟华绘画艺术展……（142）
吴大羽作品展……（142）
司徒安雕塑绘画艺术展……（142）
傅山书画精品展……（143）
"东方画艺"——15 至 19 世纪中韩日绘画展……（143）
王庆淮山水画作品展……（143）
邯郸学院艺术学院美术作品展……（143）
"基弗在中国"展……（143）
丹青逸韵：广西书画院书画展……（143）
杜滋龄中国画作品展……（143）
郝平版画作品展……（143）
"美丽南方·广西"——中国美术作品展……（143）
俄罗斯艺术家达西家族作品展……（144）
"艺海同舟"——港澳台鲁首届名家邀请展（北京站）……（144）

收藏

北京工艺美术博物馆获捐梁永和作品……（144）
中国国家博物馆获捐蒋兆和油画《蒋光鼐像》……（144）
杨振宁夫妇向中国美术馆捐赠熊秉明的雕塑作品……（144）

纪念

鲁迅逝世 80 周年纪念展……（144）
罗工柳百年诞辰纪念展……（144）
邹佩珠纪念展……（145）
沈尧伊作品十年汇选（2005—2015）展……（145）
孙滋溪逝世……（145）
中国美术馆馆藏杨之光作品陈列展……（145）
庆祝中国共产党成立 95 周年全国美术作品展……（145）
韦江凡逝世……（145）
庆祝中国共产党成立 95 周年美术作品展览……（146）
彦涵百年诞辰纪念展……（146）
萧朗书画艺术展……（146）
田世光百年诞辰纪念展……（146）
秦宣夫 110 周年诞辰专题展……（146）
祝大年百年诞辰纪念展……（146）
纪念红军长征胜利 80 周年全军美术作品展览……（146）
纪念红军长征胜利八十周年全国名家书画艺术大展……（147）
纪念红军长征胜利八十周年美术作品创作展……（147）
纪念中国工农红军长征胜利 80 周年美术作品展……（147）
刘知白艺术展……（147）
陈半丁诞辰 140 周年纪念展……（147）
罗工柳、郁风、彦涵、丁聪百年诞辰纪念座谈会……（147）
陈师曾 140 周年诞辰特展……（147）
贺友直艺术回顾展……（147）
王琦逝世……（148）
纪念红军长征胜利 80 周年中央美院"接力"系列展……（148）

书法　篆刻

概况……（149）

机构

中央企业书法专业委员会……（149）
国家开放大学书画艺术教育研究院书法学院……（149）

展览

寸耕堂陶印展……（149）
谢云书画艺术展……（150）
"翰墨传承"——中国美术馆当代书法邀请展（2015）……（150）
"迎丙申猴年"——楹联书法展……（150）
平谷第八届上元雅集"友谊奖"书法展……（150）
范曾著《锦文掇英——学研习近平用典心得》书法作品捐赠展……（150）
玄一书道展暨崔学路书法展……（150）
"追梦之旅"张海书法展……（150）
王念堂期颐书法展……（150）
第 23 回"书画名家作品国际联展"……（151）
荣宝斋藏近现代名家楹联作品展……（151）
"大美篆刻"——走进生活中的篆刻艺术作品展……（151）
纪念中国共产党成立 95 周年全国书法名家邀请展……（151）
"明于古今"——书法博士九人学术展……（151）
"鉴古开今"——军旅书法家作品展……（151）

“大家说”曾翔书法展……(151)
“高僧墨宝 丹青中国”——当代佛教高僧书画展……(151)
“书心舒怀”——书法楹联名家邀请展……(151)
“翰墨传承”——中国美术馆当代书法邀请展(2016)……(151)
“京华墨韵”——第十八届北京书法篆刻精品展……(152)
“大美京郊”——第七届北京·美丽乡村书法艺术展……(152)
“翰墨凝香”——北京第二届女书法家作品展……(152)
2016中国国家画院年展书法篆刻院作品展(152)

活动

送欢乐下基层慰问笔会……(152)
北京杏坛美术馆第一期书法高研班结业展……(152)
“刀笔纵横”现代刻字艺术大讲堂……(153)
2016扶贫日书法名家邀请展……(153)

评奖

“决胜十三五,全面建小康”全国征联活动……(153)
第五届“兰亭杯”北京中小学生书法大赛……(153)
“中国梦·翰墨朝阳”第二届全国书法大赛……(153)
“文化中国·森茂杯”2016全国优秀书法作品展评选活动……(153)

交流

第33届中日名家书法联展……(153)
张仲亭书国学经典作品展……(153)
安道—北朝佛教摩崖经原拓书法展……(153)
喜迎G20·西泠印社文化艺术系列活动……(154)
北京东城·河北正定2016年书法创意作品巡展……(154)
张德林书法展……(154)
“京什书缘”书法交流展……(154)
马士达作品展……(154)
章祖安书法展……(154)
王冬龄书法艺术展……(154)

研讨

中韩书法研讨交流会……(154)
2016首届中国古篆艺术论坛……(154)
中国现代书法30年学术研讨会……(155)

捐赠 收藏

言恭达向中国人民革命军事博物馆捐赠书法作品……(155)
范曾向国家博物馆捐赠书法作品……(155)
乐泉向中国美术馆捐赠书法作品……(155)
中国人民抗日战争纪念馆获赠《重读抗战家书》书法作品……(155)
申万胜向中国人民革命军事博物馆捐赠书法作品……(155)
朱奕龙向中国美术馆捐赠于右任书法作品……(155)

纪念

纪念红军长征胜利80周年军旅书家邀请展……(155)

摄 影

概况……(156)

机构

水利老摄影家协会……(156)
童心摄影俱乐部……(156)
北京公益摄影协会成立……(157)
北京十一学校青少年摄影教育基地……(157)
罗红摄影艺术馆开馆……(157)

展览

朱宪民摄影作品展……(157)
“行走·发现”摄影作品展……(157)
“2016差距”摄影展……(157)
第六届“聚焦美丽乡村”摄影展……(157)
国际摄影邀请展……(157)
“看·真的·印度”摄影作品展……(158)
刘嘉楠摄影展……(158)
2015平谷摄影艺术精品展……(158)
“城市·故事”全国主题摄影大展……(158)
“你好丰台”摄影展……(158)
“北京·年轮”系列影像展……(158)
全国电力环保主题摄影大展……(158)
中国古建筑摄影展……(158)
“美丽的苍穹”星空摄影展……(158)
自闭症儿童公益摄影展……(158)
“创建文明城区共享和谐生活”摄影展……(158)
“爱,不隔阂”公益摄影展……(159)
“撩·动”巫文云个人影展……(159)
“北海皇家邮驿”摄影展……(159)
首届中国历史名园摄影作品展……(159)
京城古树记忆摄影展……(159)
“生于80年代”——卢北峰摄影展……(159)
北京外国语大学师生摄影作品收藏展……(159)
“我看见的世界”摄影作品展……(159)
“乡土中国”摄影艺术大展……(159)
庆祝中国共产党成立95周年摄影展……(160)

"南极日记"纪实摄影个展……………………（160）
王宁摄影作品展……………………………………（160）
99个中国人肖像故事手机摄影展…………（160）
"镜头中的朝阳·爱在朝阳"摄影展………（160）
"寻光觅影　聚焦颐和"摄影展……………（160）
东城区2016年摄影艺术作品展……………（160）
"看山见雨"个人摄影作品展………………（160）
第10届中国摄影金像奖获奖者
　摄影作品展……………………………………（160）
"情系雪域高原"摄影作品展………………（160）
中国照相馆进京60年图片展………………（161）
史民峰摄影艺术作品展…………………………（161）
第二届北京摄影艺术大展………………………（161）
京杭大运河再骑行刘世昭摄影展……………（161）
2016"欢乐春节"活动摄影展………………（161）
"记录崇高精神，凝聚闪光力量"
　摄影展…………………………………………（161）
"视觉档案古都卷之北京"摄影设计
　交流展…………………………………………（161）
2016"我爱北京"大栅栏国际摄影展………（161）
"深入生活、扎根人民"主题实践
　活动成果摄影展………………………………（161）
青年纪实摄影师联展……………………………（162）
王彦斌摄影艺术作品展…………………………（162）
"孙中山与华侨华人"主题图片展…………（162）
"绿海家园　四季如歌"摄影创作
　精品展…………………………………………（162）
"街拍中国"2016年度摄影师群展…………（162）
2016抗洪纪实摄影展…………………………（162）
"岛语"摄影作品回顾展………………………（162）
京都十五子摄影作品展…………………………（162）
2016"休闲胜地·醉美平谷"
　摄影作品展……………………………………（162）
首届中国民族影像志摄影大展………………（162）
朝阳区温榆河、通惠河影像展………………（162）
首届北京街道市民摄影大展…………………（163）

会议　活动

首届摄影曙光学校青少年摄影
　教育研讨会……………………………………（163）
陈勃摄影七十周年研讨会………………………（163）
首都摄影志愿者走进丰台摄影
　志愿活动………………………………………（163）
引汉济渭摄影与水文化思考研讨会…………（163）
北京摄影家协会第五届第八次理事会………（163）
第十九届中国国际照相机械影像器材
　与技术博览会…………………………………（164）
第四届亚洲新闻摄影比赛………………………（164）
"说说摄影收藏的事儿"艺术沙龙…………（164）
"摄影家银行卡"发行…………………………（164）
北京国际摄影周2016…………………………（164）
第十一届中国摄影艺术节………………………（165）
"摄影之外"——中青年人才培训班………（165）

研讨

张印泉摄影研讨会………………………………（165）
中国摄影留学生学术研讨会暨作品展………（165）
摄影译文研讨会…………………………………（165）
第十六届平遥国际摄影大展
　可持续发展研讨会……………………………（165）
高校摄影教育与青年影像研讨会……………（166）

交流

"不一样的东莞"摄影作品展………………（166）
"春韵天成　美丽昆明"摄影艺术展………（166）
"台湾灯会"旅行摄影展………………………（166）
八闽古村落古民居摄影展………………………（166）
"天路雪之旅·雪场乐之行"
　摄影交流活动…………………………………（166）
摄影家眼中的澳门摄影图片展………………（166）
"优美遂宁'三城'魅力"摄影展…………（166）
麦克·山下"一带一路"摄影展……………（167）
林毅凉山公益行摄影展…………………………（167）
保罗·卡普尼格罗"直接摄影"原作展……（167）
山东日照旅游风光摄影展………………………（167）
"绿原仙境·巴彦淖尔"全国摄影大展……（167）
国际野生生物摄影年赛获奖作品展…………（167）
"中国好风光"全国摄影大展………………（167）
赵羡藻摄影艺术展………………………………（167）
"胴影"吕西安·克莱格
　人体摄影作品展………………………………（167）
中美汽车文化摄影展……………………………（167）
海螺沟进首都高校摄影展………………………（168）
"蓝色国土　美丽河北"全国
　海洋摄影展……………………………………（168）
索尼世界摄影大赛获奖作品展………………（168）
"父与子"摄影展………………………………（168）
"女人的房间"摄影展…………………………（168）
北京专题图片展览………………………………（168）
佩德罗·梅耶尔的摄影作品展………………（168）
南水北调中线工程摄影展………………………（168）
威廉·埃格斯顿摄影作品展…………………（168）
第28届中国华北摄影艺术展………………（169）
尹永宏乡村人文纪实摄影展…………………（169）
"我的嘉陵江"摄影展…………………………（169）
"云南怒江生物多样性"摄影展……………（169）
"中华水塔·三江源国家公园生态
　保护成果"摄影展……………………………（169）
陕西府谷赵勇摄影作品晋京展………………（169）

2016 中国张家口（国际）摄影大展 ………（169）
"农民工·我的兄弟姐妹"摄影展 …………（169）
"美丽的罗马尼亚"摄影展 …………………（169）
中国摄影大师齐观山影像遗珍展
　启动仪式 ……………………………………（169）
周笔畅个人摄影展 ……………………………（170）
迪尔曼·克瑞恩铂金印相影像展 …………（170）
56 民族半世纪爱情镜像摄影展 ……………（170）
第四届"包商银行杯"中国国际
　摄影双年展 …………………………………（170）

纪念

李兰英逝世 ……………………………………（170）
林少忠逝世 ……………………………………（170）
沈延太摄影艺术纪念展 ………………………（171）

出版与传播

《百名摄影师聚焦陕西》画册首发 …………（171）
摄影画册《荷花四部曲》出版 ………………（171）
《百名摄影师聚焦加拿大》画册首发 ………（171）
"影观达茂"新书发布 …………………………（171）

图书馆

概况 ……………………………………………（172）

机构

"甲骨文·悦读"公共图书馆开馆 …………（172）
"青少年中华传统文化教育基地"
　授牌仪式 ……………………………………（172）
中国图书馆学会高职院校图书馆
　分会成立 ……………………………………（172）
国家图书馆挂牌全国少儿报刊
　阅读基地 ……………………………………（173）
北京国际经济贸易资料中心在
　首图成立 ……………………………………（173）
中国汽车图书馆正式揭牌成立 ………………（173）

活动

·会议与研讨·

区域联盟建设研讨会暨 2016 年北京地区
　高校图书馆馆长交流会 ……………………（173）
《中华古籍保护计划"十三五"时期
　规划纲要》编制审议会议 …………………（173）
北京市图书馆协会医院图书馆专业
　委员会 2016 年年会 …………………………（174）
2016 年全国公共图书馆技术部
　主任会议 ……………………………………（174）
基于社交的图书馆知识空间建设
　学术研讨会 …………………………………（174）
北京市公共图书馆基层图书服务资源
　整合工作专题会 ……………………………（174）
"数据驱动知识发现：情报学与数据
　科学的交互与融汇"国际研讨会 …………（174）
全国党校系统图书馆工作会议 ………………（174）
全国古籍普查登记工作调研会议 ……………（175）
《古本戏曲丛刊》第六集出版座谈会 ………（175）
《美国埃默里大学神学院图书馆藏中文
　古籍目录》发布座谈会 ……………………（175）
中图学会公共图书馆分会 2016 年
　工作会议 ……………………………………（175）
北京市公共图书馆馆长工作会 ………………（176）
全国建筑院校情报网第二十八届年会 ………（176）
大学图书馆可持续发展战略学术研讨会 ……（176）
京津冀图书馆发展合作研讨会 ………………（176）
北京市教育学会中小学教育文献信息
　研究会 2016 学术年会 ………………………（176）

·考　察·

刘奇葆到国家图书馆调研 ……………………（176）

·讲座与论坛·

2016 年度"乡土课堂"正式开讲 …………（177）
第五届图书馆资源建设学术交流论坛 ………（177）
首届北京大学"数字人文论坛" ……………（177）
2016 年中国科学院知识服务资源保障
　高层论坛 ……………………………………（177）
推动信息服务发展创新高层论坛 ……………（177）

·读者活动·

北京教育学院图书馆组织开展
　中小学图书馆课程活动 ……………………（177）
国图全面启动 2016 年春节系列活动 ………（178）
2016 年"我与中华古籍"创客大赛 ………（178）
"文津经典诵读"诗歌吟诵会 ………………（178）
"市民学习计划"主题活动 …………………（178）
第六届北京换书大集 …………………………（179）
第十一届文津图书奖颁奖暨国图
　公开课一周年特别活动 ……………………（179）
国图联合业界开展图书馆公开课世界
　读书日专题活动 ……………………………（179）
2016 年北京高校图书馆面向中小学生
　开放活动启动仪式 …………………………（179）
首图"中华美德少年行——家风故事
　宣讲活动" …………………………………（179）
2016 年全国少儿诗词在线诵读活动
　正式启动 ……………………………………（180）
"书香首图　悦读阅美"中小学校外
　实践活动 ……………………………………（180）
"书香溢我家"家庭情景剧比赛 ……………（180）
"心有榜样"讲故事比赛 ……………………（180）
第二届全国少年儿童"我的藏书票"

设计大赛…………………………………（181）
北京市青少年“书香北京 阅读有我”
活动展示…………………………………（181）
·捐赠与收藏·
中国民族图书馆获赠“第三届向全国
推荐百种优秀民族图书”…………………（181）
《冬饮丛书》等系列珍贵典籍入藏国图……（181）
京剧表演艺术家孙毓敏捐书仪式…………（181）
中国作协向北京师范大学图书馆
捐赠图书…………………………………（181）
·读者服务·
国家数字图书馆体验区亮相第十三届
中国国际网络文化博览会…………………（182）
教育学院图书馆支持中小学生综合
实践课程…………………………………（182）
“首图动漫在线”推出《幸福四合院之
京味儿趣玩》……………………………（182）
首图引进“OverDrive 赛阅数字图书馆”……（182）
“中国科讯”APP 公开试用…………………（182）
首图少儿馆重新开放………………………（183）
中科院科技论文预发布平台………………（183）
首都图书馆移动版官网正式上线…………（183）
首图历史文献阅览室恢复开放……………（183）
长征七号运载火箭首飞搭载中华典籍
交接仪式…………………………………（183）
M 地铁·图书馆“童书专列”………………（184）
国图发布“全国古籍普查登记基本
数据库”和“中华古籍资源库”…………（184）
国图打造日本对华调查档案资料数字化
服务平台…………………………………（184）
最高人民法院数字图书馆上线……………（184）
中国文化中心数字图书馆上线……………（184）
国家哲学社会科学文献中心正式上线……（185）
·展 览·
“悦读阅美”——2015 年请读
书目主题展………………………………（185）
2016 年国家图书馆楹联文化展……………（185）
中国民族古籍再生保护成果展……………（185）
中国少数民族典籍文化展…………………（185）
“民族记忆 精神家园”——国家珍贵
古籍特展…………………………………（185）
“红色记忆”——纪念中国共产党成立
95 周年馆藏文献展………………………（186）
首图“我的数字生活”2016 年数字
资源主题展………………………………（186）
首图“梦回临川四百年——汤显祖
戏曲文献展”……………………………（186）
“坐上贝格尔号，驶向书中的博物世界”
主题展览…………………………………（186）
再遇芥子园——《芥子园画传》与
当代名家对话展…………………………（187）
·表彰与奖励·
首都图书馆荣获“全国科普
教育基地（2015—2019）”称号…………（187）
第十一届文津图书奖………………………（187）
·交 流·
国图馆长助理会见澳大利亚驻华大使……（187）
国图馆长会见世界卫生组织驻华代表……（187）
日本丸善雄松堂株式会社代表团
访问首都图书馆…………………………（187）
台湾学子暑期在首图………………………（188）
国图馆长韩永进会见国际图联主席和
秘书长……………………………………（188）
中国国家图书馆与日本国立国会
图书馆举行第 35 次业务交流活动………（188）
哈萨克斯坦图书角揭幕仪式在中国
国家图书馆举行…………………………（188）

基础建设

·设施建设·
北京工业职业技术学院图书馆新馆
开馆仪式…………………………………（188）
中央财经大学沙河校区图书馆
开馆试运行………………………………（188）
清华大学图书馆举办北馆（李文正馆）
开馆典礼…………………………………（189）
·业务建设·
国家科技图书文献中心与威立出版社
开通回溯期刊数据库……………………（189）
“中华传统文化百部经典”
编纂全面启动……………………………（189）
BALIS 管理中心与 NSTL
签订合作协议……………………………（189）
·队伍建设·
《普通高校图书馆规程（修订）》
解读暨“教育部高校图书馆事
实数据库系统”培训会…………………（189）
第一期全国佛教古籍保护管理研修班……（190）
中国—南亚图书馆管理与服务
高级研修班………………………………（190）
·纪 念·
任继愈百年诞辰纪念活动…………………（190）

专题介绍

中国地质图书馆……………………………（190）
北京工业职业技术学院图书馆……………（191）
中国女性图书馆……………………………（191）

出版与传播
《东京审判文献资源数据库》出版 …………（191）
《智库理论与实践》创刊 ……………………（191）
东北抗日联军专题三部书首发………………（192）
对日战犯审判三部历史文献首发出版………（192）

群众文化

概况 ……………………………………………（196）
机构
海淀区北部文化中心…………………………（196）
业务建设
北京市人民政府办公厅转发市文化局等部门《关于政府向社会力量购买公共文化服务的实施意见》发布 ……………………（196）
完成第二批国家公共文化服务体系示范区（项目）的验收工作………………（197）
启动首都公共文化服务示范区创建工作……………………………………（197）
加强基层设施建设……………………………（197）
加强通州城市副中心文化设施建设…………（197）
加快数字化建设………………………………（197）
构建文化活动配送体系………………………（197）
基层公共文化人才队伍调查统计工作………（197）
群众文化组织员建设…………………………（197）
作品
学生版音乐剧《妈妈咪呀！》…………………（198）
儿童舞剧《梦》…………………………………（198）
长篇小说《暗斗》………………………………（198）
活动
2016 年全国乡村春节联欢晚会 ……………（198）
“我们的中国梦，文化进万家”舞蹈教学成果展示…………………………（198）
文化部老艺术家赴北京房山送演出…………（198）
首都书画家到马驹桥写春联送福字…………（198）
艺术家为大栅栏居民写春联…………………（198）
发放免费庙会门票……………………………（198）
第八届北京文化志愿者“送福到家”活动 ……………………………（198）
市文联组织首都艺术家开展元旦、春节文化慰问活动 ………………………（199）
猴年新春北京文化活动………………………（199）
北京公园风景区开展迎新春文化活动………（199）
公园景区开展文化活动迎端午………………（200）
中国文联文艺志愿服务团到房山慰问演出 ………………………………（200）
文化部老年大学民乐队专场音乐会…………（200）
中国舞蹈考级 10 周年教学成果展演 ………（200）
首都市民合唱周系列活动……………………（200）
市直机关第四届文化艺术节…………………（200）
首都老干部歌咏大会…………………………（200）
中央国家机关干部职工文艺会演……………（201）
京津冀群众精品文艺节目展演………………（201）
中科院举办“科技组歌”音乐会……………（201）
开展首都市民系列文化活动…………………（201）
群众文艺创作成果丰硕………………………（201）
公益文化惠民活动蓬勃开展…………………（201）
推动京津冀公共文化协同发展………………（201）
推进示范志愿项目……………………………（201）
演出
国家大剧院慰问首都外来务工人员专场演出 ………………………………（201）
中央军委慰问驻京部队老干部迎新春文艺演出 …………………………（202）
国家大剧院五月音乐节“走出去”公益演出 ………………………………（202）
展览
中国工商银行首届书法美术摄影展…………（202）
群众摄影文化活动作品展……………………（202）
百姓摄影家公益影像展………………………（202）
儿童“非遗”作品专题展……………………（202）
“美丽月季　美好家园”书画摄影巡展 ……（202）
中国报业书法展………………………………（202）
中央国家机关举办第四届职工书画摄影展 ……………………………（202）
全国企业书法美术摄影精品展………………（202）
北京市第八十中学建校六十年摄影、书画作品展 ……………………………（203）
“影像北京”——纪念长征胜利 80 周年书法、美术、摄影作品展……………（203）
“中国梦·劳动美”第三届全国职工摄影书画展 ……………………………（203）
“最美环卫人”—— 2016 年北京文化志愿者主题摄影展…………………（203）
民俗活动
吴裕泰第六届新春茶文化庙会………………（203）
轻型文化民俗庙会……………………………（203）
20 万张庙会门票免费向公众发放 …………（203）
第八届北京端午文化节………………………（204）
恭王府中秋赏月文化活动……………………（204）
2016 年西城区中秋节群众游园赏月活动 ……………………………（204）
校园文化
“大师与少年”校园音乐会 …………………（204）
“童心向党”歌咏活动优秀节目展览 ………（204）

“书香·传爱”名家进校园活动在北京启喑实验学校举办……（204）
“追逐梦想·光彩绽放”合唱音乐会……（204）
北京 PVPC 童声合唱团专场音乐会……（204）
歌剧兴趣培养学校《长征》主题会演……（205）
赛事
2016 年北京市学生街舞比赛……（205）
第二届北京中老年声乐比赛活动……（205）
“舞动北京”全民广场舞大赛……（205）
第三届北京市老年舞蹈大赛……（205）
2016“金刺猬”大学生戏剧节……（205）
北京社区舞蹈大赛……（205）
第三届“北京之声”2016 首都市民合唱周……（206）
《丰碑》荣获文化部第十七届“群星奖”……（206）
第三届“我爱唱歌”——2016 年京津冀百姓歌手大赛……（206）
2016 第三届戏曲票友大赛……（206）
交流
欢乐春节·地坛文化庙会全球行……（206）
京台两社区网上联谊共度中秋……（207）
培训　讲座
“互联网＋”文化馆现代化建设与发展培训班……（207）
“我们的中国梦，文化进万家”舞蹈教学成果展示……（207）
北京市群众舞蹈编导创作班……（207）
千名基层文化骨干培训工程……（207）
中国舞蹈考级 10 周年全国教学成果展演……（207）
探索与研究
理论征文助推全市群众文化发展……（207）

各区文情

东城区……（209）
西城区……（213）
朝阳区……（217）
海淀区……（221）
丰台区……（224）
石景山区……（228）
通州区……（232）
顺义区……（236）
怀柔区……（240）
平谷区……（244）
昌平区……（248）
门头沟区……（252）
房山区……（256）
大兴区……（260）
密云区……（264）
延庆区……（268）

索　　引

笔画索引……（273）
拼音索引……（290）

规章、规范性文件目录

规　　章

名　　称	发布日期	实施日期
北京市人民政府办公厅印发《关于支持戏曲传承发展的实施意见》的通知	2016 年 7 月 22 日	2016 年 7 月 22 日
北京市人民政府办公厅转发市文化局等部门《关于政府向社会力量购买公共文化服务的实施意见》的通知	2016 年 7 月 31 日	2016 年 7 月 31 日

规 范 性 文 件

名　　称	发布日期	实施日期
北京市文化局关于印发《北京市剧院运营服务平台项目管理办法》的通知	2016 年 11 月 24 日	2017 年 1 月 1 日
北京市文化局关于印发《北京市基层图书服务资源整合实施管理办法》的通知	2016 年 12 月 28 日	发布 30 日后

大事记

2016 年北京文化艺术大事记

2015 年 12 月 22 日—2016 年 1 月 2 日，“不一样的东莞”摄影作品展在中国国家博物馆展出。

2015 年 12 月 30 日—2016 年 1 月 4 日，“春韵天成　美丽昆明”摄影艺术展在规划艺术馆展出。

1　月

1 月 4 日—3 月 28 日，第三届北京曲剧艺术节在昌平区举办。

1 月 5 日—9 日，“互联网＋文化馆现代化建设与发展培训班”在中央文化管理干部学院举办。

1 月 6 日，话剧《给我一颗西地那非》在鼓楼西剧场首演。

1 月 6 日，暴风摇滚公益基金会在北京成立。

1 月 7 日，第五届图书馆资源建设学术交流论坛在北京举办。

1 月 7 日—10 日，台湾戏剧表演家剧团携话剧《预言》在北京天桥艺术中心中剧场上演。

1 月 7 日—25 日，“行走 · 发现”——北京电影学院摄影学院 2015 社会实践师生摄影作品展在景山公园红墙影廊展出。

1 月 8 日，2016 年全国乡村春节联欢晚会在北京星光影视城举行。

同日，2016 年北京地区高校图书馆馆长交流会在北京召开。

同日，由国家话剧院制作的小剧场话剧《特殊病房》在国家话剧院先锋剧场首演。

同日，大型亲子音乐剧《虎妈猫爸》在北展剧场首演。

1 月 8 日—9 日，2015 中国网络文化产业年会在国家会议中心举办。

1 月 8 日—17 日，“台湾灯会”旅行摄影展在北京侨福芳草地举办。

1 月 9 日，2016 第十三届中国文化产业新年论坛在北京大学举行。

同日，2015 中国散文排行榜在北京揭晓。

同日，首届摄影曙光学校青少年摄影教育研讨会在北京举行。

1 月 9 日—19 日，“派江吻海，山水相依”——八闽古村落古民居摄影展在中国美术馆展出。

1 月 9 日—20 日，“含英咀华”——中国艺术研究院工笔画精品展在中国美术馆举办。

1 月 10 日，首届艺术产业园区发展论坛在北京举行。

同日，“文化暖心”——国家大剧院慰问首都外来务工人员专场演出在国家大剧院举办。

1 月 12 日—14 日，“2016 铸梦计划 · 全球化视野下的舞台艺术发展”活动在北京举行。

1 月 15 日—17 日，西班牙玛利亚 – 佩姬舞蹈团携其舞作《我，卡门》在国家大剧院演出。

1 月 15 日—18 日，北京广角摄影学会与张家口市桥东区摄影家协会在张家口共同举办了“天路雪之旅 · 雪场乐之行”——摄影交流活动。

1 月 15 日—22 日，“2016 差距”摄影展在西城区文化中心展出。

1 月 15 日—22 日，第六届“聚焦美丽乡村”摄影展在中华世纪坛中心展厅展出。

1 月 15 日—24 日，“影耀会都 · 光彩怀柔”国际摄影邀请展在首都博物馆展出。

1 月 16 日，新加坡作曲家、音乐制作人李伟菘、李偲菘作品音乐会“听说爱情回来过”在首都体育馆举行。

1 月 17 日，中国艺术职业教育学会社会艺术教育机构工作委员会成立大会在北京召开。

1 月 17 日—2 月 12 日，吴裕泰第六届春节茶文化庙会在吴裕泰王府井茶馆举办。

1 月 18 日，2015 年度《当代》长篇小说年度奖在北京揭晓。

同日，北京工业职业技术学院图书馆开馆仪式在新馆大厅举行。

1月20日，北京人艺演员周正在北京逝世。

同日，中国民族歌剧传承发展座谈会在北京举行。

1月21日，话剧《大师》在北京保利剧院首演。

同日，北京市文化局、中国戏曲学院签订合力推进戏曲艺术出精品、出人才、出流派的战略合作框架协议。

同日，“文传榜·2015”中国文化网络传播系列征集发布活动在北京举行。

1月21日—23日，英国壁虎剧团携舞台剧《迷失》在天桥艺术中心中剧场演出。

1月21日—2月5日，“桃源镜界”——2015平谷摄影艺术精品展在平谷区博物馆展出。

1月22日，由中国剧协、北方昆曲剧院联合制作的昆曲大戏《孔子之入卫铭》在天桥剧场首演。

同日，2015年度中国作家出版集团奖颁奖大会在北京举行。

同日，中国公益题材时尚轻舞剧《26分贝》在中华世纪坛首演。

1月22日—3月14日，中国抽象艺术研究展在今日美术馆举办。

1月23日，“哈尼交响·欢乐新春”音乐会在国家大剧院音乐厅进行首场演出。

同日，大型原创儿童剧《我们在一起》在长安大戏院首演。

1月23日—3月8日，“翰墨传承”——中国美术馆当代书法邀请展（2015）在中国美术馆举办。

1月26日—3月7日，中华民族大团结全国美术作品展在中国美术馆举办。

1月26日—3月15日，“同筑中国梦　共度书香年”——2016年国家图书馆楹联文化展在国家典籍博物馆举办。

1月27日，加强与改进文艺批评专题研讨会在北京召开。

同日，国家大剧院制作的意大利歌剧《歌女乔康达》在国家大剧院歌剧院首演。

1月30日，《北京曲艺60年》画册及系列丛书首发式在老舍茶馆举行。

1月30日—2月22日，中国摄影家协会网站创建15周年暨“城市·故事”全国主题摄影大展在北京龙顺成文化园龙影廊展出。

1月31日—2月15日，“你好丰台”——摄影展在北京世界花卉大观园展出。

1月，中国科学技术协会授予首都图书馆“全国科普教育基地（2015—2019年）”称号。

2　月

2月3日—5日，英国NBT芭蕾舞团携其芭蕾舞剧《了不起的盖茨比》在国家大剧院上演。

2月4日，“一片丹心”——阎肃歌词作品合唱音乐会在北京音乐厅举办。

2月4日—3月4日，“迎丙申猴年”——楹联书法展在中国国家博物馆举办。

2月4日—3月18日，中国民族古籍再生保护成果展在民族文化宫举办。

2月7日—8日，中华曲艺海外行巴拿马站演出分别在巴拿马城ATLAPA体育馆和两洋会展中心大剧院举行。

2月8日—13日，“北京·年轮”系列影像展之“北京零零后”在地坛庙会展出。

2月9日—13日，黎巴嫩卡拉卡拉舞蹈团携舞剧《一千零一夜》在国家大剧院演出。

2月12日，歌词作家阎肃在北京逝世。

2月18日—21日，英国皇家莎士比亚剧团携《亨利四世》（上、下）和《亨利五世》在国家大剧院演出。

2月20日，原创大型交响声乐套曲“为你歌唱”——人民与人民警察的心灵之歌在中国广播剧场首演。

2月24日，埃及丽达民间艺术团访华演出在国家大剧院举办。

同日，位于北京广内街道的“甲骨文·悦读”公共图书馆正式开馆。

同日，《中华古籍保护计划“十三五”时期规划纲要》编制审议会议在国家图书馆召开。

2月25日，第三届“艺韵北京”群众曲艺大赛总决赛在繁星戏剧村壹剧场举办。

2月26日—29日，2016年度亚洲儿童青少年艺术节联盟会议在北京举办。

2月26日—3月6日，“咫尺天地”——北京画院画家小幅油画展在北京画院美术馆举办。

2月27日，中国乐谷·华东乐库乐器城项目在平谷区中国乐谷展示中心落成开放。

2月28日，中国演出行业协会小剧场戏剧专业委员会成立会议在北京召开。

同日，《民族文学》“2015年度奖颁奖会”在北京举行。

2月28日—3月8日，“大美平谷·中国书法之乡”——第八届上元雅集“友谊奖”书法展在平谷博物馆举办。

3　月

3月1日—15日，“大师归来”——近现代艺术大师油画作品展在民族文化宫中国民族艺术馆举办。

3月3日—6日，北京人艺携话剧《原野》在新加坡滨海艺术中心剧院演出。

3月3日—6日，立陶宛OKT剧团携《哈姆雷特》在解放军歌剧院演出。

3月3日—15日，“印象濠江”——摄影家眼中的澳门摄影图片展在澳门特别行政区驻北京办事处展出。

3月4日，《百名摄影师聚焦陕西》画册首发式及作品展览开幕式在北京长安白云酒店举行。

3月4日—19日，“致春天”——国家京剧院优秀剧目展演在梅兰芳大剧院举行。

3月6日，中央财经大学沙河校区图书馆开馆试运行。

3月8日—10日，以色列哈比玛国家剧院携话剧《悭吝人》在首都剧场演出。

3月8日—13日，全国电力环保主题摄影大展在民族文化宫展览厅展出。

3月10日—25日，“丝路之旅”——麦克·山下“一带一路”摄影展全球巡展第一站在北京华彬中心展出。

3月11日—13日，陕西人民艺术剧院携其打造的话剧《白鹿原》在中国剧院演出。

3月14日，第五届唐弢青年文学研究奖颁奖仪式在中国现代文学馆举行。

3月15日，“水利摄影的现象和特征”——引汉济渭摄影与水文化思考研讨会在水利部机关召开。

3月17日—4月8日，范曾著《锦文掇英——学研习近平用典心得》书法作品捐赠展在中国国家博物馆举办。

3月18日，“青铜葵花儿童小说奖”在北京揭晓。

同日，由中国国家话剧院出品、演出的原创话剧《杜甫》在国家话剧院剧场首演。

3月18日—7月3日，第二届中国原创话剧邀请展在北京举办。

3月19日，《诗刊》2015年度陈子昂诗歌奖颁奖活动新闻发布会在北京举行。

3月20日，第二届世界诗歌日音乐会在天桥艺术中心举行。

3月22日—31日，第七届怀柔国际标准舞艺术节在怀柔体育馆举行。

3月24日—11月21日，2016中拉文化交流年活动在北京、上海、南京等中国城市和拉丁美洲与加勒比海地区同时进行。

2016年3月24日—2017年1月23日，威尼斯与威尼斯画派展览在中国国家博物馆举办。

3月25日，“二十一世纪年度最佳外国小说暨邹韬奋年度外国小说奖·2015”颁奖典礼在北京举行。

3月25日—27日，俄罗斯圣彼得堡国立戏剧学院携百变形体剧《魔法师的白手套》在青蓝剧场演出。

3月26日—4月25日，第五期“美丽的苍穹”——星空摄影展在丰台区岳各庄671号院展厅展出。

3月28日，古巴李斯特·阿方索舞蹈团在延庆区康庄镇文体活动中心演出。

3月29日，张君秋京剧艺术研究会在北京设立。

同日，中国民间文艺家协会民族音乐文化产业研究委员会在北京成立。

3月30日，“传承发展戏曲艺术经验交流现场会”在中国评剧院举行。

3月31日，由文化乌镇出品，哲腾（北京）文化传播有限公司制作的话剧《大先生》在中国国家话剧院剧场首演。

同日，北京摄影家协会第五届第八次理事会议在北京召开。

3月—5月，“天桥·华人春天艺术节”在北京举办。

4 月

4月2日，“公益摄影公益中国”首届公益摄影论坛暨“孤独的希望”自闭症儿童公益摄影展在中艺影像学校展出。

4月2日，“阳光体育2016年北京市学生街舞比赛”在北京市地坛体育馆举行。

4月4日，曹文轩获在第53届博洛尼亚国际童书展获2016年度“国际安徒生奖”。

4月5日—5月12日，“永恒”——西方音乐巨匠手稿展在国家大剧院艺术沙龙展厅展出。

4月6日，百老汇经典剧目《狐狸》中文版在北京西区剧场首演。

4月6日—10日，由国家大剧院制作的瓦格纳歌剧《唐豪瑟》在国家大剧院首演。

4月6日—7月17日，国家大剧院歌剧节·2016在北京举办。

4月7日，话剧《他有两把左轮手枪和黑白相间的眼睛》在蜂巢剧场首演。

同日，水利老摄影家协会成立大会在北京举行。

4月7日—5月7日，“创建文明城区共享和谐生活”摄影展在北京世纪兴华医院展出。

4月8日，中国诗歌对外翻译与传播国际高层论坛在北京举行。

同日，北京市图书馆协会医院图书馆专业委员会2016年年会暨第六届常委会换届选举大会在北京召开。

4月8日—9日，赖声川创作的话剧《在那遥远的星球，一粒沙》在北京保利剧院上演。

4月9日，北京晚报读者俱乐部新兴相声馆在新兴宾馆挂牌。

4月9日—10日，“爱，不隔阂”公益摄影展在798尤伦斯当代艺术中心展出。

4月9日—5月6日，“文脉传薪”——2016中国写意油画学派名家研究展在今日美术馆举办。

4月12日，清华大学世界文学与文化研究院正式揭牌。

4月12日—10月26日，2016书香中国暨北京阅读季在北京举办。

4月13日，寰宇梦享（北京）文化传媒有限公司出品的话剧《福斯塔夫狂想曲》在鼓楼西剧场上演。

4月13日—15日，英国TNT剧院携莎士比亚剧作《暴风雨》在北京9剧场演出。

4月14日，小剧场京剧《明朝那点事儿——审头刺汤》在繁星戏剧村首演。

同日，学生版音乐剧《妈妈咪呀！》上演。

4月15日—16日，香港“金马影帝”谢君豪携话剧《南海十三郎》在天桥艺术中心演出。

4月15日—27日，“黑白的冥想”——保罗·卡普尼格罗“直接摄影”原作展在中国美术馆展出。

4月16日，太阳花儿童舞台艺术联盟在中国儿童艺术剧院正式成立。

4月18日，首都图书馆与美国OverDrive公司合作引进的“OverDrive赛阅数字图书馆”正式上线。

4月18日—20日，第二届“中小学舞蹈教育研讨会暨’中小学舞蹈教育传统校’授牌仪式”在北京第二实验小学举行。

4月20日，中国爱乐乐团的指挥家余隆当选美国艺术与科学学院第236届院士。

4月22日—23日，第六届北京换书大集在首都图书馆等19家图书馆举办。

4月22日—24日，香港导演林奕华创作的音乐剧《梁祝的继承者们》在北京保利剧院上演。

4月22日—25日，第十九届中国国际照相机械影像器材与技术博览会在北京国家会议中心举行。

4月23日，“第十一届文津图书奖颁奖暨国图公开课一周年特别活动”在国家图书馆举行。

4月24日—6月10日，“摄影留学后”——中国摄影留学生学术研讨会暨作品展在北京恭王府举办。

4月25日，京剧表演艺术家梅葆玖在北京逝世。

4月25日—5月3日，“北海皇家邮驿”活动摄影展在北海公园东岸展出。

4月25日—6月4日，第十六届“相约北京”艺术节在北京举行。

4月27日，中国民间文艺家协会指导下的中国皮影艺术委员会在北京成立。

4月26日，加拿大圆核CAVALIA剧团携其舞台秀《CAVALIA·舞马》在朝阳公园演出。

4月28日，中国曲艺家协会志愿服务团“送欢笑到基层”在贵州省赤水市举行专场演出。

4月28日，京演交响乐团建团大型交响音乐会在北京京演民族文化宫大剧院演出。

4月28日—5月5日，“来王府井看海”——山东日照旅游风光摄影展在北京王府井大街展出。

4月29日，中国文艺评论家协会艺术产业研究委员会在北京成立。

同日，“知音版”昆曲《怜香伴》在正乙祠戏楼首演。

同日，由光线传媒联合至乐汇出品的舞台剧《左耳》在北京保利剧院首演。

4月30日—5月2日，由朝阳区文化馆主办的“2016潮流音乐节”在北京举办。

4月30日—5月8日，2016年北京戏曲文化周在北京园博园举办。

4月30日—5月22日，“不朽的传承”——法兰西艺术院院士作品邀请展在中国美术馆举办。

5 月

5月1日—21日，国家大剧院五月音乐节在北京举办。

5月4日，2016年北京高校图书馆面向中小学生开放活动启动仪式在中央财经大学图书馆举办。

5月5日，“传统与传承”——京津冀杂技精品节目展演在民族文化宫大剧院举办。

5月6日—10日，内蒙古“绿原仙境·巴彦淖尔”全国摄影大展在民族文化宫展出。

5月7日，中国儿童文学研究会在北京召开中国儿童文学创作、研究现状及未来发展趋势学术研讨会暨换届大会。

同日，第四届冯牧文学奖的颁奖仪式在中国现代文学馆举行。

同日，由国图艺术中心与北京剧盒子文化传播有限公司合作推出的儿童剧《航天奇妙夜》在国家图书馆国图艺术中心首演。

5月7日—14日，新中国美术家系列——湖北省国画作品展在中国国家画院美术馆举办。

5月8日，京剧表演艺术家李世济在北京逝世。

同日，首届青年报告文学理论家研讨会在北京举行。

5月8日—19日，第51届国际野生生物摄影年赛获奖作品展在北京动物园科普馆展出。

5月9日，歌词作家张藜在北京逝世。

5月9日—13日，北京市群众舞蹈编导创作班在北京文化艺术活动中心举办。

5月10日—15日，“越从海上来”——2016年新剧目北京展演在梅兰芳大剧院举办。

5月10日—25日，“中国好风光”全国摄影大展第三届影展开幕式暨第四届影展启动仪式在北京市北海公园举行。

5月11日，2016年度全国公共图书馆技术部主任会议在国家图书馆召开。

5月11日—12日，“纪念戴爱莲先生诞辰100周年系列活动”在北京举行。

5月12日，由北京天艺同歌国际文化艺术有限公司（繁星戏剧村）出品的话剧《爱在无爱城》在繁星戏剧村壹剧场首演。

5月12日，2016年北京市剧院运营服务平台发布第一阶段入围演出剧目。

5月12日—6月11日，“魅力名园　风采中国”首届中国历史名园摄影作品展在颐和园东堤展出。

5月13日—16日，“城市木碑”——京城古树记忆摄影展在闹市口大街永宁胡同37号展出。

5月15日，由雷子乐笑工厂创作的话剧《小雨的冰糖葫芦》在北京风尚剧场举行首场公益演出。

5月15日—6月30日，“胴影”吕西安·克莱格人体摄影作品展在泰吉轩画廊展出。

5月16日，第十届AAC艺术中国·年度影响力评选颁奖活动在故宫博物院建福宫举办。

5月16日—11月24日，2016年北京大学生音乐节在北京举办。

5月17日，“三高文化专项基金”在北京成立。

同日，国家大剧院制作的捷克民族乐派歌剧《水仙女》在国家大剧院歌剧院首演。

5月17日—6月19日，第八届“爱北京　照北京”群众摄影文化活动优秀作品展在首都博物馆展出。

5月18日，为期5个月的“车轮上的生活”——中美汽车文化摄影展在北京汽车博物馆开幕。

同日，国家典籍博物馆“青少年中华传统文化教育基地”授牌仪式在国家典籍博物馆举行。

5月19日，基于社交的图书馆知识空间建设学术研讨会在中国人民大学召开。

同日，“龙声华韵”杜鸣心作品专场音乐会在北京音乐厅举行。

同日，歌唱家郭颂在北京逝世。

5月20日，由北京市教委教育新闻中心和北京青年报联合出品、“教育圆桌”微信公众号承办推出的儿童剧《奔跑吧！小球星》在中国木偶剧院首演。

同日，中国图书馆学会高职院校图书馆分会成立大会在北京举行。

5月20日—31日，首届北京百姓摄影家公益影像展在王府井商业步行街展出。

5月21日，首届北京大学“数字人文论坛”在北京大学图书馆学术报告厅举行。

5月22日，首都文艺志愿者主题公益儿童舞剧《梦》在民族剧院上演。

5月23日，“敛步随音”室内乐新作品音乐会在中央音乐学院音乐厅举行。

同日，“中国精神·中国梦”——美丽乡村行写生采风作品展在中国文艺家之家展览馆举办。

同日，中国少数民族典籍文化展在中国人民大学国学馆展出。

5月24日，大型舞剧《丝路长城》在国家大剧院首演。

5月25日，作家、文学翻译家和外国文学研究家杨绛在北京逝世。

5月25日—28日，2016年北京乐器展在中国国际展览中心（老馆）举办。

5月27日，钱穆版《中国文学史》研讨暨新书发布会在中国现代文学馆举行。

同日，中国—奥地利文学交流报告会在北京举办。

5月27日—6月11日，“中国梦·劳动美”——基层劳动者风采美术作品展在劳动人民文化宫太庙艺术馆举办。

5月28日，由儿童教育剧社和繁星艺术联合出品的儿童剧《美食大冒险》在海淀剧院首演。

5月28日—6月6日，“金陵风骨·其命惟新”——江苏省国画院60年·中国画书法作品展在中国美术馆举办。

5月28日—8月15日，“故事绘”——中国美术馆藏连环画原作精品展在中国美术馆举办。

5月29日，北京儿艺大型原创儿童剧《足球少年》在民族宫大剧院首演，并以网络直播的方式，在乐视网“北京儿艺虚拟剧场”同步推送。

5月30日，第四届亚洲新闻摄影比赛结果在北京揭晓。

5月31日，“天使之眼”——童心摄影俱乐部在首都师范大学附属小学童心剧场揭牌。

同日，中国童书博览会童书榜在北京发布。

同日，网络文学版权保护研讨会在北京举行。

同日，社会主义核心价值观少儿声乐套曲发布会在北京举办。

同日，全国少儿报刊阅读基地在国家图书馆建立。

同日，“童趣景泰蓝”——儿童非遗作品专题展在北京国家大剧院启动。

5月，《中国话剧艺术史》（全9卷）由江苏凤凰教育出版社出版。

6　月

6月1日，“童音诵古韵，经典有新声”2016年全国少儿诗词在线诵读活动正式启动。

同日，由“艺品汇”出品的悬疑话剧《判你有罪》在鼓楼西剧场首演。

同日，由北京纵横新天地文化传播有限公司和天桥艺术中心共同打造的多媒体儿童剧《孙大圣之神秘伙伴》在天桥艺术中心中剧场首演。

同日，京剧表演艺术家、教育家王金璐在北京逝世。

同日，“对焦”——北京外国语大学师生优秀摄影作品收藏展在北外图书馆一层展览厅展出。

6月1日—8月31日，第五届“春苗行动”暨北京市优秀少儿题材舞台剧目展演在北京举办。

6月2日，北京市文化局、河北省文化厅、张家口市人民政府在北京签署《北京市文化局河北省文化厅张家口市人民政府文化合作框架协议》。

6月2日—7日，“我看见的世界”摄影作品展在中国文联文艺家之家展览馆展出。

6月2日—15日，“蓝色国土　美丽河北”全国海洋摄影展在王府井步行街展出。

6月3日，法国国立舞蹈中心——洛林芭蕾舞团携其当代芭蕾作品《巴黎—纽约—巴黎》在国家大剧院演出。

6月3日—11日，新中国美术家系列——黑龙江省国画作品展在中国国家画院美术馆举办。

6月3日—15日，2016“彼岸花开”民族地区艺术院校进京展演在民族剧院举行。

6月3日—16日，江苏优秀现代戏市场推广演出（北京站）在梅兰芳大戏院和中国评剧大剧院演出。

6月3日—8月31日，“同心筑梦·美丽河北”河北省优秀剧目进京展演活动在北京举办。

6月4日，北京竹乐团专场音乐会“中华竹韵”在清华大学蒙民伟音乐厅举行。

6月5日，首届“舞蹈美育研讨会”在北京舞蹈学院举行。

6月6日，陈忠实的创作道路研讨会在中国现代文学馆举行。

6月7日，东城区文化委员会等出品的话剧《摔出一片天》在风尚剧场首演。

6月7日—26日，2016年索尼世界摄影大赛获奖作品在798艺术区索尼优空间展出。

6月8日，大型原创民族舞剧《昭君出塞》在北京舞蹈学院舞蹈剧场首演。

同日，北京市公共图书馆基层图书服务资源整合工作专题会在首都图书馆召开。

6月8日—15日，第二届中国当代陶瓷艺术大展在中国美术馆举办。

6月8日—15日，“荣宝斋中国画双年展·2016”在中国美术馆举办。

6月8日—25日，“乡土中国”摄影艺术大展在中国国家博物馆展出。

6月9日—11日，第八届北京端午文化节暨北京市第三届“非遗大观园”端午游园会在延庆举办。

6月9日—7月8日，“文房砚为首”国家级非物质文化遗产——传统文房制砚技艺精品展在恭王府中华传统技艺精品馆举办。

6月10日，由北京市河北梆子剧团创排的新编历史剧《张居正》在大兴影剧院首演。

同日，大型原创杂技舞台剧《熊猫当家》在京演民族宫文化大剧院首演。

6月12日—7月10日，“父与子”摄影展在朝阳区草场地三影堂摄影艺术中心展出。

6月13日，中科院科技论文预发布平台发布会在中科院文献情报中心举行。

6月13日—15日，中国民间文艺家协会第九次全国代表大会在北京召开。

6月13日—15日，“走出边缘”——中国女性艺术发展研究文献展在北京大学图书馆举办。

6月13日—18日，新中国美术家系列——福建省国画作品展在中国国家画院美术馆举办。

6月14日，“庆祝中国共产党成立95周年‘为你歌唱’——来自百姓的心声第二届北京中老年声乐比赛”决赛在北京市文联小剧场举行。

6月15日，北京发布实施《“十三五”时期加强全国文化中心建设规划》。

同日，大型原创语言杂技剧《北京》在北京博纳星辉剧院首演。

6月16日，北京人艺版话剧《樱桃园》在首都剧场首演。

6月16日—17日，第二届全国高等院校曲艺教育峰会在北京召开。

6月16日—20日，中国曲艺海外行西班牙站文化交流活动在里斯本、马德里和巴塞罗那举行。

6月17日，2016年“童心向党”歌咏活动优秀节目展演在朝阳剧场举办。

6月18日—7月17日，“女人的房间”摄影展在798艺术区七星中街映画廊展出。

6月19日，北京公益摄影协会成立大会在通州区潞河中学礼堂召开。

同日，曹文轩荣获国际安徒生奖座谈会暨作品研讨会在北京大学举行。

同日，北京人艺演员韩善续在北京逝世。

6月19日—22日，首届“数据驱动知识发现：情报学与数据科学的交互与融汇”国际研讨会在中国科学院文献情报中心举行。

6月19日—7月1日，庆祝中国共产党成立95周年全国美术作品展在中国国家博物馆举办。

6月19日—7月17日，77文创生活节在77文创园区举办。

6月20日，中美欧爵士名家峰会（第三季）李高阳& Adam Nussbaum 爵士四重奏巡演在北京音乐厅举办。

6月20日—7月8日，“传承之旅”——北京市河北梆子剧团五省巡回演出活动分别在杭州、南京、合肥、洛阳、济南进行。

6月21日，北京曲剧《徐悲鸿》在天桥剧场正式首演。

同日，“大好河山光耀中华公益演唱会”在五棵松体育馆举行。

6月22日—11月12日，“舞动北京”全民广场舞大赛在北京举办。

6月23日，“他山的石头：世界文学的互译”专家交流会在鲁迅文学院召开。

同日，京剧表演艺术家、教育家吴素秋在北京逝世。

6月24日，由北京抓犸提戈文化传播有限公司出品的网络直播两性讽刺喜剧《拉黑》在繁星戏剧村贰剧场首演。

6月25日，摄影译文研讨会在中国摄影家协会召开。

6月25日—8月22日，2015中国当代艺术年鉴展在北京民生现代美术馆举办。

6月26日，“意象·净土”民族管弦乐原创作品音乐会在国家大剧院音乐厅举行首场演出。

6月28日，文化部老年大学民乐队专场音乐会在北京举行。

6月28日—29日，文化部2016年全国文化产业工作会议在北京召开。

6月29日，庆祝中国共产党成立95周年音乐会“信念永恒”在人民大会堂举行。

同日，第三届北京市老年舞蹈大赛在东城第一文化馆风尚剧场举行。

6月29日—7月20日，“红色记忆”——纪念中国共产党成立九十五周年馆藏文献展在国家典籍博物馆展出。

6月30日，超剧场正式对外演出。

6月，摄影画册《荷花四部曲》在北京出版发行。

同月，中国国家画院公共艺术中心编纂的《2015中国公共艺术年鉴》由中国城市出版社出版。

6月—8月，缤纷童年艺术节在北京举办。

7　月

7月1日，话剧《亲密》在北京天桥艺术中心首演。

同日，国家大剧院打造的原创歌剧《长征》在国家大剧院歌剧院首演。

同日，“聚焦时代追逐梦想”——庆祝中国共产党成立95周年摄影展在中国摄影家协会48号影廊展出。

7月1日—2日，中国曲协艺术团到访韩国首尔。

7月1日—3日，2016北京音乐生活展在北京展览馆举办。

联合出品的当代长江题材原创话剧《又到满山红叶时》在民族文化宫大剧院首演。

7月1日—10日，“天工传桑莲”——庆祝中国共产党成立95周年“一带一路”主题民间工艺美术展在中华世纪坛举办。

7月1日—19日，庆祝中国共产党成立95周年美术作品展览在中国美术馆举办。

7月5日，舞剧《兰花花》在北京保利剧院首演。

同日，由长江重庆航道局、中华全国总工会文工团、重庆金字塔对外经济文化影视中心联合出品的当代长江题材原创话剧《又到满山红叶时》在民族文化宫大剧院首演。

7月5日—8日，北京专题图片展览在英国伦敦南岸大学示范孔子学院展出。

7月5日—8月3日，全国基层院团戏曲会演在北京举办。

7月5日—8月9日，第二届“宣南杯”京津冀鼓曲大赛在西城区第二文化馆剧场举行。

7月6日，家庭音乐剧《布莱梅乐队》在天桥艺术中心首演。

同日，第十六届平遥国际摄影大展可持续发展研讨会在北京平安府宾馆召开。

7月8日，日本丸善雄松堂株式会社图书馆事业部部长矢野正也一行到访首都图书馆。

7月8日—10日，立陶宛国家话剧院在首都剧场演出话剧《大教堂》。

7月8日—8月25日，第六届中国儿童戏剧节在北京、济南、成都、宁波举办。

7月8日—8月28日，“打开音乐之门”2016北京音乐厅暑期系列音乐会在北京音乐厅举办。

7月9日，美国版“中国故事”之《成语魔方》在中国儿艺假日经典小剧场进行了中国首演。

7月10日，海淀区北部文化中心正式对公众开放。

7月10日—22日，中国当代工艺美术双年展（2016·北京）在中国国家博物馆举办。

7月11日—19日，“写意中国”——中国国家画院青年画院中国画作品展在中国国家画院美术馆举办。

7月11日—28日，“中国写意”——来自中国美术馆的展览在法国巴黎法兰西艺术院举办。

7月12日，“2014—2015中骏杯《小说选刊》双年奖”在北京颁奖。

7月12日—14日，“陪伴你成长”——中国舞蹈考级10周年全国教学成果展演在民族剧院举办。

7月12日—8月19日，佩德罗·梅耶尔的摄影作品展在中国美术馆展出。

7 月 13 日—14 日，“前海学派与中国戏曲：郭汉城先生对中国戏曲的贡献”学术研讨会在北京召开。

7 月 13 日—26 日，“2016 北京舞蹈双周”在北京举行。

7 月 13 日—30 日，“中华意蕴”——中国油画艺术国际巡展在法国巴黎布隆尼亚宫举办

7 月 13 日—10 月 27 日，首都市民合唱周系列活动暨海淀区万人合唱季在北京举行。

7 月 14 日，第五届《中国作家》郭沫若诗歌奖颁奖典礼在北京举行。

7 月 14 日—18 日，第 19 届亚太管乐大会暨 2016 北京国际管乐节在北京举办。

7 月 15 日—17 日，立陶宛维尔纽斯小剧院携话剧《思维利亚的故事》在东宫影剧院演出。

7 月 16 日，中国国家话剧院出品、演出的荒诞派戏剧《美好的日子》在国家话剧院先锋剧场首演。

7 月 16 日—9 月 5 日，纪念汤显祖逝世 400 周年优秀剧目展演在北京举办。

7 月 17 日—23 日，“聚焦丹江口·感恩水源地”——南水北调中线工程摄影展在圆明园正觉寺景区展出。

7 月 17 日—8 月 10 日，“消逝·时光”——威廉·埃格斯顿摄影作品展在泰吉轩画廊展出。

7 月 19 日，北京作家阎连科的《日熄》获第六届世界华文长篇小说奖“红楼梦”文学奖（香港）首奖。

同日，“群山合唱”——新一代作家的锚定与塑形研讨会在鲁迅文学院举行。

7 月 19 日—20 日，全国党校系统图书馆工作会议在中央党校召开。

7 月 20 日，北京国际经济贸易资料中心启动仪式在首都图书馆举行。

同日，《网络文学行业自律倡议书》在北京发布。

同日，国家大剧院制作话剧《仲夏夜之梦》在国家大剧院小剧场登台亮相。

同日，大型现代舞剧《九死一生·长征》在天桥艺术中心首演。

7 月 21 日，2016 腾讯书院文学奖在北京颁奖。

7 月 22 日，北京市人民政府办公厅发布《关于支持戏曲传承发展的实施意见》。

7 月 22 日，百老汇经典音乐剧《音乐之声》中文版在北京保利剧院首演。

7 月 23 日，第三届魔法小巨人首都少儿魔术大赛在北京举办。

7 月 23 日—31 日，“你好，我的样子”——99 个中国人肖像故事手机摄影展在北京 798 艺术园区尤伦斯艺术中心展出。

7 月 25 日，中国文艺评论家协会曲艺杂技艺术委员会成立仪式在北京举行。

同日，中国文艺评论家协会视听艺术、音乐舞蹈艺术、曲艺杂技艺术、网络文艺委员会成立仪式在北京举行。

7 月 26 日—31 日，“镜头中的朝阳·爱在朝阳”摄影展在 798 艺术区的朝阳美术馆展出。

7 月 26 日—31 日，“学长征精神·树清风正气”——纪念红军长征胜利 80 周年军旅书家邀请展在中国人民革命军事博物馆举办。

7 月 26 日—8 月 1 日，第十三届中国国际合唱节暨国际合唱联盟合唱教育大会在北京举办。

7 月 26 日—9 月 20 日，“湘戏进京”展演活动在北京举办。

7 月 27 日—30 日，由加拿大炫光马戏工厂打造的《大都会》在北京保利剧院演出。

7 月 28 日，由首钢文化公司出品制作的大型工业诗歌话剧《实现》在天桥剧场首演。

同日，京剧表演艺术家李毓芳在北京逝世。

7 月 29 日—31 日，澳大利亚大风车剧团携人偶剧《瓜哥与彩虹》在天桥艺术中心多功能剧场演出。

7 月 31 日—8 月 28 日，“李斯特逝世 130 周年纪念展：匈牙利狂想曲——‘钢琴之王’的浪漫主义”展览在北京画院美术馆举办。

7 月，首都图书馆移动版官网正式上线。

8 月

8 月 2 日—27 日，2016 年“北京故事”优秀小剧场剧目展演在北京举行。

8 月 3 日—10 日，“文化传承·丹青力量”——中国艺术研究院中青年艺术家系列展在中国美术馆举办。

8 月 3 日—19 日，国家大剧院八月合唱节在国家大剧院举办。

2016 年 8 月 3 日—2017 年 1 月 22 日，第一届北京环保儿童艺术节在北京举行。

8 月 5 日，舞剧《悟空》在国家大剧院首演。

8 月 5 日—21 日，加拿大彩纸花剧团携星光帐篷全感官故事会《海的眼睛》在天桥艺术中心演出。

8 月 5 日—24 日，“2016 中国舞蹈十二天”在国家大剧院举办。

8 月 5 日—30 日，“寻光觅影　聚焦颐和”——2016 年颐和园摄影展暨颐和园微摄影团队作品展在颐和园东堤展出。

8 月 6 日—7 日，罗马尼亚儿童喜剧歌剧院携芭蕾舞儿童剧《足尖上的辛德瑞拉》在中国儿童剧场演出。

8 月 6 日—8 月 21 日，2016“金刺猬”大学生戏剧节（第十五届）在北京举办。

8 月 9 日，北京市文联组织召开新文艺组织及非

京籍、体制外文艺工作者座谈会。

同日，罗红摄影艺术馆开馆仪式在顺义区举行。

8月10日，原创舞蹈作品《以爱之名》在国家大剧院小剧场首演。

8月10日—9月5日，“鉴古开今”——军旅书法家作品展览在解放军美术书法研究院展览馆（北京81美术馆）举办。

8月12日，全国古籍普查登记工作调研会议在北京召开。

8月12日—17日，“大美北京　文化东城”——东城区2016年摄影艺术作品展在恒基商城展出。

8月12日—27日，第九届中国国际青年艺术周在北京等9座中国城市举办。

8月12日—30日，2016·首届中国美术馆收藏青年美术作品展在中国美术馆举办。

8月13日，首届全国传记文学创作会在北京举行。

8月15日—19日，中国好笙音·2016“宏福杯”中国笙文化国际艺术节在北京举行。

8月15日—31日，第二届北京新舞蹈国际艺术节在北京举行

8月15日—12月14日，北京首届全民时尚舞蹈大赛在昌平区中国石化会议中心举办。

8月16日—9月14日，第五届全国少数民族文艺会演在北京举行。

8月16日—12月29日，第四届北京惠民文化消费季在北京举办。

8月17日—19日，2016北京少儿曲艺比赛在东城区第二文化馆举行。

8月19日，中国国家话剧院携话剧《大宅门》在台北孙中山纪念馆舞台演出。

8月20日，舞剧《方圆》在国家大剧院首演。

同日，北京人艺小剧场话剧《催眠》在人艺实验剧场首演。

同日，大型民族音乐《寻找杜甫》在国家大剧院歌剧院首演。

8月21日，“亮相国粹时尚盛典”暨青年京剧演员挑战赛颁奖礼在北京世纪财富中心举行。

8月22日，《古本戏曲丛刊》第六集出版暨《丛刊》文献及文化意义座谈会在国家图书馆召开。

8月23日，第十届中华图书特殊贡献奖颁奖仪式在人民大会堂举行。

同日，由中国编导谢欣、黎星与以色列编导Eyal Dadon携手创编的舞蹈《未·知》在国家大剧院首演。

8月23日—30日，新中国美术家系列——山东省国画作品展在中国国家画院美术馆举办。

8月24日，第二十三届北京国际图博会“中国作家馆”开馆仪式在北京举行。

同日，话剧《搁浅》在鼓楼西剧场首演。

同日，香港舞蹈总会携其大型舞蹈诗《缘起敦煌》在民族文化宫大剧院演出。

8月24日—28日，第二十三届北京国际图书博览会在中国国际展览中心新馆举办。

8月24日—10月27日，南方戏曲演出季在北京举办。

8月25日，北京人艺原创大戏《玩家》在首都剧场首演。

同日，中国儿童艺术剧院原创儿童剧《时间森林》在怀柔剧场首演。

8月25日—9月2日，第十届中国摄影金像奖获奖者摄影作品展在中华世纪坛摄影展览馆展出。

8月25日—9月19日，北京市市直机关第四届文化艺术节在北京举办。

8月27日，第十一届“舞动北京”舞蹈大赛暨2016“欢乐飞飏”北京社区舞蹈大赛决赛在西城区文化中心举行。

8月27日，魔幻诗剧《从前有个山》在北京展览馆剧场首演。

8月27日—28日，“为你诵读”杯首届中华诵读大赛全国总决赛暨颁奖盛典于在中国现代文学馆举行。

8月27日—29日，2016年度“青年艺术100”北京启动展在全国农业展览馆举行。

8月28日，北京人艺演员、导演苏民在北京逝世。

8月28日—10月15日，“我的数字生活”2016年数字资源主题展在首都图书馆文化艺术展厅展出。

8月29日，《美国埃默里大学神学院图书馆藏中文古籍目录》发布座谈会在中国国家图书馆出版社举行。

8月29日—11月25日，“梦回临川四百年”——汤显祖戏曲文献展在首都图书馆历史文献阅览室展厅展出。

8月30日—9月2日，第28届中国华北摄影艺术展在首都图书馆展出。

8月31日，由树新风剧团出品的话剧《人生不适情》在蓬蒿剧场首演。

9　月

9月1日，“说说摄影收藏的事儿”艺术沙龙在官舍·会空间举行。

9月1日—4日，英国新冒险舞团携其哥特版现代芭蕾舞剧《睡美人》在天桥艺术中心演出。

9月2日—4日，2016中国国际文化艺术博览会在全国农业展览馆（新馆）举办。

9月2日—6日，“第一期全国佛教古籍保护管理研修班”在北京灵光寺举办。

9月3日—18日，2016天工开悟中国当代艺术

大展在今日美术馆举办。

9月4日—10月7日，云南怒江生物多样性摄影展在北京动物园科普馆展出。

9月5日—10日，首届全国中青年网络文艺人才研修班在北京举办。

9月6日—16日，“中原风·河南省书法美术摄影作品晋京展”在中国国家博物馆展出。

9月6日—25日，2016北京青年戏剧节在北京举办。

9月6日—10月26日，故宫藏历代书画展在故宫博物院武英殿书画馆举办。

9月7日，国家大剧院打造的威尔第歌剧《麦克白》在国家大剧院戏剧场首演。

9月8日—18日，“翰墨传承”——中国美术馆当代书法邀请展（2016）在中国美术馆举办。

9月9日—11月6日，2016年两岸小剧场艺术节在北京、台北及高雄3个城市进行。

9月10日，舞蹈教育家彭松在北京逝世。

同日，“经验与实践”高校摄影教育与青年影像研讨会暨2016年索尼青年摄影师发展计划启动仪式在中国摄影家协会举办。

9月10日—20日，“互绘·相知”——中外美术作品展在炎黄艺术馆举办。

9月11日，交响童话作品《奥当女孩》在北京音乐厅首演。

同日，第四届艺术与科学国际学术研讨会在清华大学美术学院举行。

同日，“薪火相传”——单弦、岔曲艺术展演在民族文化宫大剧院举办。

9月12日，第七届“全球华语科幻星云奖”在国家图书馆艺术中心揭晓。

同日，中国图书馆学会公共图书馆分会2016年工作会议在首都图书馆召开。

9月12日—14日，“福建地方戏经典折子晋京展演”在北京举行。

9月13日—19日，庆祝建党95周年暨长征胜利80周年——北京美协第十五届新人新作展在国艺美术馆举办。

9月14日，由中电联合建设有限公司、北京厚浪文化、哲腾文化联合出品，李伯男导演工作室、浙江华策影视联合制作的话剧《谋杀电视机》在北京人艺实验剧场首演。

9月14日—16日，“品读北京·2016北京出版集团精品图书英国巡展暨文化交流活动”在英国举办。

9月14日—25日，“在意”——第三届中国油画双年展（2016）在中国美术馆举办。

9月15日，话剧《乌托咖啡馆》在海淀北部文化中心首演。

9月15日—17日，第五届“动漫北京”活动在国家会议中心举办。

9月15日—10月15日，中国照相馆进京六十年图片展在王府井步行街展出。

9月16日—20日，第34届世界艺术史大会在北京举行。

9月17日，中央芭蕾舞团版古典芭蕾舞剧《舞姬》在天桥剧场首演。

9月17日—18日，“永恒的丰碑”——纪念红军长征胜利80周年音乐会在国家大剧院上演。

9月18日，北京市公共图书馆馆长工作会议在首都图书馆召开。

同日，中华文化促进会文化产权市场协作体在北京正式成立。

9月20日，“一带一路·乐音流韵”印度作曲家作品音乐会在北京音乐厅演出。

9月20日—21日，2016·北京青年文艺评论人才读书研讨班在北京举办。

9月21日，“红色记忆，星火传承”全国少年儿童“我的藏书票”设计大赛评审会在首都图书馆举行。

9月22日，芭蕾舞研究专家朱立人在北京逝世。

9月22日—10月7日，中华水塔·三江源国家公园生态保护成果摄影展在中国摄影展览馆展出。

9月23日，日本戏剧大师铃木忠携喜剧《咔哧咔哧山》和悲剧《厄勒克特拉》在古北水镇露天的长城剧场演出。

同日，国内正式引进出版的《从0到1》系列魔术教材正式发布。

同日，中国歌剧舞剧院复排的民族歌剧《小二黑结婚》在北京保利剧院上演。

9月23日—25日，第三届中国北京国际魔术大会在昌平区举行。

9月23日—28日，第二届北京摄影艺术大展在首都图书馆展出。

9月23日—9月27日，第四届德国中国曲艺周在德国举办。

9月23日—10月8日，2016全国素描艺术大展在中国美术馆举办。

9月24日，由北京集贤弘艺文化中心出品的国粹幽默剧《大圣归来》在西城区第一文化馆上演。

同日，北京人艺原创小剧场话剧《人间童话》在北京人艺实验剧场首演。

9月24日—10月23日，2016北京798艺术节在798艺术区举办。

9月25日—10月10日，首届国际学院版画联盟邀请展在北京市劳动人民文化宫太庙艺术馆举办。

9月26日，文化部在北京召开加强地方戏人才培养工作会议。

同日，中国杂技团“北京之夜”杂技精品专场演出在保加利亚首都索非亚国立文化宫举办。

同日，长征七号运载火箭首飞搭载中华典籍交接仪式在国家图书馆举行。

9月26日—10月5日，第三届世界华侨华人美术书法展在中国华侨历史博物馆举办。

2016年9月26日—2017年2月19日，中国写意——来自中国美术馆的艺术系列展在墨西哥城圣伊德方索学院（博物馆）展出。

9月27日，中国演出行业协会艺术普及教育委员会成立大会在北京召开。

同日，第十一届（2012—2015）全国少数民族文学创作“骏马奖”颁奖典礼在中国现代文学馆举行。

9月28日，国家京剧院排演的现代京剧《党的女儿》在梅兰芳大剧院首演。

同日，由中央军委政治工作部话剧团、中共成都市委宣传部创作排演的叙述体话剧《从湘江到遵义》在八一剧场首演。

9月28日，国家图书馆向社会发布“全国古籍普查登记基本数据库”和“中华古籍资源库”。

9月28日—10月2日，第四届北京文学艺术品展示会在全国农业展览馆举行。

9月29日，马克思主义文艺理论与当代文艺实践座谈会在中国文艺家之家举办。

同日，以“朝向本真”——世界视野中的中国儿童文学为主题的学术论坛在鲁迅文学院举办。

9月29日—10月5日，2016中国艺术品产业博览会在北京、天津、河北举办。

9月29日—10月9日，“欢乐春节　五洲同庆”2016“欢乐春节”活动摄影展在中国美术馆展出。

9月30日，崔健三十周年“滚动”演唱会在工人体育场演出。

同日，阿根廷欲望探戈舞团携《魅夜舞步》在北京天桥艺术中心演出。

同日，中国摄影著作权协会和中国工商银行在北京举行“摄影家银行卡”的发行仪式。

9月—10月，2016年国家艺术院团演出季在北京举办。

9月—12月，国际新经典艺术节在北京举办。

9月—12月，“2016未来艺术志”系列主题活动在北京举办。

10　月

10月1日—5日，第三届798国际儿童艺术节在798艺术区举办。

10月1日—7日，北京欢乐谷第十届国际魔术节在北京欢乐谷举办。

10月4日—6日，2016首届全国少儿皮影传习成果展演活动在海淀区北部文化中心文化馆剧场举办。

10月7日，罗大佑个人作品演唱会“假如我是罗大佑”在工人体育场举办。

10月9日，北京戏曲艺术职业学院曲艺系成立。

同日，摩纳哥蒙特卡洛芭蕾舞团携其芭蕾舞剧《仲夏夜之梦》在国家大剧院歌剧院演出。

10月9日—29日，第十九届北京国际音乐节在北京举行。

10月9日—12月11日，第五届国家大剧院舞蹈节在国家大剧院举办。

10月11日—16日，第十一届北京九门爵士音乐周在北京举办

10月12日，中国合唱协会成立30周年座谈会在北京音乐厅举行。

同日，大型交响套曲《长征》在国家大剧院首演。

同日，十月文学院开院仪式在永定门公园内佑圣寺举行。

同日,《百名摄影师聚焦加拿大》画册首发式在北京加拿大国际学校举行。

10月12日—13日，日本表演艺术家栗原小卷在北京人民艺术剧院菊隐剧场演出独角戏《松井须磨子》。

10月12日—16日,“京华墨韵”——第十八届北京书法篆刻精品展在国艺美术馆举办。

10月12日—12月29日，第二届北京天桥音乐剧演出季在北京举办。

10月13日，中央国家机关干部职工文艺会演在北京展览馆剧场举办。

10月13日—14日，以色列巴切瓦舞团携其现代舞集萃“十舞”在国家大剧院演出。

10月13日—14日，中央戏剧学院舞剧系舞剧剧目专场“凝视家园”在中央戏剧学院东城校区实验剧场上演。

10月13日—23日,“诗意的流动”——中国铁路美术作品展在中国美术馆举办。

10月13日—24日，中国油画艺术国际巡展归国汇报展暨2016中国国家画院年展油画院作品展在中国美术馆举办。

10月14日,“呼唤北京文学的高峰时代”论坛在北京举行。

10月14日,“2016年中国科学院知识服务资源保障高层论坛”在北京召开。

10月14日—15日，北京科协第十九届北京科技学术月“推动信息服务发展创新高层论坛”在北京林业大学图书馆报告厅举行。

10月14日—20日，“向人民汇报——20位中青年画家‘深入生活、扎根人民’主题实践活动成果汇报展览”在中国政协文史馆举办。

10月15日—23日，“记录崇高精神，凝聚闪光力量”——庆祝中国共产党成立95周年和纪念中国工农红军长征胜利80周年主题摄影展在中华世纪坛展出。

10月15日—23日，北京国际摄影周2016在中华世纪坛举办。

10月16日，《纳西族现当代作家作品选集》丛书出版发布会在北京举行。

10月16日，北京歌舞剧院创排的歌剧《杜鹃山》在天桥剧场首演。

10月17日，民族音乐剧《墨·海》在博纳星辉剧院首演。

10月17日—24日，第五届北京青年艺术节在中央音乐学院举办。

10月17日—11月2日，纪念红军长征胜利80周年全军美术作品展览在北京81美术馆举办。

10月18日，“影观达茂”系列丛书在北京中华世纪坛发布。

10月18日—21日，“大美京郊”——第七届北京·美丽乡村书法艺术展在国艺美术馆举办。

10月18日—25日，“大好河山　美丽河北”——2016中国张家口（国际）摄影大展在北京王府井步行街展出。

10月18日—25日，纪念红军长征胜利八十周年全国名家书画艺术大展在中国国家画院国展美术中心举办。

10月18日—31日，北京十月文学月在北京举办。

10月18日—11月18日，“视觉档案古都卷之北京”摄影设计交流展在中国矿业大学（北京）图书馆展出。

10月19日，纪念红军长征胜利80周年文艺晚会“永远的长征”在人民大会堂举行。

同日，菊影戏剧研究中心在北京成立。

同日，原创歌剧《红军不怕远征难》在天桥艺术中心首演。

10月19日，实验戏《追梦人》在繁星戏剧村首演。

10月19日—25日，“老记忆·新生活”——2016“我爱北京”大栅栏国际摄影展在大栅栏西街展出。

10月19日—12月30日，2016当代小剧场戏曲艺术节在北京举办。

10月20日，中国文联文艺工作者职业道德建设委员会在北京成立。

同日，中国文联文艺工作者职业道德建设委员会成立大会在北京举行。

10月20日，全国建筑院校情报网第二十八届年会在北京建筑大学图书馆召开。

10月20日—23日，台湾蟲舞剧场携其原创舞剧《速度》在北京天桥艺术中心演出。

10月21日，2016亚洲好书榜年度盛典在北京举办。

同日，丝绸之路国际剧院联盟在北京成立。

同日，国家话剧院新创话剧《比萨斜塔》在国家话剧院小剧场首演。

同日，丝绸之路国际剧院联盟在北京启动。

同日，青少年戏剧教育研讨会暨首届北京青少年戏剧大赛颁奖仪式在北京青年宫举办。

10月22日，“诺贝尔之夜”文学沙龙活动在北京侨福芳草地中信书店举办。

同日，原创舞剧《七尺》在国家大剧院首演。

10月22日—11月10日，纪念红军长征胜利八十周年美术作品创作展在中国国家博物馆举办。

10月23日，北京市教师作家协会在北京成立。

10月24日，叶广芩京味文学创作研讨会在北京举办。

同日，清华大学图书馆举办北馆（李文正馆）举行开馆典礼。

同日，“承接过去、面向未来：大学图书馆可持续发展战略”学术研讨会在清华大学图书馆北馆（李文正馆）举办。

10月24日—27日，中国京族高脚罾暨广西防城港民族文化展演在中央民族大学和北京舞蹈学院举办。

10月25日，2016年优秀网络文学原创作品发布活动在北京举行。

10月25日—29日，“向人民汇报”——深入生活，扎根人民主题实践活动成果摄影展在中国文学艺术界联合会文艺家之家展览馆展出。

10月25日—31日，“农民工·我的兄弟姐妹”——摄影大展获奖精品展览在中央党校档案馆展出。

10月26日，“主题对谈——跨越语言的诗意：中国新诗百年与翻译”在北京师范大学举行。

10月26日—11月6日，纪念中国工农红军长征胜利80周年美术作品展在中国美术馆举办。

10月27日，“炫彩世界”——2016年北京国际特色文化展在中国国际展览中心（老馆）举办。

同日，第三届“北京之声”2016首都市民合唱周暨海淀区万人合唱季颁奖音乐会在国家图书馆艺术中心举办。

10月27日—30日，第十一届中国北京国际文化创意产业博览会在中国国际展览中心（老馆）举办。

10月27日—11月27日，美丽的罗马尼亚摄影展在北京罗马尼亚文化中心展出。

10月28日，“京津冀文学期刊与创作”主题论坛在北京举办。

10月28日—11月2日，2016扶贫日书法名家邀请展在炎黄艺术馆举办。

10月28日—11月11日，“城记”——青年纪实摄影师联展在中国摄影展览馆展出。

10月29日，由北京市京昆文化艺术团和北京京昆国际文化艺术（北京）有限公司联合创作出品的现代京剧《大钊先生》于全国地方戏演出中心首演。

同日，第六届国际戏剧表演学院奖在北京揭晓。

10月29日—30日，“文艺创作与时代表达：2016·北京文艺论坛”在北京举行。

10月29日—11月6日，“中西之间”——司徒安雕塑绘画艺术展在中国美术馆举办。

10月30日，第六届北京国际标准舞大赛颁奖展演在北京体育大学体育馆举办。

同日，北京·陕西曲艺优秀作品专场演出在民族文化宫大剧院举办。

2016年10月30日—2017年1月14日，2016“契约关系”演出季在中间剧场举办。

10月，京韵大鼓《丰碑》获文化部第十七届“群星奖”曲艺类作品奖。

11　月

11月1日，中国诗歌万里行走进首发集团活动在京启动。

11月1日—3日，第六届中国舞蹈节暨第十届中国舞蹈“荷花奖”当代舞、现代舞评奖活动在北京举行。

11月1日—7日，第九届中央音乐学院国际室内乐音乐节在中央音乐学院举办。

11月2日—3日，台湾舞蹈家许芳宜携其新作《我心》在国家大剧院演出。

11月3日—12月24日，第三届北京大学生小剧场戏剧节在北京举办。

11月4日，京剧表演艺术家江新蓉在北京逝世。

11月4日—6日，香港导演林奕华携话剧《心之侦探》在北京保利剧院演出。

11月4日—7日，第十一届中国摄影艺术节暨首届怀柔摄影文化季在怀柔区雁栖湖畔国际会展中心举办，第十一届中国摄影金像奖同期颁奖。

11月5日，“非遗”舞剧《傩·情》在北京舞蹈学院公演。

11月5日—12月8日，“东方画艺”——15至19世纪中韩日绘画展览在中国国家博物馆举办。

11月7日，在中国最有影响的十部俄罗斯文学作品和在俄罗斯最有影响的十部中国文学作品评选活动评选结果揭晓仪式于俄罗斯圣彼得堡的康斯坦丁诺夫斯基宫举行。

11月7日—8日，第二届世界华文文学大会在北京举办。

11月8日，“2016第三届音乐产业高端论坛”在中国传媒大学国际交流中心举行。

11月9日—12月8日，“孙中山与华侨华人”主题图片展在国家游泳中心展出。

11月10日，第三届“我爱唱歌”——2016年京津冀百姓歌手大赛在密云大剧院举行。

11月10日—20日，“北京意象·休闲平谷”——绘画作品展在中国美术馆举办。

11月11日，第六届全国侦探推理小说大赛颁奖座谈会在北京举行。

同日，中国国家话剧院新创小剧场话剧《长子》在国家话剧院小剧场首演。

11月11日—21日，门头沟区“绿海家园　四季如歌”摄影创作精品展在门头沟区永定河文化博物馆展出。

11月12日，公益团体“特别爱你家族”创作的公益话剧《亲亲咖啡豆》在西城区文化中心缤纷剧场首演。

同日，纪念中国舞蹈史研究60年学术研讨会在中国艺术院研究院舞蹈研究所举办。

同日，“宣南书馆”迁址天桥艺术大厦重张开书。

11月12日—20日，“中国—南亚图书馆管理与服务高级研修班”在中国国家图书馆举办。

11月12日—22日，“从旁观到介入”——街拍中国2016年度摄影师群展暨颁奖典礼在798映艺术中心/映画廊举办。

11月13日—19日，第七届北京青年相声节在石景山区文化馆举办。

11月14日，相声女演员回婉华在北京逝世。

同日，文艺报社组织召开加强文艺批评恳谈会。

11月14日—21日，“共生共荣”——2016中国雕塑邀请展在中国国家画院美术馆举办。

11月15日—27日，“见证”——2016抗洪纪实摄影展在中华世纪坛展出。

11月16日，原创舞剧《遥遥南水》在国家大剧院首演。

同日，北京市演出有限责任公司、北京嘉会本末文化艺术创作有限公司、北京朴艺文化传播有限公司联合出品的话剧《二马》在首都剧场首演。

11月17日，中国绘画发展百年之路研讨会在北京举行。

11月17日—20日，美国洛杉矶演员班剧团携喜剧《喜剧演员的自由之路》在北京喜剧院演出。

11月18日，“戏聚北京”——“谁与争锋”第三届戏曲票友大赛颁奖仪式在丰台区文化馆举办。

11月18日—20日，第四届北京剧本推介会在北京举办。

11月18日—22日，“翰墨凝香”——北京第二届女书法家作品展在国艺美术馆举办。

11月19日，美国保罗·泰勒现代舞团在国家大剧院演出。

同日，北京曲艺创作传承基地在石景山区京西五里坨民俗陈列馆挂牌。

11月19日—12月4日，列入“自闭症儿童摄影计划”的“岛语（Echoes of Islands）”摄影作品回顾展在北京山水美术馆展出。

2016年11月19日—2017年1月8日，“基弗在中国展览”在中央美院美术馆举办。

11月20日—12月11日，中华史诗美术大展在中国国家博物馆展出。

11月21日，中国大众文化学会第四次全国会员代表大会在北京召开。

11月22日，京剧表演艺术家马长礼在北京逝世。

同日，最高人民法院数字图书馆上线仪式在北京举行。

11月25日，话剧《世界就在我眼前》在中华世纪坛剧场首演。

同日，由中国行为法学会廉政行为研究会、法治中国文化艺术研究院、公安部十局、中国国际图书贸易集团公司、西北政治大学等单位联合出品的反腐话剧《魂·毒》在北京人艺菊隐剧场首演。

11月25日—27日，“2016年全国音乐与舞蹈领域艺术专业学位研究生教育研讨会”在北京举行。

11月25日—12月11日，英国冰雪夏洛特剧团携纸偶亲子剧《纸美人》在天桥艺术中心多功能剧场演出。

11月26日，话剧《启功》在梅兰芳大剧院首演。

同日，第八届傅雷翻译出版奖获奖作品名单在北京揭晓。

11月26日—12月4日，“光之炼金术”——迪尔曼·克瑞恩铂金影像展在中国美术馆展出。

11月30日，中共中央总书记习近平出席中国文学艺术界联合会第十次全国代表大会、中国作家协会第九次全国代表大会并发表重要讲话。

同日，中国煤矿文工团创作的话剧《五脊六兽》在超剧场首演。

11月30日，“群星耀京华”——京津冀群众精品文艺节目展演在国家大剧院举行。

11月30日—12月3日，中国文学艺术界联合会、中国作家协会第九次全国代表大会第十次全国代表大会在北京举行。

11月，《北京文化创意产业发展白皮书（2016）》正式发布。

12 月

12月1日，2016《创新中国》发明音乐会在新大都饭店举办。

12月1日—8日，“影像北京”——纪念长征胜利80周年书法、美术、摄影作品展在北京世纪坛世界艺术馆展出。

12月2日—3日，“炫舞中国梦”——2016CBDF国标舞艺术表演舞精品展演在民族剧院举办。

12月2日—4日，第三届北京大学生魔术交流大会在北京举办。

12月3日—5日，第五届全国乐器学研讨会在北京举办。

12月3日—5日，“共建和谐美好家园”——京都十五子摄影作品展在民族文化宫展出。

12月3日—7日，“放飞梦想，共奔小康”——首届全国残疾人书画展在中国政协文史馆举办。

12月4日，“南北魔术之道”——魔术的传承与时代研讨会在北京举办。

12月4日—5日，张家口戏曲艺术研究院携其创作的大型音舞诗画《大好河山》在民族剧院上演。

12月4日—10日，“中国梦·劳动美”第三届全国职工摄影书画展在北京市劳动人民文化宫举办。

12月5日—6日，“艺术民族志的书写”学术研讨会在中国艺术研究院召开。

12月5日—11日，“名家传戏”——当代京剧名家收徒传艺工程成果汇报演出在梅兰芳大剧院举行。

12月7日，北京市演出有限责任公司出品的话剧《独自温暖》在北京喜剧院首演。

12月8日，北京作家刘震云获颁影响中国2016年度文化学者。

12月9日，开心麻花2017贺岁大戏《莎士比亚别生气》在世纪剧院首演。

同日，原创音乐剧《天堂树》在北京舞蹈学院舞蹈剧场公演。

同日，京津冀图书馆发展合作研讨会在首都图书馆召开。

同日，北京市青少年“书香北京 阅读有我”活动展示在首都图书馆举行。

12月9日—11日，第四届全国相声小品优秀节目展演在民族文化宫大剧院举办。

12月9日—18日，“美丽南方·广西”——中国美术作品展在中国美术馆举办。

12月9日—18日，“桃源镜界”——2016“休闲胜地·醉美平谷”摄影作品展在平谷区博物馆展厅展出。

12月10日，“坐上贝格尔号——驶向书中的博物世界主题展”在首都图书馆文化艺术展厅展出。

同日,《科技组歌》在中国科学院大学玉泉路校区礼堂演出。

同日，第五届“民族管弦乐（青少年题材）新作品征集评选”结果揭晓。

同日，清华大学文化创意发展研究院成立大会在北京召开。

12月10日—11日，第十一届全国艺术院校院（校）长高峰论坛在北京举行。

12月11日,“舞典华章”——2016中国舞蹈年度巡礼在国家大剧院举行。

12月11日—18日,“写意中国”——2016中国国家画院年展书法篆刻院作品展在中国国家画院美术馆举办。

12月12日,“包公杯”反腐倡廉曲艺作品晋京展演暨征集活动座谈会在京举行。

12月12日—13日，中华曲艺情港澳展演·香港站活动在香港举行。

12月12日—20日，2016中国国家画院“一带一路”采风写生作品展在中国国家画院国展美术中心举办。

12月13日,《曹禺年谱长编》出版暨纪念曹禺逝世20周年座谈会在北京举行。

同日，话剧《晚安，妈妈》在鼓楼西剧场首演。

同日,《昆曲艺术大典》首发式在北京举行。

12月13日—18日，首届中国民族影像志摄影大展在中华世纪坛世界艺术馆展出。

12月13日—20日,“流动的河水”——朝阳区温榆河、通惠河影像展在北京亮马桥官舍·会空间展出。

12月15日，哈萨克斯坦图书角揭幕仪式在中国国家图书馆举行。

12月16日，中国国家话剧院改编的话剧《爆米花》在国家话剧院先锋剧场首演。

同日，小剧场话剧《罗刹国》在国家话剧院小剧场首演。

12月16日—18日，2016年度中国散文年会在北京举行。

12月17日，第三届国际华文诗歌奖颁奖礼在北京举行。

同日,“不忘初心、放飞梦想”2016北京市区（局）、产（行）业文联原创文艺节目展演在大兴影剧院举行。

12月17日—22日，2016年吉林省优秀戏曲剧目进京展演活动在北京举行。

12月17日—22日,“乡村——人类永远的家园”——第四届“包商银行杯”中国国际摄影双年展在北京奥林匹克公园水立方艺水空间展出。

12月21日，北京市教育学会中小学教育文献信息研究会2016学术年会在北京教育学院召开。

同日，最美环卫人——2016年北京文化志愿者主题摄影展暨颁奖仪式在首都图书馆二期一层展厅举办。

12月21日—28日,“摄影之外”——中青年人才培训班在中国摄影家协会举办。

12月22日，2016年《当代》长篇小说论坛暨第18届《当代》文学拉力赛颁奖典礼在京举行。

2016年12月23日—2017年1月3日,“工·在当代——2016第十届中国工笔画作品展”在中国美术馆举办。

2016年12月23日—2017年1月4日,“纪念中国工农红军长征胜利80周年·中央美术学院‘接力’系列展：艺术再长征”在中国美术馆举办。

12月24日—26日，首届北京街道市民摄影大展在台湾会馆展出。

12月25日，原创舞蹈诗《长征——向80年前的壮举深深鞠躬》在北京舞蹈学院舞蹈剧场首演。

12月29日，北京老舍文学院在北京市文联揭牌。

同日，中国文化中心数字图书馆正式上线提供服务。

12月30日，国家哲学社会科学文献中心正式上线。

同日，2017年新年戏曲晚会在国家大剧院举行。党和国家领导人习近平、李克强、张德江、俞正声、刘云山、王岐山、张高丽等与首都近千名群众一起观看了演出。

12月31日，音乐剧《小公主》在中国儿童剧场首演。

同日,“第21届人民大会堂·北京新年音乐会”在人民大会堂上演。

同日，2017北京新年音乐会在国家大剧院举行。

同日,《唐诗逸舞》专场晚会在北京天桥艺术中心公演。

综　　合

【概　况】2016年，北京地区的文化艺术界继续保持着繁荣发展的局面。

2016年，在北京地区召开了一些文化艺术会议。习近平总书记在中国文学艺术界联合会第十次全国代表大会、中国作家协会第九次全国代表大会上发表的重要讲话，为广大文艺工作者提出了以人民为中心的创作导向。

2016年在北京地区召开的重要文化艺术会议还有2015中国网络文化产业年会、中国民间文艺家协会第九次全国代表大会、文化部2016年全国文化产业工作会议、中国大众文化学会第四次全国会员代表大会等，这些会议对北京乃至全国一个时期内的文化艺术工作都有着重要影响。

2016年，北京地区出台了一些新的文化艺术政策、规章、规范性文件。颁布了《“十三五”时期加强全国文化中心建设规划》《关于支持戏曲传承发展的实施意见》《“十三五”时期加强全国文化中心建设规划》《关于政府向社会力量购买公共文化服务的实施意见》《北京市剧院运营服务平台项目管理办法》等一系列新的政策法规，还重新修订了《北京市惠民低价票演出补贴项目管理办法》，这些政策法规对规范和引导文化艺术工作有着不可或缺的指导作用。

2016年，北京地区成立了一些新的文化艺术机构。不仅成立了中国文联文艺工作者职业道德建设委员会、中华文化促进会文化产权市场协作体、北京市学校中华传统文化促进会、清华大学文化创意发展研究院等新的文化艺术机构，中国文艺评论家协会还成立了艺术产业研究委员会、视听艺术委员会、音乐舞蹈艺术委员会、曲艺杂技艺术委员会、网络文艺委员会等多个专业委员会，中国艺术职业教育学会、中国演出行业协会等机构也分别成立了下属的专业委员会。这些新机构和专业委员会的成立，对促进相关文艺领域的健康发展提供了更多的保障。

2016年，北京地区的文化艺术市场在第四届北京惠民文化消费季的带动下，一直保持着活跃的态势。举办了第四届北京文学艺术品展示会，发挥北京市剧院运营服务平台作用，推出更多、更好的作品惠及广大市民。

2016年，北京地区出现了一些新的创意文化产品和活动。继故宫博物院的文化创意产品之后，又出现了颐和园文化创意产品。77文创生活节则使文化创意产品与大众生活之间的联系更为密切。

2016年，北京地区的各类文化艺术活动频繁。围绕纪念中国工农红军长征胜利80周年，北京地区开展了多项活动，其中以由中宣部、文化部、国家新闻出版广电总局、军委政治工作部和北京市在人民大会堂共同举办的纪念红军长征胜利80周年文艺晚会“永远的长征”及由北京市文联研究部组织召开“当代北京文艺创作中的‘长征’表达”——纪念红军长征胜利80周年专题研讨会较有代表性。京津冀之间的各种文化合作越来越频繁，开展了“相约北京”艺术节、北京798艺术节、中国国际青年艺术周、国家艺术院团演出季、北京市区（局）、产（行）业文联原创文艺节目展演等传统活动，“天桥·华人春天艺术节”、国际新经典艺术节、第五届全国少数民族文艺会演等新的文化艺术活动，以及2016中国艺术品产业博览会、第十一届中国北京国际文化创意产业博览会等各类艺术博览会，2015中国当代艺术年鉴展、首都文艺家创作采风作品展、2016年北京国际特色文化展等文化艺术展览，都为北京的文化艺术活动增添了亮丽的色彩。

2016年，北京地区的非物质文化遗产保护工作有序进行。除北京端午文化节、恭王府“非遗”演出季、“非遗”文化嘉年华等传统活动之外，又出现了京津冀“非遗”藏品展示月、传统文房制砚技艺精品展等新的“非遗”项目展示和保护活动。

2016年，北京地区开展了广泛的国内外艺术交流活动。2016中俄青少年艺术嘉年华、2016中埃文化年、2016中国—中东欧国家人文交流年、2016中拉文化交流年等交流活动，涉及亚洲、非洲、拉丁美洲、欧洲等世界各地。北京地区与外埠之间的交流活动有甘肃省“双联”行动精准扶贫精准脱贫主题晚会进京演出、河南省书法美术摄影作品晋京展、张家口戏曲艺术研究院进京演出、中国京族高脚罾暨广西防城港民族文化展演等外地到北京的文化交流活动，也有首都艺术家赴西藏自治区、内蒙古自治区、新疆维吾尔自治区等两地之间的文化交流活动。北京与多个地区之间的交流活动则有2016“彼岸花开”民族地区艺术院校进京展演、第五届全国少数民族文艺会演等。一系列频繁的国内外文化艺术交流活动，彰显了北京的国际文化交流中心的地位。

2016年，北京地区举办了多项赛事，既有北京地区的首届北京市文化创意创新创业大赛，也有全国范围的第十届AAC艺术中国·年度影响力评选活动，还有以网络文化为内容的“文传榜·2015”中国文化网络传播系列征集发布活动等。

2016年，北京地区举办了面向不同人群的形式多样的文化艺术培训。其中，既有为北京地区培养文艺人才的2016·北京青年文艺评论人才读书研讨班，又有服务于京津冀地区的“协同推进京津冀文艺事业创新发展”培训班，也有面向全国的“中国演艺走出去”品牌译介与传播高级研修班和首届全国中青年网络文艺人才研修班，还有面向少数民族的中国文联第二期少数民族地区文艺骨干（藏族地区）研修班和中国文联第三期少数民族地区文艺骨干（新疆地区）研修班。

2016年，北京地区的文化艺术理论探索十分活跃，涉及文化艺术领域的方方面面，探讨形式也有文章、座谈会、研讨会、论坛等多种。有关注文艺评奖大幅度压缩的文章《压数量提质量力推精品——聚焦全国性文艺评奖改革》，有以文化产业为关注对象的2016第十三届中国文化产业新年论坛，有关注艺术产业园区的首届艺术产业园区发展论坛，有涉及艺术批评的“加强与改进文艺批评”专题研讨会、加强文艺批评恳谈会，有以“非遗”为探讨对象的《保护非物质文化遗产公约》成果框架专家会，有涉及艺术教育的第十一届全国艺术院校院（校）长高峰论坛，有首次在中国，乃至亚洲召开的世界艺术史大会，还有2016·北京文艺论坛、第四届艺术与科学国际学术研讨会、新文艺组织及非京籍、体制外文艺工作者座谈会等。这些文化艺术理论的探讨，无论是对文化艺术现状的关注，还是对文化艺术理论深层次的探究，都可能对文化艺术未来的发展产生直接的、明显的或间接的、潜在的影响。

2016年，北京地区在文化艺术领域的出版和传播方面，也可圈可点。《2015中国艺术发展报告》是对2015年中国艺术年度总体发展状况以及各艺术门类年度发展状况的概括总结。首次编写的《中国公共艺术年鉴（2015）》是对2000年至2015年中国公共艺术发展的一种总结。《中华传统文化经典百篇》则是在当代视角下，选编了101篇中国历代作品。新上线的“中国文化网”是“文化传通网”的新版，在原有的基础上增加了一些新的功能。北京市剧院运营服务平台是以政府购买服务的方式搭建的公益性演出平台。这些纸质媒体和网络媒体都将在北京的文化艺术发展历程中或多或少地留下自己的印记。

（张燕鹰）

机　　构

【中国艺术职业教育学会社会艺术教育机构工作委员会】 1月17日，中国艺术职业教育学会社会艺术教育机构工作委员会成立大会在北京召开。中国艺术职业教育学会社会艺术教育机构工作委员会（以下简称全艺委）隶属于中国艺术职业教育学会，是在中国职业技术教育学会、中央音乐学院、中国音乐学院、中央美术学院、中国戏曲学院、中国艺术研究院、中国传媒大学、北京大学艺术学院、北京电影学院、北京师范大学艺术与传媒学院、北京舞蹈学院、北京服装学院、人民音乐出版社、艺术教育杂志社等单位的共同支持下，由全国社会艺术教育机构自愿组成的全国性、非营利性行业组织，是社会艺术教育机构开展学术研讨、行业活动的交流平台和促进行业全面健康发展的服务平台。全艺委以专业、权威、协作、开放为指导思想，建立国家主管部门、艺术院校、行业组织和教育机构之间的紧密联系，构建全国社会艺术教育机构的主体网络，疏通行业专家与社会艺术教育机构间的链接渠道，探索艺术人才的先进培养模式，推广先进的行业经验，开展全国社会艺术教育行业活动及人才的培训、培养工作。同时，借鉴国外先进的艺术教育模式及引进相关教育产品，推进国内外艺术教育交流合作。

（白　莲）

【中国文艺评论家协会艺术产业研究委员会】 4月29日，中国文艺评论家协会艺术产业研究委员会在北京成立。该委员会的宗旨是以学术研究为基础，对艺术产业现状及未来发表真知灼见，为国家艺术产业政策建言献策，为促进中国艺术产业和艺术市场健康发展提供智力支持。

（白　莲）

【君乡书院】 4月29日，中国国际书画艺术研究会君乡书院在北京岳阳大厦正式签约成立。该书院是中国国际书画艺术研究会授权北京君乡文化传播有限公司成立的二级机构，其宗旨是传承中华传统艺术，弘扬湘湖文化，凝聚潇湘英才，服务文明社会。其主要功能是进行诗文、书画等艺术研究和学术交流，举办培训讲座、综合展览、艺术宣传，开展编辑、出版和慈善捐助等活动。该院院长由蔡世平担任，还聘请了一大批名誉顾问、顾问、名誉院长和特聘艺术家。

（张燕鹰）

【中国文艺评论家协会新设立4个专业委员会】 7月25日，中国文艺评论家协会视听艺术委员会、音乐舞蹈艺术委员会、曲艺杂技艺术委员会、网络文艺委员会成立仪式在北京举行。中国文联、中国评论家协会领导以及专家、学者等70余人出席会议。张德祥、王次炤、崔凯、尹鸿分别出任中国文艺评论家协会第一届视听艺术委员会、音乐舞蹈艺术委员会、曲艺杂技艺术委员会、网络文艺委员会主任，胡智锋等157人被聘任为各专业委员会委员。成立仪式上，4位被聘任的委员会主任在工作规划报告中分别详细阐述了视听艺术委员会、音乐舞蹈艺术委员会、曲艺杂技艺术委员会、网络文艺委员会的特点、筹备情况和发展意义，及各委员会今后的工作规划和设想。

（白　莲）

【中华文化促进会文化产权市场协作体】 9月18日，中华文化促进会文化产权市场协作体（以下简称文交协）在北京正式成立。文交协由上海文化产权交易所、深圳文化产权交易所、北京东方雍和国际版权交易中心等15家文化产权交易机构发起并联合相关第三方专业机构、金融机构、文化及相关产业运营机构等自愿结成，由中华文化促进会管理。文交协以“沟通、规范、发展、创造”为宗旨，主要功能包括行业规范自律、公共政策众创、主体能力培养和公共服务平台搭建。

（白　莲）

【中国演出行业协会艺术普及教育委员会】 9月27日，中国演出行业协会艺术普及教育委员会成立大会在北京举行。该委员会的成立旨在根据学校美育工作现状开展编写教材、培训师资，为学校开设艺术课程提供保障；进行相关课题研究，为全国艺术教育提供理论指导；举办各类艺术活动，丰富学生课余文化生活；与艺术教育发达国家有关机构进行交流与合作，借鉴先进教育理念和经验，为建立具有中国特色的现代化美育体系服务。该委员会首批成员单位有北京戏曲艺术职业学院等50家。

（白　莲）

【中国文联文艺工作者职业道德建设委员会】 10月20日，中国文联文艺工作者职业道德建设委员会在北京成立。该委员会由各艺术门类的文艺家代表、各全国文艺家协会主要负责人、中国文联有关职能部门主要负责人和法律专业人士等50人组成，旨在研究、分析文艺工作者在职业道德建设方面遇到的新情况、新问题，探索推进文艺界行风建设的新措施、新办法，提升全行业的职业道德水平。

（白　莲）

【丝绸之路国际剧院联盟】 10月21日，丝绸之路国际剧院联盟在北京成立。该联盟是由中国对外文化集团公司倡议发起的大型、多边性、国际化演艺产业平台，旨在为各成员所在国家和地区的文化艺术水平提升与区域合作做出贡献。首批加盟的56家成员单位中，有广州大剧院、北京天桥艺术中心、甘肃大剧院、泉州影剧院等23家国内单位，英国南岸艺术中心、法国国立剧院联盟、俄罗斯圣彼得堡卡贝拉国立模范音乐厅等33家国外单位。

（白　莲）

【北京市学校中华传统文化促进会】 10月11日，北京市学校中华传统文化促进会成立大会暨第一次会员大会在中国戏曲学院举行。该促进会是由市教委主管的社团。大会通过了《北京市学校中华传统文化促进会章程》和《北京市学校中华传统文化促进会选举办法》。中国戏曲学院原党委书记张凡任会长，傅谨、徐春生、罗滨、赵洪任副会长，姚志强任秘书长，于少非任监事长。该促进会的工作目标是整合首都传统文化教育资源，通过开展课题调研、师资培训，举办演出、比赛、展览、研讨会等多种形式，引导、启发、帮助首都各级各类学校师生、家长自觉成为中华优秀传统文化的继承者、发展者。

（张　鑫）

【清华大学文化创意发展研究院】 12月10日，清华大学文化创意发展研究院（以下简称文创院）在北京举行成立大会。文创院旨在发挥清华大学多学科优势，为国家文化建设当好智库，丰富教学研究，为文化创意产业创新发展提供支持，推动文化创意领域的重大学术研究、跨学科人才培养、产业发展实践及国际学术交流等。其目标是树立文化自信、建设文化强国。

（白　莲）

文化艺术市场

【北京普及宣传《艺术品经营管理办法》】 6月25日，北京市文化局和北京市文化市场管理工作领导小组办公室（北京市文化市场行政执法总队）在艺术品经营集中地宋庄文化创意产业集聚区设立主会场，同时在北京琉璃厂文化创意产业园区、北京798艺术区设立分会场，集中开展旨在贯彻实施文化部修订的《艺术品经营管理办法》的法治宣传活动，切实加强北京市艺术品市场管理，维护创作者、经营者和消费者的合法权益。该活动通过张贴图文、悬挂横幅、图版展览讲解等形式，向市民宣传什么是艺术品、艺术品经营活动包括哪些内容、举报受理流程等，向社会宣传艺术品经营单位备案登记办理流程，引导其规范经营、依法经营。

（白　莲）

【第四届北京惠民文化消费季】 8月16日—12月29日，由北京市文资办、文化局、新闻出版广电局、文物局4个部门主办，北京市发展改革委等19家委办局和16个区政府联合主办的第四届北京惠民文化消费季在北京举办。该届消费季突出“惠文化·慧生活”的主题，发放总额1000万元的北京惠民文化消费电子券，并推出“北京文化消费品牌榜”评选活动，通过“数字文化旋”“创意设计魅力”“经典传承荟萃”“新兴时尚品味”“业态融合风采”“互动体验畅享”6个主题板块，及“东城文化人才（国际）创业园”“繁星戏剧村”“万荷艺术文创园”“北京电影学院文创园”“艺术8、尚8国际广告园”“觿堂文化智库”“山水艺术大道”“奥林匹克水上公园”“乐多港假日广场”“中间艺术区”10个文化园区和各区文化消费精品活动，汇聚文化资源、释放消费潜力。该届消费季参与机构共190余家，组织开展各类活动2.1万余场，吸引消费者7776.2万人次，累计实现直接消费金额160.8亿元，其中实际交易合同签约1.7万余个，完成交易金额34.4亿元。

（白　莲）

【文化市场经营单位】 截至2016年年底，北京地区累计审批艺术表演团体658家。其中，市属13家，区属7家，文化部及中央其他部委属17家，部队院校17家，民营社办604家。备案的营业性演出场所139家（舞台数）。累计审批登记的演出经纪机构1894家，互联网上网营业场所1541家，互联网文化经营单位1987家，娱乐场所2198家。

（程　青）

文化建设

【新修订的《北京市惠民低价票演出补贴项目管理办法》正式执行】 1月，新修订的《北京市惠民低价票演出补贴项目管理办法》正式执行。修订内容主要是：北京3000座以下符合条件的营业性演出场所均可按规定申报低价票演出补贴项目，较之前的规定扩大了适用补贴剧场的范围；增加了对儿童剧目百元以下低价票设置须达到40%以上的要求。

（白　莲）

【北京、张家口签订文化合作框架协议】 6月2日，北京市文化局、河北省文化厅、张家口市人民政府在北京签署《北京市文化局　河北省文化厅　张家口市人民政府文化合作框架协议》。北京市文化局、河北省文化厅、张家口市人民政府主要负责人以及相关部门和单位负责人、新闻媒体等出席签约仪式。协议规定：今后两地将以文化交流合作为主要内容，共同构建京张文化繁荣发展示范带，以打造京津冀文化协同发展区域合作“金名片”。

（白　莲）

【北京发布实施《“十三五”时期加强全国文化中心建设规划》】 6月15日，北京发布实施《“十三五”时期加强全国文化中心建设规划》（以下简称规划）。该规划明确了文化中心建设的新功能定位，即凝聚荟萃、辐射带动、创新引领、展示交流和服务保障功能。该规划强调建设“思想高地”的理念，提出社会主义核心价值观建设要引领全国，在思想理论、文学艺术、新闻传播等各领域，推出更多代表国家形象、首都形象的优秀成果。同时，凸显历史文化名城的鲜明烙印，推动北京朝着世界文化名城、世界文脉标志的目标迈进。该规划还制定了未来五年北京在文化中心建设主要任务，并提出了在构建互联网时代下的现代传播体系、保护中华文明“金名片”、推原创精品铸文艺“高峰”、促进公共文化服务有效对接、激发文化创意产业创新活力等方面的具体措施。

（白　莲）

【北京文化艺术基金启动运作】 6月16日，北京文化艺术基金正式启动运作。该基金是由北京市文化局及北京市财政局发起设立的公益性基金。该基金计划5年投入5亿元，致力于扶持文艺创作，促进文化交流传播，培养艺术人才，推动北京文化艺术事业繁荣发展。该基金在艺术领域引入基金管理模式，通过项目化运作的方式扶持文化艺术繁荣发展。基金运行初期的主要资金来源为财政资金，同时鼓励和引导社会资金支持艺术发展。该基金申报主体面向全社会，符合条件的机构和个人均可申报。

（白　莲）

【北京市政府发布《关于支持戏曲传承发展的实施意见》】 7月22日，北京市人民政府办公厅发布《关于支持戏曲传承发展的实施意见》（以下简称意见）。该意见的出台，旨在贯彻落实《国务院办公厅印发关于支持戏曲传承发展若干政策的通知》精神，弘扬中华优秀传统文化，促进戏曲繁荣发展，丰富人民群众精神文化生活。其主要任务是加强戏曲保护与传承、支持戏曲剧本创作、支持戏曲演出、改善戏曲生产条件、支持戏曲艺术表演团体发展、完善戏曲人才培养和保障机制与加强戏曲普及宣传。

（白　莲）

【习近平在中国文联十大、中国作协九大开幕式上发表讲话】 11月30日，中国文学艺术界联合会第十次全国代表大会、中国作家协会第九次全国代表大会在人民大会堂开幕。中共中央总书记、国家主席、中央军委主席习近平出席大会并发表重要讲话。他强调，文运同国运相牵，文脉同国脉相连。广大文艺工作者要坚持以人民为中心的创作导向，坚持为人民服务、为社会主义服务，坚持百花齐放、百家争鸣，坚持创造性转化、创新性发展，高擎民族精神火炬，吹响时代前进号角，把艺术理想融入党和人民事业之中，做到胸中有大义、心里有人民、肩头有责任、笔下有乾坤，推出更多反映时代呼声、展现人民奋斗、振奋民族精神、陶冶高尚情操的优秀作品，努力筑就中华民族伟大复兴时代的文艺高峰。中共中央政治局常委李克强、张德江、俞正声、刘云山、王岐山、张高丽出席大会。

（白　莲）

文化创意产业

【颐和园文化创意产品展】 8月16日—10月8日，首届颐和园文化创意产品展在颐和园八方亭广场（主会场）和松堂广场（分会场）举办。该展览展示的文化创意产品全部由颐和园自主研发，分为国礼系列、创意文玩、生活潮品与旅游印记4个系列，包括丝绒披肩、紫砂壶、文物微缩、扇子、服饰、手包、文具、邮品等20余种。

（张燕鹰）

【2016中国国际文化艺术博览会】 9月2日—4日，由文化部艺术发展中心主办，北京成聚会展有限公司承办的2016中国国际文化艺术博览会在全国农业展览馆（新馆）举办。该博览会设立了包括国际展区、当代艺术展区、传统艺术展区、“非遗”展区、新媒体艺术展区、艺术互联网展区、艺术院校新锐展区、艺术生活展区、外省市特色文化展区和新生代藏家精品展区10个艺术展区。中国、韩国、俄罗斯、法国、意大利、德国、英国、朝鲜等国家近200家画廊及艺术机构，500余位现当代艺术家参展，共展出艺术作品8000余件。

（白　莲）

【第五届“动漫北京”】 9月15日—17日，由北京市文化局主办，北京动漫游戏产业联盟和北京中科汇融文化公司承办的第五届“动漫北京”活动在国家会议中心举办。该活动涵盖高峰论坛、新产品新技术展、嘉年华活动、金翼奖评选、CGL北京赛区总决赛、动漫音乐会及演出6个板块共计70余项活动。

（白　莲）

【2016中国文化产业指数发布会】 10月30日，由中国人民大学主办的“文化中国：2016中国文化产业指数发布会”在北京举行。相关数据显示，中国文化消费持续增长，综合指数由2013年的73.7增至2015年的81.5。相关数据表明，近年来中国文化消费环境有所改善，文化产品种类不断丰富，消费渠道多样、便捷，女性的文化消费水平高于男性。从整体态势来看，2010年到2016年中国文化产业指数的变化趋势与中国文化产业发展指数平均值基本呈现正增长态势，年平均增速1.08%。

（白　莲）

【《北京文化创意产业发展白皮书（2016）》发布】 11月，《北京文化创意产业发展白皮书（2016）》（以下简称白皮书）由北京市国有文化资产监督管理办公室正式发布。该白皮书由北京市国有文化资产监督管理办公室和中国传媒大学文化发展研究院联合编制，反映了2015年度北京文化创意产业发展的总体情况，分析文化创意产业发展的新特点、新趋势，针对“十三五”时期的发展目标，研究提出未来一段时间北京文化创意产业的发展思路。根据白皮书显示，2015年北京市规模以上文化创意产业收入合计13451.3亿元；2015年北京市文化创意产业实现增加值3179.3亿元，占地区生产总值的比重达到13.8%，在全国占比最高。

（白　莲）

活　动

【京津冀公共文化服务示范走廊发展联盟首次联络员会议】 1月7日，京津冀公共文化服务示范走廊发展联盟首次联络员会议在北京民俗博物馆举行。京津冀三地11家联盟成员单位相关负责人就联盟轮值主席工作细则、2016年上半年京津冀公共文化交流项目等议题进行了交流讨论，并共同约定每年以该发展联盟名义举办2次活动。与会人员还探讨了如何支持每家成员单位培育、打造一个品牌交流项目的议题，最终就交流项目一定要突显本地特色，并具有传承性和示范性达成一致共识。

（张　鑫）

【2015中国网络文化产业年会】 1月8日—9日，由文化部主办的2015中国网络文化产业年会在北京国家会议中心举办。该年会以“双创时代，网文天下”为主题，组织了网络文化产业年会高峰论坛、上网服务行业转型升级论坛、互联网＋动漫、发展论坛、互联网＋文化金融论坛、网络游戏与泛娱乐IP论坛等与网络文化产业密切关联的论

坛。奇虎360副总裁曲冰、网易战略发展总监庞大智、37互娱总裁李逸飞等网络文化界人士在年会上对网络文化理念和网络文化行业的发展趋势等进行了交流与探讨。

（白 莲）

【中国文学艺术界2016春节大联欢】 1月16日，由中国文联主办，中国文联演艺中心承办的“百花迎春”——中国文学艺术界2016春节大联欢在人民大会堂举行。演出包括歌舞《老百姓的中国梦》《高歌欢庆新春来》，歌舞集锦《大好河山》《在希望的田野上》，特别节目《新春感言》，歌曲组合《志愿者之声》《前程似锦》，音乐组合《北风吹随想》，曲艺《说唱贺新春》，京剧《皮黄贺新春》，歌曲组唱《情深意长》，访谈小品《越来越好》，舞蹈《舞动青春》，即席互动《军歌嘹亮》和书法展示《社会主义核心价值观》等节目。全国政协、中国文联领导及各文艺家协会会员和参加中国文联九届八次全委会的委员观看了演出。

（白 莲）

【“2016我爱北京”——市民新春联欢会】 2月1日—3日，由首都文明办、北京市文化局和国家大剧院联合举办的“2016我爱北京”——市民新春联欢会在北京举办。联欢会包括4个专场演出：“大美华夏”专场主打民歌、民族舞蹈和民族戏曲；京津冀大联欢专场打破地域界限，邀请北京、天津、河北三地群艺馆加盟演出；“青少年专场”由北京各区县的孩子为观众演出集声乐演唱、器乐演奏、舞蹈表演、行进管乐等多种形式的节目；音乐会专场包括雷琴独奏、双钢琴合奏、交响协奏等多种中外音乐艺术形式的表演。

（白 莲）

【天桥·华人春天艺术节】 3月—5月，由天桥艺术中心打造的“天桥·华人春天艺术节”在北京举办。该艺术节期间，包括新艺术音乐会《爱·五行》，话剧《小城之春》《白鹿原》《南海十二郎》《等待戈多》，音乐剧《向左走向右走》，全男班舞剧《画皮》等在内的20个剧目进行了50余场演出。艺术节期间，还举办了讲座、工作坊、家庭休闲等艺术活动。

（白 莲）

【第十六届“相约北京”艺术节】 4月25日—6月4日，由文化部、国家新闻出版广电总局和北京市人民政府共同主办，中国对外文化集团公司和北京市文化局承办的以“浪漫春天里的艺术节”为主题的第十六届“相约北京”艺术节在北京举行。该届艺术节特邀加拿大作为主宾国，推出了一系列具有加拿大特色的文化展演活动。同时，来自美国、英国、西班牙、波兰、法国、南非等25个国家和地区的400多位外国艺术家与近400位中国艺术家，进行了100多场剧场演出和户外演出。活动包括音乐、舞蹈、戏剧表演及2个主题展。

（白 莲）

【北京市剧院运营服务平台公布第一阶段入围展演剧目】 5月12日，2016年北京市剧院运营服务平台公开第一阶段入围演出剧目。北京市剧院运营服务平台是在中共北京市委宣传部的指导下，由北京市文化局主办，北京市演出有限责任公司运营，以政府购买服务方式搭建的公益性演出平台。该平台经过2015年年底试运营，2016年正式运营。2016年演出剧目征集工作于3月14日正式启动，共收到了以北京地区为主、辐射全国的13个省市院团的120余台优秀剧目的报名申请，最终选出35台剧目入围本次平台演出。入围剧目包含戏曲、话剧、儿童剧、音乐会、舞剧、杂技等形式；题材内容既有历史文化、抗战长征、现代生活、家庭亲子等题材，又有反映地域文化特色、民间神话传说等题材。入围剧目包含3个国家级院团的4台剧目，7个北京市属院团的10台剧目，6个北京民营演艺机构的6台剧目，11个其他省市剧院团的15台剧目。第一阶段入围的35部作品将在北京14家剧场上演。首场演出是5月16日由宁夏话剧团在北京青年剧场上演的话剧《回民干娘》。

（张燕鹰）

【“2016中俄青少年艺术嘉年华”北京专场文艺演出】 5月14日，由斯巴达克国际文化交流（北京）有限公司策划的“2016中俄青少年艺术嘉年华”北京专场文艺演出在丰台区青少年活动中心举办。活动中，俄罗斯小纸片艺术团、列维吉诺马戏团的小演员和丰台区青少年活动中心的小演员表演了俄罗斯舞蹈、东方舞蹈、街舞、水兵舞、彩带操、柔术、打击乐《灌篮高手》、古筝合奏《渔舟唱晚幻曲》、扬琴合奏《喜讯》、群舞《竹林小趣》和《蝶恋春语》、京剧豫剧串烧《穆桂英挂帅》等不同民族风情的节目。此次北京演出是俄罗斯青少年在中国巡演的第二站。

（白 莲）

【2016“彼岸花开”民族地区艺术院校进京展演】 6月3日—15日，由中央民族歌舞团主办的2016“彼岸花开”民族地区艺术院校进京展演在民族剧院举行。6月3日，延边大学艺术学院演出了一台以“长白山·美阿里”为题的具有朝鲜民族风情的歌舞表演，演出节目以近年来具有民族特色的获奖原创作品为主。6月5日，西南民族大学艺术学院上演了一台根据阿来长篇小说改编的话剧《尘埃落定》。6月13日，由长江人民艺术剧院和恩施土家族苗族自治州鹤峰县民间艺人联合演出的土家族乡村音乐话剧《寻访满堂音》，展现了鄂西南少数

民族地区绚丽多彩的乡风、乡韵、乡情。6月15日，乌鲁木齐职业大学艺术学院“乐韵”大学生合唱团举办了一场充满新疆维吾尔自治区民族风情的合唱音乐会。

（白　莲）

【中国民协第九次全国代表大会】 6月13日—15日，中国民间文艺家协会第九次全国代表大会在北京召开。会议审议通过了《中国民间文艺家协会第九次全国代表大会工作报告》，修订了《中国民间文艺家协会章程》，选举产生了由134人组成的中国民间文艺家协会第九届理事会和由15人组成的第九届主席团。潘鲁生当选为中国民协第九届主席。万建中、马雄福、王勇超、韦苏文、叶舒宪、乔晓光、刘华、李丽娜、吴元新、邱运华（驻会）、沙马拉毅、苑利、索南多杰、程建军当选为副主席。冯元蔚、冯骥才被推举为名誉主席。卢正佳、白庚胜、刘铁梁、刘魁立、江明惇、农冠品、杨继国、余未人、张锠、林德冠、罗杨、郑一民、赵书、夏挽群、陶思炎、曹保明、常嗣新被聘为中国民协第九届顾问。邱运华被任命为中国民协第九届秘书长，张志学、周燕屏、吕军被任命为副秘书长。

（张　鑫）

【77文创生活节】 6月19日—7月17日，77文创生活节在77文创园区举办。该文创节是77文创举办的第一个文创生活节。该文创节围绕“文创点亮生活”的主题，设置了怀旧记忆、城市新生、如梦舞台、妙趣生活4个板块。参加该文创节活动的有中法文化之春、首都图书馆、松果生活、穷游网、世纪文景、美国电光火线剧团、台湾果陀等文艺品牌及团体，举办了涵盖音乐、舞蹈、戏剧、诗歌、装置、旅行、美食、建筑、生活等多个领域的40余场文艺活动。

（白　莲）

【2016年全国文化产业工作会议】 6月28日—29日，文化部2016年全国文化产业工作会议在北京召开。文化部党组成员、部长助理于群对当前和今后一个阶段文化部将着力抓好的文化产业促进法起草等十项重点工作作了具体部署。中宣部、全国人大教科文卫委员会、国家发展改革委、财政部、中国人民银行、国家文物局等中央有关部门和单位负责人应邀参加会议。各省（区、市）、计划单列市和新疆生产建设兵团文化厅（局）分管领导及文化产业处负责人，文化部相关司局、直属单位负责人，文化部文化产业专家委员会委员，北京市朝阳区委、区政府负责人，北京市各区文化部门负责人，部分扩大文化消费试点工作、文化创意产品开发、文化金融合作等方面代表参加会议。中共北京市委常委、宣传部部长李伟，中国工商银行总行副行长胡浩出席会议。

（张　鑫）

【缤纷童年艺术节】 6月—8月，北京天桥艺术中心推出“缤纷童年艺术节”。参加此次艺术节的有中国、法国、俄罗斯、日本、加拿大、意大利、澳大利亚等世界各地艺术家的10部国际制作儿童剧目，以绘本剧、木偶剧、儿童歌舞剧、音乐剧等众多演出形式进行了近120场演出。

（白　莲）

【北京市剧院运营服务平台公布第二阶段入围展演剧目】 7月3日，2016年北京市剧院运营服务平台公布了第二阶段入围展馆剧目。北京、天津、河北、河南、上海、陕西等11个省市的70余部剧目进行了第二阶段平台演出剧目的申报。经过专家评审，最终有包括京剧、豫剧、话剧、现代舞剧、芭蕾舞剧、儿童音乐剧等多种艺术形式的17部剧目入围平台第二阶段演出剧目。

（白　莲）

【第九届中国国际青年艺术周】 8月12日—27日，由中国对外文化交流协会和中国对外文化集团公司共同主办的第九届中国国际青年艺术周在北京等9座城市举办。该艺术周以北京为主会场，分会场有上海、广州、济南等。该艺术周期间，中国、美国、俄罗斯等36个国家及地区的187台节目进行了演出，艺术形式有音乐会、话剧、舞蹈、歌剧、音乐剧等。艺术周还特地举办了“中乌青年友好文化交流日”活动。该艺术周还新设了子板块——“亚洲文化产业青年训练计划”，推出了“中演院线青少年演艺培训项目”“中国大学生音乐节”“iSING！苏州国际青年歌唱家艺术节”等多个专项活动。

（白　莲）

【第五届全国少数民族文艺会演】 8月16日—9月14日，由国家民委、文化部、国家新闻出版广电总局、北京市人民政府主办的第五届全国少数民族文艺会演在北京举办。该会演共有全国31个省、自治区、直辖市，新疆生产建设兵团，中央军委政治工作部，中央人民政府驻香港、澳门联络办组成的35个代表团的43台节目参加演出，56个民族的7000余名演职人员参加了会演。参演剧目具有浓郁的民族特色、鲜明的地域特点，展现了“中华民族一家亲，同心共筑中国梦”的主题。此次会演共有12万名各界人士到剧场观看了演出，近1亿名电视观众收看了开幕式文艺晚会实况转播，关注和参与网上评选活动的网民超过1亿人次。

（白　莲）

【2016北京798艺术节】 9月24日—10月23日，“2016北京798艺术节”在798艺术区举办。该届艺术节以“艺象·交融”为主题，旨在体现艺术与科技、艺术与生活的交融，让艺术走进生活、贴近民生。艺术节期间，近百家艺术机构

推出了包括主题系列展、同盟系列展、雕塑展、推介展、第二届798中国创新大赛、青年科技创新汇、手机摄影大赛、街头涂鸦文化交流、摇滚音乐节、音乐剧、学术论坛、戏剧单元等近百场文化艺术活动，参与者达百余万人次。

（白 莲）

【第四届北京文学艺术品展示会】 9月28日—10月2日，由北京市文联主办的第四届北京文学艺术品展示会（以下简称艺展会）在全国农业展览馆举行。该展示会以“艺术北京、成就梦想”为主题，对非京籍、体制外和新文艺组织的文艺家及文艺工作者的作品予以了更多的关注，设置了大京作文艺展区、津冀文艺展区、艺术品原创展区和活动区。展示内容包括文学、戏剧、美术、书法、摄影、民间文艺、杂技和曲艺8个类别的近万件作品，并开展了文创讲座、文化论坛、行业交流等活动。艺展会期间，共接待观众8万人次，售出作品701件，成交金额近164万元；达成合作购买意向作品748件，涉及金额约340万元；举办了10场文化艺术讲座和6场文艺表演活动，题材包括戏剧、旗袍、民间艺术、文房瑰宝、燕京八绝工艺展示等，观众达4000人次。

（白 莲）

【2016年国家艺术院团演出季】 9月—10月，由文化部主办的“2016年国家艺术院团演出季”在北京举办。国家京剧院、中国国家话剧院、中国歌剧舞剧院、中国东方演艺集团有限公司、中国交响乐团、中国儿童艺术剧院、中央芭蕾舞团、中央民族乐团等艺术院团的29台剧目集中上演，展示了各院团排演的保留剧目、引进的世界经典剧目以及年度重点创作作品，其中包括庆祝中国共产党建党95周年和红军长征胜利80周年主题作品。该演出季的首场演出是9月7日由中央歌剧院在国家大剧院演出的“民族经典、中国咏叹”——中国经典歌剧音乐会。演出季期间，还开展了观摩交流、艺术评论、艺术惠民等系列活动。

（白 莲）

【国际新经典艺术节】 9月—12月，由天桥艺术中心策划推出的国际新经典艺术节在北京举办。此次艺术节的举办旨在聚焦当代经典作品和当代艺术家，发掘更多优秀作品。艺术节包括“国际前沿”“莎翁缩影”和“当代中国”3大主题板块，包含7个国家和地区的15个剧目，跨越了音乐剧、舞蹈、话剧、音乐会等不同形式，共近110场演出。“国际前沿”板块有美国拉斯维加斯大秀《蓝人秀》，英国消失点剧团戏剧《明天》，德国弗洛兹默剧剧团的治愈系默剧《天堂大酒店》，钢琴家尤雅带来的音乐会“88键环游世界”，马修·伯恩哥特式浪漫芭蕾巨制《睡美人》，法国全男团演员激情奉献的舞蹈《踢踏工厂》；“莎翁缩影”板块有法国原版音乐剧《罗密欧与朱丽叶》，由铃木忠治监制、黄盈导演的话剧《麦克白》和荒诞喜剧《莎士比亚全集（浓缩版）》；“当代中国”板块有北京当代芭蕾舞团王媛媛作品《野草》《毒》，话剧《失恋33天》，音乐剧《不能说的秘密》，张雨生音乐剧《天天想你》和台湾骉舞剧场的《速度》。

（白 莲）

【“2016未来艺术志”系列主题活动】 9月—12月，由繁星艺术村推出的文化品牌项目“2016未来艺术志”系列主题活动在北京举办。该系列主题活动包括8个跨界展演和1个主题论坛，涵盖中国和中欧、东欧多个国家的多种艺术形式，涉及戏剧、美术、建筑、影像、科技、舞蹈、诗歌、美食、音乐等门类。

（白 莲）

【第三届798国际儿童艺术节】 10月1日—5日，由798艺术区管委会、北京方略博华文化传媒有限公司主办，Art＋798国际儿童艺术教育中心承办的第三届798国际儿童艺术节在798艺术园区举办。该届儿童艺术节秉承“世界大问题”的传统主题，聚焦“艺术·环保·成长”，英国、德国、荷兰、西班牙、澳大利亚、墨西哥、塞尔维亚、印度尼西亚、韩国和中国的近20位艺术家，举办了融合了建筑设计、舞台表演、人体彩绘、环保、3D、阅读、播音主持等形式的百余场艺术活动。

（白 莲）

【第五届北京青年艺术节】 10月17日—24日，由中央音乐学院主办的第五届北京青年艺术节在中央音乐学院音乐厅举办。该艺术节旨在培养艺术专业学生在音乐、戏剧、舞蹈、诗歌、美术等方面的造诣，探索在艺术道路上对创造精神的渴求。本届艺术节推出“大国之音”“偶然的艺术”“三十年代电影歌曲”“静默如诗”“走出象牙塔”“九音集萃”等由学生们策划、创排的专场演出。

（白 莲）

【纪念红军长征胜利80周年文艺晚会】 10月19日，由中宣部、文化部、国家新闻出版广电总局、军委政治工作部和北京市共同举办的纪念红军长征胜利80周年文艺晚会“永远的长征”在人民大会堂举行。晚会分为“红军不怕远征难”“雄关漫道真如铁”“革命理想高于天”和“梦想照亮新征程”4个篇章，以大型情景史诗的形式，运用音乐、舞蹈、戏剧、情景表演、多媒体等舞台手段，表现了红军将士在长征途中浴血奋战、克服艰难险阻的战斗生活和中国共产党人坚定信仰、追求理想、敢于牺牲、勇于胜利的精神品格，以及长征精神的历史传承与新的时代内涵，凸显了中国共产党挽救民族危难的历史担当和引领民族复兴的中流砥柱作用。习近平、李克强、张德江、俞正声、刘云山、王岐山、张高丽等党和国家领导人与首都3000多名群众观看了演出。

（白 莲）

【中国大众文化学会第四次全国会员代表大会】 11月21日，中国大众文化学会第四次全国会员代表大会在北京召开。大会审议通过了工作报告，修改了《中国大众文化学会章程》，选举产生了新一届领导机构。赵铁信任会长，熊召政、阮菊明、李贯通、朝戈金、荣建国、石一宁、彭蕴锦、张培基当选为副会长。

（张 鑫）

【中国文联第十次全国代表大会】 11月30日—12月3日，中国文学艺术界联合会第十次全国代表大会在北京举行。党和国家领导人习近平、李克强、张德江、俞正声、刘云山、王岐山、张高丽等出席开幕式。中央和国家机关有关部门负责人，全国文艺工作者代表，香港特别行政区、澳门特别行政区和台湾地区的特邀代表以及海外地区的特邀嘉宾约3300人与全国各地各民族的51个代表团的1550名代表参加了会议。习近平总书记在开幕式上作了重要讲话。会议期间，代表们认真听取并学习了习近平总书记的重要讲话精神，审议并通过了中国文联第九届全国委员会的工作报告，修订了《中国文学艺术界联合会章程》，选举产生了中国文联新一届领导机构。孙家正任中国文联第十届名誉主席，铁凝任中国文联主席，赵实任中国文联党组书记、副主席、书记处书记，李屹任中国文联党组副书记、副主席、书记处书记，左中一、李前光、郭运德任中国文联党组成员、副主席、书记处书记，叶小钢、冯巩、冯远、边发吉、许江、李祯盛、李雪健、张平、陈振濂、迪丽娜尔·阿布拉、孟广禄、胡占凡、奚美娟、彭丽媛、董伟、潘鲁生、濮存昕任中国文联副主席。

（张 鑫）

【北京市区（局）、产（行）业文联原创文艺节目展演】 12月17日，由北京市文联和北京市大兴区文联、大兴区文化委员会主办的"不忘初心、放飞梦想"2016北京市区（局）、产（行）业文联原创文艺节目展演在大兴影剧院举行。主办方从市公安文联、市邮政文联、北京铁路局文联以及各区文联会员新创作的近60个节目中选出戏曲、曲艺、杂技、舞蹈、歌曲等多个门类的18个原创文艺节目参加该展演。节目包括儿童原创京剧《孔融让梨》，铁片大鼓《真心》，牛骨数来宝《话说和谐》，杂技《集体造型》，舞蹈《"爷爷的"武吵子》《脊梁》《红》《珊瑚颂》，歌曲《请到长城来滑雪》《四合院儿》《无悔走过》等。

（白 莲）

展 览

【中国艺术研究院著名艺术家系列精品捐赠展】 2015年12月15日—2016年5月20日，由中国艺术研究院主办的"人民形象，中国精神"——中国艺术研究院著名艺术家系列精品捐赠展在中国国家博物馆举办。展览展出了田黎明、杨飞云、吴为山、何家英、赵建成、江宏伟、刘万鸣、徐累、龙力游、刘建平、陈忠康、管峻、骆芃芃、朱乐耕、王亚雄、朱宪民、黑明、张祖英18位著名艺术家的精品，展品涵盖绘画、雕塑、书法、篆刻、摄影、陶艺等多个艺术门类。

（白 莲）

【丙申名家邀请展1899—1994】 3月12日—30日，由北京工艺美术学会与中国国家画院（国展）美术中心共同主办的"艺舞春风·丙申名家邀请展1899—1994"在中国国家画院（国展）美术中心举办。展览共展出以李苦禅、吴传麟、张同禄、陈长芬等名家、世家为代表的167位现当代艺术家的1000件作品，展出的艺术门类包括中国画、书法、篆刻、油画、版画、壁画、雕塑、摄影以及景泰蓝、花丝镶嵌、雕漆、玉器、漆艺、陶瓷、制砚、纤维、皮雕、经典手作（提琴）、民间美术（戏剧盔头、脸谱，民间剪纸）等。展览期间，主办单位还举办了"名家书画笔会""中国书画艺术讲座""摄影艺术讲座""常沙娜先生与中央工艺美院校友座谈会"和"工艺美术大师技艺展示会"等系列活动。

（白 莲）

【"繁星计划"——当代青年艺术家推广活动北京站首展】 3月31日—5月9日，由国家艺术基金资助、中国华侨公益基金会华人当代艺术发展基金指导、幸福树艺栈投资管理（北京）有限公司主办、树美术馆承办的"繁星计划"——当代青年艺术家推广活动北京站首展"我们沿着星辰出发"在北京树美术馆展出。"繁星计划"——当代青年艺术家推广活动是2015年度国家艺术基金传播交流推广资助项目，设有青年艺术家优秀作品主题巡展、国内及国际青年艺术家交流、青年艺术家驻留创作、当代艺术公共教育、描绘中国美丽乡村风景写生5个板块。该展览共有56位艺术家的水墨、油画、雕塑、装置、影像等175件作品入选。北京首展之后，参展作品将在中国香港地区与美国、日本、韩国进行为期一年的巡展活动。

（白 莲）

【"最后的村庄"展览】 5月21日—31日，"最后的村庄"——柏林作品展在今日美术馆举办。此次展览内容分为田野调查、柏林水墨人物画、戴小兵西北摄影作品和纪实影像《最后的村庄》4个部分。田野调查是根据当地镇县统计数据和考察资料集成。柏林面皮人物以宣纸在不同地域的润燥变化，利用水分收缩所形成的边缘线，来构成人物面部五官及皱纹的造型分面，呈现出材料、环境与绘画对象的物性特征。戴小兵摄影作品是在柏林创作的甘肃会宁县马家沟村的基础上进行西北拍摄，作品的三大主题“村墟·村遗·村幻”从不同视角展现了今日乡村的衰败。影片《最后的村庄》是对柏林创作与创作地的追踪和记录。

（白　莲）

【“国戏视界2016”中国戏曲学院新媒体艺术系作品展】 5月22—25日，“2016青春国戏毕业季——‘国戏视界2016’中国戏曲学院新媒体艺术系作品展”在798艺术区悦·美术馆展出。作品展共展出中国戏曲学院新媒体艺术系师生的绘画、戏曲动画、戏曲创意产品设计、数字绘画、交互设计、戏曲音响设计等百余件（幅）作品。

（白　莲）

【中国艺术研究院艺术创作大展】 6月19日—26日，由中国艺术研究院主办的“人民形象，中国精神”——中国艺术研究院艺术创作大展在中国美术馆展出。展览集中了中国艺术研究院120余位艺术家的作品，展品涵盖了绘画、雕塑、书法、篆刻、摄影、陶艺等多种艺术门类，展现了中国艺术研究院的艺术家们在“深入生活、扎根人民”主题实践活动中取得的成果。

（白　莲）

【“走出边缘”——中国女性艺术发展研究文献展】 6月13日—15日，由中国女性艺术家网、和景文化发展有限公司主办的“走出边缘”——中国女性艺术发展研究文献展在北京大学图书馆举办。展览通过文字介绍、图片展示、陈列学术著作和手稿等方式，展示了陶咏白、李湜、李慧漱、廖文、文洁华、荒林、凉弘等近20位女性学者的绘画、书法、文学作品和她们对女性艺术的研究情况。此外，主办方还将中国从古至今的知名女艺术家的创作情况进行了介绍。

（白　莲）

【中国文联老同志书法美术摄影作品展】 6月20日—26日，由中国文联离退休干部局主办的纪念建党95周年暨长征胜利80周年中国文联老同志书法美术摄影作品展在中国文艺家之家展出。展览荟萃了文联系统近200位老同志共230余幅美术、书法、摄影作品。

（白　莲）

【《韩熙载夜宴图》数字艺术展】 6月21日，“文化国门名画大观”——《韩熙载夜宴图》数字艺术展在北京首都国际机场3号航站楼E区“吴门烟雨”景观区向旅客正式开放。该活动由北京首都国际机场股份有限公司与故宫博物院联合主办，以故宫藏顾闳中《韩熙载夜宴图》为对象，将非物质文化遗产“南音”乐舞的演绎和数字交互体验融入首都机场的大型室内园林景观，供机场旅客观赏。

（白　莲）

【2015中国当代艺术年鉴展】 6月25日—8月22日，由北京民生现代美术馆和北京大学视觉与图像研究中心、吴作人国际美术基金会共同主办的“2015中国当代艺术年鉴展”在北京民生现代美术馆举办。该展览展出了106位入选年鉴著录的艺术家2015年度最具代表性的作品，其中包括36位艺术家的原作。除了现场作品之外，其他作品以文献方式呈现。这些作品和文献记录是《中国当代艺术年鉴》编辑部以2015年全年3000多件艺术展览和活动、10000种以上发表的文献阅读综述、几千位艺术家的活动档案为基础进行甄选，并根据编辑委员会和学术委员会的意见修订补充后的结果。展览现场同时公布各种记录和调查数据，为观众研究、收藏、创作和观看提供参照。

（白　莲）

【首都文艺家创作采风作品展】 6月28日—8月31日，为纪念中国共产党成立95周年、红军长征胜利80周年，由北京市文联主办的“学党史、感党恩、跟党走”首都文艺家创作采风作品展在北京市文联举办。参展的110幅作品包含书法作品50幅、美术作品30幅、摄影作品30幅。这些作品均是2016年4月北京市文联组织首都文艺家分赴福建、江西、甘肃、陕西开展“重温党史，重走长征路，同筑中国梦”创作采风实践活动的作品。

（白　莲）

【2016年度“青年艺术100”北京启动展】 8月27日—29日，2016年度“青年艺术100”北京启动展在全国农业展览馆举行。该启动展把关注点放在1980年之后出生的青年艺术家身上，并将中国青年艺术家与海外青年艺术家置于同一平台进行评选。该启动展展示了10多个国家百余位青年艺术家的艺术品，其中包括113位参展青年艺术家的约400件艺术品，以及与“名泰文化”项目深度合作的约50位艺术家的近300件作品，其形式有油画、国画、版画、雕塑、影像、装置、涂鸦和行为艺术等，同时还有16个青年艺术家的个案展示。展览期间，还组织了多场艺术论坛、讲座和手工坊活动。

（白　莲）

【2016“天工开悟中国当代艺术大展”】 9月3日—18日，由中国传媒大学和中国美术家协会艺委会主办的2016“天工开悟中国当代艺术大展”在今日美术馆举办。该展

览以“学院与当代”为主题，旨在呈现学院艺术家的当代创作面貌与艺术成果。该展览分为“学院精神”“水墨延展”和“当代探索”3个板块，展出了全国以学院派为创作主体的75位学者型艺术家的水墨、油画、雕塑、版画、新媒体、装置等综合类型的近300件艺术作品。

（白 莲）

【2016中国艺术品产业博览会】 9月29日—10月5日，2016中国艺术品产业博览会在北京、天津、河北举办。该届艺博会秉承“艺术品让生活更美好”的主题，着重突出京津冀文化协同和北京城市副中心文化底蕴挖掘与传承。该博览会以通州宋庄为主会场，设置核心交易区和13个特色交易馆。此外，还设置了通州台湖镇金福艺农、佳合产业基地、中国书画100名家艺术中心和于天津、河北等地设立的5个分会场，总展览面积超过5万平方米。核心交易区包括主交易馆、北京城市副中心特展、淘宝街3个组成部分。其中，主交易馆分为“大国工匠”展示交易区、原创艺术品展示交易区、艺术衍生品展示交易区、艺术金融特展区、京津冀特展区、威尼斯再现、活动及媒体展示拍卖区7个区域。博览会期间，还举办了中国艺术品产业创新高峰论坛暨中国艺术品投融资高峰论坛。

（张 鑫）

【2016年北京国际特色文化展】 10月27日，由北京对外文化交流中心主办，北京市人民政府新闻办公室、北京市人民政府外事办公室和中国国际贸易促进委员会北京市分会支持的“炫彩世界”——2016年北京国际特色文化展在中国国际展览中心（老馆）举办。该展览包括以“一带一路”沿线国家为主的国际文化展示、“外国漫画家眼中的北京”主题展览和在京外籍学生带来的才艺表演。“外国漫画家眼中的北京”展示了7个国家的10名漫画家的作品。与作品展同时举办的还有《外国漫画家眼中的北京》一书的首发式。主办方邀请了阿尔及利亚、保加利亚、克罗地亚、喀麦隆、伊朗、尼泊尔、纳米比亚、俄罗斯等十余个国家的驻华使馆在现场推介和展示其文化资源与旅游资源。这是文博会举办11届以来，首个以国际文化交流为核心内容的主题活动。

（张 鑫）

【第十一届中国北京国际文化创意产业博览会】 10月27日—30日，由文化部、国家新闻出版广电总局、北京市人民政府主办，北京经济技术开发区管理委员会协办，北京君立天地文化产业有限公司承办的第十一届中国北京国际文化创意产业博览会在中国国际展览中心（老馆）举办。该届文博会以“激发文化活力，引领产业创新”为主题，举办了综合活动、展览展示、推介交易、论坛会议、创意活动、分会场六大系列百余场活动。博览会期间，文创及相关业界的代表近200万人次参与了展览会、推介交易、论坛会议、创意体验及分会场活动，共签署文化创意产业的产品交易、艺术品交易、银企合作等协议总金额958.33亿元。联合国贸易和发展会议、世界知识产权组织的代表以及美国、英国、德国、俄罗斯、瑞士等41个国家和地区的43个代表团组，天津、河北、山西、内蒙古、黑龙江等21个省、自治区、直辖市的代表团参加了博览会。

（张 鑫）

非物质文化遗产保护

【京津冀“非遗”藏品展示月】 2月3日—3月2日，“首届京津冀民间收藏文化季”之“非遗”藏品展示月活动在首都博物馆举办。展览分“千年智趣”“雕形塑意”“画韵年丰”3个展区，展出了中国传统益智玩具、天津“泥人张”的代表作品和河北武强年画等70余组（件）实物展品，并配以文字说明、图片展示、多媒体播放等方式，追溯三地同根同源的文化脉络。展览期间，还举行了“非遗”技艺展示和年画DIY活动。

（张 鑫）

【第八届北京端午文化节】 6月9日—11日，第八届北京端午文化节暨北京市第三届“非遗大观园”端午游园会在延庆举办。来自北京、天津、湖北、湖南、江苏、河北、河南、台湾的代表将从各地带来的水，注入延庆妫河之中。该届端午文化节突出了“访青山、游绿水、忆乡愁”的人文特色，除了龙舟竞赛、包粽子比赛等端午节特色活动以外，还有观看中华武术展演、观看“非遗”表演、自行车骑游、美丽乡村民俗游等活动。

（张 鑫）

【传统文房制砚技艺精品展】 6月9日—7月8日，由文化部非物质文化遗产司指导，文化部恭王府管理中心、中国非物质文化遗产生产性保护系列活动组委会主办的“文房砚为首”国家级非物质文化遗产——传统文房制砚技艺精品展在恭王府中华传统技艺精品馆举办。展览展出了包括广东端砚、山西澄泥砚、甘肃洮河砚和安徽歙砚200余方砚台。四大制砚技艺的传承人与工艺大师在展览现场向参观者展示了制砚技艺。展览期间，还举办了传统文房制作技艺分类保护传承学术研讨会。

（张 鑫）

【第九届恭王府“非遗”演出季】 6月10日—13日，由文化部恭王府管理中心和中国昆剧古琴研究会

“非遗大观园”端午游园会在延庆举办

共同策划主办的第九届“良辰美景·恭王府‘非遗’演出季”在恭王府大戏楼举办。演出季共举办了古琴、昆曲各2场专场演出。昆曲专场由江苏省演艺集团昆剧院演出了保留剧目《牡丹亭》中《游园惊梦》《寻梦》《写真》《离魂》四出折子戏和《望湖亭·照镜》《玉簪记·偷诗》《钗钏记·讨钗》《西厢记·游殿》等昆曲剧目。古琴专场邀请吴钊、李祥霆、龚一、丁承运、姚公白、付丽娜、李凤云、王建欣、赵家珍、戴晓莲10位琴家演绎了《忆故人》《梅花三弄》《广陵散》等著名琴曲。

（张　鑫）

【第四届“非遗”文化嘉年华】 9月29日—10月5日，“第四届非遗文化嘉年华”在北京国际雕塑公园举办。该活动有参加展览、交流的30余种文艺、“非遗”项目，其中包括中国茶文化、陶瓷艺术、民间工艺美术、中国传统民间曲艺、传统手工技艺等非物质文化遗产项目。

（张　鑫）

培　训

【2016中国文联澳门艺术人才访学交流团】 5月30日—6月19日，由中国文联、澳门基金会、中国文学艺术基金会和中国文联文艺研修院联合主办的“传承与创新：2016中国文联澳门艺术人才访学交流团”在北京、澳门两地举办。该访学交流团共有34位学员，交流领域包括书画、音乐、舞蹈、戏剧、摄影、出版、雕塑、展览策划、项目策划、活动监制等方面；交流课程分为中华艺术、跨界融通和跨文化传播3个模块；交流方式有专家授课、导师见面、学员论坛、现场体验、案例解析、剧目赏析等多种形式。

（张　鑫）

【协同推进京津冀文艺事业创新发展培训班】 6月13日—17日，由中国文联文艺研修院主办的“2016铸梦计划·北京”——协同推进京津冀文艺事业创新发展培训班在北京市成功举办。国家发改委地区司、北京市文联、天津市文联、河北省文联的相关负责人讲述了协调发展京津冀文艺事业方面所做工作及未来工作思路。来自京津冀地区的45名地县级文联负责人参加了此次活动，其中，北京地区学员10人，天津地区学员11人，河北地区学员24人。该项培训是中国文联文艺研修院首次针对全国地县级文联负责人研修班学员所开展的研修后续服务活动，旨在为京津冀地区的文联组织搭建互动交流、合作共建的平台。学员们在多个文创领域洽谈协商合作项目，并且签订了包括“中国梦·冬奥情”——京津冀文学艺术交流舞蹈展演、“探访母亲河文艺交流创作活动”、“自然之美、生态之美、艺术之美”——京津冀工笔画联展等在内的17份项目合作意向书和13份不同区县文联间的《缔结友好文联备忘录》。

（张　鑫）

【中国文联第二期少数民族地区文艺骨干（藏族地区）研修班】 6月19日—7月9日，中国文联第二期少数民族地区文艺骨干（藏族地区）研修班在北京举办。该研修班由中国剧协、中国音协、中国曲协、中国舞协和中国杂协协办，学员为四川、云南、西藏、甘肃、青海等地区的汉、藏、回、满、苗、彝、白、傣8个民族的戏剧、音乐、曲艺、舞蹈和杂技等舞台艺术领域的文艺骨干，共39人，其中少数民族学员33名。研修班围绕“国家观、民族观和文艺观教育”“舞台（视觉）艺术跨界·融合·创新”“专业创作与提升”三大模块安排课程内容，分别邀请舞台艺术领域艺术家、导演、编导、制作人等开设专题讲座，组织学员观摩剧目，并邀请剧目主创人员作案例分析。

（张　鑫）

【中国文联第三期少数民族地区文艺骨干（新疆地区）研修班】 6月19日—7月9日，中国文联第三期少数民族地区文艺骨干（新疆地区）研修班在北京举办。该研修班由中国美协、中国民协、中国摄协和中国书协协办，学员为新疆维吾尔自治区的汉、回、维吾尔、蒙古、哈萨克、满、柯尔克孜7个民族美术、书法、摄影、民间文艺等视觉艺术领域的文艺骨干，共45人，其中少数民族学员 15 人。研修班围绕“国家观、民族观和文艺观教育”“舞台（视觉）艺术跨界·融合·创新”“专业创作与提升”三大模块安排课程内容，分别邀请视觉艺术领域艺术家、专家、学者、评论家、策展人等开设专题讲座，安排组织学员到国家博物馆、故宫博物院、中国美术馆、中国雕塑院、798 艺术区等场馆观摩展览，结合展览作品现场研讨学习。

（张　鑫）

【首届全国中青年网络文艺人才研修班】 9 月 5 日—10 日，中国文联文艺资源中心举办的“首届全国中青年网络文艺人才研修班”在北京举办。来自各全国文艺家协会、各地文联、产行业文联及各大网络文艺平台等的 70 余位国内中青年网络文艺人才参加学习。研修班主要内容包括专题培训、专家授课、考察调研、学员交流。邀请到中国美术馆馆长吴为山、北京师范大学新闻传播学院执行院长喻国明、北京服装学院新媒体系主任丁肇辰、中国科学院自动化研究所科学艺术研究中心主任张之益、著名网络作家唐家三少、晋江原创网络科技有限公司总裁黄艳明、百度音乐总经理王磊、豆瓣网副总裁戴钦、分答 & 在行联合创始人曾静、爱奇艺高级副总裁耿晓华等就精品文艺创作、互联网时代的媒介转型、未来数字生活方式、当代艺术科技前沿、“互联网＋”时代音乐行业去向、互联网时代的 IP 生态、社群化的原创写作、移动互联时代的艺术知识分享等网络文艺创作和运营方面的内容进行专题讲座，并组织学员及嘉宾就“网络文艺＋中国精神、中国梦”主题进行了圆桌讨论。

（张　鑫）

【2016·北京青年文艺评论人才读书研讨班】 9 月 20 日—21 日，由北京市文联主办，北京市文联研究部、北京文艺评论家协会承办的 2016·北京青年文艺评论人才读书研讨班在北京举办。该研讨班旨在为优秀青年文艺评论人才搭建交流思想、学习提高和展示成果的平台。研讨班期间，中国人民大学文学院院长、教授孙郁和中国社会科学院文学研究所研究员陈福民分别作了“鲁迅的暗功夫”和“当下文化语境中的文学批评”专题讲座；饶翔、徐刚、丛治辰、颜榴、林蔚然、戴晨、于洋、项筱刚、魏晓凡、金浩、仝妍、刘晓真、王文静等近 30 位来自文学、舞蹈、戏剧、美术、音乐等艺术领域的青年文艺工作者作了交流发言。

（张　鑫）

【“中国演艺走出去”品牌译介与传播高级研修班】 12 月 18 日—24 日，由文化部外联局主办、中国对外文化集团公司等单位协办的“中国演艺走出去”品牌译介与传播高级研修班在北京举办。该研修班旨在实现演艺信息和品牌对外译介与传播的规范化、专业化、国际化，培养一支懂得演艺信息和品牌译介传播规律的人才队伍。该研修班的培训形式包括政策和业务学习、翻译及作业练习、经验分享和主题沙龙等。课程设置涵盖了国际主流演艺市场介绍和译介传播要求、中外演出艺术交流合作流程与法律规范、演艺节目的国际公关、中外艺术节规范及品牌译介传播案例等方面的内容。文化部直属艺术院团，各省、区、市推荐演出团体及部分代表性社会演艺团体的 150 名管理者和业务骨干参加培训。

（张　鑫）

赛事与奖项

【“文传榜·2015”】 1 月 21 日，由国家互联网信息办公室网络社会工作局指导，中国文化网络传播研究会主办的“文传榜·2015”中国文化网络传播系列征集发布活动在北京举行。活动揭晓了网络“十大国学公号”“十大国学频道”“十大国学作品”以及“文传榜·2015”中国文化网络传播优秀组织奖等。该活动旨在发挥网络社会组织在网络空间治理、网络文化建设等方面的作用，在网络上弘扬中华优秀传统文化和社会主义核心价值观主旋律。

（张　鑫）

【第十届 AAC 艺术中国·年度影响力评选颁奖】 5 月 16 日，第十届 AAC 艺术中国·年度影响力评选颁奖活动在故宫博物院建福宫举办。该届 AAC 艺术中国的评选主题为“历史中的当代”，共颁发 3 项大奖。黄专主编的《世界 3：作为观念的艺术史》获年度出版物大奖，胡向前获年度青年艺术家奖，刘韡获得年度艺术家奖项。

（张　鑫）

【北京市文化创意创新创业大赛】 5 月 28 日—8 月 28 日，由市委宣传部、市文资办指导，市文化创意产业促进中心主办，东方嘉诚文化产业发展有限公司承办的“华夏银行杯”首届北京市文化创意创新创业大赛在北京举办。该赛事共有 534 个项目报名参赛，重点关注的是中小文化创意企业，涵盖了动漫游戏、广播影视、创意设计、广告传媒、版权交易、文化体育、VR 体验等文化创意热点。历经 27 场初赛，10 场复赛、决赛，最终主打 VR 体验的奥秘之家项目获得冠军。蜘蛛侠摄影机、APPMagics 获得二等奖，型动体育、泽灵文化和创意花丝镶嵌饰品获得三等奖。比赛过程中，有 25 个众创空间承办分赛场，50 家投资机构进行了全程跟踪。

（张　鑫）

交　流

【越南摄影绘画作品展】1月11日—17日，由越南文化、体育和旅游部、越南驻中国大使馆举办的“魅力越南”——越南摄影绘画作品展在首都图书馆展出。展览展出了越南摄影师阮越清、黄海盛和画家邓芳越的近50幅作品，图片反映了越南美丽多姿的风土人情。此次越南摄影绘画作品展是中越建交66周年系列庆祝活动之一。越南驻华大使邓明魁、中国文化部外联局局长助理王晨、中国—东盟中心秘书长杨秀萍以及部分外国驻华使节等近200名嘉宾出席了开幕式。

（吴赣生）

【甘肃省“双联”行动精准扶贫精准脱贫主题晚会进京演出】3月10日，由甘肃省委宣传部、中国曲协、甘肃省文联等单位共同主办的“温暖”——甘肃省“双联”行动精准扶贫精准脱贫主题晚会在民族文化宫大剧院上演。演出节目有陈寒柏、王敏合说的相声《结穷亲》，张保和创作的快板说唱《陇原新貌》，杨子春等曲艺演员表演的彩唱单弦《梦想成真》，评书演员宋丹红表演的《小县公仆》，戴玉强、王丽达、刘和刚演唱的歌曲《春天是信息》《山杏花开的时候》《老李》，陈逸恒、王新军、朱衡、于紫菲合作的诗朗诵《春风习习吹过陇原》，晚会现场还向甘肃省赠送了苏士澍、言恭达、张改琴、翟万益等书法家的作品。整台晚会反映的是甘肃省在开展的以单位联系贫困村、干部联系贫困户为主要内容的为民富民“双联”行动的部分阶段性成果。

（张　鑫）

【2016中拉文化交流年】3月24日—11月21日，由文化部主办、中国对外文化集团公司承办的2016中拉文化交流年活动在北京、上海、南京等中国城市和拉丁美洲、加勒比海地区同时进行。该活动涉及墨西哥、阿根廷、巴西、智利、秘鲁等近30个拉美国家，此次活动包括“请进来”和“走出去”两条主线，中国与拉丁美洲和加勒比海地区的国家在艺术、文学、文物、电影、图书、传媒、旅游等领域的进行了广泛交流。

（张　鑫）

【第16届“京味儿文化之旅”赴台展示】4月11日—22日，由北京市台办、市政府新闻办、市文联主办的第16届“京味儿文化之旅”赴台湾展示京味儿文化。80余人的首都艺术家交流团在新竹、台中、彰化、嘉义、高雄、屏东等地的社区、学校、农村、养老院等处举办了8次笔会、6场“魅力北京”图片展、2次座谈、4次参访当地民间文艺协会，还进行了8场演出，共演出了戏曲、杂技、歌舞、魔术等8个艺术门类计30个节目。

（张　鑫）

【首都艺术家赴西藏交流】6月20日—30日，北京市文联与拉萨市委、市政府，北京援藏指挥部等共同开展了“共话京藏情·同筑中国梦”首都艺术家代表团赴藏文化交流活动。由北京市文联主席张和平带队的艺术家们，面向拉萨、林芝等地的基层群众，深入社区、学校、乡村、驻藏解放军和武警部队，开展了7场文艺演出以及7场书画创作笔会。

（张　鑫）

【首都艺术家赴内蒙古交流】7月10日—20日，北京市文联组织的首都艺术家代表团赴内蒙古开展文化交流慰问活动。由北京市文联党组书记沈强带队的艺术家们到赤峰市和乌兰察布市的农村、学校、文化广场，进行了7场文艺演出，演出包括音乐、舞蹈、曲艺、杂技等多个艺术门类。此外，艺术家们还进行了7场书画笔会，并走访慰问当地农牧民家庭。参加此次活动的除了北京的艺术家，还有天津、河北的艺术家。

（张　鑫）

【首都艺术家赴新疆交流】8月26日—9月2日，由市文联组织的首都艺术家赴疆开展文化交流慰问活动。由北京市文联党组书记沈强带队的艺术家们在和田、库车等地的社区、农村、学校及新疆生产建设兵团，共进行了5场文艺演出和8场书画笔会。演出包括声乐、器乐、杂技、魔术以及京西太平鼓、武吵子等非物质文化遗产项目。

（张　鑫）

【海峡两岸艺术家书画摄影交流展】8月30日—9月3日，由中国文联、中国电视艺术协会、中国摄影家协会、台湾中华节目内容制作产业发展协会共同主办的“情深艺长”——第五届海峡两岸电视艺术节暨海峡两岸艺术家书画摄影交流展在中国文艺家之家展览馆举办。展览展出了王铁成、姜昆、唐国强、赵忠祥、马精武、雷恪生、杨洪基、富大龙、赵普等百名大陆文艺界知名人士和台湾书画、摄影界名家李沃源、蓝荣贤、王满姣等20多位名家的200余幅作品。

（白　莲）

【中原风·河南省书法美术摄影作品晋京展】9月6日—16日，由河南省委宣传部、河南省文联共同主办，河南省美协、书协、摄协承办的“中原风·河南省书法美术摄影作品晋京展”在中国国家博物馆展出。该展览共展出了河南书画摄影艺术家创作的319幅作品。其中，美术作品120幅，书法作品100幅，摄影作品99幅。展出的书法作品有真、草、隶、篆等多种书体，美术作品有山水、花鸟、人物等，摄影作品则聚焦了中原地区的风情、山川等景观。

（张　鑫）

【中国京族高脚罾暨广西防城港民族文化进京展演】 10月24日—27日，由中央民族大学、北京舞蹈学院和中共广西东兴市委宣传部主办，防城港市社会科学联合会和防城港市纪实摄影协会承办的以“罾·琴·韵”为主题的中国京族高脚罾暨广西防城港民族文化展演在中央民族大学与北京舞蹈学院举办。此次文化展演分为两个部分，一部分是演出，由特邀的壮族、瑶族和高脚罾的京族传承人进行汇报演出。演出内容有京族唱哈《祭海神》，京族原生态舞蹈《进香舞》《花棍舞》《敬酒舞》《天灯舞》，壮族原生态舞蹈《跳天》，京族独弦琴演奏《过桥风吹》，京族舞蹈《北部湾畔的高脚罾》《渔悦欢歌》，京语独唱《京族摇篮曲》，京族情景舞蹈《对木屐＋迎亲》，京族传统民歌《哭嫁（感恩歌）》。另一部分是专题摄影作品展览，共展出防城港市本土原生态民族文化纪实摄影作品及京族字喃约300幅，记录了防城港市的民俗风情和高脚罾文化，生动、形象地展示了京族群众使用高脚罾获取丰富海产的独特方式。

（白　莲）

【张家口戏曲艺术研究院进京演出】 12月4日—5日，张家口戏曲艺术研究院携其创作的大型音舞诗画《大好河山》在民族剧院上演。该作品是一台全景式反映张家口历史文化和地域风情的节目，重点章节用艺术的手法描绘了京张铁路肇建及京张2022年携手冬奥的图景。

（张　鑫）

评论与研究

【全球化视野下的舞台艺术发展活动】 1月12日—14日，由中国文联文艺研修院主办，中国剧协、中国音协、中国曲协、中国舞协、中国杂协提供业务指导的“2016铸梦计划·全球化视野下的舞台艺术发展”活动在北京举行。该活动包括由冯双白、董占顺、韦兰芬、周由强、夏小虎等专家开设的专题讲座，观摩美国运动集市剧团的舞台剧《大人物》，赴天桥艺术中心和国家大剧院实地观摩，邀请国家话剧院、中国杂技团、中央芭蕾舞团、中国儿童艺术剧院、中国木偶艺术剧院、北京人民艺术剧院、梅兰芳大剧院、中央新影微电影部、开心麻花、陶身体剧场、嘻哈包袱铺、哲腾文化、剧本杂志社、曲艺杂志社等相关负责人座谈“国内舞台艺术的海外推广经验”“海外剧目的本土化引进”等话题，并结合各自的发展定位及对剧目、剧本的需求进行分组讨论、洽谈合作项目。

（张　鑫）

【《压数量提质量力推精品——聚焦全国性文艺评奖改革》】 该文发表于《人民日报》2016年1月13日，署名周玮、姜潇。作者针对中共中央办公厅、国务院办公厅公布《关于全国性文艺评奖制度改革的意见》后，节庆活动中举办的文艺评奖压缩幅度87.5%，中央和国家机关、人民团体举办的常设全国性文艺评奖数量压缩75.4%的现象，采访了文化部、新闻出版广电总局、中国文联、中国作协的相关负责人，认为全国性文艺评奖大幅度清理压缩是朝着提高质量、提高权威性、建设知名品牌、推出更多人民群众喜爱的优秀作品和优秀人才方向的迈进。

（张　鑫）

【2016第十三届中国文化产业新年论坛】 1月9日，由北京大学主办的2016第十三届中国文化产业新年论坛在北京大学举行。论坛以“中国精神与文化创新”为主题，探讨中国文化产业发展的思路和创新的路径。北京大学文化产业研究院院长叶朗、副院长陈少峰，新闻与传播学院副院长陈刚，上海社会科学院文化产业研究中心主任花建，清华大学新闻与传播学院副院长尹鸿，韩国全球文化产业协会会长李永求，中国美术学院副书记刘正，北京大学艺术学院教授林一，中国戏曲学院学术委员会主任傅谨，中国人民大学艺术学院执行院长丁方等分别在北大英杰交流中心的主论坛做了主题演讲。除主论坛外，该论坛还设有“三山五园的文艺创作与文化传播”主题对话会和围绕“产业政策与战略策略”“文化创新与版权产业”“区域发展与文化旅游”“产业融合与科技创新”主题的4场专题发表会。

（张　鑫）

【首届艺术产业园区发展论坛】 1月10日，由中央美术学院发起并举办的“首届艺术产业园区发展论坛”在北京举行。中央美术学院院长范迪安对中国产生于20世纪末的艺术产业园区的历史进行了回顾，上海红坊创意园区的郑培光、文化部文化市场司原副司长张新建、中央美术学院艺术管理与教育学院艺术管理学系主任赵力托围绕着“艺术产业园区发展与城市升级”“艺术产业园区发展战略与管理”等论题展开了讨论。

（张　鑫）

【“加强与改进文艺批评”专题研讨会】 1月27日，光明日报社和文艺报社共同举办“加强与改进文艺批评”专题研讨会在北京召开。仲呈祥、雷达、白烨、王一川、丁亚平、张清华、彭程、胡军、徐忠志、刘琼、马建辉、丁国旗、郭艳、张莉、李云雷、刘大先、刘涛、傅强等评论界人士参加了研讨会。与会者认真学习领会习近平总书记关于文艺工作的重要论述，共同探讨了文艺批评的本质与规律。中国作协副主席何建明、《光明日报》总编辑何东平、《文艺报》总编辑梁鸿鹰出席了研讨会。

（张　鑫）

【纪念红军长征胜利80周年专题研讨会】 7月7日，北京市文联研究部组织召开“当代北京文艺创作中的‘长征’表达”——纪念红军长征胜利80周年专题研讨会。会议围绕北京地区“长征”主题文艺创作，邀请文艺创作者和相关领域的评论家就如何讲好长征故事进行了交流对话。歌剧《长征》、昆曲《飞夺泸定桥》、电影《太阳河》等文艺作品，是北京地区纪念红军长征胜利80周年的代表性作品。研讨会上，这些文艺作品的主创人员表达了他们对长征历史的理解，介绍了创作经过，分享了创作体会。围绕这些作品，与会评论家探讨了重大革命历史题材文艺创作的独特表达方式和内在艺术规律，总结了这些文艺作品为革命历史题材创作提供的新鲜经验，为进一步推动北京重大革命历史题材的创作提出了意见和建议。市文联党组副书记、副秘书长刚杰与翟俊杰、解玺璋、李朝全、凌金玉、陈逸恒、方彤彤、马刚、戴清、赵晖、高音、李万万、陈文杰等各艺术门类专家20余人参加了研讨。

（张　鑫）

【推进京津冀社区文化协同发展座谈交流活动】 7月28日，由北京市文联发起，北京市文联、天津市文联、河北省文联共同主办的“推进京津冀社区文化协同发展座谈交流活动”在北京举行。交流活动围绕“繁荣发展社会主义文艺与京津冀协同发展”的主题，探讨京津冀协同发展对社区文化发展带来的影响。河北省石家庄北方社区、天津市河东区、北京市西城区金融街街道的相关人员介绍、交流了所在社区文化建设的情况与经验。天津市、河北省、北京市社区建设的相关专家、学者对社区文化建设的制度与机制建设、资源整合、沟通协调等进行了研讨。主办方有关负责人，相关地区社区工作者、文艺工作者与北京市文联所属社会组织负责人等60余人参加活动。

（张　鑫）

【新文艺组织及非京籍、体制外文艺工作者座谈会】 8月9日，北京市文联组织召开新文艺组织及非京籍、体制外文艺工作者座谈会。座谈会上，陈秋平、李立功等12名来自各个艺术门类的非京籍、体制外文艺工作者代表，畅谈在北京追寻艺术梦想的奋斗经历；北京青年戏剧工作者协会等5家社会组织的负责人详细介绍了新文艺组织的建设情况；相关政府职能部门梳理了在服务管理非京籍、体制外文艺工作者方面所做的工作。与会者认为，应继续加强新文艺组织和非京籍、体制外文艺工作者服务管理工作，进一步延伸工作触角、拓宽服务范围，加大政策扶持、搭建交流平台，为体制外文艺创作和人才培养创造条件。

（张　鑫）

【《保护非物质文化遗产公约》成果框架专家会】 9月7日—9日，由联合国教科文组织、中国联合国教科文组织全国委员会、永新华韵文化产业集团共同举办的“《保护非物质文化遗产公约》成果框架专家会”在民族饭店举行。来自世界各地的30余位专家出席了会议，全球顶级，针对公约的成果框架设计、成果实现标准、成果创新实践等8个议题展开讨论。参会人员就国际“非遗”论坛、国际“非遗”博览会、国际“非遗”节的顶层设计及国际“非遗”数据库体系构建等内容开展了深度研讨，达成了多点共识。

（张　鑫）

【第四届艺术与科学国际学术研讨会】 9月11日，由清华大学主办的第四届艺术与科学国际学术研讨会在清华大学美术学院举行。来自中国、意大利、瑞士、西班牙、法国的12位专家分别进行了主题演讲，内容包括计算机模拟图像、艺术的哲理、仿生学、色彩学、大脑认知、达·芬奇绘画修复、交互设计等，探讨了艺术与科学领域内的近期发展和未来趋势，多领域、多角度地阐释了艺术与科学的关系。

（张　鑫）

【第34届世界艺术史大会】 9月16日—20日，由中央美术学院和北京大学共同主办的第34届世界艺术史大会在北京举行。这是该大会第一次在欧洲、美洲和澳洲之外举办，北京大学教授朱青生当选为新一任国际艺术史学会主席，也是该学会的第一位中国主席。该届大会主题为“Terms”（概念：不同历史和不同文化中的艺术和艺术史），强调了中国艺术发展特征及其在世界文化格局中的地位。大会期间，共收到艺术史论文、报告1012份，43个国家和地区的290多位参会者在21个分论坛进行了主题发言人，主办方还邀请与会代表参观了故宫和书画特展，以及在中央美术学院美术馆展出的青州龙兴寺古代佛教造像。

（张　鑫）

【马克思主义文艺理论与当代文艺实践座谈会】 9月29日，中国文联组织的马克思主义文艺理论与当代文艺实践座谈会在中国文艺家之家举办。张炯、李准、仲呈祥、陆贵山、董学文、刘玉琴、陈飞龙、马建辉8位专家围绕以习近平为总书记的党中央对马克思主义文艺理论的新贡献、新形势下坚持和发展马克思主义文艺理论应把握的基本方向，新时期如何创新发展马克思主义文艺理论等主题，进行了深层次、多角度的探讨和交流，取得了良好效果，形成一系列有价值的基本共识。中国文联党组成员、副主席、书记处书记夏潮，中国文联理论研究室主任、中国文艺评论家协会副主席兼秘书长、中国文联文艺评论中心主任庞井君，中国文联理论研究室副主任徐粤春等出席了座谈会。

（张　鑫）

【2016·北京文艺论坛】 10月29日—30日，由北京市文联主办，北京市文联研究部、北京文艺评论家协会承办的“文艺创作与时代表达：2016·北京文艺论坛”在北京举行。该届论坛着重探讨文艺创作、艺术表达与时代变迁之间的理论命题，设置了“全球视野中的网络文艺”“当代文艺创作与中国经验表达”“市场经济中的文艺新生态”“青年批评的责任与文艺生产机制新阐释”4个单元。谢冕、曾庆瑞、邵燕君、张智华、余飞、胡滨、秦大唐、颜榴、解玺璋、乐祥海、卢蓉、毛巧晖等来自文学、戏剧、电影、电视、音乐等12个艺术门类的文艺创作者和文艺评论家进行了交流、研讨。中国文联和北京市文联的有关领导参加了论坛。

（张　鑫）

【加强文艺批评恳谈会】 11月14日，文艺报社组织召开了“加强文艺批评恳谈会”。恳谈会围绕加强文艺批评的针对性和说服力，增强文艺批评的批评性，提高文艺批评的当下性、及时性和贴近性，改进文艺批评的文风与多样化等话题展开探讨。何建明、梁鸿鹰、施战军、周星、张永清、王干、赵彤、徐忠志、郭艳、霍艳、徐刚、傅逸尘等参加了恳谈会。

（张　鑫）

【“艺术民族志的书写”学术研讨会】 12月5日—6日，由中国艺术研究院艺术人类学研究所主办的“艺术民族志的书写”学术研讨会在中国艺术研究院召开。该研讨会旨在进一步深化艺术民族志研究的方法论和相关问题，理清艺术民族志的写作方式，为国内艺术人类学研究提供基础性参照。乔健、方李莉等中国艺术研究院、中国社会科学院、中国戏曲学院、复旦大学、厦门大学等人类学界、艺术学界的20余名专家、学者围绕“艺术民族志的书写”“中国人类学本土化”等议题展开了研讨。

（张　鑫）

【第十一届全国艺术院校院（校）长高峰论坛】 12月10日—11日，由中国文化传媒集团主办，《艺术教育》杂志、北京大学艺术学院承办的“第十一届全国艺术院校院（校）长高峰论坛”在北京举行。该论坛旨在发扬和增强艺术院校的改革创新意识，探索中国艺术教育发展的趋势和路径与创新艺术人才培养模式。来自全国200余家艺术院校、院系的专家、学者、院（校）长围绕“中国艺术学学科的发展和创新——北大艺术教育100年对话”“艺术学学科建设如何适应人才培养机制”等主题进行了研讨。教育部艺术教育委员会主任委员叶朗、中国文艺评论家协会主席仲呈祥、中国艺术研究院院长连辑作主旨演讲。中国美术学院院长许江、中国音乐学院党委书记闫拓时、中国戏曲学院院长巴图、上海戏剧学院院长黄昌勇等14位艺术院校的院（校）长作了主论坛发言。

（张　鑫）

纪　念

【贾芝逝世】 1月14日，民间文艺活动家、研究家贾芝在北京逝世。贾芝（1913—2016），1913年生于山西临汾，原名贾植芝。1938年毕业于中法大学，旋即赴延安，在抗日军政大学、鲁迅艺术学院学习，后从事法文翻译和诗歌创作。1943年，创办延安中学，任政治委员兼教员。1948年，创办延安大学文艺系，任党总支书记兼系副主任。1949年3月到北平，在文化部编审处工作。1950年，创办中国民间文艺研究会，历任党组书记、秘书长、副主席、名誉主席。1950年，创编《民间文艺期刊》。1951年，参与创办人民文学出版社，任支部书记、编辑部主任。1953年，调入中国科学院文学研究所。1955年，创办《民间文学》，任执行副主编。1979年，任中国民间文艺研究会副主席。1980年，任中国社会科学院少数民族文学研究所所长、研究员。1980年，创办中国民间文艺出版社，任社长。1982年，创办《民间文学论坛》，任主编。1982年，离休。主要作品有《贾芝集》《水磨集》《民间文学论集》《新园集》《播谷集》等。

【《文艺理论与批评》创刊30周年纪念研讨会】 9月9日，中国艺术研究院马克思主义文艺理论研究所（以下简称马文所）建所暨《文艺理论与批评》创刊30周年纪念研讨会在北京举行。马文所历任领导、前辈学人与全国各地的文艺理论家、评论家60多人参加了研讨会。与会者回顾了马文所与《文艺理论与批评》的发展历程，对该所、该刊的未来发展进行了展望。

（张　鑫）

【老舍作品展演】 12月4日—8日，由北京市文物局、老舍纪念馆、北京市曲剧团共同举办的“‘1966—2016跨越半个世纪的思念’老舍先生作品展演”活动在民族文化宫大剧院举行。展演中，既有2016年第二届“诵读老舍，感悟北京”——老舍文学作品诵读活动获奖代表朗诵老舍经典文稿，也有由中小学生和社区居民以及专业文艺工作者演出的老舍经典作品《茶馆》《宝船》《龙须沟》《四世同堂》等片段。展演期间，主办方还在民族文化宫大剧院举办了展览，以图文并茂的方式从亲友、学术、传播、纪念等多方面展示50年来老舍作品出版、研究成果以及亲友、大众对他的追忆和怀念。

（白　莲）

出版与传播

【《2015中国艺术发展报告》】 4月28日，由中国文学艺术界联合会组织编写的《2015中国艺术发展报告》正式发布。该报告由中国文联及所属各全国文艺家协会组织近百位专家、学者参与编撰，是一部对中国艺术年度总体发展状况以及各艺术门类年度发展状况所作总结、分析和思考的综合性研究报告。

（白　莲）

【中国文化网上线】 6月29日，由文化部对外文化联络局（港澳台办公室）主办的“中国文化网”（www.chinaculture.org）中文版上线仪式在北京举行。中国文化网中文版致力于打造对外和对港澳台文化工作的信息聚合平台，服务于对外与对港澳台文化工作的开展，努力成为全面反映中国对外与对港澳台文化工作面貌，为业内乃至社会各界提供有关信息的高质量窗口和平台。中国文化网中文版的前身是2011年上线的由文化部外联局主办的文化交流资讯网站“文化传通网”。

（白　莲）

【《中国公共艺术年鉴（2015）》】 6月，中国国家画院公共艺术中心编纂的《中国公共艺术年鉴（2015）》由中国城市出版社出版。该年鉴是中国第一部关于公共艺术的年鉴，该卷是对2000—2015年中国公共艺术发展的一次总结，内容包括代表作品、论文、大事记等。

（张　鑫）

【《中华传统文化经典百篇》】 10月，由国务院参事室、中央文史研究馆组织编写，袁行霈、王仲伟、陈进玉主编的《中华传统文化经典百篇》由中华书局出版。该书选入了中国历代101篇经典作品，包括先秦诗歌、辞赋及历代论说、语录、史传、奏议、碑志、杂记、序跋、尺牍等各种文体，涉及哲学、社会科学、科学技术、中外关系、军事等领域，尤其注重收录关乎修身立德、治国理政、伸张大义、嫉恶刺邪、亲情伦理的传世佳作。

（张燕鹰）

文　学

【概　况】2016年，中国作协第九次代表大会在北京召开。纪念长征胜利80周年、纪念建党95周年等一系列重大活动在北京举行。首都广大文学工作者紧扣时代主题，努力弘扬中国精神、凝聚中国力量，推出了一批精品力作，文学事业蓬勃发展。

2016年北京地区小说创作和出版取得了丰硕成果。在长篇小说方面，作家高度注重时代精神，围绕"中国梦"主题，推出了众多具有生命力、反映时代呼声、展现人民奋斗、振奋民族精神的优秀作品。贾平凹的《极花》和付秀莹的《陌上》关注的是当下中国的农村问题，具有很强的现实冲击力。方方的《软埋》通过讲述一个女人的故事，挖掘了决定人物命运、历史进程的复杂因素。葛亮的《北鸢》通过两个家族的命运沉浮映射出波诡云谲的民国动荡史。杨志鹏的《百年密意》通过两个家族的百年争斗，探讨了成功与失败，光荣与梦想，富贵与贫贱，死亡与再生的主题。王刚的《喀什噶尔》借由17岁的"我"，将新疆喀什噶尔、阿克苏等地独特的自然景观以及青春期少年的心理活动呈现在读者眼前。张悦然的《茧》以20世纪80年代的人的视角直面祖辈、父辈的恩怨纠葛的转折，将几代中国人的现实际遇与心灵困境展开在读者面前。格非的《望春风》描写了家乡的村庄逐渐衍变的复杂过程，展现了个人命运、家庭和村庄的遭际变化。

中篇小说创作也力作纷呈，宋小词的《直立行走》深刻地表现了当下城乡差别、拆迁、贫富差距等诸多社会现实问题。迟子建的《空色林澡屋》采取"套中套"的结构，展示了一个女人不幸而传奇的经历。陈河的《义乌之囚》围绕义乌小商品市场，塑造了缠绕在生存、生意、时世和命运之中的众多人物形象。许春樵的《麦子熟了》深入人性的基底，在线索展开的复杂性和人物性格的耐人寻味方面，有着不同流俗的叙事特质。此外，陈仓的《地下三尺》、尤凤伟的《命悬一丝》、高玉宝的《美国森林》、侯磊以的《女司机》、蔡骏的《白茅岭之狼一夜》、石一枫的《世间已无陈金芳》等也是本年度特色鲜明的优秀之作。

在短篇小说方面，涌现了一批具有很强现实性的精品力作，例如房伟的《中国野人》书写了大历史中的个人史。蔡东的《朋霍费尔从五楼纵身一跃》深切关注了主人公周素格面临的人生困境和挣扎。此外，邓一光的《你可以做无数道小菜，也可以只做一道大菜》、范小青的《李木的每一天》、邱华栋的《云柜》、次仁罗布的《九眼石》、钟求是的《星期二咖啡馆》、刘庆邦的《小心》、弋舟的《出警》、张书林的《核桃园的一个下午》等作品从各自的视角展现了现实社会中人类生存的不同面向，在短篇小说的灵动中蕴含了厚重的现实性。

在深入生活、关注现实、把握社会变革的脉搏方面，本年度纪实文学奉献给读者的是一批具有时代风格的优秀作品，如刘可风的《柳青传》从一个女儿的角度，记录了柳青的文学历程。何建明的《爆炸现场》深入"8·12"天津滨海新区大爆炸现场采访调查，深入反思事件原因，记述了大难当前的一个个英雄人物。彭晓玲的《空巢：乡村留守老人生活现状启示录》对全国8个省份进行了考察和调研，采访了70多位老人，描述了当下社会各种各样的空巢老人问题。铁流、纪红建的《见证》挖掘新中国成立前山东农村老共产党员的经历，把隐没在乡野100多位老人身上令人心颤的记忆呈现出来。作品中的人物真实质朴，再现了当年基层党员原始的革命动机和质朴的信仰，体现了信仰之美和崇高之美，是现实社会中不忘初心的一部鲜活教材。此外，许晨的《第四极——中国"蛟龙"号挑战深海》、艾平的《一个记者的九年长征》、丁一鹤的《白帽子军团》、王海霞的《疼痛的农村——"越南媳妇"出逃背后调查》等都是年度力作。

2016年，诗歌、散文随笔的创作中有很多丰富鲜活、独具魅力的优秀作品，例如吉狄马加的长诗《致马雅可夫斯基》、《中国好诗·第二季》丛书、赵丽宏的诗集《疼痛》、马语的散文《故乡的人，他乡的我》、祝勇的散文《"定远"的碎片》、张行健的散文《骡子》、尹武平的散文集《人生记忆》、叶广芩的散文集《去年天气旧亭台》等。

2016年，习近平总书记在中国文联十大、中国作协九大开幕式上发表重要讲话，充分肯定文艺战线取得的显著成绩和做出的重要贡献，深刻阐述了文艺在民族复兴历史征程中肩负的重要使命，对做好文艺工作提出明确要求。他希望广大文艺工作者坚定文化自信，用文艺振奋民族精神；坚持服务人民，用积极的文艺歌颂人民；勇于创新创造，用精湛的艺术推动文化创新发展；坚守艺术理想，用高尚的文艺引领社会风尚。他强调文联、作协要深化改革、加强引领、加强联络、增强本领、加强沟通。讲话饱含着对文艺事业发展的深邃思考，饱含着对广大文艺工作者的殷切希望，以一系列富有创见的新思想、新观点、新论断，丰富发展了马克思主义文艺观和党的文艺理论，对于繁荣发展社会主义文艺、开创文化建设新局面具有重要指导意义。讲话是中国文学沿着中国特色社会主义方向前进的根本指针，也是中国文学不断繁荣发展的基本遵循。以中国文联十大、中国作协九大为新的起点，首都文学事业迈上了新的征程。

2016年，围绕庆祝中国共产党成立95周年和红军长征胜利80周年，中国文联积极组织实施了重大主题文艺创作和展演活动，创作了一批弘扬革命文化的优秀作品。

2016年，中国文联成立文艺工作者职业道德建设委员会，进一步加强行风建设和职业道德建设，倡导德艺双馨，文艺工作者职业道德建设被正式纳入专门的组织统领当中，标志着文学事业的行风建设迈上了新的台阶。

2016年，中国文学的国际影响力显著提高。继莫言获得诺贝尔奖之后，本年度曹文轩获得国际安徒生奖，刘慈欣等获得雨果奖，越来越多的中国作家受到国外读者的关注和喜爱。中国当代文学正以独特的魅力，为世界文学贡献了富有中国特色的力量。文学交流的形式更加拓展，内容不断深化，中国作协积极参加各国文学节、书展等文学活动，主办和参与了多个双边和多边文学论坛，这些都大大加快了中国文学“走出去”的步伐，扩大了中国文学的影响力。

习近平总书记指出，伟大的事业需要伟大的精神。实现这个伟大事业，文艺的作用不可替代，文艺工作者大有可为。中共十八大以来，在党和政府的关心支持下，在习近平总书记文艺思想的指引和激励下，首都文学坚持砥砺前行，不断向新的高度迈进。

2016年，首都文学领域不断出现新气象和新变化，文学创作欣欣向荣，活力迸发，精品力作不断涌现。文学事业蒸蒸日上、蓬勃发展。以人民为中心，为人民服务，创造属于人民、为了人民的文学，这就是中国作家始终不渝的信念，也是“中国梦”的重要组成部分。面对时代的要求，首都文学界持续深入学习贯彻习近平总书记文艺思想，深刻体会、认识文学的使命和责任，以坚定的道路自信、理论自信、制度自信和文化自信，高举中国特色社会主义的伟大旗帜，坚持中国特色社会主义文学的前进方向，努力筑就中华民族伟大复兴时代的文艺高峰，书写中华民族新的历史篇章。

（王凌雨）

作　品

·长篇小说·

【《喀什噶尔》】 发表于《当代》第1期，作者王刚。这是一部自传气息浓郁的作品。小说借由17岁的“我”，倾诉新疆的一切。阳光明媚、空气清新的喀什噶尔、阿克苏、库尔勒、沙雅等地区的画面在读者眼前重现，南疆的小镇就像是一幅塞尚的画，蓝色的草木与绿色服饰的商贩组合成了作者记忆里美好的过往。这一切都是借由一个处于青春期的少年袒露出的，他毫不避讳那个年纪的秘密——“我”的荷尔蒙欲望，对文工团女人的念想，对身处边疆被压抑的青春期的不安，以及处于那个严肃年代的敏感脆弱和无法排遣的孤独感。

（王凌雨）

【《极花》】 3月，人民文学出版社出版，作者贾平凹。小说讲述了一个被拐卖到偏远山区的女孩的遭遇，并展示了她所看到的外部世界和经历的内心煎熬。

（王凌雨）

【《百年密意》】 发表于《中国作家（上半年）》长篇小说增刊，作者杨志鹏。小说讲述了农家子弟王洞明大学毕业后的种种经历：帮助瓷器商人造假、行窃，被判入狱；出狱后炒房，发家致富。即将实现亿元富翁梦想的王洞明却发现自己少年时便心仪的同村女友成了开发区管委会主任的地下情人。这一切，成功与失败，光荣与梦想，富贵与贫贱，死亡与再生，演绎着两个家族百年争斗的轮回。

（王凌雨）

【《独药师》】 发表于《人民文学》第5期，作者张炜。小说的主人公季昨非是“独药师”第六代传人。他是一个矛盾的统一体，新与旧、内与外、爱与欲，都在煎熬着他的心智。小说围绕着“革命”“养生”“爱欲”这三条线索描写了主人公的心灵轨迹。

（王凌雨）

【《蜻蜓眼》】 发表于《人民文学》第6期，作者曹文轩。小说讲述了20世纪30年代到“文化大革命”结束前，发生在上海、马赛、宜宾三座城市之间中法结合的一家三代人的生活遭遇。作品以小孙女阿梅的成长为主要线索，从孩子的视角勾勒出那个特殊年代中一家人的相扶相帮。

（王凌雨）

【《望春风》】 6月，译林出版社出版，作者格非。作品描述的对象儒里赵村是江南一座简朴却风景如画的乡村。这个村落虽然经历过土地改革、“反右”、“大跃进”、人民公社化运动、“文化大革命”、“上山下乡”等历次运动，儒里赵村凭着深厚的精神文化传统和以血缘恩义为基底的村庄内在秩序，保证了村内每个家庭有惊无险地渡过了社会政治历史的特殊时期。然而，在经济变革的历史大潮下，儒里赵村却悄然消失，沦为一片废墟。

（王凌雨）

【《茧》】 7月，人民文学出版社出版，作者张悦然。作品以“80后”一代人的视角直面祖辈、父辈恩怨纠葛，通过一桩骇人罪案抽丝剥茧的漫长过程，将几代中国人的现实际遇与心灵困境展现在读者面前。主人公李佳栖与程恭，一位是负罪者，另一位是复仇者。他们背负着巨大的创痛，既徘徊在历史边缘，又主动与周围世界疏离。作品如同一份病历档案，同时也是一份康复记录。

（王凌雨）

【《她们》】 7月，作家出版社出版，作者温亚军。作品讲述了3个共同租住在京城一套公寓楼里的年轻女人的故事。她们在这个出租房里相遇，各自有着不同的性格，不同的经历，不同的生活态度，不同的生活本能。她们的丰富人生、情感世界、喜怒哀乐在这个原本陌生的相对狭小的空间里碰撞、交织、演绎。

（王凌雨）

【《软埋》】 8月，人民文学出版社出版，作者方方。小说讲述了一个女人的命运。四五十年间，她从一个乡绅的儿媳成为一个勤勉慈爱的保姆，从一个失忆的女人变成一个沉溺于往事却没有了知觉的植物人，她的故事里包含了伤痛与宽容，失落与满足，记忆与彻底的遗忘。

（王凌雨）

【《陌上》】 10月，北京十月文艺出版社出版，作者付秀莹。小说以华北平原一个村庄为背景，试图勾勒一幅乡土中国的精神地图。翠台姐妹、婆媳间的家长里短，喜针、小鸾们夫妇间的恩爱情仇，香罗、望日莲等对外面世界和两性关系的新审视，建信、大全手中的权力和财富，揭示出一代人的精神密码。

（王凌雨）

【《北鸢》】 10月，人民文学出版社出版，作者葛亮。《北鸢》为葛亮的“中国三部曲”的第二部，作品以民国商贾世家子弟卢文笙的成长经历为线索，以其身后两个家族的沉浮命运为背景，以政客、军阀、寓公、文人、商人、伶人等各色人物为素材，通过两个家族的命运沉浮描绘出一部波诡云谲的民国动荡史。

（王凌雨）

【《寻找张展》】 发表于《人民文学》第10期，作者孙惠芬。作品讲述了一个关于“问题青年”的故事。在很多人眼里，张展是问题青年、问题儿子，他浑身都是问题。作品展现了三个不同角度的精神意义上的“寻找”：一是叙述者儿子对张展的寻找，这是同代人对同代人的寻找，他们是一个立体人的两面；二是叙述者“我”对张展的寻找，“我”和张展的父母是同一代人立体的两面；第三，就是张展对空难中去世的父亲生活足迹的寻找，在寻找父亲生命印记的过程中，张展逐渐理解了父亲，也找到了另一个自己。

（王凌雨）

·中篇小说·

【《世间已无陈金芳》】 1月，北京十月文艺出版社出版，作者石一枫。小说描写了乡下女孩陈金芳在城市跌宕起伏的人生。陈金芳“只是想活得有点儿人样”，这是一个很浅显的生存哲学，或许也是大众化的生存哲学。但这个社会不断变着花样提供“人样”的标准，陈金芳就是被社会的标准不断地推搡，止不住脚步，她不清楚自己该是什么“人样”，最终失去了自我。

（王凌雨）

【中篇小说集《北京往事》】 3月，中国对外翻译出版公司出版，作者赵晏彪。小说集共集合了6部中篇小说:《金锚》（黎族）、《哈尼飞燕》（哈尼族）、《西迁轶事》（仡佬族）、《鱼图腾》（水族）、《关东雪》（满族、朝鲜族）、《北京往事》（满族），民族性是其共同的特点。《金锚》取材于海边黎族人的生活。《哈尼飞燕》描写了哈尼族警察的特殊生涯。《西迁轶事》书写了抗日战争期间，浙江大学从遥远的东部，西迁到贵州湄潭仡佬之乡的历史故事。《鱼图腾》取材于一位水族游泳健将的故事。《关东雪》记述了东北抗日救国军英勇抵抗日本侵略者故事。《北京往事》描述了当下老北京人的生活。

（王凌雨）

【《风中事》】 发表于《十月》第4期，作者张楚。小说讲述了一个海边城市的小警察以及他几个朋友经历的交友、恋爱的故事。作者通过对那些从小吃肯德基长大的一代人的恋爱观做图解、梳理，展现当下男女青年选择的婚姻对象与恋爱对象和以前存在着的巨大差别，即恋爱是恋爱、婚姻是婚姻。

（王凌雨）

【《直立行走》】 发表于《当代》第6期，作者宋小词。小说的主人公杨双福是一位考上大学的农村姑娘，毕业后在武昌一家私营企业谋生。为了实现“找一个城里人把自己嫁出去”的信念，她不惜以自己的身体为武器和工具，违心迎合着城里人周午马的各种无礼需求。为了维护周午马，她因故意杀人罪被拘捕，周午马却要与杨双福离婚。刑满释放的杨双福决定饶恕周午马，并欲与之握手言和，却被周午马用钢棍打倒在地。

（王凌雨）

【《命悬一丝》】 发表于《北京文学》第6期，作者尤凤伟。庄小伟因买不起一张回家的车票，偷窃时导致老太太滚落扶梯不慎死亡。本来罪不至死，但因为领导的一句话，死缓改判成立即执行死刑，庄小伟生死命悬一线。作为律师，陈凯沉迷于诗歌创作，对案件心不在焉。正义法官汤建出于人道主义，想挽救一个因生活窘迫不小心误入歧途的少年，由此引出了商人王自然，将副省长的案件和庄小伟的案件联系在一起，官商一家、权钱交易的各种现象呈现在读者面前。

（王凌雨）

【《美国森林》】 发表于《青年文学》第6期，作者高玉宝。小说讲述了一个移民的故事。在国内诸事不顺的大学教师布林，为摆脱压抑到美国做了伐木工人，不料又失业，不得已做了地铁站的检修工人。他先后遭遇了家庭变故、朋友算计、同胞欺压等各种磨难，却在这一次次的打击中，看透社会的残酷本质，学会了如何生活和适应生活，通过精明策划转危为安。

（王凌雨）

【《女司机》】 发表于《青年文学》第6期，作者侯磊以。小说刻画了一个吃苦耐劳、勤劳持家、亲力亲为的妻子形象。日常生活的拮据、懦弱自私的丈夫、挤对苛责的同事、刁蛮无理的乘客，这些烦恼、压力整日盘旋在一个女人的头顶上。她独自一人，为整个家庭撑起了一片天，得到的却是丈夫的背叛、朋友的哄骗、儿子的不解、疾病的缠身……旧日创伤所结的肉体和心灵的紫痂，成为她砥砺新生活艰辛的厚厚胼胝，却始终没有受到上天的眷顾，手术前一天死于车祸。

（王凌雨）

【《白茅岭之狼一夜》】 发表于《人民文学》第7期，作者蔡骏。作品讲述了一个人与狼的故事。白茅岭是一个看押囚犯的农场，周围有很多狼。“文化大革命”中，一个被冤枉的妇产科医生被关押在这个地方。医生在一个夜晚逃狱，被老狱警追捕。后来他们两个人一起救了被狼偷去的由这个妇产科医生接生的孩子建军，同时也救了奄奄一息的母狼和它的几只小狼。老狱警背着小孩和医生以及几个小狼穿过狼群，安全地返回到了农场。就在医生死去的时候，老狱警收到了为医生平反的信。老狱警退休后不久与世长辞，只有那个叫建军的男孩依然留在白茅岭。

（王凌雨）

【《空色林澡屋》】 发表于《北京文学·精彩阅读》第8期，作者迟子建。小说以幽深莫测的乌玛山区原始森林为背景，讲述“我”带领一支小分队对休养生息后的森林进行实地勘察，山民关长河一边给我们当向导和护卫，一边讲述森林深处空色林澡屋的故事，由此揭开了一个女人不幸而传奇的经历。

（王凌雨）

【《义乌之囚》】 发表于《人民文学》第10期，作者陈河。小说以义乌小商品市场为背景而展开。弟弟死于一场莫名的酒店斗殴，哥哥从多伦多回来处理后事，却遭遇陌生人的绑架。巨额货款去往何处，弟弟究竟在干什么，那个身穿军服、背着冲锋枪的商人查理到底是什么人？义乌，这个闻名全球的小商品批发市场，迷宫一样罩住了哥哥。他该如何应对？小说中的人物缠绕于生存、生意、时世和命运之中。

（王凌雨）

【《麦子熟了》】 发表于《人民文学》第10期，作者许春樵。小说记述了打工群落的生活，展现了打工群落为生计而操劳、因情爱而困顿的现状。这是一个在离乱、苦楚中力图有所守护、安慰的故事，也是一个关于传言对实情扭曲甚至残害的故事。作品渗入人性的基底，可以称之为“世相人性小说”。麦叶与老耿、麦穗这三个底层现实里的小人物，血气或外放或内敛，但无不脾性鲜活，他们以看似微弱实则强悍的心力刻下的是现时代中国故事的人性标痕。

（王凌雨）

【《地下三尺》】 发表于《人民文学》第11期，作者陈仓。作品讲述到上海来打拼的陕西人陈元，决定要在上海城市中的一块空地上建一座供市民朝拜的寺庙的故事。陈元希望在这座城市有一座自己建成的寺庙，让那些充满欲望和失去寄托的人们有一个可以求得灵魂安妥的地方——哪怕这个地方处于一个荒草连天的空地上。

（王凌雨）

·短篇小说·

【《云柜》】 发表于《当代》第1期，作者邱华栋。作品对“互联网＋”时代的成功女人和传统男人进行了解读。教授孔东在与“云计算”系统服务商施雁翎的交往过程中发现，这个新型的女人把爱情、婚恋、生育等人生的“云计算”都计算好了。孔东作为一个传统的男人，面对这样新型的朋友关系、伙伴关系、男女关系，忽然感到了体内原始的反抗力量。最终，这个强悍而没有母性、功利主义算计的女人在强大的传统男权视角中彻底溃败。施雁翎顺应市场经济成为典型的成功人士，却无法卸下传统意义上女性还担负着的“育子”责任。

（王凌雨）

【《九眼石》】 发表于《民族文学》第1期，作者次仁罗布。小说讲述了两颗九眼石的不同际遇。第一颗九眼石，品相不是那么完好，只卖了31万元，却让旦增达瓦有了跑旅游的“沙漠王”，虽然是二手车，但却是自己的，今后一家人的生活也有了盼头。第二颗九眼石完美无瑕，而它的主人却因它招来杀身之祸。

（王凌雨）

【《畜生》】 发表于《十月》第1期，作者麦家。作品讲述的是木金被枪决后村里无人收尸，只有牛群围着尸体不肯走，直到把尸体架到牛背上，它们才肯离开，不知是牛通人性，还是木金通畜性。小说展示了一个小人物难以和同类进行正常交流沟通，只能在异类中寻找交流对象的无奈。

（王凌雨）

【《一百元》】 发表于《人民文学》第1期，作者张玉清。小说讲述了一个关于“灵魂还乡与逃亡”的故事。“我”是一个穷苦潦倒的女画家，迫于生存压力，只能委身于一个唯利是图的投机画商。然而，当物质生活得到满足后，内心深处的艺术梦想便再次蠢蠢欲动。于是，“我”选择了“归园田居”。与房东一家人的朝夕相处使“我”感受到一种前所未有的充实与放松，然而，一场突如其来的变故将这“乌托邦”幻象彻底摧毁——因为100元钱，憨厚朴实的农家老汉竟然将小黄狗开膛破肚。悲愤交加的“我”只好带着“永远无法弥补的遗憾”离开了小村庄。

（王凌雨）

【《中国野人》】 发表于《青年文学》第2期，作者房伟。昭和十九年，一个被掳到日本北海道做苦力的中国农民从明治矿业所的矿井里逃脱出来，独自在雪原生活13年之久。在几无生还可能的苦寒之地，出于一种求生的本能，他似乎战胜了一切，却无法战胜孤独。孤独迫使他丧失行走的能力和说话的愿望，迫使他习惯黑暗，对洞外的世界（包括同类）充满了无可名状的恐惧。13年后，野人终于回到了故乡，变成了正常的中国人，但是他的孤独感并没有消失，因为他所面对的是一个已经异化了的世界。

（王凌雨）

【《小心》】 发表于《人民文学》第3期，作者刘庆邦。小说为农村生活题材，展示的是死亡的话题。主人公小心是一个得了软骨病的残疾孩子，他自强、不屈、抗争，传达的是一种珍视生命、傲视磨难、坚忍不拔的生命精神。小说把小心当作一面镜子，观照周围亲人的善恶心性，传达一种对亲情冷漠的警觉和对人性异化的鞭挞。小心走了，他带走的是一部分的病毒、疼痛和恐惧。

（王凌雨）

【《朋霍费尔从五楼纵身一跃》】 发表于《十月》第4期，作者蔡东。小说的主人公周素格是“海德格尔行动”的执行者，因为她那患了痴呆症的丈夫乔兰森片刻也离不开她，但她渴望一个人能够自由地行动，就有了将丈夫用绳子绑在椅子上的“海德格尔行动”。最终这个行动失败了——已经出门了的周素格回到家里松开了绳子。然而，对周素格来说这又是一种成功。她带着丈夫一起去听了期盼已久的演唱会，这样的结局，是出于周素格对丈夫“超越性的爱”，面对无法逃避的人生困境，唯有爱的挺身而出，才能救人于危难。

（王凌雨）

【《星期二咖啡馆》】 发表于《人民文学》第5期，作者钟求是。小说讲述了一位老人与咖啡馆的故事。老人每月的第一个星期二都要乘高铁到另一座城市的一间咖啡馆，与一位叫徐娟的服务生聊天，因为姑娘的眼睛里有他因车祸去世的儿子的眼角膜。老人的儿子离世时身边留下的一本书《查拉图斯特拉如是说》，向读者道出一个朴素的哲学道理——不管明天如何，也要以平和的态度把握日常生活的温情脉脉，感受生活中无处不在却往往被眼睛和心灵忽略掉的那些点点滴滴的幸福。

（王凌雨）

【《三色玫瑰》】 发表于《人民文学》第5期，作者陈毅达。小说写出了当下中年夫妻的情感余音。时间的飓风吹了几十年，早把夫妻关系刮得没有留下什么浪漫，只剩下化石般的感情和遗址般简单的生活。有人通过快递送来玫瑰，从7枝到20枝，送给谁，谁送的，查无结果，引发的家庭大战却让人看到了生活还是鲜艳美丽的。

（王凌雨）

【《李木的每一天》】 发表于《作家》第6期，作者范小青。小说表现了现代人“身份焦虑”问题。IT精英李木，在公司面对的是琐碎、机械的工作，冷漠的人际关系；在家里妻子、岳母主宰家政，他处于可有可无的位置；在坐出租车、开优步车的时间中，他淹没在别人的倾诉里。他在喧嚣的世界中找不到自己的存在、自己的身份，精神和心灵停滞在当年的恋爱情景以及妻子扮演杜十娘的剧情中。

（王凌雨）

【《母语》】 发表于《人民文学》第6期，作者期文兰。小说讲述的是一位非常爱国的老人，对“洋”字特别反感，为了能够避免国外的东西，他剃了光头，坚决捍卫自己本国的东西。只是自己的儿子却去了美国定居，还娶妻生子。在老人的弥留之际，他的儿子带着妻子和孩子来到了中国，老人看到自己的儿媳妇和自己的孙子不会中文，非常难过，为儿子写下了遗嘱：“勿忘母语。”

（王凌雨）

【《核桃园的一个下午》】 发表于《北京文学》第6期，作者张书林。作品讲述了一个“文明人”试图改造“野蛮人”的故事。厌倦大城市的罗大大放弃一切，和摩西男子巴五相爱。巴五来自与世俗社会长期隔绝的孤岛，生性野蛮、孤僻、粗暴，潜意识中更是只有父亲把母亲推进金沙江的黑暗记忆，只能靠喝酒麻醉自己。罗大大试图把“文明”强加给自己深爱的巴五，然而秩序和野蛮、城市与乡村的巨大差异，迥异的性格，言谈举止、生活习性的决然不同，注定了两人不欢而散的结局——罗大大把枪口对准自己的嘴巴，选择自杀来表达自己对这个世界的无言抗拒。

（王凌雨）

【《七号工作室》】 发表于《青年文学》第6期，作者王溱。小说的故事情节围绕接待领导的各类服务中的理发这一环节展开。短短的理发过程是各位官员获取重要信息、巴结上司、展示自己特长，从而得到晋升空间的最佳渠道。因此，各个官员笼络理发师陈怡作为自己的心腹，给予其各种福利待遇。一时间，陈怡成为万人敬仰的重要角色。陈怡觉得自己高大起来，不仅要处心积虑讨好领导，更要竭尽所能地接近领导。此时原本质朴的陈怡已经濒临沉沦悬崖的边缘，人性在欲望的侵蚀下于悄无声息地发生了裂变。

（王凌雨）

【《出警》】 发表于《人民文学》第7期，作者弋舟。小说以一位普通警察的视角讲述了警察的日常生活。大学四年，从警五年，“我”的青春似乎都留在了警察这一职业上，可是每一天的单调重复让我渐渐地对自己所从事的职业产生了厌倦，刚来的同事小吕对工作的满腔热情又一次燃起了“我”内心的激情，只是不知道，当梦想遇到生活的琐碎，会经历怎样的搏斗，是选择每天都充满斗志，还是继续苦熬日子。

（王凌雨）

【《你可以做无数道小菜，也可以只做一道大菜》】 发表于《北京文学》第10期，作者邓一光。小说描述了深圳一群来自贵州、四川的年轻人的生活。他们的生活状态和婚爱纠葛，深重的人生孤独感和对命运的忧患感，使他们过着有些混乱且有悖伦理的情感生活，游戏在同居、竞争、多角恋的情感关系中。而这种扭曲的爱情方式，其实是潜藏着危险的。其中的朱维汉同时与三个女子相爱、同居，最终导致了仇杀的惨剧。作品揭示了现代城市和文化对青年人的无形熏染，揭示了看似新潮的情爱方式下埋藏的悲剧种子。

（王凌雨）

·纪实文学·

【《柳青传》】 1月，人民文学出版社出版，作者刘可风。作品从一个女儿的角度，记录了柳青的文学历程，记录了他对“五四”以来现实主义的继承、对俄苏批判现实主义的继承、对民族形式和中国乡村人物的感悟。

（王凌雨）

【《爆炸现场》】 2月，人民文学出版社出版，作者何建明。作者深入“8·12”天津滨海新区大爆炸现场采访调查，深入反思事件原因，正确处理“全部真实”与“局部真实”的关系，记述了大难突发的不幸及涌现出的一个个英雄人物，表现了消防、警察官兵群体在极度危险中所绽放出的人性之花，谱写了一曲感天地、泣鬼神的消防战士之歌。

（王凌雨）

【《空巢：乡村留守老人生活现状启示录》】 3月，作家出版社出版，作者彭晓玲。作者对全国8个省份进行考察和调研，采访了70多位老人，描述了当下社会各种各样的空巢老人问题，对这一群体的境遇充满深刻的同情，意在引起全社会对空巢老人问题的关注和思索。

（王凌雨）

【《第四极——中国“蛟龙”号挑战深海》】 4月，作家出版社和青岛出版社联合出版，作者许晨。该书为中国作协重点作品扶持项目、中央企业文学专委会重点作品。作品记述了2014年作者随同深海潜水器“蛟龙”号前往太平洋科学考察，走进一线，深入生活，再现了中国研制“蛟龙”号的风雨历程，讴歌了华夏儿女建设海洋强国的奋斗精神。

（王凌雨）

【《见证》】 6月，人民文学出版社出版，作者铁流、纪红建。两位作家耗时两年，深入山东莒县等地，挖掘中华人民共和国成立前山东农村老共产党员的经历，把隐没在乡野的100多位老人令人心颤的记忆以文学的形式呈现出来。作品再现了当年基层党员原始的革命动机和质朴的信仰。他们在烽火连天的岁月中为革命做出了巨大的牺牲，至今依然无怨无悔、无欲无求。

（王凌雨）

【《白帽子军团》】 发表于《中国作家》第7期，作者丁一鹤。作品真实地报告了中国网络安全领域正在面临的严峻现实，揭露了形形色色网络高科技犯罪分子的丑恶嘴脸。作品重点讲述了网络安全战线的科学家、专家团队如何占领当代科技进步的制高点，不断创新打击犯罪的手段，与黑客们斗智斗勇，保卫国家安全的生动故事。

（王凌雨）

【《疼痛的农村——“越南媳妇”出逃背后调查》】 发表于《北京文学·精彩阅读》第9期，作者王海霞。作品关注“越南媳妇”这一特殊人群的生活和命运，并从他们个体境遇出发，思考社会发展之怪病状，对“越南媳妇”给中国农村家庭带来疼痛的根源进行分析，是一份见人、见事、见思想的文学报告。特别是对人口性别比例失衡的中国农村家庭成员的情绪和心理的观察与呈现，不乏艺术上的表现力度。

（王凌雨）

【《一个记者的九年长征》】 发表于《人民文学》第10期，作者艾平。作品讲述新华社记者汤计九年来为被蒙冤错杀的呼格吉勒图奔走呼号、纠正错案的故事，彰显了正义必定战胜罪恶、真相终得还原、冤屈终会昭雪的主题，在表现中国司法进步的同时，认真反思了法治建设依旧任重道远的复杂原因。

（王凌雨）

·诗　歌·

【长诗《致马雅可夫斯基》】 发表于《人民文学》第3期，作者吉狄马加，作品400余行，探索了苏联诗人马雅可夫斯基精神及其作品的魅力与价值。作者认为，马雅可夫斯基的作品是真正的艺术品，他的形象是多维的。他是仍然活着的那尊“铜像”，马氏的作品及其人格是一体的；他是精神世界里真正的王者，但他不是神，在诗人眼里，他也是人——引路人，是新时代“诺亚方舟”上永远站在船头的那个人。

（王凌雨）

【《中国好诗·第二季》丛书】 6月，中国青年出版社出版。包括郑玲的《让我背负你的忧郁》、商震的《半张脸》、沈浩波的《向命要诗》、冯娜的《无数灯火选中的夜》、马新朝的《响器》、娜夜的《个人简历》、郃筐的《徒步穿越半个城市》、轩辕轼轲的《挑滑车》、玉珍的《数星星的人》和桑子的《栖真之地》10本诗集。

（王凌雨）

【诗集《疼痛》】 12月，人民文学出版社出版，作者赵丽宏。诗人以独特的方式，凝聚“疼痛”的能量，讴歌时代、赞美生活，同时又穿插着他的人生屐痕、生命印记、文学之路上探索前行的足音。他把语言变成音乐，用独特的旋律和感受，真诚地倾吐着对自然和生命的热爱。诗中博大的爱心，涵盖了人类情感中的一切声音，苍凉、质朴的文字中透出对美好的向往。

（王凌雨）

·散文随笔·

【《故乡的人，他乡的我》】 发表于《人民文学》第1期，作者马语。作品讲述了作者自己经过不断的拼搏奋斗，从一个普通的乡村教师打拼到榆林报社编辑记者的岗位，历尽沧桑岁月，终于在城市站稳脚跟的故事。以朴实、洗练的笔触讲述了作者故乡的人和事，记录着那个令人魂牵梦绕的小山村马家坬，常在村头驻足仰望、和蔼可亲的老祖母，专治疑难杂症的赤脚医生五爷，势利、薄情的亮子三叔，作者和童年伙伴二哑、九娃寻找山丹丹花开、为晚霞的形状争得面红耳赤的场景，以及清晨采草叶上的露珠给老祖母滴眼的难忘回忆。

（王凌雨）

【《“定远”的碎片》】 发表于《北京文学·精彩阅读》第1期，作者祝勇。散文记叙了作者到日本福冈县参观利用中国清代北洋水师“定远”舰的部分残骸修建而成“定远馆”的过程及其引发的思考。

（王凌雨）

【散文集《去年天气旧亭台》】 5月，北京十月文艺出版社出版，作者叶广芩。作品由《太阳宫》《月亮门》《鬼子坟》《后罩楼》《扶桑馆》《树德桥》《唱晚亭》《黄金台》《苦雨斋》9篇描写北京百姓人家日常生活的故事组成，每个篇名都是一座北京建筑的名字。这些作者自幼成长的地方在北京成为国际化大都市的进程中已面目全非，几十年离别故乡的生活经历，使叶广芩饱蘸浓情之笔，记录下老北京的历史、风俗、人情，回忆了自己“带不走的童年与乡愁”。

（王凌雨）

【散文集《人生记忆》】 10月，中国文联出版社出版，作者尹武平。该书收录了作者近年来创作的散文70余篇。王克等5位共和国上将，贾平凹等6位当代中国作家，刘大为等28位书画艺术家为该书作序、作画、作书录、评析。作品有鲜明的时代印记和人生情怀，讲述了作者亲身经历的人生故事和生活体验，有念念不忘的美好，有快乐忧伤的儿时记忆，有生离死别的遗憾，更有对生命的深刻理解和感悟，以及退休后重归生活的温暖和恬淡。

（王凌雨）

【《骡子》】 发表于《人民文学》第11期，作者张行健。《骡子》是张行健《乡村牲畜》系列散文的其中之一，其余还有《马》《驴》《牛》。《骡子》的故事发生在张行健出生的尧都区县底镇。他此次写的《乡村牲畜》正是对晋南家乡乡土生活的回忆。文中既有对骡子的生活习性和特点的描写，也记述了与骡子相关的人和事。

（王凌雨）

机 构

【清华大学世界文学与文化研究院】 4月12日，清华大学世界文学与文化研究院正式揭牌。清华大学党委书记陈旭、密歇根大学国际事务副校长詹姆斯·霍洛威（James Holloway）出席揭牌仪式。清华大学副校长施一公与霍洛威教授共同签署了协议。该院立足于培养具备双语暨多语种能力，尤其是兼具跨文化思维与国际对话能力人才，以回应当下和未来对于国际跨文化人才的需要。

（王凌雨）

【十月文学院】 10月12日，十月文学院开院仪式在永定门公园内佑圣寺举行。十月文学院是北京出版集团开发激活旗下十月杂志社和北京十月文艺出版社多年积累形成的优质原创品牌资源、作家资源和内容资源，以政府引导、企业运作的方式筹建而成的。十月文学院的功能是在政府引导下，充分发挥企业的市场主体作用，以社会效益为先，探索创新文学创作、发展两效统一的运营模式。努力实现出版前移、融入创作，扶植作者、培育新人，倡导阅读、普及文学，着眼未来、从小抓起，对接产业、融合发展，联结中外、沟通世界的六大功能。

（王凌雨）

【中国文联文艺工作者职业道德建设委员会】 10月20日，中国文联文艺工作者职业道德建设委员会成立大会在北京举行，姜昆担任该委员会主任。该委员会委员由来自各艺术门类的文艺家代表、各全国文艺家协会主要负责人、中国文联有关职能部门主要负责人和法律专业人士等共50人组成。大会还审议通过了《中国文联文艺工作者职业道德建设委员会章程（草案）》，并推举濮存昕、奚美娟、关牧村、吴为山、孙晓云为中国文联文艺工作者职业道德建设委员会副主任。

（王凌雨）

【北京市教师作家协会】 10月23日，北京市教师作家协会在北京成立。北京市教师作家协会是北京作协的团体会员，由市教委领导，北京作协提供业务指导，秘书处设立在北京教育音像报刊总社。该协会的首批会员是从2015年“文学托起梦想·北京市中小学教师原创文学征文活动”获胜者中产生的。

（王凌雨）

【北京老舍文学院】 12月29日，北京老舍文学院在北京市文联正式揭牌成立。北京作协主席刘恒被聘任为北京老舍文学院院长，曹文轩、毕淑敏、刘庆邦、徐坤、邹静之被聘任为副院长，北京作家协会驻会副主席、秘书长王山担任常务副院长，陈晓明、孟繁华、张清华、陈福民等19位学者、作家被聘为客座教授。

（王凌雨）

活 动

【《隐形者》首发式】 1月9日，由首都师范大学中国诗歌研究中心与作家出版社联合举办的“《隐形者》首发式暨李青淞诗歌创作研讨会”在北京举行。屠岸等诗人、诗评家与会。李青淞自20世纪80年代开始诗歌创作，作家出版社出版了他创作的总称为《隐形者》的两部诗集——《我之歌——诞生与涅槃之间的精神史》和《盛世微言——一个现代隐者如是说》。

（王凌雨）

【中国作协向北师大捐赠图书】 3月22日，中国作家协会创作联络部、作家出版社向北京师范大学图书馆捐赠中国少数民族文学发展工程系列图书。中国作协副主席白庚胜、作家出版社副社长扈文建、中国作协创联部副主任冯秋子等出席捐赠仪式。北京师范大学党委副书记刘利、校图书馆馆长张奇伟向捐赠单位颁发了捐赠证书。

（王凌雨）

市文联党组书记沈强（左）、市教委委员冯洪荣（右）共同为北京市教师作家协会揭牌

【第六届北京阅读季】 4月12日—10月26日，由国家新闻出版广电总局和北京市人民政府共同主办的2016书香中国·北京阅读季在北京举办。该阅读季以“阅读点亮中国梦”为主题，以纪念建党95周年、长征胜利80周年为契机，设计为引导、推广、体验、示范4个篇章、19项重点活动。一是实施“阅读＋我”行动计划，倡导个人和社会各类组织从“我”做起，承诺全年阅读并分享不少于12本书，激发全社会“读好书、好读书、善读书”的内在动力。二是逐月推进主题阅读。三是创新推广模式，在继续夯实原有活动品牌基础上，创新推出了“阅读与电影”、“书香伴我行”、“聚焦阅读”摄影大赛、阅读组织培育等重点活动，在地铁4号线打造书香地铁专列。

（王凌雨）

【2016年少儿报刊阅读季】 4月23日—10月31日，国家新闻出版广电总局举办以“阅读成就精彩人生，报刊陪伴书香童年”为主题的“2016年少儿报刊阅读季”活动。活动期间，开展了“好报刊伴我成长”主题巡展，举办了“我的报刊·我的童年”主题研讨，主题征文、征画，讲故事活动等，并组织全国少儿报刊出版单位向农村、边远地区捐赠报刊。在北京举行的启动仪式上，国家新闻出版广电总局新闻报刊司和中国少年儿童新闻出版总社还向中小学校捐赠了万余册精品少儿报刊。

（王凌雨）

【首都作家代表团赴新疆和田采访北京优秀援疆干部】 5月14日—26日，北京作家协会一行10人，在作协驻会副主席王升山的带领下，采访第八批北京优秀援疆干部。作家们分别走进指挥部、和田市、和田县、洛浦县、墨玉县和兵团开展采访工作。每名作家采访了10名左右援疆干部、教师和优秀援疆集体。回京后，要撰写完成70余位援疆干部纪实文学的任务。参加该次采访的作家有马淑琴、于连贵、黄开建、郭宗忠、刘晓晖、张义、周小英、霍艳、周敏。

【钱穆版《中国文学史》研讨暨新书发布会】 5月27日，由第六届书香中国·北京阅读季和新华文轩北京出版中心·华夏盛轩图书联合举办的钱穆版《中国文学史》研讨暨新书发布会在中国现代文学馆举行。钱穆的学生叶龙、北京大学中文系教授陈平原、中国社会科学院近代史研究所教授马勇、知名学者解玺璋、中国社会科学院青年学者杨早参加发布会。

（王凌雨）

北京作家赴和田采访第八批援疆干部部署会会场

【“截句诗丛”首发】 6月18日，“截句诗丛”第一辑在北京首发。文学评论家李敬泽、张清华等出席首发式。“截句诗丛”第一辑由时代出版传媒股份有限公司黄山书社出版，蒋一谈担任主编，内容包括于坚、西川、欧阳江河、周瑟瑟等19位诗人的作品。

（王凌雨）

【50余家文学网站代表及作家签署网络文学行业自律倡议书】 7月20日，中国作家协会网络文学委员会、中国音像与数字出版协会数字阅读工作委员会在北京联合发布网络文学行业自律倡议书，全国50余家重点文学网站代表和作家在倡议书上签名。倡议书提出，网络文学应该坚持以人民为中心的创作导向；坚持把社会效益和社会价值放在首位；坚持弘扬社会主义核心价值观；坚持把创新精神贯穿于创作生产过程；坚持完善编辑制度，把好网络文学品质关；坚持版权保护观念，抵制侵权盗版；坚持依法经营，努力营造良好的发展环境。网络文学企业要把创作生产优秀作品作为中心环节，运用新媒体技术，组织、传播、推介更多人民喜爱的优秀网络文学作品；网络文学创作者要树立创新意识，紧跟时代潮流，提高艺术修养，增强原创能力，拒绝跟风写作，避免同质化倾向，努力实现在中西合璧、融会贯通基础上的个性创造，创作思想精深、艺术精湛的作品；网络文学作品要经得住人民评价、专家评价、历史评价和市场检验。

（王凌雨）

【中国作家馆开馆】 8月24日，作为第二十三届北京国际图博会的重要组成部分，由中国作家协会主办、中国作家出版集团承办的“中国作家馆”开馆仪式暨“中国历史文化名人传”丛书读者见面会于在北京举行。中国作协主席铁凝，中国作协党组书记、副主席钱小芊出席仪式为中国作家馆揭幕，并为“中国历史文化名人传”丛书已出版的阶段性成果剪彩。2016年“中国作家馆”的主题是“中国文学五年的回顾和展望”，展示的主要内容分为4个板块：“文学荣光——四大奖项展区”“光影记录——文学发展图片展区”“书香生活——精品图书展区”“报刊风采——文学报刊展区”。

（王凌雨）

【北京国际图书博览会】 8月24日—28日，由国家新闻出版广电总局、北京市政府主办，中国图书进出口（集团）总公司承办的第二十三届北京国际图书博览会（以下简称图博会）在中国国际展览中心新馆举办。图博会共设置6个展馆，展览面积达7.86万平方米，吸引中外展商2407家，其中海外展商达1379家，展出中外最新出版物近30万种。第十四届北京国际图书节同场举办。该届图博会具有版权贸易、出版交流、文化传播、融合发展和阅读推广5项功能。有86个国家和地区参展，其中包括印度尼西亚、越南、匈牙利、捷克、克罗地亚等35个“一带一路”沿线国家。

（王凌雨）

【《中国新古体诗选》首发式】 8月30日，由樊希安、丁国成共同主编的《中国新古体诗选》首发式暨新古体诗创作研讨会在北京举行。该书由现代教育出版社出版，共收入190位诗人的470首作品，涵盖了中国近代以来新古体诗作品的部分代表作。诗人、专家、学者和出版界代表30余人出席了研讨会。与会专家、学者围绕新古体诗的特点及其创作展开讨论。

（王凌雨）

【京味儿图书英国巡展】 9月14日—16日，“品读北京·2016北京出版集团精品图书英国巡展暨文化交流活动”在英国举办。这是北京出版集团首次在欧美国家独家举办精品图书巡展及文化交流活动。该次展览，北京出版集团挑选了精品出版物500余种，有记录中英两国往来珍贵史料的《支援中国》《从英国到中国的故事》等；有汇聚中国几代学者毕生心血的学术普及经典之作《大家小书》；有展现中国传统优秀文化和文明历程的《中国京剧图史》《中华文明探微》等；有富有京味文化特色和底蕴的《北京文物建筑大系》《北京名人故居系列》等；还有享誉华语文坛的《四世同堂》《平凡的世界》《穆斯林的葬礼》以及由16幅梅派艺术经典扮相组成的《梅艺芳华》等图书。

（王凌雨）

【《纳西族现当代作家作品选集》丛书出版发布会】 10月16日，由国际纳西学学会主办的丽江鹰猎文化基金会成立暨《纳西族现当代作家作品选集》丛书出版发布会在北京举行。中国作协副主席、国际纳西学学会会长白庚胜出席并致辞。该书由白庚胜、和良辉担任主编，精选了中华人民共和国后40位纳西族作家的40部作品，体裁包括小说、诗歌、报告文学、影视作品、戏剧文学、评论等。该书于2016年由光明日报出版社出版，是对纳西族现当代文学的一次集中检阅，彰显了纳西族文学取得的成就及其对中华民族文学做出的贡献。

（王凌雨）

【北京十月文学月】 10月18日—31日，北京十月文学月在北京举行。十月文学月包括“主题活动”“讲座沙龙”“经典诵读”“读者见面”“少年文学”“网络文学”“阅读惠民”7个板块共计76场重点活动。活动还邀请到铁凝、李敬泽、谢冕、曹文轩、刘心武、欧阳江河、西川等文学家，在佑圣寺十月文学院、北京出版集团大厦、三联韬奋书店、涵芬楼书店等地点与广大读者进行对话。

（王凌雨）

【“诺贝尔之夜”文学沙龙】 10月22日，“诺贝尔之夜”文学沙龙活动在北京侨福芳草地中信书店举办。中信书店与开卷信息联合发布1998年有监控数据以来的113位诺贝尔文学奖获得者在中国的影响力排行榜。排行榜以热销度、关注度和推广度3个维度来衡量。热销度开卷数据给出的纸质书销量排名前3位的分别是海明威、莫言和罗曼·罗兰。关注度排行第一的是莫言，第二是托马斯·曼，第三是巴尔加斯·略萨。推广度第一位是莫言，第二是萨特，第三是莫迪亚诺。

（王凌雨）

【中国诗歌万里行走进首发集团活动】 11月1日，中国诗歌万里行走进首发集团活动在京启动。首发集团党委书记、董事长张闽，中国作协诗歌委员会主任叶延滨，首发集团党委常委、纪委书记郭爱琴，首发集团副总经理、诗人杨华森，中国诗歌万里行组委会秘书长祁人共同启动此次采访活动。陆健、石英等20余位诗人参加采访。诗人们在首发集团指挥中心、高速公路施工现场、收费员生活区、白葛服务区、京承高速公路绿化带等处采风并与集团员工就企业文化建设进行座谈。

（王凌雨）

【第四届北京剧本推介会】 11月18日—20日，由中共北京市委宣传部、北京市文学艺术界联合会共同主办的第四届北京剧本推介会在北京举办。该届剧本推介会以“讲好中国故事、传递正能量”为主题，2189部剧本集中展现了近年来首都文艺创作的新成果，呈现出首都文艺作品从数量型到质量型、效益型转变的新面貌。推介会主会场总面积5500平方米，设网上剧本超市、精品剧本、出版集团、文学网站、论坛区、院团和影视公司等展区。来自全国的9家文学网站、5家出版集团、30多家影视机构、6家北京文艺院团的代表，以及知名编剧和网络作家参与平面推介活动。

（王凌雨）

会　　议

【中国作家协会第八届主席团第九次会议】 1月11日，中国作家协会第八届主席团第九次会议在北京召开。中国作家协会主席铁凝主持会议。会议深入学习贯彻习近平总书记在文艺工作座谈会上的重要讲话精神，贯彻落实《中共中央关于繁荣发展社会主义文艺的意见》，学习贯彻全国宣传部长会议精神，审议了《中国作家协会2015年工作总结》和《中国作家协会2016年工作要点》，同意提交中国作家协会第八届全国委员会第六次全体会议审议。会议提名白庚胜为中国作家协会第八届全国委员会副主席候选人，提名吴义勤为中国作家协会第八届全国委员会主席团委员候选人，提交中国作家协会第八届全国委员会第六次全体会议选举。会议推举吴义勤为中国作家协会书记处书记。会议审议通过了部分团体委员变更事项。同意因工作变动等原因，天津作协李彬、山西作协杜学文、湖北作协朱训集、四川作协邹瑾、云南作协黄玲、陕西作协黄道峻、宁夏作协苏保伟分别接替万镜明、张明旺、蒋南平、吕汝伦、郑明、蒋惠莉、哈若蕙为中国作家协会第八届全国委员会委员。

（王凌雨）

【中国儿童文学研究会召开研讨会暨换届大会】 5月7日，中国儿童文学研究会在京召开中国儿童文学创作、研究现状及未来发展趋势学术研讨会暨换届大会。获得世界儿童文学最高奖安徒生奖的北大中文系教授、儿童文学作家曹文轩以及张之路、海飞、刘绪源、梅子涵、朱自强、汤素兰等儿童文学作家、研究者就儿童文学现状、发展趋势、理论研究、学科建设等诸方面进行了深入探讨。与会者认为新世纪以来，特别是中共十八大以来，中国儿童文学事业得到了健康、快速发展，同时也面临挑战，需要儿童文学理论评论的支持和引导，从而创作出更多具有中国风格的优秀儿童文学作品。中国儿童文学研究会第四届理事会会长石雅娟作工作报告。大会选举庄正华为中国儿童文学研究会第五届理事会会长。

（王凌雨）

【第二届世界华文文学大会】 11月7日—8日，由中国海外交流协会、中国世界华文文学学会主办的第二届世界华文文学大会在北京举办。全国政协副主席韩启德出席大会开幕式并讲话。大会以“中华情、民族梦”为主题，邀请海内外从事华文文学创作、传播、研究的文学界人士、影视编剧、网络创作人员等300余人与会。大会期间还举行了华侨华人“中山文学奖”、全球华文散文大赛等颁奖仪式。

（王凌雨）

【中国作家协会第九次全国代表大会】 11月30日—12月3日，中国作家协会第九次全国代表大会在北京举行，来自海内外的数千位代表参会。中共中央政治局常委李克强、张德江、俞正声、刘云山、王岐山、张高丽出席大会。习近平总书记发表重要讲话。习近平在讲话中给广大文艺工作者提出4点希望。第一，希望大家坚定文化自信，用文艺振奋民族精神。第二，希望大家坚持服务人民，用积极的文艺歌颂人民。第三，希望大家勇于创新创造，用精湛的艺术推动文化创新发展。第四，希望大家坚守艺术理想，用高尚的文艺引领社会风尚。习近平指出，中国文联、中国作协是党和政府联系广大文艺工作者的桥梁纽带，在团结文艺工作者方面负有重要职责。新形势下，文联、作协要深化改革、加强引领、加强联络、增强本领、加强沟通，把文艺战线的力量发动起来，把人民群众中蕴藏的创作能量激发出来，推动文艺事业呈现百花齐放的繁荣景象。会议审议通过了钱小芊代表中国作家协会第八届全国委员会所作的《高举旗帜　改革创新　书写中华民族伟大复兴中国梦的文学篇章》的工作报告，修订了《中国作家协会章程》。会议宣布了中国作协第九届全国委员会主席、副主席、主席团委员、书记处书记名单。中国作协新一届领导机构于12月2日选举产生。铁凝当选新一届中国作协主席。王安忆等15人当选新一届中国作协副主席。王跃文等26人当选新一届中国作协主席团委员。钱小芊、吉狄马加、何建明、李敬泽、白庚胜、阎晶明、吴义勤被推举为中国作协第九届书记处书记。中国作协第九届全委会由210人组成。会上宣读了《中国作家协会第九届全国委员会第一次会议关于推举名誉职务的决定》，推举王蒙等139位为繁荣发展我国的文学事业做出重要贡献的资深作家和文学工作者为中国作家协会名誉副主席与名誉委员。

（王凌雨）

【2016年度中国散文年会】 12月16日—18日，由海外文摘杂志社、散文选刊·下半月杂志社主办的2016年度中国散文年会在北京举行，年会评选出年度6个奖项90余篇散文作品。其中，尹武平的散文集《人生记忆》荣获“精锐奖”。韩静霆《黑天鹅》、王宗仁《婚礼，在世界屋脊举行》、廖静仁《资水船帮》、于志学《三舅、

四婶和小山东》、周亚鹰《母亲的电话》、安谅《寻找生命的感动》、汪群《草木之间》等10篇作品荣获一等奖。袁明华《对一条江的遥远的念想》等10篇作品获“十佳散文”奖。薛顺名散文集《心空回声》、邓同学《范集的集》、王惠明《找娘》、张少中《修心即成仙》获“最佳散文集”，另有数篇作品分获二、三等奖。王蒙、韩静霆、梁晓声、叶延滨、刘庆邦、王宗仁、巴根、温亚军、艾克拜尔·米吉提、王涘海等80余位作家与会，海外文摘杂志社执行主编蒋建伟发表了主题讲话《2016年中国散文漫谈》。主办方还举办了3场名家讲座、2016年中国散文朗诵会、军旅作家尹武平新书《人生记忆》散文研讨会等系列活动。

（王凌雨）

评奖比赛

【2015中国散文排行榜】 1月9日，由海外文摘杂志社、散文选刊·下半月杂志社评出的“2015中国散文排行榜”在北京揭晓。韩静霆的《粉墨人生》排名居首，梁晓声的《父亲的荣与辱》、刘庆邦的《卖烟叶儿》、康剑的《喀纳斯丛林》、迟子建的《听海的心》、南丁的《嫁衣》、沈念的《夜色起》、陈耿之的《灯光》、于志学的《黑牤牛逸事》、刘聪博的《奇异手记》等30篇散文作品榜上有名。上榜作品是从《读者》、《十月》、《莽原》、《文汇报》、《山花》、商务印书馆等报刊、出版社发表的数百篇散文中，经过读者和专家、编辑投票精选而出的。

（王凌雨）

【2015年度《当代》长篇小说年度奖】 1月18日，2015年度《当代》长篇小说年度奖在北京举办的《当代》长篇小说论坛上经过票选产生。迟子建的作品《群山之巅》被评为年度最佳长篇小说，与周大新的《曲终人在》、弋舟的《我们的踟蹰》、张者的《桃夭》和陶纯的《一座营盘》共列年度五佳。该论坛还增设了“《当代》文学拉力赛”的颁奖环节。在2015年《当代》杂志刊发的作品中，王树增的长篇纪实作品《抗日战争》，李清源的中篇小说《苏让的救赎》，冯八飞的系列专栏散文《八飞说老爱》分获长篇小说、中短篇小说和散文冠军。

（王凌雨）

【2015年度中国作家出版集团奖】 1月22日，2015年度中国作家出版集团奖颁奖大会在北京举行。中国作协副主席、中国作家出版集团党委书记何建明为获得者颁奖。中国作家杂志社、诗刊社微信公众平台获得特别贡献奖。冯骥才、王火、阿来、王小妮、王华获得优秀作家贡献奖，罗静文、省登宇、王觅、郑书君、汪雪涛、刘代福（刘年）、徐冉、季冉获得优秀编辑（记者）奖，盖起春、金燕馨获得优秀组织管理奖，《中国历史文化名人传》丛书获得重点文化工程奖。

（王凌雨）

【《民族文学》2015年度奖】 2月28日，《民族文学》2015年度奖颁奖会在北京举行，11个少数民族的32篇（首）作品获奖。该奖项从2015年度汉、蒙古、藏、维吾尔、哈萨克、朝鲜6种文版的《民族文学》中共评选出了32篇（首）获奖作品，涵盖了11个少数民族作者及译者的作品，其中汉文原创作品9篇，蒙、藏、维、哈、朝母语原创作品10篇（首），翻译作品12篇（首）。

（王凌雨）

【第五届唐弢青年文学研究奖】 3月14日，第五届唐弢青年文学研究奖颁奖仪式在中国现代文学馆举行。中国作协副主席李敬泽出席颁奖仪式并讲话。5篇获奖作品分别是：刘艳的《童年经验与边地人生的女性书写——萧红、迟子建创作比照探讨》、杨晓帆的《“走异路，逃异地，去寻求别样的人们”——改定版〈心灵史〉与二十世纪八九十年代“转折”》、金理的《造人·“伪士”·日常生活——重读〈伤逝〉，兼及五四新文化运动的意义》、袁一丹的《易代同时与遗民拟态——北平沦陷时期知识人的伦理境遇》、傅元峰的《重提“民国文学”的文学史意义》。

（王凌雨）

【青铜葵花儿童小说奖】 3月18日，“青铜葵花儿童小说奖”在北京揭晓。史雷以《将军胡同》摘得最高奖“青铜奖”；赵菱的《父亲变成星星的日子》获得“金葵花奖”；刘玉栋的《泥孩子》获得“银葵花奖”；湘女的《飞鱼座女孩》、星子的《艾烟》、杨翠的《镜子里的猫》获得“铜葵花奖”。

（王凌雨）

【《诗刊》2015年度陈子昂诗歌奖】 3月19日，《诗刊》2015年度陈子昂诗歌奖颁奖活动新闻发布会在北京举行。中国作协副主席吉狄马加出席并讲话。在传统诗词方面，周退密获得年度诗词奖，王海亮、韩倚云获得年度青年诗词奖；在新诗方面，陈先发获得年度诗歌奖，张二棍、沈渔获得年度青年诗歌奖。

（王凌雨）

【21世纪年度最佳外国小说奖】 3月25日，“21世纪年度最佳外国小说暨邹韬奋年度外国小说奖·2015”颁奖典礼在北京举行。颁奖典礼由人民文学出版社、中国外国文学学会以及韬奋基金会联合主办。来自西班牙、荷兰、法国、俄罗斯、德国以及日本的6位作家的作品获得了2015年“21世纪年度最佳外国小说奖”。分别是西班牙作家哈维

尔·塞尔卡斯的《骗子》、荷兰作家汤米·维尔林哈的《美丽的年轻女子》、法国作家阿德里安·博斯克的《星座号》、俄罗斯作家克谢妮雅·卜克莎的《“自由”工厂》、德国作家尤迪特·海尔曼的《所有爱的开始》以及日本作家田中慎弥的《首相A》。其中，西班牙作家的《骗子》获第二届“邹韬奋年度外国小说奖”。

（王凌雨）

【曹文轩获2016年度国际安徒生奖】 4月4日，在第53届博洛尼亚国际童书展开幕日当天，国际儿童读物联盟（IBBY）正式公布了2016年度“国际安徒生奖”获奖者名单。中国儿童文学作家、北京作协副主席曹文轩获得这一国际儿童文学领域的最高荣誉，实现了华语作家在该奖项上零的突破。

（王凌雨）

【女科幻作家郝景芳入围雨果奖】 4月28日，第74届雨果奖初赛结果公布，中国女科幻作家郝景芳的作品《北京折叠》入围该奖。雨果奖被誉为科幻艺术界的诺贝尔奖。

（王凌雨）

【第四届冯牧文学奖】 5月7日，第四届冯牧文学奖颁奖仪式在中国现代文学馆举行。作家魏微、徐则臣，青年批评家杨庆祥分别因其近年来在文学创作、文学理论和批评上的实绩而获奖。

（王凌雨）

【中国童书博览会童书榜发布】 5月31日，由中国出版协会、北京市委宣传部、北京市新闻出版广电局等单位主办的中国童书博览会童书榜发布暨少年读书节启动仪式在北京举行。“年度童书榜单”从2014—2016年度已出版的包括“幼儿启蒙”“绘本”“动漫”“科普”“文学艺术”“传统文化”六大品类几千余册图书中，每个品类精选10本登上年度童书榜单。其中包括《开心宝宝亲子游戏绘本》《曹文轩绘本馆：夏天》《神奇科学》《火印》《给孩子的散文》《北京的春节》等作品。

（王凌雨）

【第四届《人民文学》长篇小说双年奖】 6月6日，第四届《人民文学》长篇小说双年奖颁奖典礼在浙江慈溪举行。刘心武的《飘窗》、宁肯的《三个三重奏》、袁劲梅的《疯狂的榛子》、范稳的《吾血吾土》、康赫的《人类学》5部作品获奖。

（王凌雨）

【首届海峡两岸新锐作家好书奖】 6月25日，由中央人民广播电台对台湾节目中心、金城出版社、北京作家协会、中国新闻文化促进会语言文化传播专业委员会共同主办，成都言几又书店承办的“首届海峡两岸新锐作家好书评选”入选作品在成都揭晓。入选的10部作品分别是蒋峰的《白色流淌一片》、李成恩的《酥油灯》、刘滴川的《我的猫咪在天堂》、吕铮的《名提》、石一枫的《世间已无陈金芳》、王希翀的《挥霍年代》、小鹏的《背包十年》、徐则臣的《耶路撒冷》、周敬之的《星陨》、刘轩的《助你好运》（台湾）。

（王凌雨）

【中俄彼此最具影响的十部文学作品评选】 11月7日，由《光明日报》与俄罗斯塔斯社共同举办的在中国最有影响的十部俄罗斯文学作品和在俄罗斯最有影响的十部中国文学作品评选活动评选结果揭晓仪式在俄罗斯圣彼得堡的康斯坦丁诺夫斯基宫举行。由光明日报社组织评选出的在中国最有影响的十部俄罗斯文学作品有普希金的《叶甫盖尼·奥涅金》、托尔斯泰的《战争与和平》、果戈理的《死魂灵》、奥斯特洛夫斯基的《钢铁是怎样炼成的》等，由塔斯社组织评选的在俄罗斯最有影响的十部中国文学作品有孔子的《论语》、司马迁的《史记》、曹雪芹的《红楼梦》、鲁迅的《野草》等。

（王凌雨）

【2014—2015中骏杯《小说选刊》双年奖】 7月12日，“2014—2015中骏杯《小说选刊》双年奖”在北京颁奖。中国作协名誉副主席王蒙、中国作协副主席何建明、中骏集团公司副总经理王芳、《小说选刊》主编其其格等参加活动并为获奖者颁奖。曹文轩的《第五只轮子》、尤凤伟的《金山寺》获得短篇小说奖；凡一平的《非常审问》、陈仓的《墓园里的春天》、周李立的《火山》获得中篇小说奖；安谅的《你跑什么跑》、谢志强的《舅舅的鼓》、黄克庭的《老许》获微小说奖；陈启文、赵燕飞、邢庆杰、余红、姬中宪、黄跃华、赵欣、杨崇德、朱士元的作品获得读者最佳印象奖。

（王凌雨）

【第五届《中国作家》郭沫若诗歌奖】 7月14日，第五届《中国作家》郭沫若诗歌奖颁奖典礼在北京举行。沈苇的《沙之书》获诗歌奖大奖，辛铭的《一个人与一个民族的梦》、郁葱的《与己书》、张新泉的《与老为邻》、董进奎的《春光陷于舌尖》、王学芯的《山谷里的雾》、黄惠波的《胡杨·秋问》获优秀奖。

（王凌雨）

【长篇小说《日熄》获香港“红楼梦奖”】 7月19日，第六届世界华文长篇小说奖“红楼梦”文学奖在香港颁出。中国内地作家阎连科的《日熄》荣获首奖。红楼梦奖，又名世界华文长篇小说奖，由香港浸会大学文学院于2005年创立，以奖励优秀华文作家和出版社。

（王凌雨）

【2016腾讯书院文学奖】 7月21日，2016腾讯书院文学奖在北京颁奖。毕飞宇以在《钟山》杂志上开辟的专栏“毕飞宇工作室”被评为2016年度专栏作家，万方以话剧《冬之旅》被评为年度剧作家，王晋康以科幻小说《天父地母》被评为年度小说家，李宗陶以文集《祭毒》被评为年度非虚构作家，胡弦以诗集《寻墨记》被评为年度诗人。

（王凌雨）

【第十届中华图书特殊贡献奖】 8月23日，第十届中华图书特殊贡献奖颁奖，共有19位外国（外裔）翻译家、出版家和作家获得该届奖项。获奖者包括法国汉学家汪德迈，拉脱维亚汉学家、拉脱维亚大学孔子学院外方院长贝德高，瑞典汉学家、作家林西莉，尼日利亚作家奥努奈朱·查尔斯，荷兰汉学家、荷兰莱顿大学教授包乐史，加拿大出版家、国际安徒生奖评委会主席、国际儿童读物联盟基金会主席帕奇·亚当娜，西班牙出版家梅赛德斯·卡勒罗·巴雷阿尔，美国出版家、爱思维尔科技图书部总裁白素贞等。

（王凌雨）

【中华诵读大赛颁奖】 8月27日—28日，“为你诵读”杯首届中华诵读大赛全国总决赛暨颁奖盛典于在中国现代文学馆举行。首届“中华诵读大赛”参赛活跃，共有58000多名选手参加了设置在“为你诵读”客户端软件上的线上选拔赛，最后200多名选手获得了参加全国总决赛的资格。该次大赛分为成人组、青少组、家庭组、方言组比赛，建立了4个国际赛区、34个国内赛区。大赛共评出一等奖3名，二等奖6名，三等奖9名，单项奖8名，优胜奖100名，同时还颁出首届十佳诵读新秀、首届十佳诵读小明星、首届十佳方言诵读艺术家等荣誉称号。

（王凌雨）

【第七届全球华语科幻星云奖】 9月12日，第七届“全球华语科幻星云奖”在国家图书馆艺术中心揭晓，中国科幻更新代代表作家江波凭《银河之心3——追光逐影》获最佳长篇科幻小说金奖；新锐科幻作家张冉的《太阳坠落之时》和顾适的《嵌合体》获最佳中篇科幻小说金奖；最佳短篇科幻小说金奖由中国科幻更新代作家陈楸帆《巴鳞》摘得；“90后”青年作家周敬之的《星陨3——沙漠的狼与公主》获最佳少儿科幻图书金奖。

（王凌雨）

【第十一届全国少数民族文学创作“骏马奖”】 9月27日，第十一届（2012—2015）全国少数民族文学创作“骏马奖”颁奖典礼在北京中国现代文学馆举行。土家族作家李传锋的《白虎寨》等5部作品获长篇小说奖，回族作家马金莲的《长河》等5部作品获中短篇小说奖，藏族作家降边嘉措的《这里是红军走过的地方》等4部作品获报告文学奖，白族何永飞的《茶马古道记》等5部作品获诗歌奖，蒙古族作家特·官布扎布的《蒙古密码》（蒙古文）等5部作品获诗散文奖；马英（蒙古族）、久美多杰（藏族）、姑丽娜尔·吾甫力（维吾尔族）获翻译奖。

（王凌雨）

【2016亚洲好书榜】 10月21日，由新浪读书、微博读书联合主办的“2016亚洲好书榜年度盛典”在北京举办。揭晓微博年度影响力作家、微博年度影响力作品、微博粉丝影响力作者等十余项奖项。沈煜伦凭新书《四世生花》位列亚洲好书榜总榜、话题榜、分享榜三料冠军。双胞胎苑子文、苑子豪凭借《穿越人海拥抱你》获年度总榜第二名，刘同凭借新书《向着光亮那方》登上年度总榜第三名。

（王凌雨）

【2016年北京市优秀网络文学原创作品发布活动】 10月25日，由北京市新闻出版广电局主办、北京十月文艺出版社承办、光明网协办的“2016年北京市优秀网络文学原创作品发布活动”在光明网演播室举行。该活动共发布了《军旅长歌》《守望》等20部优秀网络文学原创作品。

（王凌雨）

【第六届全国侦探推理小说大赛】 11月11日，由全国公安文联、北京侦探推理文艺协会等单位主办的第六届全国侦探推理小说大赛颁奖座谈会在北京举行。吕铮的《赎罪无门》、李双其的《蓝月儿之死》、雷米的《心理罪之第七个读者》获得一等奖；李晓重的《危情列车》、秦廷敬的《夜蛾之梦》、李晓平的《鬼使神差》、张蓉的《沙堡》、纪富强的《致命嫌疑》、漆雕醒的《皮格马利翁的戒指》获得二等奖；陈翼浦的《警长手记》、杨武凤的《青衣》、谢鑫的《生日宴会诱拐事件》、梁科庆的《夺宝杀机》、夏凯的《余音》、周浩晖的《原罪之惩罚》、康焕龙的《死穴2》、彭祖贻的《心战》、轩弦的《五次方谋杀》、宛如的《消失的妻子》、付旭东的《白色的鞋跟》、王志云的《你的眼神》获得三等奖。另有16部作品获得优秀奖。鲁坚的《天使之吻》、冯华的《美丽谎言》获得影视剧奖；由杨军翻译的《终点站谋杀案》（日本作家西村京太郎作）获得译作奖；裘山山的《死亡设置》获得最佳新作奖；蓝玛、何家弘、郑炳南、李伟获得特别贡献奖；于洪笙获得终身成就奖。

（王凌雨）

【第八届傅雷翻译出版奖】 11月26日，第八届傅雷翻译出版奖获奖作品名单在北京揭晓。共有12部翻译作品入围，其中，文学类6部，人文社科类6部。经过评选，文学类奖项授予由金桔芳翻译、湖南文艺出版社出版的《刺槐树》；新人奖授予由周佩琼翻译、上海文艺出版社出版的《在西伯利亚森林中》。

（王凌雨）

【首届龙榆生韵文学奖】 11月，首届龙榆生韵文学奖在北京揭晓。中山大学教授彭玉平、南京师范大学教授曹辛华获特等奖，华中师范大学教授李遇春、南开大学讲师汪梦川、安徽省社会科学院研究员刘梦芙、苏州大学副教授薛玉坤获一等奖。

（王凌雨）

【刘震云获“影响中国”2016年度文化学者称号】 12月8日，由《中国新闻周刊》主办的“影响中国2016年度人物”荣誉盛典在北京钓鱼台国宾馆举行。作家刘震云获“影响中国2016年度文化学者”称号。

（王凌雨）

【第三届国际华文诗歌奖】 12月17日，由北京文艺网主办的“第三届国际华文诗歌奖”颁奖礼在北京举行。该次诗歌奖，晒盐人获得一等奖，古冈、西衙口获得二等奖，轩辕轼轲、茱萸、额鲁特·珊丹获得三等奖，蟋蟀获得“第一部诗集奖”。

（王凌雨）

【第18届《当代》文学拉力赛颁奖】 12月22日，2016年《当代》长篇小说论坛暨第18届《当代》文学拉力赛颁奖典礼在北京举行。格非的《望春风》、贾平凹《极花》、葛亮《北鸢》、方方《软埋》、付秀莹《陌上》获年度五佳称号，其中《望春风》获选年度最佳作品奖。王刚的长篇小说《喀什噶尔》、宋小词的中篇小说《直立行走》、李敬泽的散文专栏“小春秋”系列，分获《当代》文学拉力赛2016年度长篇小说、中篇小说和散文总冠军。

（王凌雨）

纪　　念

【纪念丁玲逝世三十周年座谈会】 3月2日，由中国丁玲研究会、北京鲁迅博物馆、清华大学中文系共同举办的“纪念丁玲同志逝世三十周年座谈会”在北京召开。专家、学者从不同角度谈了对丁玲的怀念和理解。来自中国社科院文学所、北京大学、中国艺术研究院的部分年轻学者也参与了座谈会的讨论，并对近期国内外丁玲研究的趋向进行了介绍和总结。

（王凌雨）

【北京市写作学会成立30周年庆祝大会】 8月16日，北京市写作学会举行成立30周年庆祝大会，北京市社科联、中央财经大学、学会会员代表等共计150余人与会。该学会注册会员600多名，拥有京东、京南、京西、密云、平谷、延庆6个分会。几年来，学会每年召开学术年会，举办系列科普讲座，开展大型公益活动，并创建了“京湘写作论坛”等学术品牌。庆祝大会还举办了文艺演出、书画笔会等活动，展示了北京市写作学会30年取得的成果。

（王凌雨）

【杨绛逝世】 5月25日，作家、文学翻译家和外国文学研究家杨绛在北京逝世。杨绛（1911—2016），生于北京，本名杨季康。1928年考入东吴大学，1932年到清华大学借读，1935年赴欧洲留学，1938年回国后任上海震旦女子文理学院外语系教授、清华大学西语系教授。20世纪40年代，创作剧本《称心如意》《弄假成真》《游戏人间》等。1953年，任北京大学文学研究所、中国科学院文学研究所、中国社会科学院外国文学研究所研究员。翻译作品有《堂吉诃德》等，并著有《我们仨》《走到人生边上》《洗澡》《杨绛文集》等。

（王凌雨）

【柳青百年诞辰纪念座谈会】 6月29日，柳青百年诞辰纪念座谈会在北京举行。中国作协主席铁凝出席座谈会并讲话。中国作协党组书记、副主席钱小芊主持座谈会。中共陕西省委常委、宣传部部长梁桂，陕西省作协主席贾平凹，陕西省委宣传部副部长陈彦，陕西省作协党组书记黄道峻，柳青家人，近20位专家、学者，鲁迅文学院第29届高研班学员及中国作协各单位负责人与会。与会专家、学者围绕柳青的人生和创作道路展开了讨论。

（王凌雨）

【刘白羽百年诞辰纪念座谈会】 10月9日，中国作协在中国现代文学馆举行刘白羽百年诞辰纪念座谈会。中国作协主席铁凝出席会议并致辞。中国作协党组书记、副主席钱小芊主持会议。中国作协名誉副主席金炳华、中国作协副主席李敬泽出席活动。来自军队和地方的部分作家、评论家代表，以及刘白羽同志的家属、亲友，中国作协机关各部门负责人等70余人参加座谈会。与会者回顾了刘白羽的生平与创作经历和他对中国军事文学的创作做出的贡献。

（王凌雨）

【鲁迅135周年诞辰、逝世80周年座谈会】 10月19日，“纪念鲁迅诞辰135周年、逝世80周年座谈会暨北京鲁迅博物馆建馆60周年”在北京鲁迅博物馆举行，鲁迅亲属代表及有关专家、学者近百人出席座谈会。与会者缅怀了鲁迅不平凡的一生、回顾了北京鲁迅博物馆建馆60年来围绕研究宣传鲁迅思想和精神取得的成绩，对如何学习、弘扬和宣传鲁迅思想及精神遗产进行了研讨。

（王凌雨）

【田间百年诞辰纪念座谈会】 12月8日，中国作协在中国现代文学馆举行田间百年诞辰纪念座谈会。中国作协主席铁凝出席会议并讲话。中国作协党组书记、副主席钱小芊主持会议。中国作协名誉副主席贺敬之，中国作协副主席李敬泽出席活动。来自军队和地方的部分作家、评论家代表，以及田间的家属、亲友，中国作协各部门各单位负责人等近百人参加座谈会。与会者回顾了田间的生平和他对中国诗歌创作的贡献。

（王凌雨）

【《曹禺年谱长编》出版暨纪念曹禺逝世20周年座谈会】 12月13日，中国话剧理论与历史研究会、北京师范大学文学院、中国艺术研究院话剧所和上海交通大学出版社在北京联合举行了《曹禺年谱长编》出版暨纪念曹禺先生逝世20周年座谈会。由田本相、阿鹰编著的《曹禺年谱长编（上下）》由上海交通大学出版社出版。与会专家、学者深挚地怀念曹禺的同时，对长编给予了高度肯定，并从不同角度评价了《曹禺年谱长编》的价值。

（王凌雨）

研究与评论

【中国诗歌对外翻译与传播国际高层论坛】 4月8日，由北京语言大学中国文化对外翻译与传播研究中心主办的中国诗歌对外翻译与传播国际高层论坛在北京举行。中国、比利时、德国、法国、美国等国家的几十位诗人、译者参加了论坛，围绕中国诗歌在海外的翻译、出版、传播状况进行交流研讨。开幕式上，中国文化译研网“译点”诗歌工作室宣布成立，并向蓝棣之、耿占春、张清华等12名学术委员会成员颁发了聘书。同日，还举行了“诗歌之夜”——国际诗歌朗诵会，吉狄马加、西川、于坚、顾爱玲、丹尼斯·马洛尼、哈维尔·博萨隆戈等26位中外诗人现场朗诵了50余首中外诗歌。

（王凌雨）

【首届青年报告文学理论家研讨会】 5月8日，由中国报告文学学会和文艺报社联合主办的首届青年报告文学理论家研讨会在北京举行。中国作协副主席、中国报告文学学会会长何建明，中国报告文学学会常务副会长李炳银、黄传会，以及来自全国各地的报告文学作家、批评家出席研讨会。与会者就报告文学的问题特质、报告文学的真实与想象、如何推进报告文学理论建设等问题展开了讨论。

（王凌雨）

【中奥文学交流报告会】 5月27日，人民文学杂志社和奥地利驻华大使馆文化处共同在北京举办中国—奥地利文学交流报告会。中国作协副主席何建明、奥地利驻华大使馆文化参赞欧诺德、《人民文学》主编施战军、奥地利维也纳大学校长英格尔等与会。何建明和欧诺德向《人民文学》德文版《路灯》在德语国家和地区引起关注表示祝贺，希望该杂志成为中奥文学交流的重要桥梁。《人民文学》德文版已出版两期，计划每年推出两期。会上，奥地利维也纳大学孔子学院院长李夏德受聘成为《人民文学》德文版顾问。张涛、胡开敏、邱华栋、徐坤、王建斌、韩瑞祥、徐则臣、徐南鹏、晓航等专家、学者和作家围绕中国作协的对外交流工作、《人民文学》外文版的出版发行情况，以及当代中国文学与奥地利文学的翻译交流展开对话。

（王凌雨）

【网络文学版权保护研讨会】 5月31日，由中国作协作家法律服务团和中国作协网络文学委员会共同主办的网络文学版权保护研讨会在北京举行。中国作协有关部门负责人，相关管理部门代表，中国作协作家法律服务团专家、网络作家、网络文学专家、文学网站负责人代表等与会交流研讨。与会者分析了网络文学版权保护的现状、网络文学侵权盗版的形式和特点，结合各自经历或部分典型案例交流了网络文学作家维权的困惑及难点，介绍了文学网站在打击侵权盗版、保护版权方面的经验、措施和难点，并就如何加强网络文学版权保护工作提出意见和建议。作家法律服务团专家就有关问题进行了答疑。

（王凌雨）

【“陈忠实的创作道路”研讨会】 6月6日，由中国作家协会主办的“陈忠实的创作道路”研讨会在中国现代文学馆举行。中国作协主席铁凝，中国作协党组书记、副主席钱小芊，中国作协副主席李敬泽出席会议，二十余位作家、评论家参与研讨。会议由钱小芊主持。研讨会上，雷达、阎纲、何启治、李国平、白烨、贺绍俊、梁鸿鹰、张志忠等专家先后发言。与会人员回顾了与陈忠实的生平交往，分析探讨了陈忠实创作的道路、成就与风格，深入思考了其带给中国文坛的现实影响和深刻启示。

（王凌雨）

【曹文轩荣获国际安徒生奖座谈会暨作品研讨会】 6月19日，由北京大学中文系、中国作协创研部、人民文学杂志社等单位共同主办的“曹文轩荣获国际安徒生奖座谈会暨作品研讨会”在北大举行。活动以“心灵与信念——曹文轩创作的美学追求及世界面向”为主题，与会专家、学者围绕曹文轩的《蜻蜓眼》以及《红瓦》《天瓢》《火印》等重要长篇作品，从当代文学及其世界面向的角度探讨了曹文轩的创作成就、艺术追求和独特道路。

（王凌雨）

【世界文学的互译专家交流会】 6月23日，“他山的石头：世界文学的互译”专家交流会在鲁迅文学院召开。中国作协副主席、鲁迅文学院院长吉狄马加，美国《马诺阿》杂志主编弗兰克·斯图尔特，《人民文学》主编施战军，翻译家、学者高兴、刘文飞、董强、郭英剑、余泽民、郭燕和匈牙利汉学家巴尔特·艾丽卡出席交流会。吉狄马加在致辞中表示，中国作协将依托《人民文学》杂志的外文版，加大中国文学的对外推介力度；重视译者的作用，积极联络翻译家和汉学家，为他们提供帮助；同时，国际文学交流也将成为鲁迅文学院今后工作的常态。弗兰克·斯图尔特说，杂志的办刊宗旨就是从文学的角度，关注不同文化背景、不同语种特别是亚太地区作家的作品。作品的选择标准是根植于某一地区的文化但面向世界，具有独特的视角和复杂的表述。与会的中外翻译家畅谈了各自对于文学互译的看法。

（王凌雨）

【鲁院举行“群山合唱——新一代作家的锚定与塑形”研讨会】 7月19日，鲁迅文学院举行“群山合唱——新一代作家的锚定与塑形”研讨会，中国作协副主席、鲁迅文学院院长吉狄马加出席研讨会。来自全国各地的近50位作家及鲁迅文学院教师与会研讨。研讨会由鲁迅文学院副院长邱华栋主持。与会者对“70后”作家的创作特点及态势进行了探讨、梳理和总结。

（王凌雨）

【首届全国传记文学创作会】 8月13日，由中国作家出版集团、中国报告文学学会主办，作家文摘报社承办的首届全国传记文学创作会在北京举行。中国国际战略学会原会长熊光楷、中央文献研究室副主任陈晋、军事科学院军事历史和百科研究部部长曲爱国以及近60位来自全国各地的传记作家、报告文学作家、评论家、学者出席会议。会议就当代中国传记文学的成就及存在的问题、传记文学的发展及展望、传记作家的诉求和评论家的眼光等议题进行讨论。会上还宣布成立了全国传记文学创作与研究专家指导委员会，何建明、陈晋担任主任。

（王凌雨）

【鲁迅文学院举行散文创作论坛】 8月26日，鲁迅文学院在北京举行散文创作学术论坛，冯秋子、周晓枫、穆涛、蒋蓝、安然等20多位散文作家，与正在北京参加第25期少数民族文学创作培训班的学员，以“美神远游：散文的源脉与未来”为主题进行探讨、交流。一些散文作家认为，目前散文创作在形式和内容上有所变革与创新，非虚构创作是一种新倾向。当下散文创作存在的一些问题也不容忽视，一是散文创作应该走向理性，告别全民写作。二是重情感抒发轻情绪贯通，散文需要真情而不是矫情。三是散文不能“撒野”，自由是散文的灵魂，散文是作者性情和修养的综合表现。作家要多深入生活，行万里路、读万卷书。

（王凌雨）

【“鲁迅文化遗产与当代中国”国际学术研讨会】 9月19日—21日，北京鲁迅博物馆（北京新文化运动纪念馆）在北京举办“鲁迅文化遗产与当代中国”国际学术研讨会。来自澳大利亚、日本、尼泊尔等海内外高等院校及科研院所的鲁迅研究专家及中青年学者百余人参会并提交论文。与会者围绕鲁迅文化遗产与当代中国文化建设、鲁迅与中国文化传统、鲁迅与新文化运动、当代文学中的鲁迅传统、鲁迅的海外影响与传播等议题进行了研讨。

（王凌雨）

【2016鲁迅文化论坛】 9月23日—25日，由鲁迅文化基金会联合中国社会科学院文学研究所、中国人民大学文学院、中国传媒大学文法学部、中国鲁迅研究会、国际鲁迅研究会、光明网6家单位主办的2016鲁迅文化论坛在北京举办。来自韩国、日本、马来西亚、越南、印度、澳大利亚、埃及、俄罗斯、奥地利、美国、德国等国家和中国港台地区的20多位海外学者，以及国内40多所高校和科研机构、文博机构近百位学者出席了该论坛。该论坛以“在过去与未来之间”为总主题，围绕“鲁迅的思想传统”“鲁迅的文学世界”“鲁迅的世界传播”“现代与传统之间”“学问与世俗之间”“文本与政治之间”“鲁迅周边”等议题举办了6场学术研讨会。

（王凌雨）

【世界视野中的中国儿童文学学术论坛】 9月29日，鲁迅文学院在北京举办了以“朝向本真——世界视野中的中国儿童文学”为主题的学术论坛。中国作协副主席、鲁迅文学院院长吉狄马加出席并讲话。20多位专家、学者与会研讨。与会者就“儿童文学创作要朝向本真”以及“如何朝向本真”“朝向什么样的本真”等问题进行了探讨。

（王凌雨）

【“呼唤北京文学的高峰时代”论坛】 10月14日，由北京作家协会、北京出版集团、北京十月文艺出版社、十月杂志社联合主办的“呼唤北京文学的高峰时代”论坛在北京举行。中国作协副主席李敬泽、中共北京市委宣传部常务副部长王海平、北京作协秘书长王升山出席论坛并讲话，20余位作家、评论家与会交流。与会作家和评论家结合各自实际，从不同角度展开交流对话，围绕如何充分发掘北京文化历史语境与现实图景中的文学基因、如何整合北京优秀的写作资源、“京味文学”的继承和发展、如何创作出与时代精神相契合的精品力作等话题畅所欲言，为北京文学未来的发展建言献策。

（王凌雨）

【叶广芩京味文学创作研讨会】 10月24日，由北京作协、十月文学院、北京十月文艺出版社、十月杂志社联合举办的“北京十月文学月”系列活动之叶广芩京味文学创作研讨会在北京举办。20余位作家、评论家、艺术家和读者代表与会研讨。专家、学者围绕叶广芩对当代京味文学的独特贡献与价值、叶广芩京味文学体现的中国人价值体系与美学趣味、叶广芩京味文学的影视戏剧转化、京味文学的现状与未来走向等话题进行了交流讨论。

（王凌雨）

【中国新诗百年与翻译主题对谈】 10月26日，由北京师范大学国际写作中心与磨铁读诗会联合举办的主题对谈——“跨越语言的诗意：中国新诗百年与翻译”在北京师范大学举行。对话之前，安妮·费赫特、安妮柯·布拉辛哈、娜塔莉亚·阿扎洛娃、斯维特兰娜、纳吉文·达尔维什、阿里·卡德伦、冯海城、巴斯·夸克曼以及中国诗人沈浩波、李少君、朵渔、朱朱、吕约、安琪、明迪，就他们个人的诗作进行了面对面互译。与会者用俄语、英语、汉语、荷兰语、马其顿语共同翻译一首诗，力求尽可能以最快的速度抓住对方诗歌的本质和风格。在具体的翻译过程中，母语和外语之间、理解力与创造力之间的平衡等问题也引起了大家的讨论。

（王凌雨）

【京津冀文学期刊与创作主题论坛】 10月28日，“北京十月文学月”期间，北京出版集团、北京作家协会、十月文学院、十月杂志社联合举办了“京津冀文学期刊与创作”主题论坛，北京市作家协会副主席刘庆邦、北京作家协会秘书长王升山，北京出版集团总经理、十月文学院院长曲仲出席会议并讲话。论坛就如何立足京津冀地域文化，探讨如何创作出既有地域特色，又能反映时代精神面貌的高峰之作；探讨京津冀三地重要文学刊物，如何打造联合平台，联手推出精品力作以及向文坛推荐优秀青年作家等议题，展开了文学创作与期刊的对话。

（王凌雨）

培　训

【鲁迅文学院第九届网络文学作家培训班】 3月2日—22日，鲁迅文学院第九届网络文学培训班在北京举办。该培训班有全国35个文学网站和单位推荐的61名学员参加培训。举办了涉及政策、理论、创作、文学和文化等方面内容的12次课程，并安排学员进行了文学对话、文艺观摩、社会实践等活动。

（王凌雨）

【鲁迅文学院第二十九届中青年作家高级研讨班】 3月17日—7月15日，鲁迅文学院第二十九届中青年作家高级研讨班在北京举办。该班共有从全国31个省区市、13个行业中选拔出来的57名学员。高研班累计开设精品课程34次，邀请各领域专家、学者就国情时政、国际热点问题、艺术和科学、文学创作等内容进行剖析和解读。组织各类文学对话、研讨、沙龙及文学论坛16次，内容包括热点话题及学员作品研讨会，以及有外国作家、学者参加的文学论坛和交流活动。

（王凌雨）

【2016《民族文学》重点作家培训班】 3月26日—30日，由民族文学杂志社主办的2016《民族文学》重点作家培训班在北京开办。该培训班邀请了来自十几个民族的在《民族文学》发表过作品的近30位作家。其中既有用汉语写作的各民族作家，也有使用少数民族语言进行翻译的作家。何建明、阎晶明、雷达、白烨、叶梅、李霄明、毛公宁等专家、学者受邀为该培训班授课。

（王凌雨）

【鲁迅文学院第二十三期少数民族文学创作培训班】 4月7日—5月11日，鲁迅文学院第二十三期少数民族文学创作培训班在北京举办。来自全国11个省区市、12个少数民族的50名学员参加了培训。该培训班安排了57课时的课程，还有以改稿和交流相结合的文学对话，组织学员到国家大剧院进行文艺观摩，以及前往江西南昌、井冈山等地开展社会实践等活动。

（王凌雨）

【鲁迅文学院第二十四期少数民族文学创作培训班】 5月27日—6月30日，鲁院第二十四期少数民族文学创作培训班在北京举办。自全国9个省区市、16个少数民族的51名学员参加了培训。该培训班安排了51课时的课程，以改稿与交流相结合的研讨，组织学员集体观摩了国家话剧院的话剧演出，以及参观海南红色娘子军纪念园、海瑞纪念馆等活动。

（王凌雨）

【鲁迅文学院第二十五期少数民族文学创作培训班】 7月28日—9月1日，鲁迅文学院第二十五期少数民族文学创作培训班在北京举办。来自全国11个省区市、19个少数民族的50名学员参加了培训。该培训班邀请全国的作家、文学评论家、少数民族研究专家进行了14次课堂教学、4次文学对话，举办了1期散文学术论坛。学员们还前往国家话剧院进行教学观摩，前往东北开展社会实践活动。

（王凌雨）

【鲁迅文学院第三十届中青年作家高级研讨班（儿童文学班）】 9月6日—11月11日，鲁迅文学院第三十届中青年作家高级研讨班（儿童文学班）在北京举办。来自全国各地的52名学员参加了培训。该培训班开设了国情时政、大文化和文学等课程，邀请在儿童文学创作、出版、批评领域的作家和批评家为学员授课，还开设了未成年人保护法、儿童心理学、科学哲学等相关课程。高研班为了加强了组织学员讨论交流的教学环节，组织举办了鲁院论坛以及多次集体研讨会、文学沙龙等活动，并组织学员前往宁夏银川、固原、同心等地开展了主题为“丝绸之路文化遗址及‘一带一路’发展战略”的社会实践考察活动。

（王凌雨）

【鲁迅文学院第二十六期少数民族文学创作培训班】 9月21日—11月1日，鲁迅文学院第二十六期少数民族文学创作培训班在北京举办。来自全国13个省区市、17个少数民族的45名学员参加了培训。该培训班既安排了课堂教学，还组织了对话研讨、艺术观摩、社会实践等活动。

（王凌雨）

【鲁迅文学院第三十一届中青年作家高级研讨班（诗歌班）】 2016年11月17日—2017年1月17日，鲁迅文学院第三十一届中青年作家高级研讨班（诗歌班）在北京举办。来自全国各地的52名学员参加了培训。高研班邀请全国知名专家、学者前来授课，同时安排了不同学科门类的大文化课讲座。文学专业课设置突出诗学特色，邀请知名诗人、诗歌评论家和诗歌翻译家讲授最前沿的诗歌理论与诗歌创作现状，与学员进行面对面的研讨、对话、交流。高研班还组织了集体研讨，以及座谈会、研讨会等。学员们还自发组织文学沙龙和杂志刊物约稿座谈会，并利用课余时间到各大高校、研究所听课，参加各类诗歌活动。

（王凌雨）

【鲁迅文学院第二十七届少数民族文学创作培训班】 11月25日—12月30日，鲁迅文学院第二十七期少数民族文学创作培训班在北京举办。来自全国10个省区市、13个少数民族的42名学员参加了培训。该培训班为期37天，鲁迅文学院有针对性地安排了适应该期培训班特点的课堂教学、文学对话、文艺观摩和社会实践活动。

（王凌雨）

【2016《民族文学》人口较少民族作家暨朝鲜文版作家翻译家培训班】 12月8日—11日，由民族文学杂志社主办、中国少数民族作家学会协办的“2016《民族文学》人口较少民族作家暨朝鲜文版作家翻译家培训班”在北京举办。该培训班共有来自23个人口较少民族的32位作家参加了培训。培训班邀请了叶梅、李洪杰、王升山、邱华栋、李霄明等专家、学者为学员授课。

（王凌雨）

戏　剧

【概　况】2016年，北京地区在戏剧建设方面，在戏剧的创作、演出领域，在戏剧的国内外交流方面，在戏剧的理论研究和戏剧的教育传承层面，都比2015年有了新的发展。

2016年，北京地区的戏剧建设有了新的进展。新建的超剧场，为北京提供了新的演出场所；已有200多年历史的老戏楼——三庆园在大栅栏商业街原址的复建重张，则为北京传统戏剧增加了新的展示空间。张君秋京剧艺术研究会和菊影戏剧研究中心的成立为北京地区的戏剧研究增加了新的活力。小剧场戏剧专业委员会和中国皮影艺术委员会的成立为小剧场戏剧与皮影艺术的健康发展提供了保障。国家大剧院戏剧演员队的成立不仅为首都的戏剧表演队伍增添了活力，也是戏剧表演团队全员合同制的一种新的尝试。太阳花儿童舞台艺术联盟和丝绸之路国际剧院联盟的建立，为北京地区的演出经营输入了新的活力。

2016年，北京的戏剧创作多姿多彩。话剧方面有古代题材的作品《杜甫》，以现当代名人为题材的《启功》《大先生》，根据老舍作品改编的《二马》，以革命历史为题材的作品《从湘江到遵义》，以及以反腐倡廉为题材的话剧《魂·毒》，还有改编自国外作品的国家大剧院版话剧《仲夏夜之梦》，更多的则是《特殊病房》《大师》等探索当代人内心世界的作品。这些作品从不同角度折射了剧作者创作理念的多样化。新创作的戏曲作品既有传统题材的昆曲《孔子之入卫铭》《怜香伴》，京剧《明朝那点事儿——审头刺汤》，河北梆子《张居正》，也有以现当代人为题材的京剧《大钊先生》、北京曲剧《徐悲鸿》和国家京剧院版京剧《党的女儿》。儿童剧的创作则有以关怀救助艾滋病致孤儿童群体为主题的儿童剧《我们在一起》，以科普、科幻、神话为题材的《航天奇妙夜》《美食大冒险》《时间森林》《孙大圣之神秘伙伴》等，而且同时出现了2部以足球为题材的作品《奔跑吧！小球星》和《足球少年》。

2016年，北京的戏剧活动不仅频繁。而且出现了一些新的现象。常规的各类演出、展演、戏剧节、演出季及各种应时演出，从年初到年末持续不断。南方戏曲演出季演出的10多台中国南方戏曲剧种剧目，集中展现了南方戏曲深厚的文化底蕴。全国基层院团戏曲会演展示了基层戏曲院团的创作演出实力。中国京剧优秀青年演员研究生班20周年系列活动，展示了“青研班”创办20年的成果。首届全国少儿皮影传习成果展演，第一次将全国11个少年儿童皮影剧社的传习成果向世人展示。2016“契约关系”演出季通过多部作品将男人与女人之间的纷争这一主题展现在戏剧舞台之上。

2016年，国内（包括中国港澳台地区）戏剧表演团体进京演出和国外戏剧表演团体到北京的演出源源不断，北京的戏剧表演团体也频繁到外埠以及国外进行交流演出。与往年不同的是，国内区域性的戏剧进京演出大幅增加。仅以省为单位的进京演出就有河北省优秀剧目进京展演活动、“湖北省优秀剧目北京行”活动、江苏优秀现代戏市场推广演出（北京站）、福建地方戏经典折子晋京展演活动、2016年吉林省优秀戏曲剧目进京展演活动和“湘戏进京”展演活动。此外还有以剧种为展演内容的中国豫剧优秀剧目北京展演月活动。频繁的戏剧交流活动，显示了北京在与国内各省、区、市的戏剧交流和国际戏剧交流方面，有着举足轻重的不可替代的作用。

2016年，在中外戏剧史上都是一个重要的年份。这一年，是英国戏剧家莎士比亚400周年诞辰和中国戏剧家汤显祖逝世400周年的年份。在北京举办了多种纪念两位中外戏剧家的活动。这一年，还是中国儿童艺术剧院建院60周年的年份，中国儿童艺术剧院特地举办了一系列纪念活动。这一年，为纪念京剧鼓师白登云110周年诞辰和京剧演员袁世海100周年诞辰，有关方面举办了纪念活动。一些戏剧艺术家和戏曲艺术家虽然在这一年走完了他们的人生之路，但他们对中国的戏剧艺术事业所做出的贡献却会长久的给人们留下记忆。

2016年，北京在戏剧的理论研究、教育和传承方面都有所进展。上海、天津、浙江、湖北、安徽、四川、陕西等省、市在北京召开的传承发展戏曲艺术经验交流现场会上介绍了各自地区在传承发展戏曲艺术的经验和措施。“前海学派与中国戏曲：郭汉城先生对中国戏曲的贡献”学术研讨会对前海学派的戏曲理论进行了研讨。青少年戏剧教育研讨会就中小学如何开展戏剧教育和戏剧活动提出了针对性建议。文化部戏曲艺术人才培养“千人计划”第一期高级研修班、戏曲评论高级研修班、民间戏剧社团骨干人才培训、2016年非洲剧院管理人才研修班等加强了对国内外戏剧人才进行的戏剧教育。一些著名的戏曲艺术家的收徒，则是一种行之有效的传统的戏曲教育与传承模式。《中国话剧艺术史》（全9卷）的出版和《梅兰芳全集》《昆曲艺术大典》的首发则为戏剧教育提供了新的资源。

（张燕鹰）

机　构

【小剧场戏剧专业委员会】 2月28日，中国演出行业协会小剧场戏剧专业委员会成立会议在北京召开。来自北京、上海、广东、河北、河南等16个省市、40余家发起机构的代表参加会议。该委员会的发起机构既有文艺院团、戏剧工作室等创作表演机构，也有文化公司等传播推广营销机构，还有各地主要的小剧场及部分戏剧教育机构和戏剧协会。该委员会的工作方向包括：加强会员之间的创作交流，促进小剧场戏剧演出的沟通，探索创新运营模式，逐步建立小剧场戏剧发展的自律机制，以及开展小剧场戏剧领域的市场调查等，力求小剧场戏剧得到健康、有序的发展。崔宁担任该委员会主任，傅维伯任执行主任，邵泽辉、张余任副主任。

（张燕鹰）

【张君秋京剧艺术研究会】 3月29日，经民政部批准，张君秋京剧艺术研究会在北京设立。该研究会会长由张君秋之子张学浩担任，并聘请王文章、孙松林、吴吟秋担任名誉会长，聘请王婉华、张学敏、张学敏、曹宝荣、蔡英莲、杨淑蕊、杨永树为名誉副会长。该研究会业务主管单位为文化部，宗旨是弘扬京剧艺术、传承发展张派艺术。

（张燕鹰）

【太阳花儿童舞台艺术联盟】 4月16日，太阳花儿童舞台艺术联盟在中国儿童艺术剧院正式成立。该联盟以教育部关心下一代工作委员会为指导单位，由中国教育电视台、中国儿童戏剧研究会、中国儿童艺术剧院、中国福利会儿童艺术剧院联合发起，其宗旨是以该联盟为基础，更广泛地向各地传播一流的儿童舞台艺术作品，展示中国儿童戏剧舞台艺术领域台前幕后的创作者和艺术家，孵化、创作更多优秀的儿童剧作品，促进中国儿童舞台艺术的繁荣发展。该联盟首批单位共12家，分别是中国教育电视台、中国儿童戏剧研究会、中国儿童艺术剧院、中国福利会儿童艺术剧院、北京儿童艺术剧院股份有限公司、天津市儿童艺术剧院、浙江话剧团有限公司、辽宁人民艺术剧院、济南市儿童艺术剧院、西安市儿童艺术剧院有限责任公司、成都市非物质文化遗产艺术研究院木偶皮影剧团、青岛市话剧院有限公司。

（张燕鹰）

【中国皮影艺术委员会】 4月27日，中国民间文艺家协会指导下的中国皮影艺术委员会在北京成立。该委员会是为保护和弘扬“非遗”文化，传承皮影技艺，应全国各地民间皮影艺术家、艺人和皮影团体申请而成立的机构。该委员会成立当天，来自北京、山东、陕西、甘肃、辽宁、黑龙江、安徽等十几个省市的皮影艺术家，对新形势下如何保护、传承与发展中国的皮影艺术进行了研讨。

（张燕鹰）

【超剧场】 6月30日，位于东城区台基厂二条5号的超剧场正式对外演出。该剧场由邓超、俞白眉、王琦等人创建。剧场建筑面积约1400平方米，共设座位516席，分为前区、后区，共19排。内设艺术长廊、咖啡室、Super BAR、休息室、化妆间等区域。该剧场还是中央戏剧学院舞台美术系教学实践基地，也是与共青团北京市委共建的青年戏剧实践基地。正式对外演出当天的上演的剧目是白眉工作室出品的喜剧《分娩大师》。

（张燕鹰）

【国家大剧院戏剧演员队】 7月28日，国家大剧院戏剧演员队成立大会在国家大剧院新闻发布厅举行，国家大剧院院长陈平向濮存昕颁发了国家大剧院戏剧演员队艺术指导聘书。同时，铁路文工团演员关键、中戏教师刘美池、男高音歌唱家金郑建分别被聘为国家大剧院戏剧演员队的台词、形体及声乐老师。赵岭、董汶亮、安冬、罗巍等12位青年演员成为国家大剧院戏剧演员队的第一批成员。国家大剧院戏剧演员队的演员均为国家大剧院演艺公司聘用编制，聘期为3年。

（张燕鹰）

【三庆园复建重张】 8月18日，坐落于前门大栅栏街18号的已有200多年历史的老戏楼三庆园在大栅栏商业街原址复建重张。复建后的三庆园建筑面积1600平方米左右，设置有传统池座、廊座、官座、包厢，并配以现代化的灯光音响设备，可容纳观众200余人。

（张燕鹰）

【菊影戏剧研究中心】 10月19日，由戏剧理论家、导演艺术家、教育家、翻译家焦菊隐之子焦世宁担任发起人的菊影戏剧研究中心在北京成立。该中心旨在研究焦菊隐的艺术理论、重现焦菊隐的经典作品、传播焦菊隐的艺术观念，开展关于焦菊隐的口述历史访问及相关影片制作，搭建戏剧人才培养平台。北京人艺的部分老艺术家受邀担任菊影戏剧研究中心的顾问。

（张燕鹰）

【丝绸之路国际剧院联盟】 10月21日，丝绸之路国际剧院联盟在京启动，首批共有来自中国、美国、英国、法国、俄罗斯等21个国家和地区及2个国际组织的56家成员单位加盟。该联盟是中国对外文化集团公司在文化部的支持和指导下倡议发起的大型多边性国际化演艺产业平台，旨在为各成员所在国家和地区的文化艺术水平提升与区域合作做出积极贡献。首批56家成员单位中，有广州大剧院、北京天桥艺术中心、甘肃大剧院、泉州影剧院等23家国内单位，英国南岸艺术中心、法国国立剧院联盟、俄罗斯圣彼得堡卡贝拉国立模范音乐厅、迪拜大剧院、菲律宾文化交流中心等33家国外单位。该联盟的成员，年演出场次超过3万场，年观众总量超过2400万人次。

（张燕鹰）

剧　目

·戏　曲·

【昆曲《孔子之入卫铭》】 1月22日，由中国剧协、北方昆曲剧院联合制作的昆曲大戏《孔子之入卫铭》在天桥剧场首演。该剧讲述了孔子在周游列国的第一站——卫国期间发生的故事。编剧罗周，导演曹其敬、徐春兰，唱腔、音乐设计王大元、董为杰，主演袁国良、邵天帅等。

（张燕鹰）

【昆曲《怜香伴》】 4月29日，“知音版”昆曲《怜香伴》在正乙祠戏楼首演。该剧对清代剧作家李渔原作进行了微调，将曹语花、崔笺云两位女主角的情愫改编为一对惺惺相惜的红粉知己，知音相伴。原作李渔〔清〕，整理改编王焱，作曲梁音，导演张鹏，主演邵天帅、于雪娇等。该剧是“观其复”［“观其（昆曲）复兴”］昆曲系列演出的首部作品。

（张燕鹰）

【河北梆子《张居正》】 6月10日，由北京市河北梆子剧团创排的新编历史剧《张居正》在大兴影剧院首演。该剧讲述了明朝内阁首辅张居正辅佐万历皇帝朱翊钧开创“万历新政”的故事。该剧改编自熊召政同名小说，编剧王新纪，导演徐春兰，主演王洪玲、王英会等。

（张燕鹰）

【北京曲剧《徐悲鸿》】 6月21日，北京曲剧《徐悲鸿》在天桥剧场正式首演。该剧截取了徐悲鸿从抗战时期到新中国成立前后的生活、工作和感情片段，以“漓江春雨”“川江激浪”“大海胸襟”“福海涛声”4个章节，加“序幕”和“尾声”组成散文诗结构，呈现了徐悲鸿的家国情怀。该剧于5月16日—21日进行第一轮预演，6月6日—10日进行第二轮预演，演出了“挚爱版”“风尚版”“高冷版”3个版本。编剧邹忆青，作曲戴颐生，总导演梧桐（姜彤林），演员由中国戏曲学院培养的2002届和2012届北京曲剧班的毕业生担任。

（张燕鹰）

【国粹幽默剧《大圣归来》】 9月24日，由北京集贤弘艺文化中心出品的国粹幽默剧《大圣归来》在西城区第一文化馆上演。故事取材于古典名著《西游记》中“孙悟空重建花果山”“波月洞黄袍怪逞威”“宝象国唐僧化虎”“智激美猴王”诸情节，并保留了传统剧目《智激美猴王》的重点场次、技巧。编剧顾伯岳，导演卢冬来，主演李丹、郝帅、张宏建、赵世康、王超、柳婧、李洋等。

（张燕鹰）

【国家京剧院版京剧《党的女儿》】 9月28日，国家京剧院排演的现代京剧《党的女儿》在梅兰芳大剧院首演。该剧根据同名歌剧改编。描写了红军长征期间，年轻的女共产党员田玉梅为了完成革命任务而献身的故事。编剧李莉、杨小青，导演杨小青、徐孟珂，唱腔设计邱小波，作曲汪珅，主演付佳、郭霄、查思娜、郭凡嘉、田磊、李博、王越、胡滨、布尼王茜。1991年，歌剧《党的女儿》上演后不久，北京京剧院曾将其改编为由王蓉蓉主演的京剧。

（张燕鹰）

【京剧《大钊先生》】 10月29日，在李大钊127周年诞辰之际，由北京市京昆文化艺术团和北京京昆国际文化艺术（北京）有限公司联合创作出品的现代京剧《大钊先生》于全国地方戏演出中心首演。该剧通过李大钊生命最后一段时间顽强战斗、英勇牺牲的事迹，诠释了他“铁肩担道义，妙手著文章”的革命理想和对共产主义的坚定信仰。编剧、导演方彤彤，主演张建峰、姜亦珊、包飞、陈俊杰、侯连英等。

（张燕鹰）

·话　剧·

【话剧《给我一颗西地那非》】 1月6日，话剧《给我一颗西地那非》在鼓楼西剧场首演。该剧讲述了忐忑不安的中年导演郑光明与奇葩损友、傻白甜情人激情碰撞的故事。

西地那非，在中国的俗名“伟哥”。编剧、导演张新新，主演何雨繁、萧薇。

（张燕鹰）

【小剧场话剧《特殊病房》】 1月8日，由国家话剧院制作的小剧场话剧《特殊病房》在国家话剧院先锋剧场首演。剧中讲述了重婚者士莱曼遭遇车祸后，在特殊病房与他的两个妻子相见的故事。作品在极富戏剧性的情节中，通过各个人物的回忆，穿插现实，拼接起一个令人难以置信却又犀利、严酷的故事。该剧由当代美国剧作家阿瑟·米勒编剧，译者、文学顾问胡开奇，导演赵以，主演李建义、刘晓翠、赵红薇、汪玥、赵阳、杨晨等。

（张燕鹰）

【话剧《大师》】 1月21日，话剧《大师》在北京保利剧院首演。作品讲述一个倒霉的中年人阴差阳错变成“灵魂画派”大师，一场自导自演、漏洞百出的骗局愈演愈真，全民为“大师”痴狂。最后，“大师”在戳破谎言、做回凡人，还是出卖灵魂、当一个活着的傀儡之间做出了选择。编剧孟冰、李雷，导演李雷，主演范明。

（张燕鹰）

【话剧《杜甫》】 3月18日，由中国国家话剧院出品、演出的原创话剧《杜甫》在国家话剧院剧场首演。该剧以杜甫一生的经历为主要线索，展现了他颠沛流离、艰辛曲折的个人命运，以及他从求官到弃官的变化过程，塑造了杜甫“视国家为生命、以民生为己任”的诗人形象。编剧唐栋，导演王晓鹰，主演刘佩琦、王亚军、刘晶晶、郭笑等。

（张燕鹰）

【话剧《大先生》】 3月31日，由文化乌镇出品，哲腾（北京）文化传播有限公司制作的话剧《大先生》在中国国家话剧院首演。该剧描写了鲁迅与朱安、母亲、周作人、胡适、许广平以及引他走进左翼联盟的人等的对话。编剧李静，导演王翀，领衔主演赵立新。

（张燕鹰）

【话剧《狐狸》】 4月6日，百老汇经典剧目《狐狸》中文版在北京西区剧场首演。该剧由美国导演艾伦·米勒根据英国小说家劳伦斯1922年创作的同名小说改编，1981年在华盛顿小道剧场首演，之后登上纽约百老汇舞台。故事发生在“一战”刚刚结束的英格兰，两个未婚姑娘吉尔和奈莉合伙经营郊野农场。由于经济萧条且不熟悉农业生产，她们生活拮据，在亏损中勉强度日，直到一名从前线休假返乡的士兵亨瑞突然闯入她们的生活……在“同性之爱”与“异性之恋”的较量中，一场爱的争夺悄然发生。导演靳琪，主演高海诚、刘碧荷、孙新雨等。

（张燕鹰）

【话剧《他有两把左轮手枪和黑白相间的眼睛》】 4月7日，话剧《他有两把左轮手枪和黑白相间的眼睛》在蜂巢剧场首演。该剧改编自诺贝尔文学奖获得者达里奥·福的同名代表作。作品从一个怪诞的精神病院开始，两个相貌相似、性格却大相径庭的人被阴差阳错得搞混了，上演了一出“真假乔瓦尼”的荒诞故事。导演孟京辉， 主演张弌铖、刘爽、罗欢、杨佐夫、孙雨澄、张亚茜、郭炳琨、李智浩、张功长、吕京等。

（张燕鹰）

【话剧《福斯塔夫狂想曲》】 4月13日，寰宇梦享（北京）文化传媒有限公司出品的话剧《福斯塔夫狂想曲》在鼓楼西剧场上演。作品选取了莎士比亚历史剧《亨利四世》和喜剧《温莎的风流娘儿们》中与“福斯塔夫”这个角色有关的3个片段，采用“戏中戏”的模式，以最不起眼的胖演员担纲主演为线索，揭示了众人内心的阴暗。原作莎士比亚［英］，导演王晓凡，主演郑远鹏、李阳、霍昕、王琦、峤阳、李腾飞、于梦潮等。

（张燕鹰）

【小剧场京剧《明朝那点事儿——审头刺汤》】 4月14日，小剧场京剧《明朝那点事儿——审头刺汤》在繁星戏剧村首演。该剧以京剧《审头刺汤》的内容为基本情节，全剧以念白为主，还增加了检场讲述人的讲述和表演。编剧王新纪，唱腔设计燕守平，导演白爱莲，主演朱强、黄柏雪、窦晓璇、朱峰、倪胜春、马博通、孙震等。

（张燕鹰）

【舞台剧《左耳》】 4月29日，由光线传媒联合至乐汇出品的舞台剧《左耳》在北京保利剧院首演。作品改编自饶雪漫的青春小说《左耳》及苏有朋执导的同名电影。该剧讲述了小耳朵、黎吧啦、张漾、许弋等主角的青春爱情故事。编剧雷志龙，导演饶晓志，主演米咪、马吟吟、李川、王青等。

（张燕鹰）

【话剧《爱在无爱城》】 5月12日，由北京天艺同歌国际文化艺术有限公司（繁星戏剧村）出品的话剧《爱在无爱城》在繁星戏剧村壹剧场首演。作品根据莎士比亚的《驯悍记》改编，全剧讲述的是在一座没有爱情的城市，有着一本保证婚姻幸福的法典，在两对命运与性格截然不同的情侣之间发生着戏剧性十足的碰撞，他们在各自寻找爱情和自由的同时，也在寻找着各自的归宿。改编、导演黄彦卓，主演刘同、周小玲、左凌峰、龙月、张曦、秦枫、孟令娇，均为繁星戏剧村签约演员。

（张燕鹰）

【话剧《小雨的冰糖葫芦》】5月15日，由雷子乐笑工厂创作的话剧《小雨的冰糖葫芦》在北京风尚剧场举行首场公益演出。该剧根据北京市晨光脑瘫儿童康复中心的真实故事改编而成。作品讲述了正常儿童猴哥、大熊、娇娇与喜欢画冰糖葫芦的脑瘫儿童小雨相识后，经历了一系列误会最终成为好朋友的故事。导演张成晓勇，4位脑瘫儿童担任主演，10位脑瘫儿童担任群众演员。

（张燕鹰）

【悬疑话剧《判你有罪》】6月1日，由“艺品汇”出品的悬疑话剧《判你有罪》在鼓楼西剧场首演。作品讲述了一个“眼见不一定为实，耳听也不一定为虚”的故事——同一个事件，不同的人从不同的角度，呈现出不同的结果。作品通过层层抽丝剥茧，步步紧逼真相，一场暗中策划的阴谋慢慢浮出水面。该剧由中央戏剧学院研究生班底打造，导演楚轶。

（张燕鹰）

【话剧《摔出一片天》】6月7日，由东城区文化委员会等出品的话剧《摔出一片天》在风尚剧场首演。该剧演绎了宝子和顺子、小宝等老北京摞跤的传承人，为传承“京跤”这门优秀文化技艺，开办的好萌跤场的故事。编剧、导演杨建业，由宝三跤场跤艺的传承人韩国卿和其带领的老北京摞跤表演团队进行表演。

（张燕鹰）

【北京人艺版话剧《樱桃园》】6月16日，北京人艺版话剧《樱桃园》在首都剧场首演。该剧是俄国剧作家契诃夫的作品。该剧描述了一个俄国贵族坐吃山空，卖掉樱桃园后所发生的故事。樱桃园的新主人是商人和企业主，一切从经济利益出发考虑问题。他不仅不顾及美感，而且在旧主人还未离开的情形下，就迫不及待地动手砍了樱桃树。原著契诃夫［俄］，翻译童道明，导演李六乙，主演卢芳、濮存昕、张培、雷佳等。

（张燕鹰）

【讽刺喜剧《拉黑》】6月24日，由北京抓犸提戈文化传播有限公司出品的网络直播两性讽刺喜剧《拉黑》在繁星戏剧村贰剧场首演。该剧将时下最潮的社交软件直播引入话剧演出，与场内场外观众即时互动。台下不少人一边观看演出，一边在直播软件上发送弹幕。舞台上摆放的几个电视中同步播放着直播画面，演员在戏中的微信聊天、QQ聊天也即时投射在电视屏幕上。演出中，观众本身也成为戏的一部分。观众天马行空的即兴发挥给演出增加了笑点。编剧李龙吟，导演王婷婷，主演周瑞、于金龙、郭莛媛、彭璐琦等。

（张燕鹰）

【话剧《亲密》】7月1日，话剧《亲密》在北京天桥艺术中心首演。作品讲述了安娜、丹安、艾丽丝和拉里四人之间纠缠不清的关系，展现出现代都市社会中人性深处爱与欲望的挣扎。该剧是根据帕特里克·马勃的剧本改编，导演韩杰，主演王海燕、张晞临、于洋、张姝等。

（张燕鹰）

【话剧《又到满山红叶时》】7月5日，由长江重庆航道局、中华全国总工会文工团、重庆金字塔对外经济文化影视中心联合出品的当代长江题材原创话剧《又到满山红叶时》在民族文化宫大剧院首演。作品依据长江航道川江三峡某航道站的真人真事改编而成。讲述了新老两代长江航道人坚守理想信念、在长江数字航道建设完工倒计时100天里发生的感人故事。作品由长江重庆航道局职工自行编撰，导演刘钊，全总文工团话剧团演出，主演马文忠、袁中方等。

（张燕鹰）

【话剧《美好的日子》】7月16日，由中国国家话剧院出品、演出的荒诞派戏剧《美好的日子》在国家话剧院先锋剧场首演。作品描写女主人公温妮于身体逐渐陷入灼热的沙漠中，大地咔咔作响，世界行将崩溃时，却固执地保持乐观，只要丈夫听得见她说话，她就认为这一天“美好”之至的故事。原著贝克特［爱尔兰］，翻译、导演邹爽，主演冯宪珍、李建鹏等。

（张燕鹰）

【国家大剧院版话剧《仲夏夜之梦》】7月20日，国家大剧院制作话剧《仲夏夜之梦》在国家大剧院小剧场登台亮相。这是国家大剧院为纪念莎士比亚400周年诞辰专门制作的话剧，也是国家大剧院制作的第一部莎士比亚的话剧。该剧由英国皇家莎士比亚剧团合作导演克里斯·怀特实力执导，演出团队由14位年轻演员构成，这是国家大剧院话剧演员队的初次亮相。

（张燕鹰）

【话剧《实现》】7月28日，由首钢文化公司出品制作的大型工业诗歌话剧《实现》在天桥剧场首演。全剧以一支由首钢职工参与的诗歌朗诵队贯穿始终，讲述了半个世纪以来普通工人在实现梦想过程中的豪情与坚韧。编剧郑天玮，导演顾威，主演尹伟、梁月军、王涛、仇晓光、金汉、杨平友等，部分群众演员由首钢职工饰演。

（张燕鹰）

【小剧场话剧《催眠》】8月20日，北京人艺小剧场话剧《催眠》在人艺实验剧场首演。该剧讲述了在一间心理诊所里，一位作家、一名心理医生和一个军人怀着对同一个人的牵挂而偶然相遇的故事。作品通过剧中人之间的相互倾诉，表达了复杂多义的内涵。该剧改编自马晓丽同名小说，改编、导演张福元，主要演员付瑶、邹健、杨明鑫、董菲菲。

（张燕鹰）

【话剧《搁浅》】 8月24日，话剧《搁浅》在鼓楼西剧场首演。该剧讲述的是三个意气风发的少年马尔科、米什卡和科瓦奇在接受了最优质的高等教育之后，进入到重要机关为国效力。多年之后他们已经在各自的位置上建树颇丰。这时，为了重振军力而由国家出资建造的一艘潜艇意外搁浅，并在初航的当晚沉没了。这艘潜艇的沉没，似乎让这三个被培养出的优秀青年也“沉没”了。编剧董天翼，导演刘丹，主演郭笑、李泓良、江佳奇、区宁、冯宪珍。

（张燕鹰）

【话剧《玩家》】 8月25日，北京人艺原创话剧《玩家》在首都剧场首演。作品讲述了20世纪80年代后期，收藏在民间不断升温，京城的新老玩家在复杂诡谲的收藏世界中，为了争夺稀世藏品，在收藏圈内展开的心术与智谋的对决。剧中充满典型性格人物命运的起伏，浓缩了北京城30年的变化。通过收藏这面镜子，映照出了人性中的真与假，通过对各种人物的勾勒，展现出北京百姓的生活风貌。编剧刘一达，导演任鸣，主演冯远征、于震、闫锐、梁丹妮、王刚、杨佳音、程莉莎、班赞、丛林、张永强、张福元等。

（张燕鹰）

【话剧《人生不适情》】 8月31日，由树新风剧团出品的话剧《人生不适情》在蓬蒿剧场首演。该剧由“骨灰”“驿站”“检查”“两个故事”四部分组成，四段截然不同的故事为观众演绎了人生中面对亲情、爱情、往事和梦想的“不适情”。编剧、导演顾雷，主要演员陈磊、高韡、李芳菲、李俊峰、李朋等。

（张燕鹰）

【话剧《谋杀电视机》】 9月14日，由中电联合建设有限公司、北京厚浪文化、哲腾（北京）文化传播有限公司联合出品，李伯男导演工作室、浙江华策影视联合制作的话剧《谋杀电视机》在北京人艺实验剧场首演。该剧中的大卫是一个“毒舌”的文化杂志记者，常常以犀利的文章批判当代流行电视文化。他加入了一个叫“谋杀电视机”的组织，在享受破坏电视机的暴力美学的同时，他发现这不仅仅是一场行为艺术，背后还有一个大阴谋。该剧演出有多种不同的故事结尾。该剧根据作家大头马同名小说改编，编剧、导演庄一，主演闻诗佳、孙上航、马文亮等。

（张燕鹰）

【话剧《乌托咖啡馆》】 9月15日，话剧《乌托咖啡馆》在海淀北部文化中心首演。该剧以预防金融诈骗为主题，普及金融知识，反映农民工创业梦想和回乡情怀。编剧肖宽，导演牛顿，主演江海燕、孙思凡、姜日华等。

（张燕鹰）

【小剧场话剧《人间童话》】 9月24日，北京人艺原创小剧场话剧《人间童话》在北京人艺实验剧场首演。作品围绕一盆超级聪明的花，一条记性很好的鱼，一片默不作声、无边无际的湖，通过平庸的生活故事，表现了人与人的疏离、人与理想的错位以及梦幻、荒诞和灰色幽默。编剧杨小雪，导演刘小蓉，主要演员王欣雨、张溪芸、张瀚生、罗熙等。

（张燕鹰）

【话剧《从湘江到遵义》】 9月28日，由中央军委政治工作部话剧团、中共成都市委宣传部创作排演的叙述体话剧《从湘江到遵义》在八一剧场首演。该剧以“湘江惨败”“翻越老山界”“通道转兵”“黎平会议”“强渡乌江天险”“挺进遵义城，召开遵义会议”为叙事支点和基本背景，在话剧舞台上对历史进行了回顾。编剧李宝群、王宏、肖力，导演宫晓东，主要演员赵旭、刘劲、梅丽萍、刘大为、曾泳醍、洪涛、王玉孝、魏鹏等。

（张燕鹰）

【实验戏《追梦人》】 10月19日，实验戏《追梦人》作为2016当代小剧场戏曲艺术节开幕戏在繁星戏剧村首演。该剧改编自汤显祖的《临川四梦》。其特色不仅是摘选了《牡丹亭》《邯郸记》《南柯记》《紫钗记》中的四折戏同台演出，而且每折戏由不同的剧种分别演绎。其中,《牡丹亭》是越剧,《邯郸记》是昆曲,《南柯记》是赣剧，《紫钗记》是粤剧，还有“说书人”在剧中解读汤显祖创作《临川四梦》的心路历程。原著汤显祖，改编梧桐，导演周龙，越剧主演黄依群，昆曲主演袁国良，赣剧主演廖聪，粤剧主演黄嘉裕。

（张燕鹰）

【话剧《比萨斜塔》】 10月21号，国家话剧院新创话剧《比萨斜塔》在国家话剧院小剧场首演。该剧是一部俄罗斯现实主义题材作品，描述一对夫妻在争吵摩擦中，斜而不倒的婚姻生活，表达出人们对美好爱情婚姻生活的向往。编剧娜杰日达·普图什金娜［俄罗斯］，翻译王丽丹，导演王剑男，主演翟小兴、赵芮。

（张燕鹰）

【小剧场话剧《长子》】 11月11日，中国国家话剧院新创小剧场话剧《长子》在国家话剧院小剧场首演。该剧讲述了两个青年阴差阳错闯入一位老乐师家，并谎称是老人长子的故事。老人信以为真，最终年轻人经过一番灵魂的拷问，在骗局揭穿后决定留下来，成为老人真正的长子。编剧亚历山大·瓦连季诺维奇·万比洛夫［前苏联］，翻译白嗣宏，导演常峥，主演韩文亮、高发、李任、吴祯、李建鹏、张若尘、吕静、常蓝天。

（张燕鹰）

【话剧《亲亲咖啡豆》】 11月12日，由公益团体“特别爱你家族”创作的公益话剧《亲亲咖啡豆》在西城区文化中心缤纷剧场首演。该剧讲述了在一个濒临倒闭的咖啡馆内发生的故事，反映了社会对心智障碍人群的歧视和误解。编剧黄鹤，总导演许同均，9位智障人士和21位热心帮助心智障碍人群的普通人参加了演出。央视少儿栏目著名主持人“金龟子”和“青蛙王子”也参加了演出。

（张燕鹰）

【话剧《二马》】 11月16日，由北京市演出有限责任公司、北京嘉会本末文化艺术创作有限公司、北京朴艺文化传播有限公司联合出品的话剧《二马》在首都剧场首演。该剧改编自老舍同名长篇小说，讲述的是老马为了继承哥哥的遗产，带着儿子小马来到伦敦，寄居在寡妇温都太太家中。温都太太和女儿玛丽一起生活。日久生情，二马竟然分别爱上了温都母女的故事。编剧、导演方旭，主演方旭、刘欣然、谢海东、苏小玎、于谷鸣。

（张燕鹰）

【话剧《世界就在我眼前》】 11月25日，话剧《世界就在我眼前》在中华世纪坛剧场首演。该剧讲述了心理学研究生童心因病导致双目失明，这突如其来的打击使她不知所措，但经过难以言喻的艰辛，她最终成功地完成学业，重新回归社会的故事。该剧由北京市残疾人联合会主办、北京市曲剧团参演，系大型原创系列话剧“假如给我三天光明”的第三部。编剧钱晓天，导演陈蔚，主演吕薇。

（张燕鹰）

【话剧《魂·毒》】 11月25日，由中国行为法学会廉政行为研究会、法治中国文化艺术研究院、公安部十局、中国国际图书贸易集团公司、西北政治大学等单位联合出品的反腐话剧《魂·毒》在北京人艺菊隐剧场首演。该剧反映的是环都市市长赵明柱在权与钱、情与欲、罪与罚之间的迷离，最终一步步走向罪恶深渊的故事。编剧、导演刘泽阳。

（张燕鹰）

【话剧《启功》】 11月26日，话剧《启功》在梅兰芳大剧院首演。该剧以启功的人生故事折射中华传统文化在当代的境遇。该剧在表现方面融合古琴、戏曲等民族元素，还运用歌队的形式，营造了多样化的艺术氛围。编剧胡薇，导演唐烨，主演宁文彤。

（张燕鹰）

【话剧《五脊六兽》】 11月30日，中国煤矿文工团创作的话剧《五脊六兽》在超剧场首演。作品讲述的是明朝永乐年间，北平酱菜园子老板老诚即将去世，却迟迟不肯咽气，原因是没有得到去往另一个世界的“冥途路引”。无奈之下，老诚的儿子小诚拖着老爹和他的大棺材，去买路引。编剧、导演杨浥堃，主演杨映宇、郝姗姗、王山水、李紫东等。

（张燕鹰）

【话剧《独自温暖》】 12月7日，由北京市演出有限责任公司出品的话剧《独自温暖》在北京喜剧院首演。作品讲述了一位生活在国外，富足却空虚、寂寞的老妇人，她心地善良但性格乖戾，与儿子复杂、微妙的关系。话剧展现了老妇人从对儿子聘请的专职司机的极不信任到两人成为朋友，老妇人和儿子关系也得到的缓和的发展脉络。编剧冯丽，导演王延松，主演吕丽萍、侯岩松、李烨、韩清、董旭婧等。

（张燕鹰）

【贺岁剧《莎士比亚别生气》】 12月9日，开心麻花2017贺岁大戏《莎士比亚别生气》在世纪剧院首演。故事讲述的是话剧《罗密欧与朱丽叶》公演当日，导演突然接到威胁电话，被告知心爱的孙女遭绑架，绑匪对当晚的演出提出一系列要求。一直实践严肃艺术的导演为了救孙女，委曲求全，将一场经典话剧改得面目全非。编剧钱晨光，导演吴昱翰、张一鸣、黄才伦，主演黄才伦、贾金金、赵雪、李依洋、刘挺、贵权、冯秦川。

（张燕鹰）

【话剧《晚安，妈妈》】 12月13日，话剧《晚安，妈妈》在鼓楼西剧场首演。该剧讲述了有癫痫病的女子杰茜在与丈夫离异，唯一的儿子又因犯罪而入狱后，意识到自己应该结束这无意义且无尊严的生命。她告诉妈妈，她准备在当天夜里开枪自杀。她的妈妈最终也没能阻止她的自杀。编剧玛莎·诺曼［美］，翻译、导演祖纪妍，主演林荫宇、刘丹。

（张燕鹰）

【话剧《爆米花》】 12月16日，由中国国家话剧院改编的话剧《爆米花》在国家话剧院先锋剧场首演。该剧讲述了美国好莱坞电影导演布鲁斯在奥斯卡颁奖夜前后发生的一连串荒谬离奇事件，以及一场令人震惊和战栗的杀戮惨剧发生。原作本·爱尔顿［英］，翻译范益松，导演刘丹，主演于洋、邓炀、牛银红、姜牟远健、顾珂嘉、马昂、王眯佳、王大卫等。

（张燕鹰）

【小剧场话剧《罗刹国》】 12月16日，取材于《聊斋志异·罗刹海市》的小剧场话剧《罗刹国》在国家话剧院小剧场首演。作品讲述了一个叫马骥的人在罗刹国的遭遇。罗刹国住着面相丑陋、行动怪异的罗刹鬼，他们以丑为美。马骥为了生存，慢慢适应了环境，渐渐磨灭了回归人类世界的愿望。该剧演出特点为较多地借用了戏曲身段、当代舞等的表演技术，以及面具和傀儡造型。编剧黄维若，导演赵淼，主演陈君军、刘星阳、艾阔、汪玥、吴迪、王一琦。

（张燕鹰）

·儿童剧·

【儿童剧《我们在一起》】 1月23日，国家艺术基金资助项目——大型原创儿童剧《我们在一起》在长安大戏院首演。该剧是在中国关心下一代工作委员会、中国戏曲学院、联合国儿童基金会指导下，由中国关工委公益文化中心、中国戏曲学院继续教育部联合出品的以关怀救助艾滋病致孤儿童群体为主题的原创儿童舞台剧。导演董汶亮、杨菊英，编剧尹松健，中国戏曲学院继续教育部在校生、毕业生、高级研修班学生担纲主演及配演，北京儿童艺术剧院方征、张小君加盟主演。

（张燕鹰）

【儿童剧《航天奇妙夜》】 5月7日，由国图艺术中心与北京剧盒子文化传播有限公司合作推出的儿童剧《航天奇妙夜》在国家图书馆国图艺术中心首演。该剧是一部航天题材儿童剧，旨在通过孩子们喜闻乐见的方式，普及航天知识。主创全部来自中央戏剧学院、中国传媒大学、北京电影学院、北京舞蹈学院等艺术院校，导演郭小龙。

（张燕鹰）

【儿童剧《奔跑吧！小球星》】 5月20日，由北京市教委教育新闻中心和《北京青年报》联合出品，由“教育圆桌”微信公众号承办推出的儿童剧《奔跑吧！小球星》在中国木偶剧院首演。该剧以小主人公“桌桌”在学校参加校园足球训练和比赛的酸甜苦辣为主线，讲述了发生在他身边的家人和朋友身上的故事。崇文小学、实验二小永定分校、十一学校一分校的部分师生观看了演出。导演石学海，执行导演、编舞惠茜茜，主演杨睿、王昕、赵子彤、赵章宏等。

（张燕鹰）

【儿童剧《美食大冒险》】 5月28日，由儿童教育剧社和繁星艺术联合出品的儿童剧《美食大冒险》在海淀剧院首演。该剧从儿童的角度出发，通过“蒸盒号”宝船在食物世界的航海历险故事，对人类关注的食品安全问题进行了描述。该剧改编自同名动画片，编剧刘婧。导演王卓，儿童教育剧社演出。

（张燕鹰）

【儿童剧《足球少年》】 5月29日，北京儿艺大型原创儿童剧《足球少年》在民族宫大剧院首演，并以网络直播的方式，在乐视网“北京儿艺虚拟剧场”同步推送。该剧讲述了足球少年小贝和麦克之间亦敌亦友的故事。编剧张韵仙，导演王炳燃，北京儿童艺术剧院演出。

（张燕鹰）

【儿童剧《孙大圣之神秘伙伴》】 6月1日，由北京纵横新天地文化传播有限公司和天桥艺术中心共同打造的多媒体儿童剧《孙大圣之神秘伙伴》在天桥艺术中心中剧场首演。该剧改编自《西游记》西天取经的故事，剧中的孙悟空不仅七十二变样样精通，可以一个跟斗云翻出十万八千里，一如既往地机智、勇敢、顽皮、淘气，还有一个可以一起出生入死的神秘伙伴，那就是拟人化了的如意金箍棒。原作吴承恩［明］，编剧燕子辰，导演李珊，主演松天硕、王波文等。

（张燕鹰）

【儿童剧《时间森林》】 8月25日，中国儿童艺术剧院原创儿童剧《时间森林》在怀柔剧场首演。该剧讲述了唐高高与唐朵朵这对“问题”孪生兄妹因在时间森林里的顽皮行为导致世界失去时间，通过在时间的失去与寻找中，思考时间对于每个人的独特意义的故事。编剧王薇，导演焦刚，主演何吉光、唐妍、尹亮等。

（张燕鹰）

【儿童剧《成语魔方三》】 10月1日，中国儿艺原创系列组合式儿童剧“中国故事”之《成语魔方三》在中国儿艺假日经典小剧场首演。该作品由仅凭肢体动作讲述剧情的肢体剧《亡羊补牢》，用黑光幕形式表现湖底小动物生活状态的《竭泽而渔》和融合了现代歌舞、人偶等元素的《疑邻偷斧》3个中国古代成语故事组成。

（张燕鹰）

【木偶剧《红军的战马》】 10月1日，为纪念中国工农红军长征胜利80周年，中国木偶剧院原创木偶剧《红军的战马》在中国木偶剧院大剧场首演。该剧以杖头木偶的形式，以独特的视角、真实的笔触，深入历史情境，通过红军的战马“一点红”与红军战士并肩作战的情景讲述了长征路上的感人故事。编剧石学海，导演王磊，中国木偶剧院演出。

（张燕鹰）

【木偶剧《熊猫和小鼹鼠》】 10月3日，由央视动画独家授权中国木偶剧院创作的舞台剧《熊猫和小鼹鼠》在中国木偶剧院大剧场首演。2015年，央视动画有限公司与捷克小鼹鼠公司共同创作、合拍了动画片《熊猫和小鼹鼠》。该作品的舞台剧以该动画片为基础，加入了

儿童剧《疑邻偷斧》中国儿童艺术剧院演出

更多的中国元素，采用了杖头木偶的表演形式。编剧、导演石学海，中国木偶剧院演出。

（张燕鹰）

活 动

【第三届北京曲剧艺术节】 1月4日—3月28日，由昌平区文化委员会、北京市曲剧团主办，北京平安艺术团承办的第三届北京曲剧艺术节在昌平区举办。此次艺术节在演出安排上分为年前与年后两部分。在春节前夕，北京市曲剧团演出了《黄叶红楼》和《方珍珠》两部北京曲剧经典剧目。春节后演出了北京曲剧《烟壶》。

（张燕鹰）

【北京市文化局与中国戏曲学院签订战略合作框架协议】 1月21日，北京市文化局、中国戏曲学院签订了合力推进戏曲艺术出精品、出人才、出流派的战略合作框架协议。根据该协议，北京市文化局、中国戏曲学院将以推动京剧流派传承创新作为合作重点，联手实施“京剧流派传承创新推进工程”，共同发起在中国戏曲学院成立京剧流派传承创新研究中心，发挥学院智力资源优势，针对京剧流派传承创新问题开展理论研究，对重要流派的历史、成因、传承发展及代表剧目、代表人物等进行理论探讨和案例实证研究，深入挖掘流派传承创新发展中面临的困难和问题，探索新时期京剧流派创新标准、方法和路径，为流派传承创新提供坚实理论支撑。双方还将共同遴选京剧表演领军人物，在中国戏曲学院、北京京剧院设立工作室或研究中心，支持其进行创作、演出、传承、研究，从理论和实践两个方面共同推动京剧领军人才进行流派传承、创新。中国戏曲学院依托中国文艺评论基地、梅兰芳艺术研究中心、张火丁京剧程派艺术传承中心等研究机构的优势，组织开展京剧流派创新方面的研究立项、学术研讨、内外交流等活动。市文化局依托戏曲支持系列政策，加大对中国戏曲学院流派传承、创新有关教学工作的支持力度，共建流派班。支持北京戏曲艺术职业学院与中国戏曲学院对接，共同承担流派传承、创新教育教学工作。

（张燕鹰）

【京津冀河北梆子名家名段演唱会】 2月11日，京津冀河北梆子名家名段演唱会在大兴剧院演出。天津河北梆子剧院的李斌、河北省艺术职业学院的刘文静、北京市河北梆子剧团的王洪玲分别演唱了《斩黄袍》《四郎探母》《穆桂英挂帅》《杜十娘》等河北梆子剧目的选场、选段。

（张燕鹰）

【2016年度亚洲儿童青少年艺术节联盟会议】 2月26日—29日，2016年度亚洲儿童青少年艺术节联盟会议在北京举办。上海国际儿童戏剧节、中国国际儿童戏剧教育艺术节等亚洲儿童青少年戏剧节代表参会。参会者普遍认为，随着人们欣赏水平的提升，娱乐性儿童戏剧演出正出现分化，大量艺术性更强，表现更内敛、走心的儿童戏剧越来越多地走进孩子们中间。

（张燕鹰）

【国家京剧院优秀剧目展演】 3月4日—19日，由国家京剧院主办的“致春天”——国家京剧院优秀剧目展演在梅兰芳大剧院举行。该展演共包括17场演出，参加演出的既有国家京剧院的于魁智、李胜素、张建国、董圆圆、袁慧琴、李海燕等，展演还特邀了冯志孝、叶少兰、赵葆秀、谭孝曾、李祖铭等京剧艺术家，以及北京京剧院的王蓉蓉、朱强，天津青年京剧团的孟广禄、赵秀君，上海京剧院的史依弘，大连京剧院的杨赤，湖北省京剧院的朱世慧等。展演剧目有《锁麟囊》《秦香莲》《白蛇传》《杨门女将》《武则天轶事》《智取威虎山》《曙色紫禁城》《伏生》《西安事变》等，特别邀请湖北省京剧院演出了新编古典喜剧《徐九经升官记》。

（张燕鹰）

【第二届中国原创话剧邀请展】 3月18日—7月3日，由中国国家话剧院与北京市西城区人民政府联合主办的第二届中国原创话剧邀请展在北京举办。该活动有来自全国国有院团、民营院团、社区戏剧团体的28部大剧场剧和22部小剧场剧轮流展演。既有反映改革开放新时期人民群众生活的《小平小道》《北梁人家》《秦岭深处》《叩问》等作品，也有描写中华民族危难时刻抵御外辱、讴歌民族气节的《中华士兵》《故园》《朝天门》《图云关》等剧目，还有弘扬中国传统文化的《大宅门》《杜甫》《孔子》《大先生》等，现实主义题材剧目的比例占到全部演出剧目的80%以上。这些剧目分别在国家话剧院剧场、天桥艺术中心、首都剧场、国家话剧院先锋剧场等场所演出180余场。

（张燕鹰）

【2016年北京戏曲文化周】 4月30日—5月8日，由文化部艺术司，北京市文化局与丰台区委、区政府共同主办的2016年北京戏曲文化周在北京园博园举办。文化周期间，北京市民不仅欣赏到了来自全国各地的多个剧种的40余场经典戏曲剧目展演，观看了戏曲花车巡游表演、百种戏曲动漫影像展，还能参与戏曲手游、戏装体验、脸谱彩绘等戏曲互动体验活动。梅花奖获得者、京剧张（张君秋）派传人王蓉蓉，青年京剧老旦演员翟墨，评剧演员高闯等还分别演唱了京剧和评剧的经典片段。

（张燕鹰）

【《丁西林民国喜剧三则》上演】 4月30日—5月22日，北京人艺在北京人艺实验剧场演出了丁西林创作于20世纪20年代的3部喜剧短剧——《一只马蜂》《酒后》和《瞎了一只眼》。3部剧均以婚恋题材为主，以恬淡冲和、机智幽默的方式呈现了20世纪20年代人们的爱情观及婚姻观。编剧丁西林，导演班赞，主要演员徐白晓、李劲峰、孙耕等。

（张燕鹰）

【第四届艺术院校京剧专业中青年教师高级进修班教学成果汇报演出】 5月22日，第四届艺术院校京剧专业中青年教师高级进修班教学成果汇报演出在北京戏曲职业学院排演场举办。该届进修班有来自全国14所艺术院校的京剧专业中青年教师和宁夏回族自治区、新疆维吾尔自治区、甘肃省3个边远地区京剧院团的125位中青年演员、演奏员参加进修。学习内容包括京剧现代戏的表演经验和教学方法，京剧伴奏教学，京剧经典剧目和基本功（身段、把子）、身训组合、水袖组合等方面。汇报演出既有学员们学到的经典剧目《谢瑶环》《群英会》《小商河》《小放牛》《将相和》的选段，也有传承老先生的刀枪把子组合，还有水袖各种组合。

（张燕鹰）

【北京市优秀少儿题材舞台剧目展演】 6月1日—8月31日，由北京市文化局主办的第五届“春苗行动”暨北京市优秀少儿题材舞台剧目展演在北京举办。展演剧目涵盖了木偶剧、音乐剧、肢体剧、话剧、儿童京剧、歌剧、舞剧、皮影戏等多种艺术形式，共上演了22台剧目。该展演对每个剧目的适合年龄段都有明确的定位。

（张燕鹰）

【第七届“北京·南锣鼓巷戏剧节”】 6月7日—9月4日，第七届“北京·南锣鼓巷戏剧节”在北京举办。该戏剧节分为国际邀请，聚焦/立陶宛，“是过去、也是未来”，文学剧场，新生和独立剧场论坛6个单元，分别在蓬蒿剧场、鼓楼西剧场、北京青年剧场、民族文化宫大剧院、隆福剧场、77文创园·北京剧目排练中心6个剧场上演了来自中国北京、台湾、上海、济南、山西5个地区和法国、立陶宛、意大利、英国、日本、韩国、美国、德国、挪威、马来西亚10个国家的剧目60余部，涵盖话剧、舞蹈、物件剧、舞踏、独角戏、音乐会、纪录戏剧、静态剧场、赛博剧场、戏曲、荒诞戏剧、实验戏剧、默剧等多种戏剧类型。

（张燕鹰）

【京剧名家名段演唱会】 6月29日，为纪念中国共产党成立95周年和红军长征胜利80周年，由中国文联、中国剧协主办的“为党放歌”——京剧名家名段演唱会在北京梅兰芳大剧院举行。演唱会上，共有12位老、中、青三代京剧名家参与演出，其中包括首位梅花大奖获得者尚长荣，首届梅花奖获得者刘长瑜、李维康，于魁智、孟广禄、王平、王蓉蓉、李胜素、于兰、王艳、吕洋、张馨月等演员，演出节目有京歌《我是中国人》和《白毛女》《平原作战》等京剧选段。

（张燕鹰）

【全国基层院团戏曲会演】 7月5日—8月3日，由中宣部、文化部主办的全国基层院团戏曲会演在北京举办。该会演涵盖26个地方戏曲剧种，汇集了全国31个省、自治区、直辖市的31台剧目。其中现代戏共17台，占比超过55%。参加会演的都是基层戏曲院团，绝大多数是县级院团，包括3家民营院团。会演期间，主办方还组织各地创作人员进京观摩交流，召开了基层戏曲院团艺术创作专题研讨会和基层戏曲院团发展座谈会，并邀请戏剧专家召开评议会。

（张燕鹰）

【第六届中国儿童戏剧节】 7月8日—8月25日，由中国儿童艺术剧院主办的第六届中国儿童戏剧节在北京、济南、成都、宁波举办。该艺术节以“点亮童心　塑造未来——共筑‘中国梦’”为主题，包括优秀剧目展演、儿童戏剧交流以及戏剧嘉年华等活动。来自美国、罗马尼亚、立陶宛、日本、韩国、西班牙和澳大利亚和中国的8个国家共计25家儿童戏剧团体参加了该戏剧节的活动，共演出46个剧目，演出场次达215场，16万人次观看。该届戏剧节第一次设立了观众评审团，通过网络选出观众最喜爱的剧目，并将所有演出剧目标注适合所对应年龄段，为不同年龄段的少年儿童做最佳推荐。该届戏剧节还第一次设立了中日韩亚洲儿童戏剧板块，中国、韩国、日本的多个剧目集中进行了展示。在国际儿童戏剧沙龙活动板块中，特别邀请各国儿童剧院（团）代表观摩戏剧节展演剧目，分享中外儿童戏剧创作的经验，探讨儿童戏剧的发展道路。在儿童戏剧工作坊板块中，邀请日本、罗马尼亚和中国台北的戏剧专家举办形式多样、内容新颖的工作坊，并将工作坊拓展到北京市少年宫、幼儿园。同时还举办了一系列与儿童戏剧有关的活动，以促进中外儿童戏剧普及教育的交流与发展。

（张燕鹰）

【“薪火相传”系列剧目展演】 7月25日—31日，“薪火相传”——北京京剧院名家携青年演员系列剧目展演活动在长安大戏院举办。北京京剧院领衔主演谭孝曾、赵葆秀、朱强、陈俊杰、张慧芳、胡文阁，携手青年演员翟墨、谭正岩、郑潇、张凯、马博通、王瀛政、白金、路洁等参加演出。演出了《赵氏孤儿》《玉堂春》《龙凤呈祥》《赤桑镇·遇后龙袍》《凤还巢》《吕布与貂蝉》《八珍汤》7个传统剧目。

（张燕鹰）

【2016年“北京故事”优秀小剧场剧目展演】 8月2日—27日，由北京市文化局主办的2016年“北京故事”优秀小剧场剧目展演在北京举行。入围该展演的剧目共20部，其中，“北京故事”板块的舞台作品有话剧《幸福年》《催眠》《秘而不宣的日常生活》《网子》《当归》《无果花》《花事如期2016》《左耳》，形体剧《吾爱至斯》，现代舞《二十四节气·花间集》和舞蹈剧场《yào》11个剧目；“小剧场戏曲”板块的戏曲作品有京剧《明朝那点事儿——审头刺汤》《春日宴》，昆曲《望乡》《纳兰》《断肠辞》，实验戏曲《三岔口2016》实验粤剧《浮世三生梦》，梨园戏《御碑亭》，章回鼓书《古城暗战》9个剧目。

（张燕鹰）

【第一届北京环保儿童艺术节】 2016年8月3日—2017年1月22日，由北京市环保局和北京演艺集团联合主办，北京市环境保护宣传中心和北京京演文化艺术发展有限公司承办的第一届北京环保儿童艺术节在北京举行。该艺术节包括“寻找最后一滴水”打击乐儿童剧演出、环保暑期夏令营、环保科普大讲座、环保校园小课堂、环保旧物募集捐赠、环保儿童艺术团惠民演出、环保创意美术设计大赛等一系列活动，走进数十家校园和社区，以舞蹈、声乐、相声、琴书、儿童剧等多种形式，带动、引导北京市数万名少年儿童参与活动。该艺术节吸引了1万多名学生积极参与，环保美术创意大赛收集作品1000多幅，传播了绿色环保理念。

（张燕鹰）

【2016千家店山水戏剧周】 8月5日—13日，由延庆区千家店镇人民政府主办的2016千家店山水戏剧周在延庆区千家店镇举办。活动分为千家店镇文化广场、朝阳寺戏楼、朝阳寺停车场3个主会场，以及六道河村、大石窑村、下德龙湾村、河口村、下湾村、大楝树村、平台子村、牤牛沟村8个行政村为分会场。该活动是集驾车、游览、戏剧观赏、民俗技艺体验、美食于一体的综合性活动。观赏戏剧是活动的重要组成部分。活动期间，参与者每晚都能欣赏到专业剧团的演出。百姓大舞台也于8月8日—11日每晚在8个行政村的分会场分别举行。戏剧团还开展了画脸谱、戏曲剧装体验等互动活动。

（张燕鹰）

【第五届全国少数民族文艺会演】 8月16日—9月14日，由国家民委、文化部、国家新闻出版广电总局、北京市人民政府主办的第五届全国少数民族文艺会演在北京举行。来自全国31个省份、新疆生产建设兵团、中央军委政治工作部，以及中央人民政府驻香港联络办和中央人民政府驻澳门联络办共计35个代表团参演，演出音乐、舞蹈、戏剧等43台剧目。其中，戏剧类节目有话剧《生命如歌》《祖传秘方》《遥远有多远》《丝路天歌》，儿童剧《彩虹》，傣剧《刀安仁》，藏戏《六弦情缘》《松赞干布》，畲歌戏《热血山哈》，河北梆子《六世班禅》，秦腔《丝路长城》，泗州戏《绿皮火车》，吕剧《兰桂飘香》和壮剧《冯子材》。

（张燕鹰）

【南方戏曲演出季】 8月24日—10月27日，由中共北京市委宣传部、市文化局主办，中国评剧院承办的“南方戏曲演出季”在北京举办。该演出季汇聚了川剧《尘埃落定》，赣剧饶河戏《下河东》，福建泉州木偶剧《卢俊义》，湘剧高腔《月亮粑粑》，川北大木偶《龙门传说》，赣剧《红珠记》，婺剧《孙膑与庞涓》，黄梅音乐演唱会——唐诗宋词，沪剧《回望》，越剧《明州女子尽封王》，粤剧《梦·红船》，扬剧《史可法——不破之城》，芗剧《保婴记》，花鼓戏《我叫马翠花》，邕剧《三进士》等10多台中国南方戏曲剧种的剧目，集中展现了南方戏曲深厚的文化底蕴。

（张燕鹰）

【“古旧变流行”艺术沙龙】 9月4日，“古旧变流行”艺术沙龙——《偶遇》之蜕变在北京蓬蒿剧场举行。该活动中。由韩非子剧社成员现场表演了皮影戏《形影不离》与《白蛇传》片段。活动中，剧社演员不仅将皮影戏的操作在台前展现给观众，还融入了肢体剧、沙画等其他艺术形式。

（张燕鹰）

【2016北京青年戏剧节】 9月6日—25日，由北京市文联、共青团北京市委员会、中国国家话剧院主办，北京戏剧家协会和北京青年戏剧工作者协会承办的2016北京青年戏剧节在北京举办。2016年恰逢莎士比亚逝世400周年，该戏剧节以“致敬大师”为母体，囊括英国著名剧作家莎士比亚的全部戏剧作品，用演出、展演、竞赛、展览、朗读、漫画、互联网等多种形式，和莎士比亚进行全方位的灵魂接触。戏剧节期间，26部莎士比亚剧目分别在蜂巢剧场、国话小剧场、天桥艺术中心以及剧空间等12个场馆进行了近百场演出。该戏剧节还特别设置“创新短剧单元”，围绕莎士比亚戏剧作品创作的优秀青年导演作品以“1＋1”两两拼合的方式与观众见面。此外，还特别设置舞美装置展和创新漫画展2项创新展览单元，不仅重现了莎翁的经典剧目，还全景展现了莎翁经典的N种演绎可能。该届戏剧节的特邀展演单元还邀请了日本、立陶宛、西班牙、丹麦的顶级剧团带来各自的代表作品，其中包括中外戏剧人创作的携手之作，并专门安排了巴西剧本朗读环节。

（张燕鹰）

【2016年两岸小剧场艺术节】 9月9日—11月6日，由中华文化联谊会、广艺基金会、北京市对外文化交流事务中心主办，2016年两岸小剧场艺术节在中国的北京、台北及高雄3个城市进行展演。艺术节期间共演出9个剧目。在北京演出的剧目有创作社剧团的《四情旅店》、狂想剧团的《解》、盗火剧团的《美丽小巴黎》、莎士比亚的妹妹们的剧团的《Zodiac》以及张宇静编导的作品《局外人》。台北和高雄的观众则观赏了哲腾文化、饶晓志戏剧工作室的《你好，疯子！》，翼女性文化、陈思安工作室的《随黄公望游富春山》，戏痞士剧团的《山居》和三拓旗剧团的《吾爱至斯》。

（张燕鹰）

【中国京剧优秀青年演员研究生班20周年系列活动】 9月17日—10月8日，中国京剧优秀青年演员研究生班20周年系列演出在北京举办。中国京剧优秀青年演员研究生班自1996年创，已连续举办6届，涵盖京剧、昆曲、评剧等15个剧种，培养了来自全国50余个戏曲院团的229名学员。此次演出包括19台传统剧目和1场第六届“青研班”学员演唱会，汇聚了来自16个京剧院团、艺术院校一至六届“青研班”共计百余名戏曲演员。活动期间还举办了“青研班”创办20周年纪念座谈会、研讨会等系列活动。

（张燕鹰）

【加强地方戏人才培养工作会议】 9月26日，文化部在北京召开加强地方戏人才培养工作会议。文化部副部长董伟出席会议并讲话。文化部文化科技司、艺术司负责人和部分院校、基层戏曲院团负责人及相关专家参加会议。与会者还就戏曲人才培养经验和存在的问题进行了深入交流，并提出解决思路和建议。

（张燕鹰）

【《红军的战马》《熊猫和小鼹鼠》首演新闻发布会】 9月26日，《红军的战马》《熊猫和小鼹鼠》首演新闻发布会在中国木偶剧院大剧场举行。这是两部采用杖头木偶形式表演的新作品。新闻发布会上，这两部新作品的导演和主演对剧目的创作及对角色进行了阐述。北京电台主持人小雨姐姐（孙怡），央视少儿主持人金龟子（刘纯燕）参加了新闻发布会。

（张燕鹰）

【首届全国少儿皮影传习成果展演】 10月4日—6日，由中国民间文艺家协会指导、中国民协皮影艺术委员会主办、北京龙在天皮影艺术中心承办的北京市民族艺术进校园皮影成果展暨2016首届全国少儿皮影传习成果展演活动在北京市海淀区北部文化中心文化馆剧场举办。该活动由剧目表演、表演团体座谈、学生作品展示、个人才艺展示、老艺术家献技、皮影展演颁奖仪式等环节组成。是在全国范围内首次举办的全部由中小学生独立完

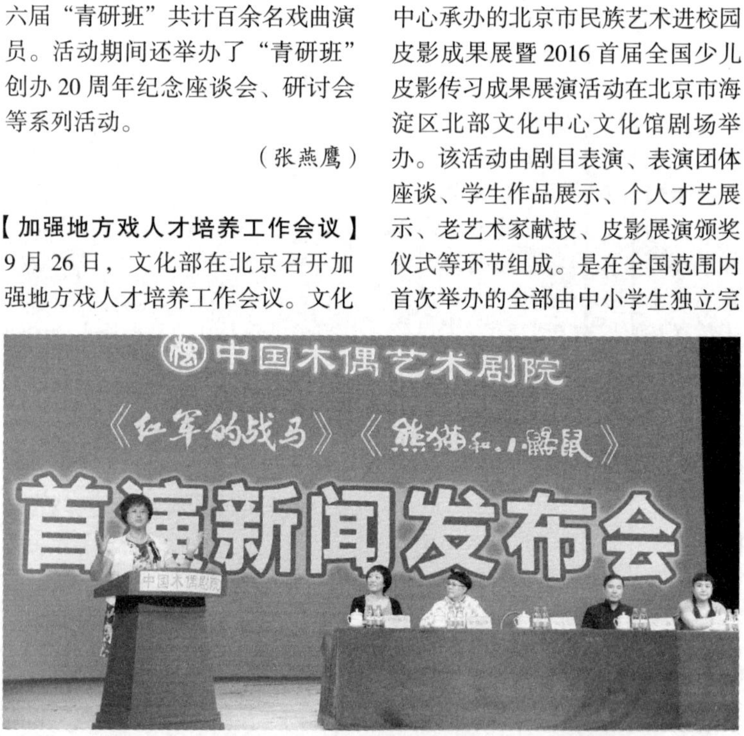

《红军的战马》《熊猫和小鼹鼠》首演新闻发布会

成的皮影节目展演。来自北京6所学校和山东、河北、辽宁、安徽4省5所学校的11家少年儿童皮影剧社的100多名皮影爱好者与全国十几位皮影国家级代表性传承人参加了展演活动。

（张燕鹰）

【2016当代小剧场戏曲艺术节】 10月19日—12月30日，2016当代小剧场戏曲艺术节在北京举办。该艺术节既有中国大陆地区的表演团体，也有中国台湾地区的表演团体，共有涵盖京剧、昆曲、评剧、粤剧、藏剧、柳子戏、越剧、戏曲儿童剧以及实验戏曲等多种艺术形式的19个剧目、70余场演出。其中，除了话剧《网子》、儿童剧《玩具星球奇遇记》、实验戏曲《三岔口2016》和京剧《荼蘼花开》是往届小剧场戏曲艺术节保留剧目外，《卖鬼狂想》《马伯司氏》《怜香伴》《浮世三生梦》《图兰朵》《吴起》《陆游休妻》《河东狮吼》《皆大欢喜》《长生殿梧桐雨》《三生》《周仁献嫂》《临川四梦》《狮吼记》和《望乡》都是全新的展演剧目。此外还有浙江小百花剧团的越剧专场演出。

（张燕鹰）

【徽剧再进三庆园演出】 10月24日，由北京三庆园文化发展有限公司与安徽省徽京剧院、北京戏曲艺术职业学院合作打造的“徽剧艺术传习基地”及“北京戏曲艺术职业学院实训基地”正式揭牌。当天，徽剧演员徐念、杜明正式拜国家一级演员、国家级非物质文化遗产项目“徽剧”代表性传承人章其祥、谷化民为师。三庆班是清乾隆五十五年（1790年）为庆祝乾隆皇帝八十大寿进京演出的徽班之一，该班后来与“宴乐居”合营，成立了以演戏为主业的“三庆园”。时隔200多年，徽班再次进入三庆园，除了举办收徒拜师仪式外，还演出了徽剧传统折子戏《小宴》《断桥》《观阵》等。

（张燕鹰）

【2016“契约关系”演出季】 2016年10月30日—2017年1月14日，中间剧场联合北京婚姻家庭建设协会在中间剧场举办2016“契约关系”演出季。该演出季是中间剧场2016冬季演出季的组成部分，力图将男人与女人之间的纷争展现于戏剧舞台之上。该演出季通过上海椎·剧场出品的即兴喜剧《开放夫妻》和中间剧场与上海椎·剧场联合制作的话剧《毒》2部舞台作品的演出，及《欲望号街车》《危险关系》和《天窗》3部英国国家剧院现场戏剧的放映，为观众多维度地展现出在婚姻这一契约中人与人之间的碰撞。

（张燕鹰）

【第三届北京大学生小剧场戏剧节】 11月3日—12月24日，由共青团北京市委、北京市学生联合会主办，团市委北京青少年艺术服务中心承办的“青春不戏说”——第三届北京大学生小剧场戏剧节在北京举办。该戏剧节经过前期初评，共评选出《贼在囧途》《狮吼记》《吾爱至斯》《秘而不宣的日常生活》《皆大欢喜》《同一屋檐》《彼岸》《嘿！是我》《失物招领》《催眠》《金龙》《蠢蛋》《网子》13部戏剧作品，分别在清华大学、北京航空航天大学、大麦·超剧场、剧空间剧场、繁星戏剧村、大观园戏楼等进行展演，万余名观众观看了演出。该戏剧节期间，团市委还与大麦·超剧场成立青年戏剧实践基地，组织北京市高校戏剧社团开展戏剧社团展演，通过戏剧展示、剧本朗读、开展戏剧教育工坊、培养戏剧社团骨干、推动公益剧本进校园等活动，为青年人提供展示平台。

（张燕鹰）

【当代京剧名家收徒传艺工程成果汇报演出】 12月5日—11日，由文化部主办，文化部艺术司、国家京剧院承办的“名家传戏”——当代京剧名家收徒传艺工程成果汇报演出在北京梅兰芳大剧院举行。“名家传戏”——当代京剧名家收徒传艺工程是文化部“中华优秀传统艺术传承发展计划”的一项内容。2015年，文化部艺术司委托国家京剧院承办该年度“名家传戏”——当代京剧名家收徒传艺工程，全国11个国家重点京剧院团评选出杜近芳、刘长瑜、李维康、王平、孟广禄等36名教师，根据不同行当，以“一带一”或“一带二”方式，向近60名学生传授70余出经典折子戏。该汇报演出，剧目丰富、行当齐全、文武兼备，来自全国各地近40名学生连续表演7场，每场演出5个折子戏，包括《夜奔》《麒麟阁》《挑滑车》《徐策跑城》《失子惊疯》等剧目。参演人员有国家京剧院、天津京剧院、北京京剧院等国家重点京剧院团和成都市京剧研究院、石家庄市京剧团等市级京剧院团的青年人才。

（张燕鹰）

【陈堃銶捐赠王选所藏京昆资料】 12月15日，全国政协在北京举行王选所藏京昆资料捐赠座谈会。王选既是第十届全国政协副主席、京昆室原主任，又是知名的戏曲收藏家。他收藏了大量京剧名家鼎盛时期的珍贵音像资料，有些甚至是孤本、绝版，有些是难得一见的珍品。此次，王选夫人陈堃銶将王选收藏的京昆资料捐赠给中国政协文史馆，包括光盘116件、录像带22件、磁带344件、书刊101册。

（张燕鹰）

【2017年新年戏曲晚会】 12月30日，2017年新年戏曲晚会在国家大剧院举行。晚会演出了以多剧种为基调、重新进行填词和音乐编配的《普天同庆》，昆曲《紫钗记·

花园惊报》，京剧《状元媒》《党的女儿》，川北灯戏《跳蹬》，粤剧《柳毅传书·花好月圆》，壮剧《冯子材》，山东梆子《跑旱船》，二人台《喜上喜》，淮剧《小镇》，越调《老子》，丝弦戏《杨家将》等戏曲选段，及京歌《新的长征在路上》和展示“戏曲进校园”成果的“少儿唱大戏”等戏曲节目。党和国家领导人习近平、李克强、张德江、俞正声、刘云山、王岐山、张高丽等，在京的中共中央政治局委员、中央书记处书记、全国人大常委会部分领导、国务委员、全国政协部分领导与首都近千名群众一起观看了演出。

（张燕鹰）

赛事与奖项

【青年京剧演员挑战赛颁奖】 8月21日，“亮相国粹时尚盛典”暨青年京剧演员挑战赛颁奖礼在北京世纪财富中心举行。武生演员魏学雷、花旦演员索明芳、老生演员张凯获得亮相国粹人气新锐大奖，同时评选出最佳传承奖、最佳表演奖、最佳新人奖等奖项。

（张燕鹰）

【第六届国际戏剧表演学院奖】 10月29日，第六届国际戏剧表演学院奖在北京揭晓。韩国木花剧团的郑智英、北京人民艺术剧院的仇晓光、乌克兰伊凡弗兰科国家话剧院的吉佳娜·什利雅霍娃、陕西人民艺术剧院的何保龙、安徽省话剧院的刘建福获得最佳主角奖。5名最佳主角奖得主主演剧目依次为《罗密欧与朱丽叶》《故园》《埃里克十四世》《白鹿原》《徽商传奇》。

（张燕鹰）

交　流

【海南省琼剧院进京演出】 1月1日—2日，海南省琼剧院携琼剧《海瑞》在中国评剧大剧院演出。该剧以历史人物海瑞为原型，揭露了古代官场的各种丑陋现象，展示了一个古代清官的形象。

（张燕鹰）

【台湾戏剧表演家剧团进京演出】 1月7日—10日，台湾导演李宗熹创办的戏剧表演家剧团携话剧《预言》在北京天桥艺术中心中剧场上演。该剧从一个悬疑剧入手，架构出了一连串关于文学、哲学、科学、心理学的剧情。

（张燕鹰）

【英国壁虎剧团到京演出】 1月21日—23日，英国壁虎剧团携舞台剧《迷失》在天桥艺术中心中剧场演出。该剧讲述了一个名叫莉莉的女子意识到自己的灵魂正在逐渐离开自己，她无法再安于日常的工作的与生活，踏上了重新寻找自我与最初心灵背景的旅程。该剧不仅有舞蹈、戏剧等舞台表演，还加入了新的视觉元素，使得舞台上有一种电影蒙太奇镜头般的魔幻效果。编剧、导演阿米特·拉哈弗。

（张燕鹰）

【英国皇家莎士比亚剧团到京演出】 2月18日—21日，英国皇家莎士比亚剧团携《亨利四世（上、下）》和《亨利五世》在国家大剧院演出。这两部莎士比亚的历史剧作讲述了哈尔王子如何一步步迈向成熟，并君临天下的故事。

（张燕鹰）

【台州乱弹剧团进京演出】 2月23日，浙江台州乱弹剧团携新编历史剧《戚继光》在国家大剧院演出。该剧以戚继光剿灭倭寇的台州大捷为内容，集中展现了戚继光的家国情怀。

（张燕鹰）

【上海现代人剧社进京演出】 2月25日—28日，上海现代人剧社携其排演的欧美悬疑名剧《米歇尔的幽魂》在北京剧空间剧场演出。作品从一座老别墅内出现了由血迹组成的“米歇尔”字样开始，讲述了一系列扑朔迷离的谋杀案。

（张燕鹰）

【宁夏演艺集团话剧院进京演出】 2月26日，由宁夏回族自治区党委宣传部、自治区文化厅主办，宁夏演艺集团话剧院有限公司编排的话剧《回民干娘》在国家话剧院上演。该剧讲述了宁夏各族群众互帮互助的动人故事。

（张燕鹰）

【北京人艺赴新加坡演出】 3月3日—6日，北京人艺携话剧《原野》在新加坡滨海艺术中心剧院演出。该剧是曹禺的代表作品之一，讲述了一个以复仇为主题的命运悲剧。

（张燕鹰）

【立陶宛OKT剧团到京演出】 3月3日—6日，立陶宛OKT剧团携《哈姆雷特》在解放军歌剧院演出。立陶宛OKT剧团的这一版《哈姆雷特》被称为“在中国上演过的最牛的《哈姆雷特》版本”，导演奥斯卡·科尔苏诺夫。

（张燕鹰）

【太原市晋剧艺术研究院进京演出】 3月6日—7日，由山西省太原市委宣传部、太原市文化局主办，太原市晋剧艺术研究院承办的新编革命历史晋剧《续》在北京中国评剧大剧院演出。该剧讲述了爱国将领续范亭为唤醒全民族抗日在南京中山陵剖腹明志的故事。

（张燕鹰）

【天水市西秦腔研究院进京演出】 3月7日—8日，由天水市西秦腔研究院创排的原创历史秦腔《大秦文公》在长安大戏院演出。该剧讲述了统一天下的大秦帝国先祖跌宕起伏的发迹史。

（张燕鹰）

【以色列哈比玛国家剧院到京演出】 3月8日—10日，以色列哈比玛国家剧院携话剧《悭吝人》在首都剧场演出。该剧是法国喜剧作家莫里哀的经典剧作，塑造了主人公阿巴贡的守财奴形象。原著莫里哀，导演依兰·罗南。

（张燕鹰）

【陕西人民艺术剧院进京演出】 3月11日—13日，由陕西省文化厅出品，陕西演艺集团、陕西人民艺术剧院打造的话剧《白鹿原》在中国剧院演出。该剧根据陈忠实同名小说改编，用陕西方言演出。

（张燕鹰）

【中国豫剧优秀剧目北京展演月】 3月12日—4月6日，由中国戏剧家协会指导，中共河南省委宣传部、河南省文化厅、（河南）中华豫剧文化促进会主办，河南豫剧院、恒品文化·戏缘承办的中国豫剧优秀剧目北京展演月活动在北京举办。来自河南、新疆维吾尔自治区、安徽、山西、河北、北京6个省、自治区、直辖市的13个院团的23场豫剧演出分别在民族文化宫大剧院、长安大戏院和梅兰芳大剧院上演。该展演月演出了《五世请缨》《花木兰》《三哭殿》《大漠胡杨》《吴琠晋京》《都市阳光》《七品芝麻官》《朱丽小姐》《九品巡检——暴式昭》《程婴救孤》《蔡文姬》《我的娘·我的根》《宇宙锋》《大明皇后》《穆桂英挂帅》《白蛇传》《破洪州》《印记》《风雨故园》《全家福》《朝阳沟》和《焦裕禄》22个豫剧剧目，及名家名段折子戏专场《盛世豫剧》。

（张燕鹰）

【湖北省优秀剧目北京行】 3月13日—10月，“湖北省优秀剧目北京行”活动在北京举办。该活动展演了京剧《徐九经升官记》《梁子湖传说》，楚剧《万里茶道》《罼妈》，黄梅戏《余三胜轶事》，话剧《董必武》《刘伦堂》《寻访满堂音》，歌剧《八月桂花遍地开》《高山流水》，音乐剧《红安回响》《黄四姐》12个剧目。

（张燕鹰）

【圣彼得堡国立戏剧学院到京演出】 3月25日—27日，俄罗斯圣彼得堡国立戏剧学院携百变形体剧《魔法师的白手套》在青蓝剧场演出。该剧没有布景，没有对白，没有眼花缭乱的灯光、戏服。仅凭借10双戴着白手套的灵巧的手，变换出几百个惟妙惟肖的形象。

（张燕鹰）

【天津法官进京演话剧】 4月8日，由天津法官自编、自导、自演的话剧《坚守的诺言》在天桥剧场作汇报演出。该剧讲述了天津市蓟县人民法院上仓人民法庭原副庭长石玉波朴实爱民和严格执法的故事。

（张燕鹰）

【郑佩佩进京演出】 4月8日—9日，赖声川以“外星人”与“不明飞行物体”为题材创作的话剧《在那遥远的星球，一粒沙》在北京保利剧院上演。该剧最初创作于2003年，由当时台湾的“演艺界大姐大”张小燕主演，此次在北京的演出则由香港的“武侠女皇”郑佩佩主演。

（张燕鹰）

【安庆市黄梅戏艺术剧院进京演出】 4月9日—13日，由安徽省委宣传部与安庆市联合打造，安庆市黄梅戏艺术剧院创作演出的原创大型黄梅戏《大清名相》在梅兰芳大剧院上演。该剧讲述了康熙、雍正、乾隆三朝老臣张廷玉克己奉公，严惩贪官的故事。

（张燕鹰）

【英国TNT剧院到京演出】 4月13日—15日，英国TNT剧院携莎士比亚剧作《暴风雨》在北京9剧场演出。这部莎士比亚晚年的代表作充满着美丽生活的幻想和浪漫主义，被誉为英国文学的最佳篇章，也被称为莎士比亚“诗的遗嘱”。

（张燕鹰）

【香港春天实验剧团进京演出】 4月15日—16日，香港“金马影帝”谢君豪携话剧《南海十三郎》在天桥艺术中心演出。该剧表现了南海十三郎的一生与戏剧创作的不解之缘。

（张燕鹰）

【北京风雷京剧团赴台演出】 4月19日，北京风雷京剧团携京剧题材话剧《网子》在台湾高雄社教馆演艺厅演出。该剧以京剧演员勒头的“网子”为线索，讲述了旧时戏班的故事。

（张燕鹰）

【靖江市锡剧团进京演出】 4月21日—22日，江苏省靖江市锡剧团携原创现代锡剧《呼唤》在长安大戏院演出。该剧讲述了副县长候选人尚青云被坏人“拉下水”，又在把他拉扯大的姐姐尚彩云呼唤下主动到纪委自首的故事。

（张燕鹰）

【南京市话剧团进京演出】 4月22日，由中宣部、教育部主办，南京市话剧团制作并演出的话剧《雨花台》在北京师范大学邱季端体育馆上演。该剧主要讲述了20世纪30年代在南京雨花台附近一座监狱内，恽代英面对敌人的威逼利诱，坚贞不屈，始终坚定理想信念，最终英勇就义的故事。

（张燕鹰）

【深圳市福田区公共文化体育发展中心进京演出】 5月4日—8日，广东省深圳市福田区公共文化体育发展中心携其出品的话剧《我去哪儿了》在国话先锋剧场上演。该剧讲述了一名女家教因疏忽致孩童死亡，及其遭遇感情挫败的不幸故事。

（张燕鹰）

【杭州越剧传习院进京演出】 5月8日—9日，杭州越剧传习院携其新编越剧《玲珑女》在国家大剧院演出。该剧改编自高锋的同名小说，故事取材于民国初年玲珑镇传统手工制扇作坊的兴衰历史，讲述了命运曲折的两代玲珑女的故事。

（张燕鹰）

【上海越剧院2016年新剧目北京展演】 5月10日—15日，为纪念越剧诞生110周年，由上海戏曲艺术中心主办、上海越剧院承办的“越从海上来”——2016年新剧目北京展演在梅兰芳大剧院举办。展演剧目为新创剧目越剧《甄嬛（上、下本）》《双飞翼》和改编剧目《风雪渔樵记》。

（张燕鹰）

【粤剧《魂牵珠玑巷》惠民巡演（北京站）】 5月23日，由广府人联谊总会组织、广东省广府人珠玑巷后裔海外联谊会主办、广东粤剧院一团承办，胡智荣文化基金独家赞助的大型经典古装粤剧《魂牵珠玑巷》惠民巡演（北京站）在梅兰芳大剧院进行。该剧讲述了流落在珠玑巷的胡妃与丈夫，为村民所救，因遭官兵追杀，为保珠玑巷村民南迁成功，也为了爱情，双双自尽的故事。

（张燕鹰）

【大连话剧团进京演出】 6月1日—7日，由中共内蒙古额济纳旗委、额济纳旗人民政府主导，联合北京市环境保护宣传中心、大连话剧团有限公司、额济纳胡杨英雄文化有限公司与北京金海鸟影视文化传播有限公司共同出品的话剧《西风烈》在北京上演。该剧根据内蒙古阿拉善盟政协原主席、优秀共产党员苏和及其夫人德力格治沙造林的真实事迹改编，是一部原创环保题材话剧。

（张燕鹰）

【“小不点大视界”微剧场进京演出】 6月1日—8月21日，创建于上海的亲子微剧场“小不点大视界”在天桥艺术中心举办亲子微剧场体验季活动。该活动共展演了《魔法师的白手套》《魔毯·星空》《影子梦工场》《瓜哥与彩虹》《海的眼睛》5部作品、96场演出。

（张燕鹰）

【江苏优秀现代戏市场推广演出（北京站）】 6月3日—16日，江苏优秀现代戏市场推广演出（北京站）在梅兰芳大戏院和中国评剧大剧院演出。演出剧目有情景朗诵剧《一代楷模周恩来》，淮剧《小镇》，话剧《民生巷11号》，越剧《丁香》，锡剧《夕照青果巷》《紫砂梦》《三三》，柳琴戏《血色秋风》，扬剧《花旦当家》，淮海戏《秋月》，滑稽戏《探亲公寓》，淮剧《半车老师》《鸡村蛋事》等。

（张燕鹰）

【河北省优秀剧目进京展演】 6月3日—8月31日，由河北省委宣传部、河北省文化厅主办，河北省话剧院演艺有限公司承办，北京剧院协办的“同心筑梦·美丽河北”河北省优秀剧目进京展演活动在北京举办。参加该展演活动的既有省级院团，也有基层院团和民营院团，共演出了14台剧目。其中，《南北合》《勘玉钏》为经典传统剧目，其余剧目均为新创作品。如新编历史京剧《桃园三结义》，新编历史晋剧《直隶巡抚于成龙》，话剧《春天的承诺》，河北梆子《子弟兵的母亲》《牺牲》《百合岭》，评剧《安娥》《紫花丁》《从春唱到秋》，情景音乐剧《挂红灯》，儿童剧《狐狸与枪》《小兵张嘎》。

（张燕鹰）

【宿州市演艺集团进京演出】 6月7日，由安徽省宿州市委、宿州市人民政府出品，宿州市演艺集团创排的廉政警示教育剧（梆子戏）《平安是福》在民族宫大剧院上演。该剧体现的主旨是为人为官平安是福、贪腐是祸。

（张燕鹰）

【“上海三部曲”进京演出】 6月10日—16日，由中共上海市黄浦区委宣传部、恒源祥戏剧联合出品，导演徐俊创作的“上海三部曲”系列——中英双语音乐剧《犹太人在上海》、沪语话剧《永远的尹雪艳》、话剧《大商海》在北京保利剧院演出。

（张燕鹰）

【西安话剧有限责任公司进京演出】 6月17日—18日，由陕西省文化厅、中华全国总工会文工团和西安话剧有限责任公司出品的话剧《秦岭深处》在中国国家话剧院上演。作品讲述了20世纪90年代末，秦岭山下的军工人在武器研制过程中，面对爱情与事业的抉择、理想与现实的冲突，坚持追求、不畏艰险、拼搏奋进的感人故事。

（张燕鹰）

【托克托县乌兰牧骑进京演出】 6月20日，内蒙古自治区托克托县乌兰牧骑携二人台新编历史剧《君子津》在民族文化宫大剧院演出。该剧根据郦道元《水经注》记载的托克托地区史料创作，通过演绎君子津传奇，赞美“诚信、厚德、创新、和谐”的托克托精神。

（张燕鹰）

【北京市河北梆子剧团五省巡演】 6月20日—7月8日，梆韵悠长系列演出之“传承之旅”——北京市河北梆子剧团五省巡回演出活动分别在杭州、南京、合肥、洛阳、济南进行，演出剧目为《大刀王怀女·抗辽破敌》《王宝钏·大登殿》《北国佳人》。

（张燕鹰）

【青岛市京剧院进京演出】 6月21日—22日，青岛市京剧院携其创排的京剧《清贫之方志敏》在中国评剧大剧院演出。该剧通过一个女记者的视角，描述了方志敏的狱中生活。该剧于3月10日在青岛李沧剧院首演后，曾在多所高校巡演。

（张燕鹰）

【山东东营雪莲大剧院进京演出】 6月25日—26日，山东东营雪莲大剧院携舞台剧《天鹅》在北京保利剧院演出。该剧以黄河入海口为背景，以湿地为切入点，反映了东营当地的地域特色和黄河三角洲人民的精神面貌。

（张燕鹰）

【立陶宛国家话剧院到京演出】 7月8日—10日，立陶宛国家话剧院在首都剧场演出了话剧《大教堂》。该剧由立陶宛的奥斯卡·科尔苏诺夫导演，是一部立陶宛本土戏剧，书写了一段国家深重苦难下艺术艰难重生的历史。

（张燕鹰）

【美国版《成语魔方》】 7月9日，美国版“中国故事”之《成语魔方》在中国儿艺假日经典小剧场进行了中国首演。该剧选取了《刻舟求剑》《班门弄斧》《滥竽充数》3个中国成语故事，由中国儿艺与米苏拉儿童剧院合作完成。中国儿艺的杨成担任中方导演，美国蒙大拿州米苏拉儿童剧院的约瑟夫、马修担任美方导演。表演者是8名美国高中学生。2015年6月，该剧曾在美国演出。

（张燕鹰）

【山东梆子进京演出】 7月11日，由山东省郓城县政府和中国戏曲学院联合创排的戏曲动漫舞台剧《跑旱船》在全国地方戏演出中心上演。该剧内容反映了农村老年再婚问题，并将山东梆子与3D技术相结合，展现了舞台上的演员和屏幕里的动漫人物一起跑旱船、对话的新颖形式。

（张燕鹰）

【立陶宛维尔纽斯小剧院到京演出】 7月15日—17日，立陶宛维尔纽斯小剧院携话剧《思维利亚的故事》在东宫影剧院演出。该剧改编自立陶宛作家约萨斯·图马斯·维斯甘达斯的《叔叔阿姨》。该剧被誉为“立陶宛版的《罗密欧与朱丽叶》”，讲述了立陶宛一对青年男女的爱情故事。

（张燕鹰）

【河北传媒学院进京演出】 7月16日—17日，由精英集团荣誉出品，河北传媒学院和河北天明传媒有限公司共同出品的木偶肢体剧《小兵张嘎·幻想曲》在北京人艺菊隐剧场演出。作品改编自徐光耀的小说《小兵张嘎》。

（张燕鹰）

【西安演艺集团进京演出】 7月23日—9月22日，西安演艺集团在北京演出3个剧目，分别是7月23日—24日西安话剧院在国家大剧院演出的话剧《麻醉师》，7月30日—31日在国家大剧院演出的民族舞剧《传丝公主》和9月21日—22日在中国评剧大剧院演出的豫剧《秦豫情》。

（张燕鹰）

【“湘戏进京”展演】 7月26日—9月20日，由中共湖南省委宣传部、湖南省文化厅主办的“湘戏进京”展演活动在北京举办。参加该展演的有湘剧《烧车御史》《赵子龙计取桂阳》《月亮粑粑》，花鼓戏《我叫马翠花》《齐白石》《田老大》，常德汉剧《孟姜女传奇》，巴陵戏《远在江湖》，京剧《辛追》，舞剧《桃花源记》《凤凰》和舞台剧《天使合唱团》12台原创剧目，展现了湖南舞台艺术创作的水准。

（张燕鹰）

【澳大利亚大风车剧团到京演出】 7月29日—31日，澳大利亚大风车剧团携澳大利亚田园人偶剧《瓜哥与彩虹》在天桥艺术中心多功能剧场演出。该剧讲述了从大泽米树滚落到地上诞生的“瓜哥”在寻找彩虹的旅途中探险、游戏、交朋友的故事。

（张燕鹰）

【加拿大彩纸花剧团到京演出】 8月5日—21日，加拿大彩纸花剧团携星光帐篷全感官故事会《海的眼睛》在天桥艺术中心演出。该演出是亲子微剧场体验季内容之一。该剧带领孩子们去往天空、去往月球、去往深深的海底，将戏、偶、影、乐融于一体。

（张燕鹰）

【中国国家话剧院赴台演出】 8月19日，中国国家话剧院携话剧《大宅门》在台北孙中山纪念馆舞台演出。该剧根据同名电视剧改编，导演郭宝昌、李欣凌，主演刘佩琦、雷恪生、刘威、朱媛媛、娜仁花等。

（张燕鹰）

【河北省河北梆子剧院进京演出】 8月27日—28日，河北省河北梆子剧院携其创排的大型河北梆子历史剧《六世班禅》在梅兰芳大剧院演出。该剧是第五届全国少数民族文艺会演剧目之一，主要讲述了六世班禅为维护民族统一，带领近3000名僧侣觐见乾隆皇帝的历史故事。

（张燕鹰）

【武汉楚剧院进京演出】 9月8日—9日，武汉楚剧院创作的原创大型楚剧《万里茶道》在梅兰芳大剧院上演。该剧讲述了清朝时在汉口经营茶叶生意的女子玲珑和掌柜叶天韬因茶结缘、因茶生情的故事。

（张燕鹰）

【福建地方戏经典折子晋京展演】 9月12日—14日，由文化部艺术司、中共福建省委宣传部、福建省文化厅共同主办的"福建地方戏经典折子晋京展演"在北京举行。此次展演共有梨园戏、莆仙戏、闽剧、高甲戏、歌仔戏以及潮剧、闽西汉剧、北路戏、提线木偶戏、掌中木偶戏10个福建地方戏剧种，19个院团上演了39个传统折子戏。

（张燕鹰）

【内蒙古民族艺术剧院进京演出】 9月16日—17日，由内蒙古自治区党委宣传部主办，内蒙古民族艺术剧院乌力格尔蒙古剧团创排的话剧《尹湛纳希》在北京保利剧院上演。该剧讲述了蒙古族文学家、史学家和思想家尹湛纳希创作出蒙古族历史上第一部章回体长篇小说《大元盛世青史演义》的故事。

（张燕鹰）

【铃木忠志携作品到京演出】 9月23日，日本戏剧大师铃木忠志携喜剧《咔哧咔哧山》和悲剧《厄勒克特拉》在古北水镇露天的长城剧场演出。《咔哧咔哧山》的台词一半是中文,《厄勒克特拉》有三分之一为中文台词。

（张燕鹰）

【河南豫剧院进京演出】 10月12日，由河南省纪委、河南省委宣传部、河南省委省直工委、河南省文化厅联合主办，河南豫剧院承办大型新编廉政历史豫剧《张伯行》在人民大会堂演出。该剧展现了以康熙称为"天下第一清官"的张伯行担任江苏巡抚期间与贪腐势力展开斗争的故事。

（张燕鹰）

【栗原小卷到京演出】 10月12日—13日，应中国文联、中国剧协邀请，日中文化交流协会副会长、日本著名表演艺术家栗原小卷在北京人民艺术剧院菊隐剧场演出了独角戏《松井须磨子》。

（张燕鹰）

【上海京剧院进京演出】 10月13日，上海京剧院携其创排的新编现代京剧《浴火黎明》在长安大戏院演出。该剧以新中国成立前后的重庆为时代背景，讲述了一群年轻的共产党党员在狱中坚守信念，最终壮烈牺牲的故事。

（张燕鹰）

【乡音版《临川四梦》进京演出】 10月16日，江西省抚州市创排的盱河高腔乡音版《临川四梦》在国家大剧院演出。该剧以广昌盱河高腔（孟戏）海盐腔为主唱腔，力求还原《临川四梦》的原汁原味。

（张燕鹰）

【双城皮影艺人进京演出】 10月22日—23日，由韩非子剧社携东北民间皮影艺人演出的皮影戏《水漫金山》在北京文联小剧场演出。该剧使用了用两块影窗，演出的皮影也均为全新制作。参与本次演出的民间艺人均来自黑龙江双城，是该地9位健在的皮影老艺人中的5位，平均年龄超过75岁。

（张燕鹰）

【林奕华携新作进京演出】 11月4日—6日，香港导演林奕华携话剧《心之侦探》在北京保利剧院演出。该剧借9个福尔摩斯探案中人物的心结，重新创作出9件"人生奇案"，如幸福被挟持、幸福被绑架、幸福被勒索、幸福被偷窃、幸福被嫁祸、幸福被谋杀等。编剧、导演林奕华，主演王宏元、吴柏甫、周姮吟、时一修、路嘉欣、黄俊杰、叶丽嘉、赵逸岚、戴旻学。

（张燕鹰）

【美国洛杉矶演员班剧团到京演出】 11月17日—20日，美国洛杉矶演员班剧团携喜剧新作《喜剧演员的自由之路》在北京喜剧院演出。该剧由曾主演电影《肖申克的救赎》的蒂姆·罗宾斯编导，作品以幽默机智的辩论形式融合了意大利即兴喜剧。

（张燕鹰）

【英国冰雪夏洛特剧团到京演出】 11月25日—12月11日，英国冰雪夏洛特剧团携纸偶亲子剧《纸美人》在天桥艺术中心多功能剧场演出。该剧以白纸为介质，在白纸墙上以黑线条勾勒出简单家具，仅有的几件日用品也都是由最普通的白纸做成的。主人公"纸美人"也是纸偶。

（张燕鹰）

【广州话剧艺术中心进京演出】 12月7日—10日，为纪念莎士比亚和汤显祖两位东西方戏剧大师逝世400周年，广州话剧艺术中心携其创作、演出的两部话剧——莎士比亚的《麦克白》和汤显祖的《邯郸记》在国家大剧院演出。

（张燕鹰）

【2016年吉林省优秀戏曲剧目进京展演】 12月17日—22日，由吉林省文化厅主办、吉林省演出有限责任公司承办的2016年吉林省优秀戏曲剧目进京展演活动在北京举行。该展演共演出了京剧《杨门女将》，吉剧《江姐》《罗密欧与朱丽叶》《真假孙悟空》4台剧目。

（张燕鹰）

【阿那亚社区话剧社进京演出】 12月26日—27日，秦皇岛的阿那亚社区话剧社携其排演的话剧《八个女人》在八一剧院公演。该剧是法国剧作家罗伯特·托马斯创作的一部侦探情景剧。阿那亚社区话剧社由热爱话剧的社区业主组成。

（张燕鹰）

纪 念

【周正逝世】 1月20日，北京人艺演员周正在北京逝世。周正（1928—2016），1928年生于北京。1949年毕业于华北大学三部，在华北大学文工二团任演员。1950年，任中央戏剧学院话剧团演员。1952年，担任北京人民艺术剧院演员，塑造了《夫妻之间》中的张德山、《非这样生活不可》中的卢狄、《明朗的天》中的赵铁生、《日出》中的方达生、《名优之死》中的左宝奎、《茶馆》中的二德子、《贵妇还乡》中的伊尔、《屠夫》中的布拉特博士等舞台艺术形象。他还在电影《以革命的名义》中塑造了列宁的形象，并参加了《在被告后面》《直奉大战》等多部影视作品的拍摄。周正在朗诵方面也有很深的造诣，并著有《朗诵》一书。

（张燕鹰）

【"汤显祖在今天"研讨会】 3月24日，北京剧协和《新剧本》杂志联合召开的"汤显祖在今天"——纪念汤显祖逝世四百周年暨"剧作家剧场"研讨会，在北京文联会议室举办。参加研讨会的有中国戏剧文学学会常务副会长梧桐，中央戏剧学院戏剧文学系主任彭涛，中国戏曲学院戏文系主任谢柏梁，剧作家张永和、李龙吟，编剧徐瑛、王若皓、李卓群、罗琦，戏剧人何雨繁，繁星戏剧村董事长樊星等。研讨会以纪念汤显祖为契机，旨在共同打造以戏剧作家为核心的"剧作家剧场"。与会者希望"剧作家剧场"能为更多青年戏剧作者提供展示平台。

（张燕鹰）

【袁世海100周年诞辰系列活动】 3月31日—4月3日，袁世海100周年诞辰系列活动在北京举办。该系列活动包括"纪念袁世海先生诞辰100周年座谈会""袁世海先生诞辰百年暨《袁世海画传》出版学术研讨会"和由于魁智、杨赤、刘魁魁、袁慧琴、翟墨、奚中路等中青年京剧表演艺术家，赵葆秀、郑岩等老艺术家，以及袁世海的长子袁少海等艺术家演出的《红灯记·赴宴斗鸠山》《李逵探母》《霸王别姬》《九江口》《李逵与宋江》等曾由袁世海饰演重要角色的京剧作品。

（张燕鹰）

【梅葆玖逝世】 4月25日，京剧表演艺术家梅葆玖在北京逝世。梅葆玖（1934—2016），1934年生于上海。10岁开始学艺，曾随王幼卿开蒙学习京剧，向朱琴心学习花旦，向朱传茗学习昆曲。13岁正式登台演出《玉堂春》《四郎探母》等剧。18岁开始与其父梅兰芳同台演出。常演剧目有《苏三起解》《玉堂春》《二进宫》《木兰从军》《天女散花》《彩楼配》《武家坡》《祭塔》《三娘教子》《廉锦枫》《红线盗盒》《春秋配》《祭江》《霸王别姬》《贵妃醉酒》《太真外传》《断桥》《游园惊梦》《思凡》等梅派京昆剧目。曾任北京京剧院梅兰芳剧团团长。2011年，获中国京剧终身成就奖。他还是国家级非物质文化遗产项目代表性传承人。

（张燕鹰）

【李世济逝世】 5月8日，京剧表演艺术家李世济在北京逝世。李世济（1933—2016）， 女，1933年生于苏州。她自幼喜爱京剧，5岁学唱《女起解》得到程砚秋、赵桐珊指教，12岁随程砚秋学演青衣，亦曾向梅兰芳等问艺。后于上海第二医学院肄业。1952年，组织李世济剧团，任团长兼主演。1956年—1979年，任北京京剧团主演，曾与马连良、谭富英、裘盛戎等同台演出。1979年—1983年，任中国京剧院二团主演。1983年后，任中国京剧院团一团副团长、团长。常演剧目有《文姬归汉》《锁麟囊》《英台抗婚》《梅妃》《陈三两》《武则天轶事》以及现代戏《刑场上的婚礼》等。她是著名的京剧程派表演艺术家，国家级非物质文化遗产项目代表性传承人。曾于1957年获世界青年联欢节银质奖章，2011年获第五届中国戏曲表演学会"终身成就奖"。曾任中国戏剧家协会理事、中国文联副主席、中国人民政治协商会议常务委员。

（张燕鹰）

【中国儿童艺术剧院庆祝建院60周年】 5月31日，中国儿童艺术剧院召开建院60周年庆祝大会。雒树刚、尹晓东和80岁的中国儿艺老艺术家代表覃琨等相继发言，回顾了中国儿艺60年所走过的路。文化部党组书记、部长雒树刚，副部长董伟和中国儿艺院长尹晓东还为1956年参加剧院工作的老同志颁发了纪念证书与纪念章。

（张燕鹰）

【王金璐逝世】 6月1日，京剧表演艺术家、教育家王金璐在北京逝世。王金璐（1919—2016），1919年生于北京，1931年考入中华戏曲专科学校。从师王荣山、蔡荣贵、鲍吉祥等学老生，并师从曹心泉习昆曲。14岁拜马连良为师。15岁专攻武生后，师从曹玺彦、迟月亭、褚连顺、李洪春、丁永利等。曾与金少山、侯喜瑞、尚和玉、马德成、筱翠花、言慧珠、李洪春、奚啸伯等合作演出，能演武戏200余出。擅演剧目有长靠戏《挑滑车》《长坂坡》《潞安州》，短打戏《林冲夜奔》《战宛城》《骆马湖》《安天会》《八蜡庙》《洗浮山》《百凉楼》《铜网阵》《恶虎村》等，红生戏《古城会》《走麦城》《汉津口》等。新中国成立后，任华东京剧实验剧团、上海京剧院演员、中国戏曲学院教师。他是中国戏曲学院教授、国家级非物质文化遗产项目代表性传承人、中国京剧优秀青年演员研究生班导师。

（张燕鹰）

【韩善续逝世】 6月19日，北京人艺演员韩善续在北京逝世。韩善续（1937—2016），1937年生于北京。1958年，考入北京人民艺术剧院，曾演出包括《茶馆》《雷雨》在内的60多部话剧及50多部电影、电视剧。塑造了话剧《雷雨》中的鲁贵、电影《孙中山》里的曹锟和《天下第一楼》中的烤鸭师傅“罗大头”等一批特色鲜明的人物形象。

（张燕鹰）

【吴桂苓逝世】 6月21日，北京人艺演员吴桂苓在北京逝世。吴桂苓（1938—2016），1951年高中毕业于北京市崇文区第十一中学。1958年进入北京人艺担任演员，直至退休。他曾演出舞台作品70余部，扮演主要角色近40个，出演影视剧作品40余部。曾塑造了《谁是强者》中的郑局长、《公正舆论》中的新闻部部长康士坦丁、《上帝的宠儿》中的约瑟夫二世、《吴王金戈越王剑》中的伍子胥、《哗变》中的查理等舞台艺术形象。

（张燕鹰）

【金雅琴逝世】 6月23日，北京人艺演员金雅琴在北京逝世。金雅琴（1925—2016），女，曾用名白微，1925年生于黑龙江省。1943年—1945年参加艺术剧社（祖国剧团）表演话剧。1949年，进入华北大学三部戏剧科学习。1950年进入中央戏剧学院话剧团。1952年，调入北京人民艺术剧院任演员。曾参加《茶馆》等话剧的演出。她还参演过《红楼梦》等多部电视连续剧，其在《我爱我家》中饰演的“余大妈”为观众所熟悉。还凭借主演电影《我们俩》，获得第18届东京国际电影节最佳女主角奖和第25届中国电影金鸡奖最佳女主角奖。

（张燕鹰）

【吴素秋逝世】 6月23日，京剧表演艺术家、教育家吴素秋在北京逝世。吴素秋（1922—2016），女，原名吴玉蕴，1922年出生于山东烟台，后移居北京。她7岁时即登台演出，10岁进入中华戏曲专科学校学戏，先后师从李凌枫、何佩华、赵桐珊、魏莲芳等学艺，后拜尚小云为师，是荀慧生的义女。她13岁挑班，担任秋文社主演。曾与金少山合作，演出《霸王别姬》。因在上海演出《孔雀东南飞》而成名。1952年，参加北京京剧四团任团长。1960年，调任辽宁京剧院任院长。1964年，任新燕京剧团团长、主演。1979年，转入北京京剧院二团。20世纪80年代以后，主要从事培养年轻演员的工作。中华人民共和国成立后，她曾排演《节烈千秋》《伊帕尔汗》《春香传》等新戏。常演出剧目有《孔雀东南飞》《二进宫》《四郎探母》《红娘》《奇双会》《虹霓关》《小放牛》《拾玉镯》《红鬃烈马》《玉堂春》《大英杰烈》《十三妹》《金山寺》等。2011年，获中国戏曲表演学会颁发的中国京剧“终身成就奖”。

（张燕鹰）

【纪念汤显祖逝世400周年优秀剧目展演】 7月16日—9月5日，由文化部主办的纪念汤显祖逝世400周年优秀剧目展演在北京举办。2016年是汤显祖逝世400周年。参加展演的有上海昆剧团演出的《邯郸记》《紫钗记》《南柯梦记》和典藏版《牡丹亭》，北方昆曲剧院演出了《牡丹亭》，江苏省苏州昆剧院演出了青春版《牡丹亭》，江苏省演艺集团昆剧院演出了《南柯梦》。

（张燕鹰）

【李毓芳逝世】 7月28日，京剧表演艺术家李毓芳在北京逝世。李毓芳（1925—2016），女，1925年生于北京。她自幼随程玉菁学戏。1956年，拜梅兰芳为师。1957年，参加北京京剧团，曾与马连良、谭富英、张君秋、裘盛戎等诸同台演出。常演剧目有传统剧目《霸王别姬》《宇宙锋》《凤还巢》《贵妃醉酒》《穆柯寨》《春秋配》《玉堂春》《探母回令》《红鬃烈马》《女斩子》和现代戏《青春之歌》《党的女儿》《芦荡火种》等。

（张燕鹰）

【梅葆玖百日祭京剧交响音乐会】 8月2日，由北京京剧院、梅兰芳艺术基金会等联合主办的“梅韵流长·玖玖回响”——梅葆玖先生逝世百日大型京剧交响音乐会在北京举行。梅葆玖的30多位弟子，以及余派老生王珮瑜、马派老生朱强等纷纷登台，用交响音乐会的方式致敬经典、缅怀大师。音乐会演出了《玉堂春》《天女散花》《霸王别姬》《洛神赋》《麻姑献寿》《贵妃醉酒》等梅派剧目和大型交响京剧《大唐贵妃》选段，以及主题曲《梨花颂》等。

（张燕鹰）

【苏民逝世】 8月28日，北京人艺演员、导演苏民在北京逝世。苏民（1926—2016），原名濮思荀，1926年生于南京，自幼随父迁居北京。1952年，加入北京人民艺术剧院，任演员、导演。在话剧舞台上塑造了《雷雨》中的周萍、《蔡文姬》中的周进、《智者千虑必有一失》中的格洛莫夫、《胆剑篇》中的范蠡等角色。导演过《在街道上》《红色火车头》《老师啊，老

“梅韵流长·玖玖回响”——梅葆玖先生逝世百日大型交响音乐会

师》等剧目，还曾在影片《鸦片战争》中饰演道光皇帝。

（张燕鹰）

【江新蓉逝世】 11月4日，京剧表演艺术家江新蓉在北京逝世。江新蓉（1927—2016），女，曾用名赵小凤，艺名六岁红、云艳霞，1927年生于北京。自幼师从滕雪楼、王芸芳、张筱霞学艺，6岁登台。1939年，在胶东国防剧团任演员，后转入胶东文协胜利剧团、山东军区京剧团任演员。1949年后为中国戏曲研究院演员，1952年转入中国京剧院，为二团主演，与李和曾、张云溪、张春华、高玉倩等长期合作。1955年，由周恩来总理介绍拜程砚秋为师，是程砚秋唯一的女弟子。代表性剧目有《窦娥冤》《红鬃烈马》《骂殿》等。

（张燕鹰）

【纪念白登云110周年诞辰学术研讨会】 11月9日，“纪念白登云先生诞辰110周年学术研讨会暨‘一代鼓王——白登云京剧司鼓艺术’音像资料出版发布会”在中国戏曲学院举办。白登云是著名京剧鼓师，对京剧打击乐的传承、发展做出了重要贡献。他还曾与程砚秋合作，对京剧程派艺术的发展产生了重要影响。白登云之子白刚、欧阳中石之女欧阳启明、中国戏曲学院教授钮骠、白登云的弟子李朝贵等从不同方面对白登云的人品、艺德和艺术成就等方面进行了追述。研讨会期间，还举行了“一代鼓王”——白登云京剧司鼓艺术音像资料出版发布会。

（张燕鹰）

【马长礼逝世】 11月22日，京剧表演艺术家马长礼在北京逝世。马长礼（1930—2016），1930年生于北京。1937年，他进入荣春社科班学艺。出科后，曾向刘盛通学习京剧老生，并钻研杨宝森的唱腔。1954年，他拜谭富英为师，还得到李少春的指点，他还是马连良的义子。作为北京京剧院的著名演员，他擅演马派的《十老安刘》《借东风》，谭派的《红鬃烈马》和杨派的《伍子胥》《洪羊洞》等传统剧目。他还饰演过《青春之歌》中的卢嘉川、《智擒惯匪座山雕》中的杨子荣、《杜鹃山》中的温七九，其在现代戏《沙家浜》中饰演的刁德一更为当代观众所熟知。

（张燕鹰）

研究与评论

【传承发展戏曲艺术经验交流现场会】 3月30日，由中宣部文艺局、文化部艺术司共同举办的“传承发展戏曲艺术经验交流现场会”在中国评剧院举行。来自全国各地的戏曲管理工作者参观了中国评剧大剧院，在分享了北京同行打造戏曲交流演出平台经验的同时，上海、天津、浙江、湖北、安徽、四川、陕西等省市相关负责人也在会上介绍了各自地区传承发展戏曲艺术的经验和措施。

（张燕鹰）

【“前海学派与中国戏曲”学术研讨会】 7月13日—14日，由文化部中国艺术研究院主办，中国艺术研究院戏曲研究所、张家口市文化广播新闻出版局、张家口市文联承办的“前海学派与中国戏曲：郭汉城先生对中国戏曲的贡献”学术研讨会在京召开。文化部、中国剧协、中国艺术研究院的有关领导，中国艺术研究院戏曲研究所所长王馗及曲润海、薛若琳、王安葵、龚和德、颜长珂、周传家、吴乾浩、黄在敏、贾志刚、马也、李悦、安志强、钮骠、刘彦君、秦华生、戴云、何玉人、万素、毛小雨等专家参会。到会的戏曲理论家、评论家就郭汉城对中国戏曲的贡献和以他为旗帜的“前海学派”所取得的戏曲理论成就进行了深入研讨。

（张燕鹰）

【青少年戏剧教育研讨会】 10月21日，青少年戏剧教育研讨会暨首届北京青少年戏剧大赛颁奖仪式在北京青年宫举办。团市委中少部部长佟立成，原北京人艺副院长崔宁，北京戏剧家协会副会长、秘书长杨乾武等出席活动。戏剧导演刘小蓉、赵瑞宁和香港戏剧教育专家叶逊谦等结合自身进行戏剧创作与开展戏剧教育的实践经验，阐述了开展戏剧教育的意义，并就中小学如何开展戏剧教育和戏剧活动提出了针对性建议。

（张燕鹰）

教育与传承

【“天津——京剧艺术的重镇”展览】 1月22日—2月28日，由北京新文化运动纪念馆与天津戏剧博物馆共同举办的“天津——京剧艺术的重镇”展览在北大红楼举办。该展览介绍了京剧与天津渊源、人才培养模式等内容，共展出了61块展板和16件实物，包括戏装女蟒、粉蟒、盔头、髯口和戏箱等。其中竹衣和软跷是现在京剧演出难得一见的戏曲服饰。

（张燕鹰）

【赵燕侠收徒朱虹、熊明霞】 2月24日，京剧赵派艺术创始人赵燕侠收徒朱虹、熊明霞拜师仪式在长安大戏院举行。朱虹是北京京剧院的青年演员，熊明霞是上海京剧院的青年演员。

（张燕鹰）

【陈志清收徒凌珂】 3月27日，京剧表演艺术家陈志清在北京举行收徒凌珂拜师仪式。凌珂曾在第五届中国京剧优秀青年演员研究生班进修，现为天津京剧院实验团老生演员，已经向陈志清学了七年戏。

（张燕鹰）

【丁培收徒杨林】 3月28日，中国评剧院著名鼓师丁培在北京举行收徒杨林拜师仪式。出身梨园世家的杨林从小酷爱戏曲，2012年考入天津市艺术学校评剧白派班。

（张燕鹰）

【燕守平收徒王媛媛】 4月9日，京胡演奏家燕守平收徒王媛媛拜师仪式在北京举行。王媛媛是毕业于中国戏曲学院的硕士研究生，现为北京戏曲艺术职业学院京胡教师。

（张燕鹰）

【刘长瑜收徒李晨】 5月20日，京剧表演艺术家刘长瑜收徒李晨拜师仪式在国家京剧院举行。李晨，毕业于中国戏曲学院，现为国家京剧院花旦演员，曾在《桃花村》《春草闯堂》《白蛇传》《曙色紫禁城》等剧目中饰演主要角色。

（张燕鹰）

【燕守平收徒梁秀秀】 6月8日，京胡演奏家燕守平收徒梁秀秀拜师仪式在青岛市京剧院小剧场举行。梁秀秀毕业于中国戏曲学院，现为青岛市京剧院京胡演奏员。

（张燕鹰）

【戏曲艺术人才培养“千人计划”第一期高级研修班】 7月15日—8月19日，根据文化部“十三五”规划，戏曲艺术人才培养“千人计划”第一期高级研修班的集中培训在中国戏曲学院进行。参加该研修班学习的共有129人，其中，编剧班、导演班、作曲班各32名，舞台美术班33名。集中培训期间，承办方为学员设置课程137门，配置国内外专家86名，聘请了相关专业教学、研究、实践与创作经验丰富的一流专家、学者为学员授课。集中培训结束后，学员返回各自所在单位进行实践，导师对学生进行一年的远程辅导，一年后进京汇报，举行结业典礼。

（张燕鹰）

【戏曲评论高级研修班】 9月18日—12月25日，由中国戏曲学院和中国文艺评论家协会联合举办的戏曲评论高级研修班在中国戏曲学院举办。来自全国24个省、市、自治区科研院所和高校的中青年学者30人参加了研修。该班旨在培养戏曲评论人才，引领戏曲评论风尚。该班除进行各种相关课程学习，还赴陕西观摩了第十一届中国艺术节，进行了戏曲评论写作的实践。

（张燕鹰）

【民间戏剧社团骨干人才培训】 9月19日—12月2日，国家图书馆举办民间戏剧社团骨干人才培训。参加培训的12个省市的61位民间戏剧人，不仅听取了俊靳琪、秦枫、崔文嵚、李玉山等人的讲座，还排练、演出了《办公室的故事》《雷雨》《仲夏夜之梦》等经典戏剧作品。

（张燕鹰）

【2016年非洲剧院管理人才研修班】 11月8日—17日，2016年非洲剧院管理人才研修班在中央文化管理干部学院举办。来自非洲五国的14名剧院管理人员参加了研修。研修班期间，学员们学习了中国国情、中国文化政策规制、中国文化体制改革发展、中国剧院发展现状等课程，还实地考察了中国国家大剧院等专业剧院和管理机构。

（张燕鹰）

【孙毓敏、赵葆秀、叶金援举办集体收徒仪式】 12月17日，京剧名家孙毓敏收徒孙彤、罗娟，赵葆秀收徒王中女、崔冉，叶金援收徒肖扬拜师仪式在北京和平宾馆举行。罗娟是北京戏曲艺术职业学院教师，孙彤、王中女、崔冉、肖扬是北京京剧院演员。此次拜师的5人都是刚走出校门不久的“90后”。

（张燕鹰）

出版与传播

【《中国话剧艺术史》出版】 5月，《中国话剧艺术史》（全9卷）由江苏凤凰教育出版社出版，主编田本相。该书约350万字，描述了话剧在中国大陆（包括港澳台地区）走过的100多年历史进程。参与编写该书的包括中国大陆和中国港澳台地区以及日本的学者60余人。

（张燕鹰）

【《梅兰芳全集》首发式在京举行】 10月10日，由中国戏剧出版社和北京出版社合作出版的《梅兰芳全集》在北京举办首发式。该书主编傅谨，编纂团队主要由中国戏曲学院梅兰芳艺术研究中心和多所高校的中青年学者组成。该书除新增了一些资料外，还对之前出版的梅兰芳作品进行了错讹纠校。该书精装版还附赠中国唱片总公司整理出品的《梅兰芳老唱片全集》，囊括了梅兰芳1936年之前灌制的全部唱片。

（张燕鹰）

【《昆曲艺术大典》首发式在京举行】 12月13日，由中国艺术研究院与安徽出版集团时代出版传媒股份有限公司联合主办的《昆曲艺术大典》首发式在北京举行。2004年，中国艺术研究院启动《昆曲艺术大典》编纂工程。12年间，海峡两岸暨香港、澳门先后有百余位老中青专家、学者和出版工作者参与编纂、出版工作。该项目收录了明代中叶以来600多年间昆曲最重要的文字文献、谱录文献、图片资料、音像资料文献、昆曲传承人的文化遗存等，版面字数约9005万字，图片6000余幅，录音120余小时，录像400余小时。成书149册，其中包括《历史理论典》15册,《文学剧目典》14册,《表演典》36册,《音乐典》73册,《美术典》8册,《音像集成》2册（含音视频硬盘1套),《索引》1册。

（张燕鹰）

曲　　艺

【概　况】2016年，北京的曲艺事业平稳向前发展，曲艺演出市场热度不减，演出场次稳定增长，为丰富北京百姓的文化生活起到了重要作用。周末相声俱乐部、德云社、嘻哈包袱铺、星夜相声会馆、鸣乐汇等曲艺演出团体常年演出，并不定时地推出特别演出，使演出市场保持了应有的热度。同时，北戏书馆平谷分馆和《北京晚报》读者俱乐部新兴相声馆的相继成立更是为丰富北京市民的业余生活增添了新生力量，尤其是北戏书馆平谷分馆对于带动京郊人民的曲艺文化发展起到了积极的促进作用。

2016年，为纪念中国共产党成立95周年，中国曲艺家协会在北京举办了为时两天的"向党汇报"优秀曲艺节目汇报展演活动，作品中有的集中表现党的光辉历史，有的生动地反映了党的领袖和各时期优秀共产党员崇高品格，既有反映革命战争时期百折不挠的民族精神的《长征》，也有反映新时期共产党人无私奉献的新作《守卫大动脉》等。中国曲艺人用自己的方式回顾了中国共产党95年来的风雨历程，在向党汇报、讴歌党的丰功伟绩的同时，也给北京市民带来了高品质的艺术享受。同时，本年度，重新出发的北京曲艺团立足全团力量，重磅推出了章回鼓书《古城暗战》，讲述了北平解放前夕，北平的地下工作者为保卫党中央，历尽千难万险，传送绝密情报的谍战故事。创作者将单弦牌子曲、京韵大鼓、梅花大鼓等六种鼓曲和评书结合在一起，在共同讲述一个跌宕起伏的谍战故事之余，也尽可能地向观众展现了北京曲艺团的优势力量。该作一经推出，便在北京曲艺界引起了不小的反响，尽管有些专家持有异议，但不失为一种可贵的尝试。

本年度，北京的曲艺教育取得了可喜的进步。2015年，教育部在高职办学专业目录中添加了曲艺表演专业。2016年10月，北京戏曲艺术职业学院曲艺系正式成立，首次向社会招收鼓曲和评书方向的学生，使北京的曲艺教育包含了中专、大专、本科教育各层级，初步形成了完整的学科教育链条，也在曲艺教育的学科建设方面迈出了重要的一步。此外，北京在少儿曲艺培训基地的建设方面也大力投入，本年度海淀区民族小学和东城区少年宫相继挂牌成为北京市曲艺家协会认定的少儿曲艺培训基地，在加强青少年传承曲艺发展，传播优秀传统文化方面起到了积极的作用。

2016年，北京曲艺的交流更加广泛，首先表现在京津冀之间的互动、交流更加频繁，沧州木板大鼓进京展演，以木板大鼓为演出主体，辅之以舞狮、书法、武术等内容，在向北京观众展示了沧州木板大鼓这一传统曲种的独特魅力之外，也展现了河北丰厚的传统文化底蕴。年末开始的京津冀三地同源唱曲艺活动更是致力于展现京津冀三地曲艺协同发展成果，更好地推进京津冀曲艺事业的健康有序发展。其次，中国曲艺海外行活动，在抚慰海外华人的思乡之情外，也进一步推动中国传统文化影响力在世界范围内的彰显和传播。

本年度，北京曲艺的赛事依然保有着持续的热度，"宣南杯"鼓曲大赛、少儿曲艺比赛、第七届全国小戏小品曲艺大展、第七届青年相声节、第三届"艺韵北京"群众曲艺大赛等不同等级的赛事在带动曲艺发展、推动曲艺人才的培养、促进曲艺作品的创作演出方面起到了不可忽视的作用。

2016年是中国艺术研究院曲艺研究所成立30周年的喜庆之日。作为中国唯一的国家级曲艺研究的学术机构，曲艺研究所在组织开展中国曲艺的基础史论研究和发展状况调研，收集整理古今中外有关曲艺的各种史料文献，策划编纂曲艺研究的专业书刊，培养孵化曲艺研究的学术人才，为承续曲艺传统、繁荣曲艺创演和传扬曲艺文化提供学术支撑等方面都做出了应有的贡献。

本年度曲艺创作也有所提升，一些贴近生活、反映现实的艺术作品得以面世，但是能够有较大影响力的优秀曲艺作品依然匮乏。此外，随着老一辈曲艺表演艺术家的不断故去，曲艺艺术传承后继乏人的情况再度凸显，亟待所有曲艺从业者深思，并积极为之付出努力。

（丁　琳）

机　　构

【北戏书馆平谷分馆】1月1日，北戏书馆平谷分馆在平谷文化馆挂牌成立，书馆定于每周一在文化馆三层剧场免费开放。北京戏曲艺术职业学院的教师樊磊和张怡在书馆表演评书《康熙私访》和《红楼梦》。2016年，全年共演出47场，观众达6000余人次，在丰富了百姓业余文化生活的同时，也提高了百姓的文化口味。

（丁　琳）

【北京少儿曲艺传承培训基地海淀区民族小学基地】 1月20日，由北京市文联主办、北京市曲协承办的"北京曲艺精品节目进校园"系列活动走进海淀区民族小学。市文联和市曲协的领导向海淀区民族小学颁发了北京少儿曲艺传承培训基地铜牌，使该校成为北京市曲协认定的少儿曲艺培训基地之一。随后，还举行了汇报演出活动，包括相声、单弦、数来宝等多种艺术形式，马星野、陈印泉、侯振鹏、白金鑫、路晨、焦亚楠、万宇、刘颖、浩楠等演员为小学师生表演了《绕口令》《想唱就唱》《当代黄香》《十二生肖没有猫》《笑语欢歌》等节目。

（丁　琳）

【《北京晚报》读者俱乐部新兴相声馆】 4月9日,《北京晚报》读者俱乐部新兴相声馆在新兴宾馆挂牌，北京晚报常务副总编辑张明非和李金斗等一起按下按钮，点亮了《北京晚报》读者俱乐部新兴相声馆的招牌。该相声馆于每周六晚上举办相声专场演出，为喜爱相声的京城读者，提供了又一个观赏名家精彩、精品相声的场所。随后还举办了"北京日报报业集团读者相声专场演出"。

（丁　琳）

【东城区少年宫成为北京市青少年曲艺教育基地】 6月12日，中国文联曲艺艺术中心为东城区少年宫颁发北京市青少年曲艺教育基地铜牌。同日,"一样的梦想　一样的成长"东城区青少年文化艺术学院北东学区艺术教育成果展演在国家大剧院举行。东城区北东学区10所学校和少年宫校外教育机构近500名中小学生以合唱、器乐、戏曲、朗诵、书法、武术、舞蹈情景剧、服装展示等表演形式，展示了他们在享受个性化、多元化艺术培养中的收获与成长。展演中，中国曲协北方鼓曲艺委会秘书长杨菲带领学生宗淑玲、孙静雅演唱了京韵大鼓《鼓韵》，中国曲协山东快书艺委会主任高洪胜表演了山东快书《打针》，并向东城区少年宫赠送《全国青少年语言艺术与表演教程》。

（丁　琳）

【北京戏曲艺术职业学院曲艺系】 10月9日上午，北京戏曲艺术职业学院（以下简称北戏）曲艺系成立暨教学汇报展示活动在该校少儿戏剧场举行。中国曲协书记董耀鹏、中国曲协副主席籍薇、北京市委组织部原常务副部长韩铁成、北京市文化局副局长吕先富、北京市教委职成处副处长杨颉、天津艺术职业学院院长范恩源、北京市曲协副主席崔琦、北京市曲协秘书长田静、北京国粹艺术传承促进会会长梁曦、北京国粹艺术传承促进会秘书长山亚宁、《曲艺》杂志主编宋洪发等出席了本次活动。北戏自2012年起开设曲艺选修课，面向全院数百名大专学生开设评书选修专业课进行教学。2015年6月1日，北戏书馆在该校挂牌，2016年1月11日，北戏书馆平谷分馆挂牌，每周一面向平谷百姓开讲评书。随后，学院拓展曲艺教学，分别在地方戏曲系连续两年开办曲艺专业，面向社会招生评书专业和鼓曲专业，招收了十几名学员在校学习京韵大鼓、梅花大鼓、单弦、西河大鼓等曲种的演唱及伴奏。2015年，教育部在高职办学专业目录中添加了曲艺表演专业，北戏随后筹建曲艺系。

（丁　琳）

【北京曲艺创作传承基地】 11月19日，北京曲艺创作传承基地在石景山区京西五里坨民俗陈列馆挂牌。这是北京曲艺家协会设立的第一家曲艺创作传承基地，同时也是首都文艺事业传承、发展的一次有益尝试。李金斗、李立山、赵连甲、田静等出席了挂牌仪式。

（丁　琳）

作　　品

【章回鼓书《古城暗战》】 5月12日，章回鼓书《古城暗战》在民族文化宫大剧院首演。该剧是北京曲艺团2015年9月复建后，首次创排的大型原创剧目。该作品以北平解放前夕为时代背景，以中国共产党地下工作者为保卫党中央，历尽千难万险传送绝密情报为事件脉络，讲述了中国共产党领导的平西情报站及北平城内各情报小组艰苦卓绝的对敌斗争故事。整个作品当中，将单弦、京韵大鼓、梅花大鼓等六种鼓曲形式和评书相结合，共同展示了一个扣人心弦的谍战故事。编剧李立山、解喜兰、杨妤婕，导演邵泽辉，作曲韩宝利、穆祥征，主要演员种玉杰、王淑玲、杨菲、张硕、张曦文、李想、杨惠乔、沈洋、王树才，伴奏马小祥、鲍立、王雪、穆祥征等。

（丁　琳）

【相声《新与旧》】 冯凤禹创作，刊载于《曲艺》2016年第1期。作品围绕曲艺作品创作的新与旧展开，甲认为"相声要与时俱进，与世界接轨，相声演员要有创新意识，要与众不同"，乙认为曲艺创作要继承传统，不能瞎创新。作品通过讽刺了甲的种种瞎创新行为，探讨了艺术创作中传统与创新的严肃话题。

（丁　琳）

【相声《我知道》】 李寅飞、李丁、回想、朱光宇创作，刊载于《曲艺》2016年第3期。作品从过春节拒绝放鞭炮开始，盘点了垃圾分类、绿色出行、节能减排、光盘行动、构建节约型社会等环保主题。

（丁 琳）

【相声《不让说》】 康珣创作，刊载于《曲艺》2016年第4期。作品刻画了一个给领导当司机的小人物，通过他的所见所闻辛辣地讽刺了某些领导干部贪污腐败、违法乱纪的行为。

（丁 琳）

活 动

【《北京曲艺60年》画册及系列丛书首发式】 1月30日，《北京曲艺60年》画册及系列丛书首发式在老舍茶馆举行。北京市文化局、北京演艺集团、北京歌剧舞剧院、中国曲协、北京曲协、北京出版集团的有关领导，曲艺老艺术家马岐、梁厚民、马玉萍等和图书作者、曲艺爱好者一起参加首发式。北京曲艺团副团长种玉杰主持了仪式。《北京曲艺60年》画册及系列丛书是在北京市委宣传部指示精神指导下，由北京市文化局、北京歌剧舞剧院、北京曲艺团、北京出版集团联合组织撰写、出版的。

（丁 琳）

【北京曲协第四届理事会第九次会议】 3月30日，北京曲艺家协会召开第四届理事会第九次会议。市文联党组书记、常务副主席沈强，市文联党组副书记、驻会副主席刘开阳，北京曲协主席李金斗，副主席王谦祥、李伟健、李立山、邵军、种玉杰、郝金明、贾德丰、崔琦，以及近30名理事参加会议。会议审议讨论了《北京曲艺家协会2015年工作总结》和《北京曲艺家协会2016年工作计划》，讨论并审议通过北京曲协换届相关事宜。北京曲艺家协会第四届主席团第十三次会议同日召开，审议并通过了相关事宜。

（丁 琳）

【北京曲艺抢救性保护二期工程系列演出】 4月10日，由北京市文联主办、北京市曲艺家协会承办的北京曲艺抢救性保护二期工程系列演出——曲艺老艺术家经典节目展示在民族文化宫大剧院举办。青年曲艺演员刘颖、浩楠、应宁、王玥波、陈印泉、侯振鹏等参加演出。刘颖、浩楠表演了相声《热心老人》，应宁、王玥波演出了相声《我的大学》，陈印泉、侯振鹏合说了相声《新论捧逗》，张硕表演了评书《战马超》。

（丁 琳）

【群声曲艺团成立15周年庆典演出】 5月19日，北京联合大学群声曲艺团成立15周年庆典演出在中央民族乐团音乐厅举行。成立于2001年的北京联合大学群声曲艺团，是以校内具有曲艺表演特长的学生为主，与北京市其他高校和曲艺界的青年艺术人才共同组建的综合性学生曲艺艺术团。15年间，培养了一大批活跃在当今京城一线的曲艺工作者。此次演出，王梓鑫、李杭、赵立同、魏英涛等年轻相声演员分别为观众献上《十全十美》《学电台》等相声段子。相声演员应宁、王玥波反串表演了京韵大鼓《连环计》，王谦祥、李增瑞表演了相声《京剧漫谈》，董建春、宋伟杰、李寅飞、李丁合作表演了群口相声《四座数来宝》。演出中还有双簧、联珠快书等多种曲艺节目。

（丁 琳）

【大逗相声四周年庆典演出】 6月5日，“小荷才露尖尖角”——大逗相声四周年庆典演出在海淀剧场举行。钱琦、宋伟杰表演了《北京大妈》，王梓鑫、李杭表演了《北上广不相信眼泪》，郭强、彭岩表演了《谁比谁傻》，董建春、李丁表演了《初学相声的日子》，武启深、陈延龙表演了《楼上楼下》，李寅飞、叶蓬表演了《智斗》。

（丁 琳）

【第二届全国高校曲艺教育峰会】 6月16日—17日，由中国曲协、北京城市学院主办的第二届全国高等院校曲艺教育峰会在北京召开。全国35所大中专院校和科研单位的负责人、专家、学者、首批高等教育曲艺类专业教材编写负责人、中国曲艺艺术研究基金课题负责人和曲艺表演、创作、研究、传播及高校曲艺社团代表、在京媒体等80余人参会。本届峰会以“曲艺学科专业建设”为主题，旨在深入研讨推进曲艺学科专业建设切实可行的路径办法，并针对曲艺高等教育实践中亟待解决的问题进行广泛交流。与会者重点围绕曲艺学科建设的目标和路径、曲艺目前的生存环境与曲艺人才的社会需求及目标定位，曲艺教育现状、问题及对策，曲艺高等教育中的专业建设定位、人才培养目标、教学实践大纲以及课程、教材、教法、师资、就业等问题进行了探讨。会上，中国曲协副主席马小平宣读了《关于加快推进中国特色曲艺学科建设的倡议书》。峰会期间，北京城市学院与来自全国各高校的青年学生演员共同合作了一台曲艺专题汇报演出，集中展示了近年来高校艺术教育与曲艺社团所取得的成果。

（丁 琳）

【“向党汇报”——纪念中国共产党成立95周年优秀曲艺节目展演】 6月28日—29日，由中国文学艺术界联合会和中国曲艺家协会主办、中国文学艺术基金会资助的“向党汇报”——纪念中国共产党成立

95周年优秀曲艺节目展演在民族文化宫大剧院举办。该展演共收到全国各地报送的节目83个，最终21个优秀曲艺节目参加展演。来自中直院团、解放军和各省区市的老中青三代曲艺工作者参加了演出。演出曲目有种玉杰、张曦文、李想、张令军、郑思杰、杨广业、单良表演的曲艺说唱《曲苑党旗红》，于鸿表演的评书《毛主席开药方》，王伊冰、蔡小华演唱的苏州评弹《红船颂》，姚忠贤、杨珀、宋攀攀、朱会强、祝天月表演的山东琴书《红腰带》，冯阳、郑坤表演的相声《点赞西江月》，刘瑞莲表演的河南坠子《慈母泪》，张巧玲、蒋立侠、吴长青、徐荧、曹之强表演的徐州琴书《清风扬》，陆为为、许春侠等表演的凤阳花鼓说唱《情满小岗村》，杨翠、黄凡等表演的桂林渔鼓《梦圆》，曹伯炎、甄三梅表演的陕北说书《总书记的话暖人心》，周珊、宋希晨、张辉、田珂等表演的情景快板《保卫大动脉》，李少杰、王亮、郭迎欢、宋乐、孙铭泽表演的群口快板《长征》，杨菲演唱的梅花大鼓《山庄寄子》，朱伟忠演唱的上海说唱《虎口脱险》，高洪胜、王超、陈振表演的群口山东快书《巧夺腊子口》，任银峰等表演的洛南静板书《八项规定正党风》，鲁清妮、杜美霜、王琴等表演的常德渔鼓《书记抬轿》，赵旭、郭笑、李屹伦、秦方、赵雨、陈臻表演的小品《就是你》，闫淑平、佟长江表演的二人转《百姓书记》，李仁玲、雍开全表演的萍乡渔鼓《老阿姨》张蕴华表演了单弦大岔曲《赞美泡桐树，学习焦裕禄》，吴兢、陈苏威演唱的歌曲《共筑中国梦》。节目中间姜昆、朱光斗、田连元、马增蕙、盛小云、戴志诚、孙晨、苗阜、任平、贾冰、籍薇、常贵田、赵玉明、赵连甲、王宏、宋德全、叮当、刘芋君、陈靓吟诵了自己的向党汇报感言。

（丁　琳）

【《中华曲艺艺谚艺诀和专业术语》编写启动】 6月29日，中国曲协在北京召开《中华曲艺艺谚艺诀和专业术语》编写启动会。孙立生、王红箫、秦建国、梁彦、任平、庄丽芬、杨菲、孙芋君以及中国曲协研究部、曲艺杂志社负责人等参加会议。该教材的编写是中国曲协贯彻落实中国文联九届八次全委会精神和2016年全国曲协工作会议要求的一项重要工作，是完善高等教育曲艺教材体系，加快推进曲艺学学科建设的一项基础工程。

（丁　琳）

【曲艺剧《望红台》新闻发布会】 8月16日，“永远的长征”——大型情景曲艺剧《望红台》新闻发布会在北京召开。该剧由四川省曲协和巴州区携手打造，以红军长征路上的“苦水台”变成“甜水台”，再变成“望红台”的转变过程为主线，对中国共产党领导下的红军进行了歌颂。该剧融汇四川清音、四川扬琴、四川竹琴、四川金钱板以及四川盘子、四川荷叶、谐剧、四川莲花落、四川车灯等多种曲艺形式，具有浓郁的四川文化风味。

（丁　琳）

【单弦、岔曲艺术展演】 9月11日，由西城区非物质文化遗产保护中心主办，北京曲协协办的“薪火相传”——单弦、岔曲艺术展演在民族文化宫大剧院举办。北京曲协主席李金斗，北京曲艺团团长种玉杰，曲艺名家崔琦、赵玉明、马玉萍，西城区非遗保护中心以及西城区文委的领导等观看了演出。路晨、王晶、何丹、静婉、雅楠、婷婷演出了单弦联唱《意暖情深唱单弦》，李恕一演出了单弦大岔曲《潇湘寻梦》，雅楠演出了单弦牌子曲《花木兰从军》，马静演出了单弦牌子曲《潘金莲巧遇西门庆》，路晨表演了单弦牌子曲《黛玉焚稿》，杨蔓、杨婷、杨苗、杨倩表演了拆唱单弦《梁祝化蝶》，张蕴华、王晶表演了对唱单弦《母女情深》。

（丁　琳）

【东城青少年文化艺术学院曲艺新项目启动式暨精品展演】 10月23日，“传承曲艺文化　有我东城少年”——东城区青少年文化艺术学院曲艺新项目启动式暨曲艺精品展演在北京国际职业教育学校北京站校区举办。表演艺术家姜昆、常贵田、张文甫与东城区教委主任周玉玲等出席仪式。此次东城区青少年文化艺术学院在曲协的支持下面向青少年启动了相声、快板、鼓曲、评书4个曲艺教育项目。启动仪式结束后，青春鼓曲社演出了《鼓韵》，张楠表演了快板《三打白骨精》，西中街小学学生訾永熙表演了快板《说大话》，高燕君演出了梅花大鼓《十字西厢》，关勇超表演了评书《纪晓岚对诗》，杨菲演出了京韵大鼓《重整河山待后生》，并带领和平里第一小学的学生一起表演了京韵大鼓《丑末寅初》，老艺术家常贵田和徒弟王晗表演相声《欢声笑语》。表演后，杨菲现场零距离教孩子们认识大鼓，战友文工团曲艺队队长张文甫将自己写的《中华美德故事说唱——弟子规》一书送给了小学生。

（丁　琳）

【宣南书馆迁址重张】 11月12日，由连丽如创办的“宣南书馆”原址位于开阳桥北的西城区第二文化馆，因其拆除重建，故迁址天桥艺术大厦重张开书。该场演出既是“宣南书馆”的第501场演出，也是北京评书时隔60年后重返其发源地——天桥。演出当日，共吸引了300余位观众，其中近1/3来自津冀等北京周边地区。连丽如演出了《三国》，王玥波演出了《水浒》，梁彦演出《精忠说岳》。乔迁后的宣南书馆由天桥艺术大厦无偿提供场地。

（丁　琳）

【第四届全国相声小品优秀节目展演】12月9日—11日，由中国文学艺术界联合会、中国曲艺家协会共同主办的第四届全国相声小品优秀节目展演在民族文化宫大剧院举办。姜昆、李金斗、李建华、石富宽、马小平、赵世林、郑健、大兵、苗阜、王声、郭金杰、谢小玲等来自11个省、区、市和20家演出单位的150多位曲艺名家、新秀参加展演。本次活动荟萃了一年来在全国性曲艺推选展演活动中涌现出来的优秀相声小品节目。在12月9日演出的优秀相声小品专场中，嘻哈包袱铺的青年相声演员陈印泉、侯振鹏表演了新创作的《新旧叫卖》；大逗相声社的李寅飞、叶蓬表演了《古文趣谈》；安徽的青年快板演员周玉峰、孙铭泽表演了新作品数来宝《第三者》；宝岛台湾的相声演员谢小玲、郭志杰让大陆观众耳目一新，《疯狂TAXI》让人忍俊不禁；苗阜、王声表演了新作《观球有语》；姜昆与郑健、周旭用老段新说的方式演绎了相声《一仆二主》。10日举办的第二场演出中，苏州嘻哈一笑堂的青年相声演员大春、张解和来自上海品欢相声会馆的金岩、李国靖表演了相声《疯狂餐厅》与《小红帽》；小曲艺演员徐睿涵表演了四川谐剧；郭阳、郭亮兄弟演出了新作《非常访谈》；董建春、李丁表演了《量子力学与广义相对论的研究》；马小平和山西籍青年相声演员表演化妆相声《大奖赛》；辽宁省铁岭市民间艺术团演员郭金杰等表演了小品《顺水推舟》；中国铁路文工团青年演员刘捷和石富宽表演了相声《爷俩好》；李金斗和李建华以及付强共同表演了相声《托儿》。11日举办的“清风颂”安徽合肥曲艺廉政专场演出，该演出以历届“包公杯”全国反腐倡廉曲艺作品征集获奖节目为主体，结合原创的曲艺、唱曲、歌曲节目，共演出了相声《我丢了什么》、数来宝《局长的茶杯》、二人转《寇准还乡》、小品《局中局》、安徽琴书《他是咱们村里的人》等代表性节目。

（丁　琳）

【“京津冀三地同源唱曲艺”活动启动】12月12日，由市文联主办，北京市曲协承办的“京津冀三地同源唱曲艺”——优秀曲艺节目走基层活动首先走进了石景山区实验小学。曲艺家绳宝珍、王波、王文安、李国靖、徐涛、王凯，魔术表演艺术家王立民以及在“2016北京少儿曲艺比赛”中获得一等奖的阮添宇、曹立参加了演出。该活动旨在深入贯彻落实习近平总书记在文艺工作座谈会上的讲话精神及在中国文联十大、中国作协九大开幕式上的讲话精神，展现京津冀三地曲艺协同发展成果，更好地推进京津冀曲艺事业的健康有序发展。活动陆续走进学校、工厂、医院、社区，并为天津、河北的基层群众送上曲艺演出，丰富群众的文化生活。

（丁　琳）

【“包公杯”作品征集活动座谈会】12月12日，“包公杯”反腐倡廉曲艺作品晋京展演暨征集活动座谈会在京举行。安徽省纪委、中国曲协、合肥市纪委有关负责同志及专家、学者、曲艺演员等参加。“包公杯”反腐倡廉曲艺作品征集活动由安徽省纪委指导、合肥市纪委与中国曲协等单位联合组织，自2009年创办以来，已成功举办了4届。期间，共征集近5000篇反腐倡廉曲艺作品，并从中精选出100多篇优秀作品，通过集中研讨、二度创作、舞台呈现、巡回展演等方式，推出一批精品力作。为集中展示四届“包公杯”廉洁文化成果，12月11日在北京民族文化宫大剧院举办了“包公杯”专场演出。该次晋京展演共演出《寇准还乡》《局长的茶杯》等8部作品。座谈会上，组织单位表示，下一步工作是要进一步吸引广大干部群众加入到反腐倡廉曲艺作品的创作中来，要在演出中对现有作品二度创作、不断完善，助推曲艺事业在廉洁文化建设中发挥更大的作用。

（丁　琳）

赛事　奖项

【第二届“宣南杯”京津冀鼓曲大赛】7月5日—8月9日，由北京文化艺术活动中心、天津市群众艺术馆、河北省群众艺术馆、北京市西城区文委共同支持，西城区第二文化馆主办，北京集贤弘艺文化中心承办的2016首都市民系列文化活动——第二届“宣南杯”京津冀鼓曲大赛在西城区第二文化馆剧场举行。该大赛以北京为基点，覆盖京津冀，以“七大特色、十大活动”为特点。七大特色即：“品牌影响深、参与程度广、特色活动多、宣传力度大、互动层次高、名家阵容齐、三地一体化”。十大活动包括：名家大讲堂、追忆青春私藏秀、网络达人赛、“鼓色鼓香”京津冀三地展演、群英大荟萃及走进直播间、大家一起《过把瘾》、“独家记忆”优秀作品录制、原创征集、老外学鼓曲等。路晨、徐玉俊、魏晓英、李志明荣获一等奖，刘禹、赵润启、苏继华等荣获二等奖，杨世安等荣获三等奖，苏帅文等荣获新苗奖，崔琦等荣获原创作品奖，段莲琴等荣获特别奖，李金平获网络人气奖，西城区第一文化馆等获组织奖。

（丁　琳）

【2016北京少儿曲艺比赛】8月17日—19日，由北京市文联主办、北京市曲艺家协会承办的2016北京少儿曲艺比赛在东城区第二文化馆举行。该赛事共收到来自北京、天津、河北、黑龙江、吉林、辽宁、山东、山西、河南以及台湾等地，涵盖相声、快板、评书、山东

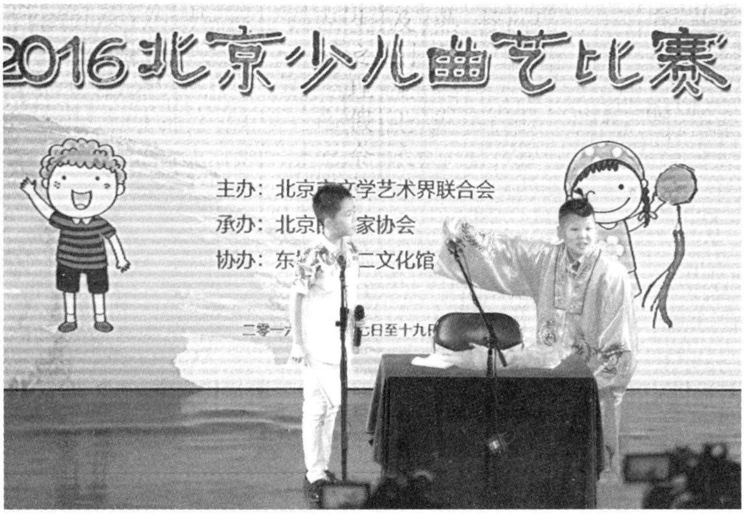

2016年北京少儿曲艺比赛现场

快书、单弦、北京琴书、京韵大鼓等10多个曲艺形式的作品共计197个。107个节目入围决赛，最终评选出一等奖10个，二等奖20个，三等奖35个，入围奖42个以及少儿曲艺教育突出贡献奖、园丁奖、优秀组织奖及组织奖等。

（丁　琳）

【第九届中国曲艺牡丹奖】 10月15日，由中国文联、中国曲协和江苏省委宣传部、省文联主办的第九届中国曲艺牡丹奖在江苏徐州颁奖。本届牡丹奖评选是曲艺界严格落实全国性文艺评奖改革各项要求之后的第一次评奖，明确将思想精深、艺术精湛、制作精良，有筋骨、有道德、有温度，坚持把社会效益、社会价值放在首位，既看作品又重人品作为评奖的导向。

本届牡丹奖评选经过报送、初评、分赛区比赛、终评，最终评出节目奖5个、表演奖6个、新人奖5个、文学奖4个，共包含18个曲种，涉及18个国有院团、文化馆、群艺馆和个人。其中，北京地区小品《一碗长寿面》（作者周炜、王铁军）获文学奖，陈涌泉获“中国文联终身成就曲艺艺术家”荣誉称号。

（丁　琳）

【第七届北京青年相声节】 11月13日—19日，由北京市文联主办，北京曲协、石景山区文化馆承办的第七届北京青年相声节在石景山区文化馆举办。该活动的主题是“第七届北京青年相声节相声新作品比赛”，共收到来自北京、天津、河北、辽宁、山东、浙江、贵州、安徽、湖南、内蒙古、甘肃11个省、市、自治区的参赛作品68个。经过评委的评选，共选出晋级决赛的43个作品，经过专家的辅导，最终评选出一等奖6个，二等奖12个，三等奖18个，组织奖10个。北京地区董建春、李丁合说的相声《赤壁小话》，冯凤禹、张伯鑫合说的相声《医条龙服务》，徐涛、刘源合说的相声《北京欢迎您》获一等奖。

（丁　琳）

【第三届“艺韵北京”群众曲艺大赛】 12月25日，第三届“艺韵北京”群众曲艺大赛总决赛在繁星戏剧村壹剧场举办。该赛事由北京市文化局支持，北京文化艺术活动中心、曲艺杂志社、北京曲协共同主办，千龙网、北京市各区文化馆、首都大学生相声联盟协办，通过各区评选，来自全市各区、街道、乡镇、社区的97个节目进入复赛，其中包括46个原创作品，130多位参赛选手同台竞技。该大赛分为少儿、大学生和成人3个组别，参赛作品包括“诵说类”“鼓曲类”2个类别，涵盖相声、评书、快板、快书、京韵大鼓、京东大鼓、梅花大鼓、西河大鼓、单弦、琴书等曲种。最终郭磊、赵思齐的快板《雏凤凌空》和苏帅文的京韵大鼓《丑末寅初》获得一等奖。

（丁　琳）

交　流

【中华曲艺海外行巴拿马站演出】 2月7日—8日，由巴拿马华商总会与中国曲艺家协会联合举办的中华曲艺海外行巴拿马站演出分别在巴拿马城ATLAPA体育馆内和两洋中心大剧院举行。这是中国曲协首次组派艺术团赴巴拿马访问演出，中国驻巴拿马贸易代表处王卫华代表和巴拿马公安部部长、巴拿马运河管理局局长、巴拿马商务部副部长及2000余名观众共同观看了演出。其中，刘全和、刘全利表演了小品《小鸟与蜜蜂》，四川演员李雪表演了《变脸》，张春丰、王超表演了二人转，陈玲玉表演了粤曲小调，姜昆和戴志诚合说了相声。

（丁　琳）

【常祥霖赴津做讲座】 4月19日—20日，曲艺专家常祥霖赴天津参加非物质文化遗产保护活动。常祥霖是国家非物质文化遗产保护委员会专家委员、中华曲艺学会名誉会长、中国文艺评论家协会理事、中国曲艺家协会理论委员会主任。4月19日，常祥霖赴天津师范大学津沽学院参加2016“非遗”进校园活动，以曲艺与“非遗”的关系做专题演讲，简短讲述了国家级“非遗”项目——相声的代表人物，特别简述了侯宝林、马季、姜昆支脉的几个闪光之处以及马季的创作。20日，他在“走近大师”“非遗”名家讲座中，以骆玉笙演唱的京韵大鼓《重整河山待后生》的经典旋律为切入点，阐述了要用仰视的角度解读大师，在不同的时期不断解读、不断认识大师作品的艺术观点。并以赏析二人转、山东琴书、四川清音、四川扬琴、木板大鼓、河南坠子、浙江莲花落等全国各地曲艺表演形式的方式，阐述了艺术传承也要有基因，杜绝“转基因传承”的艺术观点。

（丁　琳）

【中国曲协志愿服务团赴赤水演出】 4月28日，中国曲艺家协会志愿服务团“送欢笑到基层”在贵州省赤水市举行专场演出，姜昆、牛群、师胜杰、石富宽等20多位演员参加了演出。本次活动主题为“欢乐曲艺赤水行”，由中国曲艺家协会、中国文联曲艺艺术中心主办，赤水市人民政府、赤水市旅游局等执行。演出中甄齐、刘洪沂表演了相声《送你一支歌》，应宁、王玥波以及师胜杰、石富宽等表演了相声作品，贵州本土相声演员高振洋、李大成、洪方舟演出了相声《猜谜语》和《学哑语》，姜昆、戴志诚演出了相声《乐在其外》。此外在相声节目之中，还穿插演出了民族打击乐《老虎磨牙》和手影节目。

（丁　琳）

【2016巴黎中国曲艺节】 6月13日—14日，由中国曲艺家协会、巴黎中国文化中心、法国华商会、法国《欧洲时报》共同主办的2016巴黎中国曲艺节在巴黎举办。该活动由中国曲艺家协会副主席翁仁康带队，集合了陕北说书、单弦牌子曲、绍兴莲花落、评弹、相声等曲种。法国相声爱好者戴梦平与兰亭表演了相声小段《沟而不通》，翁仁康、施金裕表演了绍兴莲花落《十八相送》，熊竹英演出了陕北说书《刮大风》，季静娟、陈美东演出了评弹《妆台报喜》，周倩演出了弹词《方卿羞姑》，闫磊、马小祥表演了单弦《宝玉探病》，韩会稽等演出了绍兴莲花落《萝卜裤》，陆晓茸、赵华英、张安平、曹兆富、李小安演出了陕北说书《大脚娘》。

（丁　琳）

【中华曲艺海外行赴西班牙演出】 6月16日—20日，由环球伊比利亚传媒、西班牙《联合时报》、中国曲协共同主办的中国曲艺海外行西班牙站文化交流活动在里斯本、马德里和巴塞罗那举行。该活动由姜昆带队，演出了绍兴莲花落、单弦、相声等曲艺曲种，还有脱口秀魔术、手风琴演奏、歌曲演唱等节目。

（丁　琳）

【苏州吴中区评弹团进京演出】 6月24日，苏州吴中区评弹团“吴语话江南”——评弹经典折子专场在清华大学蒙民伟音乐厅举行。干骏芸、何君怡、吕玉兰等演出了苏州弹词小组唱《山水苏州·人文吴中》，该团团长陆人民与莫桂英、吴琪良合作表演了新编中篇评弹选回《九品巡检·请命》，周明华表演了苏州评话选回《岳飞·十败余化龙》，吴斌、金文娟表演了弹词开篇《赏中秋》，钱国华、陈琰演出了苏州弹词选回《神弹子·公堂自首》，马志伟、张建珍演出了苏州弹词折子书《玉蜻蜓·庵堂认母》。

（丁　琳）

【中国曲协艺术团访问韩国】 7月1日—2日，由姜昆、马小平、黄群、戴志诚、乌云桑、李彦生、任平、查兰、梁钢一行9人组成的中国曲协艺术团到访韩国首尔。该艺术团在首尔庆熙大学与合作方中韩志愿者协会、韩国Intergeneral公司共同举办了“中华曲艺　首尔夏赏”的展演。姜昆、戴志诚表演了相声《乐在其外》，马小平、李彦生表演了相声《说唱绕口令》，乌云桑表演了乌力格尔《白海青》选段，任平表演了四川清音《中华医药》，查兰表演了苏州评弹《苏州好风光》。

（丁　琳）

【北京曲协与绍兴曲协交流座谈】 8月30日，绍兴曲协主席罗小令、绍兴曲协秘书长陈巍良等一行5人到北京与北京曲艺家协会开展座谈交流。北京曲协李金斗、张文甫、应宁、杨惠乔参加交流活动。参加座谈的人员就近年来南、北两地曲艺发展现状，北京曲艺剧场和专业团体发展状况，少儿曲艺人才培养，曲艺资料的保存，会员情况等问题交换了经验，明确了做好曲艺传承和发展工作的重要性。座谈结束后，绍兴曲协一行到相声小剧场——嘻哈包袱铺观看了演出。

（丁　琳）

【沧州曲艺进京展演】 9月10日，由华夏文化艺术委员会、河北省曲艺家协会主办，沧州木板大鼓传习所、印象中国网等单位承办的“沧县鼓韵醉京城”——木板大鼓进京展演活动在全国政协文史馆京昆剧场举行。演出的沧州木板大鼓节目有老艺人赵福云表演的《罗成算卦》，沧州木板大鼓传习所学员、沧县实验学校二年级小学生王馨迪表演的《追苍蝇》，青年演员苗士芹表演的《白文冠》，国家级“非遗”传承人刘银河表演的《鸿雁捎书》，省级“非遗”传承人王银杰和刘凤鸣表演的《贾宝玉夜探潇湘馆》。演出中还穿插表演了舞狮、书法和武术等节目。全国政协、文化部、中央电视台、中国曲协、武警文联等部门和团体的相关领导以及部分首都曲艺爱好者应邀观看了演出。

（丁　琳）

【第四届德国中国曲艺周】9月23日—9月27日，第四届德国中国曲艺周在德国举办。该曲艺周是中华曲艺海外行活动的组成部分。相声演员戴志诚、李菁、张天雷，鼓曲演员张曦文，二人转演员付庆义、赵丹丹，小品演员黄宏、段小洁，口技演员李进军，魔术演员欧晓斌，歌唱演员吕元杰等为当地观众送去精彩演出。该曲艺周先后在柏林、杜塞尔多夫和法兰克福进行了3场演出。演出的主要节目有二人转《小拜年》《放风筝》，相声《笑口常开》，京韵大鼓《迎春曲》，脱口秀魔术《欧买嘎》，歌曲《小夜曲》《在那遥远的地方》《我的太阳》，小品《早点回家》等。李派快板第四代传人、德国演员倪克参加了演出，演出曲目为快板《孙悟空三打白骨精》。

（张燕鹰）

【黄宏在都柏林大学举办曲艺讲座】9月30日，中国曲协中华曲艺海外行代表团到爱尔兰都柏林大学孔子学院考察。中国曲协副主席黄宏作客UCD孔子学院课堂为部分师生介绍了中国的曲艺与小品艺术。这是中华曲艺海外行首次走进都柏林大学孔子学院的课堂。中国曲协副秘书长曲华江、都柏林大学孔子学院院长蔡永强及近50名孔院师生参与本场交流。

（丁　琳）

【北京·陕西曲艺优秀作品专场演出】10月30日，为加强与“一带一路”省份之间的联络，促进与兄弟省份曲艺家协会之间的艺术交流，北京曲艺家协会特邀陕西省文联、陕西省曲协共同举办“2016北京曲艺精品节目展演”活动。北京·陕西曲艺优秀作品专场演出在民族文化宫大剧院举办。该活动涵盖相声、京韵大鼓、数来宝、陕北说书府谷二人台等具有京、陕两地特色的曲艺形式。王谦祥、李增瑞表演了相声《戏曲漫谈》，应宁表演了京韵大鼓《汜水关》，白云飞、张小飞、曹张萍表演了陕北说书《咱是说书唱曲的人》，张瑞兵、刘美兰演唱了府谷二人台坐唱《拜大年》，李立山、王文水表演了数来宝《心心相印》，董建春、陈印泉表演了相声《三伏酷暑天》，西安青年相声演员木头、贺强表演了相声《学电台》。

（丁　琳）

【中华曲艺情港澳展演·香港站】12月12日—13日，由中国曲艺家协会和香港相声俱乐部共同主办，中国曲协香港会员联谊会协办的中华曲艺情港澳展演·香港站活动在香港举行。来自大陆、香港、澳门和台湾的曲艺名家、新秀演出了粤曲、快板、双簧、京韵大鼓、南音、评书、江苏民歌、苏州弹词、相声等曲种的节目。中国曲协主席姜昆还率部分访港艺术家到香港英华书院，参加该校的普通话早会。该书院的学生表演了诗朗诵、电影片段普通话配音和相声3个小节目，姜昆和郑健、奇志和张伟也为参加早会的近千名师生表演了相声，并向学校赠送了快板和曲艺书籍。姜昆还率队到香港圣公会圣彼得小学，为师生演出了一场汇集快板、评书、京韵大鼓、相声等曲种的曲艺演出，并与在座的师生进行了交流。

（丁　琳）

北京·陕西曲艺优秀作品专场演出全体演员合影

纪　念

【纪念刘立福暨青年评书演员交流展演】1月8日，由中国文联曲艺艺术中心主办、北京集贤弘艺文化中心承办的“纪念评书大家刘立福暨青年评书演员交流展演”在大观园戏楼举办。中华曲艺学会名誉主席常祥霖出席活动。刘立福（1924—2015），评书表演艺术家，陈（士和）派评书第三代掌门，代表作品《聊斋志异》。2003年，获天津曲艺家协会、天津曲艺促进会颁发的“曲艺事业终身成就奖”。2015年，入选天津市“非遗”项目陈派聊斋评书传承人。2015年去世。该展演有来自全国各地的青年评书演员，袁国虎、张金山、张伟以及刘立福的弟子蒋功臣、张博、侣童强等表演了《舌战群儒》《秦琼卖马》《火烧琵琶精》等不同流派的评书选段。

（丁　琳）

【纪念关学曾逝世10周年专场演出】 4月19日，在北京琴书被列入北京市级非物质文化遗产10周年和琴书泰斗关学曾逝世10周年之际，由北京市西城区文联、区文委主办的“琴情书韵润京华”——怀念琴书泰斗关学曾先生专场演出在西城区第一文化馆举办。李金斗和关学曾之子关少曾分别致辞，追忆了关学曾的艺术风范，缅怀关学曾为人民大众毕生奉献的高尚品德。河南坠子名家马玉萍清唱了坠子曲目，朝阳区牌坊小学的同学演唱了北京琴书《少年司马光》唱段，多位青年演员表演了《城门颂》《助残暖人心》《致敬关学曾》《北京小吃赞》等唱段。关学曾的孙女关晓彤也为观众献唱了一曲《前门情思大碗茶》。

（丁　琳）

【纪念高元钧100周年诞辰系列活动】 9月8日，由中国文联、中国曲协共同主办的纪念高元钧100周年诞辰系列活动在北京举办。活动包括座谈会和纪念演出两个部分。中国文联党组成员、副主席李前光，中国曲协董耀鹏等领导以及马小平、吴文科、田连元、赵连甲等文艺界、曲艺界代表，高元钧徒弟、家属代表和首都各界新闻媒体50余人出席座谈会。李前光在讲话中总结概括了高元钧七十余年的舞台生涯和艺术实践，并结合时代赋予文艺工作者的神圣职责和庄严使命，号召广大曲艺工作者向高元钧学习。姜昆作了书面发言，他高度评价并有力概括了高元钧的艺术风格、从艺品格、做派修为。吴文科、王连成、孙立生、朱光斗、苏叔阳、李燕、高洪胜等分别从不同角度缅怀了高元钧的高尚德行，赞誉了他的艺术成就。在八一剧场举行的“向大师致敬”纪念高元钧100周年诞辰演出中，唐爱国、蔡小华、胡文阁、温玉娟、杨树泉、牛德增、高洪胜、尹卓林、李东风、陈振、王超、魏鹏、陈路航、张大伟等先后登台，通过评弹、京剧、诗朗诵、短剧、山东快书以及名家访谈、多媒体串讲等多种艺术形式回顾了高元钧的一生，重温了《一车高粱米》《金妈妈看家》《抗洪小夜曲》《武松打虎》《武松赶会》等高元钧的代表作。

（丁　琳）

【回婉华逝世】 11月14日，相声女演员回婉华在北京逝世。回婉华（1928—2016），天津人。1940年向周德山、刘万亭学相声，后拜马寿岩为师，为张寿臣义女。1941年—1952年在天津、唐山、塘沽表演相声。1949年，进入连兴茶社与于佑福参加整理传统相声。1951年，参加抗美援朝文工队，赴陕西省宣传演出，与阎笑儒创作相声《学话剧》。1953年，在天桥表演单口相声和她创造的北京快书。1958年，组织北京青年曲艺队，在西单商场第二游艺社表演相声。1978年，任北京青年曲艺团艺委会主任。曾与孙玉奎、刘宝瑞合作改编《朱夫子》(《剥皮员外》)，被收入《传统相声集》。她擅长子母哏和贯口，回婉华以捧哏为主，捧、逗、腻缝儿、单口俱佳。代表作有《五红图》《论捧逗》《对对子》《铃铛谱》等。弟子有牛振华、马贵荣等。

（丁　琳）

【中国艺术研究院曲艺研究所成立30周年学术座谈会】 12月10日，“奠基与提升：中国艺术研究院曲艺研究所成立30周年学术座谈会”在中国艺术研究院举办。文化部艺术司副司长吕育忠，中国文联罗扬、刘兰芳、姜昆、冯巩、田连元、种玉杰和中国艺术研究院院长、中国非物质文化遗产保护中心主任连辑等有关领导与曲艺研究所研究人员共50余人出席了座谈会。座谈会上，与会者回顾了该所走过的30周年历程，展望了该所的发展前景。

（丁　琳）

传　承

【刘兰芳、王印权夫妇收徒】 2月19日，评书表演艺术家刘兰芳、王印权夫妇收徒仪式在河南省宝丰县中华曲艺展览馆举行。刘兰芳收慧敏、刘昭、陈世芳、刘书宇4人为徒，王印权收黄甲亮和宝丰民间艺人牛燕萍为徒，刘兰芳弟子刘朝收宝丰民间艺人陆文娟、陆书娟双胞胎姐妹为徒。收徒仪式后，刘兰芳、王印权夫妇携众弟子举行了刘兰芳新春听友会。同时，在中华曲艺展览馆还举行了刘兰芳、王印权马街书会三十五周年回顾图片、资料展览。

（丁　琳）

【田战义收徒】 10月9日，评书演员田战义收徒暨青年评书演员武宗亮拜师仪式在京举行。李金斗、连丽如、石富宽、沈永年、李国盛、李增瑞、王文林、贾建国、李伟健、徐德亮等到场祝贺。收徒仪式现场，武宗亮向师父行传统的叩拜大礼，赠送师父一支金如意，田战义回赠了评书的三件表演道具——扇子、手绢、醒木。

（丁　琳）

杂　　技

【概　况】2016年，习近平总书记在中国文联第十次全国代表大会发表重要讲话。他强调，文运同国运相牵，文脉同国脉相连。广大文艺工作者要坚持以人民为中心的创作导向，坚持“二为”方向、“双百”方针，坚定文化自信，坚持服务人民，勇于创新创造，坚守艺术理想，推出更多反映时代呼声、展现人民奋斗、振奋民族精神、陶冶高尚情操的优秀作品，努力筑就中华民族伟大复兴时代的文艺高峰。首都杂技（魔术）界深入学习贯彻习近平总书记的重要讲话精神，坚定文化自信，坚持服务人民，坚守艺术理想，锐意创新，开拓进取，首都杂技（魔术）事业迈上了新的台阶，为繁荣发展社会主义文艺事业，为实现中华民族伟大复兴的“中国梦”做出了新的更大贡献。

2016年，北京地区杂技（魔术）演出繁荣发展，演出节目精彩纷呈。中国舞台演出界第一次以版权购买形式引进了加拿大具有世界级水准的剧场作品《CAVALIA·舞马》，该剧在北京演出共计150场，19万名观众观看了演出。这一数字创造了《CAVALIA·舞马》13年巡演史上连续在一个城市演出的最高纪录。《CAVALIA·舞马》被纳入第四届北京惠民演出季并作为演出季的开场演出，在《新京报》进行的评选中，被评为2016北京最艺术十佳演出之一。此外，杂技音乐剧《新鹊桥会》、杂技舞台剧《熊猫当家》、杂技剧《破晓》、北京朝阳公园的“世界风情大马戏”演出、加拿大炫光马戏工厂打造的《大都会》等演出均受到了首都观众欢迎。杂技节目在艺术创新方面进行了积极探索。例如原创大型语言杂技剧《北京》以北京3000年建城史、850年建都史作为背景，用古今不同时空的人物贯穿演出，将相声和杂技相结合，把传统文化与现代元素相融合，展现了北京的历史、文化、风土人情以及当代精神。该剧与ME直播进行合作，首次尝试了手机直播的方式。

在演出活动方面，中国杂技艺术节是本年度的亮点。中国杂技艺术节是由中国文联、中国杂技家协会共同主办的常设性重大活动，集中展示中国杂技发展的最新成果，以及在国内外重大赛事中获奖的杂技、魔术、马戏等节目，在中国杂技界拥有较高地位。由中国文联、中国杂技家协会、河南省委宣传部、洛阳市政府共同主办的2016年第三届中国杂技艺术节首次走出北京，踏上中原大地，是一次广大杂技工作者学习贯彻习近平总书记重要讲话精神的生动实践。该届杂技艺术节汇集了全国近20个优秀杂技院团和10台优秀杂技晚会的精品节目，集中展示近10年来、特别是中共十八大以来的优秀杂技作品，体现了中国当前杂技发展的艺术水准和丰硕成果。该届艺术节秉持服务人民的主旨，在北京市、上海市、天津市、大连市、哈尔滨市、南宁市、吴桥县设立7个分会场，安排杂技展演、公益专场演出、“送欢乐下基层”等贴近生活、贴近百姓的活动，为观众奉献了杂技艺术的盛宴。

演出品牌方面，2016年北京地区魔术演出品牌活动日趋成熟。中国北京国际魔术大会是北京市最具特色和最有影响力的文化品牌活动之一，大会以“世界一流、中国水准、北京特色”为办会理念，突出“国际化、品牌化、社会化、市场化”的办会模式。2016年，第三届中国北京国际魔术大会在昌平举办，该届魔术大会创造了很多第一：全国魔术界首次举办了产业贸易洽谈会，洽谈会设立了国内首个魔术类公募项目“金长城·魔术”公益项目，该公益项目面向全球公募魔术公益基金，推动魔术公益表演；大会发布的《从0到1》系列魔术教材，是政府正式引进出版的第一批国际魔术教材，其中《儿童魔术秀大师计划》弥补了中国儿童魔术秀教材的空白。众多的“第一”意味着该届魔术大会由过去单一的魔术交流表演，衍生为依靠创新和知识产权为特色的文化创业产业。自2012年起，昌平区已成功举办了2届国际魔术大会、2届世界大学生魔术交流大会，打造了“金长城”大会品牌，得到了世界魔术界的认可，昌平区魔术产业体系正日趋完善。北京大学生魔术交流大会也是北京魔术事业的品牌活动之一。2016年由北京市文学艺术界联合会主办，北京杂技家协会承办的第三届北京大学生魔术交流大会在北京举办，这是继2012年、2015年之后，又一次京津冀地区的专业性魔术艺术交流和展示的盛会，成为市文联和北京杂协的魔术品牌活动。

2016年，演出交流、展演方面也取得了长足进步。北京杂技事业着眼于文艺工作服务于党和国家工作大局的方针，由北京市文联、天津市文联、河北省文联主办，京津冀三地杂技家协会和中国杂技团有限公司承办的京津冀杂技精品节目展演活动响应《京津冀协同发展规划纲要》精神，推动京津冀杂技艺术发展，努力打造京津冀协同创新共同体，是促进三省市文化共建共享的重要举措，是北京市文联和协会利用自身资源，传承中华文化创造性和创新性转化的具体运作。2016年，第二届华北五省（区）杂技（魔术）创新节目展演的成功举办，加强了区域间的合作和协同发展，促进了地区内各杂技艺术团的交流切磋，推出了一批优秀人才和领军人物，为今后华北地区创作出更多精品力作打下了坚实的基础。2016年，第三届北京大学生魔术交流大会秉承前两届交流大会的宗旨，为青年魔术师搭建展示的平台，开阔眼界、提升水平、推动发展。该届交流大会进一步贯彻落实京津冀协同发展战略，邀请京津冀晋蒙等华北五省和粤桂川黔滇等南方五省的12位魔术新秀参加交流展示，他们创作的节目在传承的基础上，大胆融入时代特征，在遵循魔术技法表现规律的同时，具有鲜明的个性和创新意识，彰显了年轻一代魔术师砥砺奋进的创作势头。

2016年，北京地区杂技（魔术）界在党和政府政策方针的指引下，进一步推动理论方面的建设。9月，中国杂协深入学习贯彻习近平总书记文艺工作座谈会重要讲话精神专题研讨班在北京举行，与会者充分认识到新时期杂技工作的历史定位、重要意义、面临形势、独特优势和任务挑战。11月30日，中国文联第十次全国代表大会于在人民大会堂开幕。中共中央总书记、国家主席、中央军委主席习近平出席大会并发表重要讲话。11月30日下午，中国杂协代表团全体代表在王仁刚代表的主持下，认真学习讨论了习近平总书记在十次文代会上发表的重要讲话。与会代表重温了习近平总书记的重要讲话，一致认为讲话深刻阐明了文艺事业在党和国家工作全局中的重要地位，科学论述了当前中国文艺领域的重大理论和现实问题，进一步指明了新形势下文艺事业的发展方向，并对广大文艺工作者和中国文联提出了殷切期望。讲话给广大文艺工作者以巨大的激励和鼓舞，是做好新形势下文艺工作的又一纲领性文件。大家一致表示，要紧密团结在以习近平同志为核心的党中央周围，锐意创新、开拓进取，努力为繁荣发展社会主义杂技事业做出新的、更大的贡献。

2016年，中国文艺评论家协会曲艺杂技艺术委员会成立，对杂技加强理论研究、开展艺术批评、促进杂技繁荣发展具有重要意义。

机　构

【中国文艺评论家协会曲艺杂技艺术委员会】 7月25日，中国文艺评论家协会曲艺杂技艺术委员会成立仪式在北京举行。中国文联党组成员、副主席、书记处书记、中国文艺评论家协会副主席夏潮，中国文联党组成员、书记处书记、中国文艺评论家协会副主席郭运德，中国文艺评论家协会主席、中央文史馆馆员仲呈祥，中国文艺评论家协会副主席、中国曲艺家协会副主席崔凯等出席会议。经中国文艺评论家协会主席团决定，崔凯出任中国文艺评论家协会第一届曲艺杂技艺术委员会主任。成立仪式上，夏潮、仲呈祥等中国文艺评论家协会主席团成员为委员们颁发了聘书。

（王凌雨）

作　品

【杂技舞台剧《熊猫当家》】 6月10日，中国杂技团的大型原创杂技舞台剧《熊猫当家》在民族宫文化大剧院首演。该剧融合了杂技、武术和舞蹈等艺术元素，讲述了熊猫学艺锻炼身心的冒险故事。饰演熊猫憨憨的演员是“金小丑”奖的获得者李晓强和刘群。该剧不仅融入了《圣斗——地圈》《腾・韵——十三人顶碗》《俏花旦——集体空竹》等节目。还加入了新创传统节目《集体蹬伞》，由李盛菁、顾婉玄、孙静怡、邱梦、宋可燃5名青年艺术家表演，单人挂伞可多达12把。

（王凌雨）

【语言杂技剧《北京》】 6月15日，在北京博纳星辉剧院，由中国杂技团携手何云伟及徒弟闫佳宝主演的原创大型语言杂技剧《北京》在北京博纳星辉剧院首演。该剧以不同时期北京的地域特色文化为内容，通过古今不同时空的人物贯穿演出，将相声和杂技相结合，展现了北京的历史、文化、风土人情以及当代精神。中国杂技团还与ME直播合作，通过手机直播了此次演出。

（王凌雨）

活　动

【2016昌平区青少年魔术迎春会】 2月19日，由北京市昌平魔术协会主办，昌平区青少年魔术团承办，昌平区前锋学校协办的“2016年昌平区青少年魔术迎春会”在昌平区前锋学校礼堂召开。北京市文联副主席、北京杂技家协会主席李恩杰，昌平区委常委、宣传部部长

余俊生，昌平区副区长刘淑华，北京杂技家协会秘书长董蕾，昌平区文委书记、主任刘全新，昌平区教委书记隋彦玲，昌平区广播电视中心主任刘晓梅，北京市文联副主席、昌平魔术协会主席李宁等参加了活动。北京杂技团金菊奖魔术师徐阳表演了中国传统魔术古彩戏法，昌平区城关小学魔术社团表演了大型舞台魔术《金字塔奇迹》，昌平区青少年魔术团表演了魔术舞蹈《神奇的跳舞棒》，昌平区优秀“小魔星”代表宋新宇表演了参加“韩国魔术之旅”中学习到的魔术作品，昌平区优秀“小魔星”李子为表演了魔术《神奇的骰子》。昌平魔术协会秘书长、国家级非物质文化遗产“傅氏幻术”第四代传承人胡金玲的收徒仪式也在迎春会上举办，傅氏幻术第三代传承人傅起凤出席并上台表示祝贺。

（王凌雨）

【杂技创作人才培养培训班结项汇报展演】 5月28日，杂技创作人才培养培训班的结项汇报展演在中国杂技团实验剧场举办。该项目由国家艺术基金全额资助，中国杂技家协会与中国杂技团有限公司承办，旨在进一步提升杂技创作人才对杂技艺术的理解，培养真正的“高、精、尖”的杂技创作类人才，从而推动杂技创新，带动全国杂技作品创作的发展。在由培训班全体讲师及学员共同创作完成的汇报演出中，涵盖了现代舞、形象捕捉、古典舞身韵、特殊环境下特殊人物、武术以及自创作品等多个课题。

（王凌雨）

【第三届魔法小巨人首都少儿魔术大赛】 7月23日，由北京杂协主办、巨人魔术培训承办的“第三届魔法小巨人首都少儿魔术大赛”在北京举办。该大赛从30多名线上参赛选手中选出了15名线下参赛小选手，其中还包括一名法国籍小选手。小选手们的表演内容丰富，魔术技法多样，既有传统的环、球、绢、花等表演，也有时尚的光盘秀与手彩顶针秀等表演。此外，活动还安排了魔术讲座和嘉宾表演。比赛最终评出金奖1名，银奖2名，铜奖3名，最佳创意奖1名，优秀奖若干名。

（王凌雨）

【中国杂协第七届理事会第二次会议】 8月30日，中国杂技家协会第七届理事会第二次会议在北京西藏大厦召开。中国文联党组成员、书记处书记郭运德，中国文联副主席、中国杂技家协会主席边发吉，中国文联人事部主任郑希友，中国杂技家协会分党组书记王仁刚，中国杂技家协会副主席邓宝金、付继恩、刘全利、齐春生、李西宁、吴正丹、张红、俞亦纲、梅月洲、戴武琦，中国杂技家协会分党组成员、副秘书长邹玉华、肖世革，中国文联杂技艺术中心主任宓鲁，文化部艺术司音乐舞蹈杂技处调研员孙志强，以及来自全国各省、自治区、直辖市、新疆生产建设兵团、解放军、港澳特别行政区的88位理事出席会议。边发吉主持会议。会上，李西宁通报了增补中国杂技家协会第七届理事会理事的情况。郑希友做了关于中国杂技家协会领导机构人事调整的说明。经过与会全体理事的投票，增选王仁刚为中国杂技家协会第七届副主席。受中国杂技家协会第七届主席团委托，王仁刚作了题为《把握时代脉搏，弘扬中国精神，用创新理念推动杂技艺术繁荣发展》的工作报告。

（王凌雨）

【《从0到1》系列魔术教材正式发布】 9月23日，国内正式引进出版的首批国际魔术教材——《从0到1》系列魔术教材正式发布。系列教材包括《从0到1：纸牌魔术秀白金秘籍》和《从0到1：儿童魔术秀大师计划》2本，其中《从0到1：儿童魔术秀大师计划》填补了中国儿童魔术教材的空白。书中对魔术流程进行了全新的剖析，并通过精美照片图解每一个细节，为读者解析魔术大师背后的秘密。

（王凌雨）

【第三届中国北京国际魔术大会】 9月23日—25日，由中国杂技家协会、中国青年报社、北京市文化局、北京市文资办、北京市文联、北京演艺集团、昌平区人民政府联合主办，北京杂技家协会、中国杂技团、北京市昌平区文化委员会共同承办，中国青年报社战略支持的以“传承与创新”为主题的第三届中国北京国际魔术大会在昌平区举行。大会期间，举办了国际魔术产业贸易洽谈会、开幕式暨国际魔术大师魔幻秀、“北京之光”国际近景魔术专场秀、“金长城杯”世界魔术冠军作品展演、闭幕式暨“魔幻人生”魔术秀、国际魔术培训班、国际魔术讲座、沙龙、道具展等活动。

（王凌雨）

【北京欢乐谷第十届国际魔术节】 10月1日—7日，北京欢乐谷第十届国际魔术节在北京欢乐谷举办。该届魔术节以“送你神秘与梦幻”为主题，邀请来自意大利、瑞典、古巴、俄罗斯、瑞士、加拿大等国家和地区的魔术师演出。此次魔术节还举办了2016“欢乐谷杯”全国魔术精英挑战赛、第五届“未来魔星”全国少儿魔术大赛、2016北京欢乐谷国际魔术邀请赛三大赛事。

（王凌雨）

【第一届首都杂技（魔术）文艺人才培训班】 10月17日—18日，由北京市文联主办、北京杂技家协会承办、中国杂技团有限公司协办的第一届首都杂技（魔术）文艺人才培训班在中国杂技团正式开班。共有30位北京杂协中青年理事和骨干会员参加了培训。中国杂技家协会分党组成员、副秘书长肖世革出席开班仪式并讲话。开班仪式由北京杂技家协会副主席孙力力主持。此次培训特别邀请中国杂技家协会研究部主任郭云鹏、陆军政治部战友文工团国家一级演员张文甫、中国传媒大学戏剧影视学院表演系副教授杨扬3位专家，为学员做杂技、语言、表演等不同艺术方向的专题讲座。

（王凌雨）

【第三届北京大学生魔术交流大会】 12月2日—4日，由北京市文学艺术界联合会主办，北京杂技家协会承办，高校魔术联盟、北京奇幻森林魔术文化产业集团有限公司协办的第三届北京大学生魔术交流大会在北京举办。来自西班牙、韩国、日本等国家和国内的近50名演员参加了大会。该大会的主题是“传承·引领·融合·创新”，同时还举办了“2016全国少儿魔术邀请赛”“开幕式暨嘉宾演出”“华北五省和南方五省魔术新秀交流展示”“第八届CMUC新星杯魔术比赛”“闭幕式暨颁奖晚会”等演出，以及“南北魔术之道——魔术的传承与时代”研讨会和4场国内外嘉宾讲座与专业魔术道具展示。闭幕式上，为“2016全国少儿魔术邀请赛”的小选手颁发“希望之星”奖，为参与“华北五省与南方五省魔术新秀交流展示”的选手颁发“最受观众喜爱的魔术师”称号和“专家评选的最佳节目奖”。

（王凌雨）

交　　流

【加拿大圆核CAVALIA剧团到京演出】 4月26日，加拿大圆核CAVALIA剧团携其舞台秀《CAVALIA·舞马》在朝阳公园演出。舞台秀是在面积为2440平方米的帐篷剧场中演出。演出中使用了幅宽60米的多媒体投影、120000升循环表演用水系统、2500吨细沙垫料，实现从远古洞穴到草原、沙漠、雨林，从古老的东方到梦幻欧罗巴等各种神奇场景的变换。在演出中，有40匹马先后登场与演员合作，形成“马背空中飞人”“万马奔腾”的场面。可称为是一场融合了戏剧、舞蹈、马术、空中维亚以及多媒体表演的人马共演节目。这台节目是以版权购买形式引进的作品。

（王凌雨）

第一届首都杂技（魔术）文艺人才培训班培训现场

【京津冀杂技精品节目展演】 5月5日，由北京市文联、天津市文联、河北省文联主办，京津冀三地杂技家协会和中国杂技团有限公司承办的“传统与传承”——京津冀杂技精品节目展演在民族文化宫大剧院上演。中国杂技团、北京杂技团、中国铁路文工团曲艺杂技团、北京国际艺术学校、天津杂技团、河北省杂技团、河北吴桥杂技艺术学校、沧州杂技团以及上海杂技团、长春市杂技团的近百位演员参演。此次展演由“传统”和“传承”两个部分组成。演出的节目有《舞中幡》《雨轮子》《飞叉》等传统杂技表演节目以及《诗画韵——蹬伞》《假面怪人——拍球》《圣斗——地圈》《舞空竹》《中华雄风——蹬人》等近年创新的节目。

（王凌雨）

【杂技音乐剧《新鹊桥会》进京演出】 5月6日—7日，由江苏省阜宁县杂技团、盐城师范学院音乐学院共同制作演出的杂技音乐剧《新鹊桥会》在北京世纪剧院演出，开启了该剧的全国巡演。该剧将牛郎、织女这个古老的爱情故事加入现代情感和叙述元素，用杂技与歌舞表现了当代少男、少女的感情生活。

（王凌雨）

【台湾戏曲学院暑期杂技研习班】 7月24日，由中华文化联谊会主办、中国杂技团有限公司承办的台湾戏曲学院暑期杂技研习班在中国杂技团有限公司开班。台湾戏曲学院民俗技艺学系杂技专业师生一行25人在中国杂技团有限公司进行了为期一个月的训练生活。该研习班的教学重点是杂技表演的基本功。

（王凌雨）

【加拿大炫光马戏工厂到京演出】 7月27日—30日，由加拿大炫光马戏工厂打造的新马戏时尚秀《大都会》在北京保利剧院演出。该剧的灵感源于同名无声电影和电影《城市之光》、科幻电影《妙想天开》。该剧糅合了钢管技巧、柔术、舞轮、晃板、空中飞人、绳索等在内的十多种艺术表现手法，在旋转场景和投影的引导下，在原创音乐和视频切换中，观众与表演者一起往返于幻境和现实之间。

（王凌雨）

【南部战区陆军战士杂技团进京演出】 8月1日，由南部战区陆军战士杂技团创排的原创现实军事题材杂技剧《破晓》在军委后勤保障部礼堂演出。该剧用杂技的艺术表现形式，借鉴话剧的叙事方式，讲述了发生在中国南海的一场军事演习。

（王凌雨）

【“北京之夜”杂技精品专场演出在保加利亚举办】 9月26日，中国杂技团“北京之夜”杂技精品专场演出在索菲亚国立文化宫举办。演出包含《邀月弄影——芭蕾对手顶》《协奏·黑白狂想——男女技巧》《揽梦擎天——摇摆高拐》《俏花旦——集体空竹》《腾·韵——顶碗》等多个屡获国内外金奖的节目。北京市人大常委会主任杜德印与保加利亚等中东欧国家的首都城市市长一起观看了演出。

（王凌雨）

【四川省遂宁杂技团进京演出】 12月28日—29日，四川省遂宁杂技团携其大型杂技晚会“中华绝技秀”在北京朝阳剧场展演。该晚会是第三届中国杂技艺术节北京分会场的惠民演出。该晚会由十多个杂技节目串联而成。包括高椅、男女双人技巧、变脸、集体车技、软钢丝、环球飞车和钻圈、绸吊、“死亡轮”、柔术等节目。

（王凌雨）

研究与评论

【《中国杂技　国内叫座　国际叫好》】 载于《人民日报》1月15日第9版，作者陈原。文章从“志愿服务，我们的责任”“传统文化，原创的富矿”“国际舞台，中国很响亮”三个方面进行了阐述。认为杂技是中国最早面向世界舞台的民族艺术，也是最先闯入市场的传统文化。近年来，杂技艺术不但在国际比赛中屡获大奖，一次次走出国门，在各国巡演，成为最具知名度的中国文化品牌，而且还在国内各地开创出一个个驻场演出的票房奇迹，赢得了千百万名观众。

（王凌雨）

【《北京市杂技市场营销现状分析与建议》】 发表于《杂技与魔术》第2期，作者白云飞、廖炎钧、马爱萍。文章认为在国内杂技市场的营销现状是杂技经营单位和杂技从业者与杂技市场之间缺乏有效磨合，杂技院团在还未做好市场定位、锁定目标市场时，就按照原有的常规方式把节目编排出来，这样的杂技表演虽然能保证一定的质量，但很难说是目前杂技演艺市场最为需要的。在这种情况下，杂技院团为了回笼资金只好到处推销自己的节目，之后又置身于新一轮“闭门编排—推销节目—回笼资金”的怪圈中。这一现象是国内杂技演艺市场包括北京杂技市场营销在内存在的普遍问题。具体来说主要问题有第一，目标市场不明确，市场定位不准确。第二，作品形式单一，缺少创新和互动。第三，定价不当，影响观众消费。第四，杂技行业内部的联动少。第五，缺乏必要的促销手段。文章的总结与建议是：未来中国杂技的演出市场潜力巨大，要发掘这个潜在的庞大市场，相关演艺企业在制订营销策略之前做好市场调研显得十分必要。

（王凌雨）

【京津冀杂技精品节目展演研讨会】 5月6日，“传统与传承”京津冀精品节目杂技展演研讨会在北京召开。该研讨会肯定了中国杂技古老而优秀的传统，回首了改革开放三十年后杂技艺术的发展，分析了当今时代背景下杂技艺术面临的挑战和机遇，提出了有关杂技表演、杂技教育等诸方面的建议，达成了未来发展杂技艺术的建设性创想。同时，与会嘉宾就京津冀杂技精品节目展演做出了细致的点评。

（王凌雨）

【“南北魔术之道”——魔术的传承与时代研讨会】 12月4日，在第三届北京大学生魔术交流大会期间，由北京市文联主办、北京杂技家协会承办、市文联研究部和北京文艺评论家协会协办的“南北魔术之道”——魔术的传承与时代研讨会在北京举办。来自全国的50多位魔术表演艺术家、魔术理论家、魔术领域的管理者和文艺评论家，围绕魔术的传承问题、魔术的时代性、魔术的创新等话题展开了讨论。

（王凌雨）

音　　乐

【概　况】2016年，北京地区音乐界又增添了一些新的音乐机构和设施。在北京成立的中国民间文艺家协会民族音乐文化产业研究委员会是国家级的民族音乐文化产业学术研究机构。集展览、体验、销售、维修、保养、音乐艺术启蒙讲座和音乐培训等多种服务于一体的“中国乐谷·华东乐库乐器城”落成，成为京城又一新的文化创意基地。此外，暴风摇滚公益基金会、三高文化专项基金在北京的设立，为推动北京地区的音乐创作、音乐演出和音乐教育增添了新的活力。

2016年，北京地区推出了一系列新的音乐作品。为纪念中国工农红军长征胜利80周年，中央歌剧院创作了歌剧《红军不怕远征难》，国家大剧院制作了歌剧《长征》。国家大剧院还制作了一批外国著名作曲家的歌剧，包括意大利作曲家威尔第的歌剧《麦克白》、蓬基耶利的歌剧《歌女乔康达》，德国作曲家瓦格纳的歌剧《唐豪瑟》和捷克作曲家德沃夏克的歌剧《水仙女》等，丰富了北京地区的音乐演出。北京地区新的音乐作品还有交响声乐套曲《为你歌唱》，大型民族音乐《寻找杜甫》，歌剧《杜鹃山》《敦煌之恋》，音乐剧《天堂树》《嘎丽娅》和《音乐之声》中文版，还有家庭音乐剧《布莱梅乐队》，以及面向青少年推出的音乐作品如魔幻诗剧《从前有个山》、亲子音乐剧《虎妈猫爸》、交响童话作品《奥当女孩》等。

2016年，北京地区开展了多种多样的音乐活动。既有“永恒”——西方音乐巨匠手稿展、2016年北京乐器展、2016北京音乐生活展等与音乐密切相关的各类展览，有社会主义核心价值观少儿声乐套曲发布会，还有北京国际音乐节、北京国际管乐节、北京九门爵士音乐节、北京大学生音乐节、2016潮流音乐节、阿卡贝拉艺术节、北京天桥音乐剧演出季、中国国际合唱节、中国笙文化国际艺术节、2016“彼岸花开”民族地区艺术院校晋京展演”、“打开音乐之门”系列音乐会等大型的音乐活动，以及国家大剧院举办的五月音乐节、八月合唱节、歌剧节，中国交响乐团举办的“龙声华韵”系列音乐会，中央音乐学院举办的国际室内乐音乐节与中国音乐学院举办的国乐节等活动。

2016年，北京地区的音乐演出也很活跃。除了北京地区音乐表演团体举办的各类音乐会，还有“向人民汇报”——“深入生活、扎根人民”主题实践活动成果汇报音乐会和国家大剧院慰问首都外来务工人员专场音乐会、“用音乐点亮人生”音乐会、大好河山光耀中华公益演唱会等公益性演出。个人作品音乐会包括有阎肃歌词作品合唱音乐会、叶小钢作品专场音乐会、郭文景交响声乐作品音乐会、周东朝从艺48年唢呐作品音乐会、周娟民族管弦乐作品音乐会、于源春琵琶独奏音乐会、吴钊“古琴正韵”音乐会、吴岳林高胡交响音乐会等。崔健等歌手还举办了个人演唱会。

2016年，北京地区的音乐交流活动十分频繁。到北京演出的外国音乐表演团体有荷兰小虎队打击乐团表演的打击乐音乐剧《怦客三兄弟》，美国梦工厂的音乐剧《马达加斯加》，美国百老汇的音乐剧《窈窕淑女》、英国铁娘子乐队进行的“灵魂之书”世界巡演北京站演出，英国创意团队“STOMP打击乐团”演出的音乐会“STOMP破铜烂铁”，英国皇家爱乐乐团音乐会，俄罗斯图列茨基合唱团音乐会，俄罗斯的莫斯科柴可夫斯基交响乐团音乐会。外国著名音乐家在北京演出的有：西班牙男高音何塞·卡雷拉斯在北京举办的世界告别巡演，有美国“管风琴坏王子”之称的卡梅伦·卡彭特举办的“世界巡演管风琴”音乐会，俄罗斯小提琴家马克西姆·文格洛夫的独奏音乐会，法国钢琴家朱利安·哲拉斯演奏的钢琴独奏音乐会，还有新加坡作曲家、音乐制作人李伟菘、李偲菘的作品音乐会。

2016年，国内一些音乐表演团体和个人的演出也丰富了北京地区的音乐舞台。上海的原创音乐剧《犹太人在上海》，上海爱乐乐团的吕其明作品专场音乐会、内蒙古民族艺术剧院蒙古族青年合唱团的汇报演出、内蒙古野马马头琴乐团成立30周年庆典音乐会、陕西省文化厅出品的歌剧《白鹿原》、云南省花灯剧院的原创花灯歌舞剧《走婚》、四川凉山彝族自治州歌舞团和凉山文广传媒集团出品的原创民族歌剧《彝红》、广西演艺集团歌舞剧院创作演出的壮族岩画音乐舞蹈诗《花山》、江西吉安市采茶歌舞剧院的大型采茶畲歌戏《热血山哈》、广东汉剧传承研究院创作的大型汉调音乐剧《梦@时代》、广东省南方歌舞团打造的大型原创音乐剧《烽火·冼星海》、青海省玉树藏族自治州大型原生态歌舞专场《梦回雪域》、太原市歌舞杂技团出品的原创音乐剧《十年》、新疆伊犁哈萨克族传统音乐展演以及武汉音乐学院音乐创作·湖北省协同创新中心委约作品音乐会，都展示了各地音乐创作的水平、特色和成果。“兄弟本色”组合、周华健、李克勤、容祖儿、徐佳莹、罗志祥等中国台湾地区和香港特区的音乐团体与个人，也在北京举办了演唱会。北京地区的一些音乐团体和个人，也多次到外埠、外国进行演出。北京地区频繁进行的国内音乐交流，彰显了北京作为国际文化交流中心的城市特色。

2016年，北京地区的音乐赛事不断。音乐作品类的比赛有第五届民族管弦乐（青少年题材）新作品征集评选、申冬奥优秀音乐作品评选活动等；器乐类的比赛有第一届北京肖邦国际青少年钢琴比赛、亚瑟·鲁宾斯坦国际青少年钢琴比赛、第二届雅马哈全国钢琴比赛等；声乐类比赛有中国青年男高音声乐大赛总决赛、京津冀声乐表演邀请赛、“咪咕音乐·音为青春”中国大学音乐超级联赛、2016年“水立方杯”海外华裔青少年中文歌曲大赛等。各种赛事和评奖活动，在一定范围和一定程度上推动了北京地区音乐创作、音乐演出水平的提高。

2016年，在北京举办了不同对象、不同视角的多个音乐方面的研讨会。有以乐器为对象的第五届全国乐器学研讨会，有以音乐产业为讨论内容的2016第三届音乐产业高端论坛，有针对高层次教育的2016年全国音乐与舞蹈领域艺术专业学位研究生教育研讨会，有以加强音乐评论队伍建设为目标的2015国家艺术基金项目“多民族地区乐舞艺术评论人才培养”研讨会，还有关注民族歌剧的中国民族歌剧传承发展座谈会，以及针对具体作品的重排版民族歌剧《小二黑结婚》专家研讨会等。

（张燕鹰）

机 构

【暴风摇滚公益基金会】 1月6日，暴风摇滚公益基金会在北京成立。该基金会由暴风科技、中国音像与数字出版协会、数十位中国摇滚音乐人以及十余家音乐机构共同发起。该公益基金分为制作基金、演出基金、推广基金等子基金，旨在整合行业力量，搭建推广平台，在增加排练场、音乐制作、现场演出、线上推广等方面对中国摇滚音乐进行扶持。

（崔 渊）

【中国乐谷·华东乐库乐器城】 2月27日，中国乐谷·华东乐库乐器城项目在平谷区中国乐谷展示中心落成开放。该乐器城占地约4000平方米，展示了10大类400多种乐器，汇集了国内外上百个厂家，可实现从展览、体验、销售到维修、保养、音乐艺术启蒙讲座再至音乐培训等项目的全链条服务。

（崔 渊）

【中国民间文艺家协会民族音乐文化产业研究委员会】 3月29日，中国民间文艺家协会民族音乐文化产业研究委员会在北京成立。该研究会以开展民族民间音乐文化搜集、整理、研究、传播、交流为主要工作，旨在促进中国民族民间音乐艺术交流，以期实现中国民族音乐文化产业理论与实际相结合、专业学术研究与产业化发展紧密相连的发展方向。

（崔 渊）

【三高文化专项基金】 5月17日，欧美同学基金会与三高文化艺术（北京）有限责任公司宣布正式成立“三高文化专项基金”。“三高”是由戴玉强、莫华伦、魏松三位歌唱家组成的“中国三大男高音”推出的文化品牌。该基金会将通过举办公益讲座、论坛、培训等形式，关注和支持年轻艺术家的成长，发现和培养优秀人才。

（崔 渊）

作 品

【音乐剧《虎妈猫爸》】 1月8日，由华青传奇出品，悦目创新独家承制，库尔文化协办的大型亲子音乐剧《虎妈猫爸》在北展剧场首演。该剧根据同名电视剧改编，讲述了一个以一群孩子本以为可以在假期痛痛快快地玩，家长们违背了自己的承诺，要求孩子们去上各种补习班为背景的故事。剧中，魔法师麦吉克把孩子们带到了游乐场，既有好玩的、好吃的，还可以给孩子们自己所认为的完美父母，但条件是要孩子们用自己的父母交换。后来，孩子们发现上了麦吉克的当，开始了拯救自己、拯救父母的行动。最后，孩子们与父母互相打开了心扉。作品在延续了电视剧中的教育热点之外，将主视角由父母一方转向孩子，解读孩子眼中的“完美父母”。编剧苗九龄，作曲张小柯，导演王泽，演员有杨爽博、傅祥安、王志鹏、赵胤泽、王梦娴、刘婷婷等。

（崔 渊）

【“哈尼交响·欢乐新春”音乐会】 1月23日，由文化部艺术司、中共云南省委宣传部、中共红河哈尼族彝族自治州委员会、红河哈尼族彝族自治州人民政府主办，中共红河哈尼族彝族自治州委宣传部、北京大音知博文化传媒有限公司协办，中国国家交响乐团演奏的“哈尼交响·欢乐新春”音乐会在国家大剧院音乐厅进行首场演出。此次演出是中国国家交响乐团在学习了习近平在文艺工作座谈会的重要讲话精神之后，深入云南采风创作的作品。音乐会共演出了6部充满云南风情的新作品，即郭小笛的《彝乡情幻想曲》、赵石军的《哈尼纪念册》、张朝的《哀牢山狂想》、黄荟的《云之南第二组曲》、邵恩的《哈尼印象》和夏良的《交响组曲》，音乐会还演出了关峡的《节日序曲》。指挥邵恩，中国国家交响乐团演奏。

（崔　渊）

【国家大剧院版歌剧《歌女乔康达》】 1月27日，由国家大剧院制作的意大利歌剧《歌女乔康达》在国家大剧院歌剧院首演。该剧取材于法国作家雨果的剧作《帕多瓦的暴君安杰罗》，意大利剧作家博伊托将其改编为歌剧脚本，意大利作曲家阿米尔卡雷·蓬基耶利作曲，1876年4月8日在米兰斯卡拉歌剧院首演。国家大剧院版歌剧《歌女乔康达》由丹尼尔·欧伦指挥，外籍主演叶琳娜·波波夫斯卡娅、安德里亚·卡勒、叶卡捷琳娜·古巴诺娃、托马斯·卡则里、乔治·朱赛皮尼，中国主演孙秀苇、迟立明、牛莎莎、张峰、关致京等表演。国家大剧院管弦乐团与合唱团担任伴奏与合唱。

（翟　璐）

【交响套曲“为你唱歌”】 2月20日，由北京市文联发起主办，全国公安文联、北京音乐家协会、中国广播艺术团联合主办的原创大型交响声乐套曲“为你歌唱”——人民与人民警察的心灵之歌在中国广播剧场首演。该套曲通过序曲“赤诚”，“兄弟”“牵挂”“期盼”3个篇章以及尾声“为你歌唱”5个部分，歌颂了人民警察。指挥许知俊，中国电影乐团、中国广播之友合唱团和歌唱家吕薇、黄华丽、陈小朵、周强等参加演出。

（崔　渊）

【国家大剧院版歌剧《唐豪瑟》】 4月6日—10日，由国家大剧院制作的瓦格纳歌剧《唐豪瑟》在国家大剧院首演。该剧由皮耶·阿里执导，吕嘉执棒，恩德里克·沃特里希、芭芭拉·哈维曼、朱赛皮娜·皮翁蒂、马库斯·维尔巴和莫华伦、孙秀苇、袁晨野、朱慧玲等中外歌唱家加盟演出。

（崔　渊）

【国家大剧院版歌剧《水仙女》】 5月17日，由国家大剧院制作的首部捷克民族乐派歌剧《水仙女》在国家大剧院歌剧院首演。该剧取材于安徒生《海的女儿》、莫特·富凯《水妖》等童话故事及斯拉夫的民间传说，是捷克作曲家德沃夏克歌剧作品。1901年3月31日，该剧在布拉格首演。国家大剧院版歌剧《水仙女》由乌戈·德·安纳执导，拉斯提斯拉夫·斯图尔指挥，国外主要演员有迪娜拉·阿丽耶娃、彼得·博格尔、纳坦·博格、斯黛拉·格里高里安、约拉娜·伏加索娃等，中国主要演员有周晓琳、郭燕榆、柯绿娃、李想、张心等。

（翟　璐）

【歌剧《长征》】 7月1日，由国家大剧院打造的原创歌剧《长征》在国家大剧院歌剧院首演。该剧以“信仰”和“理想”为创作关键词，并以现实主义的手法表现红军从瑞金出发，历经湘江战役、遵义会议、夺取泸定桥、爬雪山、过草地，最终胜利会师等重要历史事件。编剧邹静之，导演田沁鑫、杨笑阳，作曲印青，指挥吕嘉，主演阎维文、王宏伟、王海涛、王喆、龚爽等。

（崔　渊）

【音乐剧《布莱梅乐队》】 7月6日，由丑小鸭剧团股份有限公司与韩国柳列公司合作创排的家庭音乐剧《布莱梅乐队》在天桥艺术中心首演。该剧以格林童话《布莱梅乐队》为基础架构，讲述了梦想着周游世界的驴子敦魁召集了其他的动物朋友们踏上寻梦之旅，一路上克服重重磨难，最终实现梦想的励志故事。《布莱梅乐队》的韩文版由韩国歌手柳列制作。该音乐剧的中文版由刘旭光担任中方导演。

（崔　渊）

【音乐剧《音乐之声》中文版】 7月22日，由七幕人生独家引进并与保利剧院管理有限公司、保利演出公司联合出品制作的百老汇经典音乐剧《音乐之声》中文版在北京保利剧院首演。该音乐剧改编自奥地利海军上校冯·特拉普一家的真实经历。讲述了修女玛利亚引导上校的七个孩子培养对音乐的热爱，并使他们感到家庭的温暖的故事。冯·特拉普上校也与玛利亚结为伴侣。纳粹占领奥地利后，上校夫妇带着孩子们，用音乐表演为掩护，在修女们的帮助下，翻越阿尔卑斯山，奔向自由与幸福。该剧由理查德·罗杰斯和奥斯卡·汉默斯坦二世联手创作，1959年首次登上百老汇的舞台，1965年被改编成电影。该剧中文版导演为约瑟夫·格雷夫斯，译配程何，主演党韫薇、傅振华。

（崔　渊）

【大型民族音乐《寻找杜甫》】 8月20日，由中央民族乐团和成都民族乐团联合打造的大型民族音乐《寻找杜甫》在国家大剧院歌剧院首演。该作品采用“音乐剧场”的形式，分为“田园”“离乱”“梦想”3个篇章，借助音乐表现了杜甫忧国忧民、向往天下大同的美好社会理想及情怀。作曲梁仲祺，导演易立明，指挥何建国，中央民族乐团、成都民族乐团演奏。

（崔　渊）

【魔幻诗剧《从前有个山》】8月27日，由艺品同盟（北京）文化发展有限公司出品的魔幻诗剧《从前有个山》在北京展览馆剧场首演。该剧分为“从前有个山”“从前有个水”“从前有个人”“从前有个剑”“从前有个酒”“从前有个梦”6场，以一个孩子在传统艺术意境中的梦幻之旅为故事主线，用现代舞及先锋戏剧中的肢体表演和装置与现代吟诵、唱赋相结合的方式，将中国传统诗词曲赋中有关山、水、人、剑、酒、梦的意境与心像搬到现代舞台上。编剧、导演田戈兵，编舞王亚男。

（翟　璐）

【国家大剧院版歌剧《麦克白》】9月7日，国家大剧院打造的威尔第歌剧《麦克白》在国家大剧院戏剧场首演。该剧改编于莎士比亚的五幕悲剧《麦克白》。1847年，意大利作曲家威尔第根据皮亚韦的脚本将其搬上了歌剧舞台。国家大剧院版歌剧《麦克白》由乌格·德·安纳导演，丹尼尔·欧伦指挥，多明戈、孙秀苇主演。

（崔　渊）

【交响童话作品《奥当女孩》】9月11日，交响童话作品《奥当女孩》在北京音乐厅首演。该作品根据虹影同名奇幻童话改编，讲述了一个女孩在长江边上的法国奥当兵营的见闻。进入奥当兵营的男孩桑桑的愿望就是不顾一切换回妈妈生命，最终桑桑实现了自己的愿望，还获得了一份难得的纯美友情。作曲、指挥尼克·史密斯，新雅空气乐团演奏。

（翟　璐）

【复排民族歌剧《小二黑结婚》】9月23日—25日，由中国歌剧舞剧院复排的经典民族歌剧《小二黑结婚》在北京保利剧院上演。歌剧《小二黑结婚》改编自赵树理的同名小说，由田川等编剧，1952年于北京首演。此次复排采用民族管弦乐伴奏的方式，以现代理念重新编排、配器。当年“小芹”的饰演者乔佩娟任顾问，郭兰英任艺术指导，关峡任音乐总监，黄定山任总导演，主演蒋宁、毋攀、王娜、赵阳等。

（崔　渊）

【大型交响套曲《长征》】10月12日，为纪念红军长征胜利80周年，由中共北京市委宣传部、中共四川省委宣传部、中共成都市委宣传部主办，国家大剧院、四川广播电视台承办的大型交响套曲《长征》在国家大剧院首演。该套曲分为“送亲人”“血战湘江”“山歌情”“征途”“勇士·飞夺泸定”“彝海情深”“雪山草地”“红军到咱羌寨来”“大会师”9个乐章，描绘了长征的历史画卷。作曲张千一，指挥吕嘉，主演阿鲁阿卓、黄训国、吴静、徐晶晶等，参演团体有四川爱乐乐团、国家大剧院管弦乐团、国家大剧院合唱团、四川师范大学音乐学院合唱团、成都市青羊区琴台少儿合唱团。

（崔　渊）

【歌剧《杜鹃山》】10月16日，北京歌舞剧院创排的歌剧《杜鹃山》在天桥剧场首演。该剧改编自同名京剧，情节略作改动，增加了柯湘的感情世界以及对同志的战友情。在音乐上保留原京剧中主要唱段，结合歌剧中独唱、重唱、合唱和咏叹调、宣叙调的艺术特点，使得歌剧的音乐属性更为强烈。原作王树元，改编徐瑛、胡叠，作曲郑冰，导演王洸平，主演韩延文、吴春燕、金郑建、郭建超。

（崔　渊）

【音乐剧《墨·海》】10月17日，由北京经济技术开发区工委宣传部、国家海洋局宣传教育中心、中华文化促进会国际交流中心主办，国盛科技园、北京国盛京东文化传播出品，北京世纪华鹏文化传媒制的民族音乐剧《墨·海》在博纳星辉剧院首演。该剧在通过戏中戏的形式讲述海上丝绸之路故事的同时，还在剧中融入了中国民族音乐、戏曲、国画等元素。编剧、作词、作曲孙维良，导演毕呈锴，主演孙维良、徐晶晶、刘笑含等。

（崔　渊）

【歌剧《红军不怕远征难》】10月19日，为纪念红军长征胜利80周年，中央歌剧院原创歌剧《红军不怕远征难》在天桥艺术中心举行首演。该剧在全景式展现红军长征悲壮历程的同时，重点刻画了陈龙湘、石虎、王勇、老郭、苗花等英雄人物。编剧胡绍祥，作曲雷蕾，指挥杨洋，导演陈燕民，主演李爽、徐森、贾令、刘怡然、韩钧宇、赵一峦、陈森、阮余群、郭橙橙等。

（崔　渊）

【音乐剧《天堂树》】12月9日，由北京舞蹈学院师生创作的原创音乐剧《大堂树》在北京舞蹈学院舞蹈剧场公演。该作品取材于民国时期黔西南贞丰“辛亥十七勇士”的故事，讲述了勒嘎等七位年轻人，追随辛亥革命的先驱英勇斗争的成长过程。导演张永庆，北京舞蹈学院音乐剧系师生演出。

（崔　渊）

【音乐剧《小公主》】12月31日，中国儿童艺术剧院跨年新戏——音乐剧《小公主》在中国儿童剧场首演。《小公主》改编自美国作家弗朗西斯·霍奇森·伯内特的同名小说，讲述了印度出生的“小公主”萨拉在伦敦前后经历的两种截然不同生活的故事。编剧王堃，作曲邹野，导演赵宇，主演栾晰、胡志茸、周佳云子、常若曦、徐丽等。

（崔　渊）

活　　动

【国家大剧院慰问首都外来务工人员专场演出】 1月10日，由文化部公共文化司主办、国家大剧院承办的“文化暖心”——国家大剧院慰问首都外来务工人员专场演出在国家大剧院举办。国家大剧院管弦乐团演奏了《白毛女》组曲、《新疆之旅》选段、《E小调第五交响曲》等作品，指挥陈佐湟。500多名在北京从事建筑业的外来务工人员观看了演出。

（翟　璐）

【叶小纲作品专场音乐会】 1月28日，“龙声华韵”——叶小钢作品专场音乐会在北京音乐厅举行。本次演出既是中国交响乐团2015—2016音乐季上半季的收官之作，也是为预热“中拉文化交流年”而开展的首场中拉文化交流演出活动。音乐会演奏的演出曲目有《第一小提琴协奏曲》《冬》《锦绣天府》《青芒果香》等，这些作品是叶小纲从1983年—2015年创作的。指挥何塞·塞雷布里埃，中国交响乐团及众多独奏音乐家合作演出。

（崔　渊）

【于源春琵琶独奏音乐会】 1月29日，中央民族乐团青年琵琶演奏家于源春在国家大剧院小剧场举办“文武双全”——于源春琵琶独奏音乐会。于源春在演出中将传统琵琶文武曲《春江花月夜》、《十面埋伏》和充满现代音乐语汇的当代名作《秦俑》《琵琶辞》呈现于同一舞台。此外，她还探索演绎了重奏作品《早春》《平衡》，以及为本次音乐会委约创作的首演作品《关帝云长》。

（翟　璐）

【“北京风情”——大型原创民族交响音乐会】 2月2日，“北京风情”——大型原创民族交响音乐会在北京音乐厅上演。音乐会由北京市曲剧团和东方交响乐团共同演绎了《黄叶红楼》《喝面叶》《正红旗下》等多部北京曲剧经典曲牌及唱段，这些曲目经作曲家顾静媛之手改编为交响乐作品，加入了二胡、竹笛、琵琶、扬琴、三弦、八角鼓等民族乐器，将北京曲剧的优美旋律与交响乐的宏大叙事相结合，京韵十足。

（崔　渊）

【阎肃歌词作品合唱音乐会】 2月4日，“一片丹心”——阎肃歌词作品合唱音乐会在北京音乐厅举办。在音乐会上，中国交响乐团合唱团的艺术家们演绎了《红梅赞》《江姐》《党的女儿》《我爱祖国的蓝天》等阎肃的代表作。该音乐会演出以合唱为主，采取独唱歌曲合唱化、通俗歌曲艺术化等多种表现形式。编曲黄钟声、金巍等，指挥姜金一。

（崔　渊）

【超级大提琴2016】 2月20日—21日，由朱亦兵文化艺术中心、北京启迪之声音乐文化传媒有限公司联合主办的24小时古典音乐狂欢节——“超级大提琴2016”在国家图书馆艺术中心举办。该音乐节吸取国外知名大提琴音乐节经验，将一周的国际音乐节内容在24小时内呈现。6场大师音乐会首尾相连，以小约翰·施特劳斯的《蝙蝠序曲》开场，共演绎了23位作曲家的近30首传世作品。菲利普·穆勒、马克·库贝、克劳迪奥·波霍盖兹、加弗利尔·利普金德、尤利乌斯·贝尔格、奥尔连·帕斯卡尔、安娜斯塔霞·科贝金娜、崔浩英等国内外音乐家，与国家大剧院八重奏、琥珀四重奏和中央音乐学院名家室内乐团共同参演。

（崔　渊）

【第二届世界诗歌日音乐会】 3月20日，由微信公众号“为你读诗”主办的第二届世界诗歌日音乐会在天桥艺术中心举行，这也是“天桥艺术中心华人春天艺术节”的开幕音乐会。音乐会以“给灵魂片刻自由”为主题，以“生态文学”为理念，分为“破土”“远行”“回归”“自由”四个篇章。演出曲目有世界诗歌日主题曲《春晓》等。音乐会上，陈建斌、赵立新分别朗诵了聂鲁达的《静一静》和三毛的《远行》，于丹朗诵了亨利·戴维·梭罗的《瓦尔登湖》节选，王刚和徐涛分别朗诵了《我甚至不想离开雨》与《就是那一只蟋蟀》。

（崔　渊）

【西方音乐巨匠手稿展】 4月1日—5月2日，由大剧院精心策划的“永恒”——西方音乐巨匠手稿展在国家大剧院艺术沙龙展厅展出。该展览展出了贝多芬“最伟大作品”《庄严弥撒》、歌剧大师普契尼绝笔之作《图兰朵》、歌剧巨匠瓦格纳的《罗恩格林》等17位西方音乐大师的创作手稿及书信手迹。

（翟　璐）

【国家大剧院歌剧节·2016】 4月6日—7月17日，国家大剧院歌剧节·2016在北京举办。该歌剧节以“探索·经典”为主题，上演的歌剧有：国家大剧院的原创歌剧《长征》，国家大剧院制作的瓦格纳歌剧《唐豪瑟》、捷克语歌剧《水仙女》、意大利歌剧经典《茶花女》、罗西尼喜歌剧《塞维利亚理发师》，武汉歌舞剧院原创歌剧《高山流水》，中央歌剧院版歌剧《蝴蝶夫人》，天津音乐学院大型原创歌剧《岳飞》。此外，还开展了由国家大剧院制作的“寻找最美的歌声——献给孩子们的歌剧音乐会”“国家大剧院中外歌剧经典合唱音乐会”“世界轻歌剧经典选段音乐会”等歌剧音乐会。

（崔　渊）

【“中国故事”音乐会】 4月18日，由中国音乐家协会主办的“中国故事·喜马拉雅之光”——叶小钢与国家大剧院管弦乐团音乐会在国家大剧院音乐厅举行。音乐会演绎了叶小钢的《地平线》《将进酒》《星光》《喜马拉雅之光》《蓝天交响乐》《和平祭》6部具有代表性的交响乐作品。指挥胡咏言，国家大剧院管弦乐团和濮存昕、石倚洁、黄英、张英席、周晓琳、孙砾、於敬人等艺术家参加演出。

（崔　渊）

【“用音乐点亮人生”慈善音乐会】 4月25日，中央音乐学院EOS乐团“用音乐点亮人生”慈善音乐会在北京保利剧院举办。音乐会上演奏了科恩戈尔德的《D大调小提琴协奏曲》和马勒的《升c小调第五交响曲》等音乐作品。EOS乐团向北京市孤独症儿童康复协会免费赠送了此次音乐会的演出票，邀请孤独症患者及其家长、培训教师、协会工作人员、医生、爱心人士、志愿者出席观赏。

（翟　璐）

【京演交响乐团建团大型交响音乐会】 4月28日，京演交响乐团建团大型交响音乐会在北京京演民族文化宫大剧院演出。本场音乐会演奏了柏辽兹的经典管弦乐《罗马狂欢节》、威尔第的歌剧《命运之力》序曲、瓦格纳的歌剧《罗恩格林》第三幕间奏曲和肖斯塔科维奇的《节日序曲》等曲目；男高音歌唱家王凯演唱了罗西尼的作品《La Danza》和电影《冰山上的来客》主题曲《怀念战友》、蒙古族民歌《嘎达梅林》，男高音歌唱家张建一演唱了《祖国，慈祥的母亲》和普契尼的歌剧《图兰朵》选段《今夜无人入睡》，男中音歌唱家孙禹演唱了莫扎特的歌剧《费加罗的婚礼》的选段《你再也不要去做情郎》，女高音歌唱家柯绿娃演唱了《春天的芭蕾》和普契尼等的歌剧《托斯卡》中的咏叹调《为艺术为爱情》。

（翟　璐）

【2016潮流音乐节】 4月30日—5月2日，由朝阳区文化馆主办的“2016潮流音乐节”在北京举办。该音乐节以“五月浪潮”为主题，横跨雷鬼、索卡、摇滚、民谣等多种音乐风格，来自巴西、阿根廷、牙买加、特立尼达和多巴哥、格林纳达、圭亚那、南非、西班牙、墨西哥、巴拿马等15个国家的16支乐队、艺术团、音乐人，每天分别在798玫瑰之名艺术中心、朝阳公园、海航万豪酒店、北京外国语大学演出9场，并携手“影响城市之声”，举办了首届“拉美和加勒比专业音乐人高峰论坛”。

（崔　渊）

【国家大剧院五月音乐节】 5月1日—21日，国家大剧院五月音乐节在北京举办。该音乐节以“盛赞！巴洛克”为主题，演出了巴赫的一些代表巴洛克时期最高艺术水准的作品，也展现了管风琴、羽管键琴等极具巴洛克时代特色的乐器。该音乐节共举办了“钢琴双杰”——德国基辛根音乐节钢琴音乐会、“从布拉格到伦敦”——奥匈海顿爱乐乐团音乐会、“完全巴赫”——郑京和巴赫无伴奏作品全集音乐会、“英伦风遇见巴洛克”——英国布里顿小交响乐团音乐会、萨尔兹堡宫廷室内乐团音乐会、“时间之舞”朱亦兵大提琴乐团音乐会、盛赞巴洛克：管风琴与大剧院合唱团巴洛克作品音乐会、“穿越时空的巴赫”——盛原羽管键琴与钢琴独奏音乐会、维也纳爱乐弦乐四重奏音乐会、贝多芬弦乐四重奏全集5/6·上海四重奏室内乐音乐会、“来自世界的明信片”——国王歌手合唱团音乐会、“爱的咏叹”——曹秀美与佩佩·罗梅罗巴洛克音乐会、“午夜玫瑰”——加拿大莱拉·比亚莉与她的爵士乐团音乐会、“皇家焰火”——维也纳交响乐团巴洛克合奏团音乐会共计19场演出。

（翟　璐）

【摇滚30年吉歌之声北京巡回演唱会】 5月9日，为庆祝中国摇滚乐诞生30周年，“中国乐势力——摇滚30年吉歌之声北京巡回演唱会”在工人体育馆举办。郑钧、栾树、黄家强、张楚、唐朝老五、逃跑计划、黑豹等演唱了《无地自容》《光辉岁月》《不再犹豫》《孤独的人是可耻的》《赤裸裸》《私奔》《礼物》等歌曲。

（崔　渊）

【吴钊“古琴正韵”音乐会】 5月15日，“古琴正韵”——古琴名家吴钊音乐会在中山公园音乐堂举办。“非遗”古琴传承人、音乐史家吴钊弹奏了《鸥鹭忘机》《梅花三弄》《阳关三叠》《渔樵问答》等10首古琴名曲。演出结束后，返场加演一曲《关山月》。

（翟　璐）

【2016北京大学生音乐节】 5月16日—11月24日，由中共北京市委教育工委、北京市教委主办的2016年北京大学生音乐节在北京举办。该音乐节以“青春、校园、艺术、生活”为主题，开展了集中展演、观摩展示、学术研讨等多类别、多层次的活动。北京52所高校的100多个节目按照声乐、器乐、音乐剧等不同类别分为19个场次，陆续在清华大学、人民大学、中国音乐学院、北京航空航天大学等校内剧场上演。为促进京津冀一体化的发展，该次音乐节还邀请了南开大学、天津大学、保定学院、河北工程学院等外省市院校共同参与。

（崔　渊）

【杜鸣心作品专场音乐会】 5月19日，中国交响乐团“龙声华韵”——杜鸣心作品专场音乐会在北京音乐厅举行。音乐会演出了芭蕾舞剧

《牡丹仙子》组曲，交响音画《祖国的南海》，以及由《青葱岁月》《我把你热恋》《梦幻》《快乐的女战士》《我亲爱的》5段小品组合的《心历年华》和《第一小提琴协奏曲》。指挥邵恩，小提琴演奏家宁峰、女高音歌唱家阮余群参与演出。

（翟　璐）

【董锦汉大型二胡交响音画音乐会】 5月21日，作曲家、中央民族大学音乐学院民乐系主任董锦汉大型二胡交响音画作品音乐会在中央民族大学第一演奏厅举行。董锦汉与其培养的弟子们同台，共同演奏了他的二胡代表作《望夫云》（协奏曲）、《阿诗玛》（协奏曲）、《云南随想》（协奏曲）等作品。

（翟　璐）

【“敛步随音”中西室内乐新作品音乐会】 5月23日，由中央音乐学院中外音乐文化交流与体验基地/音乐孔子学院办公室牵头举办的“敛步随音”中西室内乐新作品音乐会在中央音乐学院音乐厅举行。该音乐会上演的作品既有中西乐器组合的作品《莫言》《千年》《风之旅》《水样》，又有中国传统器乐作品扬琴五重奏《彼岸花》、古筝九重奏《月儿高》（古曲）以及《醉影婆娑》，还有中央音乐学院音乐教育学院附中少年合唱团的无伴奏合唱和“琥珀四重奏”演奏的当代俄罗斯作曲家施尼特凯的作品《第三弦乐四重奏》等。

（翟　璐）

【“敬畏千年·房山石经”大型佛教艺术音乐会】 5月24日，为纪念房山石经与云居寺创建1400周年，由房山区云居寺管理委员会主办的“敬畏千年·房山石经”大型佛教艺术音乐会在云居寺静琬广场举行。音乐会将佛教音乐与现代音乐相结合，分为“千年宏愿”“刻经伟业”“云居圣境”3个篇章，有声乐作品《宝鼎赞》《云水之旅》《青莲花》《半壶纱》和舞蹈作品《西方三圣》《梦幻丝路》，以及诗歌朗诵《峨峨石经山》等16个节目。

（崔　渊）

【2016年北京乐器展】 5月25日—28日，2016年北京乐器展在中国国际展览中心（老馆）举办。该展览汇聚了中国大陆和德国、美国、意大利、韩国、日本、加拿大、法国、捷克等十余个国家以及中国港澳台地区800家企业参展，展品分为钢琴及键盘类乐器、电声类乐器、弦乐器、打击乐器、管乐器、民族乐器、教材、乐谱、乐器配件和电脑软硬件等种类。该展览在展示乐器和相关实物的同时，还开展了鉴赏、交易、试音室、乐器制作工坊等现场服务活动。

（翟　璐）

社会主义核心价值观少儿声乐套曲发布会

【社会主义核心价值观少儿声乐套曲发布】 5月31日，由中国音乐家协会、北京市文联、北京音乐家协会主办的社会主义核心价值观少儿声乐套曲发布会在北京举办。该套曲是由主办单位策划，词作家车行以及作曲家戚建波、李昕根据社会主义核心价值观的24个字创作的12首歌曲，包括《富强歌》《民主歌》《文明歌》《和谐歌》《自由歌》《平等歌》《公正歌》《法制歌》《爱国歌》《敬业歌》《诚信歌》《友善歌》。发布会上，中关村一小党校部学区的小朋友在钢琴伴奏下，现场演唱了套曲中的3首作品。

（崔　渊）

【献给孩子们的歌剧音乐会】 5月31日—6月1日，国家大剧院策划推出的“寻找最美的歌声”——献给孩子们的歌剧音乐会在国家大剧院上演。演出曲目均选自中外歌剧，有《卡门》中的童声合唱《新岗士兵》，《弄臣》中的男声合唱《安静，安静》，《贾尼·斯基基》中的咏叹调《我亲爱的爸爸》，《爱之甘醇》中的咏叹调《偷洒一滴泪》，《费加罗的婚礼》中的咏叹调《你不再到处飞翔》，《霍夫曼的故事》中的咏叹调《玩偶之歌》，《冰山上的来客》中的二重唱《花儿为什么这样红》，《洪湖赤卫队》的二重唱《洪湖水浪打浪》，《山村女教师》中的童声合唱《你是清晨的露珠》，《运河谣》中的混声合唱《大豆，白米，花生》，《茶花女》中的二重唱《饮酒歌》和《图兰朵》中的咏叹调《今夜无人入睡》等。参加演出的有国家大剧院合唱团、北京市第一七一中学金帆合唱团和周晓琳、郭橙橙、王相周、石倚洁、金郑健、王鹤翔、曹扬、唐妍、栾晰、吴子竞等演员，钢琴演奏余海阳。

（崔　渊）

【北京竹乐团专场音乐会】 6月4日，作为世界环境日主题音乐会，北京竹乐团专场音乐会“中华竹韵”在清华大学蒙民伟音乐厅举行。该音乐会用竹板琴、拍筒琴、独弦琴等竹制乐器演绎了《竹翠京城》《苗岭的早晨》等曲目。北京竹乐团团长王巍还在音乐会现场介绍并展示了竹板琴、安格隆等多种自行研制的环保竹制乐器。

（崔　渊）

【“民族管弦乐作品创作与研究”结项演出】 6月14日，“边陲风情”——中国音乐学院民族管弦乐新作品音乐会在北京音乐厅举行。该音乐会是中国音乐学院作曲系集体申报的课题《民族管弦乐作品创作与研究——不同民族风格的对话》的汇报演出。该音乐会演出了作曲系青年作曲家们深入藏族、哈尼族、哈萨克族、侗族、蒙古族以及彝族聚居地区采风，创作的6首富有边陲风情的作品。分别是温展力的《在遇见和忘记的山谷中》、谢文辉的《拥有翅膀的她》、刘青的《琴弦上的叶尔羌》、朱琳的《田园之歌》、王珏的《马头琴协奏曲》、罗麦朔的《夜、律》。

（崔　渊）

【中美欧爵士名家音乐会】 6月20日，由首控基金、爵士中国、广东省演出有限公司等机构联合举办的中美欧爵士名家峰会（第三季）李高阳 & Adam Nussbaum 爵士四重奏巡演在北京音乐厅举办。由中国萨克斯演奏家李高阳、美国鼓手 Adam Nussbaum、丹麦钢琴师 Carl Winter、贝斯演奏家胡浩组成的爵士乐队，为观众演绎了《长城》《爵士秋歌》《我们仨》等作品。

（崔　渊）

【大好河山光耀中华公益演唱会】 6月21日，由大好河山公司主办的“大好河山光耀中华公益演唱会”在五棵松体育馆举行。瞿弦和、张凯丽、赵保乐、孙晓梅担当主持。蒋大为、杨洪基、殷秀梅等歌唱家，孟广禄、戴月琴、小香玉等戏曲表演艺术家在现场演唱了《在那桃花盛开的地方》《牡丹之歌》《滚滚长江东逝水》《我爱你中国》等歌曲，以及《铡美案》《黄鹤楼》《花木兰》等戏曲选段。

（崔　渊）

【“意象·净土”音乐会】 6月26日，由中国音乐学院、北京和景文化古典音乐研究中心、中华诗词研究院共同主办的“意象·净土”——民族管弦乐原创作品音乐会在国家大剧院音乐厅举行首场演出。此次音乐会由音乐家、文学家、史学家共同打造，从传统古诗词中提炼意象，将传统民族乐器用国际音乐创作手法演绎。作曲高为杰、瞿小松、刘长远、高平、杜咏、谢鹏、王燮等。指挥金野、刘顺。参与演出的有歌唱家吴碧霞，演奏家张维良、邱霁、巫娜、王华、王洋以及华夏民族乐团、紫禁城室内乐团等。演出曲目有《山居》《古调》《月下独酌》《咏莲》《桃花源》《净土》《江南》等。

（崔　渊）

【门头沟原创作品交响音乐】 6月30日，由门头沟区委宣传部、区文委主办的“忆峥嵘岁月·抒爱党深情”——门头沟区庆祝建党95周年原创作品交响音乐会在京上演。北京节日合唱团等多支合唱队登台，演唱了《平西颂》《百年故事》《警钟长鸣》《挺进军号多嘹亮》等9首反映门头沟革命历史的原创作品。

（崔　渊）

【2016 北京音乐生活展】 7月1日—3日，2016 北京音乐生活展在北京展览馆举办。该展览设有10个展馆，展览面积约2.5万平方米。展会设置国风、西韵、跨乐、听音、乐享、乐学6个主题，包含了摇滚、民族、古典、爵士、电音等多种音乐元素，是集教育、科技、时尚等生活元素于一体的互动体验展。该展览为喜爱中式传统、西洋古典、潮流酷玩、摇滚电子的乐迷和音乐初涉者提供了多元体验。展览期间，观众达5万人次。

（翟　璐）

【晨兴音乐桥20周年古典音乐季】 7月4日—29日，由中央音乐学院主办、中央音乐学院附中承办，晨兴音乐桥20周年古典音乐季庆典活动在北京举办，并在中山公园音乐堂等地奉上18场对外观摩演出。为中国、加拿大、波兰3个国家的音乐学生提供文化交流机会的“晨兴音乐桥”项目1997年诞生于加拿大。该活动包括协奏曲比赛、刘孟捷大师钢琴独奏音乐会——匈牙利之夜、明日之星·携手中国爱乐乐团、优秀学生音乐会、晨兴音乐桥协奏曲比赛总决赛音乐会、“大师回眸”——杰出校友经典名曲音乐会、室内乐音乐会、“佛罗伦萨的回忆”——辉煌名家·世界名曲音乐会、常驻艺术家音乐会、“四季”——传承经典·世界名曲音乐会、“音为青春·乐向未来”——辉煌庆典·世界经典名曲音乐会等。

（翟　璐）

【“打开音乐之门”系列音乐会】 7月8日—8月28日，“打开音乐之门”2016北京音乐厅暑期系列音乐会在北京音乐厅举办。活动期间，中国国家交响乐团、朱宗庆打击乐团、北京埃可森特交响乐团、金融爱乐合唱团、满天星交响乐团、北京春之声合唱团等演出了飞翔的交响乐：儿童音乐会、“渔舟唱晚”——中国经典乐曲赏析音乐会、“乐魂永恒”——纪念莫扎特诞辰260周年作品专场音乐会、“四季也西游”——德国萨克斯大师五人组音乐会、“你好，鸡蛋哥哥”天籁童声合唱音乐会、豆荚宝宝儿童音乐会——冒险任务、“筝语飞扬”——中央音乐学院优秀青年古筝演奏家音乐会、“重温经典”——奥斯卡获奖电影交响音乐会、“诗琴弦韵”——吉他名家音乐会、“维也纳森林的精致小品”——古典音乐动漫视听交响音乐会、“炫”——旅美少年音乐天才高靖远钢琴独奏音乐会、“如歌的行板”——中外经典合唱作品音乐会、“看”音乐——菊次郎的夏天·久石让经典作品大屏幕视听音乐会、“看”音乐——彼得与狼·大屏幕视听交响动漫音乐会、“蓝色多瑙河”——经典名曲交响合唱音乐会、“哆咪咪和大灰鸡”亲子音乐舞台剧——寂静女巫的森林音乐会等。

（崔　渊）

【“在水一方”经典老歌专场音乐会】 7月10日，“在水一方”经典老歌专场音乐会在北京保利剧院举办。音乐会由王冼平担任总导演，青年歌唱家王紫菲担纲独唱。音乐会选择了20世纪70年代到90年代的流行歌曲，将民族器乐与电子乐器相结合，演绎出与众不同的“老曲新唱”。演出曲目有刘若英的《知道不知道》，毛阿敏的《烛光里的妈妈》，叶倩文的《潇洒走一回》，邓丽君的《在水一方》，《射雕英雄传》的主题曲《铁血丹心》等，以及与太阳部落合唱的主打歌《带你去山顶》。王紫菲还演唱了她的代表歌曲《中国好姑娘》《桃花妆》《一条河》等。

（崔　渊）

【第19届亚太管乐大会】 7月14日—18日，由北京市文联、北京音乐家协会、北京管乐交响乐团、北京管乐协会主办，北京管乐协会、北京管乐交响乐团承办的第19届亚太管乐大会暨2016北京国际管乐节在北京举办。该活动有中国、韩国、日本、马来西亚、菲律宾、新加坡、澳大利亚、美国等国家和中国香港、中国澳门、中国台湾等地区的50多支乐团、200多位艺术家、3000多名音乐爱好者参与。管乐节期间，北京管乐交响乐团、哈萨克斯坦国家管乐交响乐团、韩国济州市立管乐交响乐团、香港银河管乐交响乐团、日本横滨全明星管乐交响乐团、西安音乐学院管乐交响乐团等国内外知名管乐交响乐团在国家大剧院、中山公园音乐堂、国家图书馆音乐厅、中国农业大学体育馆、风尚剧场等场馆举办了10多场演出，还举办了论坛、大师班、音乐辅导与交流、比赛等活动。

（崔　渊）

【第十三届中国国际合唱节】 7月26日—8月1日，由文化部外联局、国际合唱联盟、中国对外文化集团公司、北京市教育委员会、西城区人民政府和中国合唱协会共同主办的第十三届中国国际合唱节暨国际合唱联盟合唱教育大会在北京举办。合唱节期间，来自全球44个国家和地区的238支合唱团参加了20个大项、204场合唱活动，其中最主要的活动是演出和测评。该合唱节期间，共进行了20多场演出，通过测评，评出了十佳合唱团。第一名是香港林护中学合唱团，第二名是天津大学北洋合唱团，第三名是刚果民主共和国沃克斯迪波萨合唱团。另外，还评出了5名最佳指挥。

（崔　渊）

【“沙出重维”演唱会】 8月3日，为庆祝北京、张家口申奥成功一周年，沙宝亮与谭维维共同在工人体育场举办“沙出重维”演唱会。演唱会上，沙宝亮演唱了《最初的信仰》《躲不开》《蒙娜丽莎》《暗香》《斑马斑马》《野子》等曲目；谭维维演唱了《灯塔》《康定情歌》《谭某某》等曲目，并与陕西华阴老腔艺人合作演绎了《给你一点颜色》。

（崔　渊）

【国家大剧院八月合唱节】 8月3日—19日，国家大剧院八月合唱节在国家大剧院举办。合唱节期间，剑桥国王学院合唱团、荷兰国家室内合唱团、芬兰夜莺女声合唱团、新博伊恩合唱团、捷克男童合唱团与布鲁克纳童声合唱团6支外国合唱团体和国家大剧院合唱团进行了9场演出，其中包括帕里、埃尔加、霍威尔3位作曲家的经典合唱作品，勃拉姆斯的《德意志安魂曲》、莫扎特的“天鹅之歌”《安魂曲》和以“奥地利的荣耀”为主题的童声合唱作品。合唱节期间还举办了“唱响时代经典”合唱大师课活动，推出了《国家大剧院中外歌剧经典合唱音乐会》乐谱配CD。16支普通市民组成的合唱团在国家大剧院先后登台演出，并接受专业指挥家的点评。

（崔　渊）

【“岁月流歌”演唱会】 8月6日，纪念华语乐坛30年经典金曲“岁月流歌”演唱会在工人体育场举办。张信哲、齐秦、老狼、苏芮、陈慧娴、张宇、姜育恒、动力火车等音乐人先后登台，演唱了《跟着感觉走》《驿动的心》《大约在冬季》《再回首》《光辉岁月》《爱如潮水》等歌曲。

（崔　渊）

【北京管乐交响乐团音乐会】 8月14日，“蓝色狂想曲”——北京管乐交响乐团音乐会在国家大剧院演出。现场演绎了格什温的钢琴协奏曲《蓝色狂想曲》、阿弗雷德·瑞德的成名之作《亚美利亚舞曲组曲》、克劳德·史密斯作曲的《幻想曲》、克劳德·德彪西名作《献给拉蒙》和伯恩斯坦的《老实人》序曲。指挥夏小汤。

（崔　渊）

【中国笙文化国际艺术节】 8月15日—19日，由中国民管学会笙专业委员会、中国澳门国际文化交流促进会、中国音乐学院国乐系主办的中国好笙音·2016“宏福杯”中国笙文化国际艺术节在北京举行。参加该艺术节的有北京、上海、天津、河南、内蒙古自治区、河北、山东、黑龙江、辽宁、四川、陕西、山西、贵州、浙江、湖北、江苏、中国港澳台地区及马来西亚、韩国等国家和地区的笙演奏者、爱好者，参加展演的国内外笙演奏者与爱好者有400余人。该艺术节旨在传承、创新、发展中国民族音乐艺术事业，活动主要包含演出、比赛、学术讲座、笙产品展示等板块。

（崔　渊）

【“世界在门外闪光”系列诗歌音乐会】 9月1日，由微信公众号“为你读诗”主办的“世界在门外闪光”系列诗歌音乐会在中国人民大学如论讲堂演出。音乐会分为“匆匆”“尘世之美”“我把一切喜欢过了”“世界在门外闪光”“我不能推迟心”5个部分，通过戏剧、诗歌、音乐、舞蹈等表现形式呈现。参与演出的有播音员方明、配音表演艺术家徐涛等数十位不同领域的艺术家。

（崔　渊）

【“当东方遇见西方”主题音乐会】 9月8日，为纪念汤显祖与莎士比亚逝世400周年，“当东方遇见西方”主题音乐会在华彬歌剧院上演。演出涵盖歌剧、京剧、昆曲等艺术门类，包括昆曲《牡丹亭》选段，歌剧《麦克白》选段，京剧《大唐贵妃》《天女散花》选段。京剧梅派男旦胡文阁、男中音歌唱家廖昌永等人领衔演出。

（崔　渊）

【“北方情思”民族音乐会】 9月10日，由北京演艺集团主办，北京民族乐团、河北歌舞剧院民族乐团、天津音乐学院青年民族乐团联合演奏的大型民族音乐会——“北方情思”在中山公园音乐堂举行。该音乐会是北京民族乐团成立一周年的纪念演出，京津冀三地乐团演出了三地不同曲风的音乐作品。河北板胡演奏家张帆、青年女高音崔蕊、天津快板艺术家李少杰、打击乐演奏家吕政道分别登台献艺。演出曲目有民族管弦乐《节日序曲》《连年有余》《我的祖国》，板胡与乐队作品《河北花梆子》，小品式作品《童真》，双打击乐协奏曲《太阳》，竹板与乐队作品《丰收喜悦》，关峡作曲、张列改编的《霸王别姬》，以及根据《北京颂歌》《北京的桥》《故乡是北京》为素材改编并重新演绎的合奏作品《颂北京》。最后，京津冀三家乐团又一并加演了《好汉歌》《射雕英雄传》《花好月圆》等曲目。指挥杨春林。

（崔　渊）

【阿洪尼克独唱音乐会】 9月18日，中央民族歌舞团2016“光荣绽放”秋季演出季暨著名艺术家系列——阿洪尼克独唱音乐会“冰山雄鹰”在民族剧院举办。中央民族歌舞团民族管弦乐队和青年合唱团与新疆塔什库尔干塔吉克自治县文工团的民族艺术家们参与演出。塔吉克族男高音歌唱家阿洪尼克演唱了电影《冰山上的来客》插曲《怀念战友》《花儿为什么这样红》，塔吉克族歌曲《古堡》《情人》，以及阿富汗民歌《莱丽姑娘》、乌兹别克斯坦歌曲《来吧，朋友》、塔吉克斯坦歌曲《来吧，我的情人》等。

（崔　渊）

【印度作曲家作品音乐会】 9月20日，中国交响乐团“一带一路·乐音流韵”印度作曲家作品音乐会在北京音乐厅演出。该音乐会演绎了作曲家维杰·乌帕德雅亚作曲的《祈祷者的旗帜》。该作品共分为“夏克提”“迦比尔”“库斯鲁”“米拉”4个乐章，将中世纪的印度语言、印度旋律及节奏与西方的交响、合唱风格结合，着重描写中世纪印度的女性形象以及这个时期的思想自由。指挥洪毅全，独唱演员有芭芭拉·阿加莫、莫妮卡·梅德科、尼菲丽·科特瑟丽、丹尼尔·肖斯托克、格哈德·希格曼、维拉·伯珊娜、琳娜·瓦普伦、瓦列里·斯文尼格等外国演员和霍元圆、曲伟青、李梦雅、刘戟勇、李长城、周建飞、杨杨等中国演员，参演团体有中国国家交响乐团合唱团、维也纳大学合唱团。

（崔　渊）

【朱韬独唱音乐会】 9月21日，中央民族歌舞团2016“光荣绽放”秋季演出季暨青年艺术家系列之“自我‘韬’醉”朱韬独唱音乐会在民族剧院举办。音乐会上，朱韬演唱了《圣母颂》《哈巴涅拉舞曲》《假如你爱我》《我心花怒放》《沉沦上海》等艺术歌曲和中外经典歌剧选段，以及《思恋》《吐鲁番的葡萄熟了》《新阿里郎》《小河淌水》《后会无期》等多首民族歌曲与流行歌曲，并与中央民族歌舞团青年歌唱家张平合作演唱了经过改编的歌曲《雪白的鸽子》和《Rolling in the deep》。

（崔　渊）

【吴颂今作品音乐会】 9月24日，由中国音乐家协会音乐创作委员会、中国音协流行音乐学会、中国音乐文学学会、中国音像著作权集体管理协会、中国唱片总公司联合主办的“流今岁月50年”——颂今原创经典作品群星演唱会在世纪剧院举行。1966年至今，吴颂今共创作了5000多首作品，其中儿歌1500余首，被誉为“儿歌爷爷”。音乐会上，演唱了吴颂今的30首歌曲代表作，包括《风含情水含笑》《茶山情歌》《女孩的心思你别猜》《军中绿花》《井冈山下种南瓜》《你那里下雪了吗》《我的老班长》《情哥去南方》《灞桥柳》等。参加演出的有杨洪基、关牧村、于文华、王丽达、吴彦凝、黄训国、张咪、旭日阳刚、王旭、扎西顿珠、乌兰图雅等，以及吴颂今的弟子杨钰莹、周亮、小曾、任妙音等。

（崔　渊）

【"谭盾音乐桥·经典影乐"交响音乐会】 9月25日，为纪念电影音乐家武满彻逝世20周年，由中国交响乐团打造的"谭盾音乐桥·经典影乐"交响音乐会在国家大剧院举行。该音乐会演绎了武满彻为邬建安剪纸电影创作的中提琴协奏曲《秋天的心弦》，为《何塞·托雷斯》《黑雨》《他人的颜》等电影创作的主题音乐，还有英国作曲家本杰明·布里顿的《大海的四首间奏曲》，谭盾本人创作的音符电影《三个音的诗》，以及他为电影《卧虎藏龙》和《夜宴》创作的歌曲《月光爱人》《我用所有报答爱》。指挥谭盾，演奏中国交响乐团。

（崔　渊）

【中国少数民族精品音乐会"湘桂琼"】 9月29日—30日，由中央民族歌舞团打造的中国少数民族精品音乐会第三季"湘桂琼"在民族剧院演出。音乐会上，演出了湖南、广西、海南三省区的少数民族音乐，其中包括中央民族歌舞团的艺术家在基层采风创作的作品，如根据黎族民间乐曲改编的《我的家乡没有雪》、根据湖南花鼓戏曲调改编的《刘海砍樵变奏》、根据广西京族民歌改编的无伴奏合唱与独弦琴《海风阵阵》和黎族鼻箫独奏《椰影》等。还有用北方少数民族的乐器来演奏南方少数民族的歌曲，如用维吾尔族乐器艾捷克演奏壮族民歌《壮乡春早》，用蒙古族乐器马头琴演奏海南民歌《请到天涯海角来》等。藏族吹奏乐演奏家赵雄在音乐会现场为观众展示了他在湘西采风过程中带回的土家族乐器咚咚喹，除了现场讲解该乐器的特点外，还用它演奏了一曲《遥远的空灵》

（翟　璐）

【崔健演唱会】 9月30日，崔健"滚动三十"北京演唱会在工人体育场演出。演唱会上，崔健演唱了《外面的妞》《一块红布》《花房姑娘》《快让我在雪地上撒点野》《新长征路上的摇滚》等新老歌曲，秋野、杨乐、谭维维等音乐人以及英国警察乐队鼓手Stewart Copeland助阵，与崔健共同演绎了《鱼鸟之恋》《Message in a bottle》等歌曲。

（崔　渊）

【罗大佑作品演唱会】 10月7日，罗大佑个人作品演唱会"假如我是罗大佑"在工人体育场举办。演唱会上，罗大佑、动力火车、田馥甄、张宇、彭佳慧、黄丽玲、李泉登台演绎了《之乎者也》《童年》《你的样子》《爱的箴言》《光阴的故事》《恋曲1990》《追梦人》《野百合也有春天》《思念》《明天会更好》等罗大佑代表作品。

（崔　渊）

【2016香山静宜园皇家重阳音乐会】 10月9日，由香山公园主办的"清音雅乐　皇家风范"——2016香山静宜园皇家重阳音乐会在香山公园致远斋举行。艺术家们分别为游客带来了民乐合奏《喜洋洋》《步步高》，中阮独奏《丝路驼铃》，二胡独奏《战马奔腾》等器乐曲，以及《天女散花》《霸王别姬》《游龙戏凤》等传统京剧选段。

（崔　渊）

【第十九届北京国际音乐节】 10月9日—29日，以"传承之乐　新锐之音"为主题的第十九届北京国际音乐节举行。期间共有30场演出上演，涵盖歌剧、交响乐、民族、跨界等多种形式，推出了儿童音乐会、都市系列音乐会、中国作品音乐会、大师班、普及讲座、音乐家对话等公益活动。该音乐节比较有特色的演出包括首次在欧洲以外的地区演出的布里顿歌剧《仲夏夜之梦》，捷克爱乐乐团的德沃夏克专场音乐会，莫斯科柴可夫斯基交响乐团演奏的全套柴可夫斯基交响曲，广州交响乐团、广州青年交响乐团的爱上莎翁——纪念莎士比亚逝世400周年交响音乐会和深圳交响乐团与殷承宗、宋思衡、刘孟捷、王雅伦等中国钢琴家联袂演绎的魅力莫扎特——莫扎特钢琴协奏曲专场音乐会等。

（崔　渊）

【第十一届北京九门爵士音乐周】 10月11日—16日，由朝阳区文化馆和北京第八日文化传播有限公司共同举办，波兰共和国驻中国大使馆文化处、北京凤朝阳文化发展公司、北京迷笛音乐学校、北京新尚标典文化传播有限公司协办的第十一届北京九门爵士音乐周在北京举办。该音乐节有波兰的斯坦尼斯瓦夫·索维尼斯基五重奏、格热戈日·卡尔纳斯人声四重奏、尼古拉·科沃杰伊赤克三重奏、Bconnected乐队、李晓川五重奏、陈宣羽爵士六重奏、谷峰和他的朋友们、秦四风爵士乐队、蔡剑四重奏9支乐队参加，分别在北京9剧场和来福音乐现场进行了4场演出，并在北京迷笛音乐学校举办了工作坊和4场大师班活动。

（翟　璐）

【第二届北京天桥音乐剧演出季】 10月12日—12月29日，由中国音乐剧协会指导，北京天桥演艺联盟主办，北京天桥艺术中心承办的"第二届北京天桥音乐剧演出季"在北京举办。参加该演出季的《啊！鼓岭》《罗密欧与朱丽叶》《不能说的秘密》《我，堂吉诃德》《十年》《阿诗玛》《梦@时代》《狂奔的拖鞋》《小狮子奇遇记》《KUMI奇幻历险记》《北京人家之口技人生》11部音乐剧分别在北京天桥艺术中心的大、中、小剧场上演了27场。

（崔　渊）

【傅庚辰作品音乐会】 10月17日，为庆祝中国工农红军长征胜利80周年，由黑龙江省人民政府、哈尔滨市人民政府、中国音乐家协会、黑龙江省文联共同主办，哈尔滨市文化广电新闻出版局等单位承办的“红星的故事”傅庚辰作品音乐会在国家大剧院音乐厅举行。该音乐会演出曲目分为革命家诗词歌曲、影视音乐、交响组曲《地道战的故事》、声乐套曲《航天之歌》选曲、大型声乐套曲《小平之歌》选曲、交响诗《红星颂》和“中国梦”等部分。指挥于学锋，有李双江、黄华丽、王岩等、于爽、霍勇、张妮、丁晓红等歌唱家和哈尔滨市歌唱演员张强、王庆辉、侯赛男、郭宇等参加演出，哈尔滨交响乐团演奏。

（崔　渊）

【“向人民汇报”音乐会】 10月24日，在习近平主持召开文艺工作座谈会并发表重要讲话两周年之际，由中国文联和中国音乐家协会共同主办的“向人民汇报”——“深入生活、扎根人民”主题实践活动成果汇报音乐会在国家大剧院音乐厅举行。音乐会上演出的作品均来自艺术家们两年来“深入生活、扎根人民”主题实践活动的成果，包括《富强之路》《爱国歌》《中国有我》《敬业之德》《我们的价值观》《中华魂》《我在新疆等你》《雅鲁藏布》《世上总是好人多》《走近你》《从七月开始》等歌曲。指挥谭利华，参与演出的有廖昌永、吕继宏、雷佳等歌唱家，及北京交响乐团、中央军委政治工作部歌舞团合唱团、中央少年广播合唱团。

（崔　渊）

【“半缘君”——周娟民族管弦乐作品音乐会】 10月25日，由中央音乐学院主办的“半缘君”——周娟民族管弦乐作品音乐会在清华大学蒙民伟音乐厅举办。音乐会上，演奏了作曲家周娟创作的京剧组曲《金锁记》与“巾帼三部曲”（《胡笳吟》《半缘君》《自由花》）4部民族管弦乐作品。指挥崔媛媛、刘沙、葛亚男，中央音乐学院民族管弦乐团、艺境室内院团演奏。

（翟　璐）

【中央音乐学院国际室内乐音乐节】 11月1日—7日，以“力荐新秀、力推新作、广邀名家”为宗旨的第九届中央音乐学院国际室内乐音乐节在中央音乐学院举办。该音乐节更多侧重在教学和新作品、新室内乐优秀演奏组合的推广上，举办了“琴缘”——明日之星音乐会、“国乐新声”——江洋室内乐作品音乐会、“新西兰的三重奏组合Te Ko ki Trio钢琴三重奏专场音乐会”、“新悦”——施坦威之夜音乐会以及开幕式音乐会和闭幕式音乐会，还举办讲座和大师班课。

（崔　渊）

【中央民族大学音乐学院教师作品音乐会】 11月2日，由中央民族大学主办，中央民族大学音乐学院、中央民族大学科研处承办的“民族天籁”中央民族大学音乐学院教师作品音乐会在国家大剧院音乐厅举办。演出曲目有斯仁·那达米德教授创作的民族歌剧《木雕的传说》中的唱段，于洋副教授创作的扬琴五重奏《云中虹》，龙晓匀教授创作的合唱《延边歌舞》，安鲁新教授创作的合唱《破阵子》，一级作曲张朝创作的合唱《春天来了》和钢琴协奏曲《哀牢山狂想》，刘洋洋副教授创作的合唱《卡丽普赛达思》，斯琴朝克图教授创作的交响序曲《草原节奏》，张纯教授创作的管弦乐组曲《我的法兰西岁月》。指挥邵恩、青年钢琴家黄紫楠、青年歌唱家齐峰和中央民族大学音乐学院几位青年歌唱家参加了演出，演奏中国国家交响乐团。

（翟　璐）

【郭文景作品音乐会】 11月25日，“天地的回声：郭文景交响声乐作品音乐会”在国家大剧院上演。该音乐会演出了郭文景近30年创作的多部作品，包括歌剧《诗人李白》中李白的《清平调三首》之一《云想衣裳花想容》,《蜀道难》为男高音领唱、合唱与管弦乐队而作，歌剧《夜宴》中李煜的《虞美人·春花秋月何时了》、《春天，十个海子》、交响声乐套曲《远游》第二乐章《布满伤痕的肉体》、歌剧《骆驼祥子》中的《北京城》及《天地的回声》——为无伴奏合唱与一个打击乐手而作等。参与演出的有指挥家陈琳、夏小汤、焦淼，歌唱家关致京、王传越、周晓琳、宋元明、阮余群，京剧小生李宏图，打击乐刘恒，竹笛陈昀颖及国家大剧院管弦乐团与合唱团。

（崔　渊）

【“2016创新中国”发明音乐会】 12月1日，由北京市科学技术研究院主办，北京科力新技术发展总公司支持，北京发明协会承办的“2016创新中国”发明音乐会在新大都饭店举办。在音乐会上，演示了20多项创新乐器和发明成果。其中包括表演者穿着可控的迷彩灯鞋表演的街舞组合《炫彩》，用注射器为零部件做出的新型乐器“活塞笛”演奏的《野蜂飞舞》等。400余名观众观看了演出。

（翟　璐）

【全国高校“中国音乐国际教育与文化传播人才建设”联席会】 12月

2日—5日，由中央音乐学院主办的“全国高校‘中国音乐国际教育与文化传播人才建设’联席会”及中央音乐学院孔子学院“外派人员”归国汇报音乐会在北京举办。会议邀请了近20所国内音乐学院、艺术院校、师范类高校及综合类大学音乐学院，探讨如何构建高效、完善的中国音乐国际化人才的选拔机制和培养方式，满足当前世界范围内，特别是孔子学院领域中对国际化音乐人才的迫切需求等问题。会议期间，共举办了2场专题及汇报音乐会、1场学术讲座、2场分享会和2场联席会。

（崔　渊）

【中国音乐学院国乐节系列活动】 12月10日—12日，2016年中国音乐学院举办国乐节系列活动在中国音乐学院举办。该活动包括“名师云集”“薪火相传”“新锐荟萃”3场音乐会和“传承与发展”论坛。中国音乐学院国乐系师生和一些已经毕业的学生近300人参加了该活动。

（崔　渊）

【第21届人民大会堂·北京新年音乐会】 12月31日，“第21届人民大会堂·北京新年音乐会”在人民大会堂上演。2017年是贝多芬逝世190周年，这场音乐会是向贝多芬致敬的专场演出。该音乐会由波兰音乐家克里斯托夫·潘德列茨基指挥的波兰贝多芬艺术节交响乐团，与中国钢琴演奏家吴牧野共同演绎了《普罗米修斯的生民》序曲、《降B大调第四交响曲》、《第五钢琴协奏曲》等曲目。

（崔　渊）

【2017北京新年音乐会】 12月31日，2017北京新年音乐会在国家大剧院举行。由吕嘉指挥的国家大剧院管弦乐团、合唱团，张艺指挥的中国国家芭蕾舞团交响乐团和小提琴演奏家吕思清，琵琶演奏家吴玉霞，钢琴演奏家陈萨，昆曲表演艺术家魏春荣、王瑾，歌唱家王宏伟、孙秀苇等一起参演。

（崔　渊）

【“多彩中华”新年音乐会】 12月31日，中央民族歌舞团2017新年音乐会——“多彩中华”在民族剧院上演。演出曲目有器乐合奏《春节序曲》《丝路之风》，朝鲜族女声独唱《红太阳照边疆》，塔吉克族男声独唱《花儿为什么这样红》，壮族女声独唱《三月木棉红绯绯》，哈尼族女声独唱《花腰女》，蒙古族男声独唱《骏马归来》，满族男声独唱《小河淌水》等。此外，还有根据黎族民间音乐改编的《我的家乡没有雪》，根据藏族民歌改编的《扎西德勒索》。该团歌唱家慕林林、吴彤、阿旺、张平、卞英花、肉孜·阿木提等参与演出。

（崔　渊）

交　　流

【法国钢琴家朱利安到京演出】 1月8日—10日，法国钢琴家朱利安·哲拉斯钢琴独奏音乐会在蓬蒿剧场举办。该音乐会共演奏了《晴朗》《北京古典布鲁斯》《流浪的巴黎》《忧郁圆舞曲》《秋老虎》《自由站》《礼拜天的裸体巴赫》《摇滚交响乐》《一天的结束》《欢迎来到21世纪》《北京古典布鲁斯》《这里的光荣》《逃亡》等17首曲目。

（翟　璐）

【李伟菘、李偲菘30周年作品音乐会】 1月16日，新加坡作曲家、音乐制作人李伟菘、李偲菘30周年作品音乐会“听说爱情回来过”在首都体育馆举行。音乐会上，二人以歌手的身份演绎了他们创作的《我等到花儿也谢了》《想你的365天》《一千个伤心的理由》等经典歌曲，孙燕姿、梁咏琪、蔡依林、彭佳慧4位歌手到场助阵，并演唱了《天黑黑》《雨天》《听说爱情回来过》等曲目。

（崔　渊）

【吴岳林高胡交响音乐会】 2月27日，青年高胡演奏家吴岳林在北京音乐厅举行了高胡交响音乐会。音乐会由高胡演奏家、作曲家、指挥家张耀枢执棒，一共演奏了8首作品，上半场是创作、改编作品，下半场为管弦乐与协奏曲。有广东传统音乐《柳浪闻莺》，移植于器乐合奏曲的独奏《江南好》，以现代作曲手法创作的广东母语音乐《碉楼组曲》《潭江谣》，还有改编自圣桑管弦乐的《动物狂欢节》，引用同名电视剧音乐为创作动机谱写的协奏曲《红楼梦主题变奏曲》等。

（崔　渊）

【南方歌舞团进京演出】 3月25日，南方歌舞团携其原创音乐剧《烽火·冼星海》在中国剧院上演。该剧由广东省委宣传部、省文化厅指导，南方歌舞团共同打造，讲述了冼星海留学归来后，用音乐作为战斗号角投身抗日救亡运动的事迹。

（崔　渊）

【武汉歌舞剧院进京演出】 4月12日，武汉歌舞剧院携其原创歌剧《高山流水》在国家大剧院演出。该剧由武汉市文化局、蔡甸区人民政府、中法武汉生态示范城联合出品，取材于“高山流水遇知音”的典故，并采用《高山流水》《渔舟唱晚》等古琴曲作为创作素材。

（崔　渊）

【“兄弟本色”组合演唱会】 4月16日，由“兄弟本色”组合表演的“日落黑趴”演唱会在首都体育馆举办。“兄弟本色”是由张震岳、MC Hotdog热狗、顽童MJ116（大渊、瘦子、小春）五人组成的以嘻哈说唱为特色的表演团体。演唱会上，“兄弟本色”组合演唱了《思念是一种病》《自由》《差不多先生》《fly out》等新老曲目，还为北京观众献唱了说唱版《五环之歌》。

（崔　渊）

【余隆入选美国艺术与科学学院院士】4月20日，美国艺术与科学学院公布新入选暨第236届院士名单。在新当选的213位院士中，有10位华人、华裔学者、艺术家当选为院士或外籍院士。其中包括中国爱乐乐团的指挥家余隆。

（张燕鹰）

【香港导演林奕华携其作品进京演出】4月22日—24日，由香港导演林奕华创作的音乐剧《梁祝的继承者们》在北京保利剧院上演。这是林奕华导演的首部音乐剧，剧中18首歌曲，除了一首为改编之外，其余歌词全部由林奕华填写。

（崔　渊）

【铁娘子乐队到京演出】4月24日，英国的铁娘子乐队“灵魂之书”世界巡演中国首秀北京站在乐视体育生态中心（原五棵松体育馆）上演。这是该乐队组建40年以来第一次到北京演出。该乐队演出了《If Eternity Should Fail》《Speed of Light》《Children of the Damned》《Hallowed Be Thy Name》《Iron Maiden》等曲目。

（翟　璐）

【罗志祥“疯狂世界”巡回演唱会】5月28日，罗志祥“CRAZY WORLD”2016“疯狂世界”巡回演唱会在五棵松体育馆举办。台湾艺人罗志祥在现场演唱了《幸福不灭》《爱的主打嗝》等歌曲，并与好友黄渤合唱了《对你爱不完》。

（崔　渊）

【百老汇音乐剧《窈窕淑女》到京演出】6月9日—19日，百老汇音乐剧《窈窕淑女》在天桥艺术中心演出。这是该剧首次到北京演出。该剧改编自萧伯纳剧作《卖花女》，1956年在百老汇首演。后改编成同名电影。

（翟　璐）

【音乐剧《犹太人在上海》进京演出】6月10日—12日，由恒源祥戏剧出品的原创音乐剧《犹太人在上海》在北京保利剧院上演。该剧讲述为了躲避纳粹的犹太人弗兰克在上海避难时发生的故事。

（崔　渊）

【李克勤、容祖儿演唱会】6月18日，中国香港的歌手李克勤与容祖儿以组合的形式在首都体育馆举办演唱会。现场，两人以女歌男唱、男歌女唱、男女混唱三种方式演绎了《红日》《加大力度》《一生不变》《克不容缓》等歌曲。

（崔　渊）

【野马马头琴乐团成立30周年庆典音乐会】6月22日，“永恒”——“万马奔腾”齐·宝力高野马马头琴乐团成立30周年汇报演出在北京音乐厅举行。乐团创始人齐·宝力高携众弟子演奏了《赞歌》《回想曲》《奔腾的野马》《鸿雁的记忆》《VOCALISE》《嘎达梅林》《诺拉》《万马奔腾》等曲目。

（崔　渊）

【英国“STOMP打击乐团”到京演出】6月29日—9月4日，被誉为“生活打击乐鼻祖”的英国创意团队“STOMP打击乐团”，在解放军歌剧院上演其经典代表作《STOMP破铜烂铁》。活动主办方为圆核经典文化传媒有限公司。STOMP破铜烂铁以扫帚、水桶、购物车、塑料袋等为乐器，结合喜剧表演元素与编排设计，将表演打造成为创意舞台秀，通过肢体语言和节奏韵律拉近观演距离。

（翟　璐）

【徐佳莹个人演唱会】7月9日，台湾艺人徐佳莹“日全蚀”个人演唱会在北京展览馆剧场举行。演唱会上，徐佳莹演唱了《失落沙洲》《身骑白马》《你敢不敢》等早期出道歌曲，以及参加“我是歌手”节目时演唱的曲目《浪费》《我好想你》《修炼爱情》，还翻唱了《光之翼》《不醉不会》《女人花》《莉莉安》《五环之歌》等歌曲。

（崔　渊）

【张杰世界巡回演唱会】7月16日，张杰“我想”世界巡回演唱会在工人体育场举行。张杰现场演唱了《远走高飞》《最美的太阳》《他不懂》《包围》《看月亮爬上来》等歌曲，并与妻子谢娜合唱了四川方言说唱歌曲《闹啥子嘛闹》。

（崔　渊）

【音乐剧《马达加斯加》到京演出】7月21日—24日，美国梦工厂携音乐剧《马达加斯加》在北京展览馆剧场上演。这是梦工厂版该剧第一次到北京演出。该剧内容基本来源于电影，讲述了狮子亚利克斯、斑马马蒂、长颈鹿麦尔曼、河马格洛丽亚以及诡计多端的企鹅帮从纽约中央公园的家中逃走，闯进狐猴国王所在的马达加斯加，并开始的一段意想不到的疯狂旅程的故事。音乐舞台剧有许多不同曲风的歌曲，包括Rap、乡村民谣、R&B、桑巴、摇滚等。

（翟　璐）

【荷兰小虎队打击乐团到京演出】9月2日—3日，荷兰小虎队打击乐团携其打击乐音乐剧《怦客三兄弟》在中间剧场上演。荷兰小虎队打击乐团的3名打击乐演奏家将生活中的门把、盒子、木桶与箱鼓、飞碟鼓相结合，使观众领略了多元的异域打击乐节奏与生活中的创意打击乐表演方式。他们以其巧妙而富有活力的表演与别开生面的音乐寓言故事，将传统打击乐颠覆演绎成酷炫而又亲近的表达方式。

（崔　渊）

【周华健巡回演唱会】 9月3日，周华健“今天唱什么”巡回演唱会在首都体育馆举办。演唱会上，周华健演唱了《朋友》《花心》《爱相随》《让我欢喜让我忧》《难念的经》《刀剑如梦》《天下有情人》《泼墨》《身在梁山》等歌曲。

（崔　渊）

【林忆莲个人演唱会】 9月10日，林忆莲“Pranava 造乐者”个人演唱会在首都体育馆举行。演唱会上，林忆莲演唱了《盖亚》《无言歌》《为你我受冷风吹》《失踪》《铿锵玫瑰》《伤痕》《至少还有你》等近30首新老歌曲。

（崔　渊）

【俄罗斯图列茨基合唱团到京演出】 10月11日，俄罗斯图列茨基合唱团在三里屯太古里橙色大厅进行了演出。演出包括选自《魔笛》《罗恩格林》等经典歌剧的选段集锦和选自史诗音乐剧的《喔，命运女神》，以及《喀秋莎》《在莫斯科郊外的晚上》等歌曲。

（翟　璐）

【3D迷你歌剧《湮灭》到京演出】 10月20—21日，荷兰作曲家兼导演米歇尔·范德阿携其创作的3D迷你歌剧《湮灭》在北京举行了亚洲首演。《湮灭》讲述了一个中年男子对其亡母依恋与回忆的故事，情节针对“失去”“伤痛”与“治愈”等一些现代人有切肤之痛的普遍性话题进行演绎。该剧始终只有一个女高音在舞台上演唱，男主角则是通过3D投影的方式呈现，通过巧妙的装置布局与舞台上的女高音产生互动。编剧、作曲、导演米歇尔·范德阿，演唱凯瑟琳·曼理、罗德瑞克·威廉姆斯，合唱荷兰室内合唱团。

（崔　渊）

【美国管风琴演奏家卡彭特到京演出】 10月25日，美国“管风琴坏王子”卡梅伦·卡彭特“世界巡演管风琴”在北京王府井教堂音乐会进行了演奏。演奏曲目既有巴赫《E小调前奏曲与赋格》等原版管风琴作品，也有他改编的瓦格纳《纽伦堡名歌手》序曲、柴可夫斯基《第六交响曲》第三乐章谐谑曲等。还有他特意为中国观众准备的以《梁祝》《茉莉花》等为主题编创的《中国民谣交响即兴幻想曲》。

（翟　璐）

【俄罗斯的莫斯科柴可夫斯基交响乐团到京演出】 10月26日—28日，来自俄罗斯的莫斯科柴可夫斯基交响乐团在北京保利剧院举办了分别以“悲怆”“凯歌”“命运”为主题的3场交响音乐会。演绎了俄罗斯作曲家柴可夫斯基的6部交响作品:《G小调第一交响曲“冬之梦”》《B小调第六交响曲“悲怆”》《C小调第二交响曲“小俄罗斯”》《E小调第五交响曲》《D大调第三交响曲“波兰”》《F小调第四交响曲》。

（翟　璐）

【章红艳大仓正之助琵琶·鼓音乐会】 11月4日，“西域流光”——章红艳大仓正之助琵琶·鼓音乐会在中山公园音乐堂举行。该音乐会分为3个单元。第一单元包括《天山之春》《常若》《文殊狮子》《天香》《乐舞图》等作品。第二单元演奏的《三番三》和《塞上曲》，是中日两国各自传统曲目中的经典之作。第三单元是历史的对话，《西域流光》《那拉提》《淮阴平楚》《镇魂曲》4个曲目都以合作的方式呈现，表现同源文化异化之后的再融合。音乐会由中国琵琶演奏家章红艳与日本太鼓大师大仓正之助合作演出，并加入了由舞蹈家季鹏飞演出的舞蹈片段。

（翟　璐）

【英国皇家爱乐乐团到京演出】 11月10日—11日，“夏尔迪图瓦与英国皇家爱乐乐团”音乐会在国家大剧院音乐厅举行。演奏曲目有理查·施特劳斯的交响诗《唐·璜》、莫扎特的《第35号交响曲·海夫纳》、勃拉姆斯的《第一号交响曲》、罗西尼的《威廉·退尔序曲》、布鲁赫的《小提琴协奏曲》和里姆斯基–科萨科夫的《天方夜谭》等。

（翟　璐）

【卡雷拉斯到京演出】 11月20日，“音乐人生”——何塞·卡雷拉斯世界告别巡演（中国站）在北京保利剧院举行。音乐会上，卡雷拉斯演唱了西班牙传统说唱剧的曲子《匈牙利之歌》、传统方言演唱《真诚》及音乐剧音乐骑士的歌曲《不可能的梦》和中文曲目《在那遥远的地方》等曲目，还与爱尔兰女高音席琳·伯恩合唱了埃里克·萨蒂的《我需要你》和歌剧《茶花女》中的《饮酒歌》等。

（翟　璐）

【俄罗斯小提琴家文格洛夫到京演出】 12月7日，俄罗斯小提琴家马克西姆·文格洛夫独奏音乐会在国家大剧院上演。音乐会上，文格洛夫演奏了舒伯特的《A大调小提琴和钢琴奏鸣曲》、拉威尔的《G大调第二小提琴和钢琴奏鸣曲》、恩斯特的《夏日最后的玫瑰》、帕格尼尼的《柔美如歌》和《“心悸”变奏曲》（克莱斯勒改编）等曲目。

（翟　璐）

赛事与奖项

【“咪咕音乐·音为青春”中国大学音乐超级联赛】 4月23日，由共青团中央学校部、共青团中央网络影视中心、咪咕文化科技有限公司主办，咪咕音乐有限公司承办的“咪咕音乐·音为青春”中国大学音乐超级联赛在北京落幕。此次比赛历时8个月，足迹遍布全国31个省区市，参与报名院校400余所，成功组队参赛院校272所。经过海选、十六强赛、八进四主客场双循环赛和复活赛，最终四川音乐学院获得全国总冠军，大连艺术学院、淮南师范学院分获亚军和季军。

（翟　璐）

【10首申冬奥歌曲获评优秀】 7月31日，在北京冬奥组委举办的纪念北京申冬奥成功一周年活动中，《冰雪舞动》《北京》《重逢》《呼唤爱》《心》《踏雪寻梦》《永不言败》《心愿》《请到长城来滑雪》《叫醒冬天》10首助力申冬奥音乐作品被评为优秀音乐作品。

（翟　璐）

【“水立方杯”海外华裔青少年中文歌曲大赛】 8月8日，2016年“水立方杯”海外华裔青少年中文歌曲大赛颁奖晚会暨国际青少年大联欢在国家游泳中心“水立方”举行。此次大赛共有32个国家、40个海外赛区近5000名华裔青少年参赛，67名优胜选手来到北京参加了总决赛。最终，美国纽约赛区的张若冰获得2016年“水立方杯”海外华裔青少年中文歌曲大赛金奖，匈牙利赛区的陈艺捷、马来西亚赛区的维莉莎获得银奖，马来西亚赛区的张嘉恬、印尼赛区的曾慧兰、加拿大多伦多赛区的张佳楠摘得铜奖。

（翟　璐）

【中国青年男高音声乐大赛】 8月15日，中国青年男高音声乐大赛总决赛在首都师范大学科德学院举行。此次大赛由《音乐周报》和北京晁浩建艺术培训中心联合主办，北京姜杰钢琴琴城音乐舞蹈学校、首都师范大学科德学院、北京通途艺术教育等单位协办。尹海获得美声组金奖，田林子、解俊威、秦鹏楠获得美声组银奖，郑飚、莫嘉辉、纪永欢、冯晨曦、王礁、曹舒源获得美声组铜奖；郝亮亮获得民族组金奖，吴映春、彭忠波、王雪慧获得民族组银奖，秦利伟、刘乃枫、刘涛、李浩仟、郝建党、刘超获得民族组铜奖。

（翟　璐）

【亚瑟·鲁宾斯坦国际青少年钢琴比赛】 9月29日—10月9日，首届亚瑟·鲁宾斯坦国际青少年钢琴比赛在北京举行。该赛事共收到近20个国家百余名选手的报名申请，13个国家的29名选手参赛。最终，韩国选手芮秀娥获第一名，俄罗斯选手伊丽莎薇塔·克鲁切里瓦获第二名，格鲁吉亚选手大卫·哈里库利获第三名。

（翟　璐）

【京津冀声乐表演邀请赛】 10月19日，2016年京津冀地区声乐表演邀请赛暨北京市中等职业学校声乐表演技术技能比赛在中国音乐学院附中落幕。大赛分为美声唱法、民族唱法及通俗唱法3个组别。中国音乐学院附中、北京戏曲艺术职业学院、北京舞蹈学院附中、天津音乐学院附中、河北艺术职业学院、石家庄市艺术学校、唐山市艺术学校7所院校的38名选手参赛。最终评选出一等奖4名，二等奖8名，三等奖11名。中国音乐学院附中胡子豪和叶霁雯分别斩获民族唱法与美声唱法的一等奖，北京戏曲艺术职业学院谭茜、北京舞蹈学院附中钱可欣荣获通俗唱法的一等奖。

（翟　璐）

【第一届北京肖邦国际青少年钢琴比赛】 10月30日，第一届北京肖邦国际青少年钢琴比赛颁奖仪式暨获奖选手音乐会在中央音乐学院歌剧音乐厅举行。该赛事第一次把中国作曲家叶小钢的《纳木错》和汪立三的《民间玩具》2首作品作为比赛指定演奏曲目。此次比赛共有来自中国、美国、俄罗斯、波兰、澳大利亚、韩国、立陶宛等国家的100余位选手报名，近60名选手在北京参加了比赛。中国选手陈学弘获得青年组第一名，波兰选手彼得·帕夫拉克获得青年组第二名，波兰选手卢卡什·拜尔迪获得青年组第三名；中国选手铁顺顺、叶方舟并列获得少年组第一名，少年组第二名空缺，中国选手陈万川获得少年组第三名。

（翟　璐）

【第五届“民族管弦乐（青少年题材）新作品评选”揭晓】 12月10日，由中国民族管弦乐学会和北京市教委艺术教育委员会联合主办的第五届“民族管弦乐（青少年题材）新作品征集评选”结果揭晓，颁奖音乐会在中央音乐学院歌剧音乐厅举行。该活动面向业内征集，共收到50余部应征作品。音乐会上演出了获得金、银、铜奖的12部作品，其中，金奖2部——刘长远创作的《狂欢之舞》、刘青创作的《偶戏》；银奖4部——房晓敏的《新梦》《春之舞》，李政华的《追梦——青春梦想》，罗麦朔的《嗡喽咪》；铜奖6部——《正月》《拥有翅膀的她》《星际》《月迹》《梦幻七色海》《牡丹仙子》。指挥刘沙。

（崔　渊）

评论与研究

【中国民族歌剧传承发展座谈会】 1月20日，中国民族歌剧传承发展座谈会在北京举行。文化部党组成员、副部长董伟出席会议并讲话。中宣部文艺局、文化部艺术司、中国艺术研究院、中国歌剧舞剧院、中央歌剧院有关负责人，以及乔佩娟、王世光、王祖皆、黄奇石、居其宏、项阳、祝东力等专家、艺术家就歌剧与时代、与群众相结合，走民族化的创作道路等议题进行了研讨。

（翟　璐）

【2016第三届音乐产业高端论坛】 11月8日，在国家新闻出版广电总局指导下，由中国传媒大学主办，中国传媒大学艺术学部音乐与录音艺术学院、中国音像与数字出版协会音乐产业促进工作委员会、中国移动咪咕音乐有限公司联合承办的“2016第三届音乐产业高端论坛”在中国传媒大学国际交流中心举行。中国传媒大学校长胡正荣、国家新闻出版广电总局出版管理司副司长许正明、中国传媒大学副校长廖祥忠、中国文联副主席兼中国传媒大学艺术学部音乐与录音艺术学院院长徐沛东、中国音像与数字出版协会音乐产业促进会主任委员汪京京出席了活动。该论坛推出了《2016音乐产业发展报告》，在总结2015年音乐产业发展概况和主要数据信息的基础上，分析了音乐产业的热点问题和行业发展趋势。论坛还就“音乐产业园区生态发展”“音乐产业人才的需求与培养”“探究数字时代全球音乐产业的产值增长”“中国流行电音的发展和模式创新”“音乐产业的跨界融合”“电视、网综音乐节目的发展现状与趋势”“全媒体视域下的音乐版权发展新业态”“IP内容、商业模式及资本的互动与共荣”等内容进行了专题研讨。

（翟　璐）

【2016年全国音乐与舞蹈领域艺术专业学位研究生教育研讨会】 11月25日—27日，由全国艺术专业学位研究生教育指导委员会主办，中国音乐学院承办的“2016年全国音乐与舞蹈领域艺术专业学位研究生教育研讨会”在北京举行。来自全国108个艺术硕士培养院校的393位代表参会。会议围绕如何提高艺术硕士专业学位研究生教育质量的主题展开多项活动。包括高峰论坛、案例教学培训，艺术硕士（MFA）专业学位研究生实践教学基地授牌仪式、质量论坛、分组论坛等。会上，中国音乐学院与中国艺术职业教育学会“专业学位研究生（音乐领域）实践教学基地联盟”成立。

（翟　璐）

【第五届全国乐器学研讨会】 12月3日—5日，由中国音乐学院主办、文化部民族民间文艺发展中心协办、中国音乐学院音乐科技系承办的第五届全国乐器学研讨会在北京举办。全国各音乐学院、乐团、研究机构代表及海外专家近百人，分别就乐器声学与生态学、乐器音响分析与测量、乐器工艺与发展趋势、管风琴与民族低音拉弦乐器改良、乐器学与教育5个方面进行探讨和发言。

（翟　璐）

纪　　念

【光明·中国探月公益音乐会】 1月12日，为纪念中国航天事业60周年和中国探月工程12周年，由国家国防科工局探月与航天工程中心、嫦娥奔月航天科技（北京）有限责任公司、光明乳业股份有限公司、国家大剧院、中国国家交响乐团、教育部深空探测联合研究中心等单位联合举办，中国光华科技基金会提供公益支持的“光明·中国探月公益音乐会”在国家大剧院举行。音乐会分为序曲和“穿越古今”“跨越东西”“天地人和”3个篇章。指挥谭盾，女高音歌唱家雷佳，男高音歌唱戴玉强、莫华伦、魏松，小提琴演奏家吕思清，大提琴演奏家王健，古筝演奏家袁莎，古琴演奏家李祥霆，二胡演奏家宋飞等音乐家及中国国家交响乐团参加演出。

（崔　渊）

【阎肃逝世】 2月12日，歌词作家阎肃在北京逝世。阎肃（1930—2016），河北保定人，原名阎志扬。1950年参加西南青年文工团，任演员、分队长。1953年，加入中国共产党。同年，参加中国人民解放军，历任西南军区文工团分队长、空军政治部歌剧团编导组组长、空军政治部文工团创作员等职，曾担任中国戏剧家协会副主席、中国音乐文学学会荣誉主席。先后创作1000多件作品，荣获“文华奖”、“五个一工程”奖、中国歌剧艺术“金葵花”终身荣誉奖、第十二届“中国戏剧奖终身成就奖”、第八届“中国音乐金钟奖终身成就奖”等。主要作词作品有《红梅赞》《敢问路在何方》《前门情思大碗茶》《我爱祖国的蓝天》《北京的桥》《长城长》《雾里看花》《故乡是北京》《唱脸谱》《五星邀五环》《军营男子汉》《长城长》《风雨同舟》《团结就是力量》《打靶归来》《当兵的人》《小白杨》《说句心里话》《梦里水乡》等歌曲,《江姐》《党的女儿》《特区回旋曲》《忆娘》《胶东三菊》《刘四姐》等歌剧,《红岩》《红色娘子军》《年年有余》《夜度》《敌后武工队》《红灯照》等京剧。

（翟　璐）

【王和声从艺45周年纪念音乐会】 4月17日，由解放军军乐团举办的军旅作曲家王和声从艺45周年纪念音乐会在解放军军乐厅举行。音乐会演奏了管乐交响诗《在太行山上》、中音萨克斯独奏《瑶山情歌》、进行曲《绿色青春》、管乐交响音画《康巴之舞》、打击乐独奏《深蓝》等乐曲。

（翟　璐）

【张藜逝世】 5月9日，作词家张藜在北京逝世。张藜（1932—2016），辽宁大连人。1950年毕业于东北鲁艺文学研究室，并留校从事文学创作。曾任北京师范大学中文系美学进修生，东北沈阳音乐学院教师，吉林省歌舞剧院和吉林省作家协会专业作家，中央民族乐团创作室专职创作员。他是国家一级编导、北京音乐家协会理事、中国音协会员、《词刊》编委、中国音乐文学学会副主席。由其作词的代表性歌曲有《亚洲雄风》《篱笆墙的影子》《苦乐年华》《命运不是辘轳》《不白活一回》《我和我的祖国》《女人不是月亮》《山不转水转》等。作品集有《歌诗之路》《百灵鸟》《相思潮》《张藜歌诗三百首》《张藜歌诗评论集》《草原上有个美丽的传说》等。

（翟　璐）

【郭颂逝世】 5月19日，歌唱家郭颂在北京逝世。郭颂（1931—2016），辽宁沈阳人，原名郭增发，后因演唱《黄河颂》改名为郭颂。历任黑龙江省歌舞团独唱演员、团长，中国文联第四届委员，中国音协第三届理事，中国音协黑龙江分会副主席，第三、四届全国人大代表。他以演唱东北民歌著称，代表作有《新货郎》《乌苏里船歌》等，作品集有《郭颂创作歌曲选》。

（翟　璐）

【中国国家交响乐团团庆六十周年系列音乐会】 5月27日—7月29日，“中央乐团——中国国家交响乐团团庆六十周年系列音乐会”在北京音乐厅举办。演出的5场音乐会分别为“粉墨春秋”京剧交响音乐会，“俄罗斯之夜”交响音乐会，“龙声华韵——希望”交响音乐会，谭盾与斯特拉文斯基的“四祭”交响音乐会和中国国家交响乐团2015—2016音乐季闭幕式音乐会。

（崔　渊）

【庆祝中国共产党成立95周年音乐会】 6月29日，庆祝中国共产党成立95周年音乐会“信念永恒”在人民大会堂举行。演出包括“历史选择”“浴血荣光”“青春誓言”“激情岁月”“人民向往”“信念永恒”6个部分，演出曲目有《红旗颂》《七律·长征》《延安颂》《保卫黄河》《山丹丹开花红艳艳》《我们走在大路上》《咱们工人有力量》《唱支山歌给党听》《我爱你，中国》《春天的故事》《在希望的田野上》《我们是共产主义接班人》《光荣与梦想》《没有共产党就没有新中国》等歌曲。习近平、李克强、张德江、俞正声、刘云山、王岐山、张高丽等党和国家领导人，与首都各界3000多人观看了音乐会。

（崔　渊）

【纪念徐新音乐会】 7月11日，为纪念指挥家、教育家徐新逝世10周年，由中国音协、兰州市政府、中央音乐学院、甘肃省文联共同主办的“纪念徐新先生音乐会”在国家大剧院音乐厅举行。音乐会由徐新的学生、著名指挥家张艺、李心草与青年指挥家焦阳联袂指挥，徐新生前悉心指导过的兰州交响乐团演出。音乐会演奏了《黄河颂》和贝多芬《第五钢琴协奏曲》《第七交响曲》等作品。

（翟　璐）

【纪念周巍峙100周年诞辰座谈会】 7月15日，纪念周巍峙同志100周年诞辰座谈会在人民大会堂举行。中共中央政治局委员、中央书记处书记、中宣部部长刘奇葆出席座谈会并讲话。中国文联主席孙家正，文化部党组书记、部长雒树刚，中国文联党组书记、副主席赵实，中宣部副部长景俊海，中国文联党组副书记、副主席李屹，文化部副部长董伟，中国文联党组成员、副主席左中一、夏潮，中国文联党组成员、书记处书记郭运德、陈建文，以及胡振民、覃志刚、陈晓光、杨承志、赵化勇、李维康、周涛等有关方面领导，主承办单位有关负责人，各全国文艺家协会、中国文联机关各部室、各直属单位负责人，周巍峙家属、家乡代表以及艺术家代表等近200人参加了座谈会。与会者缅怀了周巍峙为文化和文艺事业做出的贡献，回顾了他在主持《中国大百科全书》编辑出版和十部文艺集成志书编纂工程等工作上的工作精神。

（翟　璐）

【纪念红军长征胜利80周年音乐会】 9月17日—18日，由中国文联、中国音协和国家大剧院联合主办的“永恒的丰碑”——纪念红军长征胜利80周年音乐会在国家大剧院上演。演出曲目有根据毛泽东诗词《七律·长征》《十六字令》《忆秦娥·娄山关》《清平乐·六盘山》创作的歌曲，以及国家大剧院原创歌剧《长征》中的唱段《三月桃花心中开》《我们终将得胜利》和大型声乐套曲《长征组歌》等。指挥李心草，阎维文、宋祖英、廖昌永、殷秀梅、吕继宏、王丽达、王宏伟、吴娜、王喆、龚爽、徐涛、温玉娟等演员和国家大剧院管弦乐团、合唱团参加演出。

（崔　渊）

【中国合唱协会成立30周年座谈会】 10月12日，中国合唱协会成立30周年座谈会在北京音乐厅举行。中国合唱协会领导李培智、李小祥、吴灵芬、陈光辉、孟大鹏、任宝平、邱孝贤等和中国对外文化集团集团董事长张宇，人民音乐出版社社长莫蕴慧，世界合唱联盟副主席、澳洲合唱协会主席郭立明以及合唱界前辈及著名作曲家戴于吾、张以达等出席座谈会。与会者回顾了严良堃、秋里、聂中明、司徒汉等为发展中国合唱事业所做的贡献和中国合唱协会30年的工作历程，并展望了中国合唱协会日后的工作。

（翟　璐）

【郭乃安先生追思会暨学术思想研讨会】 10月14日，由中国艺术研究院音乐研究所、中国音乐学杂志社主办的“郭乃安先生追思会暨学术思想研讨会”在长白山国际酒店举行。乔建中、王凤岐、刘东升、王宁一等数十位音乐学家参会，追忆了郭乃安的生平事迹，评述其在中国音乐学研究、音乐教育学方面的贡献，肯定了郭乃安所统修的《民族音乐概论》和主编的《中国音乐辞典》在当下中国音乐学研究中的重要意义，对郭乃安提出“音乐学，请把目光投向人”的音乐学术理念表达了敬意。

（翟　璐）

【“百年振邦”交响音乐会】 10月18日，为纪念电影音乐作曲家雷振邦100周年诞辰，由吉林省委宣传部、中国音协主办，长影集团承办的“百年振邦”交响音乐会在国家大剧院举行。音乐会上，演奏了雷振邦创作的20余首经典曲目，其中包括《蝴蝶泉边》《婚誓》《重整河山待后生》《怀念战友》《青春多美好》《恨不抗日死》等。指挥洪侠，小提琴演奏家吕晓雷，歌唱家戴玉强、吴碧霞等与长影乐团参加了演出。

（崔　渊）

【纪念卞祖善从艺55周年专场音乐会】 10月29日，由中央芭蕾舞团主办的“乐舞人生”——纪念卞祖善从艺55周年音乐会在国家大剧院音乐厅举行。该音乐会演出曲目有芭蕾舞剧《红色娘子军》中的组曲音乐、芭蕾舞剧《梁山伯与祝英台》中的第一组曲、芭蕾舞剧《天鹅湖》中的选曲和交响乐《罗密欧与朱丽叶》中的第二组曲。指挥卞祖善，中央芭蕾舞团交响乐团演奏。

（崔　渊）

【周东朝从艺48年唢呐作品音乐会】 11月3日，“中国故事·唢呐传情”——著名唢呐演奏家周东朝从艺48年唢呐作品音乐会在北京音乐厅举办。音乐会演奏曲目有《望平川》《延河之春》《燕赵情》《西北叙事》《情系秧歌》《遥远的呼唤》等。指挥张列、刘江滨，演奏家石海彬、杨喜林、田丁、马志敏、姚笛、周艺翔、王展展、田丁等参与演出，中国广播民族乐团协奏。

（翟　璐）

【赵沨百年诞辰纪念学术活动】 12月16日，由中央音乐学院主办的“赵沨同志百年诞辰纪念学术活动”在中央音乐学院歌剧音乐厅举行。活动通过图片展、赵沨译配歌曲音乐会、赵沨艺术教育思想学术研讨会等展示了赵沨的一生。赵沨夫人吴锡麟，其生前的同事、学生、好友与中央音乐学院院长俞峰等师生代表约400余人出席活动。

（翟　璐）

【周巍峙百年诞辰音乐会】 12月21日，由文化部、中国文联主办，文化部艺术司、中国东方演艺集团承办，江苏省东台市人民政府协办的“山情海韵——纪念周巍峙同志诞辰100周年音乐会”在全国政协礼堂举行。演出曲目有包括《中国人民志愿军战歌》《南沙颂》《晋察冀边区艺术工作者之歌》《十里长街送总理》等在内的由东方歌舞团全新编曲、配器的周巍峙代表作品共16首，音乐会还选取了歌剧《白毛女》片段，以纪念周巍峙、王昆伉俪。郭蓉、崔京浩、余庆海、西尔艾力等歌唱家与中国东方歌舞团、中国歌剧舞剧院交响乐团等共同参演。

（崔　渊）

教　　育

【刘德海琵琶讲座】 1月10日，由北京小虎牙文化传媒有限公司主办，上海民族乐器一厂协办的敦煌大讲堂——刘德海琵琶讲座在中央音乐学院音乐厅举行。讲座现场刘德海演绎了新作品《螳螂》《堆雪人》，其弟子呈现了《周少梅书房里的琴声》《太阳公公晚安》《听好妈妈讲好故事》《柳青娘》《昭陵六骏》等琵琶曲。

（翟　璐）

【索尔蒂中国大师班】 5月1日—5日，由乔治索尔蒂学院（Georg Solti Accademia）与中国国家大剧院联合主办的“索尔蒂中国大师班”在国家大剧院举办。大师班邀请歌剧界专家乔治索尔蒂学院艺术总监乔纳森·帕博（Jonathan Papp）、声乐指导科拉蒂娜·卡波雷洛（Corradina Caporello）和著名女高音歌唱家芭芭拉·芙丽托莉（Barbara Frittoli）联合授课。19名通过初选的学员经过第二轮现场试唱后，最终有8名学员正式加入大师班。此次课程为期4天，为学员带来了戏剧、声音风格、发声方法及意大利语等方面的专业培训。

（翟　璐）

【乐队首席与声部首席人才培养项目】 5月21日—7月21日，由中国交响乐团主办的国家艺术基金2015年度资助项目“乐队首席与声部首席人才培养”在北京举办。该项目利用中国交响乐团在人才方面的优势，对地方交响乐团艺术水准和管理规范化提供实质性的帮助与提升。在60余天的时间里，通过集中授课、交流排练、联合演出等方式，对来自昆明聂耳交响乐团、哈尔滨交响乐团、吉林省交响乐团、辽宁交响乐团、新疆爱乐乐团和湖南交响乐团的30名从业人员进行了专业培训，包括57场排练和9场演出。结项汇报演出在北京音乐厅举行。

（崔　渊）

出版与传播

【“中唱优秀音乐家出版基金项目”系列专辑出版发布会】 6月27日，

由中国唱片总公司创立的“中唱优秀音乐家出版基金项目”系列专辑出版发布会在北京举行。该项目主要面向艺术上已趋于成熟且有一定影响力的中青年音乐家，旨在支持原创音乐、跨界音乐作品出版，鼓励中青年艺术家参与民族音乐作品的创作及表演，推出高水平、高质量的古典音乐作品、民族音乐新作。该项目首批推出的专辑有男低音歌唱家彭康亮演唱的《中国近代经典艺术歌曲——西风的话》、笛箫演奏家张维良与箜篌演奏家吴琳演奏的《箫的叙说——箫与箜篌的经典呈现》、歌手谷峰的演唱专辑《谷萨诺瓦 II——风带我走吧》、古筝演奏家张小群演奏的《谐——张小群古筝独奏专辑》、唢呐演奏家石海彬的《普天乐——石海彬唢呐演奏专辑》。

（翟　璐）

【《华乐大典》系列图书新书发布会】 8月11日，由中国民族管弦乐学会和上海音乐出版社联合主办的“十二五”国家重点图书出版规划项目《华乐大典》系列图书新书发布会在北京饭店举行。该系列图书由中国民族管弦乐学会组织修撰，由上海音乐出版社编辑出版。该系列图书分《二胡卷》《笛子卷》《古筝卷》《琵琶卷》《扬琴卷》《打击乐卷》6卷，每卷均由“文论篇”和“乐曲篇”组成。“文论篇”共收集了478篇学术论文，介绍了742位乐人；“乐曲篇”遴选了892首作品。

（翟　璐）

【《剧荟·新原创歌剧咏叹调选辑》钢琴版唱片首发式】 9月4日，由上海音乐出版社、上海文艺音像电子出版社出版发行，中央音乐学院声乐歌剧系教师张佳佳担纲制作人、钢琴演奏，特邀郭文景、唐建平、孟卫东等7位作曲家作曲与戴玉强、魏松、莫华伦等15位歌唱家参与录制的《剧荟·新原创歌剧咏叹调选辑》在国家大剧院艺术资料中心举行首发式。该唱片收录了16首作曲家的原创歌剧咏叹调选段，包括郭文景的《骆驼祥子》，唐建平的《这里的黎明静悄悄》《运之河》，孟卫东的《红河谷》，雷蕾的《赵氏孤儿》《冰山上的来客》，莫凡的《雷雨》，奚其明的《燕子之歌》，郝维亚的《大汉苏武》《一江春水》等。

（翟　璐）

【国家大剧院唱片公司发布自主品牌及产品】 10月21日，国家大剧院唱片公司在国家大剧院举行自主品牌 NCPACLASSICS（国家大剧院古典音乐）暨系列产品发布会。发布会上，发布了国家大剧院唱片公司的自主品牌 NCPACLASSICS（国家大剧院古典音乐）及其制作的《中外歌剧经典合唱》（双CD）、歌剧电影《图兰朵》（DVD）和《吕嘉与布尼亚季什维莉演绎舒曼与西贝柳斯》（DVD）。

（翟　璐）

舞　　蹈

【概　况】2016年，北京舞蹈界继续秉承习近平总书记文艺座谈会讲话精神，繁荣文艺创作，推动文艺创新，辛勤耕耘，服务人民，在原创、演出、活动、比赛、会议等多个方面百花竞放、硕果累累，呈现出繁荣发展的生动景象。

舞蹈创作在题材、形式等方面都取得了诸多突破。舞蹈家刘岩跨界执导中国首部公益题材时尚轻舞剧《26分贝》，彰显听障人士乐观的生活态度；中国东方歌舞团《兰花花》开启了舞蹈艺术的新“跨界”——从中国舞、亚非拉及国外舞种，切换到陕北人民淳朴、劳作的生命舞步；中国编导谢欣、黎星与以色列编导戴顿携手创编的舞蹈《UNKNOWN 未·知》，表达了对生活、对未来的探索；《九死一生·长征》在纪念中国工农红军长征胜利80周年之际首演，导演用丰富、抽象的肢体语汇呈现出一段血色历史；“2016中国舞蹈十二天”板块涌现了诸多优秀原创作品；曾明、刘芳的《悟空》带观众找寻最珍贵的亲情、爱情和友情；李敏的《以爱之名》通过两个不同风格的作品探索爱与人性；赵栩可的《方圆》以舞表“意”，探索为人处世之道；“非遗”舞剧《傩·情》首演，剧中傩神形象与舞蹈动作都有着明确的来源和出处，可谓非物质文化遗产研创作品；《太平鼓声声》以“非遗”技艺保护传承为主题，京西太平鼓于2006年被列入第一批国家级非物质文化遗产名录。除此之外，还涌现出了如《昭君出塞》《七尺》《丝路长城》等优秀的原创舞剧。

各类舞蹈演出各具特色，异彩纷呈。“舞动中国”——2016中国舞蹈新人新作晚会展现了当下青年舞蹈群体的创作佳绩与精神风貌；中国国家芭蕾舞团上演“经典芭蕾三合一”，不断对经典作品进行创新；中国文联、中国舞协主办“深入生活、扎根人民”文艺创作成果展演舞蹈专场，精选12个反映时代、反映基层的优秀作品参演；“2016 CBDF 国标舞艺术表演舞精品展演”以“年度巡礼”的方式对2016年本土舞蹈的发展进行总结与回望；中央芭蕾舞团年度大戏、古典芭蕾舞剧娜塔莉娅·玛卡洛娃版《舞姬》首演，该剧被芭蕾舞界称为“难度最大的舞剧”。

丰富的舞蹈艺术活动促进了国内外舞蹈的交流，专业的舞蹈比赛推动了我国舞蹈事业的发展进步。北京新舞蹈国际艺术节上，来自7个国家的50余位艺术家带来18场精彩的舞蹈演出，10个专题工作坊为艺术家提供国际化交流与创新的平台；第六届中国舞蹈节暨第十届中国舞蹈“荷花奖”举行，同时开展当代舞、现代舞发展研讨会；文艺界开展纪念著名舞蹈家、教育家戴爱莲百年诞辰系列活动；第六届北京国际标准舞大赛举行，全市4000余人参赛；2016年首都市民系列文化活动“舞动北京”全民广场舞大赛吸引了3万余名6岁～60多岁不等的群众参与；北京首届全民时尚舞蹈大赛开幕，推动群众文化活动“从社区中来，到社区中去”风潮。除此之外，“2016北京舞蹈双周”“第五届国家大剧院舞蹈节”“第七届怀柔国际标准舞艺术节”“北京卓越艺术人才（舞蹈）培养高校联盟系列活动”“中央民族歌舞团2016冬季欢乐周”“中国歌剧舞剧院首届民族舞剧季暨舞剧团60周年团庆系列活动”等先锋性和多样性兼具的活动得到了广泛的关注与赞誉。

国外优秀舞团的来访和舞剧的演出，展示了不同国家不同地域的舞蹈魅力。西班牙玛利亚·佩姬舞蹈团带来全新舞作《我，卡门》；英国NBT芭蕾舞团出演了根据小说《了不起的盖茨比》创作的同名芭蕾舞剧；黎巴嫩的卡拉卡拉舞蹈团上演了精彩的舞剧《一千零一夜》；作为2016中埃文化年埃及首个来华项目，丽达民间艺术团精心准备了12个代表埃及传统舞蹈最高水准和具有浓郁民间艺术特色的精彩节目；古巴李斯特·阿方索舞蹈团参加2016“中拉文化交流年”，展现古巴舞蹈的多样风情；法国国立舞蹈中心——洛林芭蕾舞团以一套跨越时空、精彩绝伦的当代芭蕾作品《巴黎—纽约—巴黎》征服观众；美国保罗·泰勒现代舞团带来三部具有美国特色的经典之作——《挚爱的判节者》《春之祭排练场》《普罗米修斯之火》。

各类研讨会的开展和舞蹈类专著的出版，有效推动了舞蹈艺术的理论研究，对舞蹈艺术的发展有重要的价值和深远的意义。北京舞蹈学院主办了首届“舞蹈美育研讨会”，旨在更好地传播舞蹈美育的新理念、新成果；中国舞蹈史研究60年专家研讨会举行，吸引和汇聚了全国各地的舞蹈史研究专家；第二届“中小学舞蹈教育研讨会暨中小学舞蹈教育传统校”授牌仪式举行，全国300余所学校的校长及老师参会。由北京舞蹈学院中国古典舞教研室编辑审订的《中国汉唐古典舞——孙颖文辑》首发，为深入研究中国汉唐古典舞打下了基础；北京舞蹈学院《素质教育与舞蹈美育研究成果丛书》与配套的DVD正式发布。

作　　品

【轻舞剧《26分贝》】 1月22日，由中国文学艺术基金会·刘岩文艺专项基金主办，北京舞蹈学院青年舞蹈团、北京格林时光文化有限公司承办的中国公益题材时尚轻舞剧《26分贝》在中华世纪坛首演。该剧贯穿现代舞、街舞以及默剧元素，以特殊儿童小石头和默剧演员安吉尔的情感交流为主线，在张弛细腻的舞蹈语汇中讲述听障人士乐观、温暖的生活态度。编剧蒋云柯，编导杨悦、许郸文，音乐NANA，总导演刘岩，主演刘洋、凌紫腾、王政，北京心灵呼唤残疾人艺术团、央视娱乐小蓓蕾艺术团、北京市海淀区天云听力言语康复训练中心参演。

（姚怡暾）

【舞剧《丝路长城》】 5月24日，由北京演艺集团出品、北京歌剧舞剧院演出的大型舞剧《丝路长城》在国家大剧院首演。北京歌剧舞剧院新创舞剧《丝路长城》移植于同名京剧，讲述了唐太宗李世民化干戈为玉帛，开启中断了800年的丝绸之路的故事。作曲刘彤，导演邓林，主演朱晗、王钰、徐成瑶等。

（姚怡暾）

【舞剧《昭君出塞》】 6月8日，中国歌剧舞剧院大型原创民族舞剧《昭君出塞》在北京舞蹈学院舞蹈剧场首演。该剧讲述了汉代王昭君塞上和亲的故事。编剧于平，总导演、编舞孔德辛，作曲张渠，主演唐诗逸、朱寅、郭海峰、杨思宇、余瑜等。

（姚怡暾）

【舞剧《兰花花》】 7月5日，由中国东方演艺集团有限公司与陕西省文化厅、延安市志丹县政府联合出品，中国东方歌舞团演出的舞剧《兰花花》在北京保利剧院首演。该剧分为“社火”“美梦”“闹婚”“殒命”4场，讲述了陕北高原深山里，兰花花与杨五娃为了争取自己的爱情，冲破封建牢笼的故事。编剧夏征宇，编导周莉亚、李铭佳，作曲孟可、丁纪，导演何利山、唐文娟，主演殷硕、曾明、孟庆旸、张丝蕊、陈锐、王祖鹏等。

（姚怡暾）

【舞剧《九死一生·长征》】 7月20日，为纪念中国工农红军长征胜利80周年，北京雷动天下现代舞团与北京悠然雨笑文化传播有限公司联合创作的大型现代舞剧《九死一生·长征》在天桥艺术中心首演。该剧利用奔跑、行走、爬行、站立四种基本形体语汇，展现了红军长征的艰苦历程。编剧孟杰，编舞马波，音乐刘彤，导演李捍忠，舞者李可华、龚兴兴、范璐、金晓霖、高扬、刘学芳等。

（姚怡暾）

【舞剧《悟空》】 8月5日，舞剧《悟空》在国家大剧院首演。该剧用舞蹈诠释了一个不一样的“悟空”形象。演员、编导曾明、刘芳。

（姚怡暾）

【舞蹈《以爱之名》】 8月10日，原创舞蹈作品《以爱之名》在国家大剧院小剧场首演。该作品上半场为芭蕾舞形式的作品《送惜》，由《水浒传》中“坐楼杀惜”的故事改编而成；下半场是现代舞形式的作品《心门》，以现代元素寻找人生在不同时间点如何诠释爱与孤独、探讨爱的真谛。编导李敏，舞者万盛。

（姚怡暾）

【舞剧《方圆》】 8月20日，舞剧《方圆》在国家大剧院首演。该剧围绕着“人会怎么样经历方圆，到最后如何方圆相济”而展开创作。编导赵栩可，主创、主演于雅男、池鹏、葛田、徐至等。

（姚怡暾）

【舞蹈《UNKNOWN未·知》】 8月23日，由中国编导谢欣、黎星与以色列编导Eyal Dadon携手创编的舞蹈《UNKNOWN未·知》在国家大剧院首演。该作品分为上下两场，是两种风格截然不同的作品。上半场是谢欣与黎星自编自演的《TOUCH》，下半场是以色列编导戴顿的《LAYERS》。在“未·知”概念之下，两个作品均从“未知”开始，渐渐“未”“知”分离，直至演出尾声“未”渐渐消逝，“知”慢慢清晰。编导谢欣、黎星、Eyal Dadon，主演谢欣、黎星、Eyal Dadon、方光、刘迦、陆雅慧、胡沈员等。

（姚怡暾）

【中央芭蕾舞团版芭蕾舞剧《舞姬》】 9月17日，中央芭蕾舞团版古典芭蕾舞剧《舞姬》在天桥剧场首演。该剧又称《印度寺庙的舞女》，为改编自印度诗剧《沙恭达罗》的古典芭蕾舞剧，讲述了古印度一位与公主有婚约的武士爱上了神殿里的一名舞姬后发生的故事。该剧首演于1877年。此次在中国的复排，中央芭蕾舞团排演的《舞姬》是俄罗斯舞蹈家娜塔莉娅·玛卡洛娃1980年的版本。排练指导玛卡洛娃，主演张剑、马晓东、徐琰、郑宇、周兆晖等。

（姚怡暾）

【舞剧《七尺》】 10月22日，中国人民解放军艺术学院舞蹈系原创舞剧《七尺》在国家大剧院首演。该剧以新民主主义革命为时代背景，树立了“先驱者”“觉醒者”“长征者”“自觉者”“行动者”“解放者”6个不同阶段的革命者形象。并通过头、膝、脚、腰、背、手6个意象构成了6个篇章。通过中国人的“七尺之躯”从跪地匍匐到昂然伫立，讲述了“解放”的终极主题。编剧关山，作曲三宝，总导演胡磊，中国人民解放军艺术学院舞蹈系学生表演。

（姚怡暾）

【“非遗”舞剧《傩·情》】 11月5日，由北京舞蹈学院青年舞团、南丰县石邮村傩班联合研创的“非遗”舞剧《傩·情》在北京舞蹈学院公演。作品围绕中国古老的傩文化，分为“序”“开天辟地”“生命造化”“风调雨顺”“生生不息”“神鬼情缘”“笃诚敦厚”“崇文尚礼”和“尾声”。作品中各路神仙戴着夸张的面具纷纷起舞，寄托了美好的寓意。总导演郭磊，汪子涵、武帅、孙科、华宵一等和北京舞蹈学院青年舞团、江西省南丰县石邮村傩班参加演出。

（姚怡暾）

【舞剧《遥遥南水》】 11月16日，2016青年舞蹈人才培育计划的原创舞剧《遥遥南水》在国家大剧院首演。作品讲述了一个女人一直坚守在海上寻找亲人的故事。编剧李天翼，作曲杨翼，编导王圳冰，舞者李茉、赵家熠、王洪斌、王圳冰等。

（姚怡暾）

【民族舞剧《太平鼓声声》】 11月29日，由门头沟区文委与中国歌剧舞剧院联合打造的大型原创民族舞剧《太平鼓声声》在门头沟区影剧院上演。《太平鼓声声》分为“序”“心愿”“迎亲”“执着”“传承”“辉煌”6个部分，讲述了太平鼓在门头沟传承、发展的历史。总导演孔德辛，京西太平鼓传承人高宏祥等和中国铁路文工团演员共同演出。

（姚怡暾）

【舞蹈诗《长征——向80年前的壮举深深鞠躬》】 12月25日，由北京舞蹈学院与中国舞蹈家协会共同主办，北京舞蹈学院原创舞蹈诗《长征——向80年前的壮举深深鞠躬》在北京舞蹈学院舞蹈剧场首演。该作品选用了“长征组歌”，的部分内容，并配以芭蕾舞、民族舞等多种表现形式，对80年前的中国工农红军长征进行了解读。编导万素，特邀演员苏雪冰、郭娇、李承霖、金家文和北京舞蹈学院学生共同参加演出。

（姚怡暾）

【舞蹈剧场《唐诗逸舞》】 12月31日，《唐诗逸舞》专场晚会在北京天桥艺术中心公演。该作品分为“春江花月夜”“长恨歌”“剑器行”3个部分，以中国古典舞的身法演绎唐朝诗歌经典韵律，把舞者对唐诗的理解用舞蹈语汇进行了表达。编导佟睿睿，编舞、主演唐诗逸，胡杨、肖雨、秦熙、曾鹏飞、毕然、高泽炜、盖静等参演。

（姚怡暾）

演　　出

【2016中国舞蹈新人新作晚会】 1月5日，由中国文联、中国舞协主办，中国文学艺术基金会支持的“舞动中国”——2016中国舞蹈新人新作晚会在天桥剧场举办。晚会荟萃多家专业舞蹈院团和高校艺术学院的15个作品，涵盖了多种舞蹈类型。有群舞《觅迹》《步调一致》《刀郎麦西来甫》《旋·动——足尖上的风采》《中国风》《黄河》《布衣者》，双人舞《传奇》，独舞《点绛唇》《长调》《自在》等，还有《水月洛神》《朱鹮》《铁道游击队》《徽班》等舞剧片段。晚会展现了赵明、佟睿睿、王舸、刘福洋、肖杰和山翀、朱洁静、汪子涵、唐诗逸等新锐编导与青年舞者的创作、表演水平。

（姚怡暾）

【“经典芭蕾三合一”晚会】 1月12日—13日，中国国家芭蕾舞团的“经典芭蕾三合一”晚会在国家大剧院上演。晚会内容包括芭蕾舞剧《堂吉诃德》第三幕、芭蕾舞剧《仙女》第二幕和原创作品交响芭蕾《黄河》。指挥刘炬，主演徐琰、张尧等，中央芭蕾舞团参加演出，中央芭蕾舞团交响乐团演奏。

（姚怡暾）

【《阡陌家园》专场晚会】 5月7日—8日，中央戏剧学院舞剧系《阡陌家园》专场晚会在该校南锣鼓巷校区实验剧场上演。该晚会由三个小剧组成。有表现山寨里一群锦鸡比美斗舞的苗族群舞《锦鸡炫美》，有取材于大凉山孤儿真实故事的彝族群舞《流泪的索玛花》以及表现胶东人情感和信仰的山东秧歌《在水一方》。三部作品均由舞剧系教师编创，由舞剧系一、二年级学生演出。

（姚怡暾）

【“深入生活、扎根人民”文艺创作成果展演舞蹈专场】 10月12日，由中国文联、中国舞协主办的“向人民汇报”——“深入生活、扎根人民”文艺创作成果展演舞蹈专场在民族剧院上演。中国舞协从其会员单位创作的反映时代、反映基层的优秀舞蹈作品中精选了12个作品参加演出。其中包括中央民族歌舞团的《高原》《山那边》《噶鲁情歌》，武汉歌舞剧院有限责任公司的双人舞《哥哥》，海南省保亭黎族苗族自治县民族歌舞团的女子群舞《善水》，湖北省民族歌舞团的男子群舞《土家魂》，青海省演艺集团有限责任公司的女子群舞《阿姑的七彩梦》，中央民族大学舞蹈学院的《牛铃》《阿嘎人》，北京舞蹈学院的《悠然情韵》《水色》和四川绵阳市艺术学校的群舞《滚灯》。

（姚怡瞰）

【中央戏剧学院舞剧系舞剧剧目专场演出】 10月13日—14日，中央戏剧学院舞剧系舞剧剧目专场“凝视家园”在中央戏剧学院东城校区实验剧场上演。演出的《香魂·乡魂》《摄氏度》《在水一方》《索玛花》4部舞剧剧目全部由中央戏剧学院舞剧系师生演出。

（姚怡瞰）

【2016 CBDF国标舞艺术表演舞精品展演】 12月2日—3日，由中国舞协支持、中国国际标准舞总会主办的“炫舞中国梦”——2016CBDF国标舞艺术表演舞精品展演在民族剧院举办。该展演节目包括拉丁群舞《梦境之旅》《黄河》《夜·上海》，拉丁双人舞《浮生若梦》，摩登群舞《漂》《国王与皇后》，双人摩登舞《蓝色裙摆》等，还有青少年国际标准舞表演舞作品《少年忧》《津门秀》《化蝶》以及颂扬尊老爱幼中华美德的《老有所依》和残疾人国标舞《卷珠帘》等。

（姚怡瞰）

【舞蹈作品集《沉香Ⅲ》舞蹈专场演出】 12月5日—6日，由北京舞蹈学院民族舞蹈文化研究基地推出的舞蹈作品集《沉香Ⅲ》在北京舞蹈学院舞蹈剧场上演。该作品集定位于传统与当代之间，包括舞蹈《黑帽羌姆》《释比》《乐大夫》《傩面人》等作品。舞蹈编导袁媛、邓丽莉、池咚咚，导演高度，主演龚齐杰、芦湘雯、齐慧麟等。

（姚怡瞰）

【2016中国舞蹈年度巡礼专场晚会】 12月11日，由中国舞协和国家大剧院共同主办的“舞典华章”——2016中国舞蹈年度巡礼专场晚会在国家大剧院举行。该晚会选取了一些获奖的优秀舞蹈作品，其中包括《看齐　看齐》《朱鹮》《家》《杜甫》《仓央嘉措》《彼时此刻》《盒子》《滚灯》等作品。

（姚怡瞰）

活　　动

【2016北京舞蹈双周】 7月13日—26日，由北京雷动天下现代舞团、广东现代舞团、香港城市当代舞蹈团联合主办的现代舞教学展演活动——2016北京舞蹈双周在北京举行。该活动的第一周为国际舞蹈营的“教学周”，邀请了国际一流的编导、舞者在北京授课；第二周为“展演周”，包括另类平台、焦点舞台、青年舞展3个不同的演出板块，来自10个国家和地区的15部作品在北京上演。参演作品有北京雷动天下现代舞团的大型舞剧《九死一生·长征》、广东现代舞团的《天堂之日》、以色列平头舞蹈团的《微尘宅事》、韩国魔童之桌现代舞团的《喷拔黑金刚》、台湾林文中舞团的《长河》、香港城市当代舞蹈团的《烟花·冷》和合家欢节目——来自意大利的《歌剧蹦跳碰》等作品。

（姚怡瞰）

【2016中国舞蹈十二天】 8月5日—24日，由国家大剧院与中国舞蹈家协会共同举办的“2016中国舞蹈十二天”在国家大剧院举办。此次活动包括《悟空》《以爱之名》《藏传——根》《方圆》《未·知》5部新作品和成熟舞作《药》。6部作品共进行了12场演出。

（姚怡瞰）

【第二届北京新舞蹈国际艺术节】 8月15日—31日，由北京市朝阳区文化馆联手北京9当代舞团、元艺术空间共同举办的第二届北京新舞蹈国际艺术节在北京举行。该艺术节以“舞”为视角，以“新”为主题，来自美国、加拿大、匈牙利、瑞典、立陶宛、斯洛伐克和中国的7个国家、50余位艺术家进行了18场舞蹈演出。该艺术节还开设了10个专题工作坊，内容包括即兴舞蹈、双人舞技术、当代舞蹈编创、舞蹈影像培训营、驻地艺术家联合创作等项目。

（姚怡瞰）

【中国歌剧舞剧院举办公益慰问演出】 10月8日，在重阳佳节即将来临之际，由文化部公共文化司主办的中国歌剧舞剧院公益慰问演出在天桥艺术中心举办。中建三局、中建八局、中航天建设工程公司等单位的七百多名来京务工人员和数百位获邀前来的老年观众一起免费欣赏了中国歌剧舞剧院的原创民族舞剧《昭君出塞》。

（姚怡瞰）

【第五届国家大剧院舞蹈节】 10月9日—12月11日，以“醇美·舞所不在”为主题的第五届国家大剧院舞蹈节在国家大剧院举办。该舞蹈节分为足尖传说、东方之美、现代舞韵和未来之星4个板块。足尖传说板块展现的作品有蒙特卡洛芭蕾舞团时尚前卫的《仲夏夜之梦》、德国斯图加特芭蕾舞团的《罗密欧与朱丽叶》、芭蕾经典《天鹅湖》等。现代舞韵板块有以色列巴切瓦舞团的《十舞》、美国现代舞泰斗保罗·泰勒的舞蹈团上演的《保罗·泰勒现代舞经典舞集》、美国詹妮弗·穆勒舞团的《蜕变：黑暗到光明》《成长与欢悦》等。

东方之美板块有舞蹈作品《海上探戈》《二十四节气·花间十二声》《我心》《地图》《生希》和舞剧《千手观音》《昭君出塞》等。未来之星板块上演了《豆蔻年华》专场演出和中国人民解放军艺术学院原创舞剧《七尺》等作品。共呈现了18台节目、38场演出。该舞蹈节还举办了一系列大师讲座、图文展览、舞蹈影像展、走出剧院等活动，约4.5万人参与了活动。

（姚怡瞰）

【北京卓越人才（舞蹈）培养高校联盟系列活动】 10月22日—30日，由北京舞蹈学院主办的“北京卓越艺术人才（舞蹈）培养高校联盟系列活动”与北京中外舞蹈院校展演活动在北京舞蹈学院举行。该活动秉持“文化引领·文化传承·以舞交友·以舞会友”的宗旨及“共舞、共创、共赏、共享”的主题，以舞蹈展演和教学交流的形式，展现舞蹈人才新秀，推动国内外舞蹈院校的交流。14所各国舞蹈院校及院团参加了本次活动。北京中外舞蹈院校展演的前身是北京国际舞蹈院校芭蕾舞邀请赛。该系列活动包括精品课程展示、讲座、“光影的故事”首届舞蹈剧场主题摄影展、综合专场演出等。参演作品有《粉墨》《卒》《云水》《戏中人》《山楂树之恋》等。

（姚怡瞰）

【中国歌剧舞剧院舞剧团60周年团庆系列活动】 2016年11月23日—2017年1月15日，中国歌剧舞剧院举办了“中国歌剧舞剧院首届民族舞剧季暨舞剧团60周年团庆系列活动”。该系列活动主要包括中国歌剧舞剧院首届民族舞剧季暨舞剧团60周年团庆系列活动座谈会和中国歌剧舞剧院首届民族舞剧季。座谈会主要是观看展示了舞剧团60年历程和近年民族舞剧创作成就的视频，并进行了座谈。民族舞剧季则演出了《昭君出塞》《赵氏孤儿》《孔子》等近年创作的民族舞剧作品。

（姚怡瞰）

【中央民族歌舞团2016冬季欢乐周】 2016年12月9日—2017年1月5日，中央民族歌舞团2016冬季欢乐周活动在北京年举办。该欢乐周共演出了11台节目。其中，舞蹈类节目有舞剧《七尺》《西游》《天蝉地傩》《齐风·莆田》，少儿舞剧《藏羚羊奇遇记》，蒙古族民间歌舞《彩虹之路》；音乐类节目有“2016年雅乐汇第四季——大约在冬季”“缤纷雪花中外名曲合唱音乐会”，中央民族歌舞团少年合唱团音乐会“雪国列车”，“双雄对决——扎西顿珠VS阿云嘎”音乐会和四川大凉山玛薇少儿艺术团音乐会“玛薇花开”。

（姚怡瞰）

会　议

【第二届全国中小学舞蹈教育研讨会】 4月18日—20日，由中国舞蹈家协会主办，中国舞蹈家协会中小学舞蹈教育专业委员会承办的以“校园舞蹈的春天”为主题的第二届“中小学舞蹈教育研讨会暨‘中小学舞蹈教育传统校’授牌仪式”在北京第二实验小学举行。会议总结了全国中小学舞蹈教育工作中的成功经验，探讨了现阶段舞蹈课程教学、教材编制、社团活动、作品编创等工作中存在的问题。全国300余所学校的360多位校长及老师和中国舞蹈家协会主席冯双白，分党组书记、驻会秘书长罗斌，分党组副书记、副秘书长李甲芹，副主席、中国舞蹈家协会中小学舞蹈教育专业委员会主任黄豆豆以及多位当代舞蹈教育界、艺术界的人士出席会议。

（姚怡瞰）

【首届舞蹈美育研讨会】 6月5日，由北京舞蹈学院主办的首届舞蹈美育研讨会在北京舞蹈学院举行。研讨会旨在更好地传播舞蹈美育的新理念、新成果。来自中央民族大学舞蹈学院、沈阳音乐学院舞蹈学院、清华大学艺术教育中心、中国歌剧舞剧院等相关机构的专家、学者及北京市各区县教委相关负责人共同探讨和展望了中国舞蹈美育的当下与未来。研讨会期间，由北京舞蹈学院、北京师范大学、首都师范大学、中央民族大学、清华大学、华中师范大学等单位共同发起的“全国舞蹈审美教育联盟”正式成立；北京舞蹈学院承担的教育部人文社会科学专项委托项目《素质教育与舞蹈美育研究》取得的研究成果——素质教育舞蹈课程教材《素质教育与舞蹈美育研究成果丛书》与配套的DVD正式发布；北京舞蹈学院教育学院教师张乐乐和清华大学艺术教育中心教师张伟分别同北京市八一学校的学生们共同完成了于北京舞蹈学院黑匣子剧场的《形与声的逻辑》和《拉班舞谱》素质教育舞蹈教学实践成果展示。

（姚怡瞰）

【赵梁ART“东方灵欲三部曲”分享推荐会】 9月20日，由中国舞蹈家协会、北京朝阳文化委员会与时代美术馆共同举办的赵梁ART“东方灵欲三部曲”分享推荐会在北京时代美术馆举行。赵梁以舞蹈为出发点，对舞蹈与不同种类艺术的融合进行了多方面的探求。中国舞蹈家协会分党组书记、驻会副主席、秘书长罗斌，舞蹈家刘岩、邱思婷、与赵梁长期合作的舞者们，以及多位跨界艺术和赵梁进行了交流。来自不同领域的艺术家们表达了自己对于赵梁导演作品的看法和作为观众对于舞蹈艺术的观点。

（姚怡瞰）

【纪念中国舞蹈史研究60年学术研讨会】 11月12日，纪念中国舞蹈史研究 60 年学术研讨会在中国艺术院研究院舞蹈研究所举办。该研讨会主要包括成果展示和现场研讨两大环节。在成果展示过程中，刘恩伯、金秋、刘峻骧、茅慧、王宁宁、袁禾、冯双白、刘敏、刘青弋、周元、巫允明、马薇、王景志、库来西·热介甫（舞蹈研究所研究员段妃代念发言）、罗旦、朴永光、石裕祖、周大明、吴露生 19 位专家、学者，与大家分享了各自在中国舞蹈史研究领域的思考和学术成果。刘峻骧、袁禾、郑慧慧、王景志、石裕祖、朴永光、向开明、王晓茹、王伟、史敏、郑璐、李超、刘晓真、张萍、黄惠民对舞蹈史的研究方法、舞蹈史的教育以及舞蹈史的研创实践等问题进行了讨论。

（姚怡暾）

比　　赛

【“贝蒂丹斯杯”2015 年北京市体育舞蹈锦标赛】 1 月 2 日，由北京市体育总会、北京市健美操体育舞蹈协会主办的“贝蒂丹斯杯”2015 年北京市体育舞蹈锦标赛在地坛体育馆举行。比赛设多个年龄组、近 70 个小项，各项目录取前十二名，前三名获颁奖杯和证书，第 4 名~ 12 名获颁证书。

（姚怡暾）

【第七届怀柔国际标准舞艺术节】 3 月 22 日—31 日，由北京市怀柔区委宣传部、北京市怀柔区文化委员会和中国国际标准舞总会主办的第七届怀柔国际标准舞艺术节在怀柔体育馆举行。该艺术节的前身是已经连续举办了六届的“怀柔杯”国标舞公开赛。2016 年，该活动正式更名为怀柔国际标准舞艺术节。活动期间陆续开展了 2016 第 18 届 CBDF“院校杯”国际标准舞公开赛、CBDF 国家青年队选拔赛、国际标准舞公开赛、国际标准舞大师精品课程、CBDF 国际标准舞评审年审及再培训等多项内容。来自北京、上海、重庆、广东、河北、河南、江苏、内蒙古、广西、辽宁等 20 多个省、区、市的近 100 支代表队、2800 余名选手参加了比赛。最终大赛甲 A 拉丁舞冠军由深圳市国际标准舞研究会的唐艺铭、黄馨仪获得，亚军由来北京百汇演艺学校的吕德裕、冉娇获得，来自中煤艺校阎岭国际舞蹈学院的崔梦佳、姜玉琳获得季军，广西艺术学院的龚超群、卓莲薇获得第四名，北京百汇演艺学校的闫超琛、刘宇彤获得第五名，上海群星职业技术学校方昭舞蹈的李孟举、于雪娇获得第六名。

（姚怡暾）

【北京首届全民时尚舞蹈大赛】 8 月 15 日—12 月 14 日，由北京市昌平区人民政府主办，昌平区文化委员会、昌平区文学艺术界联合会承办，北京舞蹈家协会协办的以“越尚舞，越绽放”为主题的北京首届全民时尚舞蹈大赛在北京市昌平区中国石化会议中心举办。大赛以“促进百姓参与、提升创演水平、增强佳作普及、推动多样发展”为宗旨，突出“全民”“时尚”两大特色。推动群众文化活动“从社区中来，到社区中去”。20 个优秀舞蹈作品入围决赛。最终，北京演艺专修学院选送的作品《花季》获得大赛金奖和最具艺术魅力奖。

（姚怡暾）

【第六届北京国际标准舞大赛】 10 月 30 日，由北京市文联、北京市海淀区政府主办，北京舞蹈家协会、海淀区文联承办的第六届北京国际标准舞大赛颁奖展演在北京体育大学体育馆举办。该大赛共有 4000 余人参加，其中包括北京各区的群众选手和北京舞蹈学院、北京体育大学、北京国际标准舞学院等院校的选手。大赛设少儿组、青年组、壮年组、常青组和院校十项全能等 84 个组别，最终 215 个队伍获奖。

（姚怡暾）

【第十届中国舞蹈“荷花奖”当代舞、现代舞评奖活动】 11 月 1 日—3 日，由中国文联、中国舞协主办的第六届中国舞蹈节暨第十届中国舞蹈“荷花奖”当代舞、现代舞评奖活动在北京举行。全国 31 个省、区、市的 373 个作品参评，最终有 33 个作品入围终评。入围作品中，有反映现实军旅训练、生活的部队题材，有源自编导对生活现状的亲身感悟，也有当代人对某段历史的追忆，还有

第七届怀柔国际标准舞艺术节

无以言说的细腻情怀展现。作品的题材及体裁呈现出多样化特点，反映出编导对现实生活的思考与挖掘。最终，中央军委政治工作部歌舞团的《看齐　看齐》获当代舞组第一名，四川省绵阳市艺术学校的《滚灯》获当代舞组第二名，四川省歌舞剧院有限责任公司的《永远的川军》获当代舞组第三名；空政文工团的《盒子》获现代舞组第一名，上海歌舞团有限公司的《彼时此刻》获现代舞组第二名，中国人民解放军艺术学院的《雏行》获现代舞组第三名。评奖活动期间，中国舞协还举办了当代舞、现代舞发展研讨会，就“荷花奖”现当代舞建设和理论反思、舞蹈评奖与现当代舞创作、现当代舞现状与前瞻等问题展开深入研讨。

（姚怡暾）

交　流

【西班牙玛利亚·佩姬舞蹈团到京演出】 1月15日—17日，西班牙玛利亚·佩姬舞蹈团携其全新舞作《我，卡门》在国家大剧院演出。该舞剧共有10个场景，由8位男女舞者演绎。

（姚怡暾）

【英国NBT芭蕾舞团到京演出】 2月3日—5日，英国NBT芭蕾舞团携其根据同名小说创作的芭蕾舞剧《了不起的盖茨比》在国家大剧院上演。该剧讲述了痴情小伙子盖茨比为追求“腐女”戴西而搭上性命的爱情悲剧。

（姚怡暾）

【黎巴嫩卡拉卡拉舞蹈团到京演出】 2月9日—13日，黎巴嫩卡拉卡拉舞蹈团携舞剧《一千零一夜》在国家大剧院演出。该剧以三幕舞剧的形式呈现了富丽堂皇的阿拉伯宫廷、热闹非凡的“大巴扎”市场等场景，讲述了关于爱情、智慧、复仇的故事。

（姚怡暾）

【埃及丽达民间艺术团到京演出】 2月24日，埃及丽达民间艺术团访华演出在国家大剧院举办。该艺术团演出了具有埃及传统和浓郁民间艺术特色的《棍子舞》《甜美的甘草汁》《卢克索，我们的城市》《新努比亚》以及融入了中国元素的《转裙舞》等12个节目。埃及驻华大使麦吉迪·阿米尔、中华人民共和国文化部外联局副局长朱琦、国家大剧院副院长杨静茂观看了演出。

（姚怡暾）

【古巴李斯特·阿方索舞蹈团到京演出】 3月28日，古巴李斯特·阿方索舞蹈团在延庆区康庄镇文体活动中心进行了一场舞蹈演出。演出的节目有被誉为古巴国舞的丹泽舞、热烈奔放的康加舞、活泼动感的萨尔萨舞，还有融合了西班牙弗拉明戈和踢踏舞的现代舞与《邻居》《下午茶》等古巴舞蹈。

（姚怡暾）

【法国洛林芭蕾舞团到京演出】 6月3日晚，法国国立舞蹈中心——洛林芭蕾舞团携其当代芭蕾作品《巴黎—纽约—巴黎》在国家大剧院演出。该作品由弗朗西斯·皮卡比亚和埃里克·萨蒂于1924年共同创作的“即时”芭蕾《松弛》、由法国编导诺亚·苏利耶创作的《身体芭蕾》和由摩斯·肯宁汉创作的《声舞》组成。

（姚怡暾）

【青岛演艺集团进京演出】 6月11日—12日，由山东省青岛市文化广电新闻出版局出品，北京成桥文化传播有限责任公司制作，青岛演艺集团演出的舞剧《法显》在中国剧院演出。该剧讲述了1600多年前高僧法显从陆上丝绸之路出发，历尽艰辛携佛经从海上丝绸之路归来的故事。

（姚怡暾）

【黑龙江艺术职业学院等进京演出】 7月16日，由中国文联、中国舞蹈家协会、中国文学艺术基金会和黑龙江省委宣传部、省文联等联合主办，黑龙江星熠文化传播集团有限公司出品的儿童歌舞诗剧《天天向上》在北京民族剧院上演。该剧以广大农民工子女的真实生活为蓝本，反映了孩子们热爱生活、热爱舞蹈艺术、自立自强的精神面貌。该剧由哈尔滨市舞蹈家协会农民工子女艺术团、黑龙江艺术职业学院、黑龙江省拜泉县鑫东北演艺学校的学生演员们共同出演的。

（姚怡暾）

【四川省歌舞剧院进京演出】 7月27日—28日，由四川省歌舞剧院有限责任公司根据巴金同名小说改编创排的舞剧《家》在国家大剧院演出。该剧通过20世纪20年代成都高家的婚礼和葬礼，讲述了旧时代封建家族的爱恨悲歌。

（姚怡暾）

【西安演艺集团歌舞剧院进京演出】 7月30日—31日，由西安演艺集团出品、西安演艺集团歌舞剧院合作的原创舞剧《传丝公主》在国家大剧院演出。该剧以《大唐西域记》的记载为依据，与现存伦敦大英博物馆唐代木版画《传丝公主》相印证，演绎了1300年前大唐公主和亲联姻，将桑树和蚕种带入拂菻国的故事。

（姚怡暾）

【罗马尼亚儿童喜剧歌剧院到京演出】 8月6日—7日，罗马尼亚儿童喜剧歌剧院携芭蕾舞儿童剧

《足尖上的辛德瑞拉》在中国儿童剧场演出。该作品改编自格林童话《灰姑娘》，通过芭蕾舞的形式演绎了辛德瑞拉在仙女的帮助下收获幸福生活的故事。

（姚怡暾）

【湖南省歌舞剧院进京演出】 8月8日—9日，湖南省歌舞剧院携其舞剧《桃花源记》在国家大剧院演出。该剧用舞蹈语汇演绎了东晋文人陶渊明笔下的桃花源。

（姚怡暾）

【藏族舞者白玛次仁进京演出】 8月13日—14日，藏族舞者白玛次仁携其原创作品《藏传——根》在国家大剧院演出。该剧以民族舞蹈的形式来探索传统文化与现代文化之间的平衡点，力图带领观众找到每个人心中的“根”。

（姚怡暾）

【重庆芭蕾舞团进京演出】 8月17日—18日，重庆芭蕾舞团携其原创芭蕾舞剧《追寻香格里拉》在天桥剧场演出。该剧讲述了青年画家丹青追寻象征宁静而安详的精神高地——香格里拉的动人故事。

（姚怡暾）

【舞剧《英雄·玛纳斯》进京演出】 8月18日—19日，由江苏省无锡市演艺集团有限公司歌舞剧院与新疆阿合奇县歌舞团联合创作并由两地演员共同演出的舞剧《英雄·玛纳斯》在民族剧院上演。该剧取材于我国少数民族英雄史诗《玛纳斯》，表现了玛纳斯从出生到创立柯尔克孜族以及他从戎马征战到追求草原和平的一生。

（姚怡暾）

【新疆生产建设兵团歌舞剧团进京演出】 8月21日—22日，新疆生产建设兵团歌舞剧团携其舞剧《戈壁青春》在天桥剧场演出。该剧以兵团人为原型，刻画了新疆生产建设兵团中具有典型性的群体形象。

（姚怡暾）

【黑龙江代表团舞蹈诗《乌苏里传歌》进京演出】 8月22日—23日，由黑龙江佳木斯市演艺集团、佳木斯大学、大庆市歌舞团联合演出的原创民族舞蹈诗《乌苏里传歌》在民族剧院上演。该作品围绕一段赫哲族的爱情故事展开，呈现出了赫哲族逐水而居的生活方式和赫哲族尊重自然、与自然和谐相处的生存理念。

（姚怡暾）

【香港舞蹈总会到京演出】 8月24日，香港舞蹈总会携其大型舞蹈诗《缘起敦煌》在民族文化宫大剧院演出。该作品的创作源自香港文化博物馆的大型展览“敦煌·说不完的故事”，以香港当代艺术视角向观众述说敦煌独特的中华文化与艺术美学。

（姚怡暾）

【宁夏回族自治区演艺集团歌舞剧院进京演出】 8月29日—30日，宁夏回族自治区演艺集团歌舞剧院携其创作的舞蹈诗《九州花儿美》在天桥剧场演出。该剧以回族青年哈维在天南地北寻觅五彩花朵为线索，展现了中国回族文化的独特意韵。

（姚怡暾）

【延边歌舞团进京演出】 8月30日—31日，延边歌舞团携其朝鲜族原创民族舞剧《阿里郎花》在民族剧院演出。该剧以艺术家回忆的倒叙形式，通过长鼓舞、足舞、扇子舞、假面舞等舞蹈元素刻画出了朝鲜民族的人物个性。

（姚怡暾）

【宁德市畲族歌舞团进京演出】 8月31日，福建省宁德市畲族歌舞团携其创作的大型原创畲族舞剧《山哈魂》在梅兰芳大剧院演出。该剧以畲族歌王钟学吉的人生故事为主线，展现了畲家人忠勇、团结和不屈不挠的民族精神。

（姚怡暾）

【英国新冒险舞团到京演出】 9月1日—4日，英国编舞大师马修·伯恩编导和他的新冒险舞团携其哥特版现代芭蕾舞剧《睡美人》在天桥艺术中心演出。该版《睡美人》的“无足尖”“哥特化”，打破了古典芭蕾的动作模式，是对原故事的重新述说。

（姚怡暾）

【民族舞剧《太阳的女儿》进京演出】 9月4日—5日，由西藏自治区歌舞团、西藏自治区藏剧团联合演出的西藏首部大型原创民族舞剧《太阳的女儿》在北京保利剧院演出。该剧以西藏和平解放以来的沧桑巨变为背景，讲述了主人公卓玛跨越半个世纪的坎坷命运。

（姚怡暾）

【重庆市歌舞团进京演出】 9月14日—15日，重庆市歌舞团携其创作的舞剧《杜甫》在国家大剧院歌剧院上演。该剧讲述了杜甫从求官、做官到弃官的过程，意象化地呈现了诗圣颠沛流离的一生。

（姚怡暾）

【东北师范大学音乐学院进京演出】 9月22日—23日，由东北师范大学音乐学院创排的舞剧《浮生》在北京舞蹈学院舞蹈剧场演出。该剧以抗战时期为历史背景，讲述了在家国蒙难时代一个东北家庭的几个成员的命运沉浮。

（姚怡暾）

【阿根廷欲望探戈舞团到京演出】 9月30日，应中国对外文化集团公司之邀，阿根廷欲望探戈舞团携《魅夜舞步》在北京天桥艺术中心演出。演出的25个舞蹈和歌唱节目展示了地道的阿根廷的音乐、舞蹈、习俗与思想情感，以及阿根廷人热情、奔放的性格。

（姚怡暾）

【摩纳哥蒙特卡洛芭蕾舞团到京演出】 10月9日晚，摩纳哥蒙特卡洛芭蕾舞团携其芭蕾舞剧《仲夏夜之梦》在国家大剧院歌剧院演出。摩纳哥蒙特卡洛芭蕾舞团前身是20世纪最著名的芭蕾舞团之一——佳吉列夫俄罗斯芭蕾舞团。该剧的编舞让·克里斯托弗·马约曾获得被称为舞蹈界奥斯卡的国际芭蕾舞艺术节编舞大奖。

（姚怡暾）

【以色列巴切瓦舞团到京演出】 10月13日—14日，以色列巴切瓦舞团携其现代舞集萃“十舞”在国家大剧院演出。所演出的10支舞蹈是以色列现代舞大师欧哈德·纳哈林1990年—2011年创作的作品。

（姚怡暾）

【台湾骉舞剧场进京演出】 10月20日—23日，台湾骉舞剧场携其原创舞剧《速度》全剧在北京天桥艺术中心演出。该演出团体曾在第一届北京国际芭蕾舞暨编舞比赛开幕式上演出过该剧片段。

（姚怡暾）

【台湾舞蹈家许芳宜进京演出】 11月2日—3日，台湾舞蹈家许芳宜携其新作《我心》在国家大剧院演出。该作品以舞蹈的形式，用身体语言讲述主人公内心的故事。中央芭蕾舞团演员朱妍参与演出。

（姚怡暾）

【美国保罗·泰勒舞现代舞团到京演出】 11月19日—20日，美国保罗·泰勒现代舞团的“美国保罗·泰勒现代舞经典舞集”在国家大剧院演出。在两场演出中，分别演出了《挚爱的叛节者》《春之祭排练场》《普罗米修斯之火》和《来自水星的讯息》《罗生门式的三角恋》《海滨广场》6部作品。

（姚怡暾）

【美国詹妮弗·穆勒舞蹈团到京演出】 11月24日—25日，美国詹妮弗·穆勒舞蹈团的“蜕变：黑暗到光明”和“成长与欢耀”在国家大剧院演出。在“蜕变：黑暗到光明”的演出中，共演出了《弦乐柔板》《过渡期》《炼金术》《动量》4部作品；在“成长与欢耀”的演出中，共演出了《花朵》《速度》和《过渡期》3部作品。

（张燕鹰）

【黔东南州歌舞团进京演出】 12月7日—8日，由中国歌剧舞剧院和贵州省黔东南苗族侗族自治州歌舞团联合打造的歌舞诗剧《守望》在北京保利剧院演出。该作品在保持原汁原味的原生态歌舞艺术基础上，做了结构和形式上的艺术创新；在音乐、舞美上融入国际化的表达，展示了列入世界《人类非物质文化遗产代表作名录》的贵州侗族大歌和苗族飞歌、苗族反排木鼓舞、苗族赛龙舟、苗族服饰等国家级非物质文化遗产，以及苗族与侗族的民族风情。

（姚怡暾）

纪　　念

【芭蕾舞剧《大红灯笼高高挂》首演15周年纪念演出】 4月30日—5月2日，中央芭蕾舞团现代芭蕾舞剧《大红灯笼高高挂》首演15周年纪念演出在国家大剧院举行。该次演出的主演为王启敏、朱妍、李俊、鲁娜等，另特邀北方昆曲剧院演员陈娟娟饰演京剧青衣，由刘炬指挥的中芭交响乐团现场演奏，并特邀中国国家京剧院、中国歌剧舞剧院民族乐团、八大锤打击乐小组等音乐团体助演。

（姚怡暾）

【纪念戴爱莲百年诞辰系列活动】 5月11日—12日，“纪念戴爱莲先生诞辰100周年系列活动”在北京举行。纪念活动包括在天桥剧场举办的由北京舞蹈学院学生演出的“纪念戴爱莲先生诞辰100周年芭蕾专场晚会”和由文化部、中国文联主办、在人民大会堂举行的“纪念戴爱莲先生诞辰100周年座谈会”，以及在戴爱莲故居与天桥剧场同时举办的“纪念戴爱莲先生诞辰100周年主题图片展”。

（姚怡暾）

【纪念孙颖学术成果系列活动】 6月27日—28日，由北京舞蹈学院中国古典舞系主办、中国汉唐古典舞教研室承办的纪念孙颖学术成果系列活动在北京举行。该系列活动包括在北京舞蹈学院舞蹈剧场举办的生活·读书·新知三联书店出版的《中国汉唐古典舞——孙颖文辑》发布会，在北京舞蹈学院舞蹈剧场复排孙颖创作的2009年版汉唐古典舞剧《铜雀伎》和在北京舞蹈学院综合楼举办的孙颖学术思想研讨会。

（姚怡暾）

【彭松逝世】 9月10日，中国舞蹈教育家彭松在北京逝世。彭松（1916—2016），生于山东济南。肄业于国立戏剧专科学校。1945年加入中国民主同盟。曾任重庆育才学校舞蹈教师、上海中国乐舞学院教务主任、华北大学文工团一团舞蹈组组长。中华人民共和国成立后，历任中央戏剧学院舞蹈团艺术科长，北京舞蹈学校教员，兰州艺术学院舞蹈教研室主任，北京舞蹈学院副教授、教授等职务。曾创作《乞儿》《猴戏》《弃婴》《火苗》《快乐的人们》《向民主小姐求爱》《嘉戎酒会》《端公驱鬼》等舞蹈作品。著有《中国舞蹈史》（秦汉魏晋南北朝部分)、《中国古代舞谱》等著作，主编有《中国古代舞蹈史纲》。曾任中国舞蹈家协会第一届秘书长、中国舞蹈家协会顾问、香港演艺学院客座教授、联合国教科文组织国际舞蹈理事会理事、国际舞蹈理事会中国委员会副主席等职。2009年，获中国文联、中国舞蹈家协会颁发的中国舞蹈家“终身成就奖”。

（姚怡暾）

【朱立人逝世】 9月22日，芭蕾舞研究专家朱立人在北京逝世。朱立人（1936—2016），浙江湖州人，中国民主同盟盟员，舞蹈史论研究员。1955年，毕业于北京俄语学院。作为苏联芭蕾大师古雪夫等人的口译，参与了新中国第一代芭蕾演员、舞剧编导的培养以及《天鹅湖》《鱼美人》等经典作品的排演工作。1960年后转入芭蕾史教材编写和苏联舞蹈教材翻译。曾任北京舞蹈学院舞蹈史论系副主任、《北京舞蹈学院学报》编辑部主任。著有《西方芭蕾史纲》《脚尖上的梦幻》等，译著有瓦冈诺娃的《古典芭蕾基础》，塔拉索夫的《古典芭蕾：男子表演教程》《芭蕾术语辞典》等，还曾担任《中国大百科全书·音乐、舞蹈卷》外国舞蹈分支副主编。原中华全国美学会副秘书长、中国舞蹈家协会会员、舞蹈美学研究会副会长、中国舞协芭蕾委员会常务委员。

（姚怡暾）

美　　　术

【概　况】2016年，北京地区美术界相当活跃，新增了一批美术机构和美术藏品，还开展了大量的展览、研讨、交流等活动。

2016年，北京地区又增加了一批新的美术机构。其中，兼有创作与研究功能的美术机构有北京当代中国写意油画研究院、中国大众文化学会书画院、中国新闻出版研究院三路书画传习社、故宫学院中国画研究院，以及中国国家画院成立的工笔重彩研究所、都市水墨研究所、实验水墨研究所等，还有北京市文联书画创展基地、陶瓷艺术发展基金陶瓷艺术创作基地等。以展览美术作品为主要功能的美术机构有工艺美术博物馆新馆、清华艺术博物馆、容珍堂美术馆、北京骏隆文化艺术中心，还出现了社区流动美术馆。这些机构为美术创作、研究、展陈提供了新的品台。此外，新设立的中国美术国际交流公益基金和新开通的北京文化产权交易中心中国书画艺术品交易平台，则为美术品市场的发展起到了推进作用。在北京创刊并公开发行的《中国岩画》为发表国家层面的岩画研究成果提供了新的学术阵地。

2016年，北京地区的多家收藏机构收藏了画家、收藏家捐赠的一些美术作品。其中，较有代表性的有英国艺术家司徒安的妻子将其最具代表性的150件套雕塑和绘画作品捐赠给中国美术馆；蒋光鼐的子女将蒋兆和1932年在的淞沪抗日战场前线所画的油画《蒋光鼐像》捐赠给国家博物馆。此外还有萧朗子女向中国国家博物馆捐赠了幅绘画和书法作品；彦涵家属向中国美术馆捐赠了艺术家生前的作品；王建平向北大图书馆捐赠了自己收藏的南阳画像石拓片作品；杨振宁夫妇向中国美术馆捐赠了熊秉明的雕塑作品；刘焕章、梁永和、谢云、杨澧分别向中国国家博物馆、中国美术馆、央美术学院美术馆等收藏单位捐赠了自己的作品。

2016年，北京地区开展了诸多以美术为主题的活动和赛事。其中包括以绘画为主要形式的活动，如：有众多国内外青少年参加的第十六届PHE国际青少年书画大会以及第十五届北京电影学院漫画节、中国大运河系列活动之“我爱大运河”手绘活动等。同年，在北京地区开展的与美术有关的主要比赛有：第二届华夏之星中国书画人才海选活动、第二届“石景宜博士杯”——华夏书画创作大赛等比赛活动，以及首届少儿环保公益绘画大赛、“素质星奖”第一届全国青少年儿童书画评选活动、第十四届“墨彩杯”全国青少年儿童书画作品电视网络展评活动、2016“樱花杯”全国青少年美术作品展赛活动等青少年美术比赛活动。

2016年，北京地区连续不断地举办多层次、内容丰富的各种展览。其中包括全国性、综合性的美术展览，如2016全国美术作品展、全国少儿美术优秀作品汇报展等；以纪念中国共产党成立95周年为主题的大型展览“庆祝中国共产党成立95周年美术作品展览”“天工传桑莲——庆祝中国共产党成立95周年‘一带一路’主题民间工艺美术展”等；纪念中国工农红军长征胜利80周年为主题的“纪念红军长征胜利80周年全军美术作品展览”“纪念红军长征胜利八十周年全国名家书画艺术大展”等。新中国美术家系列展览展出了福建省、黑龙江省、山东省、湖北省的国画作品展。各具特色的画展花样繁多，有选取不同创作题材的“戏韵丹青”——戏画八名家作品展，也有第三届中国当代工艺美术双年展、中国抽象艺术研究展、高冀生钢笔建筑速写画展、当代没骨画邀请展、2016全国素描艺术大展、首届国际学院版画联盟展、“宫苑撷英”中国工笔重彩花鸟画展、“工·在当代”——2016第十届中国工笔画作品展、2016中国雕塑邀请展、第四届架上连环画展进京汇报展等不同美术种类的特色展览，还出现了由微信群催生的“阳光地带书画十人展”。

2016年，北京地区还举办了一些美术研讨活动。有围绕“丝路与世界文明”主题展开讨论的第七届北京双年展创作研讨会，有以人物画为研讨对象的天津人物画发展研讨会，有探讨中国绘画发展历程的中国绘画发展百年之路研讨会，还有以美术馆发展历史为探究对象的美术馆的历史与未来趋势国际学术研讨会和对文房四宝及笔墨技巧进行讨论的“非遗进清华·笔墨纸砚系列论坛”等。

2016年，北京地区开展了丰富多彩的国内外美术交流活动。其中，在北京举办的重要的外国美术展览有："百年印痕"欧洲大师经典版画原作展、不朽的传承——法兰西艺术院院士作品邀请展、意大利的"威尼斯与威尼斯画派"艺术展和"回望美好时代——意大利19世纪末—20世纪初绘画精品展"、西班牙的"现实与真相的异与同：何塞－玛丽亚·卡诺艺术展"、英国艺术家的"中西之间"——司徒安雕塑绘画艺术展、尼泊尔的"行色——尼瓦尔唐卡·艺术展"、俄罗斯的心灵作品展、乌力格尔的神话——俄罗斯艺术家达西家族作品展、"毕加索走进中国"艺术大展等。

2016年，外埠到北京举办的展览主要有："美丽河北·走进太行——河北美术作品进京展"、中原风·河南省书法美术摄影作品晋京展、"丝路之梦"兰州美术作品展、"丝路新语——我们新疆好地方美术作品展"、"金陵风骨　其命惟新"——江苏省国画院60年·中国画书法作品展、"世纪归鸿"——纪念天津美术学院办学110周年教师作品展、西安美术学院版画系教师作品展、"丹青逸韵：广西书画院书画展"、"美丽中国行"——沈阳书画院写生创作精品特展、"祥泰之州"书画作品展、"绿水青山鹤乡情"书画精品晋京展、"胶东风情"——烟台美术作品展、"海峡墨韵"闽籍艺术名家书画（北京）邀请展"、"沂蒙墨香"——临沂市书画作品晋京展、"美丽厦门"当代美术作品进京展、首届龙都书画名家进京作品交流展、河南省周口市书画名家作品晋京展、"赵苑诗韵"——邯郸学院艺术学院美术作品展、"中国梦·侗乡情"——广西柳州三江农民画晋京展和河北省保定市的农民画展等。

港澳台地区在北京举办的展览有："艺海同舟"——港澳台鲁首届名家邀请展（北京站）、"美丽中国　幸福香港"——2016香港美协会员展等。

机　构

【中国大众文化学会书画院】 1月24日，中国大众文化学会书画院成立仪式在北京举行。该书画院集创作、研究、交流、展览、收藏、教学培训功能于一体。中国大众文化学会会长、书法家赵铁信担任院长，诗人贺敬之和书法家苏士澍、佟韦担任名誉院长。该书画院以加强中国书画的研究和评论工作为宗旨，重点研究中国书画的传承发展规律、中国书画的美学精神，实事求是地作好书画评论，发挥好评论对书画创作的引导作用。

（张燕鹰）

【骏隆文化艺术中心】 4月23日，骏隆文化艺术中心揭牌仪式在北京市平谷区举行。该中心是一家依托于北京骏隆投资控股集团有限公司，由文化艺术家、美术工作者以及艺术爱好者组成的艺术团体机构，该中心主任由北京骏隆投资控股集团有限公司董事长王向新担任。中心位于北京市平谷区，占地60000余平方米，作品展览馆1500平方米，可同时举办各种展览展示、教育培训及会议接待。中心的宗旨是弘扬民族文化，培养文化艺术人才，传播文化艺术，打造以文化创意为目标的文化艺术交流平台，弘扬民族优秀传统文化，挖掘和培养新一代年轻艺术家，使民族文化的精髓得以完美传承。

（张燕鹰）

【故宫学院中国画研究院】 7月16日，故宫学院中国画研究院成立大会在故宫博物院建福宫花园举行。崔如琢任院长。该院是故宫博物院在艺术教育培训、研究、交流方面的一种新尝试。该院的办学理念是"复兴中华文化传统，致敬中国艺术经典；弘扬中华美学精神，实现中国艺术梦想"，为热爱中国画的青年学子搭建学习和交流的平台，开展中国画的研究和教育，为中国传统艺术融合发展贡献力量。

（张燕鹰）

【北京文化产权交易中心中国书画艺术品交易平台】 8月28日，北京文化产权交易中心中国书画艺术品交易平台启动暨新闻发布会在北京嘉里中心举办。该交易平台董事长由包德志担任。北京文化产权交易中心是北京市政府批准成立的文化产权交易中心，北京文化产权交易中心中国书画艺术品交易平台则是北京文化产权交易中心唯一的书画艺术品交易平台。平台宗旨为"公平、公正、公开"，目的在于以"文化＋金融＋互联网"的全新模式重塑书画艺术品交易市场，以"文化强国"的使命召唤并引导艺术品市场的理性回归，同时提升文化产权产业在全球化语境中的竞争力。

（张燕鹰）

【清华大学艺术博物馆】 9月10日，清华大学艺术博物馆举行开馆仪式。位于清华大学校园内的该馆由瑞士建筑设计师马里奥·博塔主持设计，占地面积15891平方米，建筑面积30000平方米。清华大学美术学院名誉院长冯远出任清华大学艺术博物馆首任馆长。馆藏精品有2000余片"清华简"，王国维发现的甲骨文，梁思成、林徽因为保护建筑购买的即将倒塌的木塔构件，张仃参与设计的国徽、世博会中国馆的设计草图等。

（张燕鹰）

【容珍堂美术馆】 11月19日，容珍堂美术馆成立仪式在北京举行。该馆位于北京市丰台区科兴路，隶属于容珍堂文化发展有限公司。美术馆以传播优秀的文化成果，传承优良的中国传统文化为己任，以习近平总书记文艺座谈会上的讲话精神为指引，高扬社会主义核心价值观的旗帜，立足作品展览、艺术研究、收藏拍卖、美术教育，为当代艺术家和书画爱好者提供展示成绩、学习交流的平台。

（张燕鹰）

【金台社区流动美术馆】 11月24日，全国首家社区流动美术馆在呼家楼街道金台社区揭幕。该流动美术馆分室外、室内两种形式，室外300米长的文化步行街墙面上分为中国古代书画鉴赏、当代名家作品鉴赏、时代主旋律作品鉴赏、中国传统文化精粹等6个板块。既有王羲之、张萱、颜真卿、张择端、苏东坡等古代大家的精品，又有刘大为、苏士澍、杨晓阳、徐里、卢禹舜等当代名家的力作，既有反映儒释道和孝文化的题材，也有反映社会主义核心价值观，弘扬主旋律的作品。除了室外的陈列，社区还专门开辟了一间50平方米的屋子作为室内展区，展示当代名家的书画真迹。

（张燕鹰）

【北京当代中国写意油画研究院】 11月27日，北京当代中国写意油画研究院成立大会在北京万荷美术馆举行。中央美术教授戴士和任该院院长，中央美术学院院长范迪安任名誉院长。该院另有丁一林、马路、王琨等12位副院长，1位执行副院长，8位荣誉理事，91位理事。自油画引入中国，就分为以徐悲鸿等为代表的写实油画和为以林风眠、刘海粟等为代表的写意油画。该院的成立，有助于推动写意油画的深化研究，为更多的画家参与写意油画的创作与学术活动，以及开展国内外写意油画的交流提供了新的平台。

（张燕鹰）

【北京工艺美术博物馆新馆】 12月20日，坐落于奥林匹克公园的北京工艺美术博物馆新馆落成，并同时举办旅法画家张值的六分彩《西藏圣景图》作品展。该馆创建于1987年，位于王府井工美大厦四层，是北京乃至全国第一家由企业创建的专业性工艺美术博物馆。该馆馆藏历代工艺美术品3600多件，以北京近现代传统工艺美术“四大名旦”牙雕、玉器、景泰蓝、雕漆为主，同时藏有国画、花丝、瓷器、青铜、刺绣、金漆、木雕等艺术品类。该馆新馆分为珍宝馆、临展区、销售区、社教宣讲多功能厅等区域，建筑面积5000平方米，以展示北京近、现代传统工艺美术“四大名旦”为主，提炼精华、充分展示具有工艺代表性的“燕京八绝”等优秀藏品，是观众了解北京传统工艺美术历史文化的重要窗口。

（张燕鹰）

展　　览

【中国自然之声油画艺术研究院第二届中国风景油画邀请展】 1月9日—19日，由中国美协和乌海市文化局共同主办的中国自然之声油画艺术研究院第二届中国风景油画邀请展——“山河交响”在中国美术馆举办。展览汇聚了李天祥、钱绍武、张文新、张重庆、李骏、赵友萍、庞均、杨飞云、王沂东、白羽平、艾民有、崔开玺、冯怀荣、何宁、胡天笑、曲直、孙韬、王路等40余位老中青三代油画家的新近创作，共计百余幅。

（黎　明）

【“万卷河山”中国美术馆“典藏活化”系列展】 1月9日—20日，作为中国美术馆整合全国美术馆馆藏资源以文化惠民的新年大展，以及该馆2016年度“典藏活化”系列展的开篇展，由中国美术馆联合关山月美术馆、北京画院和南京求雨山文化名人纪念馆共同主办的“中国美术馆‘典藏活化’系列展——万卷河山”在中国美术馆举办。该展展出了中国美术馆藏黎雄才的《武汉防汛图》、金浪与李震坚合作的《兰州新风景》，关山月美术馆藏关山月的《山村跃进图》，北京画院所藏古一舟、惠孝同、周元亮、陶一清、何镜涵、松全森的《首都之春》，以及南京求雨山文化名人纪念馆藏林散之的《江浦春修》，5幅创作于20世纪50年代、表现新中国面貌的名家长卷。

（黎　明）

【中国艺术研究院工笔画精品展】 1月9日—20日，由中国艺术研究院主办的“含英咀华”——中国艺术研究院工笔画精品展在中国美术馆举办。作为中国艺术研究院“学习贯彻习近平总书记在文艺工作座谈会重要讲话精神系列展”的第4个展览，该展集中展出了中国艺术研究院中国画院、艺术创作院和工笔画研究院21位艺术家的代表性工笔画作共80幅。其中包括何家英的《秋冥》《酸葡萄》，陈孟昕的《一方水土》，江宏伟的《微雨湿清塘》，徐累的《青花地》，李传真的《工棚》，张见的《晚礼服》等佳作，展现了工笔画创作四十年来的历史演变。

（黎　明）

【“领袖·人民”中国国家博物馆藏现代经典美术作品展】 1月13日，由中国国家博物馆主办的“领袖·人民”——中国国家博物馆藏现代经典美术作品展在中国国家博物馆一号中央大厅开展。该展共展出以展现领袖与人民的风采为主旨的国画7幅、油画20幅、雕塑15件。展出作品中既有董希文的油画《开国大典》、石鲁的国画《转战陕北》等新中国成立以来历次革命历史题材美术创作中的经典作品，又有近年来专为该馆量身定制的巨幅经典作品，如唐勇力的国画《新中国诞生》、王迎春和杨力舟的国画《太行铁壁》、冯远的国画《世纪智者》、中国美术学院18位画家创作的5幅国画与油画系列作品《时代领跑者》等。该展是在2011年3月开展的中国国家博物馆馆藏现代经典美术作品展的基础上，经过一段时间的筹备，充实、调整部分美术作品后重新开设的展览，并将作为中国国家博物馆的馆藏展而长期陈列。

（黎　明）

【高冀生钢笔建筑速写画展】 1月16日—30日，高冀生钢笔建筑速写画展在国家博物馆举办。高冀生是清华大学建筑学院教授、清华大学建筑设计研究院顾问总建筑师、国家一级注册建筑师，是著名建筑学家梁思成、林徽因的学生。该展览展出了作者以钢笔画表现的展现国内各地建筑风貌的作品140件作品，并将其中的60件精品捐赠给中国国家博物馆收藏。

（张燕鹰）

【"戏韵丹青"——戏画八名家作品展】 1月21日—3月15日，"戏韵丹青"——戏画八名家作品展在国家大剧院举办。该展览展出了丁立人、马书林、苏鸿升、张培成、范存刚、周京新、韩硕、潘裕钰8位画家的水墨戏曲人物画百余幅，这些作品运用洗练的线条和富于变化的墨色，展现了戏曲表演瞬间的神韵以及中国文化特有的艺术精神与美学特征。

（张燕鹰）

【中国抽象艺术研究展】 1月22日—3月14日，由中国艺术研究院主办，中国艺术研究院国家当代艺术研究中心和今日美术馆承办的"中国抽象艺术研究展"在今日美术馆举办。该展展出了陈若冰、丁乙、冯良鸿、江大海、李磊、梁铨、马可鲁、马树青、孟禄丁、谭平、王川、王怀庆、王易罡、余友涵、周长江、朱金石16位艺术家的81件作品，全面呈现抽象艺术在中国的发展现状和艺术水准。参展艺术家都具有持续二十年以上的抽象艺术创作经历，成就突出并在中国抽象艺术领域具有代表性。参展作品是从他们近十年的创作中精选出来的，涵盖了热抽象、冷抽象、形式感、媒材性、观念性等抽象艺术的各种风格倾向。2月27日，"建构理性之维"——中国抽象艺术研究展学术研讨会在今日美术馆召开，丁宁、贾方舟、鲁虹、彭锋、盛葳、舒可文、王春辰、王端廷、王小箭、殷双喜等专家、学者参加了研讨会。

（黎　明）

【中华民族大团结全国美术作品展】 1月26日—3月7日，由中国美术馆主办的"2016中国美术馆贺岁大展——中华民族大团结全国美术作品展"在中国美术馆举办。展览分为"民族团结""民族形象""民族风情"3个篇章，展出300多件（幅）绘画和雕塑作品，旨在展现以"中华民族一家亲，同心共筑中国梦"为主题的辉煌画卷。展出的作品既有董希文的《哈萨克牧羊女》、朱乃正的《金色的季节》、黄永玉的《阿诗玛》、叶浅予的《中华民族大团结》、孙滋溪的《天安门前》、庞薰琹的《盛装》等中国美术馆馆藏精品，也有从全国各地征集来的美术家们的最新创作。

（黎　明）

【崔如琢故宫大展】 2月25日—5月25日，由故宫博物院主办、北京观唐文化艺术有限公司承办的"太璞如琢"——崔如琢艺术故宫大展在故宫午门雁翅楼展厅举办。该展展出了当代著名美籍华人书画家崔如琢各个时期的代表性书画作品209幅（组），其中包括写意山水和花鸟作品，以及一系列极具创新探索精神的指墨山水、花鸟和书法作品,《杜牧诗意图》手卷、《丹枫白雪》长卷、《指墨江山　林峦醉雪》长卷等巨幅作品也在此次展览中展出，展览开幕式在人民大会堂举行。开幕式上还举行了捐赠交接仪式，崔如琢向故宫文物保护基金会捐赠1亿元人民币，用于故宫的文化遗产保护和博物馆事业发展。此为故宫文物保护基金会迄今收到的最大一笔个人现金捐赠。

（黎　明）

【北京画院画家小幅油画展】 2月26日—3月6日，由北京画院主办的"咫尺天地"——北京画院画家小幅油画展在北京画院美术馆举办。展览展出了白羽平、马琳、雷波、罗敏、李江峰和庄重6位北京画院在职油画家的作品，包括白羽平的《秋声》《秋原》等风景题材作品，马琳着力于光影表现的风景和人物类题材作品，雷波取材于佛教石窟艺术的作品，罗敏以日常物象表达观念的"空瓶子系列""肖像系列"及"野菊微寒系列"作品，李江峰注重借鉴中国绘画自由构成及表现传统的"沉静系列""风动系列"等作品，庄重的"欧洲琐记"系列及《初秋清影》《林隐人家》《青青池塘》等兼用古典和现代笔法的作品。该展是北京画院继上年主办的北京画院画家小幅作品展后再次举办的小幅画创作系列展，意在唤起创作者们对小幅画创作的热情和探索。

（黎　明）

【近现代艺术大师油画作品展】 3月1日—15日，由民族文化宫、国家民族画院主办的"大师归来"——近现代艺术大师油画作品展在民族文化宫的中国民族艺术馆举办。该展展出了陈抱一、林风眠、吴作人、黄君璧、冯法祀、董希文、吴冠中等近50位近现代艺术大师的200多幅油画作品，涵括了风景画、静物画、肖像画等题材，其中大部分为大师们的习作与写生作品。作为民族文化宫、国家民族画院举办的2016年重点学术交流展览项目，“大师归来”作为系列展，将陆续展出在中国近现代美术史上占有重要地位的艺术大师们的作品。

（黎　明）

【曾成钢中华民族大团结主题雕塑创作观摩展】 3月8日—12日，由中国文联支持，中国美协、中国国家画院、清华大学、中国雕塑学会主办的“礼聚中华·天下大同”——曾成钢中华民族大团结主题雕塑创作观摩展在清华美院美术馆举办。展览展出了著名雕塑家、中国美协副主席、中国雕塑学会会长、清华美院教授曾成钢近年完成的以56个民族为表现对象的主题性雕塑的小稿作。作品以对56个民族各具独特性的歌舞动作的塑造，表现民族大团结的主题。最终完成的该组群雕，将作为新中国成立70周年的献礼，呈现在亚运村民族大道两旁。

（黎　明）

【《后禊帖》江超作品展】 3月24日—4月12日，《后禊帖》江超作品展在中央美术学院版画系展厅展出。《禊帖》是《兰亭序》的别称，《后禊帖》是作者借助对《兰亭序》的理解制作的一幅卷轴画。作者将神龙本兰亭中的所有文字拆解成逐一的笔画，共1913笔，并将这些笔画以传统单刀木刻的方法分别阳刻在1913块形似传统石质章料的木块上，而后选择单个的笔画蘸取朱砂逐渐加盖出作品。

（张燕鹰）

【张凭艺术回顾展】 3月28日—5月3日，由中央美院主办、中央美院美术馆和中国画学院承办的“铁壁天风”——张凭艺术回顾展在中央美术学院美术馆举办。展览展出了前中央美院教授、山水画家张凭（1934—2015）不同时期的精选作品60余件，以回顾画家50多年的艺术生涯和创作脉络。开幕式上，遵从张凭遗愿，其夫人吴瑛洲将其创作的《砥柱》《欲曙》等8幅作品捐赠给中央美院美术馆永久收藏。

（黎　明）

【孙滋溪艺术展】 4月3日—12日，作为“中国美术馆庆祝中国共产党建党95周年作品系列展”之一，由中国美术馆、中央美院、中国美协联合主办的“曾经·永远”——孙滋溪艺术展在中国美术馆举办。该展展出了著名油画家、中央美院教授孙滋溪包括《天安门前》《当代英雄》《母亲》《同学》《小八路》《林海雪原》等经典名作在内的各时期绘画作品近340余幅，以及其重要作品的创作草图等珍贵文献，全面呈现出画家的艺术生涯和杰出成就。展览期间，孙滋溪及其家属向中国美术馆捐赠了不同类型作品共55幅。

（黎　明）

【姚鸣京艺术展】 4月9日—21日，由中央美院、中国美协、雅昌文化集团主办的“相由心生”——姚鸣京艺术展在中国美术馆举办。该展展出了中央美院中国画学院副院长、李可染画院副院长、中央美院教授姚鸣京的代表性作品近80幅。展出作品分为创作山水，禅意山水，教学实践写生以及人物、花鸟、草稿四大篇章，全面展示姚鸣京从事艺术创作与教学三十余年来的中国画艺术探索和实践。

（黎　明）

【阳光地带书画十人展】 4月15日—21日，阳光地带书画十人展在大千美术馆举办。该展览是源于微信书画群——“阳光地带”的线下展览。该展览展出了路文仲、王鸿济、李湘、方石、乔勇、温庆海、邵建刚、谷忠仁、刘俊生、李笑天10位书画家的写意、工笔国画及书法作品50余幅。

（张燕鹰）

【吴休作品展】 5月10日—15日，由中国美协、北京美协、北京画院联合主办的“意象心生”——吴休作品展在北京画院美术馆举办。展览展出了曾任北京画院副院长的当代著名画家、书法家、诗人、美术理论家吴休（1932—2015）各个时期创作的代表性人物画、山水画和书法作品60余件，以回顾这位学养全面的艺术家的创作历程和卓著成就。

（黎　明）

【闻立鹏油画艺术展】 5月13日—25日，作为“国家美术作品收藏与捐赠奖励项目”及“2016·中国美术馆捐赠与收藏系列展”之一，由中国美术馆、中央美院联合主办的“心迹刻痕”——闻立鹏油画艺术展在中国美术馆举办。该展展出了著名油画家、中央美院教授闻立鹏创作生涯各个阶段的精选作品共130余幅，全面呈现了其艺术成就。展览分为4个部分：第一部分为创作精品回顾，展出艺术家重要代表作品及捐赠作品20余幅；第二部分展出以人物为主题的作品40余幅，包括“闻一多”专题创作和革命烈士组画；第三部分展出风景画创作40余幅；第四部分展出人物和风景题材的写生作品40余幅。展览结束后，闻立鹏将其十余幅代表作品捐赠给中国美术馆作永久收藏。

（黎　明）

【孙路坦培拉绘画作品展】 5月13日—25日，由中国美协艺委会主办的“寻梦”——孙路坦培拉绘画作品展在中国美术馆举办。该展展出了孙路十多年来创作的《月光女神》《梦幻圆舞曲》《青衣》《小镇往事》等坦培拉绘画作品。这些作品既展现了坦培拉这种比油画更加古老的绘画语言的魅力，也体现了融入其中的中国传统文化精神，以及孙路作为东方女性艺术家对生活和艺术的种种情愫。孙路，1982年毕业于中央戏剧学院舞台美术系，1995年—2005年进修于法国巴黎高等美术学院并旅法考察，学习和研究欧洲古老的坦培拉（蛋彩画）绘画技法。现为中国美术家协会会员，法国艺术家协会会员。

（黎　明）

【老甲大写意作品展】 5月18日—25日，“浑然天地间”——老甲大写意作品展在北京画院美术馆举办。该展分为“浑然天地”“人之初”“踏月嘶风”“力拔千钧”4个板块，展出了北京画院一级美术师、老甲艺术馆馆长、著名大写意水墨画家老甲（贾浩义）精选大写意作品50幅，展现了这位年届八旬的艺术家自20世纪80年代以来的精神探索及艺术表现历程。展览期间，老甲将其《人之初》《抓马》《天地神游》等十余幅重要代表作品捐赠给北京画院。

（黎　明）

【“中国精神·中国梦——美丽乡村行”写生采风作品展】 5月23日，为深入贯彻落实习近平总书记在北京文艺工作座谈会的讲话精神，纪念毛泽东《在延安文艺座谈会上的讲话》发表74周年，由中国文联、中国美协、中国文学艺术基金会、中国文学艺术发展专项基金联合主办的“中国精神·中国梦——美丽乡村行”写生采风作品展在中国文艺家之家展览馆举办。展览展出了全国近百位画家的国画、油画、水彩、雕塑等作品124件（幅）。参展作品主要以自2015年6月以来，中国文联、中国美协组织全国知名美术家先后走进福建古田、湖南湘西、广西兴安等革命老区，回顾党和红军的历史，感受红色文化、重温革命记忆、体验老区新貌而创作的写生作品。该展是中国文联2015年度“中国精神·中国梦”主题文艺创作工程项目之一。该展座谈会也于当日举行，主办方及相关单位领导，美术家、理论家，以及人民大学的师生和媒体记者等100多人参加了座谈。

（黎　明）

【韦江凡作品展】 5月27日—6月12日，由中国美协、北京美协、北京画院联合主办的“志在千里”——韦江凡作品展在北京画院美术馆举办。展览展出了著名画家、北京画院一级美术师韦江凡精选作品80余幅，较全面地展示了画家从艺60余年来各个时期的艺术探索和创作风貌。

（黎　明）

【中国美术馆藏连环画原作精品展】 5月28日—8月15日，作为中国美术馆“典藏活化”系列展之一，由中国美术馆主办的“故事绘”——中国美术馆藏连环画原作精品展在中国美术馆举办。展览依时间线索分为3个部分，展出从馆藏丰富的连环画原作中遴选出的61件套、446幅作品，广泛涉及古典神话、革命历史、现实生活、中外文学等题材范围，涵盖白描、油彩、素描、水墨、木刻、水彩等表现形式，呈现了中国连环画自20世纪20年代以来的发展概貌。展出作品中的绝大多数都是或在历届全国美展与连环画创作评奖中获得奖项，或发行量巨大、为广大观众所熟悉的名家力作、佳作，其中包括王叔晖的《西厢记》、贲庆余和王绪阳的《我要读书》、刘继卣的《闹天宫》、丁斌曾和韩和平的《铁道游击队》、贺友直的《朝阳沟》、陈宜明等人集体创作的《枫》、尤劲东的《人到中年》、韩书力的《邦锦美朵》、高云的《罗伦赶考》、何多苓的《雪雁》、沈尧伊的《地球的红飘带》等，还包括李毅士创作于1927年—1929年、曾参加中华民国教育部第一届全国美展的黑白水粉连环画《长恨歌画意》（全套30幅），彦涵绘制于抗日战争时期的木刻连环画《狼牙山五壮士》（全套16幅），以及任率英以四条屏年画形式全国发行的工笔设色连环画《桃花扇》（全套16幅）等。

（黎　明）

【中国艺术研究院中国雕塑院建院九周年雕塑展】 5月29日—6月11日，由中国城市雕塑家协会、中国艺术研究院中国雕塑院主办的“匠与意”——中国艺术研究院中国雕塑院建院九周年雕塑展在中国艺术研究院中国雕塑院举办。展览展出了中国艺术研究院中国雕塑院院长吴为山，顾问、特聘雕塑家钱绍武、盛杨、曹春生、田世信、叶毓山，陈云岗、李象群、吕品昌，以及中国雕塑院青年创作中心成员郅敏、李烜峰、孙龙本、李继飞等逾50位艺术家的共近90件作品，呈现该院建院以来在雕塑创作、学术研究和人才培养方面的成果。展览还同时展出了该院近年参与国家重大历史题材美术创作工程、中华民族重大历史题材美术创作工程等创作课题的成果及作品。作为中国雕塑院建院九周年系列活动，“同曦·中国青年雕塑邀请展”于10月1日—30日在南京同曦美术馆展出。

（黎　明）

【第二届中国当代陶瓷艺术大展】 6月8日—15日，由中国美协主办，中国美协陶瓷艺委会、江苏凤凰出版传媒集团承办的“第二届中国当代陶瓷艺术大展”在中国美术馆举办。该届大展共收到全国各地1143位作者的1615件作品，经初评、复评，最终遴选出了206件参加展览，其中52件作品的作者具备申请成为中国美协会员的一次条件。展出作品包涵了中国所有著名窑口产区的材质品类，又在制作手法、烧成技艺、釉色创新上体现出不同于传统产区生产类型的崭新的审美形态，全面展现了从传统造型观念走出来的、具有鲜明时代特色的中国当代陶瓷艺术的创作面貌。该展学术研讨会在展览开幕式后举行。由江苏凤凰美术出版社出版的《第二届中国当代陶瓷艺术大展作品集》画册也在开幕式上首发。

（黎　明）

【荣宝斋中国画双年展 2016】 6 月 8 日—15 日，由中国美协与荣宝斋共同主办的“荣宝斋中国画双年展 · 2016”在中国美术馆举办。展出的 187 件作品涵盖人物、山水、花鸟、工笔、写意等多种题材及表现形式，多为近年创作作品，全面展现了当代中国画创作的最新成果。主办单位自 3 月起即面向全国各级美协组织、专业机构、创作团队及画家个人征稿；由中国美协从其评委库中遴选专家组成的参展作品评选委员会，从来自全国各地的投稿中评选出了参展作品。

（黎　明）

【全国少儿美术优秀作品汇报展】 6 月 12 日—17 日，由中国美协少儿美术艺委会主办的“为了孩子 为了美术”——全国少儿美术优秀作品汇报展在中国文艺家之家展览馆举办。该展览作品来源于中国美术家协会 2015 年在西安市举办的“第二届全国少儿美术教育学术展”和中国美协少儿美术艺委会与江苏省东海县人民政府 2015 年联合举办的“第四届东海 · 全国少儿版画双年展”的部分优秀作品。展览展出了全国各地的孩子们的优秀版画、水墨、漫画等作品共计 140 余幅。

（张燕鹰）

【“人民形象 · 中国精神”中国艺术研究院艺术创作大展】 6 月 19 日—27 日，由中国艺术研究院主办的“学习贯彻习近平总书记在文艺工作座谈会重要讲话精神系列展：人民形象 · 中国精神”——中国艺术研究院艺术创作大展在中国美术馆举办。展览展出了中国艺术研究院 120 余位艺术家的作品，涵盖绘画、雕塑、书法、篆刻、摄影、陶艺等各艺术门类，展示了该院在诸多艺术创作领域的突出实力，以及艺术家们在“深入生活、扎根人民”主题实践活动中所取得的丰硕成果。

（黎　明）

【庆祝中国共产党成立 95 周年全国美术作品展】 6 月 19 日—7 月 1 日，庆祝中国共产党成立 95 周年全国美术作品展在中国国家博物馆展出。该展览既展出了油画《五四运动》《刘少奇和安源矿工》《狼牙山五壮士》《前赴后继》和国画《围攻北站》等二十世纪五六十年代创作的经典作品，更有改革开放以来创作的大量革命历史题材作品。展出的 300 余件美术作品涵盖了中国画、油画、版画、雕塑、连环画、综合材料等多种艺术形式。该展览以时间为序，回顾和展示了 95 年来，中国共产党领导中国人民取得民族独立、人民解放和社会主义的胜利，开创建设有中国特色社会主义的道路。

（张燕鹰）

【“走向自由”——古元艺术的内在精神展】 6 月 29 日—7 月 28 日，作为北京画院美术馆“二十世纪中国美术大家系列展”的第 38 个展览，由中国美协、中央美院、北京画院、古元美术馆联合主办的“走向自由”——古元艺术的内在精神在北京画院美术馆举办。展览展出了 20 世纪中国杰出美术家古元（1919—1996）整个艺术生涯中重要的版画、速写、水彩等作品，包括延安时期的木刻版画、抗美援朝时期的战地速写、晚年的水彩写生以及暮年的藏书票等，全面回顾和梳理了艺术家丰满而真实的艺术人生、艺术精神与卓著成就，以期引导观众打破以往因时代局限而对其形成的“革命”“版画”等概念化和标签化认知，并以此对艺术家逝世 20 周年作最好的纪念。

（黎　明）

【庆祝中国共产党成立 95 周年“一带一路”主题民间工艺美术展】 7 月 1 日—10 日，由市文联主办，北京民间文艺家协会承办的“天工传桑莲”——庆祝中国共产党成立 95 周年“一带一路”主题民间工艺美术展在中华世纪坛举办。该展汇聚了全国各地数十位民间工艺美术家创作的“一带一路”主题工艺美术作品 200 余件。展出作品涵盖了 40 多个艺术门类，其中包括景泰蓝、雕漆、缂丝、“哈氏风筝”、“面人郎”、“葡萄常”玻璃葡萄等 17 个国家级“非遗”项目以及“泥人张”（北京支）、京绣、彩塑京剧脸谱、毛猴等 23 个北京市级“非遗”项目。参展作者包括了文乾刚、郎志丽、哈亦琦、钟连盛、殷秀云等 8 位国家级“非遗”项目代表性传承人，以及张锠、杨玉栋、何永江等 10 位北京市级“非遗”项目代表性传承人。

（黎　明）

【中国当代工艺美术双年展】 7 月 10 日—22 日，由中国艺术研究院主办，中国艺术研究院中国工艺美术馆承办的“中国当代工艺美术双年展（2016 · 北京）”在中国国家博物馆举办。展览展出了从全国各省、市、自治区征集到的国家级工艺美术大师、国家级非物质文化遗产传承人和中青年工艺美术创作人近年来创作的优秀作品 700 余件（套）。展览分为“承古启今、巧夺天工”和“薪火相传、演绎华彩”两大篇章，以总面积近万平方米的 8 个展厅，分别展出玉雕、石雕砚雕、竹木雕、传统家具、陶瓷、漆器、织绣唐卡、金属工艺类作品。作为代表我国当代工艺美术创作最高水平和最新成果，同时彰显我国“非遗”保护工作所取得成就的国家级制度性展览，中国当代工艺美术双年展已于2012年和2014年在中国国家博物馆举办了两届，本次展览为第三届。展览期间还举办了相关工艺美术专题的学术研讨会。

（黎 明）

【中国国家画院青年画院中国画作品展】 7月11日—19日，由中国国家画院主办的“写意中国”——中国国家画院青年画院中国画作品展在中国国家画院美术馆举办，以践行习近平总书记文艺工作座谈会讲话精神暨庆祝中国共产党成立95周年。该展自3月开始，面向全国征集和邀请了50岁以下艺术家的作品共300余幅，经中国国家画院青年画院艺委会评审，最终邀请和评选出124幅作品参展。展出的作品反映了青年艺术家们当下的创作状态和艺术水准，也体现了他们在“以人民为中心”的创作方向指导下，从伟大的人民和平实的生活中发掘与创造，实现思想性、艺术性和观赏性完美统一的积极努力。

（黎 明）

【当代没骨画邀请展】 7月26日—29日，当代没骨画邀请展在民族文化宫举办。“没骨法”是中国画的一种技法，用墨笔勾出轮廓线称为骨法，完全用墨或色渲染而成，称为没骨法。元代文人画家王冕、明代书画家徐渭、清代画家恽寿平、民国时期的画家吴湖帆均擅长此法。该展览展出了刘曦林、李魁正、霍春阳、田黎明、韦红燕、安佳、萧丽、潘缨、贾广健、周午生10位当代画家的花鸟、人物、山水等没骨画作品71件。

（张燕鹰）

【中国艺术研究院中青年艺术家系列展】 8月3日—10日，由中国艺术研究院主办的“文化传承·丹青力量——中国艺术研究院中青年艺术家系列展——‘感知：姚永作品展’‘静观：芃芃作品展’‘内省：朱春林作品展’”在中国美术馆举办。展览精选了中国艺术研究院中国油画院画家姚永、芃芃、朱春林近年创作的油画作品共130余幅。其中，姚永的70余幅风景画、芃芃的30余幅静物画和朱春林的30余幅人物画，分别呈现了3位艺术家各自不同的艺术探索与表现风格。

（黎 明）

【首届中国美术馆收藏青年美术作品展】 8月12日—30日，由中国美术馆独立策划和主办的“2016·首届中国美术馆收藏青年美术作品展”在中国美术馆举办。展览汇聚了来自全国各地的优秀青年作品近300件。展出作品涵盖国画、油画、版画、雕塑等多种类型，其中既包括中国美术馆近年收藏的作品90余件，也包括经专家推荐和展览专家委员会评审入选展览的最新创作。

（黎 明）

【“宫苑撷英”中国工笔重彩花鸟画展】 8月20日—9月4日，由北京市中山公园管理处、北京皇家园林书画研究会主办的“宫苑撷英”中国工笔重彩花鸟画展在中山公园蕙芳园举办。该展览展出了马晋（1900—1970）的《八骏图》《柳下双骏图》等绘画真迹和其弟子赵又弘、冯大光、王震亚等创作的动物、花鸟作品60余幅。

（张燕鹰）

【彭斯绘画展】 9月2日—12日，由著名策展人、北京大学艺术学院副院长彭锋教授策展，北京大学美学与美育研究中心主办的“新山水”——彭斯绘画展在中国美术馆举办。该展展出了青年艺术家彭斯近年创作的人物与山水绘画作品20余幅，呈现了他的“新山水”绘画的新尝试。展览开幕前，“新山水”——彭斯油画艺术展学术研讨会在中国美术馆举行。彭斯，1980年生于湖南衡阳，2004年毕业于中央美院版画系，毕业后从事油画创作，兼修古琴和书法，探索中西绘画的融合，将书画笔墨融入油画造型，创造出既有西方风景中国化、又有中国山水现代化的“新山水”绘画。

（黎 明）

【沈尧伊《地球的红飘带》连环画原作研究展】 9月2日—10月8日，在纪念红军长征胜利80周年之际，作为2016年北京画院美术馆入选文化部“全国美术馆馆藏精品展出季”重点项目，由中国美协、北京美协、中国美术出版总社、北京画院共同主办的“一位艺术家的长征——北京画院藏沈尧伊《地球的红飘带》连环画原作研究展”在北京画院美术馆举办。该展展出了当代著名画家沈尧伊以红军长征为题材的这部连环画名作（全套926幅）的精选原作130余幅，以及艺术家所收集的长征时期的照片和相关文献。这部作品是根据魏巍同名小说改编，自1988年起历时6年完成。北京画院于2007年收藏了此作的原稿、速写、创作草图与素材。

（黎 明）

【袁武水墨人物画展】 9月3日—11日，由中国美术馆和北京画院共同主办的“大墨苍茫”——袁武水墨人物画作品展在中国美术馆举办。展览展出了当代卓有成就的中国画家、北京画院执行院长袁武近二十年来的代表性人物画作品及部分写生作品共70余幅。作为艺术家二十余年绘画创作的阶段性总结，展览以“长河”“黑土”“高原”“写生”4个部分，展示了抗联系列组画《生存》《出击》《牺牲》等主题性人物画作品，《水不深》《夜草》《扒苞米》等东北农民题材人物画作品，“大昭寺的清晨”系列等少数民族题材人物画作品，以及历年写生作品。

（黎 明）

【孙浩水墨作品展】 9月4日—11日，由中央美院教授赵力策展，北京印刷学院主办，玄如艺术承办的“白驹过隙”——孙浩水墨作品展在中国美术馆举办。展览展出了近年来颇受关注的青年水墨艺术家孙浩创作的水墨代表作20余幅，全面呈现其多样化的创作方向及艺术成就。展出作品包括“马”“人”“雕像”等系列的《相濡以沫》《父亲》《东风起》《红拂驹》《红骑士》等作品，还有《海阔天空》和《于无声处》两幅专为该展创作的，为长十多米、纵约三米的“史诗性”巨幅作品。孙浩，1980年生于山东临沂。2001年，本科毕业于鲁迅美术学院中国画系人物画专业。2005年，硕士研究生毕业于中央美院中国画学院胡伟工作室。现于北京印刷学院设计艺术学院任教，是当代青年水墨艺术家群体“柒舍”的成员。

（黎　明）

【伍必端艺术研究展】 9月5日—25日，作为“百年辉煌·中央美术学院艺术名家”系列展之一及文化部“2016年度国家美术作品收藏和捐赠奖励项目”，由中央美院主办，中国美协、中国美术馆、中国国家博物馆协办的“九十刻痕”——伍必端艺术研究展在中央美院美术馆举办。展览以“投身革命”“抗美援朝”“留学苏联”“教学下乡”“致业版画”“文学插图”“彩墨我心”7个板块，展出了年届90的当代杰出版画家、插图画家、彩墨画家、美术教育家、中央美院原版画系主任伍必端的精选作品200余件。展出作品涉及版画、彩墨、油画、水粉、水彩、漫画连环画、文学插图、素描、速写等多种艺术类型，是对艺术家长达70余年的创作生涯和艺术成就的全面回顾与综合梳理。展览期间，伍必端向中央美院捐赠其各版种版画代表性作品及彩墨、油画、水彩作品近百件，代表性作品原版6套，以及速写作品百余件。

（黎　明）

【故宫藏历代书画展】 9月6日—10月26日，“故宫藏历代书画展”在故宫博物院武英殿书画馆举办。展览分晋唐宋元书画、明代书画、清代书画3个部分，展出了历代书法作品21幅、绘画作品47幅。展出作品中，包括王羲之宋代摹本《行书雨后》帖、杜牧唯一存世真迹《行书张好好诗》卷、苏轼行书《新岁展庆、人来得书》帖等书法珍品，以及崔白的《寒雀图》卷、刘松年的《四景山水图》、马麟的《层叠冰绡图》轴、钱选的《幽居图》卷、倪瓒的《梧竹秀石图》轴、吴镇的《芦花寒雁图》轴等绘画名作在内的13幅晋唐宋元作品，均为国宝级藏品。明清部分展出书画史发展中主要流派的作品，其中包括了明代“院体”、“浙派”绘画、“台阁体”书家、吴门书画家和董其昌、陈洪绶的作品，清代绘画主要流派“四王吴恽”、“四僧”、“金陵画派”、“扬州画派”、“海派”、清代宫廷代表画家的作品，以及清代王铎、傅山、邓石如、尹秉绶、何绍基等书法名家的作品。“故宫藏历代书画展”自2008年4月在武英殿开展，共分9期，每年2期或3期循环展出；本次展览是2016年第3轮、第2期、第20次，也是2016年的最后一次展出。

（黎　明）

【北京美协第十五届新人新作展】 9月13日—19日，由市文联、北京美协主办的“庆祝建党95周年暨长征胜利80周年——北京美协第十五届新人新作展”在国艺美术馆举办。展出的100余幅作品是北京地区美术工作者近一年来创作成果的集中展示。本届展览依然以为北京地区美术爱好者、美术工作者提供交流和宣传展示平台，出人才、出精品、推新人，发展壮大首都美术家队伍，进一步繁荣和发展首都美术事业为办展宗旨。展览办公室组织专家，从征集到的500余件美术界新人作品中评选出了入展作品。

（黎　明）

【第三届中国油画双年展】 9月14日—25日，由中国油画学会主办的“在意”——第三届中国油画双年展（2016）在中国美术馆举办。展览分为“意之笔”“意之象”“意之外”3个板块，展出了阎振铎、赵开坤、许江、陈天龙、罗中立、戴士和、尚扬、王怀庆、胡项成、丁方等32位老中青油画家的150余幅作品，展示了艺术家们通过笔触、形象、媒质营造意境的探索与成就。该展旨在呈现近百年来中国写意油画的探索历程，以及中国当代油画追求写意美学的深度和广度。

（黎　明）

【2016全国素描艺术大展】 9月23日—10月8日，由中国美术馆主办，中央美术学院、中国美术学院、清华大学美术学院、广州美术学院、四川美术学院、鲁迅美术学院、西安美术学院、天津美术学院、湖北美术学院共同协办的“2016全国素描艺术大展”在中国美术馆举办。展览汇聚了上列9所美术学院的优秀素描作品近300幅，展示了各学院素描教学的传统与特点以及在传承、拓展素描语言等方面的成果，旨在展示我国专业美术院校素描学科的建设和发展历程，探讨了高等美术院校素描教学的重要性、方向性和可能性，推动了全国高等美术院校素描教学的新发展和美术事业的繁荣。

（黎　明）

【首届国际学院版画联盟邀请展】 9月25日—10月10日，由中央美院发起，市总工会和中央美院联合主办的“首届国际学院版画联盟邀请展”在太庙艺术馆举办。展览汇聚了全球28个国家和地区的240

2016 全国素描艺术大展

余位艺术家（国内80余位，国外140余位）所创作的版画及版画概念作品共700多件。参展艺术家中包括了中国的徐冰、苏新平、方力均、王华祥、冯梦波，以及西班牙的纳兰霍、美国的约瑟夫等著名艺术家。参展作品几乎涵盖了所有版种及版画概念延伸的装置作品，全面呈现世界当代版画艺术的最新面貌。展览在参展艺术家人数、所覆盖国家和地区、作品数量以及版种数量等方面，都创下了版画活动在世界范围内的记录。展览期间，有30余位国际知名艺术家和大学教授以及60余位国内外代表参加的4场专题国际版画学术研讨会在太庙艺术馆和中央美院举行。国际学院版画联盟（International Academic Printmaking Alliance，简称IAPA）是由中央美院版画系发起成立的，每两年举行一次的国际版画学术盛会。

（黎　明）

【李延声艺术展】 9月25日—10月16日，由中国国家博物馆、中国美协、中央美院、中国美院、中国国家画院、中国艺术研究院、全国政协书画室主办的“李延声艺术展”在中国国家博物馆举办。展览分为“天下为公”“智者之光”“家园心声”和“魂系山河”4个部分，展出了著名画家、中国美协中国画艺委会委员、中国国家画院艺委会副主任、中国书画函授大学教授李延声不同时期代表作品300余幅，全面展示其从艺60年的艺术成就。展出了作品包括画家早年创作的“矿工”系列，以肖像和正气歌相结合的艺术形式创作——中华民族杰出人物大型系列人物画“正气篇”，为当代名人造像的“智者”系列和为国家级非物质文化遗产传承人写真的“神工”系列人物画作品，以及构思十年、笔耕三载、于2016年创作完成的百米国画图卷《孙中山》。开幕式上，李延声将展出作品中的160幅捐赠给国家，由中国国家博物馆收藏。

（黎　明）

【第三届世界华侨华人美术书法展】 9月26日—10月5日，作为中国侨联成立60周年纪念活动的一项重要内容，由中国侨联、中国文联、中国美协、中国书协共同主办的“第三届世界华侨华人美术书法展”在中国华侨历史博物馆举办。本届展览征集到来自全球45个国家和地区的1000余位华侨华人艺术家的作品共4000余幅，经专家评委会从中评选出164幅作品入展，其中包括美术作品105幅、书法作品59幅。同时展出的还有特邀海内外美术、书法名家和社会知名人士的书画作品106幅。展出的美术作品涵盖国画、油画、版画、漆画、水粉、水彩等众多门类，书法作品囊括了行、草、隶、篆、楷等各种书体，这些作品共同展现了中国书画艺术在全世界的传播、传承与创新。

（黎　明）

【张重庆油画艺术展】 9月28日—10月9日，作为2016中国美术馆捐赠与收藏系列展之一，由中国美术馆、中央戏剧学院、中国美协共同主办的“蓝色船歌”——张重庆油画艺术展在中国美术馆举办。该展分为“渔水情”“山河韵”“清和调”3个板块，展出了著名油画家、中央戏剧学院舞台美术系教授张重庆不同时期创作的油画、素描、速写等作品180余幅，对其50余年的艺术创作生涯及成就作了全面回顾和梳理。展览期间，张重庆将创作的一批重要油画作品捐赠给中国美术馆作永久收藏。

（黎　明）

【黄胄作品展】 9月28日—10月25日，值炎黄艺术馆建馆25周年庆，由炎黄艺术馆和黄胄美术基金会共同主办的“炎黄痴子”——黄胄作品展在炎黄艺术馆举办。展览展出了黄胄20世纪60—80年代两个创作高峰期所创作的《亲人》《飞雪迎春》《广阔天地大有作为》《日夜想念毛主席》《欢腾的草原》《套马图》《帕米尔之舞》等代表性重要作品近20幅，以及百余件速写、手稿和素材，以回顾这位20世纪杰出中国画家、炎黄艺术馆创始人的艺术人生。

（黎　明）

【许俊中国画展】 10月12日—23日，由中国美协、中国画学会、中国艺术研究院中国画院主办，北京德善智信文化艺术交流股份有限公司、北京德善智雅展览展示有限公司承办的“青山问道”——许俊中国画展在中国美术馆举办。展览分为“丹青寻梦”“彩墨寄情”“意笔写真”“画余诗草”4个部分，集中展出了中国画画家、中国艺术研究院中国画院副院长、中国美协中国重彩画研究会副会长许俊多年来所创作的独具个性和意境的青绿山水作品130余幅。

（黎　明）

【刘焕章雕塑艺术展】 10月13日—23日，作为“国家美术作品收藏和捐赠奖励项目”，由中国美术馆、中国美协和中央美院联合主办的“焕然有章”——刘焕章雕塑艺术展在中国美术馆举办。该展分为“真淳”“诗意”“实境”“超诣”“会通”5个部分，展出了著名雕塑艺术家、中央美院研究员刘焕章多年来所创作的雕塑、篆刻和印纽作品近200件，全面展现了艺术家的创作探索轨迹和艺术造诣。展出作品中包括了中国美术馆以往收藏的《少女》《无题》《摔跤手》等16件刘焕章的作品，以及艺术家此次向该馆捐赠的《泉水清清》《陶醉》《原始的呼唤》等41件作品。

（黎　明）

【“诗意的流动”——中国铁路美术作品展】 10月13日—23日，作为国家艺术基金支持项目，由中国美协、中国铁路文联、广东省美协、深圳市文联主办的“诗意的流动”——中国铁路美术作品展在中国美术馆举办。展览展出了自20世纪50年代至2016年有关铁路题材的艺术作品数十件；作品以绘画为主体，同时包含了书法、摄影、视频、装置作品以及相关实物和文献。展览分为“远方的记忆——蒸汽时代”“变速的节奏——内燃时代”“追梦的岁月——高铁时代”3个板块，呈现出中国铁路发展所促发的社会物像、社会心态的变化，以引发观者对于时代变迁和社会发展的情感共鸣。展览作品中既有该展策展人、广东省美协副主席、画家梁宇的“信号·远方”系列、“沿线”系列以及装置作品，也有吴作人于20世纪50年代创作的油画《特等劳动英雄李永像》、艾中信的油画《通往乌鲁木齐》、杨飞云的油画《铁路信号员》、高小华的油画《赶火车》、王宏剑的油画《阳关三叠》、李晓林的油画《我们的高速时代》、周顺斌的摄影《工棚里的婚礼》、王福春的摄影《通辽—集宁》等重要作品。该展此后又于11月3日—13日在广东美术馆举行了巡展。

（黎　明）

【中国油画艺术国际巡展归国汇报展暨2016中国国家画院年展油画院展】 10月13日—24日，作为国家艺术基金资助项目，由中国国家画院主办的“中华意蕴”——中国油画艺术国际巡展归国汇报展暨2016中国国家画院年展油画院作品展在中国美术馆举办。展览分作“生活之意”“人文之思”“心灵之境”3个主题板块，展出了62位中国当代油画家的152幅精选作品。参展画家以中国国家画院油画院研究员为主体，也包括部分院外的中国油画界优秀画家。参展作品中包括了靳尚谊的《晚年黄宾虹》、詹建俊的《雪域高原》、钟涵的《饮河者》、闻立鹏的《无字碑》等数十件中国美术史上的重要作品。并邀请了中、法、德、英、美等国专家、学者参加该展学术研讨会，研讨会于展览开幕当日在中国美术馆举行。该展已于7月13日—30日在法国巴黎布隆尼亚宫展出。

（黎　明）

【20位中青年画家“深入生活、扎根人民”主题实践活动成果汇报展览】 10月14日—20日，作为由中国文联与各相关全国文艺家协会主办的“向人民汇报”——“深入生活、扎根人民”文艺创作成果汇报展演系列的组成部分，由中国文联、中国美协和中国文学艺术基金会共同主办的“向人民汇报”——20位中青年画家“深入生活、扎根人民”主题实践活动成果汇报展览在中国政协文史馆举办。展览展出了丁寺钟、王宓、王界山、王冠军、亚尔买买提、李传真、杨参军、肖景致、张延昭、张彦、张俊明、张洪春·阿太、陆庆龙、徐国雄、高阳、唐晓明、黄洪涛、彭华竞、董希源、鲍凤林20位中青年画家的116幅作品，作品分为写生和创作2个部分，涵盖了国画、油画、版画、水彩水粉4个画种。参展画家都长期扎根生活、坚持在基层写生和创作，他们由全国各省、市、自治区美协遴选推荐，最终由中国美协选定参加该协会2016年实施的“深入生活、扎根人民”采风创作计划，在数月的写生创作活动中足迹横跨14个省份，完成了总计300余幅作品，并以其中的优秀作品入选此次汇报展。

（黎　明）

【李宝林八十艺术展】 10月23日—11月11日，由中国国家博物馆与中国国家画院联合主办的“远山呼唤”——李宝林八十艺术展在中国国家博物馆举办。展览展出年届八十的当代著名中国画画家、中国国家画院中国画院副院长李宝林从艺60年来的精选作品66幅，全面回顾其从早期的军旅题材、当代人物画到后来的当代山水画艺术创作的探索和成就。时代出版传媒股份有限公司·安徽美术出版社出版的《远山呼唤——李宝林八十艺术》首发式与展览开幕式同时举行。开幕式上，李宝林将其与陈雅丹合作的《联杯酒醇》及与学生周顺恺合作的《大会师》捐赠给中国国家博物馆作永久收藏。

（黎　明）

【杨晓阳美术作品展】 10月27日—11月6日，由中国美协、中国国家画院、中国美术馆主办的“丝绸之路——从写实到写意·杨晓阳美术作品展”在中国美术馆举办。展览以速写/写生、主题创作、重彩绘画、水墨写意4个部分，展出当代著名国画家、中国美协副主席、中国国家画院院长杨晓阳多年来坚持“丝绸之路”题材创作的作品共350幅，多角度阐释丝绸之路的文化蕴涵。展出作品包括速写/写生260幅、主题创作20幅、重彩画30幅、水墨画40幅。其中，展出于美术馆中央圆厅的31米水墨长卷《社火》，是画家历时一年半、于2016年完成的新作。该展的学术研讨会于开幕式当日举行。

（黎　明）

【谭权书捐赠作品展】 11月4日—27日，由中央美院主办的“走艺术的直路”——谭权书捐赠作品展在中央美院美术馆举办。展览分为“版艺初成”“引领改革”“再识传统”3个板块，展出了曾任中央美院版画系主任、中国美协版画艺委会副主任、中国版画家协会副主席兼秘书长、中央美院教授版画家谭权书捐赠给中央美院的113幅版画作品及原版，完整回顾和梳理了谭权书自20世纪50年代至2016年半个多世纪的创作历程及艺术成就。谭权书此次将其保存的代表作品（包括113件木刻版画、213块作品原版、藏书票35枚、贺年卡31张）全部捐赠给中央美院作永久收藏。

（黎　明）

【王界山画展】 11月9日—21日，由中国美协主办的“山行”——王界山画展在中国美术馆举办。展览展出国画家、国家一级美术师、中国美协理事、空军美术书法研究院副院长、空军文艺创作室副主任王界山精选作品135幅，其中包括《长城万里映金辉》《破晓图》《金色兵站》《耕田交织山峦中》等代表作在内的20幅水墨作品和115幅焦墨作品。作品展现了其师法自然、注重户外写生、探索个性化艺术表现形式和语言的常年努力与成就。

（黎　明）

【图像·画意：当代工笔画学术邀请展】 11月10日—20日，由中央美院、中国工笔画学会主办的“图像·画意：当代工笔画学术邀请展”在中国美术馆举办。展览展出了著名国画家、中国工笔画学会艺术顾问、中央美院工笔画教授胡勃及其20位优秀学生近年创作的工笔画100余幅以及相关工笔画教学文献，以展示胡勃的教学理念及其具有开创性、体系性的工笔人物画教学的丰硕成果，反映工笔画发展近况，并启发对图像时代中国工笔画发展的学术探讨。

（黎　明）

【“北京意象·休闲平谷”绘画作品展】 11月10日—20日，由市文联、中共平谷区委、平谷区政府主办的“北京意象·休闲平谷”绘画作品展在中国美术馆举办。展览展出了多方面表现平谷自然风光、城市面貌和历史底蕴的油画与国画作品共100幅，作品形式多样，异彩纷呈。该展是由市文联主办的始于2010年、每年与一个区县合作的“北京意象系列大型美术创作工程”的第7站。4月—6月，市文联组织200多名画家和艺术院校师生赴平谷的数十个素材点进行采风创作，并从创作出的近300幅作品中评选出了进入本次展览的作品。

（黎　明）

【2016中国雕塑邀请展】 11月14日—21日，作为国家艺术基金资助项目，由中国国家画院主办的“共生共荣”——2016中国雕塑邀请展在中国国家画院美术馆举办。该展汇聚了来自全国各地的101位雕塑家的113件作品。参展艺术家以中国国家画院在聘研究员为主体，也有其他活跃于当今中国雕塑界的老中青优秀雕塑家，还有由著名雕塑家推荐的一批年轻雕塑家。展出作品多为近年新作，充分展现了当今中国雕塑界艺术创作的整体面貌。参展艺术家与雕塑理论家参加的该展座谈会，于展览开幕当日举行。

（黎　明）

【中华史诗美术大展】 11月20日—12月11日，由中国文联、财政部、文化部主办，中国美协、中国国家博物馆承办的“中华史诗美术大展”在中国国家博物馆展出。作为由中国文联、财政部和文化部主办，中国美协承办，2011年启动、历时5年始告竣工的“中华文明历史题材美术创作工程”的成果公示展，该展展出了近300位艺术家创作的涵盖中国画、油画、版画和雕塑4个门类的共146件作品，展现了中国美术在历史题材创作领域所取得的最新成果和所达到的艺术高度。作为2009年完成的、主要表现1840年以来至新世纪中国社会和文化历史发展的“国家重大历史题材美术创作工程”的姊妹篇，“中华文明历史题材美术创作工程”主要表现自公元前有中华人文活动记载以来至1840年的中华文明的漫长发展历史，及其中所发生的重大历史事件、涌现的杰出人物和文明成果。作为专项资金支持的国家级重大文化建设项目，该创作工程共发布了150个选题，并面向全国和海外华人艺术家开展创作申报，先后收到了千余位艺术家申报的千余件创作草图，最终146件作品通过了由全国50余位著名美术家、理论家和考古历史学家组成的创作指导专家委员会的验收而入选此次展览。

（黎　明）

【王建中艺术作品展】 11月24日—

12月4日，由清华美院、中国美协艺委会主办的“炉火正红”——王建中艺术作品展在中国美术馆举办。展览展出了中国工艺美术学会副理事长、中国陶瓷工业协会艺术委员会执行会长、清华美院教授王建中数十年来设计和创作的陶瓷、紫砂、玻璃等艺术精品百余件，全面展现其独到的创作理念与艺术风格。

（黎　明）

【首届全国残疾人书画展】 12月3日—7日，在“国际残疾人日”到来之际，由中国残疾人联合会、全国政协书画室共同主办的“放飞梦想，共奔小康”——首届全国残疾人书画展在中国政协文史馆举办。展览展出了国画、油画、工笔画等绘画作品60幅，楷书、隶书、草书等书法作品50幅。该展面向全国24个省区市征集到书画作品共360幅，并由展览艺委会专家从中评选出了参展作品。参展作者包括32位听力残疾人、77位肢体残疾人、1位视障残疾人，他们当中既有全国政协委员和各地政协委员，也有中国美协和书协会员，还有基层从事书画艺术创作的优秀人才。

（黎　明）

【2016中国国家画院“一带一路”采风写生作品展】 12月12日—20日，由中国国家画院主办的“2016中国国家画院‘一带一路’采风写生作品展”在中国国家画院国展美术中心举办。作为中国国家画院“一带一路”国际美术工程的阶段性成果汇报，该展展出了百余位中国国家画院研究员2016年赴国内外“一带一路”沿线各地考察、采风而创作的国画、油画、版画、雕塑、公共艺术等多门类写生作品数百件，以及采风途中所作的随笔、速写、创作草图和拍摄的影像资料等。该展研讨会于开幕式当日举行。

（黎　明）

【第四届架上连环画展】 12月15日—19日，由中国美术家协会主办的“纪念红军长征胜利80周年暨中国共产党成立95周年第四届架上连环画展”在北京中国文联文艺家之家展览馆举办。该展览共展出了97套入选作品中的34套，共165件作品。展览期间，还举办了以“文学语言的绘画性转换与应用”为主题的研讨会。

（张燕鹰）

【韩美林八十大展】 2016年12月21日—2017年2月12日，由中国联合国教科文组织全国委员会、中国文联、中国国家博物馆主办的“美林的世界”——韩美林八十大展在中国国家博物馆举办。展览以“韩美林艺术大篷车”“草木皆宾”“百鸡迎春”“泥土的光芒”“展翅的凤凰”“远古的呼唤”“神遇而迹化”“和平守望”8个单元，汇集了年届八十的著名艺术家、清华美院教授韩美林近年创作的绘画、书法、雕塑、陶瓷、设计类作品约5000件，全面展现了其丰富多样的创作面貌和最新成果。该展是韩美林在2015年获得联合国教科文组织“和平艺术家”称号之后，以“致敬文艺复兴、回归民族之根、履职文化担当”为主旨，自2016年10月27日至2017年5月于意大利威尼斯大学、中国国家博物馆、法国巴黎联合国教科文组织总部三地进行的“韩美林全球巡展”的第二站。展览期间，还举行了该展的研讨会、韩美林艺术讲坛“跨越时空的艺术力量”、韩美林设计的2017《丁酉》生肖鸡特种邮票发布仪式、韩美林向中国国家博物馆捐赠80件作品捐赠仪式。

（黎　明）

【第十届中国工笔画作品展】 2016年12月23日—2017年1月3日，作为每三年一届的中国工笔画作品大展，由中国文联支持，中国美协、中国工笔画学会联合主办的“工·在当代——2016第十届中国工笔画作品展”在中国美术馆举办。展览以“历史回顾”“学术提名”“全国征集”3个部分，全面展示了30年来工笔画领域老中青三代艺术家多元化的创作探索与艺术成就。“历史回顾”板块展出工笔画领域陈孟昕、冯大中、何家英、刘金贵、萧玉田、牛克诚等13位名家的作品；“学术提名”板块展出由刘庆和、陈湘波、吴洪亮、杭春晓、何桂彦5人组成的提名委员团所提名推荐的徐累、张见、杭春晖、高茜等44位艺术家的作品；“全国征集”板块展出从4000多件征集作品中评选出的58件获入会资格奖的作品和近200件入选作品。

（黎　明）

活　　动

【笔墨纸砚系列论坛】 5月23日—27日，“非遗进清华”——笔墨纸砚系列论坛在清华大学美术学院举办。该系列论坛分为“骨法用笔——制笔与笔法”“纸以载道——水墨与画意”“砚藏名山——灵石与文气”“佛光普照——藏书与藏画”“古艺新姿——纸作与日用”5个部分。分别由各地的制笔传人、制砚传人、制墨传人、制纸传人和唐卡传人从不同角度与清华大学的师生进行了探讨、交流。

（张燕鹰）

【基层劳动者风采美术作品展】 5月27日—6月11日，由市总工会联合中央美院主办的“中国梦　劳动美”——基层劳动者风采美术作品展在劳动人民文化宫太庙艺术馆举办。该展展出的近百件作品，均为中央美院80余位艺术家和市总工会组织的职工艺术家在4月27日—29日“中国梦　劳动美”——基层劳动者风采展主题写生活动中所创作。写生活动期间，艺术家们深入基层劳动现场，通过中国画、油画、水彩、素描、雕塑等不同的艺术媒介，描绘一线劳动现场以及工作岗位上的职工和劳动模范代表，展现这些普通劳动者的精神风采。中央美院院长范迪安专为此次活动题写“中国梦　劳动美”主题，并代表学院将师生作品捐赠给太庙艺术馆收藏。

（黎　明）

【第十五届北京电影学院漫画节】 5月28日—29日，第十五届北京电影学院漫画节在北京举办。该届漫画节以“青春的海”为主题。活动期间，举办了张乐平《三毛从军记》漫画展，“漫画专业教育和人才培养论坛”和“张乐平漫画创作历程”讲座，放映了法国动画片《艾特熊与赛纳鼠》。并从60个专业院校、企业单位的近700件作品中评出了最佳四格漫画奖、最佳单幅漫画奖、最佳绘本奖、最佳多格故事漫画奖等多种奖项。

（张燕鹰）

【中国美术国际交流公益基金设立】 6月13日，由中国美术家协会和佳信海坛控股集团共同发起设立了中国美术国际交流公益基金。该基金的首笔捐款1000万元人民币由佳信海坛控股集团出资，用于资助“北京国际美术双年展”“中国美术世界行”等项目，帮助中国当代艺术家，尤其是绘画和雕塑艺术家国际的专业交流与合作。该基金的目标是：动员整合海内外社会资源，着力打造中国自己的享有世界声誉和影响力的国际展览品牌项目，对口支持各国具有代表性、开拓性和具有相当规模的高水准国际公益美术交流、展示、论坛及研究等项目，增进各国当代艺术家尤其是绘画和雕塑艺术家的国际专业交流与合作。

（张燕鹰）

【天津人物画发展研讨会】 6月22日，由中国书画报社、天津市美术家协会主办，天津金带福路文化传播中心、天津美术网协办的天津人物画发展研讨会在中国书画报社召开。天津美院、天津画院及有关单位人物画家50余人参加了研讨会。杨德树、陈冬至、曹德兆、赵国经等画家从不同角度对天津人物画的发展脉络、艺术特征、审美取向、地域文化特色、创作成果、发展方向以及教育思想、教学成就等作了梳理和阐释。与会专家还针对怎样解决天津人物画创作人才流失以及成立天津市美术家协会人物画专业委员会等议题进行了讨论。

（张燕鹰）

【《中国岩画（中英文）》期刊创刊推介会】 6月29日，由中国岩画学会主办、《艺术市场》杂志社股份有限公司承办的“纪念中国岩画学会成立三周年暨《中国岩画（中英文）》期刊创刊推介会”在北京《艺术市场》美术馆举行。作为国内在岩画研究领域唯一公开发行的学术刊物，《中国岩画（中英文）》期刊是由文化部主管，中国岩画学会、中国文化传媒集团主办，《艺术市场》杂志股份有限公司出版的季度刊物，旨在加强中国岩画组织与国外岩画组织的广泛交流与合作。

（张燕鹰）

【第七届北京双年展创作研讨会】 7月20日，第七届北京国际美术双年展主题创作研讨会在中国文艺家之家召开。研讨会上，陈孟昕、马欣乐、于小冬、刘选让、崔晓东等国内艺术家以及格林纳达艺术家特里西娅·丹尼斯·伯特利、孟加拉国艺术家默罕默德·瑞佐尔·拉赫曼通过草图、成品的幻灯展示，对自己创作的初步构想进行了说明。邵大箴、王镛、马书林、胡伟、薛永年、尚辉、杭间、温琴佐·桑福等人对这些草图、成品进行了点评，并针对此次双年展的创作主题等问题发表了各自的意见。

（张燕鹰）

【第十六届PHE国际青少年书画大会美育盛典】 8月14日上午，由中华文化促进会、中国少年儿童造型艺术学会主办的第十六届PHE国际青少年书画大会美育盛典在全国政协礼堂成功举行。由PHE国际青少年书画大会联合相关单位和众多有识之士共同发起的“全民美育振兴计划”，也在美育盛典上启动。该计划旨在响应落实国务院《关于全面加强和改进学校美育工作的意见》，践行蔡元培“美育代宗教”思想，振兴美育，提升国人审美素养。该计划致力于覆盖各个社会群体，整合多方资源，推动学校美育、家庭美育、社会美育的和谐发展。国内外的五百余名青少年儿童和嘉宾参加了活动。

（张燕鹰）

【中国陶瓷艺术发展基金创作基地揭牌】 9月28日，中国文学艺术基金会陶瓷艺术发展基金陶瓷艺术创作基地揭牌仪式在宋庄景德镇瓷艺坊（北京广余梵朴陶瓷艺术有限公司）举行。该创作基地建筑面积1000平方米，负责人是悬雕瓷画艺术创始人、景德镇瓷艺坊的徐初泽。该基地的核心宗旨是：以传承弘扬陶瓷文化为己任，以艺术创新、学术交流为亮点，以新品研发、资源整合为龙头，以悬雕陶瓷创作为优势，以千年陶瓷文化底蕴吸引热爱陶瓷艺术的人才，创作高品位的现代艺术陶瓷，构建一流的陶艺研发创作基地，加强学术交流、培养人才。

（张燕鹰）

【“美术馆的历史与未来趋势”国际学术研讨会】 10月22日—23日，“美术馆的历史与未来趋势”国际学术研讨会《艺术博物馆》杂志创刊启动仪式暨《美术馆的历史》新书发布会在北京举办。由李万万撰写的《美术馆的历史》，全面而清晰地呈现了中国近现代美术馆的发展历程，弥补了美术馆历史研究的缺憾。中外专家围绕“美术馆的历史”这一主题，回顾了中国美术馆事业历程、美术馆学研究现状、美术馆的发展以及美术馆学图书的出版状况，同时从博物馆的古典起源、大英博物馆的核心气质、卢浮宫的多元起源、人类的收藏热情等视角回顾世界博物馆的起源。

（张燕鹰）

【北京市文联书画创展基地揭牌】 10月25日，由北京市文联与颐和园共同发起，北京市文联、北京市公园管理中心、北京市颐和园管理处、北京颐和轩文化传播有限公司联合主办的“北京市文学艺术界联合会书画创展基地”揭牌仪式在颐和园谐趣园举行。该基地作为颐和园景区内中国书画的策展、创作、交流、鉴赏、传播、经营特色平台项目，旨在依托北京市文联和颐和园丰厚的艺术人才与古建文物资源，陆续开展主题书画创作、交流及展售活动，搭建中国书画收藏、鉴赏平台，进而研发独具颐和园文化特色的艺术衍生产品，这既有对古代经典的致敬，更是对当代艺术的再创新再发展。

（张燕鹰）

【中国绘画发展百年之路研讨会】 11月17日，由中国文艺评论家协会与中国美术家协会共同主办的“中国绘画发展百年之路研讨会”在北京举行。中国文联副主席、中国文艺评论家协会副主席郭运德，中国文联副主席、中国美协主席刘大为，中国文艺评论家协会顾问、中央美院教授邵大箴，以及程大利、刘曦林、郑工、许俊、尚辉等美术领域专家、学者出席研讨会。与会者就百年来中国画及其他画种的历史与现状、困境与出路、内容与形式、理论与技法、创作与传播等论题，进行了深入的交流研讨。

（黎　明）

【中国国家画院成立多个画种的研究机构】 12月5日，中国国家画院国画院的“工笔重彩研究所”，美术研究院的“都市水墨研究所”“实验水墨研究所”成立揭牌仪式在该院举行。同时成立的还有公共艺术院的“环境艺术研究所”“摄影艺术研究所”“民艺研究所”“玻璃艺术研究所”。中央美术学院教授唐勇力被聘为国画院工笔重彩研究所所长，深圳画院院长董小明被聘为美术研究院都市水墨研究所所长，中央美术学院中国画学院副院长刘庆和被聘为美术研究院实验水墨研究所所长。

（张燕鹰）

比　　赛

【第二届“石景宜博士杯——华夏书画创作大赛”】 3月18日，以香港汉荣书局原董事长、北京大学名誉博士石景宜命名的第二届石景宜博士杯——华夏书画创作大赛颁奖典礼在全国政协礼堂举行。大赛共收到来自世界不同地区的书画作品6500多件，最终绘画、书法两个组别分别评选出佳作奖129名、优异奖30名、铜奖5名、银奖3名、金奖2名和钻石奖1名，共340人获奖。

（张燕鹰）

【首届少儿环保公益绘画大赛】 10月29日，由中国宋庆龄基金会和中国生物多样性保护与绿色发展基金会共同指导、中国宋庆龄基金会事业发展中心和星云文化教育公益基金会联合主办的“我是绿色家园小主人——首届少儿环保公益绘画大赛”颁奖典礼在放羊工社@鸟巢·南广场举行。该大赛自6月5日启动，有中国、美国、加拿大、巴西、德国、法国、英国、日本、意大利、西班牙、葡萄牙、瑞典、南非等十多个国家及中国港澳台地区的上万名少年儿童参赛，最终评选出特等奖5名、一等奖15名、二等奖60名、三等奖100名、优秀奖439名。

（张燕鹰）

【2016“樱花杯”全国青少年美术作品展赛】 8月12日，2016“樱花杯”全国青少年美术作品展赛颁奖仪式暨优秀作品展开幕式在北京市少年宫举行。该活动自4月启动，共收到24个省、市及自治区，50个青少年宫（活动中心），40余个校内外机构选送的参赛作品4000余幅。该展赛共300余幅作品获奖，150幅优秀作品在北京市少年宫展出。

（张燕鹰）

交　　流

【徐培晨百猴迎春展】 1月10日—21日，由中共江苏省委宣传部、中国美协、中国画学会、江苏省文化厅、南京师范学大学主办，江苏省中国画学会、江苏省美协承办的“徐培晨百猴迎春展”在中国国家博物馆举办。展览展出了江苏省中国画学会副会长、江苏省花鸟画研究会会长、南京师范大学美术学院教授徐培晨猴画精品60余幅，以喜迎2016农历猴年，并呼吁大众关爱动物、保护动物、保护环境。展出的作品，既有由12幅丈二竖幅组成的18米宽巨制《松泉百猴图》，也有众多精致的扇面小品，展现了艺术家将山水、人物、花鸟和猿猴有机结合而形成的独特艺术风格。

（黎　明）

【徐竹初木偶雕刻作品捐赠展】 1月13日—2月28日，作为“20世纪国家美术收藏和捐赠奖励专项计划”项目，由中国美术馆主办的国家捐赠与收藏系列“偶人世界”——徐竹初木偶雕刻作品捐赠展在中国美术馆举办。展览分为“妙肖百态”“精巧入神”“世家风华”3个部分，展出了中国木偶雕刻大师、国家级非物质文化遗产漳州木偶头雕刻项目代表性传承人、徐氏布袋木偶第六代传人、国家一级美术师、中国艺术研究院民间艺术创作研究员徐竹初捐赠的木偶作品近400件。展出作品既有生、旦、净、丑各行的戏曲人物，也有神话传说中的神仙魔怪，还有徐竹初家传的清代古典楼阁式样的金漆木雕布袋木偶戏台，全面展示了享誉海内外的徐竹初木偶雕刻艺术及其木偶世家百年来的发展脉络。2014年以来，徐竹初两次向中国美术馆捐赠木偶作品400余件。

（黎　明）

【首届龙都书画名家进京作品交流展】 2月21—29日，由濮阳市文学艺术界联合会、濮阳市书画院主办的首届龙都书画名家进京作品交流展在通州区宋庄粮仓艺术区国宝斋艺术馆举办。展览共展出龙都濮阳书画艺术家作品100余幅，展示了濮阳书画艺术的发展水平。

（张燕鹰）

【阿鸽作品展】 3月8日—29日，作为北京画院主办的“少数民族地区艺术家系列邀请展”系列展览之一，由中国美协、北京美协、北京画院、四川省文联主办的“凉山情·鸽子”——阿鸽作品展在北京画院美术馆举办。展览以“月亮的女儿”“木刻乡情”“丝韵凉山”“线墨飘舞”4个板块，展出著名彝族女版画家、四川省美协主席、中国美协版画艺委会副主任、中国国家画院版画院副院长阿鸽50余年来各个阶段创作的木刻版画、丝网版画和大写意水墨画代表性作品及相关创作稿共计60余件，全面回顾并梳理了阿鸽的整个创作历程。

（黎　明）

【何塞－玛丽亚·卡诺艺术展】 3月10日—23日，由中央美术学院美术馆主办，何塞－玛丽亚·卡诺工作室协办的“现实与真相的异与同：何塞－玛丽亚·卡诺艺术展”在中央美术学院美术馆举办。展览展出了西班牙艺术家何塞－玛丽亚·卡诺自2003年—2015年创作的包括“华尔街100”系列、“北京”系列和“人民币纸币”系列共11个系列的作品77组、200余件，大部分创作运用的是热蜡画技法。

（张燕鹰）

【周逢俊中国画展】 3月11日—20日，由安徽省文联、安徽省美协、安徽省书画院共同主办的“斯义弘深”——周逢俊中国画展在中国美术馆举办。展览展出安徽省美协副主席、周逢俊美术馆馆长、国画家周逢俊近年创作的山水和花鸟画作品百余幅，展现了艺术家在创作中对中国古典诗词意境的追求及对家乡山水的眷恋深情。开幕式后举行了有刘龙庭、刘曦林、赵力忠、王镛、尚辉、梅墨生等艺术家和评论家参加的展览学术研讨会。

（黎　明）

【周中耀工笔画艺术展】 3月11日—20日，由湖南省文联、湖南省美协、湖南美术出版社共同主办的“花鸟人间”——周中耀工笔画艺术展在中国美术馆举办。该展展出了中国美协会员、中国工笔画学会会员、工笔画家周中耀2009年—2015年创作的工笔花鸟作品，展现了其花鸟画创作旺盛期的艺术面貌。同时，结合展场设计，展览还并列展示了对周中耀的艺术成就作了最完整梳理的大型画册《中国当代美术大家系列·周中耀》（4卷），以更为全面清晰地呈现艺术家的探索历程。

（黎　明）

【张江舟、罗伯特·哈特曼艺术交流展】 3月15日—23日，由中国国家画院与德国Malkasten美术家协会主办的“当水墨邂逅油彩”——张江舟、罗伯特·哈特曼艺术交流展在中国美术馆举办。展览展出了张江舟和罗伯特·哈特曼两位分别在中国及德国具有代表性的艺术家的共百余幅作品，以中西绘画的两种典型媒材“水墨”和“油彩”为主题，展开两种不同文化背景的绘画观念、艺术追求、艺术形式与表现手法之间的交流对话。中国国家画院副院长张江舟以其大部分为新作首展的新水墨代表性作品参展；德国Malkasten美术家协会主席罗伯特·哈特曼则展出了其各个时期的代表作，内容涉及历史、宗教、哲学等多个主题，表现出德国文化特有的思辨精神和富有表现力的艺术风格。

（黎　明）

【西安美术学院版画系教师作品展】 3月19日—4月5日，由今日美术馆、中国美术家协会版画艺术委员会、中国版画学会（筹）、西安美术学院主办的“拓版索路：西安美术学院版画系教师作品展”在今日美术馆举办。该展览展出了杨锋、张凌、许欲晓、廖宗蓉、陶加祥、张春霞、周仲铭、刘益春、余曼、姚志辉、杨璐、孙锦谊、张贤良、周有斌、商昌荣、柏发、潘旭、俞滔、李巍、周韦华、殷朋朋、索婧雅等20余位艺术家创作的综合材料版画、木版画、铜版画、石版画、丝网版画以及数码版画作品百幅，展现了在当代艺术多元发展背景下，该学院版画的教学与创作的发展之路。

（张燕鹰）

【胶东风情——烟台美术作品展】 3月22日—30日，由山东省美术家协会、中共烟台市委宣传部、烟台市文化广电新闻出版局、烟台市文学艺术界联合会主办的“胶东风情”——烟台美术作品展在中国美术馆展出。该展览展出的烟台市老中青三代画家99幅优秀作品，涵盖中国画、油画、版画、水彩画、水粉画等多个画种，作品题材丰富，风格多样，呈现了烟台美术创作的整体面貌。

（张燕鹰）

【威尼斯与威尼斯画派展】 2016年3月24日—2017年1月23日，由中国国家博物馆、意大利文化遗产活动和旅游部文化遗产开发司和博物馆司、威尼斯市立博物馆基金会联合举办的“威尼斯与威尼斯画派”展览，在中国国家博物馆举办。该展分为“十五世纪：威尼斯的文艺复兴——人物、自然和风景”“十六世纪：威尼斯的色彩、荣耀和辉煌”“十七世纪：‘黑暗’与‘光明’的博弈”“十八世纪：最后的辉煌”4个部分，展出了安德烈亚·曼特尼亚、乔瓦尼·贝利尼、乔尔乔内、提香、委罗内塞、丁托列托、塞巴斯蒂亚诺·里奇、罗萨尔巴·卡列拉等威尼斯画派艺术大师的作品共70余幅，呈现经过文艺复兴时期、巴洛克时期、洛可可时期、启蒙运动时期，跨越四百年历史的威尼斯绘画艺术发展脉络。展出作品选自罗马、佛罗伦萨、威尼斯的10余家意大利著名博物馆、美术馆及收藏机构。其中很多作品不仅首次来到中国，也是首次离开意大利展出。该展是中意两国《关于促进文化遗产合作的谅解备忘录》框架下的五年互换展厅计划的第三期，也是最后一个展览，与前两期的“佛罗伦萨与文艺复兴：名家名作”“罗马与巴洛克艺术”共同构成意大利艺术史的重要篇章。

（黎　明）

【“美丽厦门”当代美术作品进京展】 4月2日—12日，“美丽厦门”当代美术作品进京展在中国美术馆举办。该展览分为“鼓浪潮音”“海上花园”“当代闽风”3个主题，展出了100多位厦门画家的104幅作品，包括中国画作品44幅、油画20幅、水彩14幅、漆画26幅，展示了鼓浪屿的人文生态、美丽厦门发展战略实施以来的建设成果及厦门多元的文化和艺术魅力。

（张燕鹰）

【中国写意油画学派名家研究展】 4月9日—5月6日，由中央美院院长、中国美协副主席范迪安总策划，深圳市文体旅游局、深圳市文联、中国政协文史馆油画研究院联合主办，深圳关山月美术馆发起并承办，深圳市美协、重庆美术馆、河南美术馆、吉林省美术馆、济南市美术馆、山东中国文学艺术博物馆等协办的“文脉传薪”——2016中国写意油画学派名家研究展在今日美术馆举办。展览展出了戴士和、孙建平、陈国力、丁一林、毛岱宗、许江、范迪安、贾涤非、白羽平、梁宇等49位名家的作品110余幅，呈现了中国当代写意油画学派最新创作面貌，以对从西方舶来的油画艺术在中国本土化、民族化、融入中国传统艺术写意精神的转型发展作学术性观照。展览开设年度专题人物专区，特别展出闫平、段正渠、刘商英3位艺术家的作品。该展得到深圳市宣传文化发展基金及国内多个美术馆的支持，2015年9月在深圳关山月美术馆首展，并在全国各地进行巡展。

（黎　明）

【刘运君山水画展】 4月15日—26日，由中国美协艺委会、中国画学会、江苏省美协主办的“田园·诗韵”——刘运君山水画展在中国美术馆举办。展览展出了刘运君从艺以来创作的田园风光、欧洲系列和山水系列作品60余幅。刘运君，1938年生于江苏沛县，1960年毕业于徐州师范学院，中国美协会员、中国国画家协会理事、徐州大风书画研究院院长、西楚山水画会副会长、江苏建筑学院兼职教授，现代乡土山水画代表性画家。

（黎　明）

【李震坚艺术展】 4月16日—26日，由浙江省文化厅、中国美术学院主办，浙江美术馆、中国美院中国画与书法艺术学院承办的“李震坚艺术展”在中国美术馆举办。展览展出了著名人物画家、新浙派人物画的开创者及代表画家之一、前浙江美院教授李震坚（1921—1992）的人物画主题创作、水墨人体、山水花鸟和素描速写等作品近180余件。李震坚去世后，其家属先后向浙江省博物馆和缙云县博物馆各捐赠了100余件李震坚人物画作品；2014年再次向浙江美术馆捐赠全部家藏李震坚中国画、素描速写等作品共计4028件，为浙江美术馆迄今接受数量最大的整体捐赠，也是继20世纪50年代黄宾虹捐赠后浙江省最大规模的捐赠。此次展览展出的作品，即从这些捐赠和浙江省博物馆珍藏的李震坚作品中精选出来。

（黎　明）

【闽籍艺术名家书画（北京）邀请展】 4月23日—26日，由中国美术家协会、福建省文学艺术界联合会、福建省广播影视集团、福建省美术家协会、福建省书法家协会、福建省画院等单位联合主办的“大美福建　墨韵传馨”——“海峡墨韵”闽籍艺术名家书画（北京）邀请展在中国政协文史馆。该展览展出了78位闽籍当代艺术名家的152幅作品，涵盖老中青三代艺术家，涉及国画、油画、漆画、雕塑、书法等艺术门类。

（张燕鹰）

【“丝路之梦”——兰州美术作品展】 4月23日—28日，由中共兰州市委、兰州市人民政府主办，中共兰州市委宣传部、兰州市文化和旅游局承办的“丝路之梦”——兰州美术作品展在中国国家画院美术馆举办。该展览共展出郭文涛、韦博文、李宝堂、樊威、李伟、张大刚、马刚、巫卫东等兰州画家的中国画、油画作品110幅，整体展现了兰州近几年来油画、中国画艺术的全貌。

（张燕鹰）

【临沂市书画作品晋京展】 4月29日—5月11日，由山东省文联、山东省书法家协会、山东省美术家协会、临沂市人民政府主办的“沂蒙墨香”——临沂市书画作品晋京展在中国美术馆举行。该展览共展出了98位临沂艺术家的油画、国画、书法等100余幅作品。展品形式多样，展现了沂蒙大地的风土人情。

（张燕鹰）

【法兰西艺术院院士作品邀请展】 4月30日—5月22日，由中国美术馆与法兰西艺术院共同主办的“不朽的传承”——法兰西艺术院院士作品邀请展在中国美术馆举办。展览展出了法兰西艺术院9位院士主题和形式多样的油画、版画、综合材料绘画等类别的精选艺术作品66件，全面展现法兰西当代文化精神和艺术面貌。该展是2016年中国美术馆国际交流系列展之一，也是法兰西艺术院院士经典作品在中国的首次集中展示。展览还特别加入展出了中国美术馆馆藏华裔法兰西艺术院终身院士朱德群的三联油画《绿色活力》，以形成中法两国不同文化艺术传承的对话与共鸣。

（黎　明）

【湖北省国画作品展】 5月7日—14日，由中国国家画院和湖北省文化厅共同主办的“新中国美术家系列——湖北省国画作品展”在中国国家画院美术馆举办。展览展出董继宁、李乃蔚、谢晓虹、彭太武、李峰、罗彬、吕绍福、陈运权、钟孺乾、朱雅梅10位出生于新中国的优秀国画家的近百幅作品，展现了湖北省中青年国画家的整体创作实力。

（黎　明）

【谌北新油画艺术展】 5月7日—24日，作为“国家美术作品收藏和捐赠奖励项目”及“2016·中国美术馆捐赠与收藏系列展”之一，由中国美术馆、陕西省美术博物馆、西安美术学院共同主办的“须其自来”——谌北新油画艺术展在中国美术馆举办。展览展出了著名油画家、西安美术学院教授谌北新不同阶段的代表性油画作品200余幅。展出作品分为“春山”“夏风”“秋水”“冬雪”4个主题，展现了艺术家风景油画的独特风格与艺术成就。继2004年向中国美术馆捐赠《村口》《金秋》等14幅作品后，谌北新2016年再次将其《薄暮》《浦江》等28幅作品捐赠给中国美术馆作永久收藏。此次北京展结束后，该展于6月赴陕西省美术博物馆巡展。

（黎　明）

【沈阳书画院写生创作精品特展】 5月14日—18日，由沈阳书画院、李可染画院共同主办的“美丽中国行”沈阳书画院写生创作精品特展在李可染画院美术馆举办。该展览展出了沈阳书画院从连续几年的“美丽中国行”的写生与创作活动中精心挑选出的28位画家的150余幅优秀作品，反映了沈阳书画院的学术水平和创作水平。

（张燕鹰）

【沈启鹏绘画六十年回顾展】 5月17日—6月15日，由中国国家博物馆和中国美协主办的“时代心象”——沈启鹏绘画六十年回望展览在中国国家博物馆举办。展览展出了江苏省国画院特邀画师、南通市美协名誉主席、著名画家沈启鹏各时期代表性作品65件套及大量实物资料，展现了这位坚持现实主义创作原则、为人民传情、为时代讴歌的艺术家完整的艺术探索历程。展览期间，沈启鹏向中国国家博物馆捐赠了178幅画作（1966年—1985年）和693件套相关资料。

（黎　明）

法兰西艺术院院士作品邀请展

【江苏省国画院60年·中国画书法作品展】 5月28日—6月6日，由中国美术馆和江苏省文化厅主办的“金陵风骨·其命惟新”——江苏省国画院60年·中国画书法作品展在中国美术馆举办。展览汇聚了江苏省国画院所有已故的、离退休的、在职的以及部分曾在画院工作过的112位书画家的532幅作品，全景式地呈现“新金陵画派”的文脉传承和画院成立60年来的艺术创作成果。展出作品中不仅包括了吕凤子、陈之佛、林散之、钱松喦、费新我、傅抱石、武中奇、魏紫熙、宋文治、高马得、亚明等多位艺术大师的精品，还包括了近年来的新人新作。

（黎　明）

【毕加索走进中国艺术展】 5月28日—8月8日，由山水文园集团、意大利Metamorfosi文化艺术协会、时尚传媒集团联合主办的“毕加索走进中国艺术展”在山水美术馆举办。该展览共展出了来自5个国家的8位著名收藏家近百件毕加索的艺术真迹。艺术品的形式涵盖油画、版画、素描、手稿、剪纸、雕刻、陶瓷等多个种类。

（张燕鹰）

【刘玉泉花鸟画展】 5月29日—6月16日，由文化部恭王府管理中心、山东艺术学院、山东省文联、山东画院、中国孔子基金会、山东省美协、山东中国画学会、山东艺术家（书画专业）学术委员会共同主办的“笔墨自觉”——刘玉泉花鸟画展于恭王府嘉乐堂展区举办。展览展出了山东艺术学院中国画教授刘玉泉创作的花鸟画近百幅，展示了画家近年来秉承“笔墨自觉”意识，立意“当随时代”，不断探索中国画笔墨传承，注重花鸟画语体形态的实验性尝试，力求体现新感受、新意念、新表现和新意境的锐意探索。这也是刘玉泉首次在北京举办个人画展。刘玉泉现为中国美术家协会会员，山东省美协主席团委员，花鸟画艺委会副主任，山东画院特聘画家，山东中国画学会副会长。

（黎　明）

【新中国美术家系列——黑龙江省国画作品展】 6月3日—11日，由中国国家画院和黑龙江省文化厅联合主办的“新中国美术家系列——黑龙江省国画作品展”在中国国家画院美术馆举办。展览汇集了王隽珠、吴团良、宫建华、曹香滨、王同君、曾迎春、张海东、刘钻、李宏钧、李岗、姜巍、李百鸣、朱晶13位在新中国出生的黑龙江本土中国画家的代表性作品近百幅，展现了黑龙江省中国画艺术的整体创作实力。

（黎　明）

【新中国美术家系列——福建省国画作品展】 6月13日—18日，由中国国家画院和福建省文化厅联合主办的“新中国美术家系列——福建省国画作品展”在中国国家画院美术馆举办。展览展出了杨挺、郭东健、王新伦、赵星、陈子、梁明、卢志强、林任菁、翁志承、郑雅风10位出生于新中国的福建省艺术家的作品共百余幅，展示和梳理了福建省新中国美术家的整体艺术探索与创作成果。

（黎　明）

【“美丽中国 幸福香港”——2016香港美协会员展】 7月1日—2日，为庆祝中国共产党建党95周年、香港回归祖国19周年，“美丽中国 幸福香港”——2016香港美协会员展在全国政协举办。该展览展出了40多位香港美协会员的近200件作品。

（张燕鹰）

【俄罗斯的心灵作品展】 7月3日—12月31日，由俄罗斯乌拉尔（北京）艺术展览馆主办，中国华侨国际文化交流促进会、北京黑龙江企业商会支持举办的“俄罗斯的心灵作品展”在俄罗斯乌拉尔（北京）艺术展览馆举办。该展览共展出了近400件俄罗斯人民及功勋艺术家的油画及雕塑艺术品，作品跨越时间近70年，其中以20世纪下半叶与21世纪初的作品为主。

（张燕鹰）

【“中国写意——来自中国美术馆的展览”法国展】 7月11日—28日，由中国美术馆与法兰西艺术院共同主办的“中国写意——来自中国美术馆的展览”在法国巴黎法兰西艺术院举办。展览展出了詹建俊、潘鹤、刘大为、冯远、杨力舟等20位艺术家的中国画、油画、版画、水彩、雕塑代表作品共20件，向法国观众展现了当代中国艺术独特的写意魅力与诗性意蕴。该展是对应5月在中国美术馆举办的“不朽的传承”——法兰西艺术院院士作品邀请展的交流展，也是中国美术馆为将自身“办成世界著名的美术馆”而着力推出的国际交流系列展览之一。

（黎　明）

【中国油画艺术国际巡展】 7月13日—30日，由中国国家画院主办的“中华意蕴”——中国油画艺术国际巡展在法国巴黎布隆尼亚宫举办。展览以“生活之意”“人文之思”“心灵之境”3个主题板块，展出62位中国当代具有代表性的油画家的精选作品152幅，全面展现了中国油画艺术的发展与成就。参展画家以中国国家画院油画院研究员为主，还包括部分院外的中国油画界优秀画家。展览期间还举行了有中国和欧洲的艺术家、美术理论家参加的中国油画学术研讨会。

（黎　明）

【意大利19世纪末—20世纪初绘画精品展】 7月20日—10月9日。“回望美好时代”——意大利19世纪末—20世纪初绘画精品展在中华世纪坛东西方厅展出。该展览主要展出了以乔瓦尼·博尔迪尼为首的10位19世纪末至20世纪初意大利艺术家的油画、雕塑、水彩、纸上铜版画等54件真迹作品。展品来自佛罗伦萨乌菲奇美术馆、佛罗伦萨碧提宫现代艺术馆、费拉拉乔瓦尼·博尔迪尼博物馆、罗马国家现当代艺术馆、帕尔马国家美术馆等意大利著名的博物馆或美术馆。

（张燕鹰）

【“祥泰之州”书画作品展】 7月24日—31日，由中共泰州市委、泰州市人民政府共同主办的“祥泰之州”书画作品展在中国美术馆举办。该展览是为地级泰州市建立二十周年专门举办的书画作品展，展出了泰州历代名贤和当代名家书画作品130多件，展品种类涵盖书法、中国画、油画等。

（张燕鹰）

【李斯特逝世130周年纪念展】 7月31日—8月28日，由匈牙利国家美术馆、匈牙利李斯特故居博物馆、北京市对外文化交流事务中心和北京画院共同主办的“李斯特逝世130周年纪念展：匈牙利狂想曲——‘钢琴之王’的浪漫主义”在北京画院美术馆举办。展览展出了与享誉世界的匈牙利作曲家、钢琴演奏家、音乐教育家弗朗茨·李斯特（Franz Liszt，1811—1886）相关的油画、石版画、雕塑、照片、文物与文献资料等共70余件。展品中包括李斯特在世时欧洲多位绘画大师为他创作的风格、体裁各异的肖像画。其中，匈牙利19世纪伟大画家米哈伊·蒙卡奇在李斯特去世前为他创作的最后一幅油画肖像《李斯特1886年肖像》，成为本次展览一大亮点；匈牙利著名雕塑家奥洛约什·施特罗布尔为李斯特雕刻的一组手模及脸模初稿亦于此次展出。展览现场以精心的设计营造出音乐剧场的氛围，配以多媒体的运用、音画相结合的场景，带给观众独特的视听体验。

（黎　明）

【广西柳州三江农民画晋京展】 8月3日—8日，由广西文联和柳州市人民政府主办的“中国梦·侗乡情”——广西柳州三江农民画晋京展在民族文化宫举办。该展览展出了广西壮族自治区三江侗族自治县的农民画家的150幅“侗画”。三江农民画题材鲜明、造型夸张多变、色彩纯朴梦幻，在中国民间艺术中独树一帜，被列入广西壮族自治区非物质文化遗产保护名录。

（张燕鹰）

【新中国美术家系列——山东省国画作品展】 8月23日—30日，由中国国家画院和山东省文化厅联合主办的“新中国美术家系列——山东省国画作品展”在中国国家画院美术馆举办。该展展出了李学明、岳海波、张志民、孔维克、于新生、王小晖、梁文博、曾先国、唐秀玲、李兆虬、张望、李勇、贾荣志、常朝晖14位1949年后出生的山东省国画家的精选作品百余幅，整体展现了山东省当代中国画艺术创作的面貌。

（黎　明）

【赵绪成水墨艺术展】 8月24日—9月4日，由中共江苏省委宣传部、江苏省文联、中国书协、中国美协共同主办的“墨语寻梦”——赵绪成水墨艺术展在中国美术馆举办。展览以“墨语初梦”“墨语仙梦”“墨语游梦”“墨语天梦”“墨语痴梦”5个部分，展出了著名书画家、江苏省国画院名誉院长、中国美协理事、中国书协理事赵绪成各个时期的人物画、山水画和书法作品共160余幅，完整呈现了其艺术创作历程。该展是中共江苏省委宣传部推出的荣获江苏省“紫金文化奖章”书画名家晋京系列展的首展。

（黎　明）

【河南省周口市书画名家作品晋京展】 9月5日—7日，由河南省周口市政协主办，周口市政协书画院承办的河南省周口市书画名家作品晋京展在全国政协专委楼举办。该展览共展出37位周口书画家的100余幅作品。

（张燕鹰）

【“互绘·相知”——中外美术作品展】 9月10日—20日，由中国美协主办的“互绘·相知”——中外美术作品展在炎黄艺术馆举办。展览展出了60余个“一带一路”沿线国家美术家的国画、油画、版画、雕塑、水彩、综合材料、装置艺术等各门类作品200余件，全面呈现出中外美术家眼中的多彩世界。展览以中国美协对外交流项目为主导，以“一带一路”为主线，分为“中国美术家眼中的世界”“外国美术家眼中的中国”“中国中青年美术家海外研修工程”“巴黎国际艺术城吕霞光画室研修项目”“虚拟现实画展”5大板块，集中展示了近年来协会对外美术交流的成果。“从‘互绘·相知’到‘丝路与世界文明’——中外美术家座谈会”（“丝路与世界文明”为筹备中的“2017·第七届中国北京国际美术双年展”的主题）于展览开幕式后举行。

（黎　明）

【“丝路新语——我们新疆好地方”美术作品展】 9月19日—24日，由中国文学艺术界联合会、中共新疆维吾尔自治区党委宣传部主办，中国美术家协会、新疆维吾尔自治区文学艺术界联合会承办的“丝路新语——我们新疆好地方”美术作品展在中国文艺家之家展厅举办。展览展出了由龚建新、哈孜·艾买提、吴奇峰、邓维东、康书增、白钢、买买提·艾依提、卓然木·雅森、崔逢春、柴新春、欧阳松柏、关维晓等新疆地区艺术家创作的中国画、油画、水彩水粉、版画作品115件。

（张燕鹰）

【“中国写意——来自中国美术馆的艺术”墨西哥展】 2016年9月26日—2017年2月19日，作为中国美术馆策划的“中国写意——来自中国美术馆的艺术”国际交流系列展之一和2016中拉文化交流年重要项目，由中国美术馆和墨西哥圣伊德方索学院（博物馆）共同主办的“中国写意——来自中国美术馆的艺术”系列展，在墨西哥城圣伊德方索学院（博物馆）展出。该展由“多维向度——中国水墨画的当代拓展”“中西融合——中国写意在中国当代艺术中的转换”“大美乡情——中国民间美术精品”3个子项目构成，展出了来自中国美术馆的中国画、油画、版画、雕塑、剪纸、皮影、面具等具有代表性的艺术作品共151件（套），全面展现了改革开放以来中国当代美术和民间美术的创作发展。展览期间，主办方还举办了中墨两国专家、学者的研讨和讲座活动，以及面向观众的对话、剪纸、面具图案填色等公共教育和实践体验活动。

（黎　明）

【河北美术作品进京展】 9月27日—10月9日，由中共河北省委宣传部、河北省文化厅、河北省文学艺术界联合会主办，河北画院、河北省美术家协会承办的“美丽河北·走进太行”——河北美术作品进京展在中国国家博物馆展出。该展览展出的作品源自在“走进太行”活动中收藏的部分作品、约稿创作的新作品和一些河北老画家代表作品，共展出了国画、油画、版画、雕塑等艺术形式的130余件美术作品。

（张燕鹰）

【纪念天津美术学院办学110周年教师作品展】 9月29日—10月9日，由天津美术学院主办的“世纪归鸿”——纪念天津美术学院办学110周年教师作品展在中国美术馆展出。该展览旨在“回顾百年辉煌、展示天美姿态”，共展出天津美术学院教师各种媒介的艺术作品和设计作品500余件。

（张燕鹰）

【“心智与图式”绘画作品展】 10月12日—24日，由中共江苏省委宣传部、江苏省教育厅、江苏省文化厅、江苏省文联共同任指导单位，南京艺术学院主办的国家艺术基金资助项目“心智与图式”——绘画作品展在中国美术馆举办。展览展出由著名油画家、艺术教育家、南京艺术学院教授沈行工领衔，包括崔雄、邬烈炎、魏鲁安、金田、孙一瑜、金捷、孙俊、谢中霞、庄重、章文浩、蓝剑、蒯连会、汪莺莺在内的共14位江苏省油画界具代表性的艺术家创作近60幅作品，以展现具有独特艺术风貌和地域特色的江苏油画当下的创作状态，以及艺术家多样化的艺术风格与个性。

（黎　明）

【张伟民花鸟画展】 10月19日—23日，由浙江省文联、北京画院、中国艺术研究院中国工笔画学会主办，浙江省美协、浙江画院承办的“诗性工笔”——张伟民花鸟画展在北京画院美术馆举办。展览展出了浙江画院画家、浙江画院中国工笔画研究所所长、杭州美协副主席张伟民各时期的精选作品94件，其中工笔作品61件。开幕式后举行了专家、学者和艺术家们参加的该展学术研讨会。

（黎　明）

【尼瓦尔唐卡·艺术展】10月19日—31日，由中国世界民族文化交流促进会指导、北京竹林一时文化艺术传播有限公司主办的“行色”——尼瓦尔唐卡·艺术展在北京灿文化艺术中心举办。该展览展出了尼泊尔的尼瓦尔人创作的30余幅尼瓦尔唐卡、巨幅佛艺油画、金属造像等艺术精品。展览期间还举办了尼瓦尔唐卡艺术论坛，自国内外的专家、学者就尼瓦尔唐卡的历史、文化、艺术理念等进行了探讨。

（张燕鹰）

【姚钟华绘画艺术展】 10月26日—11月6日，由中国美术馆、云南省文史研究馆、云南省文联主办，云南画院、云南美术馆、云南省美协、云南油画学会承办的2016中国美术馆捐赠与收藏系列展之“生命的壮彩”——姚钟华绘画艺术展在中国美术馆举办。该展精选著名画家、当代云南画坛领军人物、云南油画学会名誉主席姚钟华50余年中创作的油画、水粉、水墨、重彩、漫画作品近200件，全面呈现了其油画民族化的艺术探索和卓著成就。开幕式后举行了展览的学术研讨会。展览期间，姚钟华向中国美术馆捐赠包括其油画代表作《背水的阿佤》在内的油画、水墨、水粉重要作品共计30件。该展随后于12月6日—16日在云南美术馆作了巡展。

（黎　明）

【吴大羽作品展】 10月27日—11月18日，作为北京画院20世纪中国美术大家系列展之一，由中国美协、上海美协、北京画院共同主办，北京画院美术馆、吴大羽艺术基金会承办的“飞羽掠天”——吴大羽的诗与画在北京画院美术馆举办。展览汇集了20世纪杰出油画家、中国现代抽象绘画奠基者之一、艺术教育家吴大羽（1903—1988）的油画、蜡彩、书信、诗歌等作品100余件。

（黎　明）

【司徒安雕塑绘画艺术展】 10月29日—11月6日，作为2016年度中国美术馆国际美术作品捐赠与收藏系列展之一，由中国美术馆主办的“中西之间”——司徒安雕塑绘画艺术展在中国美术馆举办。展览展出了英国艺术家司徒安（1934—

2016）不同阶段的代表性雕塑和绘画作品200余件，全面展现了其艺术成就。司徒安，曾任英国皇家雕塑家协会院士、英国皇家艺术协会院士、英国肖像雕塑家协会主席等职。自2001年开始从事中英文化交流活动，先后在南京大学美术研究院、中央美院、清华美院等多所院校任荣誉教授和客座教授，对中国文化及造型艺术怀有极大热情，并吸收中国传统造型艺术方法，创作了许多中国题材的作品。司徒安的妻子此次将他最具代表性的雕塑和绘画作品150件套捐赠给了中国美术馆。

（黎　明）

【傅山书画精品展】 11月2日—12月11日，作为北京画院“中国古代书画研究系列展”之一，由北京画院、山西博物院共同主办的“我来添尔一峰青”——傅山书画精品展在北京画院美术馆举办。展览汇集了山西博物院、故宫博物院、上海博物馆、天津博物馆、广州艺术博物院收藏的傅山书画精品近60件（套）。展览分为“学问之妙莫过深”“心懒手闲治迂事”“一丘一壑画家禅”“从来老笔不降钱”4个板块，选取了傅山具有代表性的连绵大草书法作品，精到、细致的正楷书法作品，以及奇趣盎然的绘画作品，全面展现这位明清之际思想家、书法家的诗文书画修养。

（黎　明）

【“东方画艺”——15至19世纪中韩日绘画展】 11月5日—12月8日，作为第九届“中韩日国家博物馆馆长会议”期间的重要活动和中国国家博物馆国际交流系列展览的重要项目，由中国国家博物馆、韩国国立中央博物馆、东京国立博物馆联合主办的“东方画艺”——15至19世纪中韩日绘画展览在中国国家博物馆举办。该展从3家博物馆的藏品中精选了中国明清时期、韩国朝鲜王朝时期，以及日本室町、江户和明治时期的文人画、风俗画与佛教画代表性作品共52件（套），展示了三国传统绘画的民族特色及相互关联和影响。

（黎　明）

【王庆淮山水画作品展】 11月10日—20日，由中共吉林省委宣传部、吉林省文化厅主办的“林海朝晖”——王庆淮山水画作品展在中国美术馆举办。展览展出了20世纪著名国画家、“长白画派”创始人、曾任中国美协吉林分会主席的王庆淮（1909—1982）创作的山水画精选作品40余幅，其中包括曾陈列于北京人民大会堂吉林厅的其巨幅山水画代表作《林海朝晖》。

（黎　明）

【邯郸学院艺术学院美术作品展】 11月16日—25日，由邯郸学院艺术学院主办，由北京东交民巷艺术馆承办的“赵苑诗韵”——邯郸学院艺术学院美术作品展在东交民巷艺术馆举办。该展览共展出了邯郸学院艺术学院30余位画家的50余幅作品。

（张燕鹰）

【“基弗在中国”展】 2016年11月19日—2017年1月8日，由德国贝尔艺术中心、中央美院美术馆、清华美院、百家湖国际文化投资集团和艺铭东方文化传媒共同主办的“基弗在中国”展览在中央美院美术馆举办。展览展出了德国新表现主义代表艺术家安塞姆·基弗自20世纪80年代至今所创作的绘画、雕塑、装置、摄影等代表性作品共87件，全面展现其艺术探索与成就。该展是首次在中国举办的这位远在20世纪80年代即已在中国艺术界受到普遍关注的艺术大师的大型展览。展览期间还举办了与基弗的艺术相关的7场主题讲座与超过30场主题公共教育活动。

（黎　明）

【丹青逸韵：广西书画院书画展】 11月21日—28日，由广西书画院、《艺术市场》杂志社共同主办，艺术市场美术馆承办的“丹青逸韵——广西书画院书画作品展”在艺术市场美术馆举办。该展览展出了广西书画院艺术家石锋、林峰、杨诚、盘俐敏、许君、王友杰、潘正华、徐裕颂、周松、杨世全、张学、蒋文洁的书法、国画及油画作品近百幅。

（张燕鹰）

【杜滋龄中国画作品展】 11月23日—12月4日，由中国文联、中国美协、中国美术学院、中国画学会联合主办的“行者无疆”——杜滋龄中国画作品展全国巡展最后一站在中国美术馆举办。展览分为“兴趣为师”“传承出新”“步履南北”“天山南北”“雪域高原”“万里之行”“线的交响”7个板块，展出了当代著名国画家、南开大学教授、天津美协副主席、中国画学会副会长杜滋龄从早年自学绘画至今所创作的中国画、写生、速写、素描等作品百余件，并结合相关文献，全面呈现了艺术家的探索历程和卓越成就。该展此前已先后在广东美术馆、山东美术馆、浙江美术馆展出。

（黎　明）

【郝平版画作品展】 11月23日—12月4日，由中国美协和云南省文联主办的“推门·境界”——郝平版画作品展在中国美术馆举办。展览展出了当代著名版画家、云南美协主席郝平近年创作的“推门·境界”系列丝网版画40余幅，展现了艺术家立足于彩云之南的生活与文化沃土，融合中西版画的艺术精神与表现技法，并创造性地将水墨写意与版画刻印相结合，在创作上独辟蹊径所取得的突出成就。

（黎　明）

【“美丽南方·广西”——中国美术作品展】 12月9日—18日，由中国文联、中共广西壮族自治区委宣传部、中国美协、中国美术馆、广西壮族自治区文联联合主办的“美丽南方·广西——中国美术作品展”在中国美术馆举办。展览分“历史经典”“广西美术”“美术广西”3个部分，展出了以广西为题材的国画、油画、水彩画等美术作品近380件，全面展现了百余年来广西美术发展的面貌。“历史经典”部分展出了中国美术馆收藏的齐白石、徐悲鸿、黄宾虹、张安治、关山月、阳太阳、吴冠中、黄独峰、马万里等著名画家的经典作品；“广西美术”展出新中国成立以来不同年代广西美术创作的成就；“美术广西”展出全国美术名家到广西采风创作的作品。为举办该展，中国美协组织全国百余位美术家赴广西进行采风创作，广西美协发动全自治区画家进行创作。该展是中国美协自2009年以来开展的少数民族地区美术系列研究展示项目的又一个重要的文献性展览。学术研讨会于展览开幕当日举行。大型文献画集《美丽南方·广西——中国美术作品展作品集》同期出版。

（黎　明）

【俄罗斯艺术家达西家族作品展】 2016年12月16日—2017年2月12日，“乌力格尔的神话”——俄罗斯艺术家达西家族作品展在中华世纪坛艺术馆举办。展览展出了俄罗斯艺术家达西·纳姆达科夫及其家人创作的35件艺术品，其中，艺术（原创）人偶作品20件，绘画作品15件。艺术人偶是纳姆达科夫家族近年来新的创作。他们以民族史诗、童话故事中的人物为原型，利用木头、骨头、皮革、马鬃、羊毛、宝石等传统材料以及手工上漆、缝制、贴花、金属铸造、雕刻等传统手工艺，创造出极富民族特色、历史特征和艺术表现力的人偶作品。

（张燕鹰）

【“艺海同舟”——港澳台鲁首届名家邀请展（北京站）】 12月24日—30日，由山东省文化厅、山东省文学艺术界联合会主办的“艺海同舟”——港澳台鲁首届名家邀请展（北京站）在中国油画院美术馆举办。该展览共展出港澳台鲁四地艺术家的书法、国画、油画作品88件，包括特邀全国著名艺术家的作品14件，山东地区作品43件，香港地区作品14件，澳门地区作品6件，台湾地区作品11件。

（张燕鹰）

收　藏

【北京工艺美术博物馆获捐梁永和作品】 6月3日，梁永和书画暨工美国礼大赏捐赠仪式在新奥工美大厦北京工艺美术博物馆举办。梁永和国画作品《棋戏》和2014年APEC会议领导人礼品《四海升平》景泰蓝赏瓶，正式由北京工艺美术博物馆收藏。

（张燕鹰）

【中国国家博物馆获捐蒋兆和油画《蒋光鼐像》】 7月1日，抗日将领蒋光鼐在国内外健在的8位子女中的6位子女蒋建国、蒋之翘、蒋定蜀、蒋定粤、蒋定穗、蒋定桂将蒋兆和1932年在的淞沪抗日战场前线所画的油画《蒋光鼐像》捐赠给中国国家博物馆。该画像曾于2014年蒋兆和110周年诞辰之际，在中国国家博物馆主办的“不尽丹心”——蒋兆和诞辰110周年纪念特展中，得到蒋光鼐家属的支持，出借了并首次展出了该画像。

（张燕鹰）

【杨振宁夫妇向中国美术馆捐赠熊秉明的雕塑作品】 8月26日，杨振宁夫妇向中国美术馆捐赠熊秉明雕塑作品3件。其中，《笔架》是熊秉明专为杨振宁创作，作品背面有二人的名字缩写，是二人友谊的见证；《骆驼》和《马》是熊秉明在20世纪50—60年代具有代表性的雕塑创作，它们融汇了中国的写意精神和西方的抽象构成，体现出浓厚的哲学意味。

（张燕鹰）

纪　念

【鲁迅逝世80周年纪念展】 3月8日—5月22日，作为中国美术馆典藏活化系列展，由中国美术馆与北京鲁迅博物馆联合主办的“只研朱墨作春山”——纪念鲁迅逝世80周年美术展在中国美术馆举办。展览共展出美术作品、文物和历史文献224件。其中，中国美术馆藏品133件，北京鲁迅博物馆藏品91件。展览分为“在挣扎中觉醒”“榛莽中的新芽”“希望的茂林嘉卉”3个部分，展出了鲁迅美术思想形成过程的相关资料、书籍装帧设计、倡导新兴木刻运动的成就及在其美术思想影响下中国大众美术的蓬勃发展面貌，其中包括了延安木刻、新中国大众美术年画、连环画、新时期的版画艺术以及美术名家们创作的鲁迅题材作品。该展旨在呈现鲁迅的美术世界及其对20世纪中国美术的深刻影响。

（黎　明）

【罗工柳百年诞辰纪念展】 3月29日—5月3日，经文化部、中国文联支持，由中央美院主办，中国国家博物馆、中国美术馆、中国美协、中国美院、浙江华茂艺术教育博物馆、北京鲁迅博物馆（北京新文化运动纪念馆）协办的“创新先驱之路”——罗工柳百年诞辰纪念展在中央美院美术馆举办。展览展出了我国著名画家、美术教育家、中央美术学院原副院长罗工柳（1916—2004）近400件作品和大量文献资料，全面呈现这位为革命美术事业和中国美术教育事业做出突出贡献的艺术家的艺术历程，突出反映其探索中国油画发展之路的创新精神。展览以“在战斗的前线”“为新中国而创作”“留学研究在苏联”“中国油画要走自己的路”“柳色长青”5个部分，展出了包括《地道战》《毛泽东在延安作整风报告》《毛主席在井冈山》等经典代表作在内的罗工柳各时期精彩作品，以及大量经典代表作创作草图、构思稿和色彩稿为首次展出的。

（黎　明）

【邹佩珠纪念展】 4月22日—5月8日，值我国第一代女雕塑家、美术教育家、已故著名画家李可染夫人邹佩珠（1920—2015）去世一周年之际，由北京画院、李可染艺术基金会联合主办的“雕塑人生”——邹佩珠先生纪念展在北京画院美术馆举办。展览展出了大量邹佩珠、李可染创作的雕塑和书画作品及相关史料文献，以呈现和还原这位艺术大师李可染背后的女性艺术家多姿多彩的艺术人生。

（黎　明）

【沈尧伊作品十年汇选（2005—2015）展】 4月28日—5月10日，作为中国美术馆庆祝中国共产党建党95周年作品系列展之一，由中国美术馆、中国美协、中国美术出版总社、中国人民大学艺术学院和北京美协共同主办的“纪念中国工农红军长征胜利80周年——沈尧伊作品十年汇选（2005—2015）”展览在中国美术馆举办。展览包括“‘长征交响组画’油画展”《长征·1936》连环画选展”“风景画和风俗画”3个部分，集中展示了这位40年来始终致力于红军长征主题创作的艺术家近10年的创作成果。沈尧伊，1943生于上海，祖籍浙江镇海，1966年毕业于中央美院版画系，先后任教于天津美院、中国戏曲学院舞美系、中国人民大学徐悲鸿艺术学院，现为教授、博士生导师，中国美协理事、中国美协连环画艺委会主任，北京美协副主席。

（黎　明）

【孙滋溪逝世】 5月30日，著名画家、艺术教育家、中央美院教授孙滋溪在北京逝世。孙滋溪（1929—2016），生于山东龙口，1945年参加抗战。1959年毕业于中央美院油画系并留校任教，曾任中央美院党委副书记、中央美术学院陈列馆馆长、中国油画学会理事、中国美协插图装帧艺委会副主任。作为中国革命的参与者、人民的艺术家，孙滋溪创作了以油画《天安门前》《母亲》《同学》《五子棋》，石版画《小八路》，文学书籍插图《林海雪原》等为代表的一批具有鲜明时代性和强大艺术感染力的精品力作，为油画的民族化及20世纪中国美术的发展做出了重要贡献。

（黎　明）

【中国美术馆馆藏杨之光作品陈列展】 6月11日—7月5日，为纪念2016年5月14日去世的著名画家杨之光，由中国美术馆主办的“不朽之光”——中国美术馆馆藏杨之光作品陈列展在中国美术馆举办。展出的自中国美术馆馆藏杨之光作品中精选出的代表性作品，内容涵盖社会各阶层人物形象、少数民族人物形象、舞蹈人物以及异域题材，集中反映了艺术家对中西绘画技法的融合及其在题材上的突破创新。杨之光，1930年生于上海，原籍广东揭西，1949年师从岭南画派高剑父。1950年考入北京中央美术学院绘画系，接受徐悲鸿、叶浅予、董希文等老师指导。1959年后任教于广州美术学院中国画系，历任教授、系主任、美院副院长，是新中国水墨人物画重要代表画家，也是构建现代人物画教学体系的奠基人之一。1997年，杨之光将其20世纪50年代—90年代创作的180件作品捐赠给中国美术馆。

（黎　明）

【庆祝中国共产党成立95周年全国美术作品展】 6月19日—7月1日，由中国文联、中国美协、中国文学艺术基金会、中国文学艺术发展专项基金共同主办的“庆祝中国共产党成立95周年全国美术作品展”在中国国家博物馆举办。展览展出中国画、油画、版画、雕塑、连环画、综合材料等各类美术作品共300余件，旨在讴歌中华儿女在中国共产党领导下所取得的光辉业绩和伟大成就。展出作品包括了中国国家博物馆馆藏经典革命历史题材作品、特邀作品和中国美协特别组织美术家赴革命老区采风写生创作的作品，以及从6000多件全国征稿作品中遴选而出的100余件入展作品。继此次展览之后，该展于7月12日—25日在浙江嘉兴南湖革命纪念馆进行了巡展。

（黎　明）

【韦江凡逝世】 6月19日，著名画家韦江凡在北京逝世。韦江凡（1922—2016），生于陕西澄城县韦庄镇，别名无竟、江帆，中国美术家协会会员，北京画院一级美术师。1942年，考入西安私立中华艺专学习美术。1944年，任长安二中美术教师，同时师从赵望云学习中国画。后在徐悲鸿关怀下入北平国立艺术专科学校国画系学习，毕业后留校任教，为徐悲鸿弟子。解放后任教于中央美术学院，1959年调入北京画院，长期从事专业美术创作。韦江凡广泛涉猎油画、水彩画、版画、壁画、书法等，擅长中国画的人物、山水、动物等题材，晚年尤以画马著称于世。代表作品有《时传祥》（组画）、《送上门》、《奔腾的群马》、《初上征途》、《所向无空阔》、《芳草》等。出版有《韦江凡画马》

《中国画名家作品精选——韦江凡作品》《中国近现代名家画集——韦江凡》。2000年，曾荣获北京市人民政府颁发的从艺五十周年老艺术家奖牌。

（黎　明）

【庆祝中国共产党成立95周年美术作品展览】 7月1日—19日，由文化部主办，中国美术馆承办，中国国家博物馆、中央美院、北京画院、广东美术馆、广州艺术博物院、江苏省美术馆、中国美院、浙江美术馆协办的“庆祝中国共产党成立95周年美术作品展览”在中国美术馆举办。该展以中国美术馆馆藏作品为主，包括部分其他美术机构的藏品和邀请新创的作品，汇集了我国几代美术家在不同历史时期创作的中国画、油画、版画、雕塑、年画、连环画、宣传画、漫画等各种类优秀作品300余件。展览以“新民主主义革命时期（1921—1949）”“社会主义革命和建设时期（1949—1978）”“改革开放和社会主义现代化建设新时期（1978至今）”3个部分，回顾、展现了中国共产党团结和带领全国各族人民进行革命、建设、改革的光辉历史与丰功伟绩。

（黎　明）

【彦涵百年诞辰纪念展】 7月23日—8月9日，作为中国美术馆捐赠与收藏系列展及中国美术馆庆祝中国共产党建党95周年作品系列展，由中国美术馆、中央美院、中国美协联合主办的“永远的战士”——纪念彦涵诞辰100周年展览在中国美术馆举办。展览以“永远的战士”“讲述彦涵的故事”“凝聚时代”“激越之美”4个部分，展出我国近现代著名版画家、中国新兴木刻运动代表人物、艺术教育家彦涵（1916—2011）各时期创作的木刻版画和绘画作品300余件及相关史料文献，展现其充满“战斗精神”、为时代与人民而创作的艺术人生。彦涵家属此次将其108件作品捐赠给中国美术馆作永久收藏。

（黎　明）

【萧朗书画艺术展】 8月12日—25日，为纪念我国当代著名花鸟画家、美术教育家、原天津美院教授、天津美协副主席萧朗（1917—2010）百岁诞辰，由中国国家博物馆主办的“萧朗书画艺术展”在中国国家博物馆举办。展览展出了萧朗不同时期的国画作品90幅、书法作品10幅。萧朗曾于2008年将其25幅国画精品无偿捐赠给中国国家博物馆；2016年，其子女们又将其65幅绘画和10幅书法作品捐赠给了该馆。

（黎　明）

【田世光百年诞辰纪念展】 9月4日—23日，作为“百年辉煌·中央美术学院艺术名家”系列展之一，由中央美术学院主办，中国美术馆、中国国家画院、北京画院、天津美院协办的“华世翎光”——田世光百年诞辰纪念展在中央美院美术馆举办。展览分“故园风土·柳浪莺飞”“勾勒重彩·教学授艺”“国礼大作·时代丹青”3个部分，展出现代著名工笔花鸟画家、前中央美院教授田世光（1916—1999）各个时期代表作60余幅。展出作品包括了田世光青年时代的大尺幅代表作《幽谷红妆》、50年代创作的石青底牡丹《节日的花朵》、“新殿堂画”《英姿万古》等重要代表作，以及教学创作中的草图手稿等。展览开幕之际，田世光家属向中央美院捐赠其代表作2幅。

（黎　明）

【秦宣夫110周年诞辰专题展】 9月29日—10月30日，由中央美院主办，得到中国美术馆、南京师范大学、江苏省美术馆、南京太平天国历史博物馆、吴作人国际美术基金会以及秦宣夫亲属等各方支持和协助的“快乐的旋转”——秦宣夫110周年诞辰专题展，在中央美院美术馆举办。展览以“巴黎回忆”“艺专岁月”“搂定自然”“求真立新”“博理渊学”5个部分，展出20世纪著名画家、美术史论家、美术教育家秦宣夫（1906—1998）各个时期的绘画作品200余件，及其遗存的教学笔记、研究手稿、照片等文献资料，全面呈现了其艺术生涯及创作成就，并研究梳理了其与中央美院校史变迁的关系。展览还特别选取常书鸿、吴作人、王临乙等同代艺术家的部分代表作品，呈现“国立北平艺专”南迁的历史脉络和“重庆凤凰山艺术家群体”的代表性案例。

（黎　明）

【祝大年百年诞辰纪念展】 10月16日—11月9日，由中国国家博物馆与清华美院联合主办的“大年百年——纪念祝大年百岁诞辰艺术展”在中国国家博物馆举办。展览展出了著名陶艺家、壁画家、工笔重彩画家、工艺美术教育家、前清华美院（原中央工艺美术学院）教授祝大年（1916—1995）工笔重彩画、钢笔画、陶瓷、雕塑和设计等各类别代表性作品百余件，全面展现其艺术成就。该展是清华美院建院60周年系列活动之一。同时，10月10日—24日，“祝大年百年诞辰百幅钢笔画展”也在清华美院美术馆展出。

（黎　明）

【纪念红军长征胜利80周年全军美术作品展览】 10月17日—11月2日，由中央军委政治工作部宣传局、中国美协联合主办的“纪念红军长征胜利80周年全军美术作品展览”在81美术馆举办。展览展出了由军队美术工作者创作的中国画、油画、版画、雕塑、装置、水彩画、宣传画和连环画等各门类优秀作品168件。参展作品以当代军人独特的视角、笔触和军事美学风格，既再现了红军长征艰苦卓绝的光辉历程，又展现了当代部队建设和军营生活的崭新风貌。

（黎　明）

【纪念红军长征胜利八十周年全国名家书画艺术大展】 10月18日—25日，由中国中共党史学会、中国文学艺术基金会、中国延安精神研究会、中国艺术研究院、中国美术家协会、中共甘肃省委宣传部、中国铁路文学艺术工作者联合会等单位共同主办，时代书画报社承办的“纪念红军长征胜利八十周年全国名家书画艺术大展”在中国国家画院国展美术中心举办。展览展出了当代著名书画家的中国画、油画、书法等作品，特邀领导题词作品，以及从全国征集的书画作品，共300余件，以歌颂伟大的长征精神和长征路上中国工农红军可歌可泣的英雄业绩。作为展览主体部分的《革命理想高于天》百米长卷，由22件组画组成，分别表现了告别苏区开始长征、惨烈的湘江血战、黎平会议、强渡乌江、遵义会议、四渡赤水、强渡大渡河、飞夺泸定桥、翻越大雪山、中央红军到达吴起镇、三大主力胜利会师等历史事件和场景。该展从筹备到开幕，历时两年；为百米长卷的创作，大展组委会组织了部分主创画家重走长征路。

（黎　明）

【纪念红军长征胜利八十周年美术作品创作展】 10月22日—11月10日，由中国文联、中国国家博物馆、中国美协、中国文学艺术基金会共同主办的“纪念红军长征胜利八十周年美术作品创作展”在中国国家博物馆举办。该展展出了由中央军委政治工作部宣传局、中央美院、中国美院、清华美院、广州美院、湖北美院、鲁迅美院、西安美院8家单位、12组主创团队，根据红军长征中最具代表性的历史节点，历时一年最新创作的《十送红军》《血战湘江》《遵义曙光》《四渡赤水出奇兵》《娄山关大捷》《彝海结盟》《飞夺泸定桥》《翻越雪山》《草地铁流》《智夺腊子口》《直罗镇大捷》《大会师》12幅3米×8米中国画和油画宏幅巨制，以再现光辉岁月，歌颂长征精神。展览同时展示了各主创团队创作过程中的写生手稿、创作草图等共计200余件。

（黎　明）

【纪念中国工农红军长征胜利80周年美术作品展】 10月26日—11月6日，由中国中共党史学会、中国中共党史人物研究会、中国美术馆、中共贵州省委宣传部共同主办的“纪念中国工农红军长征胜利80周年美术作品展”在中国美术馆举办。展览展出了谷钢、宋惠民、崔开玺、张祖英、俞晓夫、曹新林、杨尧、王铁牛、张庆涛、邵亚川、曹立伟等众多艺术家所创作的《红军长征到陕北》《南渡乌江》《毛泽东在古田会议》等热情讴歌红军长征光辉历程和伟大精神的国画、油画、雕塑作品80件。

（黎　明）

【刘知白艺术展】 10月27日—11月6日，由中国美协、贵州省文联、贵州省文史馆联合主办，贵州省美协承办的纪念展“百年知白”——刘知白艺术展在中国美术馆举办。展览分为“如莲化境”“野竹翁师自然”“白云心源”3个部分，综合展出了当代著名山水画家刘知白（1915—2003）不同时期的作品200余幅以及相关文献和手札等，全面展现了其淡泊、高洁的文人品格及超越传统、开创泼墨大写意山水画新图式的历程。刘知白学术研讨会也在展览开幕当日举行。

（黎　明）

【陈半丁诞辰140周年纪念展】 11月10日—20日，由中国美术馆、北京画院、中央文史研究馆共同主办的国家美术作品收藏和捐赠奖励项目“此中有真趣”——纪念陈半丁诞辰140周年艺术展在中国美术馆举办。该展精选了现代著名画家、“京津画派”代表人物陈半丁（1876—1970）的花卉、翎毛、人物、山水、书法、篆刻等多门类艺术的代表作品近200件，展现了其卓越的艺术成就。展览期间，陈半丁亲属将其中一批艺术作品捐赠给国家，由中国美术馆作永久收藏。

（黎　明）

【罗工柳、郁风、彦涵、丁聪百年诞辰纪念座谈会】 11月15日，由中国文联、中国美协主办的“罗工柳、郁风、彦涵、丁聪百年诞辰纪念座谈会”在中国文联举行。与会的相关部门领导、专家、学者和艺术家们，从不同角度追忆和评价同样积极投身于革命、战争和建设的时代浪潮，为现代中国美术事业做出了杰出贡献的罗工柳、郁风、彦涵、丁聪的生平事迹、精神品格和艺术成就。

（黎　明）

【陈师曾140周年诞辰特展】 11月16日—12月20日，由中国美术馆主办，故宫博物院、中央美院、北京画院、荣宝斋协办的中国美术馆典藏活化系列展“朽者不朽：中国画走向现代的先行者——陈师曾诞辰140周年特展”在中国美术馆举办。展览展出了现代著名美术家、艺术教育家陈师曾（1876—1923）各类艺术作品两百余件，展现其于绘画、书法、印章、诗词、漫画、画铜、笺画及著述等多方面的杰出成就，全面梳理其画学思想和艺术实践。

（黎　明）

【贺友直艺术回顾展】 2016年11月21日—2017年1月3日，作为北京画院美术馆“二十世纪中国美术大家系列展”的第41个展览，由中国美协、北京画院、中华艺术宫共同主办的“睿心天地”——贺友直艺术回顾展在北京画院美术馆举办。该展以北京画院藏品为主体，展出了贺友直（1922—2016）的连环画及风俗画代表作百余幅，以纪念这位20世纪中国最具代表性的连环画家、线描大师。展出作品中包括了北京画院所藏贺友直系列风俗画《儿时玩要》《二十四孝故事》《新加坡双林寺建寺历史画》《十二月历图》《水浒十丑图册》等，以及中华艺术宫所藏贺友直最具代表性的连环画作品《山乡巨变》《朝阳沟》和自传体连环画《我自民间来》，涵盖了贺友直各阶段的创作，并配合展出了其相关连环画出版物及文献资料。由北京画院组织编写的《睿心天地——贺友直连环画艺术》研究画集同期出版。

（黎　明）

【王琦逝世】 12月7日，中国版画艺术奠基人之一、最后一位中国新兴木刻运动参与者、美术理论家、美术教育家王琦在北京逝世。王琦（1918—2016），生于重庆，别名文林、季植。1937年毕业于上海美专，1938年在延安鲁艺美术系学习。中华人民共和国成立后，曾任历任上海行知艺术学校美术组主任,《美术研究》《世界美术》副主编,《版画》《美术》杂志主编,《中国新文艺大系1976—1982美术集》主编,《当代中国的美术》主编,《美育丛书》主编,《外国版画百图》主编，中央美院教授，中国版画家协会秘书长、副主席、主席，中国美协理事、常务理事、副主席、党组书记、顾问。主要作品有《人民万岁》《一日千里》《晚归》《古墙老藤》等，出版有《王琦版画集》，论著有《艺术形式的探索》《论外国美术》《美术笔谈》。1991年，获得中国美协和中国版画家协会颁发的“中国新兴版画杰出贡献奖”。

（黎　明）

【纪念红军长征胜利80周年中央美院“接力”系列展】 2016年12月23日—2017年1月4日，由中央美院主办的“纪念中国工农红军长征胜利80周年·艺术再长征：中央美术学院‘接力’系列展”在中国美术馆举办。展览以“坚定理想”“正确方向”“艰苦奋斗”“团结一致”4个板块，展出中央美院各专业院系新近创作的以中国画、油画、雕塑、版画、影像、动画、绘本、装置、VR（虚拟现实）技术、建筑测绘等为媒介形式的长征历史题材作品百余件。为筹备该次展览，中央美院各院系分别组建“艺术再长征”创作团队，赴江西、贵州、四川、甘肃、陕西等地，深入考察长征历史现场进行了数月的采风创作。

（黎　明）

书法　篆刻

【概　况】2016年，中央企业书法专业委员会、国家开放大学书画艺术教育研究院书法学院在北京成立，加强了北京地区的书法建设。

2016年，北京地区开展了一系列与书法相关的活动。如“喜迎G20·西泠印社文化艺术系列活动”；“刀笔纵横”现代刻字艺术大讲堂、“问道杏坛”北京杏坛美术馆第一期书法高研班等书法教育培训活动；中国现代书法30年学术研讨会、2016首届中国古篆艺术论坛、中韩书法研讨交流会等学术研讨活动；第五届“兰亭杯”北京中小学生书法大赛和北京市文联主办的迎春征联活动等比赛活动。

2016年，北京地区举办了诸多内容各异、形式多样的书法展览。专题性的展览有为纪念中国共产党成立95周年而举办的“纪念中国共产党成立95周年全国书法名家邀请展”、“中国梦·翰墨朝阳”第二届全国书法大赛获奖作品展和为纪念中国工农红军长征胜利80周年举办的纪念红军长征胜利80周年军旅书家邀请展。大型展览有“翰墨传承——中国美术馆当代书法邀请展”第23回书画名家作品国际联展、“京华墨韵”第十八届北京书法篆刻精品展、“大美京郊”第七届北京美丽乡村书法艺术展，特色展览有“翰墨凝香·北京第二届女书法家作品展”、2016年中国国家画院书法篆刻院年展、“大美篆刻”——走进生活中的篆刻艺术作品展、“高僧墨宝　丹青中国”当代佛教高僧书画展、安道一北朝佛教摩崖经原拓书法展、寸耕堂陶印展、“明于古今”——书法博士九人学术展和一些书法家的个人作品展览。

2016年，北京地区还新收藏了一批书法作品。中宣部宣教局、中国书法家协会向中国人民抗日战争纪念馆捐赠了由32位小楷书家书写的《重读抗战家书》，申万胜将他创作的《习近平总书记〈在纪念中国人民抗日战争暨世界反法西斯战争胜利70周年大会上的讲话〉》《毛泽东主席长征诗词》《长征组歌》3幅巨制书法作品捐赠给中国人民革命军事博物馆，范曾将其所著《锦文掇英——学研习近平用典心得》一书中所创作的147幅书法作品捐赠给中国国家博物馆收藏，言恭达向中国人民革命军事博物馆捐赠大草书法长卷《新中国元帅诗选》，全国政协委员、中国侨联副主席朱奕龙向中国美术馆捐赠于右任的《行书七言联》《草书轴》《行书信札》3幅书法作品，乐泉向中国美术馆捐赠《石颂铁山摩崖》节临等12件作品。

2016年，北京地区还在书法方面开展了一系列国内外交流活动。包括第33届中日名家书法联展、“京什书缘”书法交流展、北京东城·河北正定书法巡展等。

机　构

【中央企业书法专业委员会】8月6日，中央企业书法专业委员会在中国电子科技集团公司举行。该委员会的宗旨是以丰富职工精神文化生活为着力点，深入基层，服务群众，团结带领央企书法工作者积极投身“中国梦”主题实践活动，书写更多无愧于民族、无愧于时代的书法精品。该委员会由中国书协会员、中国电子科技集团公司党群工作部高级专务聂中波担任主任，聘请卢卫东、左群声担任名誉主任，韩天、左雷任名誉副主任，苏士澍、郑晓华、赵长青、邵秉仁、魏传忠任高级顾问，白煦、贾光生、王希达、刘恒、高庆春、倪文东、李洪海等任顾问。

（张燕鹰）

【国家开放大学书画艺术教育研究院书法学院】9月17日，国家开放大学（在中央广播电视大学基础上组建的）书画艺术教育研究院书法学院成立暨首届“书苑点睛”书法研修班开学仪式在国家开放大学总部举行。该学院主要开展科研和非学历培训，打造全民学习书法的开放平台。蔡民基任该院院长，聘请席念平、张日安为客座教授，聘请杨光为、徐四海为客座研究员，聘请申万胜、胡抗美、张文范、孙晓华为总顾问，聘请言恭达、张改琴、刘洪彪、卢中南、苗培红、李士俊、田伯平等20余人为顾问。

（张燕鹰）

展　览

【寸耕堂陶印展】1月9日—18日，由北京杏坛美术馆主办的“寸耕堂陶印展”在北京杏坛美术馆开幕，展览共展出王镛近年所创作的陶印80方。在展览现场，为配合展陈效果，还展出了王镛的一些书法作品。

（张燕鹰）

【谢云书画艺术展】 1月15日—2月24日，由中国国家博物馆主办的谢云书画艺术展在中国国家博物馆举办。展览展出了著名出版家、诗人、书法家、中国书协顾问谢云近年创作并捐赠给中国国家博物馆收藏的书画作品70余幅。展出作品包括鸟虫篆30余幅，现代书法10余幅，大小篆和楷书10余幅，以及《长城稽首》组画20余幅。展览图录《谢云书画艺术2·听雨》同期出版。2007年，谢云即曾向中国国家博物馆捐赠了68件书法作品，后者当时也为其举办了捐赠展，并出版图录《谢云书画艺术·观海》。

（黎　明）

【“翰墨传承”——中国美术馆当代书法邀请展（2015）】 1月23日—3月8日，由中国美术馆主办的“翰墨传承”——中国美术馆当代书法邀请展（2015）在中国美术馆举办。展览展出了胡抗美、孙晓云、聂成文、李刚田、丛文俊、李胜洪等51位书法家的书法作品共102幅。展览分篆、隶、楷、行、草5个部分，包括书家们对古代经典的临摹与个人的创作，展现了书法在当代传承的状貌。参展书家由学术专家组经民主程序推荐产生，他们在当代书坛及各书体领域都颇具代表性。同往届邀请展一样，本次展览也以公共教育活动的形式代替开幕式，举办了题为“翰墨传情——我在中国美术馆过大年”的活动；馆长吴为山、副馆长胡伟，参展的李刚田、胡抗美、王学岭、李胜洪4位书法家以及来自社会各界的数百位公众在活动中进行了互动交流。

（黎　明）

【“迎丙申猴年”——楹联书法展】 2月4日—3月4日，由中国国家博物馆主办的“迎丙申猴年”——楹联书法展在中国国家博物馆举办。展览展出了43位书画家及文化名人以不同的书体、形式和风格创作的意趣纷呈的楹联书法作品。

（黎　明）

【平谷第八届上元雅集“友谊奖”书法展】 2月28日—3月8日，由中共平谷区委、区政府主办，平谷区文联承办的“大美平谷·中国书法之乡”——第八届上元雅集“友谊奖”书法展在平谷博物馆举办。该展展出了从向全国征集到的书法作品中精选出来的传承中国传统篆书艺术、展现社会主义核心价值观、歌咏大美平谷的作品260余件。展出作品以篆书为主，兼涉隶、楷、行、草诸体。由连续3届“篆书十佳”称号获得者组成的评委会评选出了本届“友谊奖·篆书十佳”的10名获奖作者及“友谊奖·优秀奖”的5名获奖作者。

（黎　明）

【范曾著《锦文掇英——学研习近平用典心得》书法作品捐赠展】 3月17日—4月8日，由人民日报出版社主办的“范曾著《锦文掇英——学研习近平用典心得》书法作品捐赠展”在中国国家博物馆举办。该展展出了著名书画家范曾研读《习近平用典》（人民日报出版社出版）后创作而成的、已收入人民日报出版社出版的《锦文掇英——学研习近平用典心得》一书的书法作品147幅。范曾将自己对《习近平用典》的研读感悟概括为“政适民服”“见胜于闻”“与时偕行”等四字短语。

（黎　明）

【玄一书道展暨崔学路书法展】 3月22日—29日，由中国书协学术支持、中国书协展览部主办的“玄一书道展暨崔学路书法展”在中国美术馆举办。展览展出了为当代书法的发展和中青年书法家的培养做出了突出贡献的著名书法家、书法出版人、书法教育家崔学路（号玄一）的精选代表性作品70余件。展出作品中包括了端严大楷《老子道经》三百斗方连缀巨屏，藏青银泥小楷《道德经》11米横卷，虚净小楷《逍遥游》，参化诸体的古文小楷《诗经朱熹集注》册页，周秦简帛小楷《金刚经集注》绢本17米横卷，草书《前赤壁赋》册页，大草《千字文》册页，写意榜书《飞龙在天》《裂岸崩云》《南冥有鱼》等，充分展现了这位潜心书道、五体皆擅的书法家的书道高度及人生感悟。

（黎　明）

【“追梦之旅”张海书法展】 3月26日—5月10日，由中国文联、中国国家博物馆、故宫博物院、中国美术馆、中国书协联合主办的“追梦之旅”张海书法展在中国国家博物馆举办。展览展出了著名书法家、中国书协名誉主席张海近年新作共计80余件，其中包括用时一年多创作的《四体书歌》，以及专为该展书写的自作诗文、读书笔记、感悟随笔乃至流行歌词等作品，体现了作者虽年逾古稀仍不断创新的进取精神和深厚的艺术功力。展览期间，由中国国家博物馆编印的《张海书法艺术》及由多家出版社出版的《四体书歌》《首阳山赋》《四体千字文》等张海新作也同时发行。

（黎　明）

【王念堂期颐书法展】 3月31日—4月11日，“文心养真”——王念堂期颐书法展在北京画院美术馆举办。展览展出了当代著名画家、北京画院院长王明明之父、百岁老人王念堂数十年创作的楷、行、草书作品70余件。展出作品涵盖中堂、对联、手卷、册页等多种传统书写形式，内容则以前人的经典诗词、名言警句为主，其中不乏书家的百岁新作。

（黎　明）

【第23回“书画名家作品国际联展”】 4月17日—20日，由北京中韩书画家联谊会、世界华侨华人社团联合总会书画院联袂主办，北京世纪名人国际书画院、中华社会文化发展基金会、中国书法展览馆等承办的第23回“书画名家作品国际联展”在中国书法展览馆举行。该联展共展出了20多个国家和地区的书画社团组织选送的书画作品489幅。其中，中国363幅（书法225幅，美术138幅），其他国家和地区126幅。

（张燕鹰）

【荣宝斋藏近现代名家楹联作品展】 4月29日—5月15日，“墨鸳鸯”——荣宝斋藏近现代名家楹联作品展在北京荣宝斋书画经营二部举办。该展览展出了清末及民国时期名人汪士鋐、王文治、吴昌硕、翁同龢、于右任、章士钊、徐世昌、张大千的楹联作品60余件。

（张燕鹰）

【“大美篆刻”——走进生活中的篆刻艺术作品展】 6月30日，由中国艺术研究院中国篆刻艺术院主办，文化部恭王府管理中心协办的为期1个月的“大美篆刻”——走进生活中的篆刻艺术作品展在恭王府举办。该展览旨在展示当代篆刻界的最新创作成果以及篆刻这门古老艺术与当代生活的紧密联系，使篆刻艺术走向民众，贴近生活。展览共展出一百位篆刻家的篆刻作品（包括印屏、印章原作）及其衍生品（包括生活用品、文房用品、案头装饰、衣服等）。展览展出印章原作94件，篆刻艺术的衍生艺术品89件。

（张燕鹰）

【纪念中国共产党成立95周年全国书法名家邀请展】 7月1日，由中国文联和中国书协共同举办的“纪念中国共产党成立95周年全国书法名家邀请展”开幕式在中国文艺家之家举行。该展览共展出包括中国书协主席团、理事、专业委员会委员及获奖者等在内的95位当代书法家的作品。参展作品内容或是革命先辈的经典作品，或是文艺家对革命先烈的深情讴歌，或是书法家的自作诗文。艺术形式上风格多样，诸体兼备。

（张燕鹰）

【“明于古今”——书法博士九人学术展】 8月8日—18日，由文化部艺术发展中心主办，中国画创作研究院、中国画美术馆、北京艺投文化发展有限公司承办的“明于古今”——书法博士九人学术展在中国画美术馆举行。展览共展出秦金根、谢小铨、晁岱双、宗绪升、方建勋、朱百刚、杜浩、吴国宝、傅振羽9位书法博士的约90幅作品。参加该展览的书法家均为全国艺术院校的书法博士。

（张燕鹰）

【“鉴古开今”——军旅书法家作品展】 8月10日—9月5日，由解放军美术书法研究院、中国书协联合主办的“鉴古开今”——军旅书法家作品展在解放军美术书法研究院展览馆（北京81美术馆）举办。该展分“铸魂”“立身”“尚武”“崇德”4个篇章，展出了47位军旅书法家选录经典诗文名句所创作的各体书法作品127件。举办该展旨在以书法艺术为载体，重温经典、以文化人，帮助大家更好地学习理解习近平治国理政思想，感悟博大精深的历史传统文化，进一步提升思想道德境界，培养新一代“四有”革命军人。

（黎　明）

【“大家说”曾翔书法展】 8月30日—9月4日，由中国国家画院主办，文武画院、泰文楼美术馆承办的“大家说”——曾翔书法展在泰文楼美术馆举办。该展览共展出曾翔近期书法作品80余件。

（张燕鹰）

【“高僧墨宝 丹青中国”——当代佛教高僧书画展】 9月5日—7日，由中国文化艺术发展促进会、《人民政协报》主办，中国对外文化交流协会指导，中国宗教杂志社和法音杂志社支持，深圳馨缘文化发展有限公司、北京金一文化发展股份有限公司承办的“高僧墨宝　丹青中国”——当代佛教高僧书画展在全国政协礼堂举办。该展览旨在通过展示海内外华人佛教高僧大德的书法艺术成就，促进中国佛文化艺术的发展与创新，加强中国佛文化的世界影响力，践行佛文化融入“一带一路”的倡议。该展览集中展示了108位高僧大德的206幅书画作品。

（张燕鹰）

【“书心舒怀”——书法楹联名家邀请展】 9月11日—4日，由中实集团主办的“书心舒怀”——书法楹联名家邀请展在北京国宾酒店举办。该展览共展出了书法家蒋有泉、姜洪、杨广馨、书杨军、倪进祥等人的书法楹联作品76幅。

（张燕鹰）

【“翰墨传承”——中国美术馆当代书法邀请展（2016）】 9月8日—18日，由中国美术馆主办的“翰墨传承——中国美术馆当代书法邀请展（2016）”在中国美术馆举办。展览分为先秦文学作品、唐诗、宋词、赋以及元曲、明代小说和清代楹联各部分，展出了50余位青年书法家的百余件书法作品，旨在以书法形式表达传统经典文学。参展书家及作品皆由展览学术专家组经民主推荐和无记名投票方式在全国范围内遴选而出。展览开幕当日，举行了由中国美术馆主办的艺术沙龙系列公共教育活动之“书法与文学——中国当代青年书家四人谈”，四位参展青年书家就中国传统书法与文

“翰墨传承”——中国美术馆当代书法邀请展（2016）

学之间的紧密联系，与现场公众进行了互动交流。

（黎　明）

【“京华墨韵”——第十八届北京书法篆刻精品展】 10月12日—16日，作为每两年举办一届的北京书协自主品牌性展览，由市文联、北京书协共同主办的“京华墨韵”——第十八届北京书法篆刻精品展在国艺美术馆举办。该届展览展出的近300件书法篆刻作品是从来自各省、市、自治区、直辖市及多个国家和地区的近2000件应征稿件中遴选出来的。参展作品主题鲜明、内容丰富、风格多样，从不同角度讴歌了中国共产党艰辛探索的光辉历程，歌颂改革开放以来祖国各项事业所取得的丰硕成果，展现了近年来作者们不断提高的艺术创作水平和首都书法事业的持续繁荣发展。

（黎　明）

【“大美京郊”——第七届北京·美丽乡村书法艺术展】 10月18日—21日，由市文联、北京书协主办的“大美京郊”——第七届北京·美丽乡村书法艺术展在国艺美术馆举办。展览展出了京郊10个区县的书协会员和书法爱好者创作的书法作品150余幅。由评委会从征集到的大量投稿中评选出来的入展作品，形式多样、风格各异，多以歌颂乡村壮丽山川、悠久历史、地域文化和生产生活为内容。展览还同时展出了特邀北京书协顾问、部分主席团成员的书法作品14幅。

（黎　明）

【“翰墨凝香”——北京第二届女书法家作品展】 11月18日—22日，由市文联与北京书协主办的“翰墨凝香”——北京第二届女书法家作品展在国艺美术馆举办。展览展出了从广泛征集到的200余件投稿中遴选出的作品95件，以及特邀北京书协主席团成员的作品7件。参展作品内容丰富，既有庆祝中国共产党成立95周年、红军长征胜利80周年的诗词，也有为人们耳熟能详的古今诗文，风格各异、形式多样。

（黎　明）

【2016中国国家画院年展书法篆刻院作品展】 12月11日—18日，“写意中国”——2016中国国家画院年展书法篆刻院作品展在中国国家画院美术馆举办。该展展出了中国国家画院书法篆刻院研究员队伍一年来的书法创作200余幅。展出作品体现出书家们在坚持书法、篆刻传统本体性的同时，对书法、篆刻与美术的相互影响以及书法、篆刻的当代性和多元化的探索。

（黎　明）

活　动

【送欢乐下基层慰问笔会】 1月27日，由北京市文联、北京书协、北京民协主办的“迎新春送祝福，送欢乐下基层”第七场慰问笔会在密云区北庄乡举行。北京书协的领导和书法家参加了此次慰问活动。共为村民们书写春联700余副、“福”字800余个。

【北京杏坛美术馆第一期书法高研班结业展】 6月18日—27日，“问道杏坛”——北京杏坛美术馆第一期书法高研班结业展在北京杏坛美术馆举

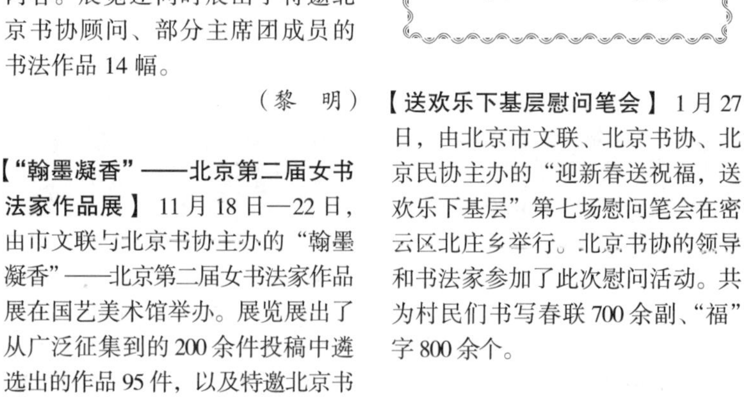

北京书协的书法家为村民书写春联和“福”字

办。该展览展出的近70件作品出自该高研班10名教师和20名学员之手。

（张燕鹰）

【“刀笔纵横”现代刻字艺术大讲堂】 9月11日，由北京市文联、丰台区文联主办，北京书协、丰台书协承办的“刀笔纵横”现代刻字艺术大讲堂首讲在北京市文联小剧场举办，主讲人为中国书协刻字艺术委员会副主任王志安。王志安详细阐述了日本、韩国、中国刻字艺术存在的差异和今后的发展方向，图文并茂地就现代刻字的载体、形式与内容、题材、文学内容、立意、形式构思等要素进行了重点剖析。北京书协成员以及刻字爱好者百余人参加。

（张燕鹰）

【2016扶贫日书法名家邀请展】 10月28日—11月2日，由国务院扶贫办、中国文联和中国书协主办的“2016扶贫日书法名家邀请展”在炎黄艺术馆举办。展览展出了沈鹏、张海、苏士澍、张改琴、胡抗美、陈洪武、张建会、郑晓华、潘文海、张学群、李荣海、林涛、安文丽等十余位著名书法家的111幅作品。展出作品的主题多集中于脱贫攻坚、畅绘小康图景、表达时代精神、颂扬责任担当，内容涉及习近平总书记关于扶贫开发的重要论述以及书家的自作诗文等；书体涵盖了真、草、隶、篆，形式多样，风格各异。该展分为2个展期，第一展期已于10月16日全国脱贫攻坚奖表彰大会期间，在北京会议中心展出。

（黎　明）

评　　奖

【“决胜十三五，全面建小康”全国征联活动】 3月17日，由北京市文联主办、北京楹联学会承办的“决胜十三五，全面建小康”全国征联活动颁奖暨联墨展启动仪式在西城区第一图书馆举行。该活动自2015年12月17日启动，共收到全国各地984人的楹联作品3147副。最终评出金榜作品3副、银榜作品5副、铜榜作品10副、优秀榜作品18副。

（张燕鹰）

【第五届“兰亭杯”北京中小学生书法大赛】 4月23日，由团市委、市教委、市政协教文卫体委员会、市总工会、市委宣传部、市委社工委、首都文明办、市文化局、市文联、市社科联、市少工委、市关工委等12家单位共同举办，北京国学院、北京书法家协会、北京书法院承办，《北京青年报》协办、以“相聚兰亭杯　书写小康梦”为主题的第五届“兰亭杯”北京中小学生书法大赛颁奖仪式暨获奖作品展在北京市史家小学举行。该大赛共征集到全市各区中小学生作品17291件，经北京国学院、北京书法家协会邀请的6位书法家评审，遴选出410幅优秀书法作品，其中一等奖30幅、二等奖60幅、三等奖120幅、优秀奖200幅。

（张燕鹰）

【“中国梦·翰墨朝阳”第二届全国书法大赛】 4月25日，由北京书法家协会、中共北京市朝阳区委宣传部、北京市朝阳区精神文明建设委员会办公室主办，北京市朝阳区文学艺术界联合会、北京市朝阳区书法家协会承办的“中国梦·翰墨朝阳”第二届全国书法大赛活动评审工作结束。该活动收到全国30个省、市、自治区和中国香港、澳门特别行政区，以及美国、加拿大等8个国家参赛作品3000余件，最终评出特等奖3名，一等奖10名，二等奖20名，三等奖30名，优秀奖50名。

（张燕鹰）

【“文化中国·森茂杯”2016全国优秀书法作品展评选活动】 6月7日，由中国文化管理协会书法工作委员会主办的“文化中国·森茂杯”2016全国优秀书法作品展评选活动在北京中国现代文学馆举行。该活动共收到投稿作品13217件。经评审委员会评选，共评出429件入展获奖作品（其中包括金奖作品1件、银奖作品2件、铜奖作品6件、佳作奖作品20件）及入选作品400件，共计829件。

（张燕鹰）

交　　流

【第33届中日名家书法联展】 3月30日—4月3日，由北京日报报业集团和日本白扇书道会联合主办，北京书法家协会支持,《北京晚报》承办的第33届中日名家书法联展在恭王府举办。展览共展出了中国和日本106位书法家的作品。

（张燕鹰）

【张仲亭书国学经典作品展】 4月23日—28日，由中国书协、山东省文联、中国孔子基金会、山东省书协、书法导报社主办的“大道之行”——张仲亭书国学经典作品展在中华世纪坛世界艺术馆举办。展览展出了著名书法家、原山东省书协副主席张仲亭书法作品共108件。展出作品包括各近20米长卷的五千言《论语精华》、五千言《道德经》、五千言《金刚经》等小楷作品，十一条屏《治家格言》、十条屏《师说》、八条屏《岳阳楼记》、四条屏《沁园春·雪》等楷书作品,《望岳》《诫子书》《陋室铭》及唐诗宋词等数十件八尺、六尺、四尺整张的行、楷书作品。

（黎　明）

【安道—北朝佛教摩崖经原拓书法展】 5月26日—6月2日，由山东省东平县文化馆主办，北京建筑大学协办的安道一北朝佛教摩崖经原拓书法展在北京建筑大学举办。该展览共展出安道一及其弟子僧友书写的摩崖拓片共84件。

（张燕鹰）

【喜迎G20·西泠印社文化艺术系列活动】 6月9日—20日，由中共杭州市委宣传部、杭州市文化创意产业办公室、西泠印社、浙江省能源集团共同主办的“喜迎G20·西泠印社文化艺术系列活动”在国家图书馆举行。该系列活动主要有“杭州有约·喜迎G20西泠印社名家精品展”“感悟经典·喜迎G20中国当代名家手札书法邀请展”“名家讲座”3个部分。为该展览专门编撰的《感悟经典·喜迎G20中国当代名人手札书法邀请展作品集》和《中国历代名人名家手札文牍作品集》也于同期出版发行。

（张燕鹰）

【北京东城·河北正定2016年书法创意作品巡展】 7月12日—16日，由中共北京市东城区委宣传部、中共河北省石家庄市委宣传部、北京市东城区文联、中共正定县委宣传部主办的“‘弘扬价值观　同书中国梦’——北京东城·河北正定2016年书法创意作品巡展”在北京国艺美术馆举办。该展览共展出了两地100位书法家艺术风格多样的108幅书法、篆刻作品。该展览7月18日移至河北省正定县展出。

（张燕鹰）

【张德林书法展】 8月2日—10日，由滁州市人民政府、中国国家画院书法篆刻院、安徽省书协、九三学社中央书画院、中国书协展览部、来安县人民政府、滁州市文联等单位联合主办的“自在清和”——张德林书法展在中国美术馆举办。该展展出书法家、中国书协会员、中国国家画院沈鹏书法创研班助教张德林近年创作的书法作品40余幅。展出作品既有丈二榜书，也有盈尺小字，除部分自作诗文外，多涉及儒、释、道传统文化中的经典章句，展示了书家对“书以载道”精神的不懈实践及所达到的“净心”“一门深入”“不忘初心”的精神境界。

（黎　明）

【“京什书缘”书法交流展】 9月13日—23日，由北京市文联、中共什邡市委宣传部、北京书法家协会、什邡市文联主办，北京翰墨清韵文化发展有限公司承办的“京什书缘”书法交流展在北京市文联1层精品展厅举办。该展览是北京市文联开展“种文化、结对子”文艺志愿者服务的具体实践，也是2016首届京什文化交流周活动的延续。展览共展出作品88件，其中，北京书协作品48件，什邡书协作品40件。

（张燕鹰）

【马士达作品展】 9月29日—10月10日，作为2016国家美术作品收藏和捐赠奖励项目，由中国美术馆、江苏省文联共同策划举办的“篆痕印心”——马士达艺术作品展在中国美术馆举办。该展展出了当代著名篆刻艺术家、南京师范大学美术学院副教授马士达（1943—2012）篆刻作品70方，书法作品20幅，捐赠作品45件。马士达的家属将其中一批遗作捐赠给了中国美术馆。

（黎　明）

【章祖安书法展】 10月15日—27日，由中国美术学院、浙江省文联联合主办的“含弘光大”——章祖安书法展在中国国家博物馆举办。该展展出了著名学者型书法家、中国美术学院教授章祖安各个时期创作的代表性书法作品100余副。展览开幕当日，章祖安向中国国家博物馆捐赠了他的2副书法作品，并作了题为“书法与中国传统文化”讲座。

（黎　明）

【王冬龄书法艺术展】 11月6日—14日，由中央美院院长范迪安和中国美院院长许江总策划，中央美院、中国美院、中国书协、杭州市文联、银座美术馆和《诗书画》杂志联合主办的“第三届《诗书画》年度展——道象·王冬龄书法艺术”展览在太庙艺术馆举办。展览展出了著名书法家、中国美院教授王冬龄以“乱书”“壁书”等创新性形式呈现的中华文化经典。展出的主要作品是王冬龄新近创作的大型镜面壁书《易经》，作品全长32米、高3.5米，以白色油漆在不锈钢板面上书写而成；同时展出的还有他近年创作的蝇头小草《道德经》和《庄子·内篇》等10余件草书作品。

（黎　明）

研　　讨

【中韩书法研讨交流会】 8月16日—17日，北京中韩书画家联谊会在其北京怀柔石刻自然风景区创研基地主办了中韩书法研讨交流会。韩国东洋书艺协会副会长廉英锡携其助理千昌永一行，北京中韩书画家联谊会会长赵勇，特聘顾问孙德才、关永兴，副会长陈培伦等书画家参加了研讨交流活动。在该交流会上，韩国书法艺术院院长、北京中韩书画家联谊会特聘顾问叶欣作了题为“中国书法文化在朝鲜、韩国的传播”的专题讲座。中国书法家王国祥、彭一超、王亚洲等分别围绕中国书法、韩国书艺的历史渊源，以及中韩两国汉字书法形式上的异同等主题作了发言。孙德才、陈培伦则从书法在中国绘画中的运用入手，阐述了书画同源的道理，强调学习书法是画好中国画的必由之路。活动期间，中韩两国书画家还开展了多场笔会交流活动，创作了数十幅书画作品。

（张燕鹰）

【2016首届中国古篆艺术论坛】 10月30日，由《收藏投资导刊》主办，北京市西城区文化创意产业促进中心支持，马子恺艺术馆、北京新源

国能集团等单位共同承办的 2016 首届中国古篆艺术论坛在马子恺艺术馆举行。中共北京市西城区委副书记马新明、西城区文化创意产业促进中心主任孟盼、国学艺术家马子恺、作家卞毓方、诗人冯楚、北京大学历史学系历史文化资源研究所副所长徐寒、《中国书法》编辑部主任朱中原、韩国外国语大学中文学院院长孟柱亿、马子恺艺术馆馆长王之忻、中视富邦文化艺术传播机构首席策略官刘东兴、北京新源国能科技集团股份有限公司董事长张旭兵等参加了论坛。与会者围绕“重识・新建——中国古篆当代语境构建与推广”的主题进行了探讨。

（张燕鹰）

【中国现代书法 30 年学术研讨会】 12 月 28 日，由中国国家画院美术研究院主办的“从现代书法到汉字艺术——中国现代书法 30 年学术研讨会”在中国国家画院国展美术中心召开。古干、张晓凌、郑工、朱青生、濮列平、张强、高天民、朱其、付京生、朱虹子、张蕴岭、马晓峰、高岭等来自全国各地的现代书法和汉字艺术研究专家、史论家围绕中国现代书法的历史、成就及对中国艺术的思想性贡献、中国现代书法的问题与思考、在当代国际艺术的新格局下现代书法和汉字艺术的谱系架构及未来发展的可能性等问题进行了讨论。该研讨会既对从现代书法到汉字艺术 30 年发展情况进行了理论总结，又为汉字艺术的发展提供了新思路、新方法。

（张燕鹰）

捐赠 收藏

【言恭达向中国人民革命军事博物馆捐赠书法作品】 1 月 11 日，言恭达向中国人民革命军事博物馆捐赠大草书法长卷《新中国元帅诗选》。该作品长 24.5 米，宽 0.97 米，是作者选取了部分中国人民解放军的元帅们在战争时期和新中国建设时期的诗作而创作的大草书法作品。

（张燕鹰）

【范曾向国家博物馆捐赠书法作品】 3 月 17 日，“范曾著《锦文掇英——学研习近平用典心得》书法作品捐赠暨展览仪式”在中国国家博物馆举办。该次捐赠的作品是在《习近平用典》一书发行后，创作者经过研读，将该书的内容，以诗的语言，概括归纳为 147 件四句短句，并创作出的书法作品。

（张燕鹰）

【乐泉向中国美术馆捐赠书法作品】 4 月 26 日，乐泉书法捐赠仪式在中国美术馆举行。该次捐赠的是《石颂铁山摩崖》节临、《西汉敦煌马因湾木简》节临、北魏《石门铭》节临、抚汉《张迁碑》等 12 件乐泉的书法作品。

（张燕鹰）

【中国人民抗日战争纪念馆获赠《重读抗战家书》书法作品】 7 月 5 日，中宣部宣教局、中国书法家协会在中国人民抗日战争纪念馆举行《重读抗战家书》书法作品捐赠仪式。抗日战争期间，抗战英烈用鲜血和生命写就了一批家书。该次捐赠的是 32 位小楷书家书根据《重读抗战家书》收录的抗战英烈家书所创作品。《重读抗战家书》书法作品由中国人民抗日战争纪念馆永久收藏和展示。

（张燕鹰）

【申万胜向中国人民革命军事博物馆捐赠书法作品】 7 月 12 日，由中国人民革命军事博物馆和中国书法家协会共同主办的著名军旅书法家申万胜书法作品捐赠仪式在军事博物馆展厅举行。该次捐赠的是申万胜创作的《习近平总书记〈在纪念中国人民抗日战争暨世界反法西斯战争胜利 70 周年大会上的讲话〉》《毛泽东主席长征诗词》《长征组歌》3 幅书法作品。

（张燕鹰）

【朱奕龙向中国美术馆捐赠于右任书法作品】 8 月 26 日，朱奕龙捐赠于右任书法作品捐赠仪式在中国美术馆举行。文物出版社出版的《于右任书法全集》中，很多作品都出自朱奕龙的收藏。该次捐赠的是于右任书写的《行书七言联》《草书轴》《行书信札》3 幅书法作品。

（张燕鹰）

纪 念

【纪念红军长征胜利 80 周年军旅书家邀请展】 7 月 26 日—31 日，由中国书协与中国人民革命军事博物馆联合主办的“学长征精神・树清风正气”——纪念红军长征胜利 80 周年军旅书家邀请展在中国人民革命军事博物馆举办。展览展出了李铎、苗培红、卢中南、张坤山、杨明臣、孟世强、丁谦、高军法、王学岭、张继、张维忠、龙开胜、沈一丹和郑小成 14 位老中青军旅书家精心创作的 80 幅作品，向红军长征胜利 80 周年献礼。展出作品包含草、隶、行、楷各类书体，形式、风格多样，涵括长征诗联、军旅诗词等丰富内容。李铎专门为该展创作了 8 幅作品，并亲自题写了展览主题。参展书家还从展出作品中遴选出 43 件，无偿捐赠给中国人民革命军事博物馆收藏。

（黎　明）

摄　　影

【概　况】2016年，众多摄影家把“深入生活、扎根人民”作为自己的使命，在火热生活中汲取力量。一系列摄影文化活动以“深入生活、扎根人民”为主题讲述中国故事。以形式多样、内容丰富的活动将摄影文化渗入基层，也为广大基层摄影人提供了传递正能量的创作方向和展示才华的平台。

2016年是中国摄影家协会成立60周年的一年。在这一年里中国摄影家协会举行了一系列活动和展览。摄影曙光学校、摄影公益讲堂、中青年摄影人才库、“影像丝绸之路”、农民工·我的兄弟姐妹、“中华水塔——大美三江源”等项目，重点服务基层，得到了各界摄影人的好评。2016年，北京摄影家协会完成了市委宣传部及市文联交办的各项重要任务。举办了“相遇·北京”摄影展览、纪念抗日战争胜利70周年“影像：从历史走向未来”在线史实影像展等。1月，北京摄影家协会、中共北京市委农工委宣教中心共同举办了“聚焦美丽乡村”摄影展。3月，北京摄影家协会召开第五届第八次理事会议，通过了北京摄影家协会2015年工作总结和2016年工作计划，号召北京摄影家以摄影人的视角记录首都的发展与变革，展示北京的文化精髓与时代风貌，续写首都精彩。4月，中国国际照相机械影像器材与技术博览会在北京国家会议中心举行。5月，第三届全国摄影大展举行。7月，由北京市文学艺术界联合会、北京市人民对外友好协会、北京摄影家协会联合举办的北京专题图片展览在英国伦敦南岸大学示范孔子学院展出。8月，由北京市文学艺术界联合会、北京摄影家协会等主办了第28届中国华北摄影艺术展。9月，中国摄影最高奖金像奖获奖者摄影作品展暨第二届北京摄影艺术大展展出。10月，由中华人民共和国文化部、北京市人民政府共同主办的北京国际摄影周2016开幕式在中华世纪坛举行。11月，由中国文学艺术界联合会、中共北京市委宣传部、中国摄影家协会共同主办的第十一届中国摄影艺术节在怀柔区的国际会展中心开幕。12月，中国国际摄影双年展在北京奥林匹克公园水立方艺水空间展出。

2016年，是中国摄影家权益保护史上重要的一年。4月，中国摄影著作权协会发布了“百万稿酬分配”公告，成为中国历史上教科书摄影作品稿酬的第一次集体分配。

2016年，中国摄影人以各自不同的方式为行业发展做出了各自的贡献。在全民摄影时代和互联网大潮的冲击下，摄影行业的未来充满了丰富的可能性。

机　　构

【水利老摄影家协会】4月7日，水利老摄影家协会（以下简称水利老摄协）成立大会在北京举行。水利部离退休干部局局长、党委书记凌先有出席会议并讲话，党委副书记邢志勇对2016年水利老摄协工作进行了安排部署，副局长巫明强主持会议，中国水利摄影家协会秘书长孙秀蕊出席会议。大会审议并通过了《水利老摄影家协会章程》，选举产生了水利老摄影家协会第一届理事会理事、常务理事。大会选举凌先有为水利老摄影家协会名誉主席，邢志勇为主席，巫明强为常务副主席，李进、展彤为副主席。长江水利委员会、黄河水利委员会在会上介绍了组织老同志开展摄影活动的经验。

（吴赣生）

【童心摄影俱乐部】5月31日，“天使之眼”——童心摄影俱乐部在首都师范大学附属小学童心剧场揭牌。参加揭牌仪式的有首师大附小摄影社团的同学、部分学生家长代表，还有首都师范大学附属小学副校长李晓辉，北京电影学院摄影学院院长宋靖，童心摄影俱乐部发起人、首都师范大学附属小学美术组组长边世燕老师，天使之眼公益项目发起人、上德大象文创集团董事长王晓东，以及多位各界媒体和嘉宾朋友们。在揭幕仪式上，边世燕和王晓东分别发言，他们感谢大家对他们理念的肯定，阐述了摄影对于孩子美育培养的重要性。首都师范大学附属小学副校长李晓辉表示，俱乐部的成立将鼓励培养孩子们的摄影兴趣。北京电影学院摄影学院院长宋靖则从摄影教育方向分析了摄影学习进入小学课堂的趋势，摄影是美育教育中较容易普及的形式，希望小朋友们能够把自己的所见记录并传播。

（吴赣生）

【北京公益摄影协会成立】 6月19日，北京公益摄影协会在通州区潞河中学礼堂召开成立大会。许洪绪当选主席，刘伟为执行主席，朱宪民、胡颖受聘为名誉主席。协会同步启动了“公益黄河行”创作工程项目和“光影助学工程”，200余名摄影名家和摄影爱好者出席本次活动。公益摄影协会是由热心公益人士和知名摄影家联合志愿发起的，具有独立法人资格的摄影协会，协会的成立得到了各界的大力支持和推动。协会将秉承“自觉、自信、激情、友情、实力、合力”的办会理念，以关爱国家、关爱社会、关爱民生、关爱弱势群体为协会宗旨，通过影像为人民大众服务，为社会公益事业奉献爱心。

（吴赣生）

【北京十一学校青少年摄影教育基地】 7月4日，中国摄影家协会青少年摄影教育基地在北京十一学校宣告成立。中国摄影家协会主席、分党组书记王瑶与北京十一学校校长李希贵共同为教育基地授牌。同时，中国摄影出版社“影像与阅读”书馆入驻十一学校摄影教室。中国摄影家协会多年来始终致力于摄影的普及和基础教育，目前在全国范围内创建了36所摄影曙光学校，相继与北京一零一中学、三里屯小学、北京十一学校共建青少年摄影教育基地，目的就是通过在全国建立起以摄影曙光学校、青少年摄影教育基地为代表的摄影基础教育网络，切实做好青少年的摄影普及和美育教育。

（吴赣生）

【罗红摄影艺术馆开馆】 8月9日，罗红摄影艺术馆举行了开馆仪式，来自全国各地的69个孩子为罗红摄影艺术馆揭幕。罗红摄影艺术馆主要用于收藏和展出罗红的摄影作品，“艺术、自然与未来”是罗红摄影艺术馆的办馆宗旨。8月10日起正式对公众开放，展览展出首批从几十万张作品中精选出来的150幅作品。罗红摄影艺术馆建成历时6年，邀请了澳大利亚建筑设计师、日本室内设计大师、韩国园林世家传人设计主体场馆和园林景观，并邀请了30多位山东传统石艺匠人（最年轻的都有55岁）手工打磨每一块石料，是用真正的工匠精神打造出来的艺术空间。罗红摄影艺术馆位于顺义区杨林出口路，占地面积180亩。

（吴赣生）

展　　览

【朱宪民摄影作品展】 1月1日—15日，由中国艺术研究院主办的朱宪民拍摄的“百姓”系列摄影作品展在国家博物馆展出。展览展出的100余幅摄影作品为摄影家朱宪民所拍摄，“百姓”系列作品拍摄于1963年—2015年。朱宪民是中国摄影史上具有特殊地位和极具影响力的摄影家，他的作品曾在世界各地的十大博物馆展出并被收藏。这次影展是中国艺术研究院举办的“人民形象　中国精神——著名艺术家系列精品展”之首展。

（吴赣生）

【“行走·发现”摄影作品展】 1月7日—25日，由北京电影学院摄影学院主办，北京国艺光影文化传播有限公司、中国国家公园网承办，北京景山公园管理处协办的“行走·发现”——北京电影学院摄影学院2015社会实践师生摄影作品展在景山公园红墙影廊展出。展览展出的44张摄影作品为2014级商业摄影班、图片摄影班、多媒体影像制作班以及在读研究生分别赴贵阳、福建霞浦、阿尔山以及新疆维吾尔自治区等地进行创作拍摄的大量作品中精选出来的。

（吴赣生）

【“2016差距”摄影展】 1月15日—22日，由西城区德胜街道办事处主办，“德胜15’摄影俱乐部”策划并承办的“2016差距”摄影展在西城区文化中心展出。展览展出了近百幅图片，展览还设置了视觉艺术作品专区和手机作品专区，使观众可同时在艺术水平、创作类别、器材手法等几个方面获取到多方位的信息。展览取名“2016差距”，意为发现差距、感知差距、认识差距，从而为提高自身的艺术修养、创作眼界提供思考、学习和发展的空间。

（吴赣生）

【第六届“聚焦美丽乡村”摄影展】 1月15日—22日，由北京摄影家协会、中共北京市委农工委宣教中心共同主办的第六届“聚焦美丽乡村”摄影展在中华世纪坛中心展厅展出。展览展出的116幅（组）摄影作品分为“聚焦美丽乡村”摄影展、“鸟瞰京郊好风光”航拍作品展和历届“聚焦美丽乡村”获奖作品精品回顾展3个板块。中共北京市委农工委、北京美丽乡村联合会、北京市文学艺术家联合会、北京摄影家协会、中国画报协会的相关领导和获奖摄影师出席了开展仪式，并为获奖摄影师颁发证书，向市民赠送作品图册。

（吴赣生）

【国际摄影邀请展】 1月15日—24日，由怀柔区委宣传部、怀柔区文化委员会和中国艺术摄影学会联合主办的“影耀会都·光彩怀柔”国际摄影邀请展在首都博物馆展出。展览展出了115幅摄影作品。作品反映了怀柔区的自然风光、人文景观以及怀柔人民生活状态与精神面貌。“影耀会都·光彩怀柔”国际摄影邀请展是第三届北京怀柔艺术季重要活动之一。

（吴赣生）

【“看·真的·印度”摄影作品展】 1月16日—27日，由《中国摄影家》杂志社、《中国摄影家》南方影像学术研究中心、长安影像中心主办，珠海兰格影艺坊承办，吴晓鹏策展的“看·真的·印度”——蔡焕松摄影作品展在朝阳区惠新北里甲1号中国艺术研究院展出。“看·真的·印度”作品展选自摄影家蔡焕松3年10次走进印度所拍摄的作品，为观众带来了不一样的印度，一个真实的印度。

（吴赣生）

【刘嘉楠摄影展】 1月16日—3月6日，由映艺术中心/映画廊主办，策展人那日松策展的“你好，春节”——刘嘉楠摄影展在798映艺术中心/映画廊展出。展览展出了30余幅刘嘉楠的“春节”系列作品，作品不仅包含了备受舆论争议的照片，而且展示了摄影师在多媒体影像中的崭新实验。

（吴赣生）

【2015平谷摄影艺术精品展】 1月21日—2月5日，由平谷区文学艺术界联合主办，平谷区摄影家协会承办的“桃源镜界”——2015平谷摄影艺术精品展在平谷区博物馆展出。展览展出了129幅以展现平谷美、家乡情为主旨的摄影作品。

（吴赣生）

【“城市·故事”全国主题摄影大展】 1月30日—2月22日，由中国摄影家协会信息资源部主办的中国摄影家协会网站创建15周年暨“城市·故事”全国主题摄影大展在北京龙顺成园龙影廊展出。展览展出的80余幅摄影作品分为“回顾篇”“主题篇”“合作篇”3个篇章。

（吴赣生）

【“你好丰台”摄影展】 1月31日—2月15日，由北京摄影家协会、中共丰台区委宣传部、丰台区文联共同主办，丰台区摄影家协会承办的“你好丰台”摄影展在北京世界花卉大观园展出。展览展出的265幅摄影作品是从600余名作者投送的近万幅作品中精选出来的，作品展示了永定河、卢沟桥、宛平城、长辛店大街、千灵山、青龙湖、北宫、北京西站南广场、莲花池公园、总部基地、丽泽商务区、北京国际露营公园等重点景观，宛平人家、老街人家等人物故事，以及铁人三项赛、彩色跑、彩泥跑等活动的专题创作。北京市文学艺术界联合会、北京摄影家协会和丰台区文联领导以及参赛摄影师和摄影爱好者200余人参加了开幕式。

（吴赣生）

【“北京·年轮”系列影像展】 2月8日—13日，由《北京晚报》官方网站北晚新视觉网与北京吴裕泰茶业有限公司共同主办的“北京·年轮”系列影像展之“北京零零后”在地坛庙会展出。展览展出的百余幅作品以“北京零零后”为主题，用时间轴的方式摘要京城大事，精选市井小情，将北京千禧年以来的发展脉络展现给观众。

（吴赣生）

【全国电力环保主题摄影大展】 3月8日—13日，由中国摄影家协会与华能国际电力股份有限公司摄影协会共同举办，中国摄影出版社承办的“全国电力环保主题摄影大展”公益摄影展览在民族文化宫展览厅展出。展览展出的152幅（组）摄影作品是专家从大展收集到的16500余幅（组）摄影作品中评选出来的。

（吴赣生）

【中国古建筑摄影展】 3月18日—4月17日，由文化部恭王府管理中心、华润雪花啤酒（中国）有限公司、清华大学建筑学院共同举办的“雪花纯生　匠心营造”——中国古建筑摄影展在北京恭王府多福轩展出。展览展出的近百幅中国古建筑摄影作品创作视角对准了“斗拱”这一中国古建筑特有的细部结构，展示出了中国古建筑的艺术和技术之美。

（吴赣生）

【“美丽的苍穹”星空摄影展】 3月26日—4月25日，由中国文化旅游摄影协会、《中国国家天文》杂志主办的图片漂流活动第五期“美丽的苍穹”星空摄影展在丰台区岳各庄671号院展厅展出。展览展出50余幅摄影作品，每幅作品背后都有一个星空摄影发烧友跋山涉水的故事。这些摄影作品令人置身于浩瀚的夜空下，独自观察和冥想，感受地球的渺小、人类的渺小，从而产生对自然、对宇宙的敬畏和景仰。

（吴赣生）

【自闭症儿童公益摄影展】 4月2日，由中艺影像学校、五彩鹿自闭症研究院发起的“公益摄影　公益中国”首届公益摄影论坛暨“孤独的希望”公益摄影展在中艺影像学校展出。展览展出的20余幅摄影作品为从公益摄影家程序历时6年拍摄的100多个自闭症儿童训练、生活的上万张照片中精选出的，作品用摄影语言充分表现了自闭症儿童无法与社会进行交流沟通的特质，让观者对这一特殊群体有了更为直观、深刻的了解和认识，促进社会对自闭症儿童和家庭的包容，并给予持续的关注和帮助。2016年4月2日是第9个“世界自闭症关注日”。

（吴赣生）

【“创建文明城区共享和谐生活”摄影展】 4月7日—5月7日，由怀柔区摄影家协会联合北京世纪兴华医院举办的“创建文明城区共享和谐生活”摄影展在北京世纪兴华医院展出。展览展出摄影作品200余幅。怀柔区文联党组书记、主席王铁瑛，怀柔区摄影家协会主席刘兴，北京世纪兴华医院总经理唐钊伟参加活动。

（吴赣生）

【“爱，不隔阂”公益摄影展】 4月9日—10日，由世界医讯和小象馆联合主办的“爱，不隔阂”公益摄影展在798尤伦斯当代艺术中心展出。展览吸引了200多名儿童报名参加，最终有25名儿童参与拍摄。展出的每张照片上分别标注了从3月1日—25日的空气质量指数，旨在以影像的形式呼吁社会各界关注环境对儿童身心健康的影响。

（吴赣生）

【“撩·动”巫文云个人影展】 4月9日—10日，由北京米扬丽格医疗美容医院、联合丽格医美投资连锁有限公司主办的“撩·动”巫文云个人影展在北京霄云路28号网信大厦展出。展览展出了巫文云拍摄的70余幅摄影作品。展出的作品以四季为主线，包含了亚丁、林芝、富士山的春，仙本那的夏，牛背山、冰原大道、川藏的秋，以及喀纳斯、禾木的冬，将四季通过一名整形医生手中的照相机凸显出来，传达一位整形医生眼中的自然之美。

（吴赣生）

【“北海皇家邮驿”摄影展】 4月25日—5月3日，由北京市劳动模范协会主办，北海公园、《劳动午报》、中国邮政集团公司北京市西城区地安门邮政支局协办的“北海皇家邮驿”活动摄影展在北海公园东岸展出。展览展出的49幅摄影作品分为2个专题，一是摄影师近距离拍摄的一线劳动者的风采，二是北海公园的自然风光、建筑风景、历史文化、优美环境等。

（吴赣生）

【首届中国历史名园摄影作品展】 5月12日—6月11日，由中国公园协会、北京市公园管理中心、北京市旅游行业协会主办，北京摄影家协会协办，颐和园公园管理处承办的“魅力名园　风采中国”首届中国历史名园摄影作品展在颐和园东堤展出。展览以“园林四季”为主题，展出摄影作品200幅。这些摄影作品涵盖了全国40多个历史名园，既有北方的园林，也有江南的私家园林，既有四川巴蜀的园林，也有雪域高原的西藏园林。开幕式当天同时举行了首届作品展颁奖仪式和第二届中国历史名园摄影作品巡展活动启动仪式。

（吴赣生）

【京城古树记忆摄影展】 5月13日—16日，由《中国安全生产报》《中国煤炭报》主办的“城市木碑”——京城古树记忆摄影展在闹市口大街永宁胡同37号展出。展览展出了有关北京古树的70余张摄影作品，这些作品由《中国煤炭报》摄影记者张洁使用红外线相机拍摄。

（吴赣生）

【“生于80年代”——卢北峰摄影展】 5月28日—6月11日，由策展人那日松策展的“生于80年代”——卢北峰摄影展在北京798艺术园区映画廊展出。展览展出了50幅由卢北峰拍摄的生于80年代的年轻人肖像，这些照片拍摄于2010年，这一年对于“80后”这一群体而言有着特别的意义——他们刚好介于21岁至30岁，是在北京各行各业工作、学习和生活的特殊群体。

（吴赣生）

【北京外国语大学师生摄影作品收藏展】 6月1日，由北京外国语大学国际新闻与传播学院主办，中国特稿社（新华社）、北京外国语大学图书馆协办的“对焦”——北京外国语大学师生优秀摄影作品收藏展在北京外国语大学图书馆一层展览厅展出。展览展出了数十幅优秀摄影作品，参展的摄影家将作品赠予学院永久收藏和展出。参展的17位摄影师都有一个共同的身份——北外人。他们或是北外的毕业生，或是在北外教授摄影的海内外资深从业者，其中多人曾获得国内外重要摄影比赛奖项。

（吴赣生）

【“我看见的世界”摄影作品展】 6月2日—7日，由中国摄影家协会主办，中国摄影家协会教育委员会、中国文联摄影艺术中心展览部、中国文联摄影艺术中心大型活动部（志愿服务部）、中国文联摄影艺术中心教育培训部承办的“我看见的世界”——中国摄影家协会摄影曙光学校摄影作品展在中国文联文艺家之家展览馆展出。该展览分为学生作品区、发展历程区、志愿者风采区和多媒体放映区。学生作品区又分为优秀作品区和习作区。展览展示了摄影曙光学校学生创作的近300幅作品，他们的镜头或对准家里的亲人，或表现家乡的习俗，或捕捉课堂中的生动场景。

（吴赣生）

【“乡土中国”摄影艺术大展】 6月8日—25日，由中国艺术研究院主办，中国摄影家杂志社承办的“乡土中国”摄影艺术大展在中国国家博物馆展出。展览共分为“乡野·乡土”“乡居·乡亲”“乡情·乡庆”“乡音·乡愁”4个篇章，共展出了150多位摄影人的320余幅（组）摄影作品。这些作品涉及社会变革、乡土文化、自然环境、百姓生活的方方面面，反映出中国社会文化的基本特性。

（吴赣生）

【庆祝中国共产党成立95周年摄影展】 7月1日，由中国摄影家协会主办的“聚焦时代　追逐梦想”——庆祝中国共产党成立95周年摄影展在中国摄影家协会48号影廊展出。展览展出的79幅摄影作品展示了在中国共产党领导下中国社会在经济、政治、文化、社会、生态文明建设方面的发展变化，以及有关民生的视觉记忆，展现了中国共产党领导人民追逐梦想的辉煌成就和伟大进程。

（吴赣生）

【“南极日记”纪实摄影个展】 7月8日—17日，叶梓“南极日记”纪实摄影个展在北京市摄影器材城展出。展览展出了摄影作品47幅，多媒体作品若干。除平面摄影作品外，本次展览还将互动型装置艺术、舞台特效、视频、声效与展览主题紧密结合，使观众仿佛身临其境体验到南极探险的震撼。

（吴赣生）

【王宁摄影作品展】 7月16日—28日，由中国摄影家协会图片社主办的王宁摄影作品展在798艺术区中国摄影家协会798影廊展出。展览展出的26幅摄影作品展现了她近年来的创作所得。

（吴赣生）

【99个中国人肖像故事手机摄影展】 7月23日—31日，由专业摄影师社区图虫网主办，华为公司协办的“你好，我的样子”——99个中国人肖像故事手机摄影展在北京798艺术园区尤伦斯艺术中心展出。展览展出了11位摄影师用手机拍摄的99幅肖像作品。这些作品让观众看到了一张张不一样的面孔，更让观众读到了每个人物面孔背后的灵魂。

（吴赣生）

【“镜头中的朝阳·爱在朝阳”摄影展】 7月26日—31日，为纪念中国共产党成立95周年以及红军长征胜利80周年，由中共北京市朝阳区委宣传部、区文明办主办，区文学艺术界联合会、区摄影家协会协办的“镜头中的朝阳·爱在朝阳”摄影展在798艺术区的朝阳美术馆展出。展览展出的147幅摄影作品反映了朝阳区的新景观、新建筑、新面貌、新变化和朝阳区居民的幸福生活。

（吴赣生）

【“寻光觅影　聚焦颐和”摄影展】 8月5日—30日，由颐和园管理处主办的“寻光觅影　聚焦颐和”——2016年颐和园摄影展暨颐和园微摄影团队作品展在颐和园东堤展出。影展共设116块展板，展览展出的二十佳优秀摄影作品（含组照）以及100余幅（组）优秀入围作品是由颐和园微摄影团队和中国网图片中心提交参选，并由中国摄影家协会专业评委对1000余张参选图片进行综合评审评选出来的。

（吴赣生）

【东城区2016年摄影艺术作品展】 8月12日—17日，由东城区文学艺术界联合会、建国门街道工委、办事处主办，东城区摄影家协会、建国门街道文联承办的“大美北京　文化东城”——东城区2016年摄影艺术作品展在恒基商城展出。展览展出的120幅摄影作品从多方面展示了东城区“创新、协调、绿色、开放、共享”的精神风貌，也展示了东城区的自然和人文景观。

（吴赣生）

【“看山见雨”个人摄影作品展】 8月13日—23日，由中国摄影家协会图片社主办的“看山见雨”——叶文龙个人摄影作品展在798艺术区中国摄影家协会画廊展出。展览展出的25幅风光摄影作品分为“空山新雨后”“寻山记”“寻道自然”3组。

（吴赣生）

【第10届中国摄影金像奖获奖者摄影作品展】 8月25日—9月2日，由中国文学艺术界联合会、中国摄影家协会主办，中华世纪坛艺术馆、中国摄影展览馆承办的第10届中国摄影金像奖获奖者摄影作品展在中华世纪坛摄影展览馆展出。展览展出了16位摄影金像奖获奖作者的160幅摄影作品。

（吴赣生）

【“情系雪域高原”摄影作品展】 9月6日—20日，由中国摄影展览馆主办，摄影评论家雨宬策展的“情系雪域高原”金长旭摄影作品展在中华世纪坛展出。展览展出了金长旭80余幅摄自西藏自治区的人物、风光摄影作品，其中3幅作品被中

第10届摄影金像奖获奖者摄影作品展

国摄影展览馆收藏。展览同名画册也已正式出版。

（吴赣生）

【中国照相馆进京60年图片展】 9月15日—10月15日，由中国照相馆主办的“光影流年·瞬间永恒”——中国照相馆进京60年图片展在王府井步行街展出。1956年9月25日，中国照相馆响应政府号召由上海迁至北京，在周恩来总理的亲自安排下落户王府井。60年间，中国照相馆的摄影作品既是文化现象的缩影，又是摄影师、被摄者与观者心中某种深厚情感的载体。

（吴赣生）

【史民峰摄影艺术作品展】 9月18日—10月26日，由中国摄影画廊、中国摄影家协会教育委员会主办的“家山水”——史民峰摄影艺术作品展在中国摄影画廊展出。该展览共展出了史民峰拍摄的20余幅自然景观作品。

（吴赣生）

【第二届北京摄影艺术大展】 9月23日—28日，由北京市文学艺术界联合会和北京摄影家协会主办的第二届北京摄影艺术大展在首都图书馆展出。该展览分设综合类、北京专题类和个人风格类，展览展出的300幅摄影作品展示了近年来中国经济社会发展、北京城市发展，体现出不同风格摄影艺术家鲜明的创作特色，同时还特别增设了纪念红军长征胜利80周年摄影专区。

（吴赣生）

【京杭大运河再骑行刘世昭摄影展】 9月28日—11月20日，由文化部恭王府管理中心主办，孙旭光与刘世昭担任总策划的“1981—2016京杭大运河再骑行刘世昭摄影展”在恭王府多福轩展出。展览展出了摄影家刘世昭前后35年间两次骑行京杭大运河的百余幅作品。1981年刘世昭沿京杭大运河骑行采访，用相机记录并再现了改革开放后京杭大运河的面貌。2016年，68岁的刘世昭从恭王府出发，沿大运河骑行2100多公里，直至浙江省杭州市的拱宸桥，全程记录了大运河两岸在35年间的人文、历史、农业、经济等方面发生的巨大变迁。

（吴赣生）

【2016“欢乐春节”活动摄影展】 9月29日—10月9日，由文化部对外文化联络局主办，中外文化交流中心承办的“欢乐春节　五洲同庆”2016“欢乐春节”活动摄影展在中国美术馆展出。展览展出了百余幅来自亚洲、欧洲、非洲、美洲和大洋洲各国举办庆祝中国春节活动的现场照片，展现了这一凝聚中国人情感与文化传统的重要节日在五大洲落地生根的真实情景以及中外文化交流的盛况。

（吴赣生）

【“记录崇高精神，凝聚闪光力量”摄影展】 10月15日—23日，由中国文学艺术界联合会、中国摄影家协会主办，中国文联摄影艺术中心、信息资源部承办的“记录崇高精神，凝聚闪光力量”——庆祝中国共产党成立95周年和纪念中国工农红军长征胜利80周年主题摄影展在中华世纪坛展出。展览展出了近200幅摄影作品，不但包括王瑶、王文澜等知名摄影家和青年摄影师深入基层采风创作的优秀作品，还包括主办方通过互联网、微信等形式，围绕展览主题面向社会征集的优秀摄影作品。展览通过影像的形式，再现了革命先辈走过的路，真实记录了今天的人们正在以新的姿态生活、工作的真情实景。

（吴赣生）

【“视觉档案古都卷之北京”摄影设计交流展】 10月18日—11月18日，由中国矿业大学（北京）图书馆主办，中国矿业大学（北京）力学与建筑工程学院、北京阿希夫视觉档案工作室承办的“视觉档案古都卷之北京”摄影设计交流展在中国矿业大学（北京）图书馆展出。展览展出的932幅摄影作品是从摄影家刘大庆、刘丹、杨长新、张洪勇、王有忠、赵敦拍摄北京城的3000多张照片中精选出来的，分为紫禁城、园林、胡同、四合院、塔、北京小吃等36个专题。

（吴赣生）

【2016“我爱北京”大栅栏国际摄影展】 10月19日—25日，由北京大栅栏街道工委办事处、西城区文学艺术界联合会、中国摄影师协会、西城区长城影协、广角联盟、美国摄影学会（中国）、长脚鹿旅游摄影联合举办的“老记忆·新生活”——2016“我爱北京”大栅栏国际摄影展在大栅栏西街展出。展览共展出100多幅由中外摄影家和摄影爱好者创作拍摄、反映老北京风土人情的作品。这些作品涵盖了人物、景观、建筑、自然等多个方面，从不同角度展现了北京地区的历史风貌和当代自然风光。

（吴赣生）

【“深入生活、扎根人民”主题实践活动成果摄影展】 10月25日—29日，由中国文学艺术界联合会、中国摄影家协会主办，中国文学艺术界联合会摄影艺术中心承办的“向人民汇报”——“深入生活，扎根人民”主题实践活动成果摄影展在中国文学艺术界联合会中国文艺家之家展览馆展出。展览展出了10位摄影家拍摄的新作品，作者中既有久负盛名的摄影家，也有近年来成绩卓著的后起之秀。展出作品既有抗洪救灾、重走长征路、里约奥运会等重大题材，又有摄影人长期扎根基层记录百姓生活、关注蓝色领土、展示中国“智”造、呈现西部环保等内容的真实画面。

（吴赣生）

【青年纪实摄影师联展】 10月28日—11月11日，由中国文学艺术界联合摄影艺术中心主办，北京摄影函授学院、中国摄协教育委员会承办，中国文学艺术基金会资助的“城记”——青年纪实摄影师联展在中国摄影展览馆展出。展览展出了25位青年摄影师的250余幅摄影作品，参展摄影师多数是全国各地的摄影记者、图片编辑，部分摄影师是荷赛（世界新闻摄影比赛）、华赛（中国国际新闻摄影比赛）、“金镜头”、《国家地理》等摄影大赛热门奖项的获得者，他们各自用自己的摄影作品诠释了对所处城市的洞察和思考。

（吴赣生）

【王彦斌摄影艺术作品展】 11月6日—16日，由摄影家付欣策展的“视觉旅途”——王彦斌摄影艺术作品展在798艺术区中国摄影家协会画廊展出。展览展出的30幅摄影作品，展现了王彦斌近年来的创作所得，也是一次成果展示。

（吴赣生）

【“孙中山与华侨华人”主题图片展】 11月9日—12月8日，由国务院侨务办公室与中国海外交流协会共同主办的“孙中山与华侨华人”主题图片展在国家游泳中心展出。展览展出的75幅图片分为“孙中山的光辉一生”“华侨为革命之母”“继承孙中山遗志”“实现强国之梦”3个部分。

（吴赣生）

【“绿海家园　四季如歌”摄影创作精品展】 11月11日—21日，由门头沟区文学艺术界联合会主办，区摄影家协会、永定河文化博物馆承办的门头沟区“绿海家园　四季如歌”摄影创作精品展在门头沟区永定河文化博物馆展出。展览展出的140幅摄影作品，反映了门头沟区的绿水青山、人文古韵和城乡风貌。

（吴赣生）

【“街拍中国”2016年度摄影师群展】 11月12日—22日，由图虫网主办的，策展人何伊宁策展的“从旁观到介入”——“街拍中国”2016年度摄影师群展暨颁奖典礼在798映艺术中心/映画廊展出。展览展出的140余幅作品出自10位“街拍中国”年度摄影师之手。

（吴赣生）

【2016抗洪纪实摄影展】 11月15日—27日，由中国摄影家协会、水利部精神文明建设指导委员会办公室、中国水利文学艺术协会主办，中国水利摄影家协会、中国水利报社、北京碧水源科技股份有限公司承办的“见证”——2016抗洪纪实摄影展在中华世纪坛展出。摄影展从8月起向全国征稿，共收到参展作品4611件（10561幅），展览展出的120幅摄影作品反映了2016年防汛抗洪中的英勇事迹、救灾场面、备防备汛、重建家园等内容。这些作品真实记录了防汛抗洪的瞬间，描绘了2016年防汛抗洪抢险救灾的历程。

（吴赣生）

【“岛语”摄影作品回顾展】 11月19日—12月4日，由北京星星雨教育研究所、五彩鹿儿童行为矫正中心、北京天真者公益发展中心主办的中国首个“自闭症儿童摄影计划”的“岛语（Echoes of Islands）”摄影作品回顾展在北京山水美术馆展出。展览展出的291幅摄影作品来自北京和杭州的31组自闭症孩子与摄影师们在4个月的首轮“协同创作”过程中所产出的摄影作品，为世界上首支自闭症VR作品及中国首个自闭症VR纪录短片。

（吴赣生）

【京都十五子摄影作品展】 12月3日—5日，由北京市西城区第二文化馆、西城区摄影家协会主办的“共建和谐美好家园”——京都十五子摄影作品展在民族文化宫展出。展览展出了15名京城摄影家拍摄的200余幅优秀摄影作品，这些作品展现了西城区历史文物的深厚底蕴、日新月异的文化生活新风尚、各行各业改革创新新成果、百姓生活的纷纭景象。

（吴赣生）

【2016“休闲胜地·醉美平谷”摄影作品展】 12月9日—18日，由中共平谷区委宣传部主办、平谷区文学艺术界联合会承办、平谷区摄影家协会协办的“桃源镜界”——2016“休闲胜地·醉美平谷”摄影作品展在平谷区博物馆展厅展出。展览展出的120幅摄影作品均为平谷区摄影家协会会员的新作，展现了生态平谷、大美平谷、幸福平谷的独特魅力。

（吴赣生）

【首届中国民族影像志摄影大展】 12月13日—18日，由国家民族事务委员会文化宣传司主办、中国民族博物馆承办的首届中国民族影像志摄影大展在中华世纪坛世界艺术馆一层中心展厅展出。展览展出的20组、366幅摄影作品，是由来自不同民族、不同地域的摄影家，以独特的视角捕捉到的丰富的民族文化特性与真实的生活样貌。展览从2016年5月启动以来，共收到来自全国752名投稿人的1374组作品，照片总计15663幅。所有入展作品作者均受邀参加了在中华世纪坛艺术馆举办的颁奖典礼、论坛及展览开幕式活动。展览期间，首届“中国民族影像志”摄影大展颁奖典礼暨“民族影像志：见证与表达”摄影高层论坛在中华世纪坛多功能厅举办。

（吴赣生）

【朝阳区温榆河、通惠河影像展】 12月13日—20日，由朝阳区文化委员会、朝阳区温榆河生态走廊建设管理委员会主办，朝阳区文化馆、朝阳区文物管理所、朝阳区非物质文化遗产保护中心承办的“流动的河水”——朝阳区温榆河、通惠河影像展在北京亮马桥官舍·会空间展出。展览展出了数百幅21世纪初拍摄的朝阳区温榆河、通惠河的照片，展现了河流沿线地域的历史文化发展脉络。

（吴赣生）

【首届北京街道市民摄影大展】 12月24日—26日，由东城区文学艺术界联合会、北京广角摄影学会和北京市台湾同胞联谊会共同举办的首届北京街道市民摄影大展在前门东大街台湾会馆展出。展览展出了100余幅摄影作品，有来自北京社区百姓摄影爱好者的997幅投稿摄影作品中评选出的75幅获奖作品，还有从在京的台湾同胞拍摄的近60幅作品中选出的34幅作品。该展览旨在弘扬中国精神，凝聚中国力量，特设的“乡思乡伴”摄影展区，为热爱摄影的在京台胞提供了一个专业的交流展示平台。

（吴赣生）

会议　活动

【首届摄影曙光学校青少年摄影教育研讨会】 1月9日，由中国摄影家协会主办，中国摄影家协会教育委员会和北京摄影函授学院承办的首届摄影曙光学校青少年摄影教育研讨会在北京举行。中国摄影家协会教育委员会主任助理张希红，教育委员会委员刘建昌，以及来自广西壮族自治区、黑龙江省、西藏自治区、甘肃省等地的摄影曙光学校代表和摄影志愿者代表参加了研讨会。与会者相互交流中小学生摄影教学经验，探讨青少年摄影教学方法，共同为进一步提升摄影曙光学校教育工作出谋划策。张希红代表中国摄影家协会教育委员会表示，该教育委员会将进一步完善工作方法，给师生们提供更多的交流、展示平台，更好地推动青少年摄影教育的发展。

（吴赣生）

【陈勃摄影七十周年研讨会】 1月19日，由中国摄影家协会主办、中国摄协理论研究部承办的中国摄影研讨会“陈勃摄影七十周年”在北京召开。研讨会围绕逝世不久的中国摄协原顾问陈勃对中国摄影事业发展的贡献、陈勃摄影作品及其人格魅力等话题展开。与会者认为，无论是作为摄影家，还是作为组织工作者；无论对在中国摄协的创建及中国彩色胶片冲洗技术的研发过程中，还是在对国际和对港澳台交流方面；无论是策划新中国成立首个风光摄影作品专题展览，还是九上黄山，身体力行地推动中国摄影事业，多半个世纪的前进过程中，都有陈勃的身影和作为。陈勃夫人丁补天及家属代表，中国摄协主席、分党组书记王瑶，中国文联组联部副巡视员罗江华，中国摄协副主席张桐胜，分党组成员、秘书长高琴，专家代表刘铁生、王秉伦、佟树珩、杨越峦、王保国、潘成、唐东平等，以及中国摄协机关及所属媒体有关负责人等参会。

（吴赣生）

【首都摄影志愿者走进丰台摄影志愿活动】 2月2日，首都摄影志愿者走进丰台摄影志愿活动在丰台区卢沟桥乡郭庄子村举行，北京市文学艺术界联合会及丰台区领导与首都摄影志愿者一起为郭庄子村村民赠送了全家福照片。自2016年元旦开始，北京摄影家协会组织首都摄影名家与丰台摄协骨干十余人组成志愿小分队，深入到丰台区郭庄子村，根据农村地区两节期间的民俗习惯，为“创业之家”“欢乐之家”“书香之家”“孝亲之家”及五保户、军烈属和广大村民群众免费拍摄全家福和生活照100余幅。在活动现场，志愿者们临时搭建了摄影工作室，取景、布光、闲聊家常、调动情绪，为前来拍摄的村民服务。

（吴赣生）

【引汉济渭摄影与水文化思考研讨会】 3月15日，由中国摄影家协会、中国水利摄影协会主办，陕西省引汉济渭工程协调领导小组办公室承办的“水利摄影的现象和特征”——引汉济渭摄影与水文化思考研讨会在水利部机关召开。研讨会以引汉济渭工程的摄影实践为切入点，对水利摄影在经济社会发展中发挥的积极作用以及如何更有效推动行业摄影深入生活、服务基层、服务社会等问题进行了探讨。专家一致认为，《秦岭深处——2015引汉济渭影像》画册以水利行业摄影人为主创队伍，以摄影艺术记录表现重大水利工程，既是新形势下水文化建设的新探索，也是摄影艺术与经济建设的有机结合，为摄影艺术创新提供了典型案例和有益借鉴。中国摄影家协会主席王瑶、中国艺术研究院党委副书记李树峰出席会议并作发言。摄影家、摄影理论家解海龙、周梅生、杨大洲、东哈达、唐东平、黑明、赵迎新、唐东平、晋永权、陈瑾以及水文化专家李宗新等参与研讨。水利部办公厅、文明办、水文局、老干局、宣传中心、中国水利报社、水利文协等单位负责人参加了会议。陕西省水利厅副厅长管黎宏出席并致辞。《秦岭深处——2015引汉济渭影像》画册首发式同步举行。

（吴赣生）

【北京摄影家协会第五届第八次理事会】 3月31日，北京摄影家协会召开第五届第八次理事会议。北京市文联党组书记、常务副主席沈强，市文联党组副书记杜德久，中国摄影家协会组联部主任包旭东，北京摄影家协会主席叶用才，中国电影博物馆党委书记陈志强，北京摄协副主席兼秘书长王越，北京摄协副主席刘英毅、吕小中、何慷民、李英杰、迟玉洁、秦大唐及30余名协会理事参加会议。会议听取并审议通过了北京摄影家协会2015年工作总结和2016年工作计划，并就协会2016年即将举办的第二届北京摄影艺术大展、第二十八届中国华北摄影艺术展和2016年协会将要开展的各项工作展开讨论。与会的主席团成员、理事对将于2016年举办的第二届摄影艺术展的创作方向、征稿范围及组稿方式等问题提出了相关意见和建议，并纷纷就即将举办的第二十八届中国华北摄影艺术展建言献策，齐心协力做好新时期下首都摄影工作。与会理事在发言中纷纷表示，2016年要把好创作关，深入生活、扎根人民，创作出一批反映时代主题，具有北京特色的摄影作品，以摄影人的视角记录首都的发展与变革，展示北京的文化精髓与时代风貌，续写首都精彩。

（吴赣生）

【第十九届中国国际照相机械影像器材与技术博览会】 4月22日—25日，由中国机械工业联合会、中国文化办公设备制造行业协会、中国摄影家协会联合主办的第十九届中国国际照相机械影像器材与技术博览会在北京国家会议中心举行。该届博览会展出面积22000平方米，为世界三大国际影像器材展之一。作为全国最大的摄影器材盛会，其拥有多元化买家资源、专业的产品优势、广阔的产品链覆盖面、全球化推广网络、借力特殊的城市背景及拓宽的市场空间优势，吸引了来自全球各地知名参展商和近9万名专业买家及渠道经销商。

（吴赣生）

【第四届亚洲新闻摄影比赛】 5月30日，由亚洲新闻联盟主办、中国日报社承办的第四届亚洲新闻摄影比赛结果在北京揭晓。该赛事延续“动感亚洲”的主题，共收到亚洲十余个国家近2000位摄影师的作品，来自泰国、印度、波黑和中国的5位专家担任评委。来自马来西亚、孟加拉、中国的8位参评摄影师作品，分别获得突发性新闻、非突发性重大新闻、经济及科技新闻、新闻人物、日常生活新闻、文化及艺术新闻、体育新闻、自然及环保新闻的金奖，另有133幅（组）作品获优秀奖。

（吴赣生）

【“说说摄影收藏的事儿”艺术沙龙】 9月1日，由《艺术商业》主办的“说说摄影收藏的事儿”艺术沙龙在官舍·会空间举行。该活动邀请了北京泰吉轩画廊艺术总监卢骁、策展人石筝、艺术家邬树楠三位嘉宾，他们从各自的专业角度分享了对摄影收藏的理解。他们认为摄影收藏在国内已经受到越来越多的关注，但是，不论是艺术家、藏家还是画廊，都不要太冒进地把金钱利益放在首位，循序渐进地培养一个稳定的市场才能有最终的成功。

（吴赣生）

【“摄影家银行卡”发行】 9月30日，由中国摄影著作权协会和中国工商银行在京举行“摄影家银行卡”的发行仪式。中国摄影界首张专属银行卡的面世是加强知识产权保护、维护文艺工作者合法权益的重要举措，标志着中国摄影版权保护事业站上了新的起点。发行“摄影家银行卡”是中国摄影著作权协会创新会员服务手段的一项新举措，也是保护摄影家版权和资金安全的一次有益尝试。协会将通过此卡向会员转付和分配各种形式的摄影作品稿酬与使用费。此卡除了享有普通工商银行借记卡的功能外，中国摄影著作权协会会员还有在工商银行境内营业网点、自助设备以及在工商银行的网上银行、手机银行进行异地、跨行间的现金存取、转账汇款等免收手续费的优惠。同时工商银行还向会员提供储蓄、理财、贷款、结算和金融资产管理等各类金融服务。

（吴赣生）

【北京国际摄影周2016】 10月15日—23日，由中华人民共和国文化部、北京市人民政府共同主办，中国艺术摄影学会、中国摄影家协会、新华通讯社图片中心、北京歌华文化发展集团联合承办，中华世纪坛艺术馆具体执行的北京国际摄影周2016开幕式在中华世纪坛举行。北京国际摄影周2016以“影像·在场”为主题，推出反映中国社会发展进步的优秀摄影作品展，引进国际知名的摄影节展，通过摄影作品的展示和推介，促进摄影界的交流互动，增强国际视野内的文化沟通与了解。摄影周包括开幕活动、系列展览、摄影讲堂、摄影市场、特约活动5大板块。主体活动以中华世纪坛为主场地，同时覆盖北京主要区县、重点高校等公共文化场所。北京国际摄影周2016推出50余个主题及专题展览。国际展单元包括“欧洲之惑·走进四位摄影大师，浅谈当代欧洲摄影”“中国摄影家协会策展委员会国外联展”“第十二届国际新闻摄影比赛获奖作品展”“巴西历史印记和巴西三部曲影像展”“年度旅行摄影师奖作品回顾展”“珍贵相机收藏展暨法国当代人像精品展”“莱卡展：穿越中国”“身份与美国风景”8个展览，国内展单元包括“大美系列摄影展”“建党95周年暨长征80周年纪念展”“一条从历史深处走出来的路”“中国城市影像志”“意象‘冰天雪地’——大兴安岭冰雪摄影艺术专题展”“意象‘绿水青山’——‘绿色兴安’专题摄影艺术展”“中国黑土地摄影艺术展”“‘生于街头’摄影作品征集展”“蜂鸟：中国面孔”“新华社微影赛”等10余个展览，此外还有摄影市场专题推介的40余个展览。

（吴赣生）

【第十一届中国摄影艺术节】 11月4日—7日，由中国文学艺术界联合会、中共北京市委宣传部、中国摄影家协会共同主办，北京市怀柔区人民政府承办，北京市文学艺术界联合、中共怀柔区委宣传部协办的第十一届中国摄影艺术节暨首届怀柔摄影文化季在怀柔区雁栖湖畔的国际会展中心开幕，第十一届中国摄影金像奖同期颁奖。该届摄影艺术节以“六十华诞　怀初心　影像筑梦创辉煌”为主题，呈现出“突出导向引领”“彰显影像力量”“促进继承创新”“力推新人新作”“探讨未来趋势”“讲好中国故事”六大特色，推出了系列摄影作品展，以及“中国故事：多媒体影像交流会”、“肖像权与纪实摄影”专题论坛、国外摄影名家讲座、金像论坛、金像奖评委面对面、中外青年摄影师多媒体幻灯演示会、“面对面”中国摄影家协会名家讲堂等学术交流活动，集中展示了中国摄影创作和学术发展的前沿成果。该摄影艺术节期间，还举办了以“传承与创新”为主题的纪念中国摄影家协会成立60周年研讨会。开幕式上，中国摄影家协会授予北京市怀柔区“中国摄影之乡”称号，中国摄影家协会主席、分党组书记王瑶向中共怀柔区委书记齐静颁发了“中国摄影之乡”铭牌。

（吴赣生）

【“摄影之外”——中青年人才培训班】 12月21日—28日，由中国摄影家协会主办，中国文学艺术基金会支持，北京摄影函授学院、北京电影学院摄影学院、中国摄影家协会摄影教育委员会承办的“摄影之外”——中青年人才培训班在中国摄影家协会举办。参加该培训班的15名学员是来自全国各地的高校摄影老师、媒体记者、摄影工作者、自由摄影师等。该培训班的课程覆盖文学、艺术、传播等，授课老师为来自摄影、文史、美术史学、音乐、电影、新闻传播、传统文化等多个领域的知名专家。

（吴赣生）

研　讨

【张印泉摄影研讨会】 4月23日，由中国摄影杂志社与河北省摄影家协会共同主办的“南郎北张”——张印泉摄影研讨会在北京国投财富广场天山集团举行。研讨会从学术上对张印泉的摄影价值及其生活经历进行研究，对这位有重要影响的摄影家给予更深层次的了解与新的发现，为20世纪初至中叶，中国摄影的发展历程提供了真切的佐证。作为摄影家，张印泉在艺术造诣上与郎静山齐名，被誉为“南郎北张”。其作品多次在国际沙龙摄影比赛中入展、获奖，成为享誉海内外的“摄影艺术家”。张印泉系河北唐山丰润人，毕业于北京国立法政大学经济系。中华人民共和国建立后，他历任新闻总署摄影局和新华通讯社摄影部研究员，中国文联第三届委员，中国摄影学会第一、二届副主席，中国摄影杂志编委。张印泉不仅是一位摄影艺术家，还是一位摄影技术专家，他自己设计、制作了多种摄影器材，出版了多部学术著作。

（吴赣生）

【中国摄影留学生学术研讨会暨作品展】 4月24日—6月10日，由中国摄影杂志社与文化部恭王府管理中心共同主办，影像东方承办的“摄影留学后”——中国摄影留学生学术研讨会暨作品展在北京恭王府举办。活动吸引了近百名摄影家、学者，他们中的大部分成员都曾在海外留学。研讨会还邀请了曾在英、法、德、美、日等国家留学的中国摄影师，通过选取老、中、青三代摄影留学生的摄影作品以及他们在国外的所见所闻，来呈现国内外近现代社会、历史、人文以及中国摄影生态的繁衍、发展和变迁。学术研讨会也通过分析摄影留学对中国摄影教育发展的启示，更深层次地探讨摄影留学对中国摄影的影响，力图勾勒出一百多年来中国摄影留学历史的大体轮廓，从中看到不同时期的摄影文化、教育、历史、流派和中外摄影理念的差异等。展览展出了60余幅摄影作品。

（吴赣生）

【摄影译文研讨会】 6月25日，由中国摄影杂志社主办的摄影译文研讨会在中国摄影家协会召开，来自全国各地翻译界、摄影界及两界双跨的诸多近百人参会。研讨会共有14位专家与学者作主题发言。摄影翻译学界老前辈魏学礼给当下摄影译文提出了几条建议：跟踪最新技术发展，给出恰当的译名并达成共识，对正确的译名进行推广，并且在媒体中使用以及应与影像研究所之类的科技机构合作等。面对各种争议与疑问，研讨会议题除主题发言外，与会者还对近年来国内出版主要译作中的词语翻译问题进行了讨论。

（吴赣生）

【第十六届平遥国际摄影大展可持续发展研讨会】 7月6日，由平遥国际摄影大展组委会和中国摄影杂志社合作举办的“第十六届平遥国际摄影大展可持续发展”研讨会在北京平安府宾馆召开，数十位中国摄影界专家、国内知名策展人、艺术家出席会议。与会者围绕大展可持续发展、地方文化品牌建设机制保障等议题进行了研讨，提出了“文化产业融合发展、专业化提升、资源整合、服务保障”等见解和思路。与会者提出，为进一步发扬优势，补齐短板，不断创新办展理念和思路，提升办展水平，要运用研讨成果指导好2016年的大展和大展未来的战略规划与发展方向，使平遥国际摄影大展不断向更高层次迈进，不断产生新突破、新变化。要坚定传承不中断、标准不降低、探索不止步的信念，坚持大展国际化、专业化、多元化的发展道路，不断延续大展精彩。

（吴赣生）

【高校摄影教育与青年影像研讨会】 9月10日，由中国摄影杂志社和索尼（中国）有限公司主办、视觉（中国）集团协办的“经验与实践”——高校摄影教育与青年影像研讨会暨2016年索尼青年摄影师发展计划启动仪式在中国摄影家协会举办。全国近二十所高校工作在一线的摄影教育工作者和海外专家参会。研讨会共有14位专家与学者作主题发言，他们结合当下高校摄影教育与青年影像实践之间的关系、从摄影教育的海外经验与本土实践、高校摄影教育模式与青年摄影动态的相互作用、高校摄影学生的培养方向以及如何更有效地助推青年学生多渠道发展等多方面进行了广泛探讨。索尼（中国）有限公司消费电子营业本部总裁谢飚表示，2016索尼青年摄影师计划启动在即，“经验与实践”是推进摄影教育和青年影像发展的试金石，索尼将全力支持青年摄影教育与青年摄影师人才发展。专家、学者针对摄影教育的现实状况以及面临的挑战提出建设性的观点，并在研讨过程中摸索对摄影教育发展有价值的经验，为更多的中国青年摄影师搭建更好的平台，推动摄影文化在青年群体中的普及与进步。

（吴赣生）

交　流

【“不一样的东莞”摄影作品展】 2015年12月22日—2016年1月2日，由中共广东省东莞市委、东莞市人民政府主办的“不一样的东莞”摄影作品展在北京中国国家博物馆展出。展览展出的127幅摄影作品分为“历史文化名城”“现代生态都市”“全民运动之城”“国际制造名城”4个篇章，照片呈现出东莞的制造实力、人文魅力、生态动力和运动活力。参展作品中，既有东莞本土摄影爱好者拍摄的关于城市风貌、市民生活的影像，也有中国摄影名家“看”东莞的影像，展览还采用了线上和线下同时进行的展览模式。

（吴赣生）

【“春韵天成　美丽昆明”摄影艺术展】 2015年12月30日—2016年1月4日，由中共北京市朝阳区委宣传部、中共昆明市委宣传部指导，中共昆明市五华区委、昆明市五华区人民政府主办，北京市朝阳区外事办公室、《光明日报》摄影美术部、北京市朝阳区规划艺术馆、昆明市外事侨务办公室、云南红飘山文化传播公司共同协办的“春韵天成　美丽昆明”摄影艺术展在北京市朝阳区规划艺术馆展出。展览展出的300余幅摄影作品是从征集到的4000余幅作品中精心挑选出来的。图片内容涉及海鸥文化、自然风光、城市建设、生活写照、民俗风情等方方面面。

（吴赣生）

【“台湾灯会”旅行摄影展】 1月8日—17日，台湾海峡两岸观光旅游协会北京办事处在北京侨福芳草地举办“台湾灯会”旅行摄影展。展览展出了“璀璨灯海”“12生肖主灯”“台北101跨年烟火秀”等系列的123幅精选作品。

（吴赣生）

【八闽古村落古民居摄影展】 1月9日—19日，由福建省人民政府主办，中共福建省委宣传部、福建省文化厅承办的“派江吻海，山水相依”——八闽古村落古民居摄影展在中国美术馆展出。展览展出了223幅（组）摄影作品以及与非物质文化遗产相关的实物和影像，图片反映的福建省古村落古民居地域文化分为“闽中”“闽东”“闽西”“闽南”“闽北”5个部分，展示了福建古村落古民居保护的成果。

（吴赣生）

【“天路雪之旅·雪场乐之行”摄影交流活动】 1月15日—18日，北京广角摄影学会与张家口市桥东区摄影家协会共同举办了“天路雪之旅·雪场乐之行”摄影交流活动。北京广角学会秘书长赵秋青，常务副秘书长邬晓艳与8名优秀会员前往张家口市，在桥东区摄影家协会孟主席的带领下，到草原天路、崇礼县万龙滑雪场、张家口市大境门、堡子里开展创作交流活动。活动中，会员们交流了严寒天气和雪景拍摄的技法。

（吴赣生）

【摄影家眼中的澳门摄影图片展】 3月3日—15日，由中华文化交流协会、中华全国台湾同乡联谊会、中国摄影家协会共同主办的“印象濠江”——摄影家眼中的澳门摄影图片展在澳门特别行政区驻北京办事处展出。展览展出了11位台湾摄影家、7位澳门摄影家拍摄的85幅摄影作品，题材涵盖了文化、经济、建筑、教育、旅游、民俗等多个领域。

（吴赣生）

【“优美遂宁　‘三城’魅力”摄影展】 3月4日—14日，由四川省旅游局指导，中共四川省遂宁市委对外宣传办公室主办，北京巴蜀书画艺术院、遂宁日报社承办的以“中国梦·新遂宁”为主题的摄影展“优美遂宁　‘三城’魅力”在北京巴蜀书画艺术院展出。展览展出的70余幅图片分别从生态山水城、现代花园城、观音文化城、人文景观城、产业发展城5个方面展示了遂宁城市的本、形、魂、秀、绿，和“三城”相融的独特城市魅力。

（吴赣生）

【麦克·山下“一带一路”摄影展】 3月10日—25日，由华彬文化基金会主办，中华文化促进会摄影专业委员会协办的“丝路之旅”——麦克·山下“一带一路”摄影展全球巡展第一站在北京华彬中心展出。展览展出的百余幅“丝绸之路”摄影作品为美国摄影家麦克·山下拍摄。为了重现马可·波罗和郑和当年的足迹，麦克·山下成为重走陆上和海上古老丝绸之路的首位摄影家。他严格按照史书记载，重走书中有明确记录的地方，给同一场景再次定格，让参观者从图片中看到了古丝绸之路千百年来的自然和人文历史变迁。

（吴赣生）

【林毅凉山公益行摄影展】 3月20日—29日，由上海宋庆龄基金会主办的“山那边”——摄影家林毅凉山公益行摄影展在北京蓝色港湾北京央·美术馆展出。展览展出的100幅摄影作品不仅用镜头记录了孩子们的笑颜，也讲述着他们的梦想。

（吴赣生）

【保罗·卡普尼格罗“直接摄影”原作展】 4月15日—27日，由中国摄影家协会、中国摄影著作权协会主办，包商银行协办的“黑白的冥想”——保罗·卡普尼格罗“直接摄影”原作展在中国美术馆展出。展览展出了美国摄影家保罗·卡普尼格罗（Paul Caponigro）的100幅摄影作品原作，展览试图再现“纯影派”这一重要摄影流派的艺术理念与表达。展览作品自然、真切，给人以美好和思考。这是“直接摄影”流派代表人物保罗·卡普尼格罗首次访华并举办展览。开幕式结束后，保罗·卡普尼格罗在中国美术馆举办了学术讲座，与中国摄影人分享交流他的创作经验和感受。

（吴赣生）

【山东日照旅游风光摄影展】 4月28日—5月5日，由中共山东省日照市委宣传部、日照市旅游局主办，山东广播电视台日照记者站、山东那蓝摄影艺术学校承办的“来王府井看海”——山东日照旅游风光摄影展在北京王府井大街展出。展览展出的百余幅摄影作品以视觉形式展示了日照的自然风光暨日照的“蓝天、碧海、金沙滩”，用镜头见证日照旅游日新月异的变化、人文底蕴以及丰富的旅游资源。

（吴赣生）

【“绿原仙境·巴彦淖尔”全国摄影大展】 5月6日—10日，由内蒙古巴彦淖尔市文化新闻出版广电局、内蒙古巴彦淖尔市旅游局主办，内蒙古巴彦淖尔市民族美术馆、巴彦淖尔市群艺馆、巴彦淖尔市摄影家协会、巴彦淖尔市河套摄影家协会承办的内蒙古“绿原仙境·巴彦淖尔”全国摄影大展在民族文化宫展出。该摄影大展共征集到了来自全国各地的摄影家近9000幅摄影作品，经过专家评选，选出近130幅摄影作品参加该次展览。参展作品展现了巴彦淖尔的风光、人文和历史特色，还展现了独具特色的河套文化和草原文化，以及塞上江南、草原水城的独特景致。

（吴赣生）

【国际野生生物摄影年赛获奖作品展】 5月8日—19日，由北京动物园与野性中国工作室主办的第51届国际野生生物摄影年赛获奖作品展在北京动物园科普馆展出。展览展出了82幅获奖作品，观众可以从中了解世界各地摄影师拍摄的动植物精彩瞬间。

（吴赣生）

【“中国好风光”全国摄影大展】 5月10日—25日，由大众摄影杂志社、中国摄影家协会艺术摄影专业委员会、浙江省宁波市鄞州区横溪镇人民政府、湖南省张家界市武陵源区人民政府、武陵源风景名胜区和国家森林公园管理局、青海省海北州祁连县政府、福建省宁德市蕉城区旅游产业开发建设指挥部共同主办的“中国好风光”全国摄影大展第三届影展开幕式暨第四届影展启动仪式在北京市北海公园举行。展览展出了40余幅展现祖国大好河山的风光作品。

（吴赣生）

【赵羡藻摄影艺术展】 5月13日—25日，由中国美术馆主办的“雪岸闻香”——赵羡藻摄影艺术展在中国美术馆展出。展览展出了美籍华人赵羡藻拍摄的155幅作品，分为山水清音、形式探索、昔我故乡3个部分，作品呈现了艺术家的摄影历程、探索与成就。该次展览后，赵羡藻将自己以风景、香港为题材创作的100幅摄影作品捐赠给中国美术馆，由中国美术馆作永久收藏。展览开幕当天还召开了“赵羡藻摄影艺术研讨会”。

（吴赣生）

【“胴影”吕西安·克莱格人体摄影作品展】 5月15日—6月30日，由泰吉轩画廊举办的“胴影”吕西安·克莱格人体摄影作品展在泰吉轩画廊展出。展览精选了法国摄影家吕西安·克莱格2组具有代表性的作品，一组是1975年和模特Caco在法国南部小镇的丛林中拍摄的人体作品，另一组是他于1975年—1979年拍摄的“城市与人体”系列作品。

（吴赣生）

【中美汽车文化摄影展】 5月18日，由北京汽车博物馆、美国激扬美术学会联合主办，今日美术馆承办的为期5个月的“车轮上的生活”——中美汽车文化摄影展在北京汽车博物馆开幕。摄影展分为“遥远的奇迹”“美国车的金色年华”“车文化——现代生活的起点”“车文化——工业艺术的魅力”及“行走中的中国”5个部分。前4个部分通过5位美国摄影家的150余幅摄影作品，展现了美国汽车逐步走向大众、经历黄金时代、遭遇经济危机和石油危机，再到不断探索创新的百年历史。“行走中的中国”则通过中国摄影爱好者的作品，展现了中国当下的汽车生活图景。该展览一直持续到9月。

（吴赣生）

【海螺沟进首都高校摄影展】 5月31日—6月30日，由四川省甘孜藏族自治州海螺沟景区管理局主办，清华大学摄影协会、北京大学团委、北京林业大学园林学院、北京第二外国语学院旅游管理学院、中央财经大学摄影协会、蜗牛（北京）景区管理有限公司承办的四川省“海螺沟进首都高校摄影展”在清华大学、北京大学、北京林业大学、北京第二外国语学院、中央财经大学等多所北京高校中展出。展览展出的百余幅摄影图片展示了海螺沟四季的自然美景、人文风情、珍稀动植物等。

（吴赣生）

【“蓝色国土　美丽河北”全国海洋摄影展】 6月2日—15日，由河北省国土资源厅（海洋局）、中国海洋报社、河北省摄影家协会联合主办的“蓝色国土　美丽河北”全国海洋摄影展在北京王府井步行街展出。展览展出的近200幅摄影作品是从全国摄影家、摄影爱好者投送的3000多幅参赛照片中经过专家认真评选产生的。这些作品以独特的视角、精彩的画面，多角度、全方位地展现了河北省多彩的海疆风貌。

（吴赣生）

【索尼世界摄影大赛获奖作品展】 6月7日—26日，由世界摄影组织（WPO）主办，索尼集团赞助的2016年索尼世界摄影大赛获奖作品在798艺术区陶瓷三街的“索尼U Space（索尼优空间）”展出。展览展出了近百幅中外摄影家的获奖作品。

（吴赣生）

【“父与子”摄影展】 6月12日—7月10日，由三影堂摄影艺术中心主办的“父与子”摄影展在朝阳区草场地155号A号三影堂摄影艺术中心展出。展览展出了法国纪实摄影师格雷格瓦·果噶诺夫（Gregoire Korganow）拍摄的数十组来自中国、法国、巴西等国家，20岁至80岁的父子半裸肖像照，意在探寻父子之间无须隐藏的温情。

（吴赣生）

【“女人的房间”摄影展】 6月18日—7月17日，台湾摄影家、作家彭怡平的“女人的房间”摄影展在798艺术区七星中街映画廊展出。展览展出的54幅摄影作品以及21部影片为彭怡平个人游历世界的真实体验与对各国家庭生活的观照。

（吴赣生）

【北京专题图片展览】 7月5日—8日，由北京市文学艺术界联合会、北京市人民对外友好协会、北京摄影家协会联合举办的北京专题图片展览在英国伦敦南岸大学示范孔子学院展出。展览展出了由首都摄影家创作的反映北京自然风光、皇家园林、人文风貌等方面的精美摄影作品，从多个视角展示了北京传统韵味与现代时尚相结合的魅力之都风情，为英国民众提供一个了解中国、了解北京的窗口。北京市人民对外友好协会巡视员国爱华、北京摄影家协会主席叶用才、北京摄影家协会驻会副主席兼秘书长王越、中国驻英国大使馆一秘李驰江、新华社伦敦分社记者及伦敦南岸大学师生、伦敦市民200余人参加了开幕仪式。

（吴赣生）

【佩德罗·梅耶尔的摄影作品展】 7月12日—8月19日，由中国美术馆主办的佩德罗·梅耶尔的摄影作品展在中国美术馆展出。展览展出了墨西哥摄影家佩德罗·梅耶尔捐赠给中国美术馆的110幅摄影作品中的部分作品。作品展现了摄影家摄影各阶段的代表作品，从中可以了解他个人艺术风格的形成线索和摄影成就，以及他对墨西哥现代摄影的影响。

（吴赣生）

【南水北调中线工程摄影展】 7月17日—23日，由中共海淀区委宣传部、海淀区文学艺术界联合会、丹江口市文学艺术界联合会、圆明园管理处联合主办，海淀区搜酷摄影家协会、丹江口市摄影家协会承办的“聚焦丹江口·感恩水源地”——南水北调中线工程摄影展在北京市海淀区圆明园正觉寺景区展出。展览展出的100幅摄影作品包括丹江口市摄影家协会提供的70幅作品，及搜酷摄影家协会提供的30幅作品。作品内容涉及移民安置、生态建设、自然风光、风俗人文、环境保护等方面。海淀区政协副主席刘恪，中共丹江口市委常委、宣传部部长周德随，北京摄影家协会主席叶用才，海淀区文联主席苗地，丹江口市文联主席刘长文，圆明园管理处主任李博，海淀区搜酷摄影家协会主席刘继文，丹江口市摄影家协会主席丁家国等领导和嘉宾参加了开幕式。

（吴赣生）

【威廉·埃格斯顿摄影作品展】 7月17日—8月10日，由泰吉轩画廊主办的“消逝·时光”——威廉·埃格斯顿摄影作品展在西城区白云路6号泰吉轩画廊展出。展览展出的13幅作品是被誉为新彩色摄影之父的美国摄影家威廉·埃格斯顿于1966年—1971年拍摄的作品。

（吴赣生）

【第28届中国华北摄影艺术展】 8月30日—9月2日，由北京市文学艺术界联合会、北京摄影家协会、天津市摄影家协会、河北省摄影家协会、山西省摄影家协会、内蒙古自治区摄影家协会共同主办的第28届中国华北摄影艺术展在首都图书馆B座一层展厅展出。展览展出的200幅由华北五省区市摄影工作者创作的摄影作品从不同侧面展现了华北地区优美的自然风光和独特的人文景观、淳朴的民俗民风以及丰硕的经济建设成果。

（吴赣生）

【尹永宏乡村人文纪实摄影展】 8月30日—9月5日，由策展人李泛策展的"乌蒙山"尹永宏乡村人文纪实摄影展在东城区永定门外大街六十四号龙顺成文化园内的北京龙影廊展出。展览展出了摄影家尹永宏精心挑选出的100幅摄影作品，参展作品是从他近5年时间里往返云、贵、川、乌蒙山区拍摄的图片。其中30幅制作成大幅悬挂在墙面上，另外的70幅则制作成书本陈列。影展的主题是"乌蒙山"，记录的是作者家乡乌蒙山区的自然环境、人文遗址、百姓生活、民族风情及传统文化。

（吴赣生）

【"我的嘉陵江"摄影展】 9月4日—17日，由四川省摄影家协会、南充市文学艺术界联合会主办，中国摄影展览馆、中华世纪坛艺术馆承办，策展人陈小波策展的"我的嘉陵江"摄影展在北京中华世纪坛中国摄影展览馆展出。展览展出的68幅摄影作品为四川省南充市乡土摄影家杨麾对准家乡的嘉陵江码头，对准身边的父老乡亲，对准平凡生活，对准社会发展变迁拍摄的作品。

（吴赣生）

【"云南怒江生物多样性"摄影展】 9月4日—10月7日，由云南省怒江傈僳族自治州人民政府、国家林业局保护司主办，云南省怒江傈僳族自治州林业局、云南高黎贡山国家级自然保护区怒江管护局、影像生物调查所（IBE）等单位承办的"云南怒江生物多样性"摄影展在北京动物园科普馆展出。展览展出了61幅云南省怒江珍贵的野生动植物摄影作品。《怒江高黎贡山自然观察手册》首发式在开幕式也于当天同时发行。

（吴赣生）

【"中华水塔·三江源国家公园生态保护成果"摄影展】 9月22日—10月7日，由中共青海省委、青海省人民政府、中国摄影家协会主办，三江源国家公园管理局（筹）、青海省生态保护和建设办公室、青海省摄影家协会和三江源时代影像中心承办的"中华水塔·三江源国家公园生态保护成果"摄影展在中国摄影展览馆展出。展览展出的120幅摄影作品展示了青海省在生态保护上所取得的成就和成果。

（吴赣生）

【陕西府谷赵勇摄影作品晋京展】 10月14日—24日，由中共陕西省府谷县委宣传部主办，府谷县艺术摄影协会承办，县文学艺术联合会、县文体广电局、县转型办协办的"大地画卷"——陕西府谷赵勇摄影作品晋京展在龙影廊展出。展览展出了"轮椅上的摄影师"赵勇的摄影作品30幅。这些作品从不同的视角反映出陕西省府谷县的地理地貌、人文景观，让更多的人认识府谷、走进府谷、了解府谷。

（吴赣生）

【2016中国张家口（国际）摄影大展】 10月18日—25日，由中共河北省委宣传部、省委外宣局、中国艺术摄影学会主办，中共张家口市委、市政府和大众摄影杂志社承办的"大好河山　美丽河北"——2016中国张家口（国际）摄影大展在北京王府井步行街展出。展览展出了国内外摄影家作品260余幅。展出的摄影品分为"自然之美""文化之美""生活之美""冬奥之美"4个章节，图片展示了燕赵大地优美的自然风光、独特的历史文化、良好的宜居环境和浓厚的冬奥氛围等内容。

（吴赣生）

【"农民工·我的兄弟姐妹"摄影展】 10月25日—31日，由中共中央党校图书馆、中国摄影家协会、安徽省文学艺术界联合会、安徽省总工会、安徽省农民工工作领导小组办公室、中国中铁四局集团有限公司联合主办，安徽省摄影家协会、中国中铁四局党委宣传部共同承办,《中国摄影报》协办的"农民工·我的兄弟姐妹"摄影大展获奖精品展览在北京中共中央党校档案馆展出。展览展出的160余幅（组）摄影作品是前两届摄影大展的获奖作品，照片展示了农民工的风采、反映了农民工的生活、描绘了农民工的梦想。

（吴赣生）

【"美丽的罗马尼亚"摄影展】 10月27日—11月27日，由北京罗马尼亚文化中心、中国—罗马尼亚友爱协会主办的"美丽的罗马尼亚"摄影展在罗马尼亚文化中心展出。展览展出的60幅摄影作品为中国前驻罗马尼亚康斯坦察总领事宿彦文和参赞甄淑琴所拍摄，直观的呈现了罗马尼亚美丽的自然风光和独特的风土人情。

（吴赣生）

【中国摄影大师齐观山影像遗珍展启动仪式】 10月29日，由加拿大天辰国际集团与人民文学出版社共同主办，北京大鸾翔宇慈善基金会协办的"开国领袖丰碑"——中国摄影大师齐观山影像遗珍展启动仪式在北京民族文化宫举行。启动式展出了齐观山100多幅摄影作品，时间跨度近30年，再现了毛泽东、刘少奇、周恩来、朱德等老一辈无产阶级革命家的风采。2006年，齐观山被中国摄影家协会授予为中国摄影事业做出杰出贡献的“中国摄影大师”称号，并向其颁发金质奖章。该展览在北京举办启动仪式之后，在苏州首展，后续在国内、国际进行巡展。

（吴赣生）

【周笔畅个人摄影展】 11月18日—20日，由策展人傅拥军策展的“游”周笔畅个人摄影展在798北京悦美术馆展出。展览展出了歌手周笔畅历经400多个小时，飞行40多万公里拍摄的10000多张照片中精选出来的一些照片。这些作品是她游历北极、冰岛、西藏、留尼汪等多个地方记录的影像，有些作品是她在直升机、滑翔伞、悬崖、瀑布中冒险拍摄的。

（吴赣生）

【迪尔曼·克瑞恩铂金印相影像展】 11月26日—12月4日，由中国摄影家协会、中国摄影著作权协会共同主办，包商银行协办的“光之炼金术”——迪尔曼·克瑞恩铂金影像展在中国美术馆展出。展览展出了美国当代铂金影像创作名家迪尔曼·克瑞恩30年来创作生涯的100幅铂金印相作品，铂金印相不仅影像稳定、层次丰富，更呈现出独特的视觉效果。首展当天迪尔曼·克瑞恩出席了开幕式并于当日举办专场学术报告会，与中国摄影人一同见证和分享“铂金印相”的魅力与震撼。

（吴赣生）

【56民族半世纪爱情镜像摄影展】 12月3日—11日，由国家民族事务委员会文化宣传司主办、中国民族博物馆承办的“金婚——林添福”56民族半世纪爱情镜像摄影展在北京中华世纪坛一层中心展厅展出。展览展出了台湾摄影师林添福历时20多年、走遍中国大江南北20多个省区所拍摄的祖国大地上56个民族结婚超过50年的金婚夫妇的摄影作品。国家民族事务委员会原副主任周明甫，文化宣传司副司长钟廷雄，中国民族博物馆馆长顾群，中国摄影家协会顾问朱宪民，中国文联摄影艺术中心副主任、中国摄影家协会信息资源部主任吴砚华与台湾摄影师林添福等领导、嘉宾出席了开幕式。

（吴赣生）

【第四届“包商银行杯”中国国际摄影双年展】 12月17日—22日，由中国艺术研究院中国摄影家杂志社和包商银行主办，作家网和中国摄影家网承办的“乡村——人类永远的家园”——第四届“包商银行杯”中国国际摄影双年展在北京奥林匹克公园水立方艺水空间展出。展览展出了258幅摄影作品，其中包括黛安娜·金斯博瑞策展的国际部分乡土文化的参展作品118幅，国内部分有140余幅。这些作品以全球化视角，涉及乡土风情、乡亲生活、乡恋乡情诸多方面，展现出乡村的自然、自足、自养、自乐的生态文明理念，展示出全球化时代下的乡村家园，也表现出了具有深厚历史情怀的乡土文化。

（吴赣生）

纪　念

【李兰英逝世】 3月4日，原中国女摄影家协会第一届副主席，舞蹈摄影家李兰英在北京逝世。李兰英（1927—2016），生于北京。1947年考入中国大学经济系，学生时期开始业余摄影活动。1949年3月参加革命，在河北正定华北大学学习，后随军南下，加入广西工作团。1951年调至北京，在国际新闻局秘书处工作。1952年，调任《人民画报》摄影记者。之后一直从事摄影工作。曾任中国女摄影家协会第一届副主席及第二、三、四届顾问，中国华侨摄影学会理事，中国老摄影家协会理事，东方国际摄影艺术基金会理事，中国摄影函授学院教学委员等职。她拍摄的大量摄影作品在国内、外报纸杂志发表，多次入选国内、国际大型影展，并被收入摄影画册、摄影年鉴中，出版《李兰英摄影艺术作品集》。作品《画家入画》《影艺结友情》先后获得联合国教科文组织举办的国际影赛大奖及亚洲中心奖,《颐园烟雨》《青春》《旋律》《天鹅湖畔》《林黛玉》等作品分别在国内、国际影赛中获奖。撰有多篇摄影理论文章，刊登于摄影刊物、摄影丛书中，其中《舞台摄影》已被列为摄影专业教材。

（吴赣生）

【林少忠逝世】 6月20日，摄影家、艺术评论家林少忠在北京逝世。林少忠（1924—2016），生于陕西省麟游县，原名李佑麟。20世纪40年代肄业于山东大学英国语言文学系，1948年后在中央外事学校学习、工作。后在北京外国语学院和外交部工作学习到1961年。1961年—1980年，在安徽省文化局工作，后又调到安徽省文物管理局工作。1977年起从事文物古建摄影。1980年调入中国摄影家协会。曾在《国际摄影》《中国摄影》杂志任编辑部主任，于北京电影学院中国摄影学院等高校任客座教授等职。摄影作品曾被中外出版物刊用。曾在印度、加拿大等地举办个人黑白摄影作品展。他曾为《世界知识年鉴》《中国大百科全书》《中国摄影大词典》《ICP摄影百科全书》撰稿、译稿。还撰写、翻译了大量与摄影相关的论文和文章，出版了《消逝的风景线》《取法于上》《摄影诗话》等文集，译著有《摄影构图学》《摄影名作的诞生》等。

（吴赣生）

【沈延太摄影艺术纪念展】 10月29日—11月6日，由世界华人摄影学会、映画廊主办，北京摄影家协会、人民中国杂志社、中国妇女外文期刊社协办，策展人沈佶策展的“逝去的岁月”——沈延太摄影艺术纪念展在798艺术园区映画廊展出。展览展出了沈延太的84幅摄影作品，内容包括长江景象、藏地风土、北京胡同以及美国纪录，还展出了沈延太的生前物品——相机、笔记本、画册等。沈延太（1939—2001），曾任中国摄影家协会常务理事、世界华人摄影学会执行委员、中国当代摄影家学会副主席等职务。其作品在国内外摄影比赛、艺术展中屡获大奖。他曾只身完成长江全程的摄影报道，拍摄长江源头的首批珍贵照片并出版专著《大江影踪》，得名“长江全程摄影第一人”。为抢救即将逝去的北京胡同文化，出版的大型画册《京城胡同留真》成了留给北京的一份珍贵记忆。

（吴赣生）

出版与传播

【《百名摄影师聚焦陕西》画册首发】 3月4日，由中国日报社主办，永洪—特想印象集团、陕西国龙奥星体育设施有限公司协办的《百名摄影师聚焦陕西》画册首发式及作品展览开幕式在北京长安白云酒店举行。画册收录了118位摄影师拍摄的近200幅图片，这些图片展示了陕西悠久的历史文化和陕西人民奋进的精神风貌，表现了改革开放以来陕西的经济发展和社会变迁。

（吴赣生）

【摄影画册《荷花四部曲》出版】 6月，由中华文化促进会出品，长春出版社出版的高占祥摄影画册《荷花四部曲》在北京出版发行。该画册从高占祥数十年拍摄的10余万张荷花作品中精选了1040幅，分为“荷韵”“荷心”“荷曲”“荷魂”4个部分，每部分包含作品260幅。

（吴赣生）

【《百名摄影师聚焦加拿大》画册首发】 10月12日，由中国日报社、加拿大加皇国际教育集团、特想影像集团等单位编辑出版的《百名摄影师聚焦加拿大》画册在北京加拿大国际学校举行了画册首发式。画册收录了中加两国140余位摄影师拍摄的近300幅图片，图片展示了加拿大的人文风情和瑰奇美景。首发仪式上，主办方向加拿大驻华大使馆代办杜欣丽、新不伦瑞克省省长加兰特赠送了《百名摄影师聚焦加拿大》画册。

（吴赣生）

【“影观达茂”新书发布】 10月18日，由中国民族摄影艺术出版社出版，历时3年时间创作、编辑，以图文并茂的形式真实记录内蒙古草原游牧民族朴素生活状态的系列丛书——“影观达茂”在北京中华世纪坛发布。该系列丛书收录了2000余幅照片，并配有30万字文字描述。丛书运用纪实摄影手法，研究选定了民族民俗等8个方面主题，以8册专题图文书的形式出版，包括《马王巴拉图苏和》《两个会唱歌的老人》《温都不令：正在迁徙的村庄》《蒙古族少年的回家之旅》《冬天：缺雪的都荣草原》等作品。每部作品均用丰富的图片和专业性的文字讲述一个或几个草原故事，并回答了一些问题。新书发布会后还召开了此书的研讨会。

（吴赣生）

图书馆

【概　况】2016年是“十三五”规划的开局之年，北京市文化局着力构建公共图书服务配送体系，制定北京市基层图书服务资源整合实施管理办法、基层图书馆（室）书目选配办法及推荐书目等措施，把益民书屋等各类图书资源整合到公共图书馆体系中。2016年，积极推进公共图书资源社会共享，加强图书“一卡通”通借通还服务，提高基层图书服务效能，公共图书馆“一卡通”成员馆达189家。深化“首图讲坛”“阅读之城——市民读书计划”“北京换书大集”等经典文化品牌价值。启动“阅读北京”首都市民阅读系列文化活动，参与度与覆盖率进一步提高，市民的整体阅读水平得到提升。

北京地区高校图书馆围绕资源共建共享这个核心，不断整合优质资源，优化各地资源交流，深化和推广北京地区高校图书馆文献资源保障体系（以下简称BALIS）馆际互借、联合传递、联合数据库应用，开展各种各样的地区教研交流和科研进校园工作，努力开阔专业视野，提高专业素质。开展华北地区京津冀高校图书馆交流合作，拓展社会化服务。北京高校图书馆继续面向北京中小学开放，推进北京高校服务中小学进程。2016年，BALIS管理中心与“国家科技图书文献中心（以下简称NSTL）”签订合作协议，北京地区高校为读者搭建的全方位、纵横交错的文献资源保障体系初步建成。

2016年，北京市图书馆协会医院图书馆专业委员会完成第六届常委会换届选举大会，北京分会的会员单位发展到76家。第六届“书香燕京——北京市中小学阅读指导活动”成功举办，北京市教育技术设备中心聘请教学、教研和图书馆领域的专家，选编了《百家评说　中外经典名著》电子版，发布于“北京市中小学数字图书馆”。通过阅读推荐书目，引导中小学生阅读经典。中国图书馆学会专业图书馆分会在京组织第二届专业图书馆青年论坛、第八届中国图书馆馆长与国际出版社高层对话论坛、2016年中国机构知识库学术研讨会等活动，促进专业图书情报事业发展。

（张小野）

机　　构

【“甲骨文·悦读”公共图书馆开馆】 2月24日，位于北京广内街道的“甲骨文·悦读”公共图书馆正式开馆，阎崇年、张颐武等作家、评论家来到现场与读者分享了他们的阅读心得。这是政府资源和民间力量的一次全新尝试，该图书馆集图书借阅、销售、文化活动于一身，为社区居民营造了良好的读书氛围。“甲骨文·悦读”是广安门内街道办事处与北京市西城区超爱阅读文化传播中心联手打造的图书文化品牌。相比于一般的社区图书馆，专注于阅读推广活动的民间文化公司为这家社区图书馆注入了全新的活力，无论是整体的阅读环境，还是图书的种类和质量都是一次全新的升级。公共图书馆面积640平方米，包括公共借阅区、阅读茶歇区、亲子阅读区、新书推介销售区等。

（张小野）

【“青少年中华传统文化教育基地”授牌仪式】 5月18日，国家典籍博物馆“青少年中华传统文化教育基地”授牌仪式在国家典籍博物馆举行。中国关心下一代工作委员会事业发展中心常务副主任李雷刚，国家图书馆馆长、国家典籍博物馆馆长韩永进，北京石油附小校长肖英等出席活动并分别致辞。中国关心下一代工作委员会事业发展中心向国家典籍博物馆颁发“青少年中华传统文化教育基地”牌匾。国家典籍博物馆依托国家图书馆社会教育职能，努力建好传统文化传播基地和青少年教育基地，让更多中小学生走进典籍博物馆，成为学校教育的有益延伸和重要补充，通过讲座、展览、研讨会等多种形式的课外活动，把中华优秀传统文化的独特创造、价值理念、鲜明特色传授给青少年，让青少年近距离接触和感受中华典籍穿越历史的恒久魅力。

（国家图书馆）

【中国图书馆学会高职院校图书馆分会成立】 5月20日，职业院校图书馆服务创新论坛（2016）暨中国图书馆学会高职院校图书馆分会成立大会在北京举行，来自全国各地高职院校图书馆300余人参加了会议。会上，北京工业职业技术学院校长陈建民致欢迎词；中国图书馆学会秘书长霍瑞娟宣读《中国图书馆学会关于成立第九届理事会高职院校图书馆分会的批复》并讲话，随后为高职院校图书馆分会副主任颁发了聘书；高职院校图书馆分会主任、北京工业职业技术学院图书馆馆长张兆忠为分会委员颁发了聘书并作分会筹备工作报告。分支机构是中国图书馆学会依据图书馆事业在不同领域内形成的工作系统而设立的专门机构，在中国图书馆学会学术交流、行业协调、承接政府转移职能、编译出版和科普阅读等各项工作中发挥了重要作用。

（张小野）

【国家图书馆挂牌全国少儿报刊阅读基地】 5月31日，2016年全国优秀少儿报刊推荐新闻发布会在国家图书馆举行。国家新闻出版广电总局副局长吴尚之、新闻报刊司司长李军、中宣部出版局局长郭义强、国家图书馆副馆长魏大威等出席会议。来自国家新闻出版广电总局、少儿报刊出版单位、北京育民小学以及儿童文学作家、评委代表、新闻媒体80余人参加活动。会上，国家新闻出版广电总局宣布在国家图书馆建立全国少儿报刊阅读基地，吴尚之向国家图书馆授牌，魏大威代表国家图书馆接受牌匾。这是国家图书馆少儿馆获得“全国未成年人思想道德建设工作先进单位”称号后的又一次殊荣。国家新闻出版广电总局还向北京育民小学捐赠了一批优秀少儿报刊，同时，公布了《中国少年报》《儿童文学》《盲童文学》等61种优秀少儿报刊名单。

（国家图书馆）

【北京国际经济贸易资料中心在首图成立】 7月20日，北京国际经济贸易资料中心启动仪式在首都图书馆举行。北京市文化局、北京市贸促会、首都图书馆、北京国际经济贸易学会有关领导出席了启动仪式。中国国际商会、中国国际贸易学会等单位领导出席并见证了揭牌仪式。仪式上，北京市贸促会和首都图书馆双方代表签署了《北京国际经济贸易资料中心共建协议》。北京国际经济贸易资料中心由北京市贸促会、首都图书馆合作共建。双方发挥彼此专业优势，开展长期的资源共享合作，从而有效提升专业文献资源的开放性和可利用性。该资料中心位于首都图书馆B座4层的经济文献借阅区之中。读者在此可以阅览首都图书馆的经贸类文献资源及相关电子资源。该区域内还设置了专业交流咨询室。相关专业人员可通过网站（www.bjicet.cn）预约进入咨询室，查阅国际经贸领域文献及电子资源。随着资源的不断丰富和功能的日趋拓展，资料中心还开展了常态化国际经贸政策及实务咨询服务，举办相关专题知识讲座，为更多有需要的读者开展文化信息资源服务。

（张小野）

【中国汽车图书馆正式揭牌成立】 11月23日，中国汽车技术研究中心（以下简称中汽中心）与国家图书馆合作框架协议签约暨中国汽车图书馆揭牌仪式在天津举行。中国汽车技术研究中心党委书记于凯、副主任高和生、国家图书馆副馆长孙一钢、中国汽车工业咨询委员会主任安庆衡、中国汽车工程学会副秘书长葛松林等领导出席仪式。中汽中心依托国家图书馆丰富的汽车类技术文献馆藏和技术文献获取渠道优势，以“中国汽车图书馆”为平台，继续整合资源，创新发展模式，深挖在汽车类图书、期刊、政策法规、标准、技术情报和战略情报等方面的资源服务能力，提升为汽车产业全产业链提供技术创新文献信息服务的能力。中汽中心图书馆始建于1985年，伴随中汽中心的成长，图书馆藏了大量中外文期刊、图书以及非公开出版的行业内部资料，并与国外相关机构建立友好合作关系，馆藏包括美国、日本、德国、韩国、俄罗斯等汽车领域重点国家的资源文献。

（国家图书馆）

活　　动

·会议与研讨·

【区域联盟建设研讨会暨2016年北京地区高校图书馆馆长交流会】 1月8日，“创新·发展·共享”——区域联盟建设研讨会暨2016年北京地区高校图书馆馆长交流会在京召开。研讨会由北京地区高校图书馆工作委员会（以下简称图工委）主办，图工委委员、BALIS（北京地区高等教育文献保障系统）分中心主任、图研会专委会主任和北京地区高校馆馆长以及厂商代表共计130多人参加。市教委委员黄侃、市教委高教处处长邵文杰、高教处主任科员付兴峰出席会议。高教处新任处长邵文杰宣读因人事变动新调整的第五届图工委委员会组织名单。北京高校图工委秘书长黄朴民作图工委2015年工作总结，归纳总结图工委组织的各项活动和BALIS管理中心及5个分中心、图研会及8个专业委员会一年的成绩与问题，并提出2016年工作方向。报告会后，馆长们围绕高校图工委活动的开展、BALIS资源服务建设如何持续协调发展等问题分组讨论交流。

（魏　微）

【《中华古籍保护计划“十三五”时期规划纲要》编制审议会议】 2月24日，《中华古籍保护计划“十三五”时期规划纲要》编制审议会议在国家图书馆召开。文化部公共文化司副司长陈斌彬、白雪华出席会议并讲话，国家图书馆副馆长、国家古籍保护中心副主任张志清主持会议，省级图书馆馆长和古籍保护专家代表20余人参会。会上，张志清对《中华古籍保护计划“十三五”时期规划纲要》（以下简称《纲要》）编制工作进展及主要内容进行说明，陈斌彬介绍了文化部文化类规划的制定情况及古籍保护工作未来发展趋势。与会专家和各单位负责人结合党中央关于“十三五”时期规划制定的具体要求及自身工作实际，对“中华古籍保护计划”机制完善、资金投入、人才培养、宣传利用等方面进行了细致讨论，特邀参会的上海社会科学院研究员巫志南从国家战略层面对《纲要》文本提出了具体的修改意见与建议。

（国家图书馆）

【北京市图书馆协会医院图书馆专业委员会2016年年会】 4月8日，北京市图书馆协会医院图书馆专业委员会2016年年会暨第六届常委会换届选举大会在北京召开。大会由副主任委员赵京湘馆长主持，主任委员田新玉做了2012—2015年第五届常委会工作汇报，秘书长孟张颖报告了会费使用情况，与会代表审议通过。选举环节由北京友谊医院图书馆馆长吴晓海主持，参会人员76名，正式委员58名，与会委员全票同意选出了新一届常委会。该次年会使与会人员更新了服务理念，开阔了工作思路，得到与会人员的一致好评。一年一度的年会为北京地区医院图书馆同行提供了学术交流的平台，北京分会的会员单位发展到76家。

（吴晓海）

【2016年全国公共图书馆技术部主任会议】 5月11日，2016年度全国公共图书馆技术部主任会议在国家图书馆召开，来自全国图书馆文献缩微复制中心20余家成员馆文献缩微工作的负责同志参加会议。国家图书馆常务副馆长陈力出席开幕式并讲话。会议总结了2015年缩微工作，对2016年缩微工作，尤其是数字缩微建设工作进行了部署和安排；对2015年度缩微工作先进集体、先进管理者和先进个人给予了表彰。会议期间，与会代表参观了全国图书馆文献缩微复制中心数转模和缩微胶片数字化工作间，通过实地考察对国家图书馆的数字缩微建设工作进行深入了解。

（国家图书馆）

【基于社交的图书馆知识空间建设学术研讨会】 5月19日，“基于社交的图书馆知识空间建设学术研讨会”在中国人民大学召开。会议由BALIS管理中心、中国人民大学图书馆联合北京超星集团举办，BALIS管理中心常务副主任中国人民大学图书馆副馆长刘春鸿主持。会议探讨“互联网＋”背景下如何建设新型数字图书馆管理和服务体系，提出以开辟主题阅读、专题服务为核心的图书馆推荐阅读新思路以及未来图书馆的知识空间建设与应用探索。上海交通大学图书馆馆长、中国人民大学、北京航空航天大学的专家教授以及超星公司董事长、副总经理及云舟产品经理发表讲话。来自图书馆业界人士及专家、学者深入探讨与交流，提出基于社交空间的“知识服务空间”建设的新思路和新工具。

（魏　微）

【北京市公共图书馆基层图书服务资源整合工作专题会】 6月8日，北京市公共图书馆基层图书服务资源整合工作专题会在首都图书馆召开，北京市各区公共图书馆馆长参加会议，首都图书馆副馆长陈坚主持会议。会上，首都图书馆副馆长李冠南对北京市基层图书服务资源整合工作基本情况进行介绍，对《北京市基层图书馆服务资源整合实施方案》以及《北京市基层图书服务资源整合实施管理办法（征求意见稿）》进行解读说明。北京市各区公共图书馆馆长对《北京市基层图书服务资源整合实施管理办法（征求意见稿）》以及《北京市基层图书服务资源整合预算方案》提出意见，并就各区的情况对开展基层图书服务资源整合的问题进行讨论。最后，首都图书馆党委书记肖维平就基层图书服务资源整合工作的开展进行交流总结，并给出进一步工作开展的建议。

（张小野）

【“数据驱动知识发现：情报学与数据科学的交互与融汇”国际研讨会】 6月19日—22日，首届“数据驱动知识发现：情报学与数据科学的交互与融汇”国际研讨会在中国科学院文献情报中心举行。会议由中科院文献情报中心主办。国际科学计量学前主席、比利时鲁汶大学教授鲁索，美国印第安纳大学计算与信息学系教授丁颖，文献情报中心研究员张晓林担任共同主席，共有来自美国、加拿大、荷兰、比利时、意大利以及中国大陆与中国台湾地区的90余家机构的370多人参加会议。会议围绕基于大数据和关联数据的知识计算与情报分析的新方法、新工具，支持复杂分析的知识组织基础设施建设，知识分析与计算驱动的科教管理服务实现及决策优化技术等主题进行研讨和交流。

（汪　维）

【全国党校系统图书馆工作会议】 7月19日—20日，全国党校系统图书馆工作会议在中央党校召开。会议主题是深入贯彻落实全国党校工作会议精神，总结与交流党校图书馆工作经验，表彰数字资源建设的先进单位；分析存在的问题与面临的挑战，探讨应对挑战的思路与举措；进一步发挥图书馆在党校教学科研和干部培训工作全局中的重要作用，为党校事业发展做出更大贡献。中央党校常务副校长何毅亭，副校长赵长茂，校委委员罗宗毅、黄宪起，副秘书长冯秋婷，中央党校网络安全与信息化领导小组成员单位负责同志，七部两院负责同志出席会议，48 所副省级以上党校和 4 所地市级党校的校领导及图书馆馆长等 150 人参加会议。会议发布了《关于进一步发挥党校图书馆功能的若干意见》《全国党校系统数字资源建设规划（2016—2020 年）》《党校图书馆工作规程》3 份文件，明确了新形势下党校图书馆建设的基本定位与具体目标，并对图书馆转型发展工作做了整体规划与全面部署。会议还发布了《中共中央党校办公厅关于对全国党校系统图书馆“三大文库”建设获奖单位及项目进行表彰的决定》，表彰了部分先进单位和优秀项目。

（张小野）

【全国古籍普查登记工作调研会议】 8 月 12 日，“全国古籍普查登记工作调研会议”在北京召开，文化部公共文化司副司长陈彬斌，国家图书馆副馆长、国家古籍保护中心副主任张志清及各省、自治区、直辖市古籍保护中心主任参加会议。会上，陈彬斌介绍了古籍普查 2012 年以来的成果，强调古籍普查是整个古籍保护的基础，是传承中华优秀传统文化的基础工程；国家对古籍保护工作很重视，已将“中华古籍保护计划”列入《中华人民共和国国民经济和社会发展第十三个五年规划纲要》的文化重大工程，明确要求“基本完成全国古籍普查工作”。张志清介绍了全国古籍普查登记工作现状。各省级古籍保护中心代表介绍辖区内古籍普查现状、“十三五”期间完成古籍普查登记工作目标及时间规划。该次会议明确要求要集中主要力量，在古籍保护部际联席会议成员单位所涉及的相关行业系统范围内完成书籍普查，除了少数不具备条件的、偏远的民族地区或宗教行业之外，其他应全面完成。据统计，目前已有 1400 余家古籍收藏单位完成古籍普查总量近 200 万条，达到全部古籍藏量的 2/3 以上。

（国家图书馆）

【《古本戏曲丛刊》第六集出版座谈会】 8 月 22 日，《古本戏曲丛刊》第六集出版暨丛刊文献及文化意义座谈会在国家图书馆召开。国家图书馆馆长韩永进与中国社会科学院文学研究所研究员刘跃进共同为《古本戏曲丛刊》第六集揭幕。来自国家新闻出版广电总局、中国社会科学院、中国艺术研究院、国家图书馆、北京大学、中国人民大学、中华书局、人民文学出版社等机构和高校的 40 余位专家、学者参加座谈会。《古本戏曲丛刊》是戏曲作品总集，收集了留存于世的绝大部分戏曲孤本与珍本。《古本戏曲丛刊》第六集由国家古籍保护中心资助，中国社会科学院文学研究所组织编纂，于 2016 年 3 月正式出版。第六集收录了清代顺治到乾隆时期的传奇和戏曲别集 77 种、共计 109 种剧目。所收剧目中，《昊天塔》《埋轮亭》《钟情缘》《百子图》《蟠桃会》等皆为孤本。全书沿用前五集的开本和形态，制作成线装 17 函、180 册。鉴于《古本戏曲丛刊》前四集的出版年代比较久远，印制数量较少，不少图书馆的馆藏已有残损，中国社会科学院文学研究所决定同国家图书馆出版社合作，将前五集以大 32 开精装本的形式重新影印出版，以供广大戏曲爱好者、收藏者收藏、阅读及欣赏。

（国家图书馆）

【《美国埃默里大学神学院图书馆藏中文古籍目录》发布座谈会】 8 月 29 日，《美国埃默里大学神学院图书馆藏中文古籍目录》发布座谈会在中国国家图书馆出版社举行。中国国家图书馆副馆长、国家古籍保护中心副主任张志清出席会议并讲话。来自中国国家图书馆、中国社会科学院历史研究所、北京大学、复旦大学，美国埃默里大学、芝加哥大学、斯坦福大学的相关专家、学者参加会议。《美国埃默里大学神学院图书馆藏中文古籍目录》是国家图书馆（国家古籍保护中心）“海外中华古籍调查暨数字化合作项目”的重要成果之一，不仅有助于国内学者了解北美大学的古籍收藏情况，还有利于海外学者了解中华传统古籍。该目录共一册，包含埃默里大学神学院图书馆藏约 500 种中文古籍与基督教文献的中英文目录，并简要介绍扉页和序、跋等情况。神学院图书馆收藏的中文古籍，内容以介绍中国文化知识为主，其中装帧、印刷、纸墨俱佳的古籍有《古泉汇》《广舆记》《古今说海》和《钦定钱录》等；所藏中文基督教文献，反映了第一次鸦片战争以后基督教文献在中国传播的部分历史情况。

（国家图书馆）

【中图学会公共图书馆分会 2016 年工作会议】 9 月 12 日，中国图书馆学会公共图书馆分会 2016 年工作会议在首都图书馆召开。会议由中图学会主办，中图学会公共图书馆分会、首都图书馆承办。中图学会公共图书馆分会主任、副主任和委员代表，内设专业委员会主任、副主任和委员代表等 60 余人参加会议。北京市文化局副局长庞微、文化部公共文化司处长王晓松、首都图书馆党委书记肖维平出席会议并致辞。中国图书馆学会秘书长霍瑞娟受中国图书馆学会理事长韩永进的委托宣读了贺词。会议由公共图书馆分会副主任委员兼图书馆创新工作委员会主任、上海图书馆党委书记叶汝强主持。下午，与会代表分为两组，就公共图书馆分会和专业委员会未来发展与重点工作进行了广泛而深入的讨论。公共图书馆分会副主任、重庆图书馆馆长、党委书记任竞，分会副主任、辽宁省图书馆馆长王晓雯，分别对两组讨论意见进行了汇报。与会代表普遍认为，要把分会发展成一个行业组织，为承担政府职能打好基础；充分吸纳社会力量参与和支持图书馆的建设与发展；在工作中注重资源和成果共享。与会代表还就图书馆的信息公开、绩效评价、图书馆评估等业务工作和活动开展进行了深入交流。

（张小野）

【北京市公共图书馆馆长工作会】 9月18日，北京市公共图书馆馆长工作会议在首都图书馆召开，市文化局公共文化事业处副调研员张悦、首都图书馆领导及相关人员、各区图书馆馆长及相关人员共计60余人参加会议。会议通报了北京市基层图书服务资源整合工作进展情况，要求各区图书馆高度重视，积极推进基层图书馆（室）的资源整合与服务，完善公共图书馆服务体系建设。会议传达了市财政对转移支付资金管理方面的相关政策。会议部署了“阅读北京 书香盎然”——2016年度首都市民阅读系列文化活动活动，2016年实现“五个一”，即：搭建一个阅读平台，推荐一批优秀图书，组建一支基层“领读者”队伍，打造一个阅读活动品牌，推广一批示范基层图书馆。要对共享工程基层点和数字文化社区服务情况进行督导。会议对Aleph系统（图书馆集成管理系统，由以色列艾利贝斯有限公司开发）转换等工作进行了布置，共同商议系统转换时间表。

（张小野）

【全国建筑院校情报网第二十八届年会】 10月20日，全国建筑院校情报网第二十八届年会在北京建筑大学图书馆召开。来自全国15所建筑院校图书馆的正副馆长、北京高校图工委领导、北京科学技术情报研究所领导、中国建筑图书馆及北京地区高校图书馆相关人员、部分在京数据库公司代表共计60余人参加会议。会议结合“情报网资源共享平台建设”以及“图书馆学科服务”两个主题开展专题交流。全国建筑院校情报网成立于1981年，是由建筑院校及设置此类专业的大专院校组成的学术性协作组织，属住房城乡建设部科技开发司领导，业务上接受住房城乡建设部科技信息研究所的指导。该网的任务是密切结合建筑专业的特点，面向社会主义建设，加强情报工作的理论探讨，交流信息与情报工作经验，组织协作和人员培训，提高各成员单位的情报业务水平，更好地为教学、科研、科技开发和领导决策服务。

（北京建筑工业大学图书馆）

【大学图书馆可持续发展战略学术研讨会】 10月24日，“承接过去、面向未来：大学图书馆可持续发展战略”学术研讨会在清华大学图书馆北馆（李文正馆）举办。清华大学图书馆馆长邓景康以“薪火相传，砥砺前行”为题做主旨发言，介绍清华大学图书馆的发展历史和现状。北京大学图书馆馆长朱强、上海交通大学图书馆馆长陈进、浙江大学图书馆副馆长黄晨、武汉大学图书馆馆长王新才、中山大学图书馆副馆长林明、东北师范大学图书馆馆长刘万国等在会上做主题演讲。

（清华大学图书馆）

【京津冀图书馆发展合作研讨会】 12月9日，京津冀图书馆发展合作研讨会在首都图书馆召开，会议旨在进一步落实《京津冀协同发展规划纲要》和《京津冀三地文化领域协同发展战略框架协议》，推动京津冀图书馆联盟持续有序发展。首都图书馆、天津图书馆、河北省图书馆以及三省市相关代表，国家图书馆馆长助理、研究院院长汪东波，北京市图书馆协会理事长倪晓建、北京大学信息管理系主任李广建40余人参加会议。首图党委书记肖维平回顾了京津冀图书馆联盟成立以来的主要工作进展，天津图书馆馆长李培、河北省图书馆馆长李勇、首都图书馆副馆长邓菊英分别汇报了各馆的“十三五”规划，并结合馆情特色就京津冀图书馆联盟2017年重点工作给出了规划和意见。在该次会议的研讨环节里，大家一致认为京津冀图书馆联盟是国家重大战略背景下的联盟，它的建设发展应该为服务区域经济社会发展为主要目标。

（张小野）

【北京市教育学会中小学教育文献信息研究会2016学术年会】 12月21日，北京市教育学会中小学教育文献信息研究会2016学术年会在北京教育学院召开。北京教育学院副院长徐宝力、研究会常务理事邢素丽以及来自北京市部分区县装备部门和中小学图书馆教师代表参加了会议。徐宝力围绕北京市中小学数字图书馆的建设及对研究会的工作给予了充分肯定，勉励中小学图书馆老师结合北京基础教育改革，发挥学校图书馆的作用，把研究会越办越好。邢素丽做了2016年度研究会的工作总结以及2017年的工作要点的报告，并宣布研究会征文评审结果以及评审情况。育英学校老师俞海霞和万方中小学数字图书馆的代表分别作了题为“创新中小学图书馆工作思路——从问题中寻求发展策略”和“中小学数字图书馆助力教学研”的专题讲座。

（杨艳萍）

·考 察·

【刘奇葆到国家图书馆调研】 4月8日，中共中央政治局委员、中央书记处书记、中宣部部长刘奇葆到国家图书馆调研，强调要深入学习贯彻习近平总书记关于传承弘扬优秀传统文化的重要指示精神，坚守中华文化立场，秉持客观科学礼敬的态度，坚持创造性转化、创新性发展，用时代精神激活优秀传统文化生命力，推动中华文化现代化。刘奇葆在国家图书馆考察了传统文化典籍保护和普及工作，参观了近年来出版的优秀图书和出版“走出去”精品展，了解了数字阅读情况，并与专家、学者进行深入交流。

（国家图书馆）

·讲座与论坛·

【2016年度“乡土课堂”正式开讲】 1月2日，2016年度“乡土课堂”开讲仪式暨新闻发布会在首都图书馆举行。北京史研究会会长李建平、北京史研究会秘书长张蒙、北京史研究会理事袁长平、首都图书馆馆长常林和副馆长陈坚出席开讲仪式。开讲仪式上，陈坚总结了2015年“乡土课堂”所取得的成果。李建平发布了2016年“乡土课堂”讲座计划，其中，“北京绿色发展”和“寻访皇家艺术”是2016年“乡土课堂”推出的两大系列讲座。为了增添北京特色，首都图书馆邀请老北京叫卖艺术团表演情景剧《五行八作老北京》，向观众们再现京城传统的街头叫卖情景。在浓浓的京味气息中，袁长平以题为“天人合璧之奇葩”——品读香山永安寺的造园艺术讲座，拉开2016年“乡土课堂”首讲序幕。

（张小野）

【第五届图书馆资源建设学术交流论坛】 1月7日，第五届图书馆资源建设学术交流论坛在北京召开。论坛由中国出版协会、中国书刊发行业协会图书馆馆配工作委员会、社会科学文献出版社和BALIS资源协调中心主办，北京大学图书馆协办。论坛以“出版社融合发展与图书馆资源建设”为主题，来自全国部分地区的图书馆、馆配商、出版社代表300余人参加论坛。中国出版协会常务副理事长、中国图书评论学会会长邬书林出席论坛并讲话。与会人士认为，虽然目前整体上图书馆图书采购比例下降、采购副本量减少，但图书出版品种数在增长，收藏价值仍在，馆配市场规模仍然在增长并会维持一段时间，纸质图书仍有生存和发展空间。图书馆的电子资源采购的大部分是国外资源，剩下的配额主要是被技术商或平台商占有，而传统出版单位在数字出版能力建设和数字产品供给方面正在阔步发展。

（张小野）

【首届北京大学“数字人文论坛”】 5月21日，主题为“跨界与融合：全球视野下的数字人文”的首届北京大学“数字人文论坛”在北京大学图书馆学术报告厅举行。论坛由北京大学图书馆联合哈佛大学中国历代人物传记资料库（China Biographical Database，简称CBDB）项目和北京大学数字人文建设与发展研究课题组共同举办。来自国内外语言、文学、历史、艺术、信息技术、图书情报等多个领域的150多位专家、学者及学生参加论坛。论坛由北京大学图书馆馆长朱强、副馆长聂华共同主持。报告讨论全球视野下数字人文相关概念、内涵与当下议题，回顾欧美国家和中国国内高校数字人文建设发展最新动态与经典案例。与会者围绕论坛的主题，针对“语言学与文本处理、知识探索”“史学与大规模史料的深度挖掘”“数据可视化呈现与人文艺术”等数字人文专业研究领域展开讨论，从不同的学科角度出发，阐述数字人文研究范式演进、技术应用、合作机制和人才培养等方面的思考及观点，并对图书馆在馆藏数字化和文本化、数据挖掘与知识组织、促进多方合作和融合等方面所承担的责任及发挥的作用给予期待。

（北京大学图书馆）

【2016年中国科学院知识服务资源保障高层论坛】 10月14日，“2016年中国科学院知识服务资源保障高层论坛”在北京召开。论坛由中科院文献情报中心主办，以“知识服务的资源保障”为主线，聚焦于“资源组织需求与创新”，全面梳理文献中心“十三五”知识资源保障的发展规划与业务布局，探讨知识资源在发现获取、集成组织、身份认证拓展、移动服务等更广泛领域的创新与发展模式；同时，也就提升中科院科技期刊国际影响力、情报研究数据服务等问题进行深入研讨。此次论坛还分别设置了“编辑培训和期刊出版”“情报服务与合作”“用户需求保障与服务”三个专题分论坛，深入探讨文献中心与资源供应商在以上三个专题领域中的需求和合作。

（汪　维）

【推动信息服务发展创新高层论坛】 10月14日—15日，北京科协第十九届北京科技学术月“推动信息服务发展创新高层论坛”，在北京林业大学图书馆报告厅举行。此次论坛是北京市科协及所属团体，组织首都地区科技工作者围绕一个共同主题，面向国家重大战略需求和首都经济建设主战场、面向科技前沿和学科发展、面向社会和公众开展的一系列国内外学术交流活动之一。专家们作了“互联网时代情报收集、分析与应用”“大数据关键技术与服务创新”“高校图书馆学科服务创新探索”“竞争情报与科技信息服务创新”“精准科技信息与服务”“数字图书馆发展与创新”等专题学术报告，旨在推动北京高校科技信息服务的交流与创新。

（魏　微）

·读者活动·

【北京教育学院图书馆组织开展中小学图书馆课程活动】 1月13日，北京教育学院图书馆馆长邢素丽和总监刘蕴秀分别为来自北京教育学院附属丰台实验学校的近70余名师生讲授了主题为“网络信息资源检索知识”的中小学图书馆课程。课程由信息的一般概念与分类、网络信息资源现状与检索方法、公共搜索引擎与专业数据库的区别、北京市中小学数字图书馆介绍以及网络道德和网络安全知识五个模块构成，为初中生搭建了网络信息资源知识的基本框架。为培养中小学生的图书馆素养，北京教育学院副院长杨志成提出了中小学生“图书馆课程”构想。北京教育学院附属丰台实验学校依据北京市最新颁布的《北京市实施教育部〈义务教育课程设置实施方案〉的课程计划（修订）》试行要求，结合该校“三元全息课程”体系的建构，在北京教育学院专家引领下，经过反复的开发研讨，中学生“图书馆课程”于2016年正式实施。

（刘蕴秀）

【国图全面启动2016年春节系列活动】 1月22日，“同筑中国梦　共度书香年”——国家图书馆春节系列活动新闻发布会在国图公开课演播厅举行。国家图书馆馆长韩永进、常务副馆长陈力，文化部办公厅副主任喻剑南，国家图书馆馆长助理孙一钢以及来自文化部、国家图书馆相关部门负责人、在京主要媒体记者60余人参加活动。该次活动以楹联拜年为主体，重点打造数字资源“大礼包”，通过行业联动、全国联动，将优秀文化资源送到基层、送到百姓身边，共享文化新年，同时举办一系列到馆读者活动以及丰富的在线互动。“大礼包”囊括了7种楹联文化古籍电子书、100副精选楹联、50讲国图公开课、100场社会文化讲座、500条文津经典诵读等数字资源。国图还通过手机门户，官方微博、微信、“掌上国图”、数字图书馆推广工程网站等多种平台开展丰富多样的读者互动活动，同时举办国家典籍博物馆楹联文化展览、国图艺术中心公益晚会、馆长拜年、“猜灯谜”、“春节汉字达人”、“国图春节瞬间摄影大赛”、“春节随手拍微视频大赛”以及少年儿童馆“填福字、写春联、讲故事”等一系列活动，共同烘托出国图贺新春、送祝福，普及传统文化，丰富群众生活的主题。

（国家图书馆）

【2016年“我与中华古籍”创客大赛】 3月15日，2016年“我与中华古籍”创客大赛创意元素征集环节正式启动。该次大赛由国家图书馆（国家古籍保护中心）与中国图书馆学会共同主办，活动分为创意元素征集和大赛两个主环节，大赛环节于4月23日世界读书日前后正式启动。活动旨在培育公众的古籍保护意识，传承中华优秀传统文化，将古籍文化植入当代人的物质生活和精神生活。活动面向全国古籍收藏单位征集创意元素，并引导各地、各系统图书馆和图书馆学会、创客团队、专业艺术院系、广大古籍工作者、设计工作者和社会公众积极利用以上元素，开展文化创意活动。主办方通过网络平台，向全国各图书馆、藏书楼、相关机构和个人征集包括竹简、舆图、古代文化名人钤印、著名典籍、造纸、藏书楼、书法、古籍装帧、篆刻、拓本、修复工具、活字、中医古籍文化、民族文字等在内的多个种类的图片、图案。征集到的元素经评委筛选，最终形成该次大赛的创意元素，参赛人员可免费利用元素进行设计创意，形成参赛作品。大赛环节共设置平面创意、产品创意、多媒体创意和其他创意4个竞赛单元。全国图书馆工作者、古籍保护工作者、专业艺术院系、创客团队、设计专业人员、社会大众和相关单位均可登录中国图书馆学会网站，进入“中国图书馆学会会员管理与服务平台”注册参赛，根据主办方选出的古籍创意元素进行自由设计、创作。通过该次大赛，中国古典文化与当代创客精神完美结合，在全国图书馆界尚属首次，具有开创性意义，对于各地图书馆开展后续文化创意活动具有一定的引领作用。10月26日，大赛共评出获奖作品21件（套），其中，海报类金奖1名、银奖2名、铜奖3名，文化产品类金奖1名、银奖2名、铜奖3名，多媒体类优秀作品奖2名，大赛优秀作品奖7名。

（国家图书馆）

【“文津经典诵读”诗歌吟诵会】 3月21日，“文津经典诵读”诗歌吟诵会在国家图书馆学津堂举办，活动由国家图书馆、《诗刊》共同策划主办。国家图书馆副馆长李虹霖出席活动。该次活动旨在弘扬中国传统，展现世界经典，在全球范围内推广诗歌文化，鼓励诗歌朗诵和创作。吟诵会上，“风雅中国”团队、古琴演奏家黄明康和北京师范大学南山诗社分别用歌唱、古琴等表演形式演绎了《长歌行》《浣溪沙·一曲新词酒一杯》《离骚》《客至》等经典诗篇；3位优秀朗读者被授予“文津经典诵读”志愿者证书，并在现场朗诵了《春江花月夜》《梦游天姥吟留别》等经典名篇；北京语言大学俄罗斯留学生、2014年“汉语桥”全球外国人汉语大会总冠军大卫，北京大学印度留学生魏汉，英国剑桥大学留学生石奥力等分别用双语演绎普希金、泰戈尔、莎士比亚等世界文学巨匠的经典之作。

（国家图书馆）

【“市民学习计划”主题活动】 4月20日—6月20日，首都图书馆、北京各区图书馆联合推出“市民学习计划”主题活动。“市民学习计划”主题活动依托市民学习空间（http://shoutu.xuexi365.com）网络学习平台，鼓励、引导市民运用图书馆数字资源获取所需知识及信息。该平台拥有超过12万集的高等院校专业课、公开课、讲座、访谈等视频资源及大量电子图书、电子期刊等各类学术资源，涉及内容范围包括文学、语言、法律、科技、养生等。市民可根据兴趣或学习目标，将视频、电子图书加入到个人专属学习计划列表，在6月20日前完成相关学习计划，撰写学习体会，并将“学习成果表”提交主办方，即算成功参与该次活动。曾经使用过市民学习空间的老学员也可整理学习成果参与该次活动。活动结束后，依据市民学习成果开展综合评定，最后给予学习效果最佳的前120名市民“超级学神奖”“励志学霸奖”“勤奋学民奖”。

（张小野）

【第六届北京换书大集】 4月22日—23日，第六届北京换书大集开集，1.5万余名读者走进首都图书馆等19家图书馆的换书会场，完成了6万余册书刊的分享、交换。秉承“分享阅读　交换快乐”的宗旨，活动鼓励市民整理、交换个人闲置的图书杂志，让这些图书变得更有力量与价值，在全市推广“分享阅读、快乐阅读、绿色阅读”的阅读理念。该届活动更是会集了全市30家图书馆参与其中，除了首图主会场，还有中国科学院文献情报中心、北京大学图书馆、朝阳区图书馆、海淀区图书馆等18家图书馆作为分会场举办换书活动。商务印书馆、作家出版社、中信出版社等出版机构也为大集免费提供好书用于交换。首都图书馆“阅读之城——市民读书计划”评选出的“2015年请读书目”入围图书以“精品图书交换”的形式参与到大集之中。为了“北京换书大集”这一活动品牌更具公益价值，活动现场还设立“图书捐赠区”，鼓励广大市民捐赠优质图书。主办方对交换大集中剩余的图书进行筛选、整理，并结合捐赠图书一同向山区学校进行捐赠。

（张小野）

【第十一届文津图书奖颁奖暨国图公开课一周年特别活动】 4月23日，“第十一届文津图书奖颁奖暨国图公开课一周年特别活动”在国家图书馆举行。通过揭晓文津图书奖、获奖作者现场讲演等活动，拉近好书与读者、作者与读者之间的距离，倡导和服务全民阅读。该活动同步通过国家图书馆官网、中国新闻网进行网络直播，全国15家省市图书馆通过“数字图书馆推广工程”网络平台开展直播；全国30余家图书馆于同日开展“第十一届文津图书奖获奖及推荐图书展览”。国图公开课一周年特别活动随后举行，国图公开课正式推出《文明的对话》栏目，第一期节目《中埃文化沙龙》上线。《文明的对话》栏目每期以某一国家或某个语言地区为主题，邀请中外两国在政治、经济、文化、科技领域的专家、学者、从业人士和留学生就相关主题开展深入、具体的对话与交流，推动中外文化的交流和发展。为体现“一带一路”中的“互学互鉴”精神，《文明的对话》栏目首期主题国定为埃及，沙龙邀请了中埃两国大使和学者，从中埃古代文明入手，追溯了两个民族辉煌的文化历史和友好的交往历程。国图公开课一周年特别活动“文津图书奖读书分享会”同期举行，包括著者、绘者、译者齐聚国图，该届5种获奖图书的6位获奖作者与现场读者演讲交流，畅谈创作背后的故事。

（国家图书馆）

【国图联合业界开展图书馆公开课世界读书日专题活动】 4月23日，国家图书馆联合全国图书馆共同开展图书馆公开课世界读书日专题活动。此次活动首创联动直播方式，播出内容包括“唐诗兴盛和科举制度”“美是一种拯救”“钢笔绘画技法”等。各地图书馆通过图书馆电子阅览室、大厅屏幕、触摸屏等多种媒体终端播放公开课讲座，观众可自主选择观看内容。它打破了线上线下和地域局限，将全国图书馆的优质公开课资源汇聚一堂，为全国用户打造了一个新型的网络公开课堂。活动把丰富多彩的公开课内容与实时交互的直播方式有机结合，当天即吸引9211人次在线观看。图书馆公开课是国家图书馆联合全国各地图书馆开展的一项创新服务，以“大规模、开放、在线”为理念，建设并共享适合社会公众在线学习、图书馆自有版权的讲座类视频资源。

（国家图书馆）

【2016年北京高校图书馆面向中小学生开放活动启动仪式】 5月4日，“走进大学图书馆，让阅读点亮人生”——2016年北京高校图书馆面向中小学生开放活动启动仪式在中央财经大学图书馆召开。活动由北京高校图书馆工作委员会举办。北京市教委、昌平区教委、北京高校图书馆工作委员会的领导和北京地区各高校图书馆代表参加大会，会上表彰了2015年北京高校图书馆面向中小学开放日活动获奖单位。启动了2016年度的开放活动，在图工委主页公布开放日时间表，其中，平时开放56家，主题开放35家。

（魏　微）

【首图“中华美德少年行——家风故事宣讲活动”】 5月22日，“中华美德少年行——家风故事宣讲活动”在首都图书馆开讲。活动由首都文明办、北京市教委、北京市妇联共同主办，北京学生活动管理中心、首都图书馆承办。主办单位相关领导、少年儿童及家长观众两百余人参与该次活动。宣讲活动在开场舞《校园的早晨》中拉开序幕。随后，来自北京市少年宫的美德小使者们为大家带来了一个个富有童趣的家风故事。《石头仔智斗人贩子》讲述了一个聪慧机敏的少年用自己的智慧勇斗人贩子的故事，其中的人物原型正是民主革命的开拓者孙中山。亲子节目《小公主的转变》，扣人心弦的情节混合着幽默、风趣的语言，为观众讲述了一个普通家庭在“二胎政策”放开后的快乐转变。此外，配乐诗朗诵《中华少年》、情景表演《爱吃糖的妹妹》也分别彰显了少年儿童的锐意进取和活泼可爱。

（张小野）

【2016年全国少儿诗词在线诵读活动正式启动】 6月1日，由国家图书馆联合全国各级公共图书馆共同举办的“童音诵古韵，经典有新声”2016年全国少儿诗词在线诵读活动正式启动。活动时间为6月1日—7月20日。6岁~12岁的小朋友均可通过PC访问活动专题页面（http://poem.ndlib.cn/61/）、手机关注“数字图书馆推广工程”微信公众号或通过中国网络电视台、光明网、新华网等合作媒体官网的活动入口进行在线报名。报名参与的小朋友可从专题页面提供的10首古典诗词中选择诵读，通过微信上传诵读作品，并在社交媒体上分享点赞。主办方根据大众点赞及专家评审情况，遴选出10名“数字图书馆诵读小状元”和50名“数字图书馆诵读小达人”进行表彰。“数字图书馆诵读小状元”受邀参观国家图书馆，并有机会在中央人民广播电台《中国之声》栏目中进行现场诵读展示。此次活动依托国家图书馆优质数字资源，旨在通过诵读形式让广大少年儿童感受中国古典诗词的魅力，强化其对中华优秀传统文化的理解与学习，有效提升少年儿童的人文与信息素养，积极推动全民阅读和书香社会的建设。

（国家图书馆）

【“书香首图　悦读阅美”中小学校外实践活动】 6月2日，“书香首图　悦读阅美”中小学校外实践活动在首图举办。来自北京市朝阳区劲松第四小学、北京中学的240余名师生，在首都图书馆上了一堂校外实践课。活动由北京教科院基教研中心、首都图书馆联合主办。作为北京市教委“利用社会资源丰富中小学校外实践活动课程”项目的重点活动之一，活动依托首都图书馆“别样课堂在首图”的开展模式，以图书馆丰富的信息资源为基础，依据青少年读者年龄、生理和心理特点，为学生们打造别样的校外课堂，提供各类文献借阅和阅读指导，以及数字阅读和新媒体技术体验，并通过扮演小图书管理员等各式各样的互动活动，引导学生们了解图书馆、走进图书馆。本次图书馆实践包含“固定课程”“自主实践”“拓展课程”3大类共计15项课程。“小小图书管理员”活动由馆内教师为学生讲解图书的分类、摆放、如何查询等，让学生走进图书馆，了解图书馆；“书影共读”带领孩子们看动画、赏美文，从图书与影像的世界中感受阅读的快乐。此外，学生们还可以在图书馆的电子工坊制作属于自己的电子图书；聆听趣味知识讲座，与专家、学者亲密接触；观赏展览、参与手工品制作、聆听有趣的儿童文学故事……孩子们在图书馆的别样课堂，收获知识、感受快乐、丰富生活、提升自我。

（张小野）

【“书香溢我家”家庭情景剧比赛】 6月18日，北京市红领巾读书活动“书香溢我家”家庭情景剧比赛在首都图书馆举行。全市16个区的19支代表队，近300名中小学生参与其中。本次比赛涌现了许多形式新颖、构思独特、内容深刻，又充满童趣的优秀剧目。其中，密云区图书馆代表队的《换位阅读》展现了父母从孩子身上学习阅读，循序渐进接受“亲子阅读”的过程。房山区图书馆代表队的《书保安》，将“书”和“愚昧无知”拟人化，讲述了小女孩和奶奶在“书保安”的帮助下，打败“愚昧无知”的故事。西城区青少年图书馆的《我最知心的朋友》，阐述了读课外书并不是浪费时间，阅读可以帮助孩子们获取知识、开阔视野，甚至在危急时刻拯救生命的观点。孩子们的专注表演，不仅展现了青少年的精神面貌，更让观众增进了对阅读和图书馆等方面知识的了解。“家庭情景剧”是2016年北京市红领巾读书活动响应“全民阅读进家庭”的号召而开展的特色项目。以“书香溢我家”为主题，家庭教育是全民阅读的基础，一个充满“书香”的家庭阅读氛围能够激发孩子的读书热情，培养孩子爱读书、多读书的好习惯。该次比赛的宗旨是传播家庭阅读和亲子阅读的重要性，推动“书香家庭”的建设，打造尊重知识文化的良好家风，从而促进社会文明进步。

（张小野）

【“心有榜样”讲故事比赛】 6月25日—26日，北京市红领巾读书活动“心有榜样”讲故事比赛在首都图书馆举行。全市16个区共计92名中小学生参与其中。该届的讲故事比赛以“心有榜样”为主题，让学生们以他们独特的视角，讲述所听、所看、所想。怀柔区第三小学赵泠宇带来的《榜样的力量——隐形的翅膀》，讲述了断臂钢琴师刘伟激励人心的故事；房山区长育中心校饶乐府小学姚亚轩的《心怀诚信幸福前行》，让现场听众认识了一位拾金不昧的卖菜老人；石景山外国语实验小学的王紫涵讲述的《在战火中成长》，带领听众回到了那个战火纷飞的年代，追忆少年英雄的感人事迹；门头沟区大峪第一小学孙羽宋带来的《我的爸爸》，用亲身经历告诉观众，父母是孩子最好的老师。孩子们声情并茂地诠释了自己心中不同的“榜样”。一个个感人的故事，不仅感动了现场听众，更让人们感受到榜样所带来的希望和力量。“讲故事比赛”是北京市红领巾读书活动的传统优势项目，开展多年一直受到各方的支持和好评。该次比赛通过“心有榜样”的主题，弘扬社会主义核心价值观，倡导学生从我做起，学习榜样精神，树立正确的世界观、人生观、价值观。

（张小野）

【第二届全国少年儿童“我的藏书票”设计大赛】 9月21日，“红色记忆，星火传承”全国少年儿童“我的藏书票”设计大赛评审会在首都图书馆举行。活动由中国图书馆学会、国家图书馆联合主办，首都图书馆承办。最终共有102幅作品获奖。其中，小学组一等奖15名，二等奖20名，三等奖31名；中学组一等奖6名，二等奖10名，三等奖20名。全国16个公共图书馆荣获优秀组织奖。该届全国少年儿童“我的藏书票”设计大赛涌现了一系列优秀作品，紧扣“红色记忆，星火传承”的大赛主题，参赛小作者们运用不同的版画形式，表达了对祖国、对家乡、对生活的热爱之情。

（张小野）

【北京市青少年“书香北京　阅读有我”活动展示】 12月9日，北京市青少年“书香北京　阅读有我”活动展示在首都图书馆举行。在共青团北京市委、市少工委、市教委、首都文明办和市文化局的共同支持下，首都图书馆联合全市各区图书馆以推动少年儿童阅读为基础，以加强未成年人思想道德教育为核心，打造了2016年度“心有榜样　弘扬风尚”主题系列活动。活动涵盖“学习身边榜样”“读书伴我成长”“传承革命精神”“追忆传统文化”等多个方面。2016年度“心有榜样弘扬风尚”主题系列活动完成了“心有榜样”红领巾讲故事比赛、“书香溢我家”家庭情景剧比赛、第四届“我的藏书票”设计比赛、《童眼看京城》电子书制作共4项活动，举办各类分主题活动1497场，约42.3万名学生参与其中。各校学生在辅导老师的悉心指导下，利用课余时间，积极加入到各项活动中来，涌现了很多优秀作品。本次活动选取了“心有榜样　弘扬风尚”主题系列活动中10个优秀表演节目进行展演。

（张小野）

·捐赠与收藏·

【中国民族图书馆获赠“第三届向全国推荐百种优秀民族图书”】 1月7日，“第三届向全国推荐百种优秀民族图书”出版工作座谈会在北京召开。会议由国家新闻出版广电总局与国家民族事务委员会联合召开。国家新闻出版广电总局副局长吴尚之、国家民委副主任丹珠昂奔出席会议。此次入选的百种优秀民族图书包括汉文及蒙古文、藏文、维吾尔文、哈萨克文、朝鲜文等20种少数民族文字，反映了近年来中国民族出版的最新成果。会议展出的100种优秀民族图书均赠送给中国民族图书馆收藏。这些图书丰富了中国民族图书馆馆藏资源。会后，中国民族图书馆对这些成果进行集中展示，扩大民族类图书的社会影响，推动“全民阅读”的进一步深入开展。

（张小野）

【《冬饮丛书》等系列珍贵典籍入藏国图】 3月14日，台湾古籍保护学会向国家图书馆捐赠王伯沆《冬饮丛书》14函54册，向中国古籍保护协会捐赠林庆彰《经学研究论著目录》9册。台湾古籍保护学会会长林登昱，国家图书馆副馆长、中国古籍保护协会会长刘惠平出席捐赠仪式。刘惠平代表国家图书馆接受捐赠，并向林登昱颁发捐赠证书。王伯沆是晚清民初时期蜚声海内外的国学大师，一生积极弘扬国学，在经学、诗词、书法方面造诣深厚。此次台湾古籍保护学会向国图捐赠的《冬饮丛书》包括王伯沆《批注四书集注》《批校红楼梦》等手抄圈点批校本，为宣纸彩色套印、线装珍藏版。林庆彰是当今台湾学者，长期研究传统经学，并编纂经学相关目录。

（国家图书馆）

第二届全国少年儿童“我的藏书票”设计大赛评审会

【京剧表演艺术家孙毓敏捐书仪式】 3月17日，京剧表演艺术家孙毓敏捐书仪式在首都图书馆北京地方文献中心举行。首都图书馆馆长常林、副馆长陈坚，北京交响乐团党委书记黄海燕，北京市戏曲艺术教育基金会秘书长叶黛珠等出席仪式。仪式上，孙毓敏向首都图书馆捐赠图书24种、84册，音像制品14种，常林为其颁发捐赠证书。

（张小野）

【中国作协向北京师范大学图书馆捐赠图书】 3月22日，中国作家协会创作联络部、作家出版社向北京师范大学图书馆捐赠中国少数民族文学发展工程系列图书。中国作协副主席白庚胜、作家出版社副社长扈文建、中国作协创联部副主任冯秋子等出席捐赠仪式。北京师范大学党委副书记刘利、校图书馆馆长张奇伟向捐赠单位颁发了捐赠证书。中国作协于2013年开始实施为期5年的“中国少数民族文学发展工程”，分别就少数民族文学人才培养、扶持重点作品创作、扶持优秀母语作品翻译、扶持优秀作品出版等方面给予政策支持和经费投入。此次捐赠的图书包括该工程中的《新时期中国少数民族文学作品选集》55卷60册、《中国当代文学作品选粹》50卷（蒙、藏、维、哈、朝5种民族文字）、《中国当代少数民族文学翻译作品选》20卷。其中,《新时期中国少数民族文学作品选集》是中国第一套以民族立卷、全面展示55个少数民族新时期文学创作发展情况的丛书，共收录了2218位作者的4279篇作品。

（张小野）

·读者服务·

【国家数字图书馆体验区亮相第十三届中国国际网络文化博览会】 1月7日—9日，第十三届中国国际网络文化博览会在北京举办。国家图书馆紧扣博览会“双创时代，网文天下”的主题，设计并搭建“国家数字图书馆体验区”，全面展示国家数字图书馆及数字图书馆推广工程建设成果以及对未来“互联网＋文化”发展的展望。文化部部长雒树刚、国家文物局局长刘玉珠、文化部部长助理于群等领导和嘉宾到体验区考察。体验区分为“进无止境　数字图书馆建设成果惠及全民”“开拓创新　助力现代公共文化服务体系建设”“融合发展　共谋‘十三五’建设新篇章”“蓄力生长　各地数字图书馆百花竞放”“‘大智移云’互动体验区”5个部分。其中，“进无止境　数字图书馆建设成果惠及全民”通过时间轴的方式，展现了国家图书馆自20世纪90年代开始探索数字图书馆建设，同时借助推广工程开展成果共享，带动全国公共图书馆数字图书馆建设的进程。“开拓创新　助力现代公共文化服务体系建设”从提高基层公共文化服务能力、促进文化与科技深度融合、传承弘扬中华优秀传统文化等方面展示了国家数字图书馆及推广工程在加快构建现代公共文化服务体系方面做出的努力。“融合发展　共谋‘十三五’建设新篇章”展示了国家数字图书馆及推广工程的未来发展方向，着力建设国家文化传播大数据综合服务平台。体验区通过视频展播和自主体验等方式让观众了解大数据、智慧图书馆、移动阅读和云服务等未来图书馆发展主题，展示了国家数字图书馆及推广工程建设成果。

（国家图书馆）

【教育学院图书馆支持中小学生综合实践课程】 1月16日—18日，随着五路通小学部分师生走进北京教育学院图书馆参观和阅读，标志着图书馆支持小学生综合素养建设举措进入到落实阶段。该举措以北京市基础教育改革为背景，以学院与西城教委、五路通小学的签约合作项目为指南，通过利用图书馆丰富的文献资源与服务，发挥图书馆的特有功能，以图书馆课程为抓手，启动针对六年级学生小升初贯通培养的合作研究。图书馆构建了系列图书馆课程与活动，从体验图书馆，跨越到有效使用图书资源的综合实践阶段，提高学生的阅读素养和图书馆素养，为北京市基础教育服务发挥基地和引领的作用。

（杨艳萍）

【“首图动漫在线”推出《幸福四合院之京味儿趣玩》】 3月，“首图动漫在线”全新推出的《幸福四合院之京味儿趣玩》与广大小读者见面。该系列动漫片的内容以介绍北京级非物质文化遗产为主，如砖雕、抖空竹、北京皮影、北京鬃人、兔儿爷、毛猴等，这些内容旨在引导青少年了解博大精深的中国传统文化，树立爱国主义精神，使民族文化世代相传。小读者可下载“首图动漫在线”手机APP进行观看，也可登录首图“首都图书馆少年儿童官方网站”（http://www.childlib.org/）在线观看。

（张小野）

【首图引进“OverDrive赛阅数字图书馆”】 4月18日，中国首都图书馆与美国OverDrive公司合作引进的“OverDrive赛阅数字图书馆”正式上线。“OverDrive赛阅数字图书馆”提供近2000种高质量电子图书及有声读物，以英文作品为主，搭配部分中文或中英对照读物，类型包括古典文学、科幻、推理与悬疑等电子小说，以及传记、历史、健康等题材的电子读物。平台通过设立热门图书、有声读物、中文电子书、获奖作品等精选集的方式，向读者推荐优质阅读资源。平台还专门设立了儿童电子读物分类，主题包括初级读物、漫画与图画书、奇幻读物、儿童绘本等。英文电子图书还可按照兴趣、语言难度等提供分级阅读服务，为有英语学习需求的读者提供便捷。该平台的电子读物主要来自哈珀柯林斯出版集团、兰登书屋、珀尔修斯出版公司、美国开放之路全媒体公司、沃克曼出版公司等出版机构；配音读物也邀请英美诸多主持人、演员进行配音，有效保证了英文有声读物发音的标准性。广大读者可在平台上根据书名、作者等进行检索，借阅电子读物，并创建个人的愿望清单，还可针对每一本电子图书查看书目详情、试读样本。

（张小野）

【“中国科讯”APP公开试用】 4月28日，“中国科讯”APP公开试用发布会在中科院文献情报中心举行。中科院副院长李静海出席会议致辞，并代表中科院党组和院长白春礼对“中国科讯”的发布表示祝贺。“中国科讯”APP是中科院文献情报中心精心打造的基于移动互联网的知识服务平台，支持安卓和苹果两种移动客户端环境，主要包括文献检索、期刊浏览、权威发布、科技情报、学术新知、科研助手、电子图书与个人空间八大重要功能模块，旨在实现中科院自建、联建和引进的各类海量数字科技文献资源在移动端的整合，并集成重要科技进展报道以及其他科技情报产品与知识信息服务，支持科研人员、研究生、科技管理工作者等各类型用户随时随地阅读科研文献及科技资讯，致力打造“文献移动获取第一平台”。

（汪　维）

【首图少儿馆重新开放】 经过半年多时间的内部表修，6月1日，首图少儿馆重新对外开放。为了庆祝“六一”儿童节，首图举办了“‘我的校园生活’电子书获奖作品创作分享会”。该活动是北京市红领巾读书活动的创新项目，利用现代科技，展现新时代学生们学习与生活的独特风采。每一个参赛学生都用心描绘了美丽的校园剪影、难忘的校园生活。作品分享会不仅能欣赏各类校园的风采，还能与获奖代表交流制作技巧与心得，感兴趣的小读者不可错过。此外，在恢复开放的少儿馆内，小读者可参与“中国传统节日我知道”问答活动，在游戏中了解中国传统节日习俗。

（张小野）

【中科院科技论文预发布平台】 6月13日，中科院科技论文预发布平台发布会在中科院文献情报中心举行。中科院副秘书长、发展规划局局长汪克强出席会议并讲话。中宣部出版局、国家新闻出版广电总局新闻报刊司、国家科技图书文献中心、北京大学图书馆和中科院科学传播局、文献情报中心、理论物理研究所、生物物理研究所、国家空间科学中心相关负责人，中科院部分研究所一线科学家及研究生代表共300余人参加发布会。中科院科技论文预发布平台创建并引领中国基于预印本的新型学术交流模式，打造“ChinaXiv”。“ChinaXiv”是中科院文献中心联合中科院传播局以及院研究所和相关科技期刊合力打造的国内第一个按国际通行模式规范运营的预发布平台，该平台为全国科研人员提供本土领域的中英文科技论文预印本存缴和已发表科学论文的开放存档，保障优秀科研成果首发权的认定。旨在构建一种新型的学界自治的科研成果交流和共享平台，与传统的基于期刊成果发布方式形成有效互补，鼓励科研人员公平竞争，保障优秀科研成果首发权的认定，推动科研成果的开放获取，促进更大范围的学术交流。

（汪　维）

【首都图书馆移动版官网正式上线】 7月，首都图书馆移动版官网正式上线。通过移动版官网，读者能更方便地访问首都图书馆在线资源，及时了解馆内动态、各类活动信息，提升用户体验。广大读者可以利用手机、平板电脑等移动设备访问首都图书馆网站，方便读者随时随地获取首图资讯、公告信息、业内新闻。首都图书馆移动版官网和电脑版一样具有书目查询的功能，读者不需要电脑就能快速查询馆藏书目信息，方便读者进行借阅。

（张小野）

【首图历史文献阅览室恢复开放】 8月底，首都图书馆历史文献阅览室恢复对外开放。此前，历史文献阅览室位于首图A座的地下一层。读者到馆阅览，需要经过步行梯下楼方能抵达。这为广大读者特别是老年读者带来了诸多不便。2015年，首图启动了历史文献阅览室重新规划建设工作。如今，位于首图A座一层的历史文献阅览室恢复开放。在提升便捷性的同时，阅览室总面积由原先的80平方米扩展至约300平方米，阅览座位和数字资源机位数量均有提升，可以同时为更多有研究需求的读者提供服务。在这里，读者不仅可以浏览到包括《中华再造善本》（宋元编）、《续修四库全书》、《四库全书存目丛书》等在内的，11000余册大型影印古籍丛书，还可以通过阅览室内的电脑浏览“首都图书馆珍善本图像数据库”“中国基本古籍库”“四部丛刊”等31种古籍和民国文献全文数据库。此外，阅览室还增设了历史文献展厅，可以为广大读者提供文献资源展览展示及相关文化讲座沙龙服务。阅览室开放时间为每周一至周五9：00—12：00，13：30—17：00。

（张小野）

【长征七号运载火箭首飞搭载中华典籍交接仪式】 9月26日，长征七号运载火箭首飞搭载中华典籍交接仪式在国家图书馆举行。国家图书馆馆长、党委书记韩永进，副馆长、党委副书记魏大威，副馆长张志清、李虹霖、孙一钢，中国运载火箭技术研究院党委书记、副院长郝照平，党委副书记罗晓阳，长征七号运载火箭总指挥王小军，全国古籍保护工作专家委员会主任、国家图书馆研究馆员李致忠以及双方有关领导、专家共50余人出席仪式。仪式上，中国运载火箭技术研究院与国家图书馆双方领导签署“长征七号运载火箭首飞搭载中华典籍交接证书”，国家图书馆将2册典籍和5张读者卡回赠给中国运载火箭技术研究院。6月25日，长征七号运载火箭在海南文昌发射成功。26日，该火箭搭载的多用途飞船缩比返回舱成功着陆，国家图书馆应邀提供的搭载物——特制线装典籍4册、国图读者卡25张顺利返回。

（国家图书馆）

【M地铁·图书馆"童书专列"】 9月27日，由京港地铁和国家图书馆长期合作的"M地铁·图书馆"地铁文化公益项目，首次携手书香中国·北京阅读季，在京港地铁4号线开出主题为"和爷爷奶奶'童'读一本书"的"童书专列"，让乘客在书香中体验与孩子共读一本书的乐趣。该次活动由M地铁·图书馆联手书香中国·北京阅读季，共同推荐了严文井、洪汛涛、张之路、沈石溪等儿童文学史上重要作家的10本出版时间跨越百年的童书著作，让大众了解中国童书的发展史，感受穿越时光的童趣。"童书专列"以该次活动推荐的童书里的角色和插画场景为设计素材，特别装饰了6节创意车厢，并推介了大量经典儿童书籍。登上列车，仿佛置身童书的海洋，各种经典作品的角色在眼前游动、漫步，与乘客"对话""交流"，吸引乘客走进书籍，品读经典。在位于地铁平安里站的M地铁·图书馆童书专馆中，有此次活动向公众推荐阅读的10本经典童书的详细介绍，公众扫描书籍二维码即可实现全本免费阅读。通过访问活动的主题资源库，公众可以了解中国童书百年发展的历程。图书馆内还为该次活动特别制作了充满童趣的主题画，吸引孩子们进到图书馆里轻松选书。

（国家图书馆）

【国图发布"全国古籍普查登记基本数据库"和"中华古籍资源库"】 9月28日，国家图书馆向社会发布"全国古籍普查登记基本数据库"和"中华古籍资源库"，以服务大众阅览和学术研究。普查登记是"中华古籍保护计划"的首要任务，是全面了解全国古籍存藏情况、建立古籍总台账、开展全国古籍保护的基础性工作。"全国古籍普查登记基本数据库"是全国古籍普查登记工作成果的具体体现。"中华古籍资源库"的主体内容是国家图书馆馆藏善本，是国家古籍保护中心依托国家图书馆丰富馆藏，与全国图书馆文献缩微复制中心合作的成果。此次发布的"中华古籍资源库"包括古籍善本影像共计10975部、91467册，约占国家图书馆所藏善本总数的1/3。有别于全文检索的商业性古籍数据库，国家古籍保护中心开展的古籍数字化项目采取"原样数字化"方式，即按照古籍原貌原样扫描或拍照，最大限度保存了古籍历史信息，避免了古籍整理产品因整理者水平差异，或因数字文献底本、校本选择不善而产生的脱、讹、衍、倒等人为二次错误。

（国家图书馆）

【国图打造日本对华调查档案资料数字化服务平台】 11月15日，国家社科基金抗日战争研究专项工程"日本对华调查档案资料整理和数字化"开题会在国家图书馆召开。来自国家图书馆、全国哲学社会科学规划办公室、中国第二历史档案馆等单位的相关负责人，以及国内多位近代史、中日关系、抗日战争研究专家30余人参加开题会。"日本对华调查档案资料数字化服务平台"旨在加强日本对华调查档案资料的整理、研究和利用工作，服务国家内政外交大局和抗战研究。此次开题项目的第一批成果《东亚同文书院中国调查手稿丛刊》新书首发式同时举行。同日首发的《东亚同文书院中国调查手稿丛刊》也在国家图书馆出版社出版。这是国内东亚同文书院中国调查手稿的第一次集中面世。作为"日本对华调查档案资料整理和数字化"项目的第一批成果，为中日近现代关系史研究提供了更加翔实的资料和便捷的获取方式，对推进和深化抗日战争研究具有重要的现实意义。

（国家图书馆）

【最高人民法院数字图书馆上线】 11月22日，最高人民法院数字图书馆上线仪式在北京举行，标志着当前国内资源容量最大的法律数字图书馆初步建成。法院数字图书馆共有6大板块、8大类数据库、15个特色专区，囊括105个国内外权威、知名的法律数据库和国际组织的资料库。平台上的中华法系专区不但首次汇集了中国从商到清12个朝代最具代表性的122部立法文献，而且还可从海量文献中匹配出当代对古代立法的研究成果。

（张小野）

【中国文化中心数字图书馆上线】 12月29日，中国文化中心数字图书馆正式上线提供服务。文化部对外文化联络局局长谢金英、国家图书馆馆长韩永进出席仪式并分别致辞。文化部对外文化联络局局长助理郑浩，国家图书馆副馆长魏大威、孙一钢，以及来自文化部、国家图书馆相关部门的负责同志参加活动。仪式上，谢金英和韩永进共同签署《中国文化中心图书馆合作建设协议书》，并共同启动中国文化中心数字图书馆。谢金英表示，文化部对外文化联络局与国家图书馆进一步密切合作，不断丰富资源种类、更新资源内容，将中国文化中心数字图书馆打造成为功能多样、内容丰富的中华文化展示平台。韩永进表示，中国文化中心数字图书馆上线不仅拓展了中国文化中心图书馆的数字化、信息化服务内容和方式，更好地服务于文化外交战略，也有利于国图更好地发挥自身在对外文化交流中的作用。中国文化中心数字图书馆（http://library.cccweb.org）是一个功能多样、内容丰富的中华文化展示平台，以中国文化元素为基调，传统与现代相结合，页面风格简洁大方，层次分明，栏目展示图文并茂，用户体验方便快捷。根据资源内容设立专栏，以主题分类、资源导航、资源推荐等形式为用户提供检索、浏览、在线阅读等"一站式”资源信息服务。中国文化中心数字图书馆针对文化中心定位和信息服务需求，汇聚了反映中国历史、文化、发展和当代社会生活的数字资源，全面弘扬民族文化，树立国家形象；资源种类丰富、内容多样，首批提供的资源包括200种古籍、1220种现当代图书、20种最新期刊、300幅图片、1000余种音视频、62个网络资源、10个精品展览等，资源总量超过2200种，数据量超过2TB；突出中国文化特色，保障数字资源高质量和高品质，提供具有中国文化特色的各类资源，更好地服务于海外民众。中国文化中心数字图书馆正式上线后，面向所有驻外中国文化中心提供服务，向海外民众传播中国文化，提升中华文化的凝聚力和辐射力。

（国家图书馆）

【国家哲学社会科学文献中心正式上线】 12月30日，国家哲学社会科学文献中心正式上线。该网站由中国社会科学院牵头承建。中宣部、教育部、文化部、国家行政学院、中国社会科学院、求是杂志社、国家图书馆、北京大学、军事科学院等单位领导和专家、学者出席上线仪式。新上线的国家哲学社会科学文献中心主要开设有资讯、资源、专题、服务4个栏目。资源包括中文、外文学术期刊7000多种，还有外文图书、古籍等四类，上线文献数据超过1000万条。与国内60多家社会科学研究机构网站导航链接，初步形成国家哲学社会科学学术期刊数据库，外文学术期刊数据库，中国社会科学院科研成果数据库等特色资源数据库。

（张小野）

·展　览·

【“悦读阅美”——2015年请读书目主题展】 1月1日，“悦读阅美”——2015年请读书目主题展在首都图书馆B座二层引航厅开展。该次展览既是第二届“阅读之城——市民读书计划”主题活动的成果展示，也是2016年度主题活动的起点。“阅读之城——市民读书计划”是北京市文化局、首都图书馆联盟联合打造的北京市大型全民阅读公益活动。社会大众广泛参与，多位文化学者两轮评选，再结合10余家书业机构排行榜，形成“2015年请读书目”。借助首都图书馆联盟成员馆的广泛影响力，该书目以主题展览、文化讲座、图书专架等多元形式在全市范围进行推广。每一扇展板呈现一本书的精彩故事，现场不仅提供30册图书的实体版供读者阅览，市民还可以通过扫描二维码获取每本书的电子试读版。同时，现场专门设立荐书台，市民通过填写图书推荐表参与2016年主题活动，推荐好书、撰写书评，将自己的阅读体验与他人分享。该展览全年展出，免费向公众开放。

（张小野）

【2016年国家图书馆楹联文化展】 1月26日—3月15日，“同筑中国梦　共度书香年”——2016年国家图书馆楹联文化展在国家典籍博物馆举办。开幕式当天，“名家带你写春联活动”在国家典籍博物馆举行，活动特邀6位书法名家亲临现场写春联，并为小朋友指导示范。“楹联文化展”从楹联的产生、发展、特征、分类、形式和创作等几个方面，介绍楹联掌故及文化内涵，并选取一批具有代表性的楹联，配合国家图书馆馆藏文献、年画等展出，将祥和喜庆又带有深厚文化气息的符号结合起来，让大众共同找寻心中的年味记忆。配合此次“楹联文化展”，1月30日—2月19日，国家图书馆馆还开展了以“金猴送祝福”“典籍连连看”“楹联知识我来讲”和“对联猜猜乐”等为主题的“走进典籍博物馆大课堂”新春特别活动。

（国家图书馆）

【中国民族古籍再生保护成果展】 2月4日—3月18日，“中国民族古籍再生保护成果展”在民族文化宫开展。展览由国家民委全国少数民族古籍整理研究室、民族文化宫、北京市民族古籍整理出版规划小组办公室共同主办，中国民族图书馆承办。展览旨在更好地展示中国民族古籍再生保护成就，在新春之际为首都观众呈现多姿多彩的民族文化。展览突出“继绝存真，传本扬学”精神，展示少数古籍已进行仿真或影印再版整理成果，涵盖汉文、蒙古文、藏文、满文、察合台文、彝文、东巴文、傣文、水文、古壮字等十余个文种。其中，有不少具有代表性的珍贵典籍、孤本或流传稀少、具有重要版本价值的典籍。

（张小野）

【中国少数民族典籍文化展】 5月23日，“中国少数民族典籍文化展”在中国人民大学国学馆展出。展览由北京市民族古籍整理出版规划小组办公室、中国民族图书馆、北京市民族联谊会合作举办。展览采用了50多幅古籍书影、34个展板，共分为汉文古籍、少数民族文字古籍、少数民族文字古籍专家学者、少数民族造纸与印刷技艺4个部分，以图文并茂的形式向在校师生展示了包括汉文、藏文、蒙古文、满文、西夏文、察合台文、彝文、东巴文、傣文、水文、古壮文、布依文、朝鲜文等近30个文种的古籍，集中反映了各民族在不同历史时期古籍的书写、印刷及装帧形式，造纸印刷技艺等丰富多彩的内容。该展览是“2016北京56民族团结公益行系列活动”之一，在中国人民大学展出一周，之后在北京其他高校继续展出。

（张小野）

【“民族记忆　精神家园”——国家珍贵古籍特展】 6月8日，“民族记忆　精神家园”——国家珍贵古籍特展在国家典籍博物馆开始预展。该展览由文化部、国家文物局主办，国家图书馆（国家古籍保护中心　国家典籍博物馆）承办。展出了敦煌遗书、佛教经典、宋元善本、明清稿抄等一百余部珍贵典籍，引导观众走进博大精深的传统文化宝库。展览分为“珍贵古籍　书香中国”“浩瀚典籍　历史智慧”“古籍保护　任重道远”三大部分。“浩瀚典籍　历史智慧”作为展览的主体部分，按照“经史子集”四部排列，展示了以十三经及其注疏作品为代表的儒家经典，以纪传、编年、典制、谱牒等题材为代表的史学名著，以先秦百家、国粹技艺为代表的子部珍籍，以汉赋唐诗、宋词元曲、明清小说为代表的文学遗产。展览单列民族融合与对外交流两大单元，展示了《国家珍贵古籍名录》中珍贵的民文古籍和西文古籍。特展还集中展示了“中华古籍保护计划”实施以来古籍修复成果，通过珍贵古籍修复前后状态对比，让观众领略古籍修复工作者的高超技艺。6月21日，展览在国图正式开幕，为期2个月，面向公众免费开放。

（国家图书馆）

【“红色记忆”——纪念中国共产党成立95周年馆藏文献展】 6月29日—7月20日，“红色记忆”——纪念中国共产党成立95周年馆藏文献展在国家典籍博物馆开展。展览由国家图书馆主办，旨在通过大量珍贵文献史料再现中国共产党光辉的建设发展历程，大力弘扬爱国主义精神、长征精神，讴歌中华民族实现伟大复兴“中国梦”的奋斗历程。展览分为马克思主义在中国的传播、党章与党的机关报、反“围剿”与长征、统一战线建设、党的思想作风建设、党的群众路线建设、人民文艺成果7个主题单元。展览展出了325种、340余册件珍贵馆藏文献，特色鲜明、亮点纷呈。其中包括中共六大至十八大的党章，《群众》《新华日报》《解放日报》等数十种中央机关报，《西行漫记》等红军长征专题文献，马克思、恩格斯手稿，左联五烈士手稿等。此外，《新青年》创刊号、阮章竞在太行山时期的一些手稿等文献都是首次在国图展出。特别是展览上展出了多种伪装本，如伪装成“灯塔小丛书”的中共七大党章，从中可以感受到当时斗争环境的险恶，充分体现了伪装本在革命战争年代不同历史时期为传播马克思列宁主义、宣传中国共产党方针政策方面发挥的重要作用。

（国家图书馆）

【首图“我的数字生活”2016年数字资源主题展】 8月28日—10月15日，“我的数字生活”2016年数字资源主题展在首都图书馆A座二层文化艺术展厅展出。为了使读者更好地认识和利用首图的数字资源，展览通过现代化呈现方式，向读者展示了首图已配置的79种数字资源。展览分为“我的阅读空间”“我的学习空间”“我的科研空间”“我的艺术空间”和“我的亲子空间”5个区域。“我的阅读空间”主要为读者提供数字阅读体验。通过7台触摸屏，读者可以浏览数千种电子书、有声书、连环画、电子杂志，并通过扫描二维码，下载到手机上阅读。另有5台电子书阅读器，让读者体验便携移动阅读的乐趣。该区域的部分实体书也可通过扫描二维码，直接下载到手机或平板电脑上进行阅读。“我的学习空间”以各类学习资源为主，为读者准备了电脑、手机和VR眼镜。读者可在电脑上浏览英语课程视频；使用手机体验新东方掌上学习平台；通过“市民学习空间”阅读电子书、观看大学课程视频；带上VR（虚拟现实）眼镜，感受有趣又充满知识的实景教学。“我的科研空间”提供了丰富的学术期刊、学术电子书，包括法律、经济、新闻等专业知识数据库，以及丰富的古籍类电子资源。“我的艺术空间”则集中展示了各类艺术资源。读者可以通过库客音乐图书馆聆听古典音乐大师作品，或是使用丰富的艺术休闲类数字资源，获取美术、音乐、地理等方面的知识信息。“我的亲子空间”为13岁以下的小朋友准备了丰富的学习与娱乐电子资源，可看书、听歌、看动画、玩游戏，学习国学、英语等方面的知识。此外，展览期间不同区域还推出了“我最喜爱的首图电子书”读书会、少儿故事会、数字资源讲座等多元文化活动。

（张小野）

【首图“梦回临川四百年——汤显祖戏曲文献展”】 8月29日—11月25日，“梦回临川四百年——汤显祖戏曲文献展”在首图A座一层历史文献阅览室展厅展出。该次展览由首都图书馆、北京市古籍保护中心主办，以纪念汤显祖逝世400周年。首图遴选了50余件馆藏古籍文献和现代出版物，向读者展示了这位戏曲家的生平创作与影响所及。为配合展览，首图还特别制作了《一场幽梦同谁近，千古情人独我痴》专题视频，在展览区内循环播放，追忆汤显祖的传奇一生与《牡丹亭》的巨大社会反响。视频结尾读者还能欣赏到《牡丹亭·游园》的经典唱段，体味汤显祖艺术的悠久魅力。

（张小野）

【“坐上贝格尔号，驶向书中的博物世界”主题展览】 12月10日，“坐上贝格尔号，驶向书中的博物世界主题展”在首图A座二层文化艺术展厅展出。展览由首都图书馆联合北京博物教育咨询有限公司策划推出，进一步向市民普及博物知识，推动优质文化传播。展览共分为“一个星球的故事”“寻找足记”“天空之城”“未来之路”4个主题分区，通过手绘画、展板、博物盒子、视频等一系列多元互动展示方式，让博物书中的花、草、虫、鱼“活”起来，邀请读者跟随志愿讲解员一起走进书中的博物世界，穿越时空，认识古今中外的自然学家、草木鸟兽，启发和引导读者在浩瀚奇妙的博物世界，勇于获取真知，拉近人类与大自然的关系，热爱地球家园并让地球家园变得更美好。展览展示了人们未曾关注的自然细节，让人们通过亲身体验学会如何与自然相处。展览持续到2017年，对读者免费开放。

（张小野）

【再遇芥子园——《芥子园画传》与当代名家对话展】 12月20日，“再遇芥子园——《芥子园画传》与当代绘画名家对话展”在国家典籍博物馆正式开展。展览由国家图书馆（国家典籍博物馆）携手中国美术家协会共同主办。本次展览得到中央美术学院、北京画院等机构的支持，引入开放的策展理念，建构了一个在“芥子园”中穿越古今的对话模式，是一次激活传统、面向未来的展览实践，也是从中华文化艺术宝库中萃取精华、推动传统文化创造性转化的有益尝试。此次展览集中展出了国家图书馆所藏《芥子园画传》的十几种珍贵中外文版本，详细梳理了《芥子园画传》的源流脉络。展览还展出了20世纪以来任伯年、吴昌硕、齐白石、黄宾虹、傅抱石等艺术家基于传统的创造，以及当下艺术家在传承中演进的中国画作品，甚至还展出其他媒介材料和不同形态的当代艺术作品。展览深度解读《芥子园画传》在绘画艺术上的津梁作用，古今辉映，大大拉近观众与历史文化和绘画艺术的距离。观众可在数百年的版本流变中感受这一经典文本的持久生命力，近距离欣赏众多书画名家的珍贵作品。展览开幕当天，“再遇芥子园”研讨会在国家典籍博物馆举行。展览持续到2017年，对公众免费开放。

（国家图书馆）

·表彰与奖励·

【首都图书馆荣获“全国科普教育基地（2015—2019）”称号】 1月，首都图书馆荣获由中国科学技术协会授予的“全国科普教育基地（2015—2019年）”称号。首都图书馆于2008年被命名为“北京市科普教育基地”“朝阳区科普教育基地”，并于2010年被评为“全国科普教育基地（2010—2014年）”。秉承“以人为本”的服务理念和“大服务、大开放”的办馆方针，首都图书馆通过开展文献借阅、信息咨询和各类大型公益性活动等，积极向广大市民开展科普教育与宣传。

（张小野）

【第十一届文津图书奖】 4月23日，第十一届文津图书奖在国家图书馆揭晓。第十一届文津图书奖共收到各方推荐书目1500余种，全国有68家图书馆担任联合评审单位。经过推荐、初评、终评等程序，共评选出获奖图书10种（含特别推荐图书1种），推荐图书57种。10种获奖图书包括:《老子绎读》（特别推荐）以及《“523”任务与青蒿素研发访谈录》《逝年如水：周有光百年口述》《失书记·得书记》《征程：从鱼到人的生命之旅》《草木缘情：中国古典文学中的植物世界》《癌症·真相：医生也在读》《星际穿越》《爸爸的画》《这就是二十四节气》。2016年是国家图书馆原馆长、一代学术宗师、文津图书奖的发起人任继愈百年诞辰，同时也是任继愈译注《老子》六十周年。“文津图书奖”评委会全体委员一致同意，将“文津图书奖”这份殊荣献给任继愈的《老子绎读》。

（国家图书馆）

·交　流·

【国图馆长助理会见澳大利亚驻华大使】 3月12日，中国国家图书馆馆长助理孙一钢会见了澳大利亚驻华大使安思捷（Jan Adam）一行。孙一钢向安思捷介绍了中国国家图书馆的基本情况及近年来所取得的成就，回顾了两国国家图书馆之间的交流情况。安思捷介绍了正在中国国家图书馆少儿馆举办的澳大利亚文学周系列活动，并表示希望可以通过进一步加深双方的了解，加强两国在文化领域的交流与合作。会见结束后，安思捷来到国家图书馆少年儿童馆参加了澳大利亚幻想大师葛瑞米·贝斯新书发布会暨图画书作品展活动并致辞。该次活动是澳大利亚文学周的系列活动之一。

（国家图书馆）

【国图馆长会见世界卫生组织驻华代表】 4月7日，中国国家图书馆馆长韩永进会见了到访的世界卫生组织驻华代表施贺德（Bernard Schwartländer）一行。针对双方合作举办的“打败糖尿病”——世界卫生日“卫生·对话”主题活动，韩永进表示，双方要在文献托存、传播、利用及社会教育等方面开展更多合作，充分发挥国家图书馆在提高公众认知水平、拓展社会教育服务的作用，同时扩大与政府间国际组织合作的有益举措。会见结束后，施贺德一行参加了“打败糖尿病”——世界卫生日“卫生·对话”活动。

（国家图书馆）

【日本丸善雄松堂株式会社代表团访问首都图书馆】 7月8日，日本丸善雄松堂株式会社图书馆事业部部长矢野正也一行到访首都图书馆。首都图书馆副馆长陈坚、国际交流中心主任、业务部副主任等陪同代表团参观了首都图书馆，在之后的座谈中回答了代表团关于图书馆政策等方面的问题，并探讨了未来交流合作的内容与模式。10月20日，由日本丸善雄松堂株式会社组织的日本图书馆代表团到访首都图书馆。首都图书馆副馆长陈坚在会面中向日本代表团介绍了首都图书馆的相关情况，并对代表团提出的问题进行了详细解答。会面结束后日本代表团在陈坚的陪同下参观了首都图书馆。

（张小野）

【台湾学子暑期在首图】 7月28日—8月17日，由文化部组织的“台湾学子暑期文化实习月”活动在京举办，有20位台湾大学生参与活动。其中有3名到首都图书馆参与暑期实习，图书馆馆专门配备了带队老师并安排了丰富多彩的实习活动。台湾大学生在历史文献中心参观清乾隆版《大藏经》等古籍文献；在少儿综合借阅中心参与值班，并开展“台湾哥哥讲故事”活动，受到小读者们的欢迎和积极参与；到社区图书馆等基层公共文化服务网点参访，以更好地了解大陆文化事业的发展情况；参加“心阅影院”等志愿者服务，得到了读者的一致好评。经过此次到馆实习，让台湾学子真切实际的接触北京社会特别是公共文化服务的方方面面，亲身参与读者服务工作，并与到馆读者进行直接接触交流，融洽感情。

（张小野）

【国图馆长韩永进会见国际图联主席和秘书长】 10月24日，中国国家图书馆馆长韩永进会见了国际图联主席多纳·希德（Donna Scheeder）、国际图联秘书长杰拉德·莱特内（Gerald Leitner），副馆长魏大威参加会见。韩永进对希德和莱特内的到访表示欢迎，他介绍了中国国家图书馆的基本情况，回顾了中国图书馆界与国际图联交流的历史，中国作为国际图联的创始会员国之一，积极支持和参与国际图联的各项工作。韩永进表示，中国国家图书馆愿意以更积极的姿态参与国际图书馆界的交流与合作，参与国际图联事务，希望双方保持密切联系。希德称，国际图联非常关注中国图书馆事业的发展，中国图书馆是国际图联重要组成部分，中国公共图书馆事业发展迅速，并积极参与国际交流与合作，希望通过国际图联的平台为中国图书馆事业发展提供更多支持。会见结束后，希德和莱特内参观了国家典籍博物馆以及总馆北区。

（国家图书馆）

【中国国家图书馆与日本国立国会图书馆举行第35次业务交流活动】 11月28日—12月4日，日本国立国会图书馆副馆长网野光明率代表团一行5人到访，与中国国家图书馆进行两馆间第35次业务交流活动。11月29日，中国国家图书馆馆长韩永进、副馆长孙一钢会见了网野光明一行。在11月29日和30日举行的两场业务交流会上，双方以报告会的形式分别就书目服务、文献保存与书库建设等内容进行了深入探讨。副馆长张志清出席了交流会，并作了题为《新历史时期下中国国家图书馆的发展》的中方基调报告，网野光明作了题为《从2016到2017——国立国会图书馆的新征程》的日方基调报告。此次两馆交流，通过报告会研讨的方式促进了对彼此业务工作的相互了解和借鉴。12月2日，日本国立国会图书馆代表团在中国国家图书馆人员的陪同下参观了首都图书馆。

（国家图书馆）

【哈萨克斯坦图书角揭幕仪式在中国国家图书馆举行】 12月15日，哈萨克斯坦图书角揭幕仪式在中国国家图书馆举行。哈萨克斯坦共和国驻华大使沙赫拉特·努雷舍夫、中国国家图书馆馆长韩永进、哈萨克斯坦学术图书馆馆长乌木坎·穆娜尔巴耶娃分别致辞。韩永进与穆娜尔巴耶娃共同为图书角揭幕。中国国家图书馆常务副馆长陈力、哈萨克族知名作家艾克拜尔米吉提，以及文化部外联局相关负责人出席仪式。韩永进在致辞中表示，此次在中国国家图书馆设立哈萨克斯坦图书角，旨在以书籍、文字为纽带，积极推动中哈两国文化交流与合作，加强文明的相互尊重和理解。此次赠书丰富了中国国家图书馆哈萨克斯坦语的相关馆藏，为中国读者开启了一个了解哈萨克斯坦文学、文化的新窗口。揭幕仪式后，嘉宾们来到中国国家图书馆外文第一阅览室参观了哈萨克斯坦图书角书架。穆娜尔巴耶娃对此次赠予中国国家图书馆的100册哈萨克斯坦图书作了介绍。

（国家图书馆）

基础建设

·设施建设·

【北京工业职业技术学院图书馆新馆开馆仪式】 1月18日，北京工业职业技术学院图书馆开馆仪式在新馆大厅举行。出席仪式的嘉宾有北京各高校的图书馆馆长及专家、北京高职高专图书馆馆长及专家、出版社代表、五里坨街道及社区领导，为图书馆提供服务的家具、设备、服务和数据库等文献资源单位的代表，以及北京工业职业技术学院教师、学生，所属各个学院和职能部门负责人代表。新馆注重读者个性化需求，设备科技含量高，阅读舒适性好。设有咖啡书吧和自助借还设备，让读者在阅读需求得到满足的同时也能享受到更加舒适的环境。其他相关配套设施，例如多功能阅览室、24小时自助借还系统、免费无线网络全覆盖以及自主打（印）复印设施等都非常齐全。在学生宿舍楼和家属楼附近，学校还设置了微型图书馆，定期更换书籍，尽可能为师生员工提供便利。

（张小野）

【中央财经大学沙河校区图书馆开馆试运行】 3月6日，中央财经大学沙河校区图书馆开馆试运行。中央财经大学沙河校区图书馆2013年3月开工建设，2015年11月竣工。图书馆地上5层，地下2层，总建筑面积为30501平方米。设有阅览区、研讨室、多媒体视听室、报告厅、展厅和会议室等。拥有固定阅览座位2513个，休闲阅览座位506个，研讨座位124个，视听座位128个，学术报告厅座位216个。

（魏　微）

【清华大学图书馆举办北馆（李文正馆）开馆典礼】 10月24日，清华大学图书馆举办北馆（李文正馆）开馆典礼在清华大学图书馆北馆四层大厅举行。开馆典礼上，清华大学党委副书记史宗恺代表学校致辞，图书馆馆长邓景康介绍北馆的缘起和基本情况。北京大学图书馆馆长朱强、国家图书馆馆长助理汪东波作为嘉宾代表，先后在典礼上致辞，祝贺清华大学图书馆李文正馆的正式开馆。清华大学图书馆北馆（李文正馆）由李文正捐资建设，关肇邺领衔设计。新建成的图书馆北馆（李文正馆）可藏书60余万册，建筑面积1.5万平方米，提供800余个阅读席，集多种功能于一体，并与图书馆原来的三期工程连成一个整体，形成一个综合性、藏书丰富、多功能、现代化、一流的大学图书馆，共同组成清华大学图书馆体系中的总馆。北馆（李文正馆）建成以后，与逸夫馆形成整体，主要面向本科生、研究生教学服务，集中收藏中外文图书，提供借阅服务。北馆1层至4层和与其相连的逸夫馆1层至3层的阅览室组成图书借阅藏一体的开放服务区。地面以上均为借、阅、藏一体的通透阅览空间。

（清华大学图书馆）

·业务建设·

【国家科技图书文献中心与威立出版社开通回溯期刊数据库】 2月25日，国家科技图书文献中心与世界知名学术出版商威立（Wiley）出版社在北京正式宣布合作，共同开通了回溯期刊数据库。威立将其旗下的927种学术期刊从1997年（含）回溯至各期刊创刊年卷期（最早至1791年）的内容，通过双方的在线平台，并行为中国大陆公益性、非营利机构提供免费在线使用。

（张小野）

【“中华传统文化百部经典”编纂全面启动】 4月，“中华传统文化百部经典”编纂工作全面启动。该次编纂工作，由文化部委托国家图书馆组织实施。该套书由学者袁行霈担任编纂委员会主任。“中华传统文化百部经典”编纂是一项国家重点文化工程。该套书着眼中华优秀传统文化的创造性转化、创新性发展，从浩如烟海的传统文化典籍中精选100部具有代表性的经典书目，涵盖政治、经济、文化、社会、历史、生态等内容，采取大众化、品读导读的方式，萃取精华，赋予新意，深入浅出地进行解读，推动传统经典普及与传播。

（国家图书馆）

【BALIS管理中心与NSTL签订合作协议】 12月27日，BALIS管理中心与国家科技图书文献中心（NSTL）战略合作签约仪式暨BALIS原文传递服务年终总结会在中国人民大学国学馆报告厅举行。来自北京90多所高校图书馆原文传递工作的主管领导、馆员共计100多位老师参加会议。该次BALIS与NSTL战略协议的签订，标志着双方今后在文献服务方面进入更深入和更广泛的合作，进一步增强北京地区高校的文献保障与服务能力，为中国的科研创新提供坚强支撑。BALIS为北京地区高校读者搭建的全方位、纵横交错的文献资源保障体系初步建成。

（魏　微）

清华大学图书馆北馆（李文正馆）开馆典礼

·队伍建设·

【《普通高校图书馆规程（修订）》解读暨“教育部高校图书馆事实数据库系统”培训会】 3月29日，《普通高校图书馆规程（修订）》解读暨“教育部高校图书馆事实数据库系统”培训会在中国人民大学国学馆报告厅举办。培训由北京高校图工委联合北京高校网络图书馆主办，来自北京58所高校图书馆的馆领导和数据统计人员约140人参会。培训会由北京高校图工委副秘书长、中国人民大学图书馆副馆长刘春鸿主持。教育部高校图工委主任、北京大学图书馆馆长朱强分析解读《普通高校图书馆规程（修订）》。为使北京地区高校图书馆普遍重视和准确填报教育部高校图书馆事实数据库系统，教育部高校图工委副秘书长王波向与会代表讲解了事实数据库系统使用方式。

（魏 徽）

【第一期全国佛教古籍保护管理研修班】 9月2日，“第一期全国佛教古籍保护管理研修班”在北京灵光寺开班。研修班由文化部、国家宗教事务局主办，国家古籍保护中心、中国佛教协会承办，文化部公共文化司副司长陈向红，国家宗教事务局业务一司司长王健，国家图书馆馆长、国家古籍保护中心主任韩永进，中国佛教协会副会长宗性法师等出席开班式并分别讲话，来自中国佛教协会、地方佛教协会、佛教院校及各大寺庙等47家单位的60余位学员参加培训。此次培训为期5天，是首次以佛教古籍保护管理为主题的全国性研修活动，旨在共同推进佛教界古籍保护工作、培养佛教界古籍保护人才，对加强佛教古籍的保护、研究、传承、弘扬，促进佛教文化建设，具有重要意义。培训邀请了国家图书馆副馆长、国家古籍保护中心副主任张志清，国家图书馆研究馆员、佛教文献研究专家李际宁、林世田，国家级非物质文化遗产项目古籍修复技艺代表性传承人杜伟生等专家为学员授课，并举办“佛教古籍保护与利用”专题研讨会。通过此次培训，加深了佛教界古籍收藏单位负责人对于古籍保护的重要性和整理保护方法的了解。

（国家图书馆）

【中国—南亚图书馆管理与服务高级研修班】 11月12日—20日，“中国—南亚图书馆管理与服务高级研修班”在中国国家图书馆举办。研修班以“互联网时代的图书馆新发展”为主题，共有14名中外学员参加。其中，3名中国学员分别来自云南省、青海省、新疆维吾尔自治区，11名外国学员分别来自阿富汗、孟加拉国、马尔代夫、尼泊尔、巴基斯坦、斯里兰卡国家图书馆。中国国家图书馆馆长韩永进、副馆长孙一钢、文化部外联局局长助理王晨、外联局亚洲处副处长赵歆等出席开班仪式，国家图书馆常务副馆长陈力、副馆长魏大威、孙一钢以及来自美国、英国、丹麦等国的专家、学者为学员授课。学员还参观了国家典籍博物馆、天津图书馆、故宫博物院等。此次研修班旨在进一步加强中国与南亚各国图书馆的交流，深化务实合作，推动建立亚洲图书馆对话合作机制，共同促进亚洲图书馆事业的繁荣发展。

（国家图书馆）

·纪　念·

【任继愈百年诞辰纪念活动】 4月15日，任继愈百年诞辰纪念活动在国家图书馆开幕。纪念活动包括举办“永远的怀念——任继愈先生百年诞辰纪念展”“永远的怀念——任继愈先生百年诞辰纪念会暨学术研讨会”，出版《永远的怀念——任继愈先生百年诞辰纪念文集》等。文化部党组书记、部长雒树刚，文化部党组成员、部长助理兼办公厅主任于群，文化部原副部长、国家图书馆名誉馆长周和平，国家图书馆馆长韩永进出席仪式，来自全国图书馆界代表，任继愈研究会代表，高校、科研院所的专家、学者，任继愈家属及其家乡山东平原县代表100余人出席了活动开幕式。国家图书馆常务副馆长陈力主持开幕仪式。开幕式后，与会嘉宾参观了在国家图书馆一号展厅展出的“永远的怀念——任继愈先生百年诞辰纪念展”。该展览展出到5月22日，以图文并茂的形式，展出任继愈的代表性著作，主持编纂的大型文化工程，个人的批示、题字、档案以及赠送给国图员工的礼物等，全面、深入展示任继愈的成长历程、各个时期的精神风貌、突出的学术成就以及对中国图书馆事业和中华民族文化复兴的卓越贡献。随后，全国宗教学界、哲学界、历史学界以及国内外图书馆界的专家、学者100余人参加了“永远的怀念——任继愈先生百年诞辰纪念会暨学术研讨会”。

（国家图书馆）

专题介绍

【中国地质图书馆】 中国地质图书馆（中国地质调查局地学文献中心）是中国地质调查局所属的公益性事业单位，位于北京市海淀区学院路29号中国地质大学院内。图书馆主要承担地学文献的收藏、加工和开发工作，开展相关研究和信息化建设，向社会提供地学文献信息服务。目前馆藏文献量已达71万卷（册），包括近代地质学启蒙时期以来近200年的国内外地学文献，世界各国地质图件1万余套以及20余个大型文献数据库。中国地质图书馆与60多个国家和地区的近400个地学机构建立了文献交换及互借业务联系。中国地质图书馆是中国地质调查局地学文献中心、中国图书馆学会常务理事单位、中国科技情报学会理事单位、第一批国土资源科普基地。1913年，民国政府工商部建立地质研究所，地质研究所设有图书室，该图书室是中国地质图书馆的雏形。1916年7月到1949年，中国地质图书馆曾使用过农商部地质调查所图书馆、中华民国地质调查所图书馆、地质调查所图书馆、中央地质调查所图书馆等名称。1952年，图书馆更名为“中央人民政府地质部图书馆”。馆址在北京安定门外六铺炕。1956年4月，国务院总理周恩来批准建立“全国地质图书馆”，并新建图书馆楼。1996年现馆舍在北京学院路29号落成，2000年全国地质图书馆更名为中国地质图书馆。2006年9月，中央机构编制委员会批复中国地质图书馆加挂中国地质调查局地学文献中心牌子。

（张小野）

【北京工业职业技术学院图书馆】 北京工业职业技术学院图书馆始建于1956年，是中国图书馆学会高职院校图书馆分会（筹）挂靠单位。图书馆新馆在2012年5月开工建设，于2016年1月18日启用。新图书馆建筑单体为五层，现馆舍面积1万平方米，阅览室座位1500个。图书馆设有影视厅、视听室、电子阅览室、期刊阅览室、读者培训室、教授工作室、讨论室、IC（全称为Information Commons，信息共享）中心等功能区域，每周开馆时间达100小时，数字资源开放时间为全年开放（每天24小时）。图书馆下设读者服务部、资源建设部、技术支持部和办公室等部门。现有馆员19人（男8人，女11人），具有大专及以上学历17人（博士生1人，硕士生3人）；具有专业技术职务的馆员共计10人（高级职称6人，中级职称2人，助理级2人）。图书馆馆藏中外文图书70万余册，电子图书82万余册，期刊650多种，数字资源数据库45个，IC中心藏有与相应学科和专业课程相匹配的专业报、刊、科技图书、工具书等文献，方便相关人群阅读，其中馆藏的地质测量类图书较为系统化。图书馆对外实行全开架藏借阅一体的服务模式，提供参考咨询、馆际互借、原文传递等特色服务。该数字图书馆建设具有较高水平，图书馆管理采用了汇文图书管理系统，全馆各个区域具备有线、无线全覆盖的网络环境，资源中心配备了刀片等各类服务器26台，磁盘存储空间达到70TB，建设了先进的机房智能管理系统，可实现对机房设备的运行实行远程实时监控和管理；图书馆主页面向全校师生提供了各类数字资源服务超链，包括电子图书、电子期刊、多媒体视频等各种数据库，24小时全天候向读者开放。图书馆有106台电子阅览机位供学生免费使用。该图书馆是中国图书馆学会理事馆、中国图书馆学会高校分会委员馆、教育部图工委委员馆、北京高校图工委委员馆、北京高校网络图书馆管委会委员馆、北京高教学会图书馆工作研究会理事馆、北京高职高专专业委员会主任馆、全国高职图书馆馆长论坛主席单位。

（张小野）

【中国女性图书馆】 中国女性图书馆于2011年12月27日正式成立，位于北京市朝阳区育慧东路1号中华女子学院，是集妇女/社会性别研究的学术性纸质图书、期刊、电子文献、多媒体音像资料、专业网站于一体，并以现代信息管理系统作为技术支撑的阅读和研究场所。中华女子学院是全国妇联所属、经教育部批准的女子普通本科高等学校。为了记录中国妇女解放、落实男女平等基本国策和推动社会性别主流化的发展历程，保存中国妇女和社会性别领域的理论研究与实务工作开展的历史资料，中华女子学院决定在图书馆特色馆藏的基础上建设中国女性图书馆。中国女性图书馆倡导和传播先进的性别文化，建成国内外具有重要影响力的女性/社会性别图书馆，搜集、整理和保存女性/社会性别信息资源，开展具有倡导性和学术性的活动，为研究者和实务工作者提供支持和服务。中国女性图书馆受到各界的关注与支持，全国妇联机关部处、联合国妇女署、世界卫生组织、美国福特基金会、反家暴网络等机构及个人捐赠图书3000余册。目前，中国女性图书馆已拥有印本正式出版物万余册，数据库十余个，期刊四十余种，报纸近十种。

（张小野）

出版与传播

【《东京审判文献资源数据库》出版】 1月6日，由上海交通大学出版社出版的《东京审判文献数据库》在北京首发。该数据库是全球首个可全文检索的东京审判文献资源数据库，包含远东国际军事法庭庭审记录与证据文献、国际检察局讯问记录、相关珍贵历史照片及音视频等资料。数据库一期内容资源约6000万字，包括《远东国际军事法庭庭审记录》（英文版）近5万页，约5000万字；庭审现场、人物等照片约700幅；视频资料50分钟。所有文献经过修复、整理、扫描、录文、标引，实现高保真再现、多元检索和图文声像相互印证，并逐步实现英、中、日三语并行对照。该库通过数字化手段较完整保存了珍贵的东京审判相关图、文、声、像文献资料，集学术性、权威性、适用性、安全性于一体，为国内外研究者提供真实、全面的资料基础和功能强大的数据库工具。

（张小野）

【《智库理论与实践》创刊】 2月28日，《智库理论与实践》创刊号首发式暨智库建设学术座谈会在北京举行。中国科学院科学传播局局长周德进、中国科学院文献情报中心主任黄向阳、南京大学党委副书记朱庆葆，以及中科院科技战略咨询研究院副院长张凤出席首发式并致辞，来自中国科学院、中国社科院、北京大学、南京大学、复旦大学、中国人民大学等国内知名智库专家学者出席首发式。《智库理论与实践》是由中国科学院文献情报中心和南京大学联合主办的双月刊，2016年2月正式创刊。该刊依托中科院和南京大学智库研究优势，联合并聚集国内外智库高端资源，探索智库理论、研究智库建设、指导智库实践、传播智库成果，集学术性、指导性、成果性于一体，致力于成为具有国际视野的国内智库研究领域的一流学术期刊。

（汪　维）

【东北抗日联军专题三部书首发】 9月18日，国家图书馆举办纪念“九一八”事变85周年东北抗日联军专题成果发布会，“不朽的抗联”——中国记忆项目东北抗日联军专题资源建设成果展同时开展。国家图书馆馆长韩永进、副馆长李虹霖出席活动，抗联老战士代表、抗联后辈代表、抗联研究领域专家应邀出席活动并发言。来自中科青云实验学校学生、国图热心读者及社会各界代表200余人参加了活动。发布会上，东北抗联老战士日记手稿、口述音频等一批珍贵文献入藏国图，韩永进代表国图接受捐赠。东北抗日联军专题资源建设的重要成果之一——《我的抗联岁月——东北抗日联军战士口述史》《最危险的时刻——东北抗联史事考》和《请把我埋在战斗过的地方——追寻远去的抗联》3部书首发。2012年年初，国家图书馆中国记忆项目中心启动了东北抗日联军专题资源建设。5年中，项目组踏遍白山黑水，追寻先烈足迹，先后在北京、黑龙江、辽宁、湖北、新疆、广东、吉林等7个省、区、市，对全部25位已知健在的东北抗联老战士和60位抗联后代、相关历史研究者、亲历者，进行了口述史访问、影音文献采集，获得240小时的口述史料及大量照片、手稿、音像资料等文献，完成东北抗日联军专题资源抢救性阶段工作。

（国家图书馆）

【对日战犯审判三部历史文献首发出版】 10月18日，《丸之内审判文献汇编》《伯力审判庭审记录》《二战日军战史资料汇编》新书发布仪式在国家图书馆举行。国家图书馆馆长、党委书记韩永进出席仪式并致辞，仪式由国家图书馆常务副馆长陈力主持。首发出版的三部历史文献，在内容上极大地补充了“对日战犯审判史料系列”专题文献，是对日本战犯审判文献整理工作的拓展与延伸，也是做好国家社科基金抗日战争研究专项工程“日本战犯审判文献征集、整理与数据库建设”的第一批成果，意义重大。《伯力审判庭审记录》全五册，是国内首次公开出版汇集了中、英、俄、德、日语种的伯力审判庭审记录。伯力审判是东京审判的延续与补充，也是历史上第一次对细菌战罪行公开审判。该文献的整理出版成为揭露侵华日军使用细菌武器这一罪行的第一手审判材料。《丸之内审判文献汇编》全十八册，该文献汇编了盟军总司令部设立特别军事法庭，审判原日本联合舰队总司令丰田副武、原俘虏情报局长官田村浩的庭审记录、法庭证据与法庭判决等审判相关材料，揭露了日军作战期间虐待、虐杀俘虏等重大犯罪事实，是日军残暴战争罪行的铁证。《二战日军战史资料汇编》全三十册，是国内首次公开出版二战日本陆海军战史档案资料，涉及日军战前的政策战略、战争计划与各主要战场的具体作战情况，覆盖了日本在太平洋战场的所有方面，包括各区域、各部队及重要战斗情况，其中还有大量日军侵华事实，涉及“九一八”事变、卢沟桥事变、台儿庄战役、昆仑关战役等重要事件，是研究“二战”战争史的重要史料来源。

（国家图书馆）

2016年北京市公共图书馆统计资料表

表1

	个数（个）	总藏数（万册、万件）	总流通人次（万人次）	书刊文献外借册次（万册次）
全　市	25	6229	1800	1081
首都功能核心区	5	343	232	219
东城区	2	144	73	77
西城区	3	199	159	142
城市功能拓展区	9	5067	1151	503
朝阳区	3	1069	614	310
丰台区	2	104	36	46
石景山区	2	115	55	50
海淀区	2	3779	446	97
城市发展新区	6	444	261	204
房山区	2	125	25	33
通州区	1	61	100	45
顺义区	1	96	36	32
昌平区	1	67	48	60
大兴区	1	95	52	34
生态涵养发展区	5	375	156	155
门头沟区	1	90	1	7
怀柔区	1	72	48	33
平谷区	1	90	78	79
密云区	1	68	12	18
延庆区	1	55	17	18

（北京市统计局）

2016年北京市各区街道、社区图书馆（室）基本情况统计表

表2

项目／馆名	街道图书馆（室）：图书馆（室）	藏书（册）	订报刊（种）	购书费（万元）	工作人员：专职（人）	工作人员：兼职（人）	馆舍面积（平方米）	阅览室座位（个）	累计外借证数（个）	接待读者（人次）	文献外借（册次）	社区图书馆（室）：图书馆（室）	藏书（册）	订报刊（种）	购书费（万元）	工作人员：专职（人）	工作人员：兼职（人）	馆舍面积（平方米）	阅览室座位（个）	累计外借证数（个）	接待读者（人次）	文献外借（册次）
东城（北区）	11	152848	292	39.439	15	9	2572	228	17757	78293	116318	67	219954	246	—	7	77	3498	1210	—	29798	21433
东城（南区）	7	119159	60	20.367	4	12	1425	264	3161	46648	59228	62	82775	10	0.709	2	62	1790	172	844	7268	11260
西城（北区）	14	—	565	11.953	25	3	1400	305	27233	150102	285785	36	64155	478	—	—	36	802.7	446	—	23329	28990
西城（南区）	20	193249	456	9.5	28	30	2883	727	10040	170622	80741	78	43895	373	30	13	76	3019	735	998	46261	6256
石景山	9	24289	450	13.95	4	5	818	270	1431	34271	17063	46	138000	3725	120.69	0	46	2760	460	—	—	—
朝阳	24	518277	821	8.827	41	14	5379.4	1156	1031	185865	217311	321	1003714	6132	27.629	260	399	21387.2	5966	25643	918383	805149
海淀	27	197332	189	15.9	10	15	2926.1	730	9121	114331	70728	113	322639	17235	11.16	54	54	5427	2146	9937	25287	26129
丰台	16	79799	199	6.16	3	22	1520	476	2859	10883	16355	196	619101	618	12.1	148	172	5520	14882	11589	69981	58365
顺义	6	30000	120	—	—	6	180	120	—	12000	18000	74	171029	1480	—	—	74	2220	1480	—	148000	222000
昌平	2	16218	5	—	—	2	160	40	—	—	—	45	77970	5	52.442	—	45	2000	8830	21000	86400	259200
门头沟	4	—	15	—	—	4	240	80	—	212	442	62	—	15	—	1	61	3720	151	—	4653	8327
通州	4	36000	10	—	—	4	340	135	—	6750	691	45	93700	10	64.75	—	45	2857	813	—	17378	2853
房山	3	16635	50	—	—	3	220	90	3819	5394	2718	4	11400	189	—	—	4	300	74	2997	8093	2434
（燕山）	5	69870	20	0.1	—	5	600	125	—	14223	16452	31	35000	51	0.7	1	48	1619	321	—	17340	18785
大兴	4	12267	42	—	5	1	750	170	139	3611	3370	74	157051	247	0.33	13	79	3382	1323	497	24553	16815
怀柔	2	5000		—	—	2	120	60	—	3750	1530	31	80600	290	8.7	31		480	310	—	13300	16830
平谷	2	5000	80	—	—	2	350	30	505	4022	5613	30	45000	600	—	—	30	600	450	4344	11124	24562
延庆	3	9000	10	—	—	3	100	18	190	2358	2519	37	95298	10	—	—	37	1278	222	951	11790	10593
密云	2	36750	66	—	3	10	650	55	5627	2000	745	34	24330	306	—	—	34	955	394	—	17447	2985
合计	165	1521693	3450	126.196	138	152	22633.5	5079	82913	845335	915609	1386	3285611	32020	329.21	530	1379	63614.9	40385	78800	1480385	1542966

注：西城区北区街道图书馆（室）藏书都由区图书馆配送；门头沟区基层图书馆由区图书馆配送

（首都图书馆）

2016年北京市各区乡镇、村图书馆（室）基本情况统计表

表3

项目	街道图书馆（室）											社区图书馆（室）										
馆名	图书馆（室）	藏书（册）	订报刊（种）	购书费（万元）	工作人员 专职（人）	工作人员 兼职（人）	馆舍面积（平方米）	阅览室座位（个）	累计外借证数（个）	接待读者（人次）	文献外借（册次）	图书馆（室）	藏书（册）	订报刊（种）	购书费（万元）	工作人员 专职（人）	工作人员 兼职（人）	馆舍面积（平方米）	阅览室座位（个）	累计外借证数（个）	接待读者（人次）	文献外借（册次）
朝阳	19	296092	459	10.2	22	18	3065	655	1196	102565	122555	66	198980	770	9.308	46	77	4633	1090	2603	59128	60809
海淀	7	45828	33	2	1	8	1075	280	576	1701	2106	80	87084	134	3.36	19	9	1319	295	2121	42043	13601
丰台	5	66499	104	3	4	3	1230	186	811	15654	45465	66	20983	619	5.2	71	88	5948	1758	5730	48369	52481
顺义	19	202789	380	—	—	19	570	380	—	38000	57000	407	984390	8140	—	—	407	12210	8140	—	814000	1221000
昌平	16	186456	5	—	—	16	1978	400	1154	32304	116850	303	545400	5	—	—	303	9090	7575	30000	290880	872640
门头沟	9	—	15	—	1	8	100	180	—	279	627	163	—	15	—	—	163	3260	652	—	7379	9365
通州	11	215320		—	6	11	2176	400	—	9017	9573	446	1276319		70.925	—	446	35680	9920	—	169106	106238
房山	20	77601	237	—	—	20	1264	577	5412	24204	7809	76	232408	688	—	—	76	4049	1721	3843	33058	10957
大兴	13	126251	57	1.95	18	8	1370	453	507	6951	10125	444	1066847	838	20.263	92	439	16459	6625	1751	65237	46290
怀柔	14	26200		—	—	14	340	75	—	1850	2000	284	700457	2840	85.2	284	—	9018	3257	—	99900	137300
平谷	16	80000	320	—	—	16	2400	480	2344	34445	54499	271	406500	5420	—	—	271	5420	4065	28913	85399	11643
延庆	15	130000	10	—	—	15	610	90	1621	10896	11148	376	794473	10	—	—	376	13597	5539	8105	54479	51738
密云	18	81779	85	—	21	17	1235	399	3207	13080	4304	334	575189	1613	—	—	334	11156	8910	4184	82750	37508
合计	182	1534815	1705	17.15	73	173	17413	4555	16828	290946	444061	3316	6889030	21092	194.256	512	2989	131839	59547	87250	1851728	2631570

（首都图书馆）

群众文化

【概　况】2016年是“十三五”规划的开局之年，北京市群众文化与公共文化事业的发展紧紧围绕首都城市战略定位，按照“一二三四五”发展思路（“一”是坚持以人民为中心的工作导向；“二”是强化阵地意识和文化民生意识“两个意识”；“三”是构建完善公共图书服务、文化活动、公益演出三大公共文化服务配送体系，实现文化惠民项目与群众需求有效对接；“四”是大力推进基层公共文化服务实现标准化、均等化、社会化和数字化；“五”是积极开展引领工程、示范工程、提升工程、对接工程、培训工程五大工程），坚持保基本、促公平、提效能，聚焦基层、均衡城乡，以加快构建现代公共文化服务体系为总目标，落实相关配套政策，着力改善全市城乡基层公共文化服务水平，保障群众基本文化权益。

为了进一步推动政府职能转变，创新公共文化产品和服务供给方式，鼓励和引导社会力量参与现代公共文化服务体系建设，提高公共文化服务质量和资金使用效率，市文化局会同财政等相关部门，制定了《关于政府向社会力量购买公共文化服务的实施意见》。

2016年，北京市顺利完成第二批国家公共文化服务体系示范区（项目）的验收工作。借鉴国家示范区创建经验，创新机制、搭建平台，市文化局与市财政局共同启动首都公共文化服务示范区创建工作。

2016年，北京市继2015年连续两年，以“我的中国梦·欢乐新北京”为主题，围绕“歌唱北京”“舞动北京”“戏聚北京”“艺韵北京”“影像北京”和“阅读北京”六大板块，开展首都市民系列文化活动，群众文化活动丰富多彩。2016年，北京市开展第十七届全国群星奖比赛参评工作。群众文艺创作获得丰硕成果。

公益文化惠民活动蓬勃开展。深入开展“农村文艺演出星火工程”“周末场演出计划”“百姓周末大舞台”等公益惠民演出活动。

2016年，采取多种方式，加强基层设施建设，提升设施运营管理和服务水平。加强通州城市副中心文化设施建设。加快数字化建设。构建文化活动配送体系。

推动京津冀公共文化协同发展。推进示范志愿项目，实现文化惠民项目与人民群众文化需求有效对接。开展了基层公共文化人才队伍调查统计工作。试点建立群众文化组织员，继续实施“千名基层文化组织员培训工程”。

（徐　玲）

机　　构

【海淀区北部文化中心】7月10日，海淀区北部文化中心正式对公众开放。海淀区北部文化中心填补了海淀北部地区没有大型公共文化设施的空白，为周边38万名居民和北部入驻各类的高新企业提供文化服务，满足区域公众的文化需求。海淀区北部文化中心位于温泉镇，总建筑面积8.8万平方米。海淀区北部文化中心由档案馆、文化馆、图书馆和温泉中心4个部分组成。其中，档案馆、文化馆和图书馆建成后主要用于公益性的文化服务，而温泉中心未来将建成一个商业配套设施，首层为商场，二层到四层为电影院及其他配套商业。位于海淀区北部文化中心二楼的海淀通史展也正式和公众见面，这是首个梳理海淀发展历史脉络的展览，展区面积2700平方米，为长期展览，市民可以免费参观。

（徐　玲）

业务建设

【北京市人民政府办公厅转发市文化局等部门《关于政府向社会力量购买公共文化服务的实施意见》发布】7月31日，北京市人民政府办公厅转发市文化局等部门《关于政府向社会力量购买公共文化服务的实施意见》（以下简称《实施意见》）发布。为了进一步推动政府职能转变，创新公共文化产品和服务供给方式，鼓励和引导社会力量参与现代公共文化服务体系建设，提高公共文化服务质量和资金使用效率，市文化局会同财政等相关部门，制定了《关于政府向社会力量购买公共文化服务的实施意见》及其购买目录，旨在探索建立新机制、新模式，激发社会活力，吸引社会力量投入公共文化建设，培育文化类社会组织，提供公共文化服务，提升公共文化建设社会化程度。《实施意见》要求2016年年底，各区政府出台购买公共文化服务的指导性目录或具体购买目录，初步建立购买公共文化服务政策制度，形成统一有效的工作机制。到2020年，全市建立比较完善的购买公共文化服务制度，形成与市经济社会发展水平相适应的公共文化服务资源配置机制和供给机制，社会力量参与和提供公共文化服务的氛围更加浓厚，公共文化服务内容日益丰富，公共文化服务质量和效率显著提高。

（徐　玲）

【完成第二批国家公共文化服务体系示范区（项目）的验收工作】 2016年，北京市顺利完成第二批国家公共文化服务体系示范区（项目）的验收工作。东城区获得第二批国家示范区称号，海淀区、延庆区的第二批示范项目验收合格。海淀区入选第三批国家示范区，石景山区、房山区入选第三批示范项目。通过实施示范区（项目）的创建，创建区的软硬件水平得到迅速提升和改善。

（徐　玲）

【启动首都公共文化服务示范区创建工作】 借鉴国家示范区创建经验，创新机制、搭建平台，市文化局与市财政局共同启动首都公共文化服务示范区创建工作。全市共六个区政府提出创建申请，经过材料评审、专题汇报和委托第三方评估三个环节的评选，最终石景山区、丰台区、房山区、大兴区、通州区获得创建资格。首都示范区创建工作充分调动了各级党委、政府的积极性，进一步加强公共文化服务保障，提高基层公共文化建设水平，以典型示范带动全市的整体提升。

（徐　玲）

【加强基层设施建设】 2016年，北京市采取多种方式，加强基层设施建设，提升设施运营管理和服务水平。全市四级公共文化设施6691个，平均覆盖率98%。启动基层公共文化设施建设情况的调研摸底工作，编制未来四年实现基层公共文化设施全覆盖建设规划，分解建设任务。2016年，海淀区采取整体购买服务的方式，将北部文化中心委托给社会机构运营管理，提升专业化运营水平。丰台区卢沟桥街道将文化中心委托给北京市演出公司，全方位提升管理水平和服务质量。

（徐　玲）

【加强通州城市副中心文化设施建设】 根据市政府统一安排，由文化局牵头编制了《通州区城市副中心文化设施建设规划》，重点加强基层文化设施建设。委托第三方评估机构，对乡镇街道综合文化中心运营情况进行评估和分析，督促提高服务效能。

（徐　玲）

【加快数字化建设】 截至年底，北京市文化信息资源共享工程数据资源总量已达到689.681TB，通过服务平台输送到基层服务点，在数字文化社区高清交互平台更新视频资源、演出信息、电子图书，更新发布视频资源1079.8GB，1410.2小时，演出信息219条，电子图书7453册，触摸读报系统点击量49487次，高清交互平台点击量167092次，网站点击量724766次，网站视频更新量153部。全市有共享工程站点4295个，300个数字文化社区，100个24小时自助借书机。

（徐　玲）

【构建文化活动配送体系】 2016年，启动了文化活动、文化辅导、文化培训配送体系搭建调研工作，以群众需求导向，完善菜单式、订单式配送服务模式，把各类文化资源输送到基层。石景山区、房山区试点“百姓点菜、政府端菜”，使政府提供的服务更加有效地与群众需要相对接。东城区与北京演艺集团开展基层公共文化设施专业化社会化运营合作，利用专业文化资源和人才资源提供“菜单式”“订单式”的各项规范化与标准化服务。

（徐　玲）

【基层公共文化人才队伍调查统计工作】 2016年，进行了基层公共文化人才队伍调查统计工作。经统计，全市街乡综合文化中心2299人。社区、村群众文化组织员8080人，其中专职2164人，占26.78%；兼职5916人，占73.22%。基层群众文艺团队9204支，参与人数28万人，年开展活动48.69万人次。全市16个区、21个分中心登记在册文化志愿者3.27万名，文化志愿团体311个，基本建成了以市文化志愿者服务中心为龙头，以区分中心为基础，覆盖市、区、街道乡镇的三级文化志愿服务网络。

（徐　玲）

【群众文化组织员建设】 试点建立群众文化组织员，总结推广经验。延庆区为每个行政村配备1名文化组织员，通过面试、培训、考核等一系列环节，建立了文化组织员的上岗工作制度。东城区采取给每个社区5万元的方式，为每个社区配备1名以上的群众文化组织员。石景山区采用聘用社工的方式，为每个社区配备群众文化组织员。按照“六会”标准（会做群众工作、会组织活动、会指挥、会乐器、会跳舞、会电脑），继续实施“千名基层文化组织员培训工程”，每年培训1000名，培养1支符合首都特色、素质优良的基层文化干部队伍，加强文化干部的专业素质，提高其增强地区文化凝聚力、组织文化活动的能力。

（徐　玲）

作　　品

【学生版音乐剧《妈妈咪呀！》】 4月14日，北师大附属实验中学SDSZ Musical音乐剧社排演的学生版音乐剧《妈妈咪呀！》上演。音乐剧的演员全部由该校学生组成，从排练到演出的各个环节均由学生自主完成。

（崔　渊）

【儿童舞剧《梦》】 5月22日，首都文艺志愿者主题公益儿童舞剧《梦》在民族剧院上演。该舞剧灵感来自首都文艺志愿者在北京、新疆维吾尔自治区、西藏自治区、内蒙古自治区等地开展文艺志愿服务过程中的亲身经历，全剧分为5个部分，讲述了女主角“梦”到山区、边疆等地支教所发生的一系列故事，来自7所小学的近200名小演员参加演出。导演王佳馨，北京市密云二小舞蹈团、北京市中古友谊小学舞蹈团、北京市盲人学校等参加演出。

（姚怡瞰）

【长篇小说《暗斗》】 6月，延庆公安分局民警张和平创作的长篇小说《暗斗》由中国文联出版社出版发行。这是继反映平北军民抗战的长篇小说《杀寇诀》之后，他出版发行的第二部长篇小说。《暗斗》是一部青春励志类长篇小说。张和平1985年参加公安工作，从警31年来，在出色完成本职工作的同时一直潜心文学创作，在百余家媒体发表文学作品500余篇。

（徐　玲）

活　　动

【2016年全国乡村春节联欢晚会】 1月8日，2016年全国乡村春节联欢晚会在北京星光影视城举行。本届“村晚”由农业部中国合作经济学会农村社区小康建设专业委员会、农林卫视、大众音乐协会等单位主办，来自全国20多个省、区、市的基层农民300余人观看了演出。河南省新县、云南省怒江州泸水县、湖北省鹤峰县容美镇容美村、北京市顺义区石家英村、安徽省歙县大阜村、陕西省商洛市商州区、吉林省乾安县文化馆、江西省九江市庐山区、浙江省嘉善县天凝镇等推选出的24个节目进行了演出。

（徐　玲）

【“我们的中国梦，文化进万家”舞蹈教学成果展示】 1月18日，由北京市文联主办，北京舞蹈家协会、北京薇峰博艺艺术中心承办的“我们的中国梦，文化进万家”舞蹈教学成果展示在北京市文联小剧场举行。70余位来自北京各区的老年舞蹈爱好者展示了他们通过老年舞蹈课堂学习的成果。表演的节目有蒙古族舞蹈《草原女人》、胶州秧歌《沂蒙情》、藏族舞《阿妈拉》等群众舞蹈作品。活动结束后，专家们还就如何让中老年人的舞蹈艺术培训课程走向成熟，如何将群众文化艺术搬上舞台等话题展开了讨论。

（姚怡瞰）

【文化部老艺术家赴北京房山送演出】 1月19日—22日，文化部离退休人员服务中心组织50多位老艺术家赴房山区窦店村，开展文化共建、送文化下乡、惠民演出活动。演出活动在窦店村民族文化宫剧场连演6场，惠及7000多名干部群众。

（徐　玲）

【首都书画家到马驹桥写春联送福字】 1月23日，中国教育网络电视台书画台联合中国楹联学会、通州区马驹桥镇政府、雅贝丽艺术馆共同举办了“义务写春联、万福进万家”——首都书画家走进北京通州区马驹桥活动。首都书画家10余人冒着严寒，到通州区马驹桥镇六郎庄村，开展春节文化惠民公益活动，共创作春联作品100余副，送出了100多个“福”字。

（徐　玲）

【艺术家为大栅栏居民写春联】 1月24日，中国艺术研究院中国篆刻艺术院联合北京市西城区委共同举办了中国篆刻艺术院部分研究员和著名艺术家赴北京大栅栏老街区走访老街老巷，慰问老街坊、老市民活动。艺术家们深入大栅栏社区，了解基层群众的生活状况，体验传统的街区民俗文化，为街区居民写春联、贴春联、送温暖。此次书法、篆刻艺术家们带来的春联上都有一枚大吉语印，如“丙申大吉”“金猴献瑞”等，为春联的形式增添了新的光彩。

（徐　玲）

【发放免费庙会门票】 2016年春节前夕，为了营造欢乐、喜庆、祥和、浓郁的节日氛围，根据市委、市政府的部署和安排，市文化局会同有关部门，采取政府购买文化服务的方式，加大文化惠民力度，组织开展了“文化惠民逛庙会 欢欢喜喜过大年——市政府向首都市民发放20万张免费庙会门票”活动。经问卷调查，该次活动市民满意度达99.72%，抢票率达到100%，换票率达到85%。其中，龙庆峡冰灯艺术节的换票率达到97%，大观园庙会的换票率达到89%。5天内，6个庙会总活动参与人数达259万人次，总人数比2015年增加了21%。

（徐　玲）

【第八届北京文化志愿者“送福到家”活动】 2月2日，由北京文化艺术活动中心、北京市文化志愿者服务中心组织的“春满福地”——第八届北京文化志愿者“送福到家”活动在中环大厦拉开序幕，文化部公共文化司、市文化局、市市政市容委、北京环卫集团领导及环卫集团环境研究发展有限公司环境监测实验室团队与13位北京环卫集团在职劳模出席了该次活动。除了现场慰问活动，主办方还启动了贯穿全年的“最美环卫人”摄影比赛。除了环卫集团总部，全市各志愿者分中心也在辖区内为环卫工人、首都建设者以及需要帮助的弱势群体送上新春祝福。

（徐 玲）

【市文联组织首都艺术家开展元旦、春节文化慰问活动】 元旦、春节期间，市文联先后组织文学、美术、书法、摄影、民间文艺等门类的艺术家，开展了以“深入生活、扎根人民”为主题的文艺惠民演出、“我们的中国梦——文化进万家”系列活动、“迎新春送祝福，送欢乐下基层”书画笔会等活动。首都艺术家分别走进驻怀柔部队、北京市监狱管理局清河分局、龙潭街道、北京市第三中级人民法院等地，连续开展了7场文艺惠民演出。北京曲艺家协会连续举办了3场“首都文艺家社会主义核心价值观主题巡演”和14场“首都道德模范故事汇曲艺精品节目高校巡演”活动。市文联社团组织北京国风书画学会、北京社区文化促进会、北京九洲书画研究会等在海淀区学院路街道二里庄社区、海淀区花园路街道社区等地连续举办了5场“我们的中国梦——文化进万家”春节文化惠民活动，创作了各具特色、年味浓郁的春联、“福”字和国画等书法作品共1000多幅。此外，北京摄影家协会也组织首都摄影名家，为丰台区郭庄子村的居民免费拍摄了全家福和生活照。北京市文联连续开展了6场“我们的中国梦”文艺志愿服务活动进基层活动，活动把文艺培训和慰问等文艺惠民活动与“中国梦”宣传教育结合起来。艺术家们在送春联、福字、剪纸的基础上，突出文艺志愿服务“种文化”的特点，边送边教，让基层群众参与到文艺创作中。此外，北京曲协与多所学校合作开展曲艺艺术的传承教育工作，分别在海淀民族小学和密云果园小学建立了北京少儿曲艺培训基地。同时还开展了文艺培训活动，艺术家分别走进东城区东四街道、顺义牛栏山一中、密云文联等地，为文艺工作者、各区文艺家协会会员和艺术教师开展了涵盖合唱、舞蹈、民间文学等多种艺术门类的文艺培训共计9场。

（徐 玲）

【猴年新春北京文化活动】 猴年春节前后，中共北京市委宣传部、市文化局、市文物局、市公园管理中心、市体育局和市旅游委携手16个区，共同为市民备下了丰厚的文化年货：25个公园新春游园会、38个博物馆展览、188项群众文化活动、334场演出，陪伴市民红红火火过大年。2月7日—13日，全市47家专业演出场馆共举办119台、334场文艺演出。国家大剧院、长安大戏院等均推出了新春系列戏曲演出，经典剧目、名家名角悉数登场。此外，音乐会、喜剧、儿童剧等也别具特色，满足了市民的不同需求。春节期间，市属11家公园及中国园林博物馆，以“古都名园览春胜　丙申金猴纳祥福”为主题，开展25项新春游园活动。名园纳祥新春祈福、迎春精品花卉贺岁、快乐健身冰雪冬奥、历史名园文化展览，四大类别文化活动令逛公园的人们颐养性情。博物馆里过大年，是近年来北京春节文化活动的新亮点。国家博物馆举办了“领袖·人民”——馆藏现代经典美术作品展、罗马尼亚珍宝、从威尼斯王国到威尼斯画派、大象中原等系列展览；首都博物馆举办了猴年生肖展、大清康熙御窑瓷、京津冀民间收藏文化展等。中国妇女儿童博物馆、北京艺术博物馆等场馆也分别举办不同主题的展览。全市文化馆（站室）、图书馆、博物馆继续免费开放，群众文化活动遍布城乡。首都图书馆举办“‘十三五’规划十大惠民政策与你有关”展览和“悦读阅美”展览。平谷区图书馆举办“看年画赏民俗”展览。西城区第一文化馆举办春节综艺演出、曲艺专场演出、京剧专场演出等系列文化活动。为丰富特殊群体的精神文化生活，春节期间各区还面向老年人、残疾人、来京务工者举办文化慰问活动。

（徐 玲）

【北京公园风景区开展迎新春文化活动】 2016年春节期间，全市公园和风景名胜区推出4大类31项文化活动，除了传统的逛庙会，还有观花、猜灯谜、赏歌舞以及冰雪活动，部分公园景区文化活动一直延续到2月底。地坛庙会会期从农历正月初一到正月初五（2月8日—12日），由以往的8天改为5天。除了扫年货、祭地等活动以及抖空竹、古彩戏法、“非遗”展示等精彩节目外，每年的专属主题活动和吉祥物也是地坛庙会的一大亮点。龙潭庙会会期和地坛庙会相同，春节期间举办各类公益文化活动和精品展。北京大观园的“红楼庙会”为市民呈现了元妃省亲古装仪仗表演、刘姥姥醉酒高空艺术表演、黑祥子活雕塑表演等节目。石景山游乐园的“2016春节洋庙会”沿袭往年特色，举办了旅游文化展、彩车巡游、娱乐互动新春嘉年华、特色经典游艺等文化活动。2016北京名人名兰展从2月4日起在中山公园举办，展出春兰、墨兰、虎头兰、兜兰以及朱德、张学良等名人赠送公园的兰花品种，共计70余种、150余盆。万寿公园举行迎新春花卉展，展出了大量名花。世界花卉大观园除了赏百花、猜灯谜以及老北京文化展等传统项目外，2016年还增加了唱卡拉OK以及昆虫童话王国、侏罗纪时代展等特色活动。朝阳国际风情节于正月初一至初六在朝阳公园举办，连续第14年保持5元票价不变，来自10多个国家和地区的近百位艺术家，为市民献上原汁原味、风格迥异的歌舞与音乐表演。冶仙公园举办以秧歌、戏曲为主题的文化艺术节。天坛公园举办礼乐文化展，“中和韶乐”呈现在市民眼前。龙庆峡冰灯艺术节上，高山滑雪、冰壶冰球等冬奥项目及大量冰雕、雪雕作品，让人仿佛置身冬奥赛场。金海湖冰雪嘉年华元旦即已启幕，上千平方米的“雪地迷宫”妙趣无穷。延庆香水苑公园开设了“冰上乐园”，在往年冰车、冰刀的基础上，2016年还新增了冰上自行车娱乐项目。此外，市民还可以到北京动物园观看猴年生肖文化展，到颐和园参观梅花、蜡梅文化展，到云居寺风景区体验传统民俗活动“踩岁”。市政府通过微信方式免费发放10万张庙会游园门票，被热情的市民“秒杀”，在全市掀起了欢乐游园迎新春的热潮。2月9日，游客相对集中的卧佛寺、植物园科普馆国兰展厅开启了单向游览措施，2月10日起，市属11家公园启动游园安保扩容方案，以确保游客游览安全。

（徐　玲）

【公园景区开展文化活动迎端午】 6月9日—11日，端午节期间，北京市公园风景区推出25项文化活动供市民参与。游园高峰时，市属公园开启29条单行线。市属11家公园及中国园林博物馆举办“端阳思贤”主题游园会。陶然亭公园华夏名亭园内，有专门纪念屈原的独醒亭景区，端午当天工作人员身着汉服在屈原雕像前进行十番乐表演，同时公园还举办赛龙舟、端午民俗知识展示等活动。在天坛公园，游人可进入神乐署“摸壁睹墅”，感受皇家坛庙曾经特有的端午民俗。中国园林博物馆举办“端午话非遗——老北京的端午节”民俗讲座，游客可以制作民俗配饰“五彩缕”，并体验制作民俗工艺蓝印花布等。北京植物园“水杉林喷雾”端午期间每天10时至15时开放。中山公园“夏季花卉展”开幕，游客可欣赏到霸王树、沙漠玫瑰等共1500余盆花卉植物。颐和园、北海、中山、陶然亭、紫竹院、玉渊潭6家市属公园新增游船百余条，近1800条游船伴游客端午泛舟。云居寺推出挂艾叶祈福、沐兰净手除五毒、DIY制作端午传统配饰五彩缕、文化游园等系列活动。端午节当天市民参观游览云居寺，可领取艾叶一枝。龙舟大赛是夏都公园每年端午的保留节目。中华民族园举办“羌族端午节”，活动包括羌族歌舞、羌笛演奏、包粽子、打洋芋粑粑、学跳羌族萨郎舞等，还可以参观羌族文化遗产展览。

（徐　玲）

【中国文联文艺志愿服务团到房山慰问演出】 6月22日，中国文联文艺志愿服务团百余名艺术家、文艺工作者到房山区霞云岭乡堂上村，在歌曲《没有共产党就没有新中国》创作诞生地进行慰问演出，并与现场近3000人齐唱《没有共产党就没有新中国》，表达了对党的敬仰、爱戴和无限深情。

（徐　玲）

【文化部老年大学民乐队专场音乐会】 6月28日，为纪念中国共产党建党95周年暨红军长征胜利80周年，由文化部离退休干部局主办的老年大学民乐队专场音乐会在北京举行。老年大学民乐队现场演绎了民乐合奏《翻身的日子》《幸福年》，琵琶独奏《唱支山歌给党听》，笛子独奏《沂蒙山歌》等民乐作品。随后举行了“两优一先”（优秀共产党员、优秀党务工作者、先进党支部）颁奖仪式。文化部副部长杨志今观看了音乐会并为获奖者颁奖。

（崔　渊）

【中国舞蹈考级10周年教学成果展演】 7月12日—14日，中国舞蹈家协会“陪伴你成长”——中国舞蹈考级10周年全国教学成果展演在民族剧院举办。该展演邀请山西、河南、云南、湖南等28个省区市参与，参选单位共47家，推选节目近300个，最终共58个节目入展，有《太平女儿鼓》《蜂儿乐》《博弈》《流动娃》等作品，近1500名少儿参演。

（姚怡暾）

【首都市民合唱周系列活动】 7月13日—10月27日，由北京文化艺术活动中心、海淀区文化委员会共同主办的第三届“北京之声”——首都市民合唱周系列活动暨海淀区万人合唱季在北京举行。活动期间陆续开展了合唱普及工作坊、群众合唱指挥比赛、基层慰问等10项系列活动。闭幕式上，正式发布了合唱周的主题曲《生命如歌》。

（崔　渊）

【市直机关第四届文化艺术节】 8月25日—9月19日，北京市直机关第四届文化艺术节在北京举办。该届文化艺术节以“凝心聚力跟党走，协同发展谱新篇”为主题，围绕庆祝中国共产党建党95周年、纪念中国工农红军长征胜利80周年，共组织开展了以“同心迎冬奥”为主题的京津冀省（市）书画作品展览，以“北京新气象”为主题的优秀摄影作品展览和以“唱响中国梦”为主题的合唱比赛3项活动。

（白　莲）

【首都老干部歌咏大会】 10月11日，为纪念红军长征胜利80周年，北京2500余名离退休老干部在月坛体育馆唱响爱国歌曲。来自全市各区、各系统的23个合唱团组成多个方阵，与老、中、青歌唱家共同演唱了《遵义会议放光芒》《四渡赤水出奇兵》等10首歌曲。市委副书记苟仲文出席歌咏大会。

（崔　渊）

【中央国家机关干部职工文艺会演】 10月13日，为庆祝中国共产党建党95周年、纪念中国工农红军长征胜利80周年，由中央国家机关工委主办，中央国家机关工会联合会和文化部直属机关党委、中国歌剧舞剧院联合承办的中央国家机关干部职工文艺会演在北京展览馆剧场举办。该会演以“不忘初心、继续前进”为主题，分为“建党”“长征”“歌颂祖国”3个篇章。中央国家机关33个部门的近千名干部职工参与演出，中央国家机关各部门党员干部职工代表2800余人观看了演出。

（白　莲）

【京津冀群众精品文艺节目展演】 11月30日，“群星耀京华”——京津冀群众精品文艺节目展演活动在国家大剧院举办。文化部、北京市、天津市相关领导出席了展演活动。展演坚持以人民为中心的工作导向，体现了“群众演、演群众、演给群众看”的特点，是一台展现三地群众文化创作成果和精神风貌的群众文化盛宴。展演以三地历届群星奖获奖作品、入围作品和群众优秀原创作品为主要内容，涵盖舞蹈、音乐、戏剧、曲艺等艺术门类和老年、中年、青年、少年儿童等各年龄段，突出了作品的原创性、群众性和参与性。现场观众2000人都是来自一线的建筑工人、基层群众和群众文艺团队。

（徐　玲）

【中科院举办“科技组歌”音乐会】 12月10日，为庆祝中国科学院成立67周年，中国科学院文联“科技组歌”音乐会在北京举行。“科技组歌”的创作历时四年，是一部歌颂中国科学院科技创新历程的音乐会。中国科学院合唱团的科技工作者们参演，通过“光荣起航”“艰难跋涉”“科学春天”“创新圆梦”4个乐章，演绎了中国科学院67年的历程。

（崔　渊）

【开展首都市民系列文化活动】 2015—2016连续两年，北京市以“我的中国梦　欢乐新北京”为主题，围绕“歌唱北京”“舞动北京”“戏聚北京”“艺韵北京”“影像北京”和“阅读北京”6大板块，开展首都市民系列文化活动，活动贯穿全年，覆盖全市，形成四级联动机制，带动市、区、街乡、社区村四级文化品牌活动联动开展，丰富了市民文化活动内容和形式。2016年，制定印发了《2016—2020年首都市民系列文化活动总体方案》，对未来五年的活动进行统一规划和安排。2016年，全市共举办各类文化活动4.3万场次，参与群众3745万人次。

（徐　玲）

【群众文艺创作成果丰硕】 2016年，北京市群众文艺创作获得丰硕成果。开展第十七届全国群星奖比赛参评工作，经过角逐，北京市音乐、舞蹈、戏剧、曲艺4个门类8个作品从全国5052个初赛作品中脱颖而出，入选全国复赛，4个门类各有1个作品入围决赛，最终曲艺作品《丰碑》获得文化部第十七届群星奖，全国仅有20个作品获此殊荣。

（徐　玲）

【公益文化惠民活动蓬勃开展】 2016年北京市公益文化惠民活动蓬勃开展。利用节假日，以庆祝建党95周年、纪念红军长征胜利80周年等为主题，深入开展“农村文艺演出星火工程”“周末场演出计划”“百姓周末大舞台”等公益惠民演出活动近万场。启动“首都市民音乐厅”项目，根据市民的需要，邀请交响乐等专业院团入驻首都图书馆，市民免费走进音乐厅，直接服务市民。

（徐　玲）

【推动京津冀公共文化协同发展】 2016年，首都图书馆、北京群众艺术馆分别与天津、河北馆签订战略协议。首图在河北固安设立分馆，北京群众艺术馆与天津、河北两馆共同举办曲艺等艺术节活动。11月30日，在国家大剧院歌剧院举办京津冀优秀群众文艺精品展演，加强三地文化资源与融合，推动京津冀公共文化协同发展。

（徐　玲）

【推进示范志愿项目】 2016年，北京市积极推进示范志愿项目，实现文化惠民项目与人民群众文化需求有效对接。围绕农村文化建设，策划实施了送福到家、文艺表演、送电影、拍摄全家福等服务；丰富社区居民文化生活，策划开展了“暖心工程”“公益大讲堂”“义务辅导站”“朝阳夕阳一样红”“文化进社区”等文化辅导、新春联谊、社区大讲堂培训等服务项目；打造“城市文化志愿艺站”；开展“文化感动生活”北京文化志愿者主题宣传活动。

（徐　玲）

演　　出

【国家大剧院慰问首都外来务工人员专场演出】 1月10日，由文化部公共文化司主办、国家大剧院承办的“文化暖心”——国家大剧院慰问首都外来务工人员专场演出活动在国家大剧院举办。来自建筑业的500多名首都外来务工人员及子女观看了“国家大剧院2016新春祝福音乐会”演出。指挥陈佐湟，国家大剧院管弦乐团演奏，小提琴家宁峰加盟演出。音乐会前，主办单位还组织首都外来务工人员及子女参观了国家大剧院。

（徐　玲）

【中央军委慰问驻京部队老干部迎新春文艺演出】 1月28日，中央军委慰问驻京部队老干部迎新春文艺演出在北京举行。文艺演出分为“铁血雄师”“清风浩荡”“奋楫前行”3个乐章，集中反映全军部队铸魂固本、整风整改、练兵备战、深化改革的新实践、新气象，生动展现广大军民奋力实现“中国梦”、强军梦的时代风采。观看演出的有军队老同志代表，军委机关各部门、驻京各大单位和武警部队的领导。

（徐　玲）

【国家大剧院五月音乐节“走出去”公益演出】 4月22日—5月20日，国家大剧院五月音乐节“走出去”公益演出举行。该活动致力于让古典乐走出剧院围墙。该届五月音乐节共推出22场公益演出，演出场所涵盖公共交通枢纽、社区街道、中小学校、书店、医院及慈善机构等。

（徐　玲）

展　览

【中国工商银行首届书法美术摄影展】 1月25日—2月2日，由中国工商银行举办的中国工商银行首届书法美术摄影展在工商银行总行办公大楼展出。展览展出了书法作品60件、美术作品60件、摄影作品30幅，这些作品是自2015年6月征稿以来从全行员工和离退休人员中征集到的书法、美术、摄影作品1300余幅，经行内外专家评审评出的入展和获奖作品。展出作品的创作者大多是本单位的基层员工。

（吴赣生）

【群众摄影文化活动作品展】 5月17日—6月19日，由中共北京市委宣传部、北京市人民政府新闻办公室联合主办的第八届“爱北京　照北京”群众摄影文化活动优秀作品展在首都博物馆展出。展览展出的近200幅（组）摄影作品分为天、地、人、和4个部分，主体设计采用八卦图形状，表达了天时、地利、人和的理念。

（吴赣生）

【百姓摄影家公益影像展】 5月20日—31日，由《北京晚报》官方网站、北晚新视觉网与北京摄影爱好者协会共同主办的首届北京百姓摄影家公益影像展在王府井商业步行街展出。展览展出了200幅获奖及入围作品，同时举行了颁奖典礼，10位“百姓摄影家”与10位荣获入围奖鼓励的影友分获1万元和3000元摄影创作基金。

（吴赣生）

【儿童“非遗”作品专题展】 5月31日，由北京市文化局、北京市教育委员会、国家大剧院联合举办的“童趣景泰蓝”——儿童“非遗”作品专题展在北京国家大剧院启动。现场集实物展品、现场技艺展示、平面图稿、多媒体演示、开放性体验于一体，在国家大剧院东展览厅集中展出了200余件小学生制作的景泰蓝作品，孩子们还现场展示了景泰蓝主要制作工序，与观众互动交流。

（张　鑫）

【“美丽月季　美好家园”书画摄影巡展】 8月9日—15日，由中共大兴区委宣传部、大兴区月季办、大兴区文化委员会、大兴区文学艺术界联合会联合举办的2016“美丽月季　美好家园”系列主题文化活动之书画摄影巡展首展在中华世纪坛展出。展览展出的150余幅摄影作品是从2000多幅投送的书画摄影作品中精选出来的。活动现场还为提供优秀作品的艺术爱好者颁发了证书。

（吴赣生）

【中国报业书法展】 9月8日—11日，由中国报业协会主办，中国剪报社、特别文摘杂志社、中国报协集报分会承办，中国语文现代化学会、龙源数字传媒集团协办的纪念红军长征胜利80周年中国报业书法展在北京民族文化宫举办。展览展出了中国报业协会“书香长征路”——纪念红军长征胜利80周年书法大赛入围的70余幅作品。

（张燕鹰）

【中央国家机关举办第四届职工书画摄影展】 9月11日，由中国文联、中央国家机关工会联合会指导，中国美术家协会、书法家协会、摄影家协会支持，由中央国家机关美协书协摄影协会联系、主办的“永远跟党走”——纪念中国工农红军长征胜利80周年暨庆祝中国共产党建党95周年中央国家机关第四届职工书画摄影邀请展在中华世纪坛开幕。该次书画摄影展以“永远跟党走”为主题，纪念20世纪波澜壮阔的史诗般的岁月。中央国家机关工会联合会协调书法协会、美术家协会、摄影家协会共同举办了该次展览。

（白　莲）

【全国企业书法美术摄影精品展】 9月26日，由中国文联文艺资源中心、中国文学艺术基金会、中国企业文化促进会联合主办，有关产业、企业文联协办，“创新·创业·时代之歌”——全国企业书法美术摄影创作系列活动精品展在中国文联中国文艺家之家展厅开幕。此次参展作品均出自企业艺术家之手。作品紧扣“创新·创业·时代之歌”的主题，反映企业行业成就与创业者的精神风貌，体现当代企业价值观。除了中国文艺家之家展厅的线下实体展览之外，优秀作品数字展览也在中华数字美术馆、中国文艺网、中国美术作品资源数据库、中国书法作品资源数据库等网上文联平台推出。

（白　莲）

【北京市第八十中学建校六十年摄影、书画作品展】 10月14日—16日，由北京市第八十中学艺视域社团举办的“庆八十建校六十年”摄影、书画作品展在798蜂鸟圣点画廊展出。展览活动展现了第八十中学的艺术教育成果，展现了北京市第八十中学学子的艺术风采。

（吴赣生）

【“影像北京”——纪念长征胜利80周年书法、美术、摄影作品展】 12月1日—8日，由北京市文化局、北京市文学艺术界联合会主办，北京文化艺术活动中心、北京美术家协会、北京书法家协会、北京摄影家协会、兰亭雅集（北京）书画院、北京国际艺苑美术基金会联合承办的“影像北京”——纪念长征胜利80周年书法、美术、摄影作品展在北京世纪坛世界艺术馆展出。该展览共征集到来自18个省、自治区、直辖市的作品859件。除了青少组只限北京地区参加外，成人组面向年满18周岁的中国公民征稿。参展作者年龄最小的7岁，最大的年近八旬。在展出的215件作品中，特邀共和国将军和当代名家作品17件。展出的作品围绕纪念红军长征胜利80周年的主题，用笔墨、影像的艺术形式展示革命文化的深厚底蕴，为长征的伟大壮举讴歌礼赞。

（徐　玲）

【“中国梦·劳动美”第三届全国职工摄影书画展】 12月4日—10日，“中国梦·劳动美”第三届全国职工摄影书画展在北京市劳动人民文化宫举办。此次摄影书画展共有120幅摄影作品、130幅书法作品、80幅绘画作品入展，是从来自全国各地的55000余幅摄影作品以及2000余幅书画作品中评选出的。这些作品涵盖了传统相机与手机两大类摄影器材，展示了全国职工摄影书画的创作水准和艺术风格。摄影书画展由中国职工文化体育协会、中国摄影家协会、中国职工书法家协会等单位联合举办。

（白　莲）

【“最美环卫人”——2016年北京文化志愿者主题摄影展】 12月21日，由北京文化艺术活动中心、北京市文化志愿者服务中心主办的最美环卫人——2016年北京文化志愿者主题摄影展暨颁奖仪式在首都图书馆二期一层展厅举办。“最美环卫人”——2016年北京文化志愿者主题摄影展旨在通过文化志愿者的力量，用镜头记录最真实的环卫工人的工作、生活，以及他们默默的付出，用镜头传播温暖。展览内容涉及“城市美容师”“他们也爱笑”“想对北京说……”三类题材。北京市文化志愿者服务中心组织相关专家对各区报送作品进行终评，评选出近百张照片进行展览。

（徐　玲）

民俗活动

【吴裕泰第六届新春茶文化庙会】 1月17日—2月12日，吴裕泰第六届春节茶文化庙会在吴裕泰王府井茶馆举办。同时，在吴裕泰官方微博微信端开启结合猴年主题的一系列游戏和互动话题，参与游戏的同时还能够赢得各种好礼。礼品包括绿茶面巾纸、抹茶牛轧糖、茉莉花茶洗手液和茶皂套装等。配合猴年主题，吴裕泰还限量推出一款猴年生肖纪念普洱饼。

（徐　玲）

【轻型文化民俗庙会】 2月1日是农历小年，北京市文联、北京民间文艺家协会、北京书法家协会、北京美术家协会在通州区西集镇，开展“迎新春·送祝福”文艺下基层慰问活动，为村民们带来一场轻型文化民俗庙会。该次庙会是在传统庙会基础上的一次新尝试，集民间艺术、民间表演、书法、美术等多种艺术形式于一体，村民们不仅可以近距离地欣赏艺术家的作品，了解创作过程，还可以与艺术家们进行交流。在艺术家的指导下，亲自体验民间工艺美术技艺，还可以向艺术家“定制”自己喜爱的窗花、春联、中国结等作品。北京市文联11个艺术门类的50位民间艺术家、10位书法家、10位画家、1位摄影家参与了活动。其中有3位国家级“非遗”传人，2位区级“非遗”传人，涵盖了4个国家级“非遗”项目，1个市级“非遗”项目和1个区级“非遗”项目，阵容强大。该次活动共有500余名村民参加，共送出民间工艺美术作品1600余件，春联800余幅，“福”字500多个。

（徐　玲）

【20万张庙会门票免费向公众发放】 2月2日—4日，作为市政府为首都市民办的一件实事，2016年春节，市政府免费发放20万张春节庙会门票。抢票活动于2月2日19时30分至2月4日24时进行，市民通过扫码或“摇一摇”关注“文化北京”微信公众号抢票，也可下载“今天玩什么”APP抢票。抢票成功者需在2月6日18时前，凭二维码或电子票码，到全市16个指定地点兑换纸质门票。该次活动选取了地坛庙会、龙潭庙会、大观园庙会、厂甸庙会、朝阳公园国际风情节、龙庆峡冰灯艺术节共计6个品牌庙会及重点文化活动，采用政府购买文化服务的方式，向市

民免费发放农历正月初一至初五的门票20万张。其中，10万张由首都精神文明办通过各系统，发放给各级文明单位、文明村镇、榜样人物、文明市民、文明引导员等。

（徐　玲）

【第八届北京端午文化节】 6月9日—11日，第八届北京端午文化节暨北京市第三届“非遗大观园”端午游园会在延庆举办。该活动集中展示了北京众多市级以上“非遗”项目，并举行“非遗”艺术品制作展卖、鼓曲专场、武术专场等活动。该活动第一天上午8时30分，在延庆夏都公园中央，来自北京大学、北京理工大学等高校的20支龙舟队伍劈波斩浪，用一场龙舟比赛拉开了第八届北京端午文化节的序幕。之后，舞龙、鼓舞等“非遗”项目依次登台展演，与会嘉宾为龙头披红、点睛。来自北京、天津、台湾、湖北、湖南、江苏、河北、河南“八省十地”的代表将各地带来的水，先共同倾注到延庆特色手工艺品盆窑陶艺瓶中，再共同注入延庆妫河之中，祈愿和平。2016年北京端午文化节，重点突出了延庆端午“访青山、游绿水、忆乡愁”的人文特色，还在夜间增加了“长城铁花”表演，与民俗游相结合，丰富了夜晚的活动。

（徐　玲）

【恭王府中秋赏月文化活动】 9月12日，由文化部恭王府管理中心、什刹海街道等部门联合主办，什刹海民俗协会承办的“月圆中秋夜　情系什刹海”暨恭王府中秋赏月文化活动在恭王府举办，毛猴、鬃人、兔爷等十几位“非遗”传承人现场展示了自己的手艺。晚会上不仅表演了京剧、豫剧等包括各地特色剧种在内的一系列歌舞节目，还有向到场的一线工作人员、教育工作者、驻地部队战士、社区志愿群众优秀代表赠送“福”字等活动。

（徐　玲）

【2016年西城区中秋节群众游园赏月活动】 9月13日—15日，由首都精神文明建设委员会办公室、北京市文化局、北京市西城区委宣传部主办，北京非物质文化遗产保护中心、北京市西城区精神文明建设委员会办公室、北京市西城区文化委员会、北京市西城区园林绿化局、西城区园林市政管理中心等承办的“皓月中秋·华彩西城”——2016年西城区中秋节群众游园赏月活动，在大观园和月坛公园举办。该活动旨在“弘扬民族优秀传统文化，丰富人民群众节日内涵”，由诗歌朗诵会、“非遗”演出、京剧专场演出3个部分组成，汇集了文艺表演、“非遗”展示、灯光秀、猜灯谜、拜“兔儿爷”、游园互动等丰富多彩的文化活动，吸引了大量的当地群众和中外游客。

（徐　玲）

校园文化

【“大师与少年”校园音乐会】 6月10日，“大师与少年”校园音乐会在北京第35中学北京金帆音乐厅举行。该音乐会演奏了《欢乐的那达慕》《四季·春》《莫扎特小夜曲》《倾听》《太阳颂》《名侦探柯南》《Can you hear me》《挑山》等曲目。指挥汤沐海、周丹，北京市第八十中学、北京市第三十五中学、北京市垂杨柳中心小学、梧桐弦乐团参加演出。

（崔　渊）

【“童心向党”歌咏活动优秀节目展览】 6月17日，由首都文明办、市教委、团市委、市妇联、市关工委共同主办的2016年“童心向党”歌咏活动优秀节目展演在朝阳剧场举办。活动中，朝阳区劲松第四小学、朝阳师范学校附属小学、朝阳区劲松第三小学、宣武师范学校附属第一小学、东城区灯市口小学、北京戏曲艺术职业学院、北京中学等12所学校的400余名师生演出了诗朗诵《我的中国梦》，歌曲《阳光梦》《红星歌》及《社会主义核心价值观歌谣》《长征组歌》等12个节目。

（崔　渊）

【“书香·传爱”名家进校园活动在北京启喑实验学校举办】 6月25日，由中共北京市委宣传部，北京市新闻出版广电局，北京市教育委员会，中共北京市西城区委、区政府主办，西城区教育委员会、西城区文化委员会承办的北京阅读季“书香·传爱”名家进校园系列活动来到北京启喑实验学校，为初高中的同学们举办了一场特别的阅读讲座，为启喑实验学校年度读书状元颁奖。西城区文委向学校赠送了阅读礼包，勉励同学们用阅读来丰满自己的内心，构建更有自信的人格与生活观念。北京广播电台主持人、北京阅读季亲子阅读大使小雨姐姐作为讲座嘉宾与同学们分享课外阅读和写作的技巧及方法，还通过手语直接与听障小朋友们交流，并向他们推荐了适合听障儿童阅读的书目。

（徐　玲）

【“追逐梦想·光彩绽放”合唱音乐会】 11月24日，纪念金帆30年暨东城区灯市口小学“追逐梦想·光彩绽放”合唱音乐会在国家大剧院举办。金帆合唱团的小朋友们演绎了19首中外名曲。

（崔　渊）

【北京PVPC童声合唱团专场音乐会】 12月25日，“群星大舞台”——北京PVPC童声合唱团专场音乐会在西城区第一文化馆上演，这是PVPC童声合唱团成立以来的首次汇报演出。音乐会曲目有《Do Re Mi》《自由探戈》《字母歌》《圆舞曲》等。

（崔 渊）

【歌剧兴趣培养学校《长征》主题会演】 12月16日，2016国家大剧院歌剧兴趣培养学校《长征》主题会演在国家大剧院音乐厅上演。歌剧兴趣培养学校是国家大剧院为实施艺术普及教育“滴灌工程”打造的公益品牌。该届“歌剧兴趣培养学校”由来自北京市第一七一中学金帆合唱团、北京汇文中学金帆合唱团、丰台区少年宫、东城区少年宫等团体的300余名学生组成，学生们现场演绎了《我们终将得胜利》《祝愿你们翻过神山》《三月桃花心中开》《雪啊，雪》《山歌》《神圣的自由谁敢来侵犯》等歌曲。

（崔 渊）

赛　事

【2016年北京市学生街舞比赛】 4月2日，由北京学生活动管理中心主办、市健美操体育舞蹈协会承办的“阳光体育”——2016年北京市学生街舞比赛在北京市地坛体育馆举行。该比赛设小学、初中、高中、高校4个组别以及舞蹈型街舞、技巧型街舞、健身型街舞3个大项，共有11个区63所学校的734名学生参赛。最终，中关村第二小学获小学组舞蹈型街舞第一名、北京市第五十五中学获初中组舞蹈型街舞第一名、中央民族大学获高校组舞蹈型街舞第一名、北京市通州区后南仓小学代表队获小学组技巧型街舞第一名、北京市顺义区第九中学获高中组技巧型街舞第一名、北京市第一零一中学怀柔分校获初中组健身型街舞第一名。

（姚怡瞰）

【第二届北京中老年声乐比赛活动】 6月14日，“庆祝中国共产党成立95周年‘为你歌唱’——来自百姓的心声第二届北京中老年声乐比赛”决赛在北京市文联小剧场落幕。该赛事有近2000名选手报名参赛，近300名选手晋级复赛，72个参赛曲目的98位选手站在决赛舞台。最终决出5名金奖、11名银奖、17名铜奖和39名优秀奖。

（徐 玲）

【“舞动北京”全民广场舞大赛】 6月22日—11月12日，由北京市委宣传部、北京市文化局、北京电视台联合主办，北京文化艺术活动中心、北京电视台生活频道、北京市各区文委、文化馆承办的“舞动北京”全民广场舞大赛在北京举办。全市16区800余支队伍，总计约3万名选手参赛。与此同时，10.4万人次网友同步在“北京时间”APP收看大赛总决赛直播，61631人次进行线上投票。最终，东城区第一文化馆舞蹈队获第一名，房山区总工会冬之雪舞蹈队获第二名，大兴区阳光艺术团分别获第三名。

（徐 玲）

【第三届北京市老年舞蹈大赛】 6月29日，由北京市文联和北京市老龄工作委员会办公室主办的第三届北京市老年舞蹈大赛在东城第一文化馆风尚剧场举行。该大赛参赛者都是50岁～70岁的老年人。该届大赛共有北京各区舞协，文化馆、街道、社区舞蹈团和舞蹈工作室的200多家单位的300多部作品报名。最终《踏雪翻歌》《阿妈拉》等6个作品获得创作和表演一等奖；《扭起大秧歌》获得表演一等奖；《竹林雨韵》等3部作品获服饰奖；《崛起》《脊梁》《映山红·记忆》《一双千层底》《红色印记》《高粱红了》《抹不去的记忆》《红旗颂》《情暖高原》获大赛组委会创作特别奖；《大刀进行曲》获表演特别奖；东城区第一文化馆组委会特别贡献奖。

（姚怡瞰）

【2016“金刺猬”大学生戏剧节】 8月6日—8月21日，2016“金刺猬”大学生戏剧节（第十五届）在北京举办。该戏剧节共有4个直辖市、1个自治区、21个省的81所大学院校的95个剧社参与报名，报名剧目共计112部。经评委会讨论，最终广东中山大学新华学院分身剧社的《我要上天的那一晚》，浙江大学黑白剧社的《斯人独憔悴》，中国戏曲学院纽带戏剧工作室的《花与剑》，江南大学种子话剧团的《我的世界》，华南师范大学菁菁剧社的《三藏》，重庆邮电大学移通学院大学生音乐剧团的《青春的呼唤》，北京现代音乐研修学院表演系的《同一屋檐》，北京联合大学甜点戏剧工作室的《罗斯·莱尔》，云南艺术学院“化”剧社的《孤独的星空》，北京演艺专修学院北演剧社的《边缘》，四川音乐学院戏剧系的《奶奶》，中央民族大学话剧团的《花落云杉坪》，北京青年政治学院北青话剧团的《猴爪三愿》，北京戏曲艺术职业学院影视表演系的《少年少年》，丽水学院清远剧社的《牡丹亭·游园惊梦》，国际关系学院团委的《天生绝配3：出师传说》，海南大学海棠剧社的《莎翁客栈》和清华大学学生戏剧创作社的《失物招领》18个剧目入围。经组委会评委组集中评议后，最终评评委会特别奖、最佳剧本奖、最佳演出奖、最佳舞美设计将、最佳表演奖、最佳服装设计奖、最佳改编剧目奖，以及优秀剧目奖等奖项。清华大学学生戏剧创作社的《失物招领》获“金刺猬”奖。

（张燕鹰）

【北京社区舞蹈大赛】 8月27日，由北京市委宣传部、北京市文化局和北京电视台联合主办，北京文化艺术活动中心、北京电视台生活频道节目中心、西城区文委承办的第十一届“舞动北京”舞蹈大赛暨2016“欢乐飞飏”北京社区舞蹈大赛决赛在西城区文化中心举行。该大赛以践行“中国梦”为主题。共有来自北京市各区舞协、文化馆、街道、社区舞蹈团和舞蹈工作室的150多家单位、200多个作品报名参赛，经过初赛筛选，共有50个作品进入复赛，20个作品进入决赛。决赛参赛作品包括民族舞、古典舞、民间舞、现代舞、广场舞等。最终，西城区牛街民族之韵舞蹈队表演的《快乐的刀郎》、爱舞舞蹈队表演的《扎西德勒》获中老年组金奖，丰台区少年宫小星星舞蹈团男生舞团表演的《鄂伦春小猎手》、延庆区文博宏宇舞蹈培训中心表演的《请到长城来滑雪》获少儿组金奖。北京电视台对该届大赛进行了实况录制，并在北京电视台生活频道播出。

（徐　玲）

【第三届“北京之声”2016首都市民合唱周】 10月27日，2016首都市民系列文化活动第三届“北京之声”首都市民合唱周暨海淀万人合唱季颁奖音乐会在国家图书馆艺术中心圆满落下帷幕。该活动有近百支合唱团队参加展演比赛，参赛队伍覆盖全市16个区，参与人数超过3万人。参加该次合唱周活动的团队来自全市相关委办局各合唱团，各乡镇、街道、社区合唱团，大、中、小学生合唱团，以及民间社会团体合唱团等。经过层层选拔，共计从全市近千支合唱团中遴选出80余支优秀团队参加了10场合唱展演比赛。还举办了机关工委专场合唱比赛，33家北京市直机关单位约1300人参加比赛。

（徐　玲）

【《丰碑》荣获文化部第十七届“群星奖”】 10月，第十七届群星奖获奖作品名单公布，西城区第一文化馆选送的以长征路上感人事迹为题材的京韵大鼓《丰碑》在获文化部第十七届“群星奖”曲艺类作品奖。

（徐　玲）

【第三届“我爱唱歌”——2016年京津冀百姓歌手大赛】 11月10日，第三届“我爱唱歌”——2016年京津冀百姓歌手大赛在密云大剧院举行。大赛由北京市文化局、北京市文联、天津市文化广播影视局、河北省文化厅共同支持，北京文化艺术活动中心、天津市群众艺术馆、河北省群众艺术馆、北京市音乐家协会、密云区文化委共同主办，密云区文化馆承办，各区文化委、文化馆和密云大剧院、密云360网共同协办。“我爱唱歌”——北京市百姓歌手大赛此前已连续举办两届，2016年首次由京津冀三地共同举办，旨在繁荣群众精品文艺创作，进一步推进京津冀文化协同发展。大赛在京津冀三地分别组织了初赛、复赛，88名选手进入决赛。决赛最终评选出少年、青年、中年和原创4个组别的金、银、铜奖，并评选了优秀组织奖。决赛共评选出各组别金奖13个，银奖19个，铜奖26个，优秀组织奖8个。大赛还通过密云360网站和微信公众号设立网络投票环节，评选出最佳人气奖3个。

（徐　玲）

第三届“我爱唱歌”——2016年京津冀百姓歌手大赛

【2016第三届戏曲票友大赛】 11月18日，2016首都市民系列文化活动“戏聚北京　谁与争锋”第三届戏曲票友大赛颁奖仪式在丰台区文化馆举办。此次比赛由中共北京市委宣传部、北京市文化局主办。该赛事有北京市16个区近千余名戏曲爱好者参与，年龄最大的参赛者89岁，最小的4岁。该次大赛为进一步提高赛事影响力，扩大比赛覆盖人群，在往届大赛的京剧、评剧两大剧种基础上，增设河北梆子剧种分组，使代表京津冀地区的重要戏曲剧种得到全面展现。经过初赛、复赛的层层选拔，最终有60名选手进入决赛。为了鼓励群众戏曲票友积极参与创作、戏曲表演与戏曲演奏平衡发展，除了传统的金银铜奖之外，该届大赛新设最佳原创奖、最佳伴奏奖、最佳团队奖若干。

（徐　玲）

交　流

【欢乐春节·地坛文化庙会全球行】 2月11日—3月17，由国家文化部指导、东城区政府支持，北京东方信达资产经营总公司等联合主办的“欢乐春节·地坛文化庙会全球行”活动，在德国、泰国、伊朗和中国台湾地区举办，传播地地道道、原汁原味的传统京味儿文化。

（徐　玲）

【京台两社区网上联谊共度中秋】 9月14日，密云区鼓楼街道沿湖社区举办了以“咱的节日——两岸升明月，共炫民族风”为主题的北京密云鼓楼京台社区中秋文化大舞台暨视频连线交流社区文艺演出。该社区与台湾高雄市甲仙区的东安里共同举办这次演出，双方通过宽带网络实现实时互联互动，用文艺演出的形式向彼此送去中秋佳节的问候和祝福。双方居民以舞蹈、乐器演奏、诗歌朗诵、演唱等形式，共同庆祝节日，表达“两岸群众一家亲、同祖同宗心连心”的主题。北京市台办及密云区相关负责人和当地社区居民参加了北京现场的演出活动。

（徐　玲）

培训　讲座

【“互联网＋”文化馆现代化建设与发展培训班】 1月5日—9日，文化部全国公共文化发展中心在北京中央文化管理干部学院举办了“互联网＋”文化馆现代化建设与发展培训班，来自全国省级和省会城市文化（群艺）馆的81位有关领导和业务骨干参与了学习；同时，发展中心还在文化共享工程北京市分中心（首都图书馆）举办了文化共享工程省级分中心业务骨干培训班，33个文化共享工程省级分中心的93位业务骨干参加了培训。此次“互联网＋”文化馆现代化建设与发展培训班不仅总结了文化共享工程和数字文化馆“十二五”期间的相关工作，而且展望了“十三五”规划前景，提出了各项工作的建设思路；培训紧密围绕文化共享工程和数字文化馆建设相关任务，邀请国家互联网信息办公室有关人员、国家行政管理学院老师、国家公共文化服务体系建设专家委员会的专家分别授课，并安排发展中心业务部门介绍2016年主要工作。

（张　鑫）

【“我们的中国梦，文化进万家”舞蹈教学成果展示】 1月18日，由北京市文联主办，北京舞蹈家协会、北京薇峰博艺艺术中心承办的“我们的中国梦，文化进万家”舞蹈教学成果展示在北京市文联小剧场举行。70余位来自北京各区的老年舞蹈爱好者展示了他们通过老年舞蹈课堂学习的成果。表演的节目有蒙古族舞蹈《草原女人》、胶州秧歌《沂蒙情》、藏族舞《阿妈拉》等群众舞蹈作品。活动结束后，专家们还就如何让中老年人的舞蹈艺术培训课程走向成熟，如何将群众文化艺术搬上舞台等话题展开了讨论。

（姚怡暾）

【北京市群众舞蹈编导创作班】 5月9日—13日，北京文化艺术活动中心举办了北京市群众舞蹈编导创作班，来自全市16个区的40余名舞蹈业务干部及舞蹈文化志愿者骨干参加了培训。该培训主要设置了交流研讨会、理论分析课和创作实践课，邀请北京舞蹈家协会副主席阮兰玉等专家，就“广场舞的创作与发展”等议题进行了授课，并为学员们答疑解惑，进行专业指导。学员们在培训期间创作出的16个广场舞作品，经专家评选出优秀作品8件。

（徐　玲）

【千名基层文化骨干培训工程】 7月—11月，2016年北京市千名基层文化骨干培训分期完成。北京市文化局于2011年10月启动了“千名基层文化骨干培训工程”，2015年确定了每年培训1000名基层文化组织员的目标，分别由北京戏曲艺术职业学院和北京文化艺术活动中心2家单位负责。2家单位都精心策划了培训课程，并选聘了有丰富经验的教师进行授课。培训采取集中授课方式，设置“公共文化理论”“合唱指挥”“音乐理论”“广场舞”“古典舞”等课程，在每期结业时都举办汇报演出，展示学员学习提高的成果。

（徐　玲）

【中国舞蹈考级10周年全国教学成果展演】 7月12日—14日，中国舞蹈家协会“陪伴你成长”——中国舞蹈考级10周年全国教学成果展演在民族剧院举办。该展演邀请山西、河南、云南、湖南等28个省、区、市参与，参选单位共47家，推选节目近300个，最终共58个节目入展，其中包括《太平女儿鼓》《蜂儿乐》《博弈》《流动娃》等作品，近1500名少儿参演。

（姚怡暾）

探索与研究

【理论征文助推全市群众文化发展】 2016年，北京文化艺术活动中心共组织了2次全市的群众文化论文征集评选工作。一次是由中国文化馆协会主办的第三届文化馆年会论文征集，全市共有14个文化馆参与此次征文活动，共征集论文59篇，经专家匿名评审，择优报送，在全国210篇获奖论文中，最终获得一等奖2篇，二等奖3篇，三等奖3篇，优秀奖4篇，共12篇的好成绩。另一次是由中国群众文化学会组织的“群众文艺创作大家谈”征文活动。北京市共收到参赛论文18篇，最终4篇论文在全国获奖。为了鼓励文化馆业务干部积极开展群众文化理论研究，北京文化艺术活动中心也进行了北京市级的评奖。在第三届中国文化馆年会论文北京地区评奖中，共评出一等奖3篇，二等奖9篇，三等奖15篇，优秀奖22篇。在“群众文艺创作大家谈”征文活动中，北京地区共评出一等奖1篇，二等奖2篇，三等奖3篇，优秀奖7篇。为了宣传推广群众文化理论成果，增加北京市各文化馆之间的理论研究氛围，获奖论文由《首都公共文化》“群文论坛”栏目择优发表，并集结成册。

（徐　玲）

各区文情

东　城　区

概　况

东城区位于北京城区东部，面积41.84平方公里，常住人口91.1万人。设17个街道办事处，182个社区居民委员会。

东城区文化委员会（以下简称区文委），设置党委办公室、监察科、办公室、公共文化事业科、文化市场管理科（安全生产科）、文物管理科、综合审批科、演艺产业发展促进科、人事科、财务科10个机构。区文委行政执法队设办公室，第一、二、三、四执法分队。有公务员编制85人，实有78人；事业单位17个，编制539人，实有302人。

2016年，东城区积极推进创建国家公共文化服务体系示范区工作，开展丰富多彩的群众文化活动，加强戏剧文化建设，积极组织参加京津冀一体化文化活动，繁荣文艺演出，加强文化市场管理，努力建设文化东城。年内，全系统获得国家级荣誉19项，市级奖励68项，区级奖励14项。

2016年文化艺术发展

会议　调研

王宁到东城区调研基层文化建设情况　1月19日下午，北京市副市长王宁与北京市文化局局长陈冬、副局长庞微，东城区委副书记、区长李先忠，区委常委、常务副区长朴学东等领导到东城区建国门街道文体中心慰问基层文化工作者，并就基层文化建设情况开展调研。调研组一行参观了多功能厅、舞蹈教室、图书室、残疾人活动室、心理咨询室等，并就群众日常参与活动情况、群众文化活动组织情况等方面与街道工作人员进行了交流。

杨志今调研东城区公共文化服务体系示范区建设　4月20日，文化部党组副书记、副部长杨志今调研东城区公共文化服务体系示范区建设情况。杨志今一行观看了东城区创建国家公共文化体系示范区工作宣传片，听取了东城区示范区创建工作汇报，查阅了相关档案材料，先后深入东花市街道广外南里社区文化活动中心、朝阳门街道史家胡同博物馆、建国门街道文体中心，与文化志愿者交谈、了解街道志愿服务工作，向书画爱好者询问、了解其在街道活动中心的活动情况，并听取残疾人群体对公共文化服务的需求。文化部财务司司长赵雯、公共文化司司长张永新，市文化局副局长王鹏，东城区委副书记、区长李先忠，区委常委、宣传部部长宋甘澍等参加调研。

东城区社会文化工作委员会2016年工作大会　6月7日，东城区社会文化工作委员会2016年工作大会在区文委召开。区委宣传部、区社工委、区教委、区财政局、公安分局、17个街道办事处、孔庙和国子监博物馆、北京演艺集团等45个成员单位主管领导参会。会议明确提出，各成员单位要相互协作，办好2016年东城区群众文化展演季，共同提升东城区公共文化发展水平。

宋甘澍调研文化市场管理工作　9月9日下午，区委常委、宣传部部长、区文化市场管理暨“扫黄打非”工作领导小组组长宋甘澍带队，到首都综治先进单位——东直门街道办事处调研文化市场管理和“扫黄打非”进基层工作。宋甘澍对文化市场管理工作作了指示。

创建国家公共文化服务体系示范区

创建国家公共文化服务体系示范区验收工作　4月14日，区委常委、宣传部部长宋甘澍主持召开东城区创建国家公共文化服务体系示范区验收工作协调会，布置验收工作方案。4月18日，示范区实地验收工作正式展开。区长李先忠代表东城区作题为“共创共享大力推进文化东城建设”的东城区创建国家公共文化服务体系示范区工作报告。市文化局副局长庞微对东城区示范区创建工作检查情况做汇报。示范区第一验收组分别对东四街道文体中心、北新桥街道文体中心、东城区非遗博物馆、东总部社区图书馆、史家胡同博物馆进行了实地验收检查。4月20日上午，东城区召开文化部第二批国家公共文化服务体系示范区北京市东城区实地验收反馈会。会议由市文化局副巡视员马文主持。会上，第一验收组组长汪东波代表验收组反馈实地验收意见，对东城区示范区创建工作作出全面评定：认为东城区高质量完成示范区创建任务，全面实现达标，并结合东城实际，大胆创新、积极探索，形成了在北京市及全国范围内具有较强推广意义和示范价值的经验做法，制度设计成果突出、创新实践产出实效、历史文化传承有力、社会参与广泛深入、宣传深入人心；下一步，面对新时期国家发展要求，东城区要瞩目更高目标，率先发展、引领示范，巩固东城区国家公共文化服务体系创建成果，重点提升服务效能，进一步加快推进现代公共文化服务体系建设。副区长颜华代表东城区作表态发言。5月16日，由市文化局副局长庞微，区长李先忠，区委常委、宣传部部长宋甘澍等领导组成的答辩组参加了专家评审会，会上，李先忠代表东城区做了题为“共创共享　大力推进‘文化东城’建设”的示范区创建工作成果汇报。

东城区荣获“国家公共文化服务体系示范区”牌匾　10月26日，文化部在安徽铜陵召开的2016年中国图书馆年会开幕式上，正式为包括北京市东城区在内的32个示范区创建城市授牌。文化部部长助理于群为东城区颁牌，东城区文委主任王伟东代表东城区委、区政府接受了“国家公共文化服务体系示范区”牌匾。至此，北京市东城区成功创建国家公共文化服务体系示范区，成为北京市第二家国家公共文化服务体系示范区，也是目前唯一一家既有示范项目又是示范区的创建城区。

群众文化活动

春节庙会　2月8日—12日，举办地坛庙会、龙潭庙会。庙会共接待中外游客162.1万人次。其中，地坛庙会接待游客93.2万人次，龙潭庙会接待游客68.9万人次。京津冀三地传统特色文化首次汇集京城，亮相庙会现场，让市民在家门口体验到了来自河北、天津的传统民俗文化。2月8日—12日，东城区第一文化馆举办第26届新春游乐会，活动项目包括花会表演、皮影戏、快板、评书、秧歌、舞蹈大赛等。2月19日—22日元宵节期间，东城区第二文化馆举办“非遗闹元宵”——东城区新春非遗庙会，展现京味民俗特色。

清明节风筝放飞活动　4月1日上午，“中轴春晓　放飞梦想”——2016年东城区清明节风筝放飞活动在永定门城楼南广场举行。在北京扎燕风筝等“非遗”项目传承人带领下，百余名风筝爱好者共同放飞风筝，借此活动弘扬中华民族优秀传统文化，更好的宣传和保护非物质文化遗产。

文天祥780周年诞辰纪念活动　6月3日上午，文天祥780周年诞辰纪念活动在府学小学校园内举办。活动由区文委、区教委主办，由府学小学、文天祥祠文物保护所承办。活动现场播放了文怀沙为本次活动录制的视频讲话；府学合唱团演唱了《七子之歌》；朗诵家曹灿激情朗诵《过零丁洋》；朗诵家米鸥朗诵全篇《正气歌》及序；780名学生齐声合唱《正气歌》。

群众文化展演季　6月28日—10月8日，“传承红色经典　建设文化东城”——东城区纪念建党95周年、长征胜利80周年文艺演出暨2016年东城区群众文化展演季举办。展演季举办了160余项大型文化活动、350余场文艺演出，开展系列主题活动千余场，涉及群众演员近万人，受益百姓达30余万人次。

“传承红色经典，建设文化东城”——东城区纪念建党95周年、长征胜利80周年文艺演出暨2016年东城区群众文化展演季开幕式

第19届亚洲及太平洋地区管乐大会暨2016北京管乐节　7月14日—18日，第19届亚洲及太平洋地区管乐大会暨2016北京管乐节在东城区第一文化馆举行。活动期间举办了20场中外小型演出、5场大师课，吸引来自韩国、日本、马来西亚、菲律宾、新加坡、澳大利亚、美国等国家和中国香港、中国澳门、中国台湾地区的53支乐团、200多位艺术家、3000多名音乐爱好者参加。管乐节期间，部分乐团深入社区，举办各种类型的音乐会，活动全程惠及上万名观众。

第二届"曹灿杯"全国青少年朗诵大赛颁奖典礼　7月25日，第二届"曹灿杯"全国青少年朗诵大赛颁奖典礼在北京红剧场举行。经过近半年组织，从全国各地以及海外57个赛区、20余万名青少年朗诵爱好者中选拔出了713名选手进入第二届"曹灿杯"青少年朗诵大赛决赛。最终评出特等奖9名，金奖51名，银奖134名，铜奖227名，集体金奖8个，集体银奖12个，集体铜奖24个。

庆祝"八一"建军节军民联欢晚会　7月29日晚，区文委、区消防支队共同主办庆祝"八一"建军节军民联欢晚会在区消防支队举行。流行音乐演唱家黄鹤翔、评剧表演艺术家戴月琴与东城区文化馆馆员、文化志愿者们共同演出了歌曲、评剧、舞蹈、相声、小品等节目。

"首都科学讲堂"揭牌仪式　8月7日上午，北京市科普品牌活动"首都科学讲堂"揭牌仪式在东城区第一图书馆举行。北京市科学技术协会副主席刘晓勘，东城区委常委、宣传部部长宋甘澍共同为"首都科学讲堂"揭牌。自此，"首都科学讲堂"落户第一图书馆。神舟号飞船首任总设计师戚发轫作为首讲嘉宾，向听众做了关于航天技术与中国航天的演讲。中国工程院院士张履谦、赵文津在揭牌仪式上发言。

2016年中秋诗会　9月14日晚，东城区在钟鼓楼举办2016年中秋诗会。著名表演艺术家虹云、冯福生、朱琳、杜宁琳、刘纪宏、洪流和来自中央工艺美术学院附属中学的学生，为现场观众送上了何其芳的《圆月夜》、郁达夫《故都的秋》及张若虚《春江花月夜》等名篇佳作。宋甘澍、于静等领导与驻区部队官兵、社区群众700余人一同参加了本次活动。

舞蹈《醉梦荷塘》勇夺"舞动北京——全民广场舞大赛"冠军　11月12日，东城区第一文化馆舞蹈队经过三轮激烈比赛，最终以舞蹈《醉梦荷塘》勇夺"舞动北京——全民广场舞大赛"冠军，荣获"京城舞王"的称号。

第八届北京快板邀请赛暨2016年京津冀快板邀请赛决赛　12月21日下午，第八届北京快板邀请赛暨2016年京津冀快板邀请赛决赛在东城区举办。来自京津冀各地文化馆选送的15组选手按现场抽签顺序参加了比赛。比赛现场评出了一、二、三等奖，北京市东城区东花市街道选送的《内当家》、天津市河西区文化馆选送的《廉字歌》、河北省群众艺术馆选送的《龙宫借神铁》获得一等奖。

一体化图书借阅数字化服务网络　年内，形成了区、街两级共21个图书馆的一体化图书借阅数字化服务网络。相比全国其他地区及北京市其他区县，该项目除了覆盖2个一级区级馆外，还延伸到17个街道图书馆。

文艺舞台繁荣　年内，开展"送欢乐　下基层"活动66场，百姓周末大舞台演出100场。区内文艺表演团体增至82家，备案营业性演出场所30家，全年演出7000余场次，观众达300余万人次。

戏剧活动

2016北京南锣鼓巷戏剧展演季　5月25日晚，2016北京南锣鼓巷戏剧展演季在中央戏剧学院实验剧场开幕。700余人共同观看了开幕大戏《曲韵钟鼓楼》。区领导宋甘澍、于静、颜华参加开幕式。本次展演季以"戏剧让生活更美好"为主题，推出了由区文委出品，讲述"东城故事"的原创剧目8部；由东城区各委办局、街道的干部群众创作，非专业演员演出的《老院》等原创剧目5部；由上海、天津、大连等地话剧团演出的《长生》《榆树下的欲望》等邀演剧目27部。这40部剧目，在东城区12个剧场共计演出100余场次。2016北京南锣鼓巷戏剧展演季历时100天。

第六届中国儿童戏剧节　7月8日晚，由中国儿童艺术剧院和东城区委、区政府联合主办的第六届中国儿童戏剧节于中国儿童艺术剧院盛大开幕。文化部副部长董伟，文化部艺术司司长诸迪、公共文化司巡视员周广莲，中国关心下一代工作委员会办公室主任陈江奇，团中央少年部副部长刘剑波，东城区委常委、宣传部部长宋甘澍，东城区副区长颜华出席开幕式并观看了开幕戏《马兰花》。第六届中国儿童戏剧节于7月8日至8月25日举办。涵盖优秀剧目展演、儿童戏剧交流以及戏剧嘉年华活动，汇聚美国、罗马尼亚、立陶宛、日本、韩国、西班牙、澳大利亚7个国家的25个儿童戏剧团体，共46部优秀剧目演出215场，惠及16万人次观众，并在济南、成都、宁波设立分会场。

2016北京青年戏剧节　9月6日晚，由北京市文联、团市委、中国国家话剧院主办，区文委支持的2016北京青年戏剧节在东城区蜂巢剧场正式开幕。中国国家话剧院院长周予援，北京市文学艺术界联合会党组书记沈强，共青团北京市委员会副书记王洪涛，东城区委常委、宣传部部长宋甘澍出席开幕式。9月6日—25日期间，上演戏剧演出作品32部（国内演出作品27部，国外演出作品5部），剧本朗读作品12部（国内新作剧本朗读4部，巴西当代新剧本4部、致敬大师莎士比亚剧作朗读4部）。同时，还有戏剧讲座、戏剧论坛、表演工作坊等相关活动与观众进行全方位的互动。本届戏剧节推出的新创首演剧目总量为26部（包括新作首演单元、创新短剧单元和剧本朗读单元等），同时举办了大量公益性戏剧交流活动。

北京喜剧节　于10月举办，为期8周。本届喜剧节共上演12台剧目，53场演出。喜剧节期间还举办了喜剧论坛、喜剧工作坊、喜剧进校园等多种多样的艺术活动，推动喜剧艺术的传播与发展。

戏剧普及　年内，开展50场戏剧进校园、社区、军营活动。结合戏剧普及活动，区文委组织专业院团与单位结成“一帮一”的帮学对子21组，进行戏剧创作、剧本朗读、戏剧表演等辅导，并在菊隐剧场进行成果展示，上演21个剧目，共计演出21场。举办“戏剧开讲”17期，受益群众7万余人。免费举办“零基础表演训练”29期。

原创剧目　年内，采取市场运作和政府购买服务相结合的方式，推出了11部讲述“东城故事”的原创剧目。民营院团高涨的参与热情，让2016年东城区原创剧目的数量和质量均有大幅提升，原创数量超过历年总和。开展了2016“东城故事”展演暨戏剧进基层演出活动，共演出79场，全区140多个单位、上万名观众观看了演出。

戏剧教育实践基地　年内，协调中国儿艺、北京人艺、北京儿艺三大院团，与区内小学联合建立戏剧教育实践基地。通过演员、编剧进校园开展戏剧讲座、活动，组织与指导学校组建戏剧社团，免费向学校开放剧场、排练厅，积极培育学生“看戏剧、学戏剧、演戏剧”的兴趣。

春雨工程

保亭活动　4月23日上午，2016年“春雨工程”——北京东城区文化志愿者保亭行活动启动仪式在海南省保亭县七仙广场举行。来自东城区的工艺美术大师、“非遗”传承人、著名书画家等文化志愿者以及保亭的文学艺术界与“非遗”传承人代表参加了仪式。双方围绕国家公共文化服务体系示范区建设等工作进行了深入探讨。保亭群众参观了“东城区书画作品展暨非物质文化遗产代表性项目展”。保亭县展出了黎族纺染织绣技艺、黎族竹木乐器等非物质文化遗产。

三沙活动　4月25日—28日，东城区赴海南省三沙市开展2016年“春雨工程”文化志愿者边疆行活动。活动现场，15名艺术大师展示技艺，向观众赠送作品，与驻市军警、民众交流文化，并慰问三沙水警区部队。

京津冀一体化

北京市东城区文艺惠民展示演出在营子区举行　1月28日下午，由北京市东城区委宣传部，承德市鹰手营子矿区委、区政府主办的“2016年春节文艺晚会暨京津冀文化共享·北京市东城区文艺惠民展示演出”在营子区青少年活动中心影剧院举办。曹灿、王蓉蓉、莫岐、王文林等著名表演艺术家和文化馆业务骨干以及中国煤矿文工团的专业演员20余人为观众带去了朗诵、京剧、双簧、相声、魔术、民乐合奏等形式多样的高水平演出。

东城区赴承德文化惠民演出　5月26日晚，“京津冀文化行”北京东城区赴承德文化惠民演出暨承德市“艺术盛会魅力承德”第二届文化艺术展演季系列活动开幕式在承德大剧院举办。北京市东城区宋甘澍，承德市韩福才、张庆祥、陈德光、刘名义等领导出席开幕式并观看演出。李金斗、莫岐、王蓉蓉等知名艺术家为承德百姓奉献了曲艺、歌曲、京剧、民乐等精彩的综艺节目。

秦皇岛市小海燕评剧团到东城区演出　6月27日晚，由北京市东城区文委和河北省秦皇岛市文广新局共同主办的京津冀文化协同发展——秦皇岛市小海燕评剧团赴北京市东城区专场演出在长安大戏院成功举办。专场演出了评剧经典剧目《秦香莲》。

北京管乐交响乐团到天津演出　9月30日，天津和平“蓝调 Blues”专场音乐会在天津民园下沉式广场举办，京津冀三地共8个演出团队参演。东城区文委组织北京管乐交响乐团的8名艺术家倾情演绎了《西班牙女郎的面纱》等曲目，博得了现场观众的阵阵欢呼。

非物质文化遗产保护工作

“‘一带一路’非遗风情”展示活动　6月8日—15日，“‘一带一路’非遗风情”展示活动在东城区第二文化馆举行。通过东城区与“一带一路”有关“非遗”项目的历史图片、“非遗”表演及“非遗”DIY体验等内容，以生动的手法、客观的视

“‘一带一路’非遗风情”展示活动

角，呈现出丰富精彩的“非遗”风情。图片展向观众展示了东城区非物质文化遗产项目光辉的历史路程和繁荣发展的现状，同时也介绍了近年来非物质文化遗产走出国门，与“一带一路”沿途国家进行交流的情况。在6月11日第11个文化遗产日，展示了数来宝、老北京叫卖、宝三跤场跤艺、群英同乐小车圣会、祁家通背拳、京韵大鼓、抖空竹等极具特色的“非遗”项目，表达了“让文化遗产融入现代生活”的时代主题，受到观众的热烈欢迎。

非物质文化遗产代表项目交流展　8月22日，北京市东城区·湖南省岳阳市两地非物质文化遗产代表项目交流展暨书画家现场笔会仪式在岳阳文化艺术会展中心举行。东城区文化志愿者向岳阳市文广新局赠送了16件国家级非物质文化遗产工艺品和书画作品，岳阳市美术馆回赠绘画作品1幅。当晚，在2016年“欢乐潇湘”湖南省群众文艺会演决赛岳阳市专场活动现场，国家级“非遗”项目东城区区级“非遗”代表性传承人李世儒表演了数来宝《别发愁》。

文化市场管理

行政审批　办理2016年营业性演出许可证延续换证49件，办理换证及核验盖章281件；开展娱乐经营许可证、网络文化经营许可证等证件的延续换证工作。

行政执法检查　全年出动执法检查人员2700余人次，检查文化娱乐场所500余家次，实地检查网络文化公司180余家次，在线监测文化类网站1600余家次；回复文化市场各类举报47起；行政处罚案件立案91起，办结88起，共计罚款65.31万元。2016年，执法队获得2016年全国“扫黄打非”先进集体荣誉称号。

文化市场安全生产工作　5月16日下午，区文委召开落实文化娱乐场所“东安工程”工作会议，辖区电影放映场所、演出场所、歌舞娱乐场所、互联网经营场所法人、负责人近60人参加了会议。8月16日—19日，区文委配合市安监局区检查组人员对东城区10家2015年度三级安全生产标准化达标的文化娱乐场所进行了检查。此次检查共出动市、区检查人员50余人次，检查10家文化娱乐场所。

东城区文化委员会

书　记　王伟东（1月免）
　　　　　张恩东（1月任）
主　任　李承刚（1月免）
　　　　　王伟东（2月任）

（刘晶伟）

西　城　区

概　况

西城区历史悠久，人文底蕴深厚。辖区面积50.7平方公里。全区户籍人口144.7万人，常住人口为129.8万人。辖区设15个街道、257个社区。

西城区文化委员会（以下简称区文委）是区政府主管文化、文物、新闻出版和广播电影电视事业管理工作的职能部门。设办公室、政策法规科（研究室）、公共文化科、非物质文化遗产科、文化产业科、文化市场管理科、文物科、财务审计科、党群工作办公室、人事科、监察科，行政编制45人。区文委所属区文化执法队是负责区文化、文物、新闻出版和广播电影电视事业行政执法工作，设综合科、文化市场治理办公室、法制监督科、财务科、执法一分队、执法二分队、执法三分队、执法四分队、执法五分队，行政编制37人。

2016年，区文委认真贯彻中共十八大，十八届三中、四中、五中、六中全会及习近平总书记重要讲话精神为指导，以首都公共文化服务示范区创建为契机，坚持群众需求导向，进一步解放思想，更新观念，集中精力打好“十三五”规划开局攻坚战，文化事业影响力不断加强，区域文化繁荣发展。

2016年文化艺术发展

文化设施建设

推进公共文化设施建设　按照北京市相关文件标准，结合西城区域实际，积极推进公共文化设施建设进程，努力提升硬件达标水平。新建区公共文化大厦、公共藏书楼、宣南文化博物馆展陈提升工程项目落地。实施街道级文化设施达标工程，正在依据《北京市基层公共文化设施建设标准》全力推进。

书香西城建设

“阅读推广＋”成立与“西华书房”开业　4月22日，西城区“阅读推广＋”成立暨第一届代表大会举行。同日，文化地标性特色阅读空间“西华书房”在西城区正式开业。这是2016年书香西城建设的两大举措。西城区的阅读推广资源不仅再次得到扩充和丰富，资源共享的大平台建设也由此进入一个新阶段。

书香中国·北京阅读季启动仪式　5月25日，由中共北京市委宣传部、北京市新闻出版广电局、北京市教育委员会以及中共北京市西城区委、区政府共同主办，西城区文委、区教委共同承办的书香

西华书房在西城区开业

中国·北京阅读季“第三届北京儿童阅读周”启动仪式在北京三十五中学举行。启动仪式后，文学翻译家、诗人屠岸与同学们分享自己的阅读故事，畅谈阅读对人生的影响，并与学生进行了热情互动。

第六届书香中国·北京阅读季闭幕式　第六届书香中国·北京阅读季闭幕式于10月26日—28日，在西城区天桥艺术中心举办，活动主题为“阅读点亮中国梦”，活动口号为“北京阅读季，就爱你阅读”。该活动由颁奖典礼、“阅读+”系列对话、“就爱你阅读”系统活动、第六届书香中国·北京阅读季成果展、“书香长廊”5个部分组成。

阅读空间建设　年内，新增特色阅读空间6家，阅读空间初步形成社区书香驿站、书香剧场、书香酒店、书香银行等形式。至2017年，累计有18家特色阅读空间，举办活动2000余场，参与人数7万多人次。先后面向机关学校、街道社区、驻区部队、企事业、残障人士、城市居民等单位和群体，面向老少中青不同年龄阶层的读者们开展全民阅读活动，成功举办了各类活动150余场。举办“北京儿童阅读周”，组织儿童阅读活动19个场次，5000多人次少年儿童参加活动。2016中国童书博览会盛大开幕，成功打造出了西城阅读新品牌。北京阅读季西城模式在第三届中国创意工业创新奖评选活动中获评“新管理模式金奖”。2016年，围绕“书香西城”建设，区少儿馆举办了“阳光伴书香”——共享阳光残障人读书会活动，年内为残障人士举办了“丙申猴年剪纸活动”、国际博物馆日、世界读书日——“残障读者用声音传递爱心”、“听蔡治隆爷爷讲长征故事”、“书香换花香”等活动。

传统节日文化活动

小年文化庙会　2月1日—6日，在天桥剧场、北京音乐厅举办了“北京第二届（2016）天桥小年文化庙会暨老舍京味文化节”。群众不仅可以逛庙会、吃特色小吃，还可以欣赏北京曲剧以及大型原创民族交响音乐会，共6000余名群众参加活动。

春节庙会活动　2月8日—12日，在东、西琉璃厂，陶然亭公园和北京大观园举办了2016年北京厂甸庙会和第二十一届红楼庙会。两大庙会重点突出了文化特色、创新特色、公益特色。5天里，两大庙会累计接待游客56万余人次。

清明·陶然诗会　4月4日，2016年“清明·陶然诗会”在陶然亭公园举办。诗会主要以纪念中国共产党成立95周年及红军长征胜利80周年为主旨，围绕歌颂领袖人物的诗和长征组歌等艺术形式，缅怀先辈，赞美生活，歌唱祖国。

中秋群众游园赏月活动　9月13日—15日中秋佳节期间，在大观园和月坛公园隆重举办了“皓月中秋·华彩西城”——2016年西城区中秋节群众游园赏月活动。活动由诗歌朗诵会、“非遗”演出、京剧专场演出3个部分组成，汇集了文艺表演、“非遗”展示、灯光秀、猜灯谜、拜“兔儿爷”、游园互动等丰富多彩的文化活动。共吸引了近万名当地群众和中外游客参与。

特色群众文化活动

“永远跟党走”朗诵会　5月28日，区文委与区委宣传部、区文联、区文明办共同举办了“永远跟党走”——庆祝中国共产党建党95周年十大朗诵艺术家朗诵会。殷之光、陈铎、曹灿、虹云、瞿弦和等十位著名朗诵艺术家进行了精彩的朗诵。来自各行各界的群众近1000人观看了演出。

第13届北京景山合唱节　6月1日至9月23日，举办了第13届北京景山合唱节。活动历经初赛、复赛、决赛、交流、展演等环节，以“辉煌征程　红色印记”为主题紧紧围绕庆祝建党95周年、红军长征胜利80周年2个内容。为不断提高北京景山合唱节的艺术和表演水平，区文委还特别推荐优秀合唱团队参加第13届中国国际合唱节的比赛、观摩、讲座等活动。

“为人民创作　为时代放歌”——中国共产党领导的文艺事业光辉历程展　7月5日，在北京天桥艺术中心举办了“为人民创作　为时代放歌”——中国共产党领导的文艺事业光辉历程展。展览历时20余天，展览期间共接待观众近10万人次。

“欢乐飞飏”北京社区舞蹈大赛　7月—8月，举办了2016年首都市民系列文化活动第十一届“舞动北京”全民广场舞大赛暨西城区广场舞秀及“欢乐飞飏”北京社区舞蹈大赛。区文委凭借西城区第一文化馆和西城区第二文化馆2个文化馆的优秀团队，分别荣获2016年首都市民系列文化活动第十一届“舞动北京”群众广场舞大赛的团体金奖和铜奖。

原创作品京韵大鼓《丰碑》获奖　10月19日，由区文委选送，西城区第一文化馆演出的曲艺原创作品京韵大鼓《丰碑》荣获群文专业领域最高奖项——第十七届中国文化艺术政府奖“群星奖”。“群星奖”分为初选、复赛、决赛3个阶段，共有5052个作品参加了“群星奖”的初选，84个作品进入决赛，仅有20部作品最终获得“群星奖”，获奖概率仅为4‰。

各项主题活动 年内，各类群众文化活动继续丰富居民文化生活，广泛实施文化惠民365工程，举办各级、各类文化活动3326场，惠及群众179.36万人次。

文化品牌工程建设

第二届中国原创话剧邀请展 3月18日至7月10日，由中国国家话剧院、西城区人民政府联合主办，国家话剧院剧场运营中心、天桥艺术中心和区文委承办的第二届中国原创话剧邀请展在国家话剧院与天桥艺术中心成功举办。共有来自全国20余个省、自治区、直辖市的国有院团、民营院团、社区戏剧团为首都观众带来了26部大剧场剧目、23部小剧场剧目，共计演出179场，观众人数累计9万余人。

《北京人家之口技人生》音乐剧 3月—10月，完成原创系列剧第三部《北京人家之口技人生》音乐剧的编排、演出、展演等相关工作。该剧从3月开始调研走访，7月中旬完成演员选拔，8月15日举行了开排仪式，10月11日—12日在天桥剧场成功开演，并于10月30日—31日参加了在天桥艺术中心举办的“第二届北京天桥音乐剧演出季”展演。该剧主要以围绕口技国家级“非遗”传承人牛玉亮为基点，通过发生在口技人身上的一些故事彰显出非物质文化遗产的魅力及传承中的酸甜苦辣，并通过群文工作者“接地气”的艺术加工和表演，展现出西城区独特的文化优势与资源特色，促进群众文化的发展。

第十三届中国国际合唱节 7月26日至8月1日，由文化部外联局、国际合唱联盟、中国对外文化集团公司、北京市教育委员会、中国合唱协会与西城区共同主办的第十三届中国国际合唱节在北京成功举办。7月26日开幕式演出在人民会堂举行，中外合唱团上演万人大合唱震撼全场。合唱节期间，来自全球44个国家和地区的238支合唱团为观众带来了20个大项、204场丰富多彩的合唱活动。

第三届当代小剧场戏曲艺术节 艺术节由北京市戏剧家协会、区文委、天艺同歌文化公司共同主办，繁星戏剧村承办。9月27日，在繁星戏剧村举行新闻发布会。10月19日至12月30日，共展演8个剧种、19个剧目，涵盖京剧、昆曲、越剧、粤剧、藏剧、评剧、柳子戏、赣剧等戏曲形式，共演出70余场。

2016西城区“百姓戏剧展演”系列活动 年内，由区文委主办，西城区第二文化馆和万方文化机构承办，中国国家话剧院大力支持的2016西城区“百姓戏剧展演”系列活动举办。“百姓戏剧展演”以“政府搭台、企业参与、百姓受益”为宗旨，以“百姓演、免费看、专家帮、明星带”为特色，以“资源共享、群专结合、取之于民、还戏于民”为根本，以原创话剧、音乐剧、戏曲、情景剧等为载体，开展20项活动，展示了17部剧目，共计奉献46场演出。

非物质文化遗产保护工作

“非遗”项目参加对外文化交流活动 2月11日—18日“北京东盟文化之旅”在新加坡和泰国两国三地举办，区文委组织参加由“非遗”演出、“非遗”展示和图片展览3项内容组成的活动。6月3日—6日，应斯洛伐克皮仕佳尼市市长米洛斯·塔玛卡邀请，受区外办委托，区文委组织10位“非遗”项目传承人成立“非遗”艺术团，参加了斯洛伐克皮仕佳尼艺术节活动，并与皮仕佳尼市文化部门洽谈文化交流合作项目。8月16日，中国—东盟中心和北京市人民对外友好协会共同举办“中国—东盟日”活动，庆祝东盟成立49周年，纪念中国—东盟建立对话关系25周年。区文委组织的传拓技艺、京派剪纸、彩塑京剧脸谱、北京鬃人、裕氏草编的技艺传承人在现场进行了非物质文化遗产展示互动，口技、古彩戏法、耍花坛3个项目的传承人进行了精彩的表演。

“非遗”保护传承活动 3月4日，举办“寻找小小非遗传承人”课堂。区少儿馆邀请西城毛猴技艺“非遗”传承人姜守煜为小朋友讲述毛猴技艺的起源、历史、发展以及制作技巧等，还带领小朋友亲手制作毛猴成品，激发广大青少年儿童学习优秀民族文化的热情和积极性，传承和弘扬中华民族优秀传统文化。2016年，“‘非遗’进社区、‘非遗’进校园”活动在全区开展，共计举办了9场“非遗”专场演出活动，9000余名西城区群众免费观看了公益演出。

参加第四届中国（北京）国际服务贸易交易会 5月28日，第四届中国（北京）国际服务贸易交易会在国家会议中心拉开帷幕。本届京交会，区文委会同区商务委以“传承人类遗产 展示古都风貌”为主题，以非物质文化遗产为主要内容进行展览展示，集中展现西城区优秀传统文化资源。参加展览的项目不仅有北京宫毯、传统药香制作技艺、抖空竹、北京鬃人等国家级“非遗”项目，还有“非遗”DNA防伪技术推介和93号院博物馆的专题展示，体现了“非遗”保护的社会参与性。北京砖雕传承人张彦带来了新创作的砖雕挂饰，北京刻瓷传承人陈永昌带来了新研发刻瓷不掉色的新颜料，拓片技艺传承人马国庆带来了经数百次实验配方而成的传拓专用纸，充分展现了“非遗”传承人的创新能力。开幕当天，区长王少峰，区委常委、副区

长王旭、副区长吴向阳到“非遗”展区现场进行了巡视。

非物质文化遗产代表性传承人名录建设　10月19日，在西城区图书馆二层集体视听室召开第五批西城区级“非遗”项目专家初审会。常祥林、李苍彦、石振怀、高巍4位专家对西城区报送的75个申报项目的论证报告及申报书进行了评审。11月22日，在西城区图书馆二层集体视听室召开第五批西城区级“非遗”项目专家论证会。来自曲艺类，传统美术与手工技艺类，民俗类，传统体育与游艺、杂技类，传统医药类，传统音乐类，饮食类的9位专家对之前通过初审会的“非遗”申报项目进行了论证和评审。会上，播放了项目申报片，各位专家就各个项目历史渊源、技术特色、传承谱系、历史文化价值及保护现状等方面进行了认真的讨论。最后，共计48个项目通过专家评审会。

文化馆

西城区第一文化馆　一级文化馆。现有编制83人，在岗78人。内设办公室、财务部、后勤保障部、网络技术部、声乐部、器乐部、舞蹈部、戏剧曲艺部、美术部、研究创作部、剧场管理部、厅室活动部、舞美工作部13个部门。年内，区第一文化馆继续推进“文化馆免费开放”工作，开展5项公益活动，完成公益演出42场、公益展览17场、公益讲座24场、公益电影32场、公益培训800余人；大小剧场共承接活动279场，舞蹈排练厅承接活动184场，其他厅室服务1008课时。坚持开展“看大戏到西城”“周末音乐沙龙”“文化广场”“群星大舞台”等公益活动，关注弱势群体文化需求，举办“彩虹剧场”“盲人数字影院”。为纪念长征胜利80周年，演出的曲艺原创作品京韵大鼓《丰碑》荣获群文专业领域最高奖项——第十七届中国文化艺术政府奖“群星奖”。原创音乐剧《北京人家之口技人生》，演出4场；原创革命历史题材话剧《新北平市长》，演出6场。

西城区第二文化馆　一级文化馆。现有编制37人，在岗33人。内设办公室、财务部、音乐舞蹈部、戏剧曲艺部、美术摄影部、文化活动部、文化志愿者服务分中心共7个部门。文化馆立足于公益性，积极开展基层艺术培训和辅导活动，业务干部累计下基层辅导约800课时；全年开展骨干团队培训463场，受益约20780人次；全年开展骨干团队月末专场演唱14场，受益约3000人次。开展免费展览系列活动，全年举办免费展览170余次，受益约4500人次。开展各类公益性群众文化活动及服务性文化活动，活动分为传统节日文化活动和“三进”基层文化活动，组织大小型活动200余场。坚持开展“名家大讲堂”，“文化六进”，京津冀鼓曲大赛的培训和比赛，“艺术一点通”，“西城美声音”，文化志愿者助残日，传统节日文化演出等活动。在作品创作、品牌赛事等方面成果丰硕，获得市级比赛4个金奖，1个银奖，2个铜奖，2个最佳组织奖，1个优秀节目奖。

2016年西城区传统节日专场文艺演出

图书馆

西城区第一图书馆　全国首家获得国际图联会员资格的区县级公共图书馆。建筑面积11720.28平方米，馆内设有报刊阅览室、德国信息与德语自学中心、中瑞可持续发展信息中心、视障人阅览室、集体视听室、多媒体网络中心、旅游资料室、音乐资料室、参考资料室、古籍资料室、少儿阅览室、个人借阅部、自习室13个服务厅室。2016年，区第一图书馆以构建现代化公共文化体系为目标，以“文化兴区”为主线，以读者为中心、以创新为动力、以服务为重点，本着以繁荣发展公益性文化事业为目的，努力完善“书香西城”整体战略。全年采购新书1474645.70元，12049种，42673册，办理“一卡通”读者证3698个，累计接待629206人次；借阅489301人次，借书440703册次；上网浏览14158人次；视听欣赏5216人次；举办读者活动累计271场次，139905人参加；流动图书车借书4126人次，39204册次；基层辅导91次，街道分馆借书150660人次，285785册次。

西城区第二图书馆　一级图书馆。建筑面积约6004.6平方米，馆内设外借部、报刊阅览室、少儿部、资料阅览部、电子阅览部、采编部、宣传辅导部、自习室等部室。现馆藏图书698045册（件），阅览座位560个，服务窗口6个，是北京市公共图书馆“一卡通”借阅成员馆之一。2016年，采购文献图书37632册，报刊951种，电子文献3163件，电子书20250册；办理“一卡通”读者证2848个；接待读者190013人次，借阅书刊225570册；举办讲座报告会42场，听众达1310人次；送书下基层100次，送书20000册；接待网上阅览读者近28875人次。2016年，荣获“全国社会科学普及教育基地”

荣誉称号。

西城区青少年儿童图书馆　内设儿童阅览室、综合阅览室、报刊阅览室、电子阅览室、音像视听室等开放厅室，面向18岁以下青少年儿童开放。截至年底，累计藏书38万余册（其中新增图书9653种、27931册），接待读者207239人次，流通册次382574册、借书证4675个，举办活动261场次，47381人次（其中，讲座62场、12166人次；展览8场次、19476人次；培训班44场次、1070人次），编制二、三次文献4种，解答读者咨询1954条，下基层服务210次，网站点击率426万人次。与2015年同期相比各项指标均有4%～10%的增长。全年围绕2016年文化工作重点任务，广泛开展全民阅读，以第六次全国公共图书馆评估达标为牵引，加强读者阅读指导，科学合理配置书目，完善数字阅读推广，提高读者服务质量，充分发挥市级爱国主义教育基地、区科普教育基地、区法制教育基地、区市民终身学习教育基地“四大教育基地”的职能作用，开展了丰富多彩的读书活动。开展了以关注残障人士文化需求为主题的“阳光伴书香”系列活动；以关注弱势群体文化教育为主题的“外来务工子女读书会”活动；向小读者推荐好书，开展“心悦阅读课堂”读书分享等活动。

文化市场管理

行政许可工作　2016年，接待咨询7000余人次。办理行政许可事项审批与备案1319件。全区有文化市场经营单位1039家。

文化市场执法检查　2016年，区文化执法队共出动执法人员3020人次，检查文化经营单位521家次，立案99件，罚款2718725元。

西城区文化委员会

书　记　张云裳（女，9月免）
主　任　孙劲松

（房　微）

获奖情况

西城区第二图书馆　荣获全国社会科学普及教育基地称号。

朝　阳　区

概　况

朝阳区位于北京市城区东部，区域面积470.8平方公里，下辖24个街道办事处，19个乡（地区办事处），常住人口385.6万人。

朝阳区文化委员会（如下简称区文委）是负责朝阳区文化、文物、新闻出版和广播电影电视工作的区政府工作部门。内设科室7个，分别是办公室、文化科、文物管理科、出版发行管理科、电视音像管理科、组宣人事科、财务基建科和文化执法队。人员编制58人，其中，行政编制30人，行政执法专项编制27人，机关工勤事业编制1人。所属事业单位有文物管理所、图书馆、北京民俗博物馆、朝阳京剧文化艺术中心、文化馆、垡头地区文化中心、香河园地区文化中心、国声京剧文化艺术中心、朝阳剧场、紫光影城、劲松电影院、群众文化厅。

2016年，区文委准确把握文化发展新形势、新要求，积极进取、务实奋进，以“十三五”规划为导向，以文化发展“十大工程”为平台，以61项文化惠民工程项目为抓手，改革创新驱动文化软实力发展，深化国家公共文化服务体系示范区后续建设，加快构建具有朝阳特色的现代公共文化服务体系。全区公共文化设施网络日趋完善，社会力量参与文化服务方兴未艾，科技与文化创新进一步融合，文化事业和文化产业进一步协调发展，文化交流异彩纷呈，公共文化产品供给能力进一步提高，文化治理能力和治理体系现代化水平不断提升。

2016年文化艺术发展

制度化建设

文化体制机制改革创新　围绕“十三五”规划重点工作任务落实，加快推进文化馆、图书馆、博物馆法人治理结构建设。继续推广“文化居委会”文化治理模式，探索文化治理社区新途径。深化“五乡一街”文化建设，构建“五乡一街”文化联盟体系理事会制度，构建“五乡一街”文化联盟体系。

科学制定“十三五”时期文化发展专项规划　根据文化部“一个工程，四个体系”的整体发展思路、朝阳区“十三五”规划纲要、创建“百个基层文化品牌”以及朝阳文化发展实际情况等各方面因素，确定了一条主线、四个体系、十大工程、百个品牌的文化工作发展思路。加强智库建设，与北京大学、清华大学、城市发展研究院、中国传媒大学、零点研究咨询集团等专业机构开展广泛合作，科学制定政策文件。

公共文化及文化建设

文化设施建设　大力推进垡头、香河园等地区级文化中心建设。垡头地区文化中心已投入使用，香河园地区文化中心工程已完成施工，正在进行试营业准备。三间房地区、团结湖街道文化中心建成并对外开放。望京街道、南磨房地区文化中心内部改造完成。整体推进图书馆总、分馆制升级和基层图书室资源整合相关工作，团结湖、三里屯、常营、建外、来广营、潘家园、朝外、垡头、南磨房、东湖10家分馆建设工作及43个基层图书馆资源整合工作已顺利完成。各街乡不断探索，形成了政府主体模式、政府主导多元参与模式、政府委托社会组织管理运行模式多元并行的新思路、新路径，提高了街乡文化中心服务效能。大屯街道将文化中心委托社会机构进行管理，服务内容及服务群体都有较大拓展；来广营文化中心采取分时段托管模式，文化中心每天开放到晚8点，有效拓展了服务人群。公共文化服务设施网络运行和管理多元模式的创新，促进了朝阳区公共文化服务效能的提档升级。

文化品牌建设 “十三五”规划期间朝阳区将完成十类百个基层文化品牌的创建目标。为此，制定了“1＋10”政策体系，即1个实施意见和10个类别的认定标准及扶持办法，并邀请十余位国家公共文化服务体系专家委员会成员、权威学者，组建品牌认定专家委员会。2016年，对朝阳区公共文化设施、群众文艺团队、公益性文化活动、文化能人（名人）4类基层文化品牌开展了创建认定工作。经过审慎细致的材料初审、复审及实地考察，共评选出4个类别共37个基层文化品牌，潘家园街道图书馆等入围朝阳区品牌文化设施；小关街道汉藏一家亲慰问西藏中学“五个一”系列活动等入围朝阳区品牌公益性文化活动；酒仙桥街道焦文俊、亚运村街道张艳君等入围朝阳区品牌文化能人（名人）评比活动；安南社区东安门公义助善开路老会等入围朝阳区品牌群众文艺团队。

引入社会力量参与公共文化建设 不断拓展社会力量参与公共文化建设的广度与深度，着力提高公共文化服务供给力与服务力。4月，首家城市书房“梦工坊”在左家庄街道建成开放，旨在利用公共空间，引入社会力量，为社会公众提供便利的、特色化的公益文化阅读服务。5月—9月，策划并推出了“全民星秀”首届公益K歌挑战赛，参与人数累计15万人次。11月，北京市首家社区流动美术馆在呼家楼街道金台社区建成，使百姓可就近观赏到高雅的书画艺术。与北京交响乐团、首都图书馆联合举办“首都市民音乐厅”系列活动，将高雅文化引近居民。委托第三方专业调查机构开展群众公共文化需求满意度调研，对朝阳区重点文化资源进行梳理，对文化服务对象的需求进行把握，形成资源基础数据库及《朝阳区文化资源调查报告》等4项报告。

调 研

王宁到垡头地区文化中心参观调研 1月19日，北京市副市长王宁到朝阳区垡头地区文化中心参观调研。区文化馆馆长徐伟介绍了垡头地区文化中心的定位、开业以来的运行情况以及周边群众文化开展的状况。王宁还参观了文化中心的室内设施，与正在排练的“红半天”女子鼓乐团、社区民乐乐队等基层文艺团队进行了交流。参加调研的有市文化局局长陈冬、副局长庞微，区领导王灏、孙其军。

孙其军到区文委调研 2月15日，副区长孙其军到区文委调研文化工作，区文委（文联）班子成员参加调研。区文委主任高春利汇报了2016年文化工作思路及重点工作任务。

市文化执法总队到区文化执法队调研 5月6日，市文化执法总队副总队长王宁之到区文委执法队调研。在调研会上，王宁之通报分析了总队和各区的立案情况，肯定了朝阳区文化执法工作，并就如何提高办案质量和数量以及在办案中遇到的难点问题深入研讨。

吴桂英等调研公共文化建设情况 6月14日，区领导吴桂英、甘靖中、刘军胜、张维刚、孙其军以及规划、国土、财政等部门领导一行调研朝阳区公共文化建设情况，参观考察了东岳庙、区图书馆新馆，随后到区文委进行座谈。区文委主任高春利汇报了“十二五”时期以来公共文化建设情况，各部门就各自分管职责进行了发言。

区领导调研公共文化设施建设 7月5日，区委常委、宣传部部长刘军胜，副区长孙其军，以及宣传部、文委、社会办、农委、住建委、财政局、规划分局等部门代表一行，先后到来广营、大屯调研公共文化设施建设。区委宣传部常务副部长、文明办主任毕重伟主持座谈会。区文委主任高春利汇报了全区公共文化设施使用情况，来广营地区、大屯街道负责人分别汇报了地区公共文化设施建设及运行情况。

区人大常委会调研朝阳区国家公共文化体系示范区后续建设工作 9月22日上午，区人大常委会副主任朱春霞等一行到朝阳区图书馆新馆，调研区国家公共文化体系示范区后续建设工作。调研组一行参观了爱心邮局、图书借阅一体服务区、地方文献馆等，并听取了图书馆工作人员的工作汇报。区文化委主任高春利、副主任马骏陪同调研。

文化惠民活动

文化活动异彩纷呈 2016年，朝阳区开展“百姓原创文化节”“百姓周末大舞台”“全民星秀”“社区一家亲”“我们的节日”“书香朝阳·全民阅读活动”等系列文化惠民活动。全年开展各类文化活动5800余场，其中，完成“三下乡”“周末大舞台”“星火工程”等公益性演出273场；为特殊少年儿童及全区老年人举办丰富多彩的文化活动1000余场。同时，各街乡开展了各具特色的文化节、艺术节系列活动，全年共举办街乡级文化活动2170场，参与配合区级文化活动3630场，惠及人群559余万人次，较2015年翻一番。

2016年“百姓周末大舞台”演出现场

成立街乡文联　八里庄、东湖、团结湖等10个街乡相继设立了街乡文联，有效推进辖区文化建设。

图书馆

研究成果　年内，举办“朝阳区历史文献资源征集与利用”研讨会，出版《朝阳区历史文献资源征集与利用研讨会会议纪要》。《朝阳区图书馆馆藏碑刻拓片汇编》进入排版校对阶段，与之配套的国东贞石——朝阳区图书馆馆藏石刻拓片展圆满完成北京临展及在昆明、贵阳两地的交流展。

基础业务　年内，共办理借书证14852个；图书流通总量137.8万册次，流通856888人次；新购文献200453册件；全年举办各种活动387次，97600余人参加。图书配送服务141次，共计150948册。

文化交流

“京津冀公共文化服务示范走廊”发展联盟召开第一次联络员会议　1月7日，“京津冀公共文化服务示范走廊”发展联盟首次联络员会议在北京民俗博物馆举行。京津冀三地11家联盟成员单位相关负责人就联盟轮值主席工作细则、2016年上半年京津冀公共文化交流项目等议题进行热烈交流讨论，共同约定每年以发展联盟名义举办2次活动。会议由联盟首届轮值主席单位北京市朝阳区文委主办。

贵阳市文化执法部门到朝阳区开展对口交流　5月16日，贵阳市文化市场综合执法支队到朝阳区召开现场座谈会进行执法工作深度交流。贵阳市执法人员还对朝阳区网吧、艺术园区、新闻出版、文化娱乐等市场进行现场观摩，深入探讨解决难点问题。

“京津冀公共文化服务示范走廊”发展联盟第一次轮值主席总结会

昆明市图书馆到区图书馆参观调研　5月16日—19日，昆明市图书馆一行11人到区图书馆进行工作业务考察培训学习。区图书馆工作人员陪同到访人员参观考察国家图书馆、首都图书馆、来广营地区图书馆以及朝阳区图书馆新旧两馆。

朝阳区与昆明市、贵阳市开展“春雨工程”系列文化活动　11月15日—19日，区文委主任、朝阳区文联党组书记高春利带领区文委、区文化馆、区图书馆、北京民俗博物馆业务人员以及区文联书协、美协、摄协的艺术家等，到昆明、贵阳开展“春雨工程”系列文化活动，活动包括展览展示、文化讲座、艺术交流、图书捐赠等内容。

举办京津冀地区多项文化活动　朝阳区文委担任“京津冀公共文化服务示范走廊”发展联盟首任轮值主席，朝阳区发挥首都及区位优势，举办了首届京津冀地区民间花会展演、各联盟单位公共文化建设成果展览及“非遗”传承与保护的专题论坛等活动，充分发挥了国家公共文化服务体系示范区示范性、导向性和辐射作用。

国际交流展示　朝阳区“漂亮的兵马俑”先后赴克罗地亚、捷克和哥伦比亚展出，受到外国政要及民众的热烈欢迎和高度赞扬，累计接待参观20余万人次。此外，朝阳区文化馆“红半天”女子鼓乐团参加布鲁塞尔“欢乐春节”盛装巡游活动。9月，麦子店社区文艺团队受丹麦的邀请，前往丹麦参加中国文化节，进行中华传统文化展演，这是全市范围内首次由街道单独组织团体赴外参加文化交流。

文化底蕴厚植

加强区域历史文化研究　组织开展“萧太后河历史文化研究”专题研究，完成《皇木厂研究报告》和《皇木厂历史现状及保护思路》。对高碑店的艺术机构进行了全面系统深入的调研。与中央民族大学合作完成《温榆河生态走廊历史文化资源保护与利用》，并组织开展“朝阳区温榆河、通惠河影像巡展”。举办“朝阳区历史文献资源征集与利用”研讨会。

传承和保护文化遗产　举办2016年文化遗产日主题活动——朝阳区文化遗产保护项目及成果展，展示朝阳区2000年—2015年的文化遗产保护成果。8个单位获得北京市非物质文化遗产保护专项资金支持，获批资金总计260万元。将民俗活动基地与传统文化传承基地相梳理、合并，开展基地调研，重新制定《朝阳区传统文化传承基地管理办法》。

重要活动

2016年朝阳区文化、科技、卫生“三下乡”集中示范活动启动 1月20日，2016年朝阳区文化、科技、卫生“三下乡”集中示范活动在崔各庄乡文化中心礼堂启动，区委常委、宣传部部长、区委办主任刘军胜及“三下乡”活动领导小组成员单位主要领导出席。2016年是“三下乡”集中示范活动举办的第20个年头。2016年的“三下乡”活动，在以往政策宣传、科普培训、专家义诊、法律咨询、文艺演出等内容的基础上，增加了专家讲座、艺术展览、电影放映、儿童剧等内容。积极对接各种资源，列出服务“菜单”，由各乡进行提前选择预定，实行“菜单式”服务，共举办4场演出、5场讲座、4场展览，放映2场电影，服务产品基本实现各乡全覆盖。

第十一届潮流音乐节 4月30日—5月2日，“五月浪潮”第十一届潮流音乐节在798艺术区玫瑰之名艺术中心举行。2016潮流音乐节是第十六届“相约北京”艺术节的重要板块，每天有9场演出。音乐节精心挑选出了风格迥异的来自15个国家的16个乐队、艺术团及音乐人，横跨雷鬼、索卡、摇滚、民谣等多种音乐风格。此外，2016年还创新举办了潮流音乐节贵阳分场。

举办丰富活动迎接第11个文化遗产日 6月11日是中国第11个非物质文化遗产日，《中华人民共和国非物质文化遗产法》颁布实施5周年。朝阳区非物质文化遗产保护中心于6月8日开展丰富多彩的非物质文化遗产宣传、展示、融入活动。其中包括第三届“芳草非遗嘉年华”活动；作为市级非物质文化遗产代表性项目的传承人，著名相声表演艺术家丁广泉以“老理儿、老规矩”的形式收徒，重现相声的传统拜师仪式；活动还邀请到被誉为中国历史上第一支竹乐团的北京竹乐团为社区百姓免费演奏，营造全社会关注和参与非物质文化遗产保护的良好氛围。

第15届“金刺猬”大学生戏剧节 第15届“金刺猬”大学生戏剧节从8月6日起持续展演至8月20日。戏剧节由北京戏剧家协会、朝阳区文化馆及北京开心麻花演艺经纪有限公司联合主办，来自全国各大高校的18部优秀戏剧作品分别在9剧场和A33剧场2个场地奉献30场演出。“金刺猬”大学生戏剧节每年8月在北京举办，始终秉承“青春向上、热情活力、优秀品质”的宗旨，坚持自主性、开放性和原创性，成为最负盛名的全国大学生戏剧节。2001年创办，已举办15届，艺术节不断与时俱进、和青春对话，吸引了全国高校师生的广泛关注和积极参与。

“我们的节日·中秋节”系列文化活动 9月14日，北京民俗博物馆以“月圆中秋　情暖朝阳”为主题举办“我们的节日·中秋节”系列文化活动。通过中秋场景营造、中秋习俗体验、中秋内涵溯源、“非遗”文化展演等丰富多彩的活动，关照不同社会群体，传递温暖正能量，在突出文化特色的同时为传统节日赋予更多的现代意义和时代气息。

“带你筑梦”品牌工程 为补足文化配送短板，整合有效资源，落实文化惠民，11月3日，朝阳区品牌惠民工程“带你筑梦”在垡头地区文化中心黑钻剧场启动。“带你筑梦”是朝阳区音协主席、著名男高音歌唱家戴玉强与垡头地区文化中心共同在“五乡一街”建设中开展的全市惠民示范项目，力求打造社会企业和名家参与，共同构建的朝阳区数字化艺术馆站网络平台，以点带面持续性服务于“五乡一街”基层建设，尝试文化供给的新模式，使文化惠民工程更具专业化及长效性，探索实践数字化进程与文化配送有效并轨的模式。此次启动仪式名家荟萃，戴玉强现场演唱世界名曲《我的太阳》，还担当客串主持以及现场“合唱慕课”老师，筑梦艺术团、东风乡品牌合唱队、黑庄户女子合唱团等基层团队得到名师现场辅导；还有国际声乐大赛金奖获得者张龙表演《登山缆车》、总政歌剧团著名女高音歌唱家程桂兰表演《太湖美》等节目，让现场观众大饱耳福。

城乡一体化美育创新周 11月19日—12月30日，区文化馆举办2016年朝阳区社区一家亲“城乡一体化美育创新周”活动。区文化馆联合国家大剧院、北京电视台、清华大学、中央美术学院、北京舞蹈学院等单位，开展内容包括市民美育创新广场、万物生长公开课堂、社区生活审美体验、双周培训结业仪式、艺术扶植美术展览、文化治理课题调研的6大板块，涵盖音乐、舞蹈、戏剧、公开课、展览、集市等51场活动。

文化市场管理

加强行政审批规范化制度化建设 不断完善各项规章制度，全年共计办理行政审批事项共计835件，年检换证927家。不断健全工作机制，制定并下发了《朝阳区文化市场意识形态领域规范管理联动机制》，在全市范围内首创了文化市场管理的信息共享机制、工作会商机制、联防联控机制、培训指导机制和应急处置机制。

执法检查 2016年，全面整治违法违规行为，深入开展“护苗”“净网”“清源”“秋风”“净空”“固边”六大专项行动。全年执法检查文化娱乐场所7870家次，立案调查92件，较2015年同比增长69%。全区各街乡结合地区实际，设立社区（村）扫黄打非联络站，为规范朝阳区文化市场秩序、推进全区文化市场综合执法改革发挥了重要作用。

获奖情况

集体

区图书馆　荣获全国中小型公共图书馆联合会2016年研讨会征文优秀组织奖；被中国图书馆学会授予“全民阅读示范基地”荣誉称号；荣获2011—2015年北京市法治宣传教育先进集体称号。

区文化馆　在首都市民系列文化活动歌唱北京第三届“我爱唱歌”——2016年京津冀百姓歌手大赛中荣获优秀组织奖；在2016首都市民系列文化活动第十一届“舞动北京”群众广场舞蹈大赛中荣获创作表演银奖；在2016年首都市民系列文化活动第三届北京市群众曲艺大赛艺韵北京中荣获优秀组织奖；在北京首届全民时尚舞蹈大赛中荣获优秀组织奖；在最美环卫人摄影展中荣获优秀组织奖。

北京民俗博物馆　获第十一届“北京阳光少年活动”优秀组织奖。

个人

韩卫勃　获2016年北京市三八红旗奖章。

何　琳　在庆祝中国共产党成立95周年“为你歌唱”第二届北京市中老年声乐比赛中荣获“优秀辅导员”奖；在2016年首都市民系列文化活动第三届北京市群众曲艺大赛艺韵北京中荣获“群众曲艺优秀工作者”称号。

朝阳区文化委员会

书　记　李　洋（5月免）

主　任　高春利

（黄俏凤　郑　妍）

海　淀　区

概　况

海淀区位于市区和近郊区的西部和西北部，面积430.77平方公里，地形西高东低，兼有山地平原。辖7镇（地区）、22个街道、84个村、576个社区。全区常住人口359.3万人，户籍人口240.2万人。

海淀区文化委员会（以下简称区文委）是主管海淀区文化、文物、新闻出版和广播电视工作的政府职能部门。内设办公室、组织宣传科、公共文化科、文物科、审批管理科、法制督察科6个职能科室和文化行政执法队。直属事业单位有海淀区文化馆、海淀区图书馆、海淀区文物保护中心（海淀博物馆）。

2016年，区文委推进国家公共文化服务系统示范区建设，完成海淀北部文化中心开馆和国家示范项目等重大任务和重大文化惠民工程。文化遗产保护体系建设初步形成，文化行政执法办案数量居全市第一，区域百姓的文化幸福指数大幅提升。

2016年文化艺术发展

公共文化服务体系示范区创建

继续开展国家公共文化服务体系示范区创建工作　将示范区创建写入区第十二次党代会报告和政府工作报告，印发了《海淀区创建国家公共文化服务体系示范区建设规划》。采用“小政府、大社会”“小机构、大服务”的原则，委托专业公司运营管理北部文化中心文化馆、图书馆，建立整体服务外包新机制；联合区财政局制定《海淀区基层文化组织员管理办法》和实施方案，建立了文化组织员管理长效机制。2016年，全区有文化市场3130个；文化站29个；基层图书馆53个，其中，联网基层图书馆35个；图书馆流动车服务点12个。

文化设施建设

海淀北部文化中心正式开放　7月10日，位于温泉镇的海淀北部文化中心正式对公众开放。图书馆开馆首日，为500余名市民办理图书借阅证，组织感恩阅读赠书活动、彩虹亲子互动、主题书展、益智游乐等开馆活动。文化馆开设成人国画、少儿素描、成人舞蹈、少儿声乐等课程，现场接受300余人的培训课程预约。500余人在小剧场欣赏北京节日合唱团表演的“启动音乐会”。海淀北部文化中心建筑面积8.81万平方米，是海淀区“十二五”时期重点文化惠民工程，是目前北京市最大的信息文化中心。海淀北部文化中心由文化馆、图书馆、档案馆和温泉文化中心4栋单体楼组成，中庭通过共享大厅连接。新文化馆、图书馆总建筑面积4.4万余平方米。文化馆二层共享大厅开辟2700平方米，永久作为海淀通史陈列展。文化馆、图书馆全年接待群众36万余人次，平均每日到馆超过2000人次。接待全国20余个省、市、区代表团到中心参观考察，加大了海淀文化的辐射力和影响力。

积极推进文化设施建设　2016年，区文委秉承以标准化促进均等化的发展理念，优化文化设施布局，完善区、街道（镇）、社区（村）三级文化设施网络建设。公共文化设施网络建设实现历史性跨越，2012年—2016年，全区共新增文化设施面积15万平方米，百姓身边的文化圈基本形成。

基层文化中心设施建设　年内，区委、区政府多次召开创建国家公共文化服务体系示范区专题会，推动街道（镇）基层文化设施建设和队伍建设。“十二五”时期，争取市级资金1.2亿元，推进81个街道（镇）综合文化中心和社区（村）综合文化活动室建设。截至年底，29个街道（镇）综合文化中心基本达标。655个社区（村）综合文化活动室有611个达标，达标率93%，较2015年提高2个百分点。

文化数字化设施建设　依托“智慧海淀”，探索数字化服务新方式。引进首都图书馆数字资源，在东升科技园、768创意产业园等6个高新企业园区35家大型企业安装40台数字资源阅读终端，惠及海淀区高新技术企业近2000家、30余万名企业员工，全年点击率达280万人次。建成数字文化社区57家。北下关街道试点建设数字文化综合平台被列为2016年全国基层数字文化服务推广项目。

文化活动

新春系列文化活动　1月24日—2月29日，区文委举办2016年“海之春”新春系列文化活动。活动以“文化迎春千家喜乐　金猴献瑞万众欢颜”为主题，精心组织“春吉——花会踩街闹新春”“春禧——博物馆里过大年”“春歌——乐鸣礼赞歌无尽”“春福金猴献福一家亲”“春华——梅香绵长福满山”“春愿——父母欢颜情未了”“春瑞——丙申春瑞海之心”7大单元18项惠民文化活动。除保留传统花会走街、室内庙会外，还组织专业文艺院团和电影放映队伍开展“送精品演出到基层”“送喜剧电影到身边”活动，惠及群众80万人次。

2016书香海淀·全民阅读活动　4月22日—12月31日，区文委在中关村创业大街举行“阅读照我中国梦，无尽书香进万家”——2016年书香海淀·全民阅读活动启动仪式。仪式上，区文委发布活动方案，与会嘉宾为青年创业代表赠送《从0到1》《平台战略》等创业类书籍；“全民悦读”“大圣悦读”2个阅读创业项目在中关村创业大街路演。在区域图书馆、书店、公园、企业、中小学及各街镇开展包括“永恒·信仰支点”“经典·文化凝聚”“青春·字里行间”“阅读·四季书香”“引领·行为示范”5个单元、20项活动，共举行200余场阅读活动，超过60万人参与。

第六届中关村国际青年艺术季　5月18日，由区文委举办的第六届“青春的海”中关村国际青年艺术季在中华世纪坛拉开帷幕，750余位各界青年参加开幕式。该届青年季“以青春的名义追梦中关村”为主题，持续两个月。分为阳光青春、文化青春、歌吟青春、光影青春、艺术青春等单元共计26项活动。艺术节为青年们购置大量绘画艺术展、戏剧和电影票，通过大麦网和海淀公共文化微信公众号设置的演出、电影等文化惠民票抢票环节，吸引高新企业、部队院校、街镇等部60余万名青年参与。

第二届中关村儿童演出季　6月1日—8月31日，海淀区文委、海淀区演出联盟举办以“欢乐童年　放飞梦想”为主题的第二届中关村儿童演出季。6月18日，演出季开幕式在海淀区中间艺术园区举行，海淀区第四实验小学及海淀区实验小学的同学们分别进行舞蹈及话剧片段演出。演出季中，在区内7家剧场举办45项、232场演出。

2016海淀主题剧本征集活动　8月18日，区文委在中关村大街义创空间·小样青年社区启动“大写中关村·聚光海淀人”——2016海淀主题剧本征集活动。来自北京戏剧家协会、北京人民艺术剧院的专家、学者、海淀区演出联盟各单位的代表出席启动仪式。经过3个月的征集，由海淀区文委、海淀区演出联盟主办的“大写中关村·聚光海淀人”——2016海淀主题剧本征集活动征集阶段工作全面结束。共征集全国各地的活动投稿数十部，经过首轮筛选符合活动要求的剧本共18部，经评委会认真评选，共评出获奖作品10部。活动获得了来自北京、陕西、安徽、山东等地文艺工作者及公司白领、企业家、教师等行业的文学爱好者的广泛参与。

2016海淀主题剧本征集活动启动仪式

第五届中关村金秋演出季　9月1日—11月30日，由区文委、海淀区演出联盟主办的第五届中关村金秋演出季举行。其间，在海淀区内14家剧院及场馆上演73项、190余场文艺演出。该届演出季销售文化惠民票3.6万余张，惠民补贴款共计411万余元，总票房达1000万元。

共和国将军书法作品展　10月22日—12月2日，为纪念中国工农红军长征胜利80周年，由中华爱国教育联盟、北京文化艺术活动中心、海淀区文委、将军文化研究会共同主办的共和国将军书法作品展在海淀北部文化中心举行。八路军战士、朱德元帅儿媳赵力平与原总装备部军兵种部部长姜来根等80位将军出席开幕式。120位共和国将军以诗抒情、以画传意的百余幅作品书写长征精神。

第十三届海淀文化节　10月—12月，区文委举办第十三届海淀文化节。该届文化节以“金秋入歌诗伴舞　情怀似海梦起飞”为主题，分为“四海视野　文化海淀——主题会展专题”“欢腾民间　歌飞舞旋——歌舞展演专题”“诗歌天地　戏曲舞台——诗歌戏剧专题”“非遗镌刻　心手传承——非遗文物专题”“风雨同心　爱满四季——文化暖心专题”“家园共庆　幸福串联——综合文化专题”6个单元、31项活动，惠及群众近百万人次。10月26日，文化季开幕式在海淀北部文化中心举行，驻区高新技术企业代表、各兵种离退休将军代表、北京市离退休老干部代表、驻区学生代表以及海淀区文艺骨干等出席。中国解放军军乐团奉上专场音乐会。

“院士手迹展、院士书房”启动仪式　10月30日，由海淀区文委、中国科学报社主办的“院士手迹展、院士书房启动仪式”在海淀北部文化中心举行。中国科学院院士孙鸿烈、郑度、姚檀栋和中国科学院科学传播局、中国科学报社、海淀区文委有关负责人以及温泉镇居民、中国科学院地理科学与资源所代表、海淀区新闻中心、图书馆志愿者等150余人出席仪式。该次活动收到5位院士捐赠藏书百余部，其中有珍贵历史文献资料6件，珍藏于北部文化中心图书馆二层院士书房，为长期展览。征集到23幅包括诺贝尔奖获得者李政道、杨振宁，全国人大常委会副委员长路甬祥，中国植物学家吴征镒以及袁隆平等院士的珍贵手迹，在海淀北部文化中心图书馆进行展出，展出时间历时7天，有近2000名读者朋友参观。

第七届“海之声”新年演出季　2016年12月1日至2017年2月28日，第七届“海之声”新年演出季举办。共进行34项、142场国内精品文艺演出，演出季累计惠及观众9.1万人次，惠民补贴432万余元。

“逐梦丝路”——“一带一路”摄影展　12月2日—30日，由海淀区文委、新华社中国经济信息社、中华世纪坛艺术馆共同主办，海淀北部文化中心文化馆承办的2016北京国际摄影周优秀摄影专题“逐梦丝路”——“一带一路”摄影展在海淀北部文化中心文化馆举办。展览精选了130幅生动展示沿途国家和地区的自然景观、风土人情、发展成就及文明成果的照片展出，共接待3000余人参观。

“非遗”传承保护活动　2016年，邀请京津冀30余名“非遗”项目传承人开展“相约凤凰岭共庆新春”展演展示活动。组织“非遗”传承人在38所中小学校、10个社区开展“非遗”教学，并将苏州、扬州、廊坊等外省市的特色“非遗”项目引入课堂。活动还举办了京津冀“非遗”进校园交流会及成果汇报展。全区中小学师生10万人次、居民5万人次参与该次“非遗”传承保护活动。

积极组织开展文化活动　2016年，区文委组织了“海之春”新春系列文化活动、中关村国际青年艺术季、中关村系列演出季、海淀文化季等活动；组织了“到人民中去”——精品文艺演出进基层、进企业活动；举办了海淀万人合唱季、广场舞达人秀等活动。全年举办文化活动2万余场次，惠及群众500余万人次。

文化体制改革

文化事业单位改革全部完成　2月26日，北京海淀剧院有限责任公司举办揭牌仪式，由事业单位转为国有企业。2015年，海淀区评剧团、海淀区电影管理处已依法注销，至此，海淀区文委所属事业单位改革工作全部完成。10月12日，海淀区图书馆、海淀区文化馆、海淀区文物保护中心（海淀区博物馆）3家所属事业单位纳入规范管理工作完成。

文化馆

海淀区文化馆　海淀区文化馆是海淀区政府设立的从事群众文化工作的全额拨款事业单位。馆舍建筑面积13482平方米，设有专业琴房、练功房、培训教室、多功能厅、演播厅和小剧场。2016年举办活动2930场，其中，演出170场，放映免费电影2700场，举办讲座及会议50场、展览10个。出版《海淀群文信息》12期、《红叶杂志》4期。组织文艺爱好者参加征文2场、戏曲表演2场、舞蹈2场等比赛活动。在论文、摄影、器乐、朗诵、歌唱、戏曲等门类中取得较好成绩。

北部文化中心文化馆　7月开馆，采用整体服务外包的形式运营管理。开设展览展示、文艺培训、剧场演出及讲座、支持群众文艺团队活动等服务项目，有培训教室15个。全年举办2期、138个培训班，培训种类涉及声乐、器乐、合唱、舞蹈、美术、书法、摄影、瑜伽、健美操等10余类的专业培训课程，受众学员达3.05万人次。接待40个团队排练活动630多次，共计14400多人次。举办展览4个，开展演出活动30场，受众人数近6万人次；馆内招募了27名志愿者提供志愿服务。

图书馆

海淀区图书馆　全年办理借书证3500个；阵地接待读者21万余人次；借阅书刊34万余册次；采购图书25万册。少儿部接待读者133036人次，借书46913人次，图书借阅161291册次；上架少儿新书5000余册，下架旧书3000余册；组织少儿阅读推广活动31场。完成20家街镇图书服务资源整合，街镇级图书配送中心配发“一卡通”设备20套、书架200组、图书2.4万册，总价193万元。举办全民阅读活动132场、4万余人次参与，其中第六届“换书大集”交换图书、期刊5500余册。电子资源总点击量达280余万次，总在线阅览量90万余次，总下载量30万余次。

北部文化中心图书馆　7月开馆，采用整体服务外包的形式运营管理。图书馆总面积3万平方米，藏书13万册。设有报刊阅览区、图书阅览区、电子阅览区、无障碍阅读区、多功能厅、少儿图书馆、休闲交流区和创客空间等场所，提供办证、自助借还、电子阅览、报刊阅览、图书借阅等服务。有阅览座席 1200 个，全年到馆 267131 人次，图书外借 78227 册次，借阅 64160 人次，办卡量达 7774 张。引进 RFID（射频识别技术，俗称电子标签）等先进技术和设备，增设 RFID 自动借还书机、视障阅读区、血压计、身体 BMI 指标测量仪等特色服务项目，以吸引更多读者，推动全民阅读，创新公众对文化信息资源的获取和利用方式。举办活动 79 场次，参与活动人数 4635 人次，创建“品味国学”“名家讲坛”“阅书悦书”“晚霞绚丽”“青青育苗”“英语沙龙”“创客空间”“院士书房”等品牌活动。

北部文化中心图书馆新馆开馆

剧院

海淀剧院　2016 年，海淀剧院由自收自支事业单位改制为区属国农企业海淀置业集团的子公司。1 月 28 日取得企业法人营业执照，更名为北京海淀剧院有限责任公司（以下简称海淀剧院），2 月 26 日北京海淀剧院有限责任公司揭牌。2 月 1 日，海淀区电影管理处正式并入北京海淀剧院有限责任公司。全年演出 273 场，其中，舞台剧 206 场、儿童剧 46 场、相声 7 场、音乐会 7 场、北京曲剧 4 场、歌舞 3 场、会议讲座 24 场、电影放映 4000 场。全年接待观众 427469 人次，营业收入 1820 万余元。

文化市场管理

2016 年，区文委按照全国、北京市“扫黄打非”的要求，重点开展扫黄打非“清源”“护苗”“净网”“秋风”“净空”五大专项行动。全年办案 112 件，出动执法人员 2375 人次，检查场所 1644 家次。全年办理审批文化项目 3355 项。安全生产标准化达标的文化娱乐场所达到 211 家。

“扫黄打非·净网 2016”专项行动　5 月—10 月，区文委开展“扫黄打非·净网 2016”专项行动，打击网上淫秽色情信息。以整治网络文学、网络游戏、音视频网站为重点，依法打击微博、微信、微视、微电影等“微领域”传播有害及淫秽色情信息行为和利用弹窗、搜索引擎、云存储以及移动智能终端、电视盒子等从事“色情营销”的违法行为。

文化安全生产月系列活动　6 月 1 日—30 日，区文委开展文化安全生产月系列活动。“事故隐患排查治理周”期间，联合区安监局、消防支队等部门，对重点地区、重点行业文化经营单位进行集中大检查，出动执法检查人数 124 人次，检查场所 45 家次，发现安全隐患和问题 11 处，立案 6 件。“法治宣传周”期间，在海淀剧院开展安全生产月启动仪式暨安全生产大型公开课，区文委、安监、消防等部门和近 500 家文化娱乐场所负责人参加活动，发放宣传材料近一万份。“应急演练周”期间，在海淀麦颂 KTV、北京天宇万达印刷厂、海淀工人文化宫分别开展消防应急演练和观摩活动，受众 1576 人次。

结对帮扶贵州省黔南布依族苗族自治州　8 月 20 日—26 日，区文委执法队赴贵州省黔南布依族苗族自治州开展结对帮扶交流工作。重点考察黔南布依族苗族自治州惠水、罗甸、独山、都匀等县市的网吧、歌厅等文化娱乐场所，向黔南州赠送价值 3.6 万余元的数码相机等办公设备。10 月 19 日—11 月 1 日，贵州省黔南州文化市场执法骨干到海淀区交流学习，考察海淀区文化市场、海淀博物馆、大慧寺、圆明园、颐和园等文物保护单位，并与海淀区文化市场执法人员开展交流座谈。

获奖情况

集体

区文委　获第六届书香中国·北京阅读季活动优秀组织奖；获 2016 年北京市安全生产月活动最佳实践活动奖；获第三届“北京之声”——2016 首都市民合唱周特别贡献奖。

海淀区文化委员会

书　记　刘建朝
主　任　陈　静（女）

（杨立辉）

丰　台　区

概　况

丰台区地处北京城区西南，面积 306 平方公里。常住人口 225.5 万人，其中常住外来人口 79.9 万人。区辖现设有 14 个街道办事处、2 个地区办事处、3 个乡、2 个镇，下辖 323 个社区，64 个行政村。

丰台区文化委员会（以下简称区文委）为丰台

区主管文化事业、文物保护、新闻出版和广播电视行政管理工作的政府职能部门。内设办公室、文化科、文物科、文化市场管理科（出版发行科、版权科）、组织人事科，下属单位文化行政执法队，共有行政编制45人。下辖文物管理所、图书馆、文化馆3家全额拨款事业单位。全系统有在职干部职工156人。区少儿图书馆隶属区教委。

2016年，以“十三五”规划的推进为基础，积极推进创建首都公共文化服务示范区工作。举办了包括“周末百姓大舞台”“星火工程”等活动在内的“我的丰台·我的家”系列活动、“花好月圆传戏韵”主题活动以及“发现丰台之美”主题活动、第11个非物质文化遗产日等群众文化活动。整合各部门、各区域文化资源，组织文化活动、文艺演出、电影放映、读者报告会等各类文化惠民活动3500余场次，受众321.5万人次。活化区域资源，探究历史文脉，加大文化资源保护传承发展。以落实“放管服”为目标，保持文化市场有序发展，为全区营造了安全、有序的文化市场环境。

2016年文化艺术发展

领导调研

周新春调研文化事业工作　11月3日，丰台区副区长周新春到区文委调研文化事业工作，参观了区图书馆举办的“两学一做”主题展览，听取了区文委党组书记史文彬关于公共文化体系建设、文化保护、市场审批、文化执法等方面的工作汇报。他要求，一是确保全年工作顺利完成；二是提前谋划下一年的重点工作；三是抓实抓好“两学一做”教育活动和“作风建设年”问题整改。

重要会议

创建首都公共文化服务示范区联席工作会　1月27日，丰台区召开创建首都公共文化服务示范区联席会工作组会议。会议重点研究了丰台区创建首都公共文化服务示范区工作方案、重点任务分解及2016年拟重点推进的事项。副区长狄涛参会并提出了要求，区委宣传部、区编办、区发改委、区财政局、区住建委、区人力社保局、区社会办、区经信委、区农委等部分成员单位主管领导参加了会议。

“戏曲进社区（村）”活动需求对接会　3月30日，组织召开了2016年“戏曲进社区（村）”活动供需对接会。区文委、中国戏曲学院戏教中心相关负责人及各街乡镇58个戏曲票房负责人参加了会议。会上，与会人员对2015年“戏曲进社区（村）”活动进行了总结和回顾，并针对各票房的需求进行了深入探讨，有效实现了供需双方的精准对接。

“十三五”时期文化产业发展规划通过专家论证评审会　4月29日，召开丰台区“十三五”时期文化事业发展规划专家论证评审会，与会专家听取了《丰台区“十三五”时期文化事业发展规划》汇报，经过讨论和质询，对该规划给予了高度评价，并从不同角度和高度提出了切中肯綮的意见与建议。

文化经营场所安全教育培训会　5月18日，区文委联合区文化娱乐行业协会、区网协在圣地苑宾馆组织召开了2016年丰台区首届文化经营场所星级经理评选暨安全教育培训会。区文委、区疾控中心、区公安分局、区文化娱乐行业协会、区网协领导和全区歌厅、电玩、网吧法定代表人及负责人共计260余人参加了培训。

网吧场所安全教育培训会　9月14日，区文委举办了网吧场所安全教育培训会。区文委、区公安网安支队、区网吧协会和113网吧场所负责人参加了会议。会议分析了网吧市场当前的形势和存在的问题，提示各网吧场所自觉遵守法律法规，从严管理，杜绝未成年人进入网吧。

文化发展空间布局规划编制工作会　9月20日，《丰台区文化发展空间布局规划》编制工作启动会在区文委召开。区文委、区规划分局、区文促中心与合作机构北京市城市规划设计院就规划思路、规划目标、规划框架等方面进行讨论，听取了相关业务部门的意见和建议，部署安排了下一步工作。区文委党组书记史文彬就规划编制工作提出了具体要求。

召开第十届政协新任委员文化建设座谈会　12月8日，区文委组织召开第十届区政协新任委员文化建设座谈会，邀请文化体育等界别委员共15人参会。区文委主任王虹重点就“十三五”时期文化事业发展规划的目标任务和2017年重点工作进行了介绍，并汇报了年度文化建设重点亮点工作和市、区折子工程实事项目完成情况。参会委员结合各自专业领域工作，重点围绕提升城市文化品质、提高市民文化素养、提升区域文化软实力等方面进行了座谈。

主题文化活动

新春专场演出大拜年　2月10日—12日在区文化馆举办了“金猴闹春贺新禧，文化惠民大拜年”活动。活动采取免费不免票的方式，群众有序领票入场观看电影放映和综艺演出，3天共吸引了2000余人前来观看。

2016“花开丰台”端午文化游园会　6月9日—11日，在北京园博园隆重举办了2016“花开丰台”端午文化游园会。游园会以“花开园博、快乐端午、体验民俗、传承文化”为主题，从“民俗体验乐端午”“跨界‘非遗’赏端午”“百米花廊画端午”3个板块进行展示，活动将“非遗”项目、花卉文化、民俗节庆内容融于一体，赏花卉，品民俗，览“非遗”，精心为广大游客打造了一场内涵丰富、形式新颖的文化大餐。3 天累计吸引游客达 3 万余人次。

中秋、国庆专场慰问演出 9 月 13 日，在丰台区文化馆剧场组织了大型原创歌舞诗《魅力西藏》专场慰问演出。区文明办、区总工会、区妇联及部分街乡组织了近 400 名优秀的一线职工、文化组织员及文化志愿者观看了表演。通过《魅力西藏》演出，广大职工及文化工作者领略到西藏民俗风情，了解了西藏草原文化、雪山文化、森林文化以及雅鲁藏布江江水文化，增进了民族感情，丰富了丰台区广大职工的文化生活。

国庆期间文化活动 “十一”黄金周期间，共组织周末场演出综艺晚会、相声乐苑专场演出、国庆专题展览等区级文化活动 3 场，受众 1600 人次。大红门街道、东铁匠营街道等 21 个街乡镇开展了国庆联欢会、迎“十一”交谊舞联谊会、迎国庆“歌唱祖国”文艺演出等音乐、舞蹈、美术、文体等形成的活动共 24 场次，受众近万人次。

“北宫森林音乐厅”金秋演出季 10 月 15 日—30 日，“北宫森林音乐厅”金秋演出季在北宫国家森林公园拉开举行。金秋演出季活动邀请了中央音乐学院、中国音乐学院、北京交响乐团进行表演，共献上 4 场高雅精彩的音乐盛典。让居民在森林公园里聆听高雅艺术，享受零票价的音乐演出，是丰台区公共文化服务的创新工程，近 2 万名市民通过“发现新丰台”微信公众号报名预约，共有 2400 人参加。

系列文化活动

“三下乡”集中示范活动 1 月 26 日—29 日，丰台区 2016 年文化、科技、卫生“三下乡”集中示范活动在南苑乡果园村大红门国际会展中心拉开序幕。区委、区人大、区政府、区政协的领导与政府相关单位、各乡镇的领导，南苑乡 400 余名群众一起参加了集中示范活动。期间，组织开展了“文化服务到农家”“科技服务到乡镇”“卫生计生服务到村队”“普法宣传到身边”等活动。

丰台区“周末百姓大舞台” 面向基层、服务群众，4 月—10 月，继续开展丰台区“周末百姓大舞台”活动。活动安排 21 个街乡镇在自己的舞台上自主开展文艺演出，扶持培育自身文艺团队，鼓励各属地间优秀团队交流展演。21 个街乡镇演出共计 228 场。

莲花池公园百姓周末大舞台 5 月 14 日—29 日，每逢周六、周日在莲花池公园演出，旨在通过周末的演出活动，将高水平的文艺表演送到百姓身边，让观众在家门口就能免费观看专业表演团体的精彩演出，使老百姓平等享受文化权益，真正做到文化惠及全民。演出团队均为市局统一招标的专业表演团队，活动共计 6 场，受到群众的一致好评。

“我的丰台·我的家”系列文化活动 5 月—11 月，共计开展包括“周末百姓大舞台”“戏曲进社区（村）”“星火工程”文艺演出等活动在内的“我的丰台·我的家”区级系列文化活动 710 场次，受众 32 万人次，街乡镇、社区村举办文化活动共计 2250 场，受众 43 万人次。

“我的丰台·我的家”群众广场舞大赛 活动自 5 月启动，全区 21 个街道乡镇广泛发动，积极引导群众参加，充分发挥区域特色优势，认真组织舞蹈队伍，打造各自的品牌舞蹈，汇集了 63 支业余群众舞蹈团队、1200 余名舞蹈爱好者踊跃参赛。其中，年龄最大的 65 岁，最小的 20 岁，参赛人数创历史新高。最终《舞动中国》《草原情韵》2 个舞蹈作品脱颖而出，获得了此次大赛的一等奖。

“我的丰台·我的家”群众广场舞大赛现场

“文艺演出星火工程” 采取订单式服务，继续开展 2016 年丰台区农村“文艺演出星火工程”活动，在南苑乡、花乡、卢沟桥乡、长辛店镇、王佐镇、宛平地区的各个行政村进行 2 场专业演出，全区共演出 130 场次。让百姓在家门口就能观赏到不同专业院团的精彩表演，切实保障农村群众文化均等的权益，不断丰富农村的文化生活，促进城乡文化协调发展。

“书香丰台”阅读系列活动 2016 年，通过摄影系类活动、语言艺术系列活动、新书推荐及征文活动、图书交换等各类文化活动，大力弘扬北京精神，积极推进公民思想道德建设，全面开展社会主义核心价值体系教育，打造丰台区文化品牌新亮点。共开展各类文化活动 71 场次，累计参与读者 2.3 万人次。

周末“相声乐苑”和“周末场演出” “相声乐苑”由原来的惠民低票价改为免费赠票，坚持演员阵容汇聚名家新秀和专业院团，让百姓在家门口就可以和专业演员进行零距离的接触。节目内容安排上一切从观众的需求出发，全年为观众演出 114 场，年受众人数约 4 万余人次。

“戏曲进社区（村）”活动 2016 年，围绕丰台区“建设中国戏曲文化中心”的重点工作任务，利用区域特色戏曲资源优势，通过政府购买文化服务的方式，安排有针对性的票房指导，开展“戏曲进社区（村）”活动。通过“票房团体辅导”和“角色集中辅导”相结合、“大众普及辅导”与“重点票房提升”相结合的工作模式，实现供需精准对接，对有辅导意愿票房开展148场次的现场辅导，受众近3000人次。

基层文化建设

基层文化骨干合唱指挥培训　5月4日—6日，区文委举办为期3天的“丰台区2016年基层文化骨干合唱指挥培训班”。来自全区21个街乡镇的文化专管员、文化组织员及合唱指挥骨干350余人参加培训。培训班聘请了区文联音乐舞蹈家协会主席高伟春进行授课，采取集中面授、现场演示、相互讨论学习等方式传授合唱指挥的专业知识及指挥技巧。

丰台区2016年基层文化骨干合唱指挥培训班

街乡镇文化管理干部培训　11月22日—24日，丰台区举办2016年街乡镇文化管理干部培训班。培训采取集中授课、实地观摩、集体讨论等灵活多样的学习方式进行。21个街乡镇群众文化工作主管领导、科室负责人、文化服务中心主任、文化管理干部及丰台文化馆、图书馆班子成员、文物科（所）业务骨干等共计70余人参加了培训。

非物质文化遗产保护工作

2016年北京戏曲文化周——花车巡游　“五一”期间，在北京园博园举办了2016北京戏曲文化周活动，其中，戏曲花车巡游环节邀请了丰台区20余支“非遗”队伍共200多人参与其中，通过花车巡游展现了花乡花卉、戏曲、“非遗”等传统文化的风采。

第11个“文化遗产日”活动　6月11日—13日，全国第11个“文化遗产日”与中国传统节日“端午”相约而至，丰台区将文化遗产日庆祝活动作为“花开丰台”端午文化游园会活动的主要环节在北京园博园进行展示。活动将“非遗”项目、花卉文化、民俗节庆等内容融于一体，为游客奉献了一场形式新颖、寓教于乐的文化大餐。

文化交流

参加高雄灯会艺术节暨第五届北京特色周活动　2月19日—24日高雄灯会艺术节暨第五届北京特色周活动在高雄香蕉码头开幕。该次活动共设立4个主题区域，分别为“非遗”文化主题区、特色小吃主题区、残联文化主题区、互动体验主题区，多角度向台湾同胞展示北京多彩的文化风貌。北京特色周展示期间，两岸文化艺术展示演示得到了台湾人民的热烈欢迎，社会反响强烈，台湾多家媒体进行了跟踪报道。

京津冀文化合作交流　8月9日，为落实丰台区人民政府与天津市西青区人民政府战略合作框架协议，天津市西青区文广局副局长刘尧、郭颖一行四人到丰台区文委开展了首次访问交流。区文委副主任韩天顺，区文创中心、文化科、区文化馆相关负责人参加了交流座谈。双方就文化事业和文化产业发展进行了深入沟通，还参观了丰台区非物质文化遗产展室和万开文化创意产业基地。

文化评比

首都公共文化服务示范区创建　9月13日，丰台区区长冀岩、副区长李岚率区文委机关参加北京市文化局关于开展第一批首都公共文化服务示范区评审。最后，丰台以第一名的成绩获得创建资格。

原创作品《四合院儿》参加群星奖角逐　10月15日—16日，丰台区原创作品京歌《四合院儿》代表北京市参加了在西安举办的文化部第17届群星奖决赛并获得好评。

文化馆

2016年，区文化馆积极开展丰富多彩的文化活动，营造良好的文化氛围。针对辖区群众日益多元化的精神文化需求，利用小剧场长期举办摄影、合唱指挥等免费培训，提高街乡镇文艺骨干队伍的业务水平。通过开展“相声乐苑”“周末场演出”等高水平、低票价的演出，进一步满足不同群体多样性的文化需求，全年向全区范围提供近300场各类文艺演出，受众8万余人次。以“我的丰台·我的家”为主题，开展贯穿全年的系列文化活动。举办“文化四进”工程、农村文艺演出“星火工程”、广场舞蹈大赛等活动，在全区范围内掀起“舞丰台、唱丰台、爱丰台”的文化热潮。

图书馆

区图书馆建馆于1978年6月，现有阅览座席570个。截至2016年年底，馆内文献有图书833895(册)、报刊1366(种)、地方文献3661(册)，视听文献16401（种）、22713（册）。读者流通人数184921人次、借阅人次16020人次、书刊外借册次53943册。截至2016年年底，已建成计算机联网点123个、图书配送点35个、共享工程73个、益民书屋99个、数字文化社区2个。全年为基层服务点送书89次，配送图书88000册，办理集体借书证10个，开展基层辅导41人次、讲座12场，受益人群2000余人次。区图书馆特别针对老年朋友、残障人士免费办理图书借阅卡，对来馆特殊群体予以特别关注。举办春节、元宵、清明、端午、中秋、重阳、七夕等传统节日文化活动，开展“书香丰台”阅读系列活动，提升了全民阅读活动的层次和水平。

文化市场管理

开展行政审批法规学习　5月3日，组织区文委行政审批工作人员对《关于进一步加强游戏游艺场所监管促进行业健康发展的通知》进行系统学习，深刻理解上级指示精神，准确把握审批条件尺度，切实把新规定、新要求落实到位。结合学习，对行政审批工作中出现的新问题、新情况进行了研究和讨论。

文化市场管理暨“扫黄打非”　在春节、全国“两会”、“五一”、“十一”、G20峰会、中共十八届六中全会和法定节假日等重要时间节点，加强区域联防群治，发挥属地和行业监管部门监管作用，强化法治丰台建设，提升“扫黄打非”工作法治化水平，取得了良好的文化市场整治效果。

文化市场安全监管　春节、“两会”、“五一”、“十一”等重点时期，执法人员每天对重点地区、重点部位、文化娱乐场所进行巡视、检查，发现违法违规经营行为当场进行整改并进行法律、法规教育。重点加强对网吧、歌厅、电子游戏厅、演出、影剧院等人员密集场所的安全检查，检查防火报警设施、消防通道、灭火器材的完好运行情况。

文化娱乐场所安全生产工作　年内，与全区文化娱乐场所签订《安全生产责任书》，开展“4·26”知识产权日、“12·4”宪法日、“12318”法治宣传周（“12318”为全国文化市场统一举报电话）、安全生产月等主题宣传活动，发放烟安全标语、宣传手册等各类宣传材料近万册，确保全区娱乐场所未发生重大安全事故。

行政执法　全年检查各类文化场所2200余家次，对74家违规文化经营场所处以行政处罚，主动查处1起重特大案件。全年行政许可准确率、承诺件按时办结率、举报查处回复率和群众满意率均达到100%。

丰台区文化委员会

书　记　史文彬

主　任　王　虹（女）

（王　蕊）

石景山区

概　况

石景山区位于北京市区西部，最东端距天安门16公里，全区总面积84.38平方公里，常住人口64万人，全区下辖8个街道办事处、1个社区行政事务管理中心。

石景山区文化委员会（以下简称区文委），是负责全区文化艺术、文物、博物馆、文化娱乐、新闻出版和广播电影电视行业管理工作的区政府工作部门。内设办公室、组织人事科、文化科、文物科、文化市场管理科和监察科5科1室。下属行政执法队、文化馆、图书馆、少儿图书馆、古城电影院、法海寺文保所、慈善寺文保所、承恩寺文保所、冰川馆、文物研究所、会计管理中心11家单位，在职员工193人。

2016年，石景山区文化事业建设在区委、区政府的领导下，树立创新、协调、绿色、开放、共享的发展理念，牢牢把握首都建设全国文化中心的战略定位，积极融入京津冀协同发展大局，紧密围绕石景山区“全面深度转型，高端绿色发展”的战略和构建高端普惠文化生活体系的重要任务，全面启动首都公共文化服务示范区创建工作，深入推进文化惠民工程，开展一系列群众文化活动，大力培育文化品牌，全力推进文化再振兴。

2016年文化艺术发展

创建工作

高效部署推进首都公共文化服务示范区创建工作　2016年，起草出台《关于进一步加强基层公共文化建设的意见》《石景山区创建首都公共文化服务示范区工作方案》《石景山区非物质文化遗产保护传承专项资金管理暂行办法》3个政策文件。9月，区长夏林茂带队参加北京市文化局组织的首都公共文化服务示范区评审答辩，取得优异成绩。

推进示范项目　搭建数字平台2016年，积极开展国家公共文化服务体系示范项目“公共文化服务目录制”创建工作。制定公开公共文化服务目录，编印石景山区国家公共文化服务体系示范项目“公共文化服务目录制”纸质文本《石景山区公共文化服务目录》手册，派送四万册至区各级各类公共文化服务机构；研发建设石景山公共数字文化服务平台、手机APP，开展微信公众号“石景山公共文化”的运营和推广工作。通过多种形式供群众了解、选择、参与和享受公共文化服务，初步形成公共数字文化服务平台的基本框架和内容。

群众文化活动

新春文化活动　春节期间，举办“迎新春文化惠民专场慰问演出”及文化志愿者“送福到家”慰问活动。各类公益专场演出33场次，包括中国煤矿文工团“迎新春相声晚会”慰问军、警、民专场演出，手拉手儿童艺术团表演的《雪孩子》残疾儿童慰问专场演出，以及文化馆组织的“戏聚石景山”——经典国粹艺术赏析名家讲座等免费文化惠民演出。

“正月十五唱大戏，百姓戏聚石景山”活动　2月19日—25日，区文化馆、中国京剧艺术基金会、中国京剧艺术网联合举办“‘翠微艺苑’——正月十五唱大戏，百姓戏聚石景山”活动。北京京剧院、北方昆曲剧院、中国评剧院、天津河北梆子剧院、小百花剧团倾力加盟，区文化馆北京鸣越社、北京青年京剧社、春晖评剧团、馨艺河北梆子团四支优秀戏曲团队与名家合作，为观众呈现京剧、评剧、梆子、越剧、昆曲、豫剧六大剧种、七台戏曲经典大戏。

“三八”妇女节专场活动　3月7日，由区人大主办、区文委承办的中国传统文化讲座“京剧艺术”市、区女代表庆“三八”国际妇女节活动，在区文化馆百姓剧场举办。讲座由区人大常委会主任岳德顺主持，区委书记牛青山致辞，区四套班子主要领导、相关委办局负责人以及全区各行业妇女代表两百余人参加了活动。讲座以“弘扬中华优秀文化　引领高端绿色发展”为主题，邀请国家京剧院著名京剧表演艺术家刘长瑜，讲授中国京剧艺术的发展。之后，大家共同欣赏了国家京剧院表演的京剧剧目《春草闯堂——抬轿》《穆桂英挂帅——捧印》选段。

第九届北京清明诗会　3月31日，由首都精神文明办，石景山区委、区政府共同主办，市文化局为支持单位的“燃情记忆　诗意北京”——第九届北京清明诗会在中部战区礼堂成功举办。首都文明办主任滕盛萍、市外宣办副主任张劲林、市文化局副局长庞微、区委书记牛青山等出席了活动。近千名干部群众、部队官兵，以及中华人民共和国前入党的老党员代表、参加过抗日战争和抗美援朝的老战士代表参加了活动。诗会紧紧围绕中国共产党建党95周年和红军长征胜利80周年的主线，突出“传承红色基因，建设精神家园”的主题，以诗歌诵读、文艺演出为主要形式。赵忠祥、瞿弦和、海霞等朗诵艺术家参加了演出。

第九届北京清明诗会

第33届“古城之春”艺术节　7月14日，以“红色基因、绿色发展、金色梦想”为主题，以纪念中国共产党建党95周年和红军长征胜利80周年为主线的第33届“古城之春”艺术节落幕。艺术节历时3个月，在全区范围内共组织开展各类文化活动350余场，吸引了百余支群众艺术团队、40余家社会单位，惠及群众近10万人次。

北京曲艺创作传承基地在京西五里坨民俗陈列馆挂牌　11月19日，北京曲艺创作传承基地在石景山区京西五里坨民俗陈列馆挂牌。这是北京曲艺家协会设立的第一家曲艺创作传承基地，同时也是首都文艺事业传承、发展的一次有益尝试。北京曲协主席李金斗、北京曲协副主席李立山、曲艺名家赵连甲、北京曲协秘书长田静、北京曲协理事王波、石景山区文委主任王亚迅、石景山区文联主席郭明、北京石泰基础设施投资有限公司总经理范冬元、立山文化传媒（北京）有限公司总经理陈亚璐出席了挂牌仪式。李金斗在挂牌现场致辞，并与赵连甲、李立山、田静、范冬元一起为北京曲艺创作传承基地揭牌。

第七届北京青年相声节　11月，第七届北京青年相声节相声新作品比赛在石景山区举行。来自全国各地的选手参加了6个场次决赛的激烈角逐。11月19日，相声节新作品比赛颁奖暨优秀作品展演在首钢体育大厦举行，市区领导以及部分曲艺名家出席活动并为获奖选手颁奖。

“戏聚石景山”戏曲品牌活动　2016年，作为“六聚石景山”品牌文化活动项目之一的“戏聚石景山”系列活动，邀请国家京剧院、北方昆曲剧院，以及来自京津冀等地的十余个国家级专业团体，在区文化馆百姓剧场、街道办事处、学校、国际雕塑园等地点，表演了京剧、评剧、梆子、越剧和外省市的地方戏等多个剧种的连本大戏与折子戏。另外，还邀请刘长瑜、刘秀荣、朱宝光等京剧名家举办讲座，普及戏曲知识。全年共举办演出70场、讲座48场，活动吸引了来自北京市多个区县，乃至天津、河北等地的众多戏曲爱好者，受众约2万余人次。

“诗聚石景山”系列群众诗歌诵读活动　2016年，区文委通过“政府资金支持，文化企业运营，社会力量参与”的模式，推出了“诗聚石景山”系列群众诗歌诵读活动。其中，“诗意北京”——石景山百姓诵读活动贯穿全年，共举办名家现场讲座、培训、辅导十余期，开办电视讲座五十多期，经典诵读演出十余场，出版多部诵读辅导书籍。由区委宣传部、区文委、八大处公园管理处联合主办的“诗聚石景山　欢乐金秋颂”——石景山区 2016 年重阳诗歌会，于中秋节前夕在八大处公园举行，国家一级演员、著名军旅歌唱家王宏伟，青年朗诵家李熙、闫斌等艺术家和北京都市歌舞团的青年演员们一起为观众奉上了一台主题鲜明、精彩纷呈的演出。

“舞聚石景山”系列群众舞蹈活动　2016 年石景山区采取多种形式推动群众舞蹈活动的开展，打造“舞聚石景山”品牌活动。一是高水平比赛带来视听盛宴。积极引进全市“舞动北京”全民广场舞大赛启动仪式、分赛区比赛等市级比赛活动；承办文化部“欢跃四季”——全国百姓广场舞北京展演暨北京市第十一届“舞动北京”群众广场舞大赛总决赛；举办“舞动生命　绽放北京”——全国广场舞总决赛北京赛区选拔赛等广场舞比赛展示活动等。二是原创节目取得佳绩。依托石景山区“古城之春”艺术节活动，集合全区街道、学校、各机关事业单位近 30 支群众舞蹈团队，组织举办“舞聚石景山”群众舞蹈大赛，推出一批优秀舞蹈节目和群众团队。三是整合资源建立培训基地。与中央文化管理干部学院、北京市文化局、中艺广舞联盟等文化单位、机构合作，举办“舞动生命”115 全国广场舞文化艺术节启动仪式；在黄庄职业高中建立全国广场舞培训基地，面向全国举办广场舞师资培训班，加强人才队伍培训，引导群众广场舞活动健康、有序发展。

“北京燕京八绝文化季”系列活动　2016 年，区文委通过政府采购的方式，联合燕京八绝艺术馆（2010 年落户在石景山区模式口大街承恩寺院内），推出 2016 年“北京燕京八绝文化季”系列传承保护宣传活动。先后邀请中国工艺美术大师李春珂、张铁成，以及“珐琅张”张旭、“花丝镶嵌”董瑞京等传承人，讲习中华优秀传统文化、中华传统礼仪及燕京八绝宫廷技艺等内容。相继开展由北京市工艺美术大师以及国家级“非遗”项目代表性传承人主导的金漆镶嵌髹饰技艺、景泰蓝制作绝技、雕漆技艺等传统文化项目的展演、展示活动。7 月 28 日，“燕京八绝文化长廊”在石景山区五里坨街道天翠阳光第二社区开幕，文化长廊将宫廷艺术精品、典藏国礼作品、文化名家讲堂等高端文化盛宴同广大居民共享，并常年免费向市民开放。10 月 20 日，“燕京八绝”——首届海峡两岸青年宫廷寻古文化体验营在承恩寺内正式拉开序幕，中华经贸科技文教暨农业发展促进会和台南应用科技大学、台湾东方设计学院的师生受邀参与了为期 6 天的体验营活动。

文化交流

首届“直观东方实录风情”中埃文化交流系列活动　6 月 5 日，2016 中埃文化年暨首届“直观东方·实录风情”中埃文化交流系列活动在北京国际雕塑公园内拉开帷幕。活动为期 4 天，包括“直观东方·实录风情”中埃摄影展、摄事分享会和“我来代言”服装文化展示现场拍摄等内容。中埃摄影展共展出 40 多位摄影家拍摄的 150 幅中国和埃及的作品。中埃两国的演员表演的京剧、模特走秀等节目，埃及的手工艺品展示和燕京八绝、京式旗袍、京剧脸谱等石景山区的非物质文化遗产传承项目展示，让观众感受到了东方文明的文化魅力。副区长陈婷婷、埃及驻华大使吉迪·阿米尔、埃及驻华使馆文化参赞等，以及石景山区相关委办局领导参加了开幕式活动。

中意传统文化交流活动　10 月 28 日上午，以意大利对华友好协会秘书长兼中国区主席路安娜·王为团长的代表团一行 9 人到石景山区进行文化考察和访问。代表团在区文化馆观摩了京剧脸谱绘画、民间剪纸、民间草编、泥人彩塑等“非遗”项目和民间传统手工品制作技艺，欣赏了以“中意友好　渊源流长”为主题的石景山区非物质文化遗产节目展演。

培训

全区文化干部培训　年内，区文委加大对基层文化干部的培训力度。开展了 3 期共 9 天的首都公共文化服务示范区创建工作专题培训，计 400 余人次参与。专题培训采用脱产集中培训、远程培训、实地参观等多种形式，组织舞蹈、合唱指挥、美术、模特、表演、书法、器乐、大型文化活动策划、基层图书管理员等近 10 个专项的培训，5 万余人次受益。

基层文化设施建设

区文化中心建设　年内，石景山区文化中心项目累计完成投资 1.8 亿元（含征地拆迁费用 7000 万元），取得《土地使用权划拨决定书》《初步设计概算审批》以及工程规划许可证等十几个前期手续，土地划拨完毕，消防、人防施工图审批手续及土地出让手续已报待批。征集剧场、多功能厅、录音棚等功能区内部声学建筑装修、设施设备选配集成方案，制定文化中心舞台机械、灯光音响、视频内通、座椅等设施设备市级专项资金申请方案。完成区文化中心工程地下三层及首层主体结构施工，推进地下室外墙防水及减震垫、地上二层结构施工。

街道社区公共文化设施建设　区文委落实首都公共文化服务示范区创建相关政策，会同各街道就辖区内公共文化设施建设情况进行摸底调研，以街

道为主体，就可能趸租的社会文化资源和设施进行商谈并组织挂牌。统筹各街道以趸租、新建改扩建、与社会单位共建等多种方式开展文化设施建设，解决街道综合文化中心、社区综合文化室建筑面积不达标以及公共文化设施免费开放问题。落实八宝山街道沁山水南文化室、八角街道杨庄中区社区文化室、五里坨街道红卫路社区文化室等基层公共文化设施建设项目30项，涉及建筑面积1.3万平方米。

非物质文化遗产保护工作

加大“非遗”活态传承力度　召开石景山区非物质文化遗产传承保护政策工作会，鼓励各“非遗”项目保护单位、五里坨民俗陈列馆等社会单位开展“非遗”保护传承工作，逐步形成“政府主导、社会主体、全民参与”的“非遗”保护工作格局。积极开展京津冀文化交流合作，通过与塘沽文化馆、河北易县文化馆签订合作协议，搭建三地文化交流发展平台。举办“中国文化遗产日”主题活动，公演原创“非遗”文艺作品《石景山的传说》，组织京津冀“非遗”项目、传统技艺展演，推动三地非物质文化遗产活动协同发展。编撰石景山区《非遗图典》，开展“非遗”项目、传承人视频档案资料拍摄整理，建立多个传承教育基地和十余支“非遗”传承队伍，推出一批“非遗”传承展示公园和“非遗”传承示范校，通过多样化手段推动“非遗”保护传承工作开展。

文艺创作

年内，由区文化馆原创的反映区域发展的舞蹈《邻里守望》及评戏《五里坨的笑声》经过市级初赛，代表北京市进入全国“群星奖”评比复赛。《邻里守望》入围全国总决赛，并在华北五省市舞蹈大赛中获得创作一等奖和表演一等奖，在国家大剧院演出。创编广场舞《梨花情》，代表北京市参加了“欢跃四季”——全国百姓广场舞吴江展演暨第十三届吴江区域文化联动活动。创编表演的舞蹈《绽放》获得第十一届“舞动北京”群众广场舞大赛银奖。

根据京韵大鼓少白派创作的独唱《青山绿水好心情》

深入挖掘区域文化底蕴，出版石景山区历史文脉书籍《燕都第一仙山——石景山》。依托文化遗产日活动，创编并首演关于“永定河传说”的儿童剧《石景山的传说》；结合石景山区“非遗”资源创编相声《非遗石景山》，歌曲《打花巴掌呔》《悠悠乡茶》，京韵大鼓《青山绿水好心情》等文学艺术作品。组织北京一九九八国际青年艺术剧团等，结合八宝山革命公墓，创作话剧《京西那一片晚霞》；结合八大处佛教文化，筹划创作大型音乐舞蹈史诗话剧《佛祖释迦牟尼》。组织召开石景山区文艺创作专题会议，加强战友文工团、首钢艺术团等专业文艺团队与业余文艺队伍的互联互通，开展专业培训，提升基层文艺创作能力。

文化馆

基础业务工作　参与各类演出及服务保障活动共285余场次，百余支群众艺术团体参与，惠及群众8万余人次。创新文化服务方式，多渠道延伸文化慰问演出，文艺培训辅导进基层。组织全区不同领域、不同年龄、不同层面的基层文化组织员、艺术骨干、社区百姓，进行舞蹈、合唱指挥、声乐、美术、诗歌朗诵、模特表演、戏曲知识、曲艺、化妆、灯光音响操作及音乐基础知识、大型群众文化活动组织策划等10余个门类、110余期（次）的公益培训辅导，有2800余人次听课，辅导对象达万余人次。周末场演出，引进中国评剧院、北京歌剧舞剧院、北京儿童艺术剧院、北京曲剧团等数十家优秀文艺院团、40余部优秀剧目，为群众提供了低票价观看高水平文艺演出的平台。

图书馆

基本情况　年内，石景山区图书馆和少儿图书馆全年共采访文献20878种、61712册，办理借书卡14690个，外借图书613997册，接待读者826959人次，解答咨询2482条。完成二次文献24期、重点课题31个。举办读者活动场357次、70808人参加。为基层图书分馆（室）和流通站送书136次、34000册。

“4·23”读书日系列活动　4月22日—23日，结合“4·23”读书日主题，区图书馆和少儿图书馆承办第六届北京换书大集分会场活动，共收集书刊6797册，交换成功3465册；联合街道分馆、检察院团总支及企业等多家单位发放图书馆相关服务项目材料；开展读书日主题原创楹联、灯谜展览；与共享工程支中心、中国知网联合启动“畅知阅读”活动；开通微信公众号，“云期刊”APP软件正式上线，推动图书馆数字化建设。

特色阅览室主题开放日活动　6月25日，区少儿图书馆以纪念中国共产党建党95周年和红军长征胜利80周年为主要内容，在馆内的军事主题阅览室、泥塑工坊、智慧空间、移动天象厅等多个特色阅览室，举办了“我是小军迷”“手工创作DIY”“趣味科普世界”等主题活动，吸引了众多读者参与。北京电视台《军情解码》栏目的主持人罗旭也来到现场与读者进行互动交流。

石图讲坛 年内，区图书馆以“石图讲坛”为龙头，以弘扬社会主义核心价值观为主线，举办以“寻找文化之源 守护非遗之美”、健康养生等为主题的传统文化主题讲座，内容涵盖书法、绘画、灯谜、楹联等多方面知识。全年累计参加人次3000余人。

荣获“2016年全国最美绘本馆”荣誉称号 区少年儿童图书馆绘本馆秉承公益性服务机构的基本原则，导入科学管理系统和现代化管理体系，注重更新绘本馆藏，开展特色阅读活动。在由中国图书馆学会主办、图书馆报承办的“2016年全国最美绘本馆评选活动”中，获得“全国最美绘本馆”荣誉称号。

红领巾读书系列活动 年内，由团区委、少工委、教委、文委、精神文明办公室主办，石景山区少儿图书馆承办的北京市红领巾读书活动已历时34年。2016年，开展包括讲故事比赛、读书小状元评比、“书香溢我家”家庭情景剧比赛、藏书票篆刻、电子书制作等10余个项目共183场次的活动，16万余人次参与。

文化市场管理

召开互联网文化管理工作会 2月24日，区文委行政执法队组织召开了2016年互联网文化管理工作会。全区11家互联网文化企业代表参加了会议，区文委和区公安分局网安大队领导出席并讲话。会议强调要进一步落实互联网企业的主体责任，针对“两会”等重要时间节点，文化、网安部门强化监管力度，通力合作、齐抓共管，对触犯“底线”、踩踏“红线”的企业和网站，坚决打击，发现一起查处一起。

世界知识产权日法治宣传活动 以“打击侵权盗版 保护知识产权”为主题的世界知识产权日法治宣传活动于4月26日上午举行。共展出宣传展板10余块，向过往群众发放法律宣传册1000余份，发放各类宣传纪念品300余份，接受群众咨询20人次。

开展文化执法人员法规学习培训 7月27日—31日，石景山区文委执法队组织对口帮扶协作单位贵州省铜仁市文化市场综合执法支队40名到京学习执法人员开展法规培训。培训班分别邀请了北京市新闻出版广电局、市文化市场行政执法总队领导进行了“执法文书制作”“非法出版物鉴定工作”“网络文化市场执法讲解”“文化娱乐场所日常监管与执法”四个方面的专题讲座。其间，还组织对石景山区文化市场进行了实地考察。

石景山区文化委员会

书　记　杨文钢
主　任　王亚迅

（刘　婕）

通　州　区

概　况

通州区位于北京市东南部，京杭大运河北端，面积905.95平方公里。全区辖10个镇、1个乡、4个街道，2016年户籍人口74.6841万人。

通州区文化委员会（以下简称区文委）是通州区人民政府主管文化、文物、新闻出版、广播电影电视、文化产业、文化行政执法等工作的职能部门，受市文化局、市文物局、市新闻出版广电局、市文资办、市文化行政执法总队业务指导。区文委下设1个文化行政执法队，办公室、政工科、公共文化科、产业促进及文化市场管理科、文物保护科、规划科6个职能科室，区文化馆、区图书馆、区博物馆、区文物管理所、区文化产业促进中心、区电影管理中心、区电影院7家事业单位和1家企业（新华书店）。区文委系统现有在职人员195人。

2016年是“十三五”规划的开局之年，也是北京城市副中心建设工作全面开展的一年。通州区文化工作在区委、区政府的正确领导下，按照“5·27”中央政治局会议提出的“充分体现中华元素、文化基因”要求，立足京津冀文化协同发展，高标准规划北京城市副中心文化建设，在加快公共文化服务体系建设、加大文化遗产保护力度、加速文化创意产业发展、加强文化市场监管能力等方面取得了较好成绩。

2016年文化艺术发展

全面启动首都公共文化服务示范区创建工作

年内，为了全面贯彻中央政治局会议精神和北京市“1＋3”公共文化政策工作会议精神，区文委积极启动了首都公共文化示范区创建工作。专门成立创建领导小组，结合区乡镇特点和城市副中心建设对公共文化服务的定位标准，有效整合公共文化服务体系，构建了“1＋6＋15”机构模式的组织架构。编制了《通州区创建首都公共文化服务示范区建设规划》，制定通州区示范区创建“3＋3”系列配套文件。组织全区乡镇街道，先后召开示范区创建自查工作会、示范区创建未达标指标、疑难指标统计会，认真查找问题，制定整改措施。积极与示范区创建相关单位开展对接工作，到东城区和朝阳区交流学习创建经验。向全区居民印发《通州区创建首都公共文化服务示范区致全区人民的公开信》，充分利用宣传媒介，提升示范区创建知晓率和影响力。提交示范区创建申请，参加创建资格评选。

群众文化活动

2016“通州味”群众文艺之星拔活动　3月，组织2016“通州味”群众文艺之星选拔活动，完成了参评团队和剧目的评审工作，共有113个团队、201个节目参加了比赛，通过4个分赛区的现场评选，评选出一等奖10个、二等奖20个、三等奖30个、优秀奖33个、创作奖52个，优秀获奖作品集结成册。

“书香通州”全民阅读启动　4月21日“书香通州”全民阅读活动启动。全民阅读活动举办了携手“京津冀　共绘阅读＋”、文化进军营、走近名家、“就爱你阅读”、“阅读＋我在通州”、“运河少年　书声琅琅”、公务员读书汇、红领巾读书活动、亲子阅读系列活动、传统文化讲座、纪实摄影、健康讲堂等209场活动，受众达20余万人次。同时，加强全区全民阅读媒体宣传，建立与北京阅读季相关媒体的联动宣传机制。2016“书香通州”全民阅读活动分为5大篇章，即领读篇、示范篇、推广篇、传播篇、成果篇，其中包含10余项子活动贯穿全年。

2016年北京·通州运河艺术节　9月23日，2016年北京·通州运河艺术节开幕。市文化局、市文物局、市新闻出版广电局、市文资办、市执法总队领导，石景山区、门头沟区、海淀区、房山区相关领导和通州区内相关部门、高校领导、各媒体等单位参加开幕式。开幕式伴随着大型主题歌舞《运河之带》拉开帷幕。副区长李亚兰为“2016北京·通州运河艺术节开幕式”致辞并宣布开幕。开幕式播放了微电影《赤子看通州》，表演了歌曲《运河号子》，朗诵《北京城市副中心的身影》，杂技《墨舞》以及歌伴舞《大运河放歌》。艺术节以“文化新通州　魅力副中心”为主题，共分为3个篇章，19项活动，历时28天，覆盖11个乡镇、4个街道办事处，直接参与群众达7万余人。

开展文化惠民活动　2016年，区文委组织开展春节慰问演出、“文化一脉　协同发展”京津冀运河沿线城市文化交流季、“我的舞台”演出等各项文化惠民活动100场，吸引观众3万余人。开展“星火工程”公益惠民演出，全年完成演出1635场，吸引观众超过35万人次。

全民广场舞大赛活动　依托北京市“舞动北京”全民舞蹈大赛活动，举办了2016北京市通州区“和谐副中心　舞向幸福梦”全民广场舞大赛。活动涵盖3个部分，联动5项主题系列活动，全区80余支团队参加比赛，直接参与人数2600余人。

规范文化项目管理　2016年，依据《通州区优秀文艺团队管理办法》《通州区优秀“群众文化品牌活动”奖励办法》和《通州区精品创作扶持办法》的相关要求，在全区开展了优秀文艺团队、优秀群众文化品牌活动和精品创作的评选工作。成立了专家评审组，并通过审阅资料和现场演说相结合的形式进一步规范了评选管理工作。经过专家集中评议，共评选出了优秀文艺团队100支，优秀群众文化品牌活动36项，文艺精品4个，共计予以104万元资金扶持。

推进“通州味”文化圈建设，精品创作繁荣发展　年内，通过《北京的桥》《合家欢》《等等，等灯》3个节目打出组合拳，夺得北京市第十一届“舞动北京”全民广场舞大赛的团体金奖。其中，原创作品《等等，等灯》不仅荣获了北京市第十一届“舞动北京”群众广场健身舞蹈大赛金奖，还作为北京市唯一的独立表演舞蹈作品，参加全国“欢跃四季”舞蹈展演活动。

非物质文化遗产保护工作

基本情况　年内，区文委对区内“非遗”项目进行一次拉网式普查。通过分析评估区各类“非遗”项目的濒危程度，制定保护方案，从政策、资金、人才等方面，为濒临消失的“非遗”项目提供支持，加大对“非遗”传承人的培养，并整理出版通州非物质文化遗产项目丛书。

“流淌的记忆”京津冀非物质文化遗产展示交流活动　6月8日，通州区联合天津西青区、河北沧州市，举办“流淌的记忆”京津冀非物质文化遗产展暨2016年文化遗产日活动。活动向市民展示了包括通州花丝镶嵌制作技艺、靛庄景泰蓝制作技艺、骨雕制作技艺，天津西青区杨柳青木版年画、草编柳编制作技艺、葫芦制作技艺，河北省沧州石影雕、竹刻艺术等共16个“非遗”项目和上百件“非遗”精品，增进京津冀“非遗”项目交流，收集整理富有“运河味”的文化精品。

文化产业

成功举办2016中国艺术品产业博览会　9月29日—10月5日，2016中国艺术品产业博览会在通州举行。该届艺博会着重以突出京津冀文化协同和北京城市副中心文化底蕴挖掘与传承的主旨，以通州宋庄为主会场，设置核心交易区和13个特色交易馆。博览会以“艺术品让生活更美好”为主题，总展览面积超过10万平方米，实现总交易额32.26亿元，总人流量41.20万人次。

文创人才队伍建设　年内，制定出台并正式印发《通州区关于加强文化创意人才队伍建设的意见》，为努力提升通州区文化创意产业总体发展水平、加快培养文创产业专业人才奠定基础。

启动区级文创专项资金征集工作　重点支持项目包括：研发和推广“通州味”文创产品和服务项目、纳税额较高及近三年增长速度较快的企业申报项目、拥有独立知识产权的企业申报项目、被纳入“北京市惠民文化消费季”项目、非物质文化遗产走产业化道路项目、创新盈利模式类项目、通过创新技术提升传统工艺生产力项目以及为中小文创企业提供服务的平台类项目等。

文化馆

春节联欢活动　区文化馆在春节前后多次举办文艺演出。新春音乐会于1月21日，在中山街小学举办。通州区团拜会于2月4日在文化馆剧场举行，团拜会上区委书记杨斌发表讲话，京津冀三地演员演出了精彩的文艺节目，600余名观众观看了演出，对演出给予高度评价。2月22日，通州区“梨园春”春节戏曲演唱会在文化馆小剧场举办。

2016通州区慰问各界人士新春团拜会

“三下乡”活动　1月，在潞城镇举办“三下乡”活动启动式。3月，在马驹桥镇三乐敬老院举办综合慰问演出；5月，在张家湾镇碧海园举办慰问农民工文艺演出；6月8日，在宋庄镇国中美术馆举办京津冀非物质文化遗产展览；8月，在三乐敬老院举办评剧专场演出；9月，在玉桥街道办事处举办重阳节系列活动启动式，在于家务举办“通州味儿”颁奖晚会；10月8日，在潞城镇敬老院举办慰问演出；10月12日，在北苑街道举办了2场慰问演出；11月10日，在台湖画院举办京津冀绘画摄影书法展。文化馆文艺演出活动范围涉及范围广，演出内容突出和谐新农村文化，表演形式以广大农民群众多喜闻乐见的戏曲、歌曲、小品、舞蹈、魔术等形式为主。

积极开展拥军服务工作　建军节期间，由区委宣传部、区文明办、区文委在文化馆剧场主办“永远的军魂”文艺演出。节目中既有脍炙人口的名篇，也有通州人自己原创的作品；参加演出的演员，既有正在服役的士兵，也有已经退役的老战士，他们精彩的表演博得观众热烈的掌声。区委宣传部部长查显友、副区长李亚兰、区精神文明办副主任杜妍杰等与几百名群众共同观看了节目。2016年，区文化馆共为部队提供文艺演出近百场。

六盘水市文化工作人员到文化馆交流　12月7日，贵州省六盘水市文广新局局长杜军一行在通州区文委执法队队长彭绍常的陪同下到区文化馆进行文化交流。双方在新时代文化走向、地域文化风格、群众文化、“非遗”项目、培训活动等方面进行了详细的交流，并达成今后两地之间的文化交往愿望。区文化馆领导陈振清、张平伟等陪同参观访谈。

推出了2016通州区广场舞蹈示范教材　创作的广场舞蹈示范教材以基层群众主体文化需求为导向，通过分众、分层、分类、分板块研究形式，针对全区舞蹈发展特点。创作的广场舞蹈作品《幸福通州，来来来》《花丝》《京彩》集健身性、娱乐性、互动性、审美性于一体。

图书馆

“人文通州”大型纪实摄影公益活动　1月1日，区图书馆启动“人文通州”大型纪实摄影公益活动。活动以通州的历史为基础，以通州城乡风貌现状为背景，以通州人丰富多彩的生活为内容，以“知家乡、爱家乡”为主题，邀请中摄联盟的摄影讲师授课，举办了13期纪实摄影讲座、4期纪实摄影作品展。编辑《浮光掠影瞰通州——2016年度通州区纪实摄影作品集》，真实记录通州作为北京城市副中心发展变化的点点滴滴。2016年，有1005人次读者前来参加讲座，5065人次读者参观展览。

走进部队开展民俗讲座　1月25日，在新春佳节来临前夕，区图书馆走进驻通州陆航部队给士兵们带来了新春的祝福——民俗讲座。官兵们在部队礼堂中认真聆听民俗专家讲解许多关于春节的传统民俗和文化知识，并且收到了图书馆送出的新春礼物——书籍和手工制作的春联、民俗小饰品等。

“1860—1960历史镜头里的通州”大型图片展　2月—5月，区图书馆精选205幅馆藏珍贵老照片，在8层多功能厅举办了“1860—1960历史镜头里的通州”大型图片展。展览真实地反映了通州1860年至1960年百年历史，吸引2万人次读者前来参展。

开展以“创新引领、共享发展”为主题的科技周活动　在5月14日—21日科技活动周期间，区图书馆举办了多种特色科普活动：趣味科普实践活动进校园，将科普讲座送给永顺镇焦王庄小学和漷县镇中心小学的学生们；开放优质科技资源，让小读者们在区图书馆三层少儿活动室感受了3D眼镜带来的奇妙体验；利用图书馆多媒体平台在线上线下进行百本科普读物书籍推荐，开放馆内网络科技资源。科技周期间共接待参与活动3000余人，倡导科学生

活方式，进一步普及科学知识，推进社会阅读。

“红领巾读书”系列活动　自5月起，分别开展了“书香溢我家”家庭情景剧比赛、“心有榜样”红领巾讲故事比赛、第四届“我的藏书票”设计比赛、“童眼看京城”电子书制作、第十七届“读书小状元”评比活动、“诵读经典·筑梦未来”诗歌诵读大赛活动。选送优秀选手参加市级比赛并获奖。“红领巾读书”系列活动的对象涉及全区城乡少年儿童，受众学校60余所，受众中小学生7万余人，活动贯穿2016年全年。年底前完成了对“红领巾读书”活动中的优秀单位及个人的表彰工作。

梨园中心小学走进图书馆　7月7日，梨园镇中心小学“沐浴书香、快乐成长”社会实践活动暨志愿服务实践基地揭牌仪式在区图书馆馆八层多功能厅举行。馆长杨兰英向学校师生介绍了图书馆的基本概况，学生们参观了图书馆。

志愿者岗前培训　为缓解通图管理人员不足的现状，图书馆特向社会公开招募志愿者。经过历时1个月的招募，7月17日，通州图书馆宣策部的老师对招募的50余名志愿者进行了岗前培训。培训内容主要是志愿者服务的性质、读者服务文化项目岗位职责。

邀请部队参加巡讲活动　7月21日，第六届“书香中国”·北京阅读季“书香北京”巡讲活动邀请驻通州部队官兵参加。李元华作为主讲，围绕“让古籍中的文字活起来，让诗词插上音乐的翅膀”主题进行了精彩的演讲，使部队官兵们更加了解中国古诗词的魅力、阅读的魅力。

公共文化一体机培训　9月13日，文化共享工程北京分中心在海淀区紫竹院街道社区服务中心二层会议室进行公共文化一体机使用培训。通州区图书馆安排区内各基层电子阅览室管理员参加培训，进一步加强基层服务人员对公共文化一体机使用方法的了解，解决在使用中存在的问题，使各基层点更好地利用公共文化一体机开展服务。

“三下乡”活动　10月28日，通州区委宣传部在玉桥万春园街心公园组织开展了以“科技文化卫生进社区　通州举力创城进行时”为主题的“三下乡”活动。通州区图书馆积极配合此项活动，精心挑选适合社区居民的各类期刊300余册，种类涵括科技类、文化类、外文和少儿类，并在现场发放了通州区图书馆简介、办证须知等宣传材料，为社区居民送去知识、送去温暖、送去欢乐。

纪念北京市通州区图书馆建设100周年展览

通州区基层图书室、文化信息资源共享工程专兼职管理员培训　10月—11月，通州区图书馆面向全区15个乡镇、街道，45个社区，446个基层图书室、文化信息资源共享工程专兼职管理员进行培训。培训在图书馆八层多功能厅举办，分为3期，采取脱产集中授课、岗位实操、参观学习等多种形式，特邀多名业内专家、各区图书馆馆长进行现场讲授。

纪念通州区图书馆建馆100周年系列活动　11月10日，“百年书香梦，助力副中心”通州区图书馆建馆100周年纪念活动暨国家数字图书馆移动阅读平台通州分站开通启动在通州区图书馆举行。启动仪式上播放了通州图书馆百年纪念专题片；向高校馆代表、乡镇街道图书室代表、部队代表志愿者代表以及率先通过微信公众平台征集读者寄语、开展有奖问答等形式挑选出来的读者代表现场赠书；与京津冀图书馆代表签订合作框架协议；开通国家数字图书馆移动阅读平台通州分站。领导和嘉宾参观了“通图百年，风华正茂”百年馆史巡回展，京津冀文化人物现场为百年通州图书馆题词。纪念系列活动有“百年通图，邀您同行”、“名家领读，同悦书香”、精品馆藏陈列展等，同时，还出版发行一系列书籍、照片集、故事集锦等特色文化作品。11月10日—30日，在通州区图书馆八层展览厅展出建馆百年的馆史照片。

“书香运河”讲堂开讲　11月26日上午，首场“书香运河”讲堂在通州区图书馆八层多功能厅开讲。“书香运河”讲堂的启动以通州区图书馆建馆100周年为契机，邀请京津冀地区文化名人，成立通州区图书馆名家讲师团，开展名家领读活动，为读者们献上丰厚的文化盛宴。

“阅读空间”走进区党代会现场　12月6日—9日，通州区图书馆到西集阳光会议中心为通州区第六次党代会阅读空间进行服务。该次党代会上，区图书馆共带来图书期刊620册供与会人员阅读，其中涵盖了传记、文学、经济、政治、党员干部知识等多个领域。同时，图书馆在阅读空间还为各参会代表们免费办理了“一卡通”联合读者卡。通州区委书记杨斌、区长张力兵、区人大常委会主任李玉君、区政协主席赵玉影在《北京城市副中心通州历史文化丛书》上签名留念。

基层公共电子阅览室、数字文化社区管理员培训　12月9日，通州区图书馆在馆8层多功能厅开展了基层公共电子阅览室、数字文化社区管理员培训。通州区玉桥、中仓、北苑、新华4个街道共15名管理员参加了该次培训。该次培训邀请歌华数媒和中科力天的培训讲师到馆集中授课，专业、详细的为管理员们讲授了数字文化社区建设以及公共电子阅览室管理信息系统的相关知识。

积极开展拥军服务工作　2016年，区图书馆在全区内共建拥军图书室27个，分别与其签订共建协议，为其授予拥军图书室铜牌；为已有部队拥军图书室更新配送图书共12025册；为驻通州部队拥军图书室配置24小时电子自助借阅机1台。自助借阅系统内置3000种、20000余册最近三年的正版授权畅销书籍，每月远程自动更新150种最新图书，大众文艺文化类综合期刊100种，按月更新，时事动态新鲜事随时随地唾手可得，方便部队官兵们进行阅读，充分享受到现代化图书馆的便利。

文化市场管理

行政审批　年内，区文委严格规范行政审批行为，采取网上公示、网络年检、一次性告知等措施，减少办事企业和群众往返奔波。严格执行审批时限，确保审批无间断、无推诿、无拖延，杜绝超时审批行为。2016年，共新审批设立文化企业260家，其中，出版物零售企业239家，表演团体9家，游艺娱乐场所6家，影院2家，歌舞娱乐场所4家。变更文化企业审批152家。

企业年检工作　2016年，完成全区126家网吧、44家歌舞厅、30家电玩城、22家表演团体、11家电影院、235家印刷复制企业、700余家出版物零售企业的年检、审核、换证和数据统计汇总工作，根据年检情况对文化市场数据库及时进行补充更新。

执法检查　年内，深入开展“清源”“护苗”“净网”“秋风”等专项行动，强化日常监管和案件查办，净化文化网络文化空间，坚决打击各类侵权盗版活动，严查文化市场各类违法违规行为。加强文化市场整治力度，出动执法车辆421车次，出动执法检查人员1700余人次，检查各类文化经营单位901家次；受理各类举报61起，立案46起，结案44起；对20家违规经营企业进行警告处理，责令停业整顿违法经营企业1家，罚款148500元；没收擅自从事互联网上网服务经营活动电脑70台，取缔无证照经营场所13个。

通州区文化委员会

书　记　王立生
主　任　王立生

（赵红春）

顺　义　区

概　况

顺义区位于北京东北方向，距市区30公里，总面积1021平方公里，其中平原面积占95.7%。全区户籍人口60.1万人，常住人口107.5万人，下辖12个镇、7个地区办事处（加挂镇牌）和6个街道办事处，共426个村民委员会、85个居民委员会。

顺义区文化委员会（以下简称区文委）是负责区文化、文物、新闻出版、广播电影电视等工作的政府工作部门。内设办公室、政工科、计划财务科、文化文物管理科、文化市场管理科及著作权管理科6个职能科室和文化行政执法队（副处级）。直属单位有文化馆、图书馆、新华书店、影剧院、电影放映服务中心、焦庄户地道战遗址纪念馆和文物管理所。

2016年，区文委按照区委、区政府工作部署，围绕中心、服务大局，面向基层、服务群众。全区文化战线深入学习贯彻中共十八届六中全会精神和习近平总书记系列重要讲话精神，始终坚持以人民为中心的工作导向，立足区域实际、着眼服务大局，创新推进公共文化服务、群众文化活动、文化艺术精品、文化遗产保护、文化市场管理等各项工作，实现了全区“十三五”规划文化建设的良好开局，为区域发展营造了健康和谐的文化氛围、提供了坚强有力的文化支撑。

2016年文化艺术发展

文化企事业

顺义区现有文化设施：文化馆1个、图书馆1个、影剧院1个、镇和街道文化中心25个、国有新华书店4个、焦庄户地道战遗址纪念馆1个和19个镇级文化站、426个行政村级文化大院；6个街道办事处下辖85个居委会文化室。建成镇（街道）级文化中心达标单位6家。19个镇文化站和6个街道办事处专兼职文化干部25人，此外，镇（街道）设有专兼职文化工作人员46人，村（社区）级专兼职文化组织员536人。

公共文化服务体系建设

区级文化中心建设进展顺利　区级文化中心（区影剧院、区文化馆、区图书馆、区博物馆）主体全部完工，并完成全部外墙装修工作。

基层文化设施建设不断完善　全年为9个村级剧场、335个村级广场配备固定灯光音响设备，为2个镇文化站配备流动演出设备，实现村级文化广场灯光音响设备全覆盖。

持续开展公益惠民演出活动　2016年,“文艺演出星火工程”共62支文艺表演团队在全区425个行政村进行公益演出850场;“周末场演出计划”涵盖戏剧、儿童剧、话剧等剧目，2016年着力开发青年观众的演出市场，引进了开心麻花、嘻哈包袱铺等最受年轻人欢迎的演出剧目，培育潜在的文化消费市场，全年共演出120场，平均上座率为85%，邀请中国评剧院开展春节慰问演出20场，以低票价形式让百姓欣赏到高水平的专业演出；在北京国际鲜花港开展“百姓周末大舞台”文艺演出活动6场。

群众文化活动

顺义区大力开展和创新群众文化活动。2016年，开展“二月新春”“五月的鲜花”“十月金秋”3大系列群众文化活动，共举办文化活动1600余场，吸引观众50万人次。创新推出新品牌活动，立足市民需求，创新开展首届重阳爱老敬老戏曲艺术节、首届“顺义拍客集”百姓摄影大赛，以及首届“北小营杯”歌手大赛、首届群众广场舞等全新的品牌文化活动，活动内容形式贴近市民需求，参加方式灵活方便，市民参与群众文化活动自主性、能动性、艺术性显著增强。

顺义区第二十三届“二月新春”群众文化活动　顺义区第二十三届“二月新春”群众文化活动由区委宣传部、区文委、区农村工作委员会、区总工会、区广电中心、区文联共同主办。活动以“我的中国梦，欢乐新顺义”为主题，从2016年元旦到正月十五，在广泛开展基层群众文化活动基础上，举办百场歌舞庆新春、千场电影献基层、万册图书送下乡、万幅春联迎佳节、顺义区2016年第二十三届“二月新春”群众文化活动启动仪式、第十二届“高丽营杯”戏曲票友大赛、第十四届“赵全营杯”民间花会大赛、顺义区第十七届电视春联征集大赛、“翰墨清风”推新人廉政书画展等重点品牌活动，通过举办丰富多彩、形式多样的群众文化活动，全面展示中共十八大以来顺义区现代化建设取得的辉煌成就和城乡面貌的巨大变化，用“中国梦”进一步凝聚全区广大干部群众团结奋进的正能量。

2016年第二十三届顺义区“二月新春”群众文化活动启动仪式

第十二届“高丽营杯”戏曲票友大赛　1月29日，连续举办了12年的北京市顺义区“高丽营杯”戏曲票友大赛在顺义影剧院开赛。京剧、评剧、河北梆子等各剧种轮番登场，老中青三代票友同场竞技。本次活动共吸引了上万名观众参与，为顺义区戏剧爱好者提供了一个切磋技艺、增进了解的机会，进一步推动了顺义区戏剧艺术发展。

第十四届“赵全营杯”民间花会大赛暨京津冀三地民间花会闹元宵展演活动　2月19日下午，第十四届“赵全营杯”民间花会大赛暨京津冀三地民间花会闹元宵展演活动在赵全营中心小学举行。区有关方面领导与现场1000余名群众观看了大赛。该次大赛汇集了全区22支花会队伍、900名群众演员，大赛内容涵盖了舞龙、舞狮、抖空竹、高跷秧歌、跑旱船、中幡等10余种花会类型。大赛强调对传统文化的传承和延续，对“原汁原味”有了更高的要求。所有参赛队伍，从服装到表演形式，从伴奏到演出内容都要求回归传统，将“过去”带到“现在”，让当今的年轻人了解传统文化，体会传统文化。为落实中央关于京津冀一体化协同发展战略，促进三地文化交流与提升，比赛特邀天津武青中幡表演队、河北省保安高跷表演队及北京朝阳区小车会做表演展示，成为赛场上的一大亮点，这是一次民间花会盛宴，同时也是弘扬民族文化的一次有益尝试。

第二十三届“五月的鲜花”群众文化活动　2016年，第二十三届“五月的鲜花”群众文化活动以“我的中国梦、魅力新顺义”为主题，按照“突出主题、突出特色、突出艺术品位”的要求，具体举办了“五月的鲜花”群众文化活动动启动仪式、“我的中国梦、魅力新顺义”顺义区首届“北小营杯”歌手大赛、顺义区第五届“李桥杯”器乐大赛等区级重点文化活动。在全区各基层单位大力开展了以群众合唱、卡拉OK大赛、基层群众文艺会演等为主要形式的60余项群众文化系列活动。在此期间，全区共组织文艺比赛和演出490场，演出文艺节目5300个，新创作品170个；参与活动人数达到9万人次，吸引观众32万人次。通过以上丰富多彩的文艺形式，全面展示了近年来顺义区现代化建设取得的辉煌成就，生动反映了城乡面貌的巨大变化，用“中国梦”进一步凝聚了全区广大干部群众团结奋进的正能量，达到了群众文化活动广泛深入、家喻户晓、人人参与、寓教于乐的目的，有力地促进了全区群众文化活动的蓬勃发展。

顺义区2016年“十月金秋”“拍客集”百姓摄影大赛　该次摄影大赛是政府向社会组织购买文化服务，鼓励和引导社会力量参与现代公共文化服务体系建设的一项重要举措。5月正式启动，全区广大摄影爱好者和工作者积极参与、热情高涨，组委会共收到投稿作者865人次、参赛稿件2885幅。该届影赛广泛采用微信公众平台和朋友圈等新媒体的宣传与推广方式，取得了良好的社会效应。影赛期间，在顺义区摄影协会微信公众平台发表刊登作品共9期、350幅，阅读数量超过3万人次，读者参与投票共计13719票、群众留言共计312条。10月13日，该大赛优秀作品在顺义区档案馆进行展览。

举办纪念建党95周年暨党史宣传月主题文艺演出活动　7月1日，由区委组织部、宣传部和纪委联合主办，区文委、区文联、区广电中心共同承办的纪念建党95周年暨党史宣传月主题文艺演出活动在顺义区影剧院举行。这场意义深远、精彩纷呈的文艺演出，是顺义区“两学一做”学习教育活动中一门富有深刻教育意义的党课。文艺演出以“永远跟党走”为主题，回首中国共产党建党95年来的辉煌伟业，传承中国共产党近百年来赐予后人的红色精神。演出以40名官兵表演的《检阅》作为开场节目，配合后背景的天安门阅兵画面，展现了广大部队官兵“听党指挥，能打胜仗，作风优良”的精神面貌。诗朗诵《南湖建党》与舞蹈配合，将观众的思绪带回中国共产党宣告诞生的历史时刻；《党旗飘飘》《我爱你，中国》和管弦乐联奏《征程》等脍炙人口的歌曲与音乐唤起了人民对峥嵘岁月的深情回忆，激发了后辈对革命先烈的真挚缅怀。“放歌新顺义”获奖歌曲联唱《顺心顺义》《顺心如意》《美丽顺义》，展现了顺义人民在党的领导下辛勤建设美丽家乡的场景。

顺义区首届群众广场舞大赛　9月2日，顺义区首届群众广场舞大赛在顺义奥林匹克水上公园举行。该次活动自5月启动以来，各镇、街道及时响应、广泛发动、积极引导群众参加，充分发挥特色优势，认真组织舞蹈队伍，打造各自的品牌舞蹈，展现顺义之美。比赛中，各参赛队以饱满的热情表演了《安塞腰鼓》《青花瓷》《地道战》等赞美祖国、赞美新北京、新顺义的舞蹈，用飞扬的舞姿，展现了广大群众昂扬向上的精神风貌。

第25届北京国际燕京啤酒文化节消夏文艺演出和民间花会展演　6月25日，由顺义区文委主办，北京盛世梨园艺术团承办的第25届北京国际燕京啤酒文化节“魅力新顺义”消夏文艺演出在奥林匹克水上公园举行。演出包括杂技、魔术、独唱等在内的精彩节目。在炎炎夏日里，为广大观众呈现了一台专业性、艺术性和娱乐性兼备的综艺演出。活动获得了广大观众的认可和好评。为配合第25届北京国际燕京啤酒文化节活动，7月2日—3日，组织市级优秀艺术团队进行舞狮、舞龙、中幡等优秀民间花会展演。

第25届北京国际燕京啤酒文化节“魅力新顺义”消夏文艺演出

顺义区首届重阳爱老敬老戏曲艺术节　10月9日—16日，举办了顺义区首届重阳爱老敬老戏曲艺术节。戏曲艺术节为全区百姓献上20场精彩演出。活动期间，鼓励子女、晚辈陪同老人观看戏剧节目，营造良好的敬老、亲老、爱老、助老社会风尚。

“放歌新顺义”全国歌曲征集优秀作品会演活动　11月2日，2016年“放歌新顺义”全国歌曲征集优秀作品会演活动在顺义区影剧院举行。顺义区委常委、宣传部部长贺亚兰，北京音乐家协会秘书长赵金波等领导出席该次活动并为获奖歌曲颁奖。歌伴舞《美丽顺义》拉开了会演的序幕，《家乡酒》《顺义之恋》《月亮》等9首获奖歌曲主题鲜明、旋律优美、演唱精湛、风格各异，最后金奖歌曲《顺心、顺义》大合唱将会演推向高潮。该次活动是坚决贯彻落实区委、区政府关于文化建设的新要求、新任务，不断加强文化建设的一项具体举措，更进一步增强顺义人文底蕴，提升城市文化品质。

顺义区第二十三届“十月金秋”群众书法美术摄影活动　活动以“我的中国梦　魅力新顺义”为主题，由区委宣传部、区文明办、区文委、区总工会、团区委、区妇联、区文联、区广电中心共同主办。在9月—11月，广泛发动全区群众参与，以群众书法、美术、摄影作品展览等为主要形式，先后举办顺义区纪念建党95周年优秀书法、美术精品展，全区基层书法、美术作品网络展览和区级评比展览等系列文化活动。以上举措，旨在推进人们创作出更多承载中国梦想、顺义精神的优秀文艺作品。

中外合唱名曲音乐会进校园活动　12月19日，顺义区中外合唱名曲音乐会在北京城市学院顺义校区举行。活动由区文委主办，邀请中央歌剧院合唱团奉上包括六重唱《这时我还顾忌什么》《圣母颂》，二重唱《在圣殿深处》，女声独唱《乘着爱情的玫瑰翅膀》等精彩歌剧选段。北京城市学院师生代表和社会各界群众600余人欣赏此次演出，活动获得大家一致好评。

文化交流

2016年举办“幽燕丹青”——京津冀美术精品九区县巡展；与四川省德阳市缔结友好城市，组织开展首届“顺义—德阳”书画作品联展和书画笔会交流活动；与河南省西峡县开展交流合作，举办“顺义—西峡”书法美术摄影展；与河南省南阳市交流曲艺精品，顺义原创历史评剧《大汉名臣》走进南阳获得群众好评。

文艺精品创作

文艺作品获奖 为深入挖掘顺义区革命历史文化资源，顺义区创作出戏剧小品《良心果》并在2016年入围第十七届中国艺术节群星奖决赛，获得全国第六名的好成绩。现代评剧《焦庄户》参加第十届中国评剧艺术节展演。原创现代抗战评剧《寸草春晖》荣获第四届“宝坻杯”环渤海评剧艺术节剧本创作金奖。评剧小品《考官儿》获得北京农民艺术节“乡村大舞台”决赛一等奖。顺义区文化馆合唱团在第三届“北京之声”首都市民合唱周合唱比赛中荣获青年组金奖，在第二届京津冀群众合唱节比赛中荣获一等奖。顺义区文化馆获得第三届“北京之声”首都市民合唱周合唱比赛优秀组织奖。

“放歌新顺义”全国原创歌曲征集活动 2016年，举办“放歌新顺义”全国原创歌曲征集活动，共收到黑龙江、新疆、上海、海南、湖北等28个省、自治区、直辖市1100名音乐工作者的投稿作品406首，经过专家和评委的初评、复评、终评，最终评选出49首优秀歌曲。为讴歌顺义新发展，展示顺义新形象，甄选出《顺心、顺义》《家乡酒》等9首优秀原创歌曲，全年通过网络新媒介、报纸、电台、电视台等传统媒体，通过文艺会演合唱改编等多形式多方法在市民中不断推广优秀歌曲，进一步增强文化宣传力度，有力提升了顺义区人文底蕴。

非物质文化遗产保护工作

“非遗”民间工艺展示展销活动 2016年端午节期间，为进一步加强文化遗产保护，继承和弘扬中华民族优秀传统文化，推进社会主义先进文化建设，顺义区“非遗”民间工艺展示展销活动走进第八届北京市端午文化节。在活动开幕式上，“曾庄大鼓”“舞龙”“舞狮”“五虎棍”“凤秧歌”等8项市区级非物质文化遗产项目进行了集中展演，“中国结”“葫芦烫画”“剪纸”等11项顺义区非物质文化遗产项目手工艺品进行了集中展示展销。

“非遗”项目传承基地建设 2016年，顺义区加强对“非遗”项目传承基地建设，完成10个“非遗”传承示范点的规划设立工作。其中，包括5个“非遗”进校园项目：“凤秧歌”进入港馨小学、“曾庄大鼓”走进沙岭学校、“杨镇龙灯”进入杨镇中心小学校、“中国结”走进南法信小学、马卷村“五虎棍”走进马坡二小。组织南法信小学“中国结非遗项目培训基地”挂牌活动，推动了“非遗”的传承与发展。

文化馆

展览活动 5月10日—15日，顺义区举办“希望之光”心智障碍人士画展。画展以“关爱孤残儿童，让爱洒满人间”为主题，配合第26次全国助残日，共展出100余幅画作，作品均出自于特教学校的自闭症、多动症等特殊儿童。10月，区文化馆干部曹加新的油画《反恐精英》参加中央军委政治工作部宣传局、中国美术家协会联合举办的“纪念长征胜利80周年全军美术作品展”。12月，顺义区参与“影像北京”——纪念长征胜利80周年书法美术摄影作品展活动，展出30余件优秀作品。

建立培训基地 2016年，区文化馆探索性地实施文化精准配送服务模式，先行在北石槽镇、大孙各庄镇、高丽营镇、赵全营镇、马坡镇、北小营镇、李遂镇、空港街道8家单位建立了文化馆培训基地，每个培训基地每年组织各村、居委会文艺骨干培训不少于2期，每期不少于10个课时，全年培训人数不少于50人。培训内容由各培训基地根据群众需要决定，辅导老师由文化馆根据培训课程安排委派，确保授课质量。建立培训示范点3个，即北石槽中心小学（未成年人）、北小营仇家店中小（未成年人）、李遂卫生院，针对具有地区特色、有代表性的项目进行培训。各培训基地全年共举办培训班19期，文化馆选派培训辅导员210人次，培训各类文艺骨干9450人次。

举办培训班 全年集中举办基层文艺骨干培训班4期，培训人员170余人。设立舞蹈、合唱2个长期培训班，共培训学员70余人。以骨干带群体，提高基层文化活动的层次的水平。面向全区广大群众开办国画、书法、国学、太极、瑜伽讲座培训班，共完成讲座172余次，听课人数达5536人次。

图书馆

基本情况 2016年，区图书馆接待读者355475人次，借阅323959册；馆藏文献93万册，采购入藏新书12506种、53244册；订购报刊539种；新办书证4588个，读者证总数66294个；续借图书3500余次、2万余册；接收政府信息公开文件213份，接待查询185人，提供信息下载171份；编辑印发馆刊《书海拾贝》4期、2400册；送书下乡126次，配送图书32280册；开展读书活动129场，阅读推广55次，吸引61280人次参与其中。进一步推进基层文化建设，图书馆在全区建立了482家益民书屋、428家共享工程基层服务点、149家公共电子阅览室以及学校、部队、机关单位图书室98家。完成全区共享工程基层服务点巡查工作。

读者服务 通过微信公众号、微博、APP服务

平台、网站等平台，解决了“最后一公里”的服务问题。实现读者随时随地查询借阅、资源检索利用、信息查询及参与读书活动等基础性服务功能，极大地方便读者。

志愿者工作　成立图书馆志愿者中心，招募志愿者参与图书馆服务。2016年9月，区图书馆启动志愿者招募工作，20名普通志愿者和20名领读者成为第一批志愿者。12月，志愿者通过上岗培训，投入到图书馆业务部室的工作岗位，发挥志愿者资源优势，缓解了业务人员不足压力，使区图书馆可以更好地为公众提供文化服务。

文化市场管理

基本情况　2016年，顺义区在册文化娱乐经营单位包括网吧45家、电子游艺35家、歌舞娱乐64家、文艺团体117家、艺术品经营2家。

“扫黄打非”　2016年，深入开展“扫黄打非”工作，不断强化文化阵地管理。出动执法人员4000人次，执法车辆2000台次，检查各类文化经营单位1000家次，办结文化市场违规经营案件51件。

执法检查　坚持以“严格管控市场经营秩序、有效监管行业领域安全、密切关注网络环境动态”为工作主线，全面加强文化市场管控。全年开展文化娱乐行业管理会议10次，安全专题培训5次，消防安全应急演练3次，全年受理市级举报22件，回复22件，切实规范了文化经营秩序。

顺义区文化委员会

书　记　马朝龙
主　任　马朝龙

（关东明　秦　月）

怀　柔　区

概　况

怀柔区位于北京市的最北端，面积2122.6平方公里，其中山区占89%。辖12个镇、2个满族乡、2个街道办事处，284个行政村。常住人口37.1万人，户籍人口27.7万人。在户籍人口中，农业人口15.5万人，非农业人口12.2万人。有31个少数民族，其中人数最多的为满族，全区有喇嘛沟门、长哨营2个满族乡，22个满族村。

怀柔区文化委员会（以下简称区文委），是区政府负责文化工作的职能部门。内设办公室、文化科、政工科、监察科、行政许可和服务科、财务审计科6个科室，机关公务员编制19人，工勤编制3人。所属行政执法队（副处级）专项行政编制16人；所属科级事业单位有文化馆、图书馆、博物馆、电影发行放映服务中心、文物管理所、演艺活动服务中心；所属企业有新华书店、栖湖艺术团、炫影丽声电影放映有限公司。

2016年，制定出台了《“十三五”时期文化工作行动大纲》，明确了未来五年文化工作五件大事：一是完成一项工程，即创建首都公共文化服务示范区工程；二是打造一个品牌，即打造文化怀柔品牌；三是修缮一道长城，即慕田峪西至九眼楼段长城；四是坚守一条红线，即文化安全工作红线；五是建好一支队伍，即文化人才队伍。2016年，怀柔区各项文化事业有了新的发展。

2016年文化艺术发展

重要会议、调研

“扫黄打非”工作会　3月9日，怀柔区召开2016年度文化市场管理暨“扫黄打非”工作会。区委常委、宣传部部长、区文化市场管理（“扫黄打非”）工作领导小组组长胡东出席并讲话。会议总结了2015年文化市场管理暨“扫黄打非”工作，部署了2016年工作要点。区“扫黄打非”工作领导小组46家成员单位主要负责人参加会议。

区第五批区级非物质文化遗产名录项目专家论证会召开　4月12日，怀柔区第五批区级非物质文化遗产名录项目专家论证会召开。通过7名专家的讨论，最终参与此次论证的3个项目“炮腿拳”（龙山街道）、“张生铁匠炉传统锻造技术”（渤海镇）、“小罗山祖传接骨通络膏药制作技术”（泉河街道）全部通过论证。

基础建设

怀柔区级公共文化基础设施建有1个图书馆、1个文化馆、1个博物馆、2个电影院。镇乡（街道）级建有6个文化活动中心，总建筑面积10631.6平方米。316个行政村和社区，其中已建成文化室的311个，配备有图书室316个、数字影厅284个。共建有户外文化活动广场231个，其中，镇级10个，村级221个。共有群众业余团队345支，镇乡（街道）级演出团队25支、演员642人。积极争取市级资金支持，制定了《怀柔区基层文化室建设专项补助资金管理办法》，实施了20个基层文化室改扩建工程。

重要活动

“视野·国际”第三届北京怀柔艺术季　1月15日，“视野·国际”第三届北京怀柔艺术季暨“影耀会都·光彩怀柔”国际摄影邀请展在首都博物馆开展。3月10日，由区委宣传部、区文委主办，区精神文明办、区文联、区广电中心联合主办的“视野·

国际”第三届北京怀柔艺术季圆满落幕。该届怀柔艺术季包括“影耀怀柔”“音动怀柔”“溢彩怀柔”三大篇章。活动历时半年时间，组织开展了一系列丰富多彩的群众文化活动。1月15日，“视野·国际”第三届北京怀柔艺术季暨“影耀会都·光彩怀柔”国际摄影邀请展在首都博物馆开展。

第26届群众艺术节　2月1日，“展示国际会都风采，争创全国文明城区”怀柔区第26届群众艺术节在北房镇开幕。开幕式活动中，北房镇的舞龙、小车会等花会表演以及宰相庄村、黄吉营村、大周各庄村、郑家庄村等村的老百姓的手狮舞、红灯笼舞、满族服饰表演、扇子舞，展示了近年来北房镇“一村一品”工作成果。舞蹈《金猴闹春》、猴戏等具有猴子元素的文艺节目更是为迎接猴年春节增添了乐趣。活动历时一个月，先后在北房镇主会场，怀北镇、雁栖镇分会场联合推出河防口古关迎春大集、雁栖镇“冰雪迎新到，金猴闹春来”系列活动、电影贺岁、文艺演出、新春摄影展等丰富多彩的活动，还开展了春联、福字赠送活动。

实施春节彩灯装点工程　2月1日—23日，以“金猴报新春　盛世中国梦”为主题，在城区主要街道悬挂灯笼、中国结、LED灯等装饰，营造欢乐祥和的节日氛围。

第十一届“敛巧饭”民俗风情节　2月21日（农历正月十四），第十一届“敛巧饭”民俗风情节在琉璃庙镇杨树底下村开幕。区委书记齐静、区人大常委会主任王仕龙、区长常卫、区政协主席武占刚及区领导田一农、周东金、刘久刚、王赤、鲍晓健、任武军参加开幕式。该届“敛巧饭”民俗风情节增加了祈福大典、老艺术家现场书画创作等内容，活动现场威风锣鼓、小车会等辗转腾挪增添节日喜庆、热闹氛围，国家级非物质文化遗产“古法琉璃”制作极具观赏性和表现力。共吸引了1.8万余名游客感受“敛巧饭”百年民俗，旅游综合收入120余万元。

第七届怀柔国际标准舞艺术节　3月25日—31日，第七届怀柔国际标准舞艺术节在怀柔体育馆举办。活动期间，举办了2016第18届CBDF“院校杯”国际标准舞公开赛、CBDF国家青年队选拔赛、第七届“怀柔杯”国际标准舞公开赛、国际标准舞大师精品课程、CBDF国际标准舞评审年审及再培训等多项内容。来自全国各地近100支代表队、2800余人组成近4000对次选手角逐197个不同年龄组别的冠军。来自英国、意大利、俄罗斯等国家的7位国际评审和48位国内评审担纲执裁。

“书香溢我家”家庭情景剧比赛　5月11日，由怀柔团区委、区少工委、区文委主办，区图书馆承办的“书香溢我家”家庭情景剧比赛在文化馆小剧场举办。来自怀柔区的6个代表队、22名小学生参加比赛。经过角逐，九渡河镇中心小学表演的《定家训》以优异的成绩获得该场比赛第一名，蝉联冠军。家庭情景剧比赛是2016年红领巾读书活动系列活动之一，也是2016年新增加的内容，活动旨在将广大家庭中亲子阅读、家庭阅读的画面通过情景剧形式给予展现。

汤河川满族民俗风情节　6月9日，2016年怀柔汤河川满族民俗风情节在喇叭沟门、长哨营、汤河口3个镇乡同时开幕。长哨营满族乡开幕式上演了《八旗鼓阵》《望祭山》《满汉雄风》等具有满族特色的文艺节目，举办第八季·撞拐王争霸赛和以“追忆乡愁，梦寻满乡”为主题的中国传统文化艺术品陈列展。喇叭沟门满族乡主推“满韵粽飘香、白桦秀健康”健步走活动，全程近13公里，吸引了500余名健步爱好者报名参加。汤河口镇上演了《清风响铃》《汤河灵韵》等富含满族风情的舞蹈，举办了第四届汤河龙舟大赛，通过龙舟点睛、表演、竞渡、祈福等方式弘扬传统文化，展现满乡风采。为期3天的风情节，举办了农副产品展卖、逛八旗大集、游文化新村、住八旗客栈、品满族美食、观满族歌会等独具满韵的各类民俗风情活动。

“中华优秀传统文化”专题培训班　6月24日，2016年“中华优秀传统文化”专题培训班开班。该次培训班持续至12月，每两周周五上午培训，设有“全民素质教育”“国学寻美”“传统智慧与养生”“国学智慧与心智模式修炼”“博弈论与科学决策”“财富、道义、美德”“论语”“道德经”等共计13个专题课。

2016年怀柔区中华优秀传统文化专题班

第六届中国儿童戏剧节　8月26日晚，由中国儿艺主办，区文委和东城区文委联合承办的第六届中国儿童戏剧节在怀柔闭幕。戏剧节历时49天，分别在北京主会场及济南、宁波、成都分会场开展了儿童戏剧工作坊、儿童戏剧夏令营、演员见面会等15项系列活动，共有8个国家和地区的25家儿童戏剧团体奉献了46台剧目、215场精彩演出，观众近16万人次。

“放歌新怀柔”夏日文化广场　9月9日，2016

年“放歌新怀柔”夏日文化广场活动闭幕。2016年夏日文化广场活动紧紧围绕“展示国际会都风采、争创全国文明城区”主题，除在城区中心广场举办规模演出外，各镇乡、街道也在本地区举行了不同层面的夏日文化广场展演。各级各类文化广场演出紧紧围绕活动主题，立足创新，演出内容丰富多彩，节目形式灵活多样。该活动从6月—9月，在滨湖公园景观剧场举办专场演出21场，演出文艺节目近300个，吸引观众近5万人次。各镇乡、街道举办基层夏日文化广场演出300余场，观众达15万人次。

庆中秋系列文化活动　9月15日—16日，在怀北通盈高尔夫俱乐部举办百威风暴音乐嘉年华活动。来自全球12个国家和地区的16支乐队、65位演职人员，为乐迷们献上了162首电音精选曲目。累计约16000余人参加了百威风暴音乐嘉年华活动，其中，国外乐迷人数接近总人数的1/3。9月15日—17日，在雁栖镇范各庄村燕城古街开展的“情满中秋月　燕城合家欢”中秋游园会系列活动，开展了“月满中秋情溢怀柔”中秋晚会等5场文艺演出和猜灯谜、闹花会、放河灯、舞狮、腰鼓、拜月等互动活动，累计吸引游客近3000余人。

第九届全民阅读活动　9月23日，区委宣传部和区文委联合举办的“纪念红军长征胜利80周年”第九届全民阅读活动结束。活动包括知识竞赛、读书征文、摄影比赛、书香家庭、读书状元评选等10个板块。活动期间累计收集征文作品213篇、摄影作品370幅、诵读作品25个。活动共评选出书香家庭10个、读书状元10名、读书之星50名，优秀组织单位5个。

历史文化巡展　10月1日—12月23日，区博物馆先后在喇叭沟门中心小学、长哨营中心小学、汤河口中心小学、宝山寺中心小学、琉璃庙中心小学举办历史文化巡展，每个学校停留10天~15天。展览期间，累计800余名师生参观学习。共发放宣传资料2000余份，方便了广大学生不出校门就能了解到本乡本土的历史文化知识，弘扬了优秀传统文化，使学生们感受到历史文化和“非遗”文化的魅力，受到了广大师生的热烈欢迎。

“雁栖湖文学艺术奖”颁奖典礼　10月20日，怀柔区举行“雁栖湖文学艺术奖”颁奖活动，对改革开放38年来在文学、戏剧、音乐、舞蹈、曲艺、美术、书法、摄影8大门类取得卓越成绩的区内54位艺术家进行表彰奖励。“雁栖湖文学艺术奖”评选活动，共收到各类作品近千件，经过相关专家严格评审，选出金、银、铜奖47件，“雁栖湖文学艺术贡献奖”7人。

“文明润心　创城惠民”主题展览　11月17日上午，“文明润心　创城惠民”2016年怀柔区争创全国文明城区主题展览在区博物馆启动。展览分基础篇、行动篇、人物篇、惠民篇、创建篇、思考篇和展望篇7个篇章，将怀柔区创建全国文明城区开展的500多项工作、300余项惠民工程，涌现的80多个先进集体和30名典型人物，市民创作的120多幅创城主题艺术作品进行了集中展示，呈现了怀柔区创城工作开展以来在经济社会发展和精神文明建设中取得的丰硕成果。展出时间持续至2017年1月底，期间免费向全体市民开放。

惠民演出　年内，全区举办公益惠民文化演出970场，实现城镇和乡村居民观看文化演出的均等性。其中，“文艺演出星火工程”演出节目900场，平均每个村安排演出3场（一类演出1场，二类演出2场）；“周末场演出计划”和“百姓周末大舞台”演出综艺类、戏曲类、儿童剧70场。累计吸引观众28万人次。

文化交流

东城区怀柔区文化“手拉手”专场演出　8月10日晚，2016年“放歌新怀柔”夏日文化广场暨东城区怀柔区文化“手拉手”专场演出在滨湖公园景观剧场精彩上演。整场演出以纪念红军长征胜利80周年为主题，东城区第二文化馆的艺术家现场演绎了女声小合唱《微山湖》，男中音独唱《我和我的祖国》，男女高音独唱《我爱你中国》《我为伟大祖国站岗》等歌唱祖国的歌曲。当晚，东城区第二文化馆华风合唱团与东方管乐团倾情演绎的全本《长征组歌》，受到现场观众热烈欢迎。

怀柔区西城区文化交流专场演出　8月13日，2016年“放歌新怀柔”夏日文化广场西城区怀柔区文化交流专场演出在滨湖公园景观剧场举办。此次演出是怀柔区和西城区文化交流重点项目之一。西城区文委对此次演出高度重视，精心编排了一场内容丰富的综艺晚会，当晚演出了舞蹈《广场舞大妈》，快板《天安门广场看升旗》，相声《欢歌笑语》，魔术《炫彩飞鸽》，杂技《肩上芭蕾》，口技《军营的一天》、歌曲《我为你歌唱》《欢天喜地》《我的太阳》《七律长征》等十余个节目。整场演出在舞蹈《辉煌中国梦》的热烈氛围中结束。

文艺创作

2016年，文化馆原创歌曲《到人民中去》《老夫老妻》进入群星奖北京地区复赛。歌曲《老夫老妻》获得2016年度国家艺术基金资助项目，参加北京市第26届农民艺术节乡村大舞台荣获二等奖；歌曲《到人民中去》参加了“群星耀京华”京津冀群众精品文艺节目展演。以习近平总书记“七一”重要讲话精神为指导创作的歌曲《不忘初心》，获得2016北京市基层群众文艺音乐专项作品评选活动优秀原创作品奖。

非物质文化遗产保护工作

怀柔区“炮腿拳”“怀柔张生铁匠炉传统锻造技术”“小罗山祖传接骨通络膏药制作技术”3个“非遗”项目，经4月12日专家评审及7月25日区级非物质文化遗产保护领导小组联席会讨论通过后，于10月12日—18日在《怀柔信息网》公示，本年入选怀柔区第五批区级非物质文化遗产名录。

文化馆

免费开放工作　2016年，怀柔区文化馆面向社会免费开放活动结合群众需求增设了戏曲、声乐等项目。每周开设19项课程，全年共活动1134课时，参与活动5万余人次。此外，还与怀柔区南华园社区联合开展“大支部”基地声乐和舞蹈活动。

培训工作　文化馆组织业务干部及文化志愿者深入镇乡、街道等地开展文艺培训。圆满完成“文艺培训春风工程”折子工程，共培训542期，4.7万人次参加培训。与北京市农业广播学校怀柔分校联合开展2个文艺中专班教学活动，定期在怀柔区雁栖镇文化活动室开课，开设声乐、舞蹈培训班。全年共上课158课时，1.2万人次参与活动。

文化志愿者义务辅导站　文化志愿者服务中心现有在册志愿者1300余人，常年活跃在一线的志愿者有150余人，这些志愿者承担着怀柔区文化志愿服务工作。在开展日常文化培训工作基础上，还结合敬老月、重阳节、春节等传统文化节日，组织开展摄影、文艺演出等文化志愿服务活动。文化馆文化志愿者舞蹈团和合唱团，每周开展活动。全年组织参加区内外各类大型文化赛事、活动等60余场。

图书馆

基本情况　2016年，图书馆净办理读者卡3352张，接待读者48.5万人次、外借图书33.3万册次；解答读者咨询5200条；入藏新书4.4万册；新增数字资源1.5TB；手机APP上线投入使用；组织开展讲座、展览、培训等读者活动238次，参与人数20.6万人次。新建区国税局、武警森林指挥部机动支队怀柔驻防分队等送书服务点9个，送书101次、26000册。

全民读书活动　2016年，全民读书活动自4月启动，历时5个月。活动内容包括征文、摄影、知识竞赛、“市民大讲堂”、“读书家庭”、“读书状元”评选等10项。活动中，共收集整理基层报送的征文213篇、摄影作品370幅、读书家庭材料30个、读书状元材料64件、市民大讲堂材料118场，19家单位报名参加现场知识竞赛。组织开展了“品味书香怀柔　创建文明城区”现场知识竞赛、庆祝中国共产党成立95周年图片展、纪念红军长征胜利80周年诵读活动等多项活动。

数字图书馆、数字文化社区建设　2016年，完成了对全区14个镇乡、2个街道，284个行政村、33个社区的基层图书室、数字文化社区和共享工程基层服务点的设备巡检与检查考核工作。

红领巾读书活动　2016年，组织开展了“书香溢我家”家庭情景剧比赛、“心有榜样”讲故事比赛和第十七届“读书小状元”评选演讲比赛，来自全区30多所中小学校的70名学生参加了比赛。通过区级比赛选拔出的代表队和选手，代表怀柔区参加市级比赛，分别获得了情景剧比赛二等奖和讲故事比赛一等奖1名、三等奖4名的好成绩

文化市场管理

行政审批　对区文委31项进厅审批事项进行梳理规范，进一步明确告知概念；重新设计各类许可申请表格，进行完善补充；在原有规定审批时限之

怀柔区文化馆合唱团启动仪式

上进一步提升效率，压缩审批时限，方便办事群众。严格落实文化市场年度核验要求，完成辖区文化企业、民办非企业及社团的年度核验工作。2016年，参检单位共222家，核验通过201家，注销18家，撤销3家；工作中做到逐家审核经营单位的资质条件及场所实地验收，确保了年检不走过场，为执法部门监管工作提供有力保障。

文化市场执法检查　全年开展了专项行动10次，联合执法8次。区文委主要领导参与全年文化场所规范经营检查和文化经营单位安全生产的各类检查9次。共出动执法检查力量3300余人次，执法车辆1023台次，检查文化经营单位800余家次。取缔游商地摊10余个，排查整改83处安全生产隐患。2016年，共立案29起，同比增加81%；罚款5.89万元，同比增长66.8%。

怀柔区文化委员会

书　记　陈宝明
主　任　夏占利

（李艳婷）

平　谷　区

概　况

平谷位于北京市的东北部，西距北京市区70公里，东距天津市区90公里，是连接两大城市的纽带，总面积950.13平方公里。辖14个镇、2个乡、2个街道，设39个居民委员会，273个村民委员会。常住人口43.7万人。

平谷区文化委员会（以下简称区文委）为主管全区文化工作的职能部门。区文委机关公务员14人（其中1名行政工勤人员），其中处级干部7人。设办公室、政工科、文化文物科、审批科（11月加挂安全生产综合管理科牌子）。下辖9个基层单位，其中副处级行政单位1家：文化行政执法队；工资规范事业单位6家：图书馆、文化馆、文物管理所、平谷区博物馆、上宅文化陈列馆、文化发展服务中心；经营类事业单位1家——影剧院；企业1家——新华书店。全系统在职干部职工194人。

2016年，区文委认真贯彻落实中共十八大和习近平总书记就传承与弘扬传统文化做出的一系列重要指示精神，以快乐幸福平谷建设为主线，与时俱进，开拓创新，加快构建现代公共文化服务体系，开创了平谷区和谐文化建设的崭新局面。

2016年文化艺术发展

重要会议、调研

周大庆到平谷区文委执法队调研　1月26日，市文化执法总队副总队长周大庆带领调研组到平谷区文化委执法队走访调研网络文化环境整治、广播电视行业监管等相关工作以及市财政转移支付资金使用情况，并与区文委执法队领导交换意见。

秧歌花会大拜年工作部署会　1月29日上午，召开全区秧歌花会大拜年工作部署会。区委办、政府办、区委宣传部等三十多家相关单位领导参加会议。副区长徐素芝参加会议并提出三条指导意见：一要思想重视，主动作为，充分展示本土文化；二要加强沟通，落实责任，避免环节出现疏漏；三要精心准备，确保安全，克服经验主义和侥幸心理。

2016年全区公共文化工作部署会　3月22日，召开2016年全区公共文化工作部署会。区文委主任王文忠、副主任逯艳敏，各乡镇、街道主管领导和文化干部及文化系统干部职工，共计80人参加会议。会议由区文委副主任逯艳敏主持，文化科、文化馆、图书馆领导分别为各乡镇、街道进行全年工作布置，区文委主任王文忠最后进行总结发言。

“扫黄打非”工作领导小组工作会议　3月24日，平谷区文化市场管理暨“扫黄打非”工作领导小组组织召开工作会议，区文化市场管理（“扫黄打非”）领导小组成员单位、街道镇乡主管领导参加会议，区委常委、宣传部部长、区文化市场管理（“扫黄打非”）工作领导小组组长王红艳出席会议。会议安排部署了2016年平谷区文化市场管理暨“扫黄打非”工作方案，对“净网”“清源”等专项行动进行动员部署，进一步明确各部门、各单位工作职责暨相关制度，并就健全完善重点环节防控体系，深化文化市场管理和“扫黄打非”工作做出部署。

平谷区2016年度优秀团队表彰会　9月20日上午，平谷区2016年度优秀团队表彰会在区文化馆三

平谷区贯彻落实文化市场管理暨“扫黄打非”进基层工作部署会

层小剧场举行。表彰会共评选出五大“明星团队”、十大“品牌团队”、十大“优秀团队”和25个“发展团队”。此次表彰会的召开，对进一步发挥优秀团队的引领示范作用将起到积极促进作用。

基础建设

第一批村级15个文化活动室和28个大舞台改造验收工作正在进行中。第二批36个基层文化活动室改建项目年底完工。为马坊等6个文化中心配备多功能厅和文化广场设备，为第一批建设的文化设备配备灯光音响等设备，并组织技术人员培训。建立教工休养院图书馆分馆，联手打造新型借阅模式；关心弱势群体，为金阳老年公寓建立基层图书室。

文化活动

“北戏书馆平谷分馆”揭牌 1月11日在区文化馆小剧场举办“北戏书馆平谷分馆”揭牌仪式。中共北京市委组织部原常务副部长韩铁城、平谷区委宣传部部长王红艳、北京戏曲艺术职业学院院长刘侗及区文委主任王文忠等出席会议。北戏书馆平谷分馆将本着弘扬传统文化，传承艺术梦想的理念，采用公益的方式，让更多的人可以免费地走进书馆，了解北京评书，喜欢评书艺术。平谷市民可以在每周一晚七点到八点半免费到书馆听著名评书表演艺术家连丽如的女弟子张怡开讲的北京评书《红楼梦》。

“休闲平谷”——2016平谷新春慰问演出 2月3日上午，“休闲平谷”——2016平谷区新春慰问演出在区影剧院举行。区委书记王成国代表区委、区政府向全区老领导及社会各界人士致以新春的问候和良好祝愿。慰问演出活动一片欢歌笑语，每个节目都充分展现平谷本土特色，自编、自导、自演的歌舞、快板、小品、戏曲等节目各具特色、精彩纷呈。

平谷区第六届中国乐谷欢乐节暨2016年秧歌花会大拜年活动 2月22日，正月十五元宵佳节，平谷区第六届中国乐谷欢乐节暨2016年秧歌花会大拜年活动举行。来自全区各行各业的3000多名群众代表，以及特邀的天津市蓟县、河北省承德市宽城两地的特色“非遗”花会队伍，共同组成33个巡游表演方阵，在喧天的锣鼓声中盛装巡游、闹元宵。

平谷区文化（国学）大讲堂系列讲座 3月3日下午，平谷区文化（国学）大讲堂系列讲座在区文化馆三层小剧场开讲。讲座主题为“孔子儒学的人文精神”，由中国孔子研究院院长、当代著名学者、儒学家、史学家杨朝明授课。讲座针对儒学的物质、中国人的信仰、孔子儒学的价值和意义及儒家思想日常应用等问题，进行深刻的讲解与阐释。

平谷区第八届大众读书工程启动仪式暨第三届清明诵诗会 4月1日上午，平谷区第八届大众读书工程启动仪式暨第三届清明诵诗会在平谷区世纪广场大舞台举行。市新闻出版广电局公共服务处处长王亦君、首都图书馆副馆长陈坚、平谷区文委主任王文忠等领导出席启动仪式。

“激情广场百姓乐”桃花大舞台演出活动 4月15日，2016年平谷区“激情广场百姓乐”桃花大舞台演出活动拉开帷幕。活动至9月30日，每周五都有精彩节目，全年共26场。“桃花大舞台”演出是平谷区特色品牌文艺活动，2016年的演出内容更加注重“说平谷、演平谷、唱平谷”，大都是自编、自导、自演，这得益于多年来全区文化创作和艺术团体的长足发展，也为群众性文化活动持续不断进村入户、服务社区奠定基础。

第六届“北京换书大集”平谷分会场活动 4月22日—23日，第六届“北京换书大集”平谷分会场在区图书馆开集。同时，在现场推出“微我吧”有礼加微信、“码上惊喜”歌德电子借阅机推广、现场办证等多项活动，共赠送精美小礼品1000份，此次换书大集活动共兑换书刊3000余册，近2000名读者参与其中。

“说平谷、演平谷、唱平谷”原创作品大赛活动 4月26日，举办“说平谷”曲艺原创作品大赛决赛，以“弘扬传统文化，畅说平谷精神”为主题，经过选拔，24个节目脱颖而出进入决赛。共评出一等奖2名，二等奖5名，三等奖8名。绿谷欣艺评剧团王和平等表演的音乐快板《平谷明天更美好》和平谷镇刘朋表演的快板《唱平谷》获一等奖。9月8日，举办了“唱平谷”原创歌曲大赛决赛，以“唱响生态绿谷 歌颂最美家乡”为主题，26首原创歌曲为观众们带来精彩的展示，评选出一等奖1名，二等奖2名，三等奖3名，优秀奖10名。9月29日，举办“演平谷”——“弘扬正气，演绎幸福生活”原创小品大赛决赛，10个入围作品角逐，绿谷欣艺艺术团的小品《山村不老情》获得大赛的一等奖。

第十一个文化遗产日主题宣传活动 于6月11日第十一个文化遗产日举办“让文化遗产融入现代生活”主题宣传活动。活动共分三个部分，一是桃花大舞台“非遗”表演，有精华武校龙狮表演、平谷调（大鼓）以及刘家河、平谷镇、大兴庄镇花会表演。二是舞台下东西两侧“非遗”项目展示，剪纸艺人李明霞、核桃工艺品艺人杨枫、面塑艺人孙怀义、中国结编织艺人刘桂芬、毛猴艺人崔保仓等现场表演。三是通过广场展板举办平谷长城文化展和重点展。

“护助少年儿童健康成长，远离和抵制有害出版物”宣传活动 6月13日，联合区教委在平谷第二小学开展主题为“护助少年儿童健康成长，远离和

抵制有害出版物”宣传活动，为期4天，分别在10所小学进行，受众学生达12000人。

“唱响京津冀、再创新辉煌”——“平蓟兴”红歌演唱会　6月30日上午，为庆祝中国共产党成立95周年，讴歌中国共产党成立以来的光辉业绩和伟大成就，加强京津冀公共文化交流与合作，推动三地文化交流向更高水平、更高层次、更宽领域发展，京津冀三地联合举办的“唱响京津冀、再创新辉煌”——“平蓟兴”红歌演唱会，在平谷区文化馆小剧场举行，为群众演唱了多首优秀革命歌曲。

金牌阅读推广人阅读推广活动　7月12日，北京阅读季金牌阅读推广人、巡讲嘉宾林丹带着“推动每个家庭都在亲子阅读”的愿望和使命走进平谷，与来自街乡、村、社区基层图书管理员、各类阅读空间经营者等300余位“爱书人”近距离接触交流。

“唱平谷——休闲平谷”原创歌曲征集评选　8月7日，由平谷区委宣传部、平谷区文委主办，平谷区文化馆承办的“唱平谷——休闲平谷”原创歌曲征集评选在文化馆多功能厅结束。活动历时5天，评出一等奖1名、二等奖2名、三等奖3名、优秀奖词曲作品9名、优秀词作品7名、入围奖43名。

全民阅读推广活动　2016年，以“书香漫绿谷·悦读惠万家”为主题，广泛开展多种形式、层次分明的全民阅读推广活动。全年累计开展活动160场次，受众人群达8.9万余人。

非物质文化遗产保护工作

市级非物质文化遗产项目“平谷调”（大鼓）的保护与传承工作　针对该项目，积极开展北京、天津、辽宁城市线的调研。调研走访9位专家，10位民间艺人，拍摄181张图片及大量录音录像资料。

完善对原有区市级项目的记录、保存、整理工作　汇集整理谭学会提供关于仁义胡同影音资料21件。进行金海湖镇区级项目保护工作调研汇总工作。完成长生居缸炉糕点制作技艺最新材料的汇集整理，新增不同类别图片23张，文字资料1份。平谷镇和夏各庄镇各新增项目1个，分别为“核桃工艺品制作技艺”和“石磨砂锅老豆腐”。

培　训

文化市场安全生产大型公开课暨法律法规培训　6月17日，开展2016年文化市场安全生产大型公开课暨法律法规培训。文化经营单位负责人，各街乡镇文化干部，文物保护单位、文化、文物监督员等共计280人参加培训。

北京市基层文化组织员千人培训班（平谷班）　6月28日—7月1日，由市文化艺术中心主办、区文委承办的北京市基层文化组织员千人培训班（平谷班），在平谷举行。培训为期4天，平谷区100人参加，培训内容包含主持技巧、民乐、曲艺、舞蹈、指挥、评剧，内容丰富多彩，实践理论相结合的教学方式深受学生们的喜爱。

北京市基层文化组织员千人培训（平谷班）

“上元雅集”第二届行草书培训班　8月，举办为期7天的“上元雅集”第二届行草书培训班。培训班聘请著名青年书法家金泽珊和刘建丰两位老师任导师。课程采取学员临摹感想、学员互相点评、导师互补点评等多种方式进行培训，参加培训班的成员从中获益匪浅。

展　览

大美平谷·中国书法之乡——第八届“上元雅集”·“友谊奖”书法作品展　2月28日，大美平谷·中国书法之乡——第八届“上元雅集”·“友谊奖”书法作品展在平谷博物馆举办。历经一年时间的作品征集，近300幅展现社会主义核心价值观、歌咏大美平谷的书法精品在平谷博物馆进行了集中展示。展期至3月8日。

“桃源镜界”——2016“花开平谷·乐享休闲”摄影作品展　4月10日—5月30日在平谷区第18届国际桃花音乐节期间，“桃源镜界”——2016“花开平谷·乐享休闲”摄影作品展在平谷区世纪广场举行。该展览展出的100余副作品，都出自平谷摄影家协会的精心评比与挑选。

“幽燕丹青”——2016京津冀入选作者美术精品展　4月20日，“幽燕丹青”——2016京津冀入选作者美术精品展在平谷奇石城开幕。展览包括：2015·赞华杯京津冀美术精品展的部分优秀作品及平谷区20余位入选作者重新创作的60余幅作品，是继“幽燕丹青”——2015·赞华杯京津冀美术精品展成功举办之后又一次文化盛会。8月6日，“幽燕丹青”——2016“画说阿里郎”中朝油画作品展在北京骏隆文化艺术中心举行，该展览为平谷区文联“幽燕丹青”品牌的第二届活动，共有10位油画家参展，展出作品100件，两国艺术家的作品为参观者呈现了一场美轮美奂的视觉盛宴。

文艺创作

“行走沟河”采风活动　7月，组织京冀“行走泃河”采风活动。共有京冀两地六市区县的51位作家参加。此次活动为“泃水文澜·2016‘休闲平谷’征文活动”征集多篇优秀作品。

泃水文澜·2016“休闲平谷”文学作品征集活动 共征集散文153篇、诗歌175篇、楹联186副。平谷区内作者在80%以上。共邀请6位专家，分为散文诗歌组和楹联组进行评选，共选出141篇获奖作品，并集结成书。

“北京意象·休闲平谷”大美术创作工程 “北京意象·休闲平谷”大美术创作工程是由北京市文联与平谷区委、区政府共同主办，北京美术家协会、北京画院、平谷区委宣传部和平谷区文联承办一项大型美术创作工程。为全面展示平谷区的生态与休闲，围绕平谷风景、历史人文、人文景观、民俗、典型人物5个方面制定8条采风路线，艺术工作者在70余个创作素材点进行采风创作，该活动采风阶段历时2个月。11月10日，精选100幅优秀美术作品在中国美术馆集中展出，并出版了中英文对照的精装画集。

文化馆文艺精品创作 2016年创作艺术精品30件，其中，原创歌曲9首，绘画作品8件，摄影作品10件，小戏剧本1部，舞蹈作品2件。

文化馆

基本情况 2016年共策划、组织、开展各类大小文化活动170余次，吸引观众45万人次；举办艺术展览12个；辅导培训基层队伍6500余人次，培养文艺骨干1100余人；创作文艺作品精品30件；为平谷区的群众文化发展奠定了坚实的基础。

培训工作 年内，举办“放飞艺术梦想”公益大讲堂活动，先后举办声乐通俗唱法、民族唱法、书法摄影讲座等14期，受益群众4500人；面向全区各乡镇街道的书法爱好者，开办硬笔书法培训活动；开展“艺术进校园”活动，有重点地对小学生进行艺术培训辅导；开展“文化进军营”暑期培训活动，开办军营儿童绘画培训班；与文化站、农村文艺骨干和艺术团队、街道、社区、学校、相关委办局联系，进行戏曲、声乐、舞蹈、器乐等各方面的辅导培训，提升队伍的表演水平，辅导人数6500余人次。

文化志愿者工作 年内，分别组织由文化馆书法班学员、老年书画研究会以及平谷区书协的专家团队组成的3个志愿小组，共计80余名文化志愿者分赴山东庄镇、马昌营镇、峪口镇等8个村送福下乡，共计撰写对联3000幅及“福”字5000个，受众5万余人；“书法之乡，翰墨飘香”书法志愿服务项目共计开展培训约26次课，累计使用志愿者人次38次，得到书法爱好者的一致认可和好评，受众群体达到3000人次，覆盖平谷16个乡镇街道。

图书馆

基本情况 坚持“读者第一”的服务理念，创新服务方式、扩展服务内容，不断扩大读者队伍，全年共接待读者163610人次。外借图书143183册次，各基层分馆接待读者502435人次，外借图书643369册次。

全民阅读推广活动 以纪念中国共产党建党95周年、长征胜利80周年为契机，以“书香漫绿谷·悦读惠万家”为主题，开展多种形式的全民阅读推广活动，全年累计开展活动160场次，受众人群达8.9万余人。

益民书屋建设 完成农家书屋出版物补充更新工作，为全区301个益民书屋配送出版物3万余册，提高益民书屋的藏书总量。

共享工程工作 开展业务培训辅导工作：下基层技术指导68次；对18个数字文化社区开展上门服务1次；组织各基层开展网络培训5场次。资源服务工作：开展“码上惊喜”“听故事学成语”等数字阅读推广活动，全年共计20余场次；开展以“同筑中国梦，共度书香年”为主题的楹联拜年系列网络文化活动。

数字图书馆建设 完成ALEPH500图书馆信息管理系统安装实施、调试等工作；完成RFID自助借还系统改造，为读者提供简捷快速的自助服务；完成平谷区图书馆APP建设，通过智能手机、iPad等手持移动终端设备，为图书馆用户提供搜索和阅读数字信息资源，自助查询和完成借阅业务；购置《上业宝宝智库》数据库及触摸屏，资源类型主要有视频、音频、图片、电子书等多种多媒体格式，收录数量多达21868集；购置超星少儿多媒体学习一体机，里面内置多媒体资源共分星星学堂、游戏乐园、故事屋、健康百科、图书天地等八大模块，深受孩子们的青睐。

文化市场管理

行政执法工作 2016年，以确保辖区内文化市场平安有序为重点，突出开展“净网”“清源”“秋风”和“护苗”等专项行动，加大对市场的检查监管力度，共出动执法人员1140余人次，检查场所960多家次，共办结案25起，行政罚款91.4万元。

行政审批工作 区文委窗口现共有行政许可17项（其中，文化市场行政审批11项，固定资产投资审批6项），其他类行政职权事项7项，服务类5项。2016年，共办理行政审批和服务事项570余件，接待群众咨询1500余人次，接到锦旗5面，表扬信5封，实现案卷零积压、零差错、零投诉。

获奖情况

集体

区文化馆 在2016年首都市民文化系列文化活动第十一届“舞动北京”群众广场舞蹈大赛郊区（团体）荣获“铜奖”；在2016年首都市民文化系列

文化活动第十一届“舞动北京”群众广场舞蹈大赛中荣获“组织贡献奖”。

图书馆　荣获第六届全国服务农民服务基层文化建设先进集体称号；在“2016 全国少年儿童阅读年”——“红色记忆，星火传承”藏书票设计大赛中荣获优秀组织奖；在“2016 全国少年儿童阅读年”——第二届全国少年儿童名著新编短剧大赛中荣获优秀组织奖；荣获 2016 年北京市红领巾读书活动优秀组织奖。

个人

李雪梅　在首届“天宫音乐奖”北京赛区决赛中荣获声乐专业成人组“金奖”。

王雅清　在第七届北京美丽乡村书法艺术展中荣获“入选奖”。

田海香　荣获北京市红领巾读书活动优秀辅导员称号。

平谷区文化委员会

书　记　胡九军

主　任　王文忠

（张　蕊）

昌　平　区

概　况

昌平区位于北京市的西北部，面积 1343.5 平方公里。辖 15 个镇、5 个街道办事处和 1 家以企代镇行政单位（北企公司）。行政村 303 个，社区居委会 192 个。全区户籍人口 57.27 万人，常住人口 196.3 万人。

昌平区文化委员会（以下简称区文委），是负责全区文化、文物、新闻出版和广播电影电视事业管理工作的区政府工作部门。区文委机关内设办公室、政工科、文化科、文物科、市场科、创建办。直属单位共 5 家，其中行政单位 1 家（副处级）——文化行政执法队；全额拨款事业单位 3 家（正科级）——区文化馆、区图书馆、区文物管理所（博物馆）；企业 1 家——昌平区新华书店。

2016 年，区文委以贯彻落实党的群众路线教育实践活动为主线，以建设社会主义核心价值观为目标，立足全区，充分发挥文化阵地和文化队伍的作用，深入开展“两学一做”学习教育；不断创新形式，开展主题鲜明、贴近百姓、贴近生活、贴近实际的群众文化活动，组织各类文艺活动 1414 场次，现场观众达 2710817 人次，营造了浓郁的区域文化氛围，高效、圆满完成了各项工作任务，为昌平区文化大发展、大繁荣发挥了重要作用。

2016 年文化艺术发展

重要会议

昌平区创建首都公共文化服务示范区动员大会　8 月 9 日上午，昌平区召开了创建首都公共文化服务示范区动员大会和昌平区创建首都公共文化服务示范区领导小组办公室第一次会议。副区长刘淑华作了关于创建工作的总体部署讲话，主要内容一是关于创建工作的背景；二是总体考虑和主要框架；三是关于“1 + 3”政策文件“三个办法”的说明；四是关于组织领导机构及 2016 年重点任务分工。区委常委、宣传部部长刘绍坚在会上作了重要讲话，他强调全区上下要统一思想认识，自觉增强紧迫感和责任感，坚定信心，开拓进取，为建设国际一流的科教新区做出积极的贡献。

队伍建设

全区有区级业余文艺团队 2 支，镇级 53 支，村（社区）855 支。

公共文化示范区建设

建立了创建工作协调联动机制，进行了深入动员部署，制定和印发了创建首都公共文化服务示范区方案“1 + 3”文件和《昌平区基层文化设施建设三年规划》。完成了阳坊镇、崔村镇、延寿镇、沙河镇、天南街道 5 个镇级综合文化中心达标改造工程，完成了 30 个农村（社区）综合文化室达标改造工程。启动了天通苑地区综合文化中心、未来科技城文化中心设计立项工作。第一批 200 名基层文化组织员招聘工作已顺利完成。昌平区级公共文化服务设施有 1 个文化馆，1 个博物馆，1 个图书馆，13 个区图书分馆，1 个新华书店，5 个新华书店分店，21 个镇级文化服务中心，303 个村级文化活动室，益民书屋实现村村全覆盖，192 个社区文化室，144 个社区图书室（年内，新建益民书屋 14 家，共有社区益民书屋 24 家）。

文化活动

第三届北京曲剧艺术节在昌平开幕　1 月 4 日下午，“第三届北京曲剧艺术节”在中国政法大学礼堂（昌平校区）拉开帷幕，首场演出曲目是曲剧《黄叶红楼》。之后，1 月—10 月，将北京曲剧《黄叶红楼》《烟壶》《方珍珠》3 个剧目送到了学校、驻区部队和当地百姓中。该次艺术节走访了百善、南邵、北七家、政法大学等 6 地，完成演出场次 15 场，每场观众达 1000 人，合计近 15000 余人次观看了演出。

2016 年昌平区“迎新春慰问演出”　1 月 29 日，由区委、区政府主办，区委宣传部、区文委承办的

2016年昌平区团拜会在区广播电视中心二楼演播厅举行。区委书记侯君舒，区长张燕友，区四套班子领导，各大工委、各镇街主要领导，部分区人大代表、政协委员以及2015年度全区各条战线的先进个人、先进集体代表等共计200余人出席了团拜会，团拜会上文艺工作者进行了迎新春慰问演出。

“每周一星”大戏走基层京剧专场演出活动　2月20日，北京京剧院在昌平区老干部局演出传统京剧曲目《凤还巢》，拉开2016年度“每周一星”大戏走基层京剧专场演出活动序幕。此项活动延续到年底，全年在昌平区老干部局、南邵镇、城北街道、北七家镇、十三陵镇、回龙观镇、流村镇、阳坊镇、百善镇、城南街道、退干中心等地演出12场次，累计现场观众人数达12000余人，部分场次还与“昌平非遗走基层”、昌平区科技文化惠民联谊等活动相结合。

“美丽昌平走基层文艺演出——走进农业嘉年华”　为丰富“第四届北京农业嘉年华”期间文化活动内容，增强活动的趣味性、体验性和艺术性，增加嘉年华人气及扩大社会影响力，根据区委宣传部的部署，嘉年华组委会安排，昌平区文委精心组织，于3月13日—4月30日，在草莓博览园东区广场和西区广场，相继安排5场以杂技、戏曲、歌舞、曲艺类等内容丰富多彩、百姓喜闻乐见的“乡村大舞台”专场文艺演出活动，共有12.5万人次观看了表演。

第三届“金长城杯”小魔星魔术比赛暨全国擂台赛　4月—5月，在第四届北京农业嘉年华期间举办第三届“金长城杯”小魔星魔术比赛比赛暨全国擂台赛、魔术道具玩具展、小型魔术表演等活动，为第三届中国北京国际魔术大会提前预热，扩大社会影响。第三届“金长城杯”小魔星魔术比赛，云集了来自北京、天津、河北、上海、山东、辽宁、新疆7个省、市、自治区的魔术有兴趣的少年儿童，在网络赛、预选赛和总决赛中进行切磋、展示，通过层层比拼，诞生新一届的“小魔星”。擂台赛不仅拉动了昌平区农业嘉年华的人气，提升了吸引力，还为昌平魔术之都与魔术学校的建设和发展打下了坚实的基础，培养并输送了很多新鲜血液，为更多人接触、喜爱并参与魔术提供一个良好的机会与平台。

开展庆祝建党95周年廉政文艺演出活动　为隆重庆祝建党95周年，深入开展“两学一做”学习教育，进一步推进廉政文化建设，区委宣传部、区文委于7月8日在昌平士官学校礼堂举办“清风颂”——昌平区庆祝建党95周年廉政文艺演出。演出了交响乐合唱《红旗颂》，女生独唱《党旗更鲜艳》，铁片大鼓《真心》，快板《托》，舞蹈《清风荷影》《竹韵》，大合唱《没有共产党就没有新中国》等节目。社会各界代表1000余人观看了演出。

第三届“金长城杯”小魔星魔术比赛暨全国擂台赛闭幕式

启动北京首届全民时尚舞蹈大赛活动　8月15日，以“越尚舞，越绽放”为主题的北京首届全民时尚舞蹈大赛在昌平区中国石化会议中心启动。该届大赛持续至年底。大赛面向社会广泛征集民俗民间类和现代流行类舞蹈，通过比赛和展演的形式，为广大市民带来一场别开生面的舞蹈大赛，也淋漓尽致的诠释出群众艺术舞蹈的“全民”和“时尚”，推动群众文化活动“从社区中来，到社区中去”。全市500支队伍参赛，40支进入决赛，其中昌平区4支队伍入选并分别获得金银铜奖。全区300名舞蹈爱好者参加了观摩。

组织大型原创现代评剧《云水情》巡演　为纪念伟大领袖毛泽东为十三陵水库题词58周年，区委宣传部、区文委组织创编了大型原创评剧《云水情》，于9月8日在昌平退干中心首演。10月—12月在全区各镇（街）进行巡演。

第三届中国北京国际魔术大会　大会于9月23日—25日在昌平天泰剧院和昌平湖湾酒店举办。中国文联党组成员、书记处书记郭运德，北京市委常委、宣传部部长李伟，中国文联副主席、中国杂技家协会主席边发吉，中国杂技家协会分党组书记、驻会副主席王仁刚，北京市文化局党组书记、局长陈冬出席大会。大会由中国杂技家协会、中国青年报社、北京市文化局、北京市文资办、北京市文联、北京演艺集团、昌平区人民政府主办，北京杂技家协会、中国杂技团、昌平区文化委员会承办。大会期间，共有来自美国、日本、韩国、意大利、马来西亚、南非、俄罗斯等17个国家和地区的魔术师与嘉宾68人，大会参与人数5000人次。大会进行全媒体整合传播，大会百度相关词条近500万个，大会直接影响受众超过8亿人次。大会上，世界魔术联盟主席多美尼克·丹特向昌平颁发了世界魔术界级别最高的FISM国际魔术联盟“世界魔术突出贡献奖”，进一步强化了昌平“魔术之都”区域品牌、中国北京国际魔术大会文化活动品牌以及“金长城杯”国际魔术比赛品牌形象。

昌平区魔术公园　2016年，继续加大昌平区魔术氛围营造工作力度，建设昌平区魔术公园。整个公园以魔术人物和经典魔术节目为主题建置了雕塑装饰，魔术文化长廊展示了昌平区近年来建设魔术之都的进展情况。

“公益惠民”演出　2016年，经过多次筛选，最终选取17家专业院团，23家非专业院团共同完成2016年度953场“公益惠民”演出任务，其中，全年“文艺演出星火工程”专业院团共完成演出304场，非专业演出608场，“百姓周末大舞台”29场，“周末场演出计划”12场，“公益惠民”演出累计受众30万人次。

文化馆

文化交流　5月，昌平文化馆率队到密云区大剧院、大兴区大剧院参加全国第十七届“群星奖”音乐类、戏曲类、曲艺类北京地区选拔赛，由昌平区文化馆选送的歌曲《水滴大海》和铁片大鼓《真心》参加复赛。2016年是昌平区与韩国首尔道峰区建交20周年，昌平文化馆为此特意编排了民族舞蹈《最炫民族风》和女生小合唱《茉莉花》，并于6月随昌平区政府前往韩国进行文化交流演出，受到了国际友人的一致赞赏。6月，文化馆工作人员带领昌平十位选手参加在海淀区文化剧院举行的“北京市中老年声乐比赛”复赛。

非物质文化遗产保护工作　2016年，昌平区文化馆组织区国家级、北京市级、昌平区级3个级别的15个项目，开展了非物质文化遗产项目展示活动；组织花钹大鼓、涧头村高跷参加第三届“非遗”大观园端午游园活动；完成了“花丝镶嵌制作技艺”“花丝镶嵌金银细工工艺”“献陵五虎少林棍”“龙古斋雕漆制作技艺”“刘平剪纸”5个项目的第四批区级非物质文化遗产项目申报，并获得批准；完成了高振鹏北京市级第四批非物质文化遗产传承人的申报并获批；完成2016—2017年北京市非物质文化遗产生产性保护基地、非物质文化遗产项目优秀培训基地、优秀实践名录项目申报工作；对洼里乡居楼奥运文化园、阳坊五虎棍申报区级“非遗”项目的申请进行了调研；参加了北京市非物质文化遗产立法论证会，并作为唯一一个受邀郊区县代表，在北京市非物质文化遗产立法论证会进行发言；同时还通过北京电视台、《新京报》等各种媒体，向广大群众普及非物质文化遗产的相关知识，更好地完成“非遗”的保护与传承工作。

组织文艺演出及比赛　2016年，文化馆组织、策划了大型演出“2016年昌平区迎新春团拜会”；举办了两场新年音乐会；参加了昌平区政协“走进流村镇古将村‘文化、科技、卫生、法律’四下乡文艺演出”；在昌平区南邵镇文化中心承办“美丽昌平戏曲大赛”活动；完成了“北京市第11届广场舞比赛”的海选工作；承办昌平区第十八届艺术节暨美丽昌平戏曲大赛颁奖展演活动；举行了“北京市中老年声乐比赛”的昌平区初赛选拔活动，并由文化馆工作人员带队，参加在海淀区文化剧院举行的复赛；承办“清风颂”——昌平区庆祝建党95周年廉政文艺演出。

文艺创作　2016年，文化馆完成《军都文苑》共6期的组稿、编辑、印刷、发行工作。修改业余作者稿件80余篇，接待作者200余人次。印刷、发行《军都文苑》18000余册，邮寄2900多册，发放15000余册。组建了“昌平文学创作”微信群。

文化志愿者服务　2016年，昌平志愿者服务分中心新增注册专业类个人志愿者10人、志愿者团体20个，总人数达640名。昌平文化志愿者服务分中心成立后开展了一系列文化志愿服务活动，活动包含“献爱心送演出”“文化下乡送字画”“文化培训进社区”三大类。全年2000多人次参加文化志愿活动，志愿服务时间4000余小时，服务对象20000余人次。“爱心服务进社区”项目被评为北京市级二类品牌项目。

艺术教育　2016年，文化馆组织优秀业务骨干，先后举办了书法、绘画、摄影、手工艺、陶笛等培训辅导班。举办了各乡镇文化组织员培训、基层广场舞培训、昌平退干中心老年摄影培训、阳坊中心小学和马池口中心小学的书画培训、打工子弟学校的陶笛培训、敬老院的合唱及手风琴辅导活动。

开展昌平区陶笛培训　为百姓搭建展现自我的平台，丰富百姓文化生活，推广陶笛文化知识，区文委以流村镇、天北街道、城南街道、城北街道为据点，组织4个培训班，面向基层音乐爱好者，免费组织陶笛培训活动。每个培训班每周培训1次，课时约2个小时，4个培训班学员共计120余人。

艺术品展览　为给昌平区广大书画爱好者搭建一个展示自我、互相学习、交流的平台，2016年，文化馆共举办书画展、摄影展12场：1月，举办了昌平区书法家协会会员展；2月，举办昌平区书法作品展；3月，举办摄影展；4月，举办胡汉生、陈金平书画作品展；5月，举办杨富志、王勇书法联展；6月，举办阳坊中心学校师生书画展；7月，举办杨秉海、王宁书画联展；8月，举办刘成祥书画展；9月，举办陈玉林父子书画展；10月，举办杨汝千师生书法联展；11月，举办王国强绘画展；12月，举办“印象军都”篆刻展。

文艺创作取得佳绩　2016年，昌平文化馆创编的舞蹈《清风旗韵》获得了北京市中老年舞蹈比赛和北京市广场舞比赛的三等奖；在北京市作家协会组织的文学作品征集中，昌平文化馆作家曹学诗的小说《野狼谷》获得小说类三等奖；在“影像北京”纪念长征胜利80周年书法美术摄影作品展中，昌平文化馆选送的书法作品获得二等奖1件，摄影作品获得二等奖1件，三等奖2件，昌平文化馆获得组织奖；在北京市第27届农民艺术节中，昌平文化馆选送的作品《跳起来》荣获“乡村大舞台”歌舞类三等奖；在北京首届全民时尚舞蹈大赛中，昌平文化馆选送的作品《穿妈妈的高跟鞋》荣获现代流行类少儿组银奖，选送的作品《花季》荣获现代流行类成人组金奖及最具艺术魅力奖，作品《跳起来》《北京的桥》分别荣获现代流行类和民族民间类成人组铜奖，昌平区文化馆荣获银奖和优秀组织奖；在“谁与争锋”第三届戏曲票友大赛中，昌平区文化馆获得优秀组织奖；在第三届“我爱唱歌”2016年京津冀百姓歌手大赛中，昌平文化馆选送的选手获个人中年组铜奖；在2016年首都市民系列文化活动第十一届舞动北京群众舞蹈大赛中，昌平区文化馆荣获创作表演铜奖；在“2016北京少儿曲艺比赛”中，昌平区文化馆荣获集体组织奖。

2016“舞动北京”全民广场舞大赛

图书馆

基本情况　2016年，昌平区图书馆入藏图书19509册，入藏古籍303册，订阅报刊808种；总馆藏资源达到67万册（件）。接收政府信息公开纸质文件699份；接待读者42万人次，外借图书48万册次，解答读者咨询1570条，新办北京市公共图书馆联合服务卡5917张，有效持证读者24628人；依托馆藏资源，举办各类读者活动108次，18624人参加；组织专题讲座和报告会36场，2575人次参加；举办展览活动8场，7500人次参加；举办培训班29次，培训3917人次。

送书下乡　昌平区图书馆全年在全区共设立图书点20个，送书100次，图书26600册。

“红领巾读书”活动　2016年，区图书馆组织举办了“心有榜样”讲故事比赛、“书香溢我家”家庭情景剧比赛、“读书小状元”评选活动、“我的藏书票”设计比赛、“童眼看京城”电子书制作活动，吸引了众多昌平区中小学校学生参加。选拔优秀节目参加全市比赛，荣获多项奖项，回龙观中心小学的情景剧《沐浴书香共成长》荣获市级一等奖；长陵学校李玉瑶、南口职业学校王妍等5名同学代表昌平区参加北京市讲故事比赛荣获市级三等奖。此外，利用自身图书资源开展少儿绘画比赛、少儿读书会、国学课、英语课、棋艺课等少儿读书活动27场，3252人次参加。

全民阅读工作　年内，区图书馆承办了“阅读点亮梦想　书香浸润昌平”第六届昌平阅读季。在阅读季期间，举办了“聚焦阅读”摄影及微视频征集活动，“我的书屋，我的梦”农村少年儿童阅读实践主题征文活动，“读书与企业创新”征文活动，第六届书香中国・北京阅读季书香家庭、阅读示范社区、金牌阅读推广人评选活动，百姓读书大讲堂，送书下大集，图书漂流等活动75场，参与群众达到12万人次。

基层馆室建设　年内，建立了回龙观双创社区回＋分馆、圣学分馆、雪绒花分馆。在区人大、区政协、区党校、区人保局、地税昌平分局、圣学图书馆、雪绒花图书馆、双创社区、胡庄图书室等地点安装了13台电子图书借阅机。

成立昌平读书会联盟　年内，成立了昌平读书会联盟，联盟成员单位有“好书好人生昌平读书汇”、雪绒花亲子故事会、无限时光读书会、阅・美青少年公益读书会、圣学读书会共5家单位。

创新亮点工作　举办“好书好人生，昌平读书汇”公益大讲堂，全年共举办12期。邀请著名朗诵艺术家张家声、著名作家刘轩、文玩名家于鸿雁、人民大学教授王以培等知名文化人士作为出席嘉宾，吸引3000余名书友参加，活动场所步入校园、步入社区。举办阅润昌平——《弟子规》公益亲子课堂，共举办《弟子规》公益亲子课堂10期，在“六一”期间特别举办了《弟子规》公益亲子课堂庆“六一”嘉年华活动，展示《弟子规》公益亲子课堂学习成果。

文化市场管理

行政审批　2016年，共接待咨询办理2800余件。共办理行政许可事项108件。新设企业许可54件，其中文艺表演团体1件，演出单位1件；变更企业54件，其中，网吧企业变更9件，娱乐场所变更16件。现场审核场地50家。2016年，文化企业年度核验595家，其中，年审文化类民办非企业5家，通过审核3家，注销2家。

文化行政执法　2016年，共出动执法人员1125人次，检查各类文化企业1352家次。开展联合执法

40余次。上报信息100余篇，办理各类举报55个，办理各类案件71件，罚款金额128500元，警告10家次，取缔"黑网吧"8家、"黑歌厅"2家，"黑电玩"1家，关停"涉黑"场所2家，查扣非法经营设备205套，取缔非法演出6起，删除网上政治谣言类有害信息8256条，关闭网站15家。

获奖情况

集体

区图书馆　获2016年北京市红领巾读书活动"同伴荐书"优秀组织奖；获首届北京市中小学生朗读大赛暨第三届"曹迪杯"青少年朗读（北京）大赛最佳组织奖

执法队　获2015—2016年度北京市"扫黄打非"暨文化市场管理工作先进集体称号。

个人

杨　磊　获2015—2016年度北京市"扫黄打非"暨文化市场管理工作先进个人称号。

李燕晶　获2015—2016年度北京市"扫黄打非"暨文化市场管理工作先进个人称号。

昌平区文化委员会

书　记　刘全新
主　任　刘全新

（艾俊北）

门头沟区

概　况

门头沟区位于北京城区正西偏南，总面积1455平方公里，山区面积占98.5%，2016年年末常住人口31.1万人。门头沟区辖9个镇、4个街道办事处、177个行政村、99个居委会。

门头沟区文化委员会（以下简称区文委）是门头沟区人民政府主管文化、文物、新闻出版、版权、广播电视、扫黄打非、文化综合执法工作的职能部门，内设7个职能科室及1个文化行政执法队，即办公室、文化科、文物科、文化市场科、计划财务科、政策法规科、纪检监察科、文化行政执法队（含信息举报中心、行政执法一分队、行政执法二分队、行政执法三分队）。下属文化馆、博物馆、图书馆、影剧院、电影发行放映服务中心、文物事业管理所、文化创意产业促进中心7家基层事业单位。文委系统共有在职职工125人。

2016年，区文委立足门头沟区的发展定位及文化资源优势，紧紧围绕区委、区政府的中心工作，坚持"学习、服务、创新、发展"的工作理念，深入推进文化品牌塑造、文脉保护传承、文化服务提升、文创产业促进的四大工程，充分发挥文化在发展中的引领作用，为门头沟区转型发展提供强有力的文化支撑。

2016年文化艺术发展

文化政策法规

2016年，区文委研究制定了《门头沟区关于进一步加强基层公共文化建设的实施意见》《门头沟区创建首都公共文化服务示范区实施方案》《门头沟区创建首都公共文化服务示范区指标任务分解》《门头沟区创建首都公共文化服务示范区领导小组组织机构及职责》《门头沟区创建首都公共文化服务示范区联席会议议事规则》，经区政府常务会和区委常委会通过，印发实施。

重要会议

2016年农村"文艺演出星火工程"启动会　5月12日，区文委组织召开了门头沟区2016年农村"文艺演出星火工程"启动会，13个镇街文化中心负责人、15支市属专业院团负责人、37支区内业余团队负责人参加了会议。会上与参演团队签署了演出协议。

创建首都公共文化服务示范区启动暨文化创意产业推进大会　10月9日，召开创建首都公共文化服务示范区启动暨文化创意产业推进大会，全面启动首都公共文化服务示范区创建工作，正式发布《门头沟区文化创意产业发展规划（2016—2020年）》，门头沟区文化创意产业迈入科学发展的新阶段。会上，副区长李昕明确了门头沟区创建首都公共文化服务示范区的现实差距，提出了创建目标及创建任务。区长付兆庚针对示范区创建工作及"十三五"时期文创产业发展提出了明确要求，为门头沟区"十三五"时期文化事业及文化产业发展指明方向。

区文委机关党委成立大会　7月26日，门头沟区文化委员会机关党委成立大会召开。党员大会选举产生了门头沟区文化委员会第一届机关党委委员。之后，召开了机关党委第一次会议，采用无记名投票方式和等额选举的方法，选举曲书法为机关党委书记、董国岭为副书记，并对其他委员进行分工。

文化设施建设

2016年，13个镇街中有10个建有文化中心，8个达到市级标准，镇街公共文化设施覆盖率76.9%，达标率80%；除去拆迁，共有245个村居、228个文化室，村居文化室公共文化设施覆盖率93.1%，达标率为47.4%。共有文化广场81个。完成了城子文化中心、东辛房文化活动中心、龙泉镇南坡文化中心、古道剧场的设备配备工作，重点推进了王平镇地区文化中心基础设施建设。为25个社区文化室配备灯光音响、电子阅览室设备，为19个村级文化室配备灯光音响。以城子、东辛房文化中心为试点，引入专业文化服务运营团队，提升公共文化服务水平。

重要文化活动

“金猴献瑞迎新春”春节系列文化活动　2月8日—23日，区文委组织开展“金猴献瑞迎新春”春节系列文化活动。春节系列文化活动有以曲艺、儿童剧、戏曲、综艺等多种形式组成的特色文化惠民演出周；有以社区、村为活动主体，自主开展秧歌花会、经典戏曲、多彩综艺、娱乐游艺等多种形式的迎新年群众文化大联欢；有以唱大戏、综艺演出等形式为主的贺新春山乡戏曲会演，共44场演出，受众百姓达到15000人次。

“金猴献瑞迎新春”春节文化系列活动

清明节大型民族音乐会　3月31日，区文委举办“当年，让我们感动的声音”——2016年门头沟区清明节大型民族音乐会。演出了原创民乐合奏曲《欢乐永定河》《春满门头沟》，板胡独奏《秦腔牌子曲》，笛子独奏《牧民新歌》以及合奏曲《莽花吟》《黄梅随想曲》等。

第六届全民阅读季活动　4月22日，区文委启动了门头沟区第六届全民阅读季活动。区文委面向社会发布了全区2016年全民阅读计划，“西山讲堂”在启动仪式上授牌成立，“书香机关”代表发出了“京西书香、全民阅读”的倡议。全民阅读活动以“书香门头沟　悦读永定河”为主题，开展了五大全民阅读活动。

“戏韵飘满五月天”戏曲演出周　5月23日—28日，2016年门头沟区“戏韵飘满五月天”戏曲演出周活动在影剧院举行。北京民声京剧团、京西百花河北梆子剧团、夕阳美戏剧社、黑山小学、中国评剧院等来自区内外戏曲团队以及名家、票友们为5000多名戏迷朋友带来了精彩的演出。

“戒台梵音”戒台寺大型实景音乐舞台剧演出　6月17日，区文委组织开展了“戒台梵音”2016门头沟戒台寺大型实景音乐舞台剧演出活动。全剧分为一序四幕，分别是序“凤凰来仪”以及“梦归极乐”“朝圣之路”“晨钟暮鼓”“受戒仪式”四幕。

庆祝建党95周年大型群众合唱比赛　6月20日，由区委宣传部、区文委主办的门头沟区庆祝建党95周年大型群众合唱比赛决赛在影剧院举行。来自全区七大工委和武装部的10支参赛队伍，共计600位选手站在决赛舞台上，一展歌喉。

门头沟区庆祝建党95周年原创作品交响音乐会　6月30日，由区委宣传部、区文委主办的“忆峥嵘岁月·抒爱党深情”门头沟区庆祝建党95周年原创作品交响音乐会在影剧院举办。专业团队北京节日合唱团和区内团队和谐之声合唱团共同登台，中国东方交响乐团担任音乐会演奏，演唱了《小米加步枪》《少年强，中国强》《中国梦》等经典革命歌曲以及《平西颂》《百年故事》《警钟长鸣》等原创音乐作品。

“舞动北京”全民广场舞大赛　7月16日—17日，以“我的中国梦、欢乐新北京”为主题，由市委宣传部、市文化局主办，北京市文化艺术活动中心、门头沟区文化委员会、门头沟区文化馆承办的2016首都市民系列文化活动——第十一届“舞动北京”全民广场舞大赛门头沟赛区海选活动暨第三届“舞动门头沟”舞蹈大赛在区影剧院拉开序幕。来自全区各镇街、委办局、学校的52支队伍、1000余人参加了比赛。

第十届中国北京永定河文化节　8月18日，第十届中国北京永定河文化节隆重拉开帷幕。该届永定河文化节为期3个月，展现了永定河文化的独特魅力。期间，“一河永定”主题演出精彩展现永定河文化；10集系列片——《永定河秘境之旅》在北京电视台播出后，在多个视频网站得到迅速传播；“山水灵动、画中永定”系列新媒体微动画，让网友们感受到别样的永定河文化；“河魂·河颂”永定河大型民乐组曲音乐会的所有曲目均出自门头沟当地音乐人的原创，以浓郁的地方特色演绎一场关于永定河文化传承的故事；区文委邀请中国歌剧舞剧院专家与太平鼓传承人共同创作出了一部既富有文化内涵又具有舞台震撼力的舞剧作品；举办了第十届永定河文化节“远鼓·呼唤·激舞·情动”大爱门头沟原创音乐会摇滚专场。

暑期精品文化演出暨第三季特色文化演出　8月21日—30日，门头沟暑期精品文化演出暨第三季特色文化演出拉开序幕。活动特邀广州木偶剧团为青少年带来舞台剧《开心宝贝》；引进中国评剧院、北京儿艺、北京燕赵鹏飞河北梆子剧团等知名团体在影剧院进行演出；为清水镇、斋堂镇的深山区百姓送去为期5天的精品大戏。此次活动共演出22场，惠及10500人次。

第27届文化艺术节“乡村大舞台”活动　9月—11月，举办门头沟区第27届文化艺术节“乡村大舞台”活动，全区9个镇、67个村居参加，参演节目102个，参与人数达3000余人。

特色文化演出季（第四季）　10月4日—6日，区文委举办特色文化演出季（第四季），邀请听云轩、中国广播艺术团到门头沟区演出。李金斗、曹云金、白凯南等相声演员为1600余名群众带来了欢声笑语。

大型原创民族舞剧《太平鼓声声》　11月29日，由区文委与中国歌剧舞剧院联合打造的大型原创民族舞剧《太平鼓声声》在门头沟区影剧院上演。此次与中国歌剧舞剧院联合打造大型原创太平鼓舞剧，是门头沟区保护传承发展“京西太平鼓”这一国家级“非遗”技艺的又一次新尝试。

2017年新年音乐会　12月29日，2017年门头沟区新年音乐会在区影剧院举办。新年音乐会演出曲目全部为门头沟本土原创音乐作品，这些作品以永定河流域故事传说为背景，以门头沟区深厚的文化底蕴为依托，用原创歌曲诉说门头沟区人民生活的美好变化。

文化惠民演出

2016年，区文委共开展星火工程、周末场演出、下乡下基层演出674场，送电影下乡10905场，送书下乡30907册，特色文化惠民演出13场。

文化馆下基层辅导演出　4月16日，文化馆下基层辅导演出团队走进龙泉镇琉璃渠村，开展了一场以“珍惜民主权利　投好手中一票”为主题的演出活动。4月22日，门头沟区文化馆下基层辅导演出团队一行30多人走进武警森林部队驻门头沟分队进行专场慰问演出。4月23日—25日，区文化馆下基层辅导演出团队深入深山区雁翅镇、斋堂镇、清水镇开展基层辅导演出活动。7月29日，区文化馆下基层辅导演出艺术团走进驻区武警第十四支队二大队八中队，为广大官兵送去了一场精彩纷呈的“庆八一　送文艺进军营”慰问演出。

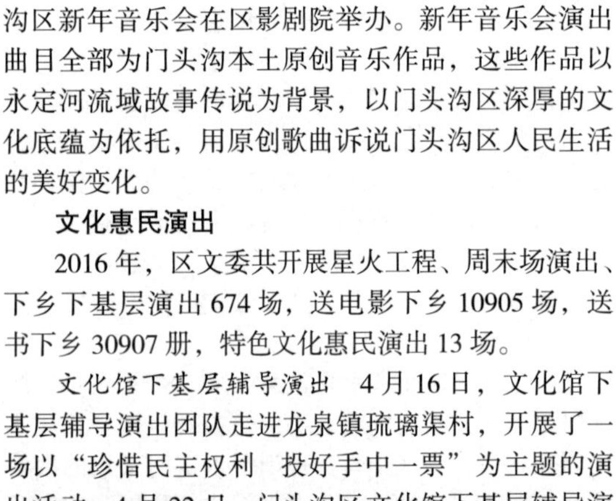

门头沟文化馆下基层辅导演出

文化创意产业

深入走访调查研究　3月—6月，重点走访了省广传媒等9家公司与陕西画院等5个重点项目，吸引企业回区经营、变更统计登记等，收到了企业积极的信息回馈。形成了《文创企业回迁需求情况报告》《门头沟区文化创意产业发展研究》等调研报告。

加强交流培训力度　5月27日、10月26日—27日，分别以“文化创意企业融资渠道及技巧”与“传统文化与文化创意产业融合发展”为主题，举办了区文化创意产业第三期、第四期培训班，并到第十一届文博会现场进行了参观交流。

推动文化消费　8月15日—10月15日，举办了第四届北京惠民文化消费季暨“文化惠民　乐享京西”门头沟区惠民文化消费月活动。活动围绕“惠文化·慧生活”主题，通过发放《2016年门头沟区惠民文化消费攻略》、制作文化消费APP频道、举办“10元进影院”惠民文化消费等活动，着力加强优质文化消费供给，助力区文创企业深入宣传、拉动收入。

推动产业发展　搭建投融资平台，推进银企对接，与工商银行、珠江村镇银行等5家银行，农担公司等2家担保公司沟通，为小微文创企业顺利融资900余万元。申请市文化创新发展专项资金，为美通互动广告公司争取到企业上市挂牌资金奖励60万元。吸引优质企业，充分利用“门创30条”等政策及细致的服务，吸引北京世熙传媒文化有限责任公司总部进驻石龙开发区阳光大厦，落地经营。

编制发放《创意门头沟》双月刊共6期，刊登国内最新产业政策及解析、北京市与门头沟区工作信息动态、驻区企业风采、国内外知名成功文创产业发展模式等，为区文化创意产业领导小组成员单位创新产业促进手段提供权威的参考。

非物质文化遗产保护工作

召开第五批区级非物质文化遗产代表性项目名录专家评审会　5月13日，区文委召开第五批区级非物质文化遗产代表性项目名录专家评审会，以“非遗”专家石振怀为组长的5位专家对提交的8个项目进行了评审。经过无记名投票方式进行表决，8个“非遗”项目全部通过，分别是“德生堂中医诊疗法”“古法藏艺”“风车制作技艺”“京西太平鼓（鲁氏）”“妙峰山拓片”“妙峰山刻纸”“覃氏瑶医诊疗法”“孟氏刺络疗法”。

文化遗产日主题活动　6月7日—8日，开展以

“非遗传承走进现代生活”为主题的文化遗产日宣传活动。6月7日，区文委在影剧院举办了神农架地区“非遗”交流演出，让区内500余观众感受到异地的民俗文化魅力。6月8日，邀请全市13支不同风格流派的太平鼓团队，在永定楼开展首届“盛世舞太平”——“京西太平鼓”非物质文化遗产展演，并邀请对口文化交流的神农架梆鼓乐团进行国家级“非遗”项目“梆鼓”的助兴演出。同日，“走进身边的非遗”体验游在门头沟区紫石砚博物馆臻品厅、刘成厚琉璃私人博物馆、琉璃渠村辽瓷基地、龙泉务村掐丝珐琅制作基地举行。随后，区文委举办了“非遗传承走进现代生活”研讨会。

区“非遗”项目“京西幡乐”参演“第七届智化寺音乐文化节” 9月24日—26日，应北京市智化寺管理处、北京文博交流馆的邀请，门头沟区市级非遗项目“京西幡乐”参演了“京津冀古乐交流展”暨“第七届智化寺音乐文化节”。

文化交流

京西太平鼓走进台湾 4月11日，门头沟区文化馆京西太平鼓民间艺术团随北京市文联艺术团赴台湾进行为期12天的文化交流活动，参加第十六届京味文化之旅。

参加第十一届中国北京国际文化创意产业博览会 10月27日—30日，门头沟区以“集艺术瑰宝 架艺术桥梁”为主题参加第十一届中国北京国际文化创意产业博览会。门头沟展厅以艺术品创作、展示、竞买、洽谈交易等产业链进行布置，策划了多项内容高端、形式活泼、印象深刻的主题展项。

加强合作，促进京津冀协同发展 10月19日，区图书馆组织人员到张家口市涿鹿县图书馆交流参观，并向涿鹿县图书馆捐赠图书500册、台式电脑1台，期刊100本。

图书馆

全市首个幸福书架在门头沟区设立 4月22日，全市首个医院幸福书架在门头沟区医院启用。

图书交换大集活动 4月22日—23日，在永定河文化广场举办门头沟区图书交换大集活动。共收集、交换图书5200余册、期刊300余册，有黑山小学、大峪二小、育园小学、军庄小学、龙泉小学等10所学校、2300多名师生及市民参加活动。

第六届门头沟阅读季暨第三届门头沟书市 4月23日—5月3日，在门头沟区永定河文化广场举办第六届门头沟阅读季暨第三届门头沟书市，10所学校学生在永定河畔参加了门头沟区图书馆开展的阅读季图书交换大集活动。书市共有展位80个，分为以图书、电子出版物、文玩、书画为主的图书消费区，八大名人展示区，以文化艺术交流和体育项目推介为主题的体育文化交流区以及首次亮相的北京礼物一条街。

基层图书管理员培训 5月18日—19日，区图书馆举办为期2天的基层图书管理员培训班，对13个镇街的200余名基层图书管理员进行了业务培训。

阅读活动 5月27日，区图书馆联合首都图书馆与区熙旺影院合作，共同为残疾读者播放了一场无障碍影片《赵氏孤儿》。7月14日，区图书馆邀请绘本老师在城子市场街数字文化社区内开展了一场针对4岁~8岁儿童的绘本阅读活动。8月9日，区图书馆邀请悠贝亲子图书馆的专业老师到琉璃渠社区，为社区中放暑假的孩子们带去了绘本故事《巴夭人的孩子》。

讲座活动 8月25日，图书馆邀请到中央人民广播电台嘉宾主持江帆老师，为市场街社区的70名孩子们带来一场精彩的讲座——“来，我们一起朗诵”。9月5日，邀请著名“故事爸爸”、北京市金牌阅读推广人李一慢到门头沟区，为全区社区图书管理员开展了培训活动。

创客分馆正式成立 10月12日，京西创客工场门头沟区图书馆创客分馆正式成立。创客分馆位于中关村门头沟科技园区创新大厦，区图书馆为其配备了政治、社科、文学等20多类图书、8000余册，并提供党建、社会主义研究等种类的期刊20余种。

推出全市首台“微信微图” 12月20日，区图书馆为区政府机关、行政单位、影剧院、部队、医院等公共场所设置了10台微型图书借书机，并推出了北京市首家利用微信平台与该微图机对接使用，每台微图基础机存储图书300册。

红领巾读书活动丰富多彩 2016年，区图书馆组织门头沟区中小学生开展以“弘扬民族精神，传承中华文化”为主题的系列活动，其中包括“心有榜样·弘扬风尚”红领巾讲故事比赛、青少年科普剧比赛、第四届“我的藏书票”设计比赛、第五届图书交换大集活动、北京市红领巾读书活动推荐书目活动。参加“红领巾读书活动”的学生达十余万人次。

未成年帮扶工作取得新成绩 2016年，图书馆共接待培育教育未成年义工7名，其中门头沟检察院送1名，海淀检察院送6名。12月，图书馆获得由北京市海淀区人民检察院颁发的“优秀观护单位”荣誉证书。

文化市场管理

行政审批工作 建立行政审批全流程网上运行机制，年内共受理审批各类文化经营项目29件，提前办结率达100%。

行政执法工作 2016年，文化市场执法队共出动执法人员623人次，车辆175台次。检查网吧89家次，歌舞娱乐场所75家次，游艺厅46家次，商业演出2次；各类市场65处，重点地区32处，校

园周边9次，学校（包括幼儿园）29次，艺术品市场2次。

建立执法公示制度　加强执法队伍建设和管理。执法队从年初开始建立了执法公示栏，各分队每半个月将执法检查次数、人次、车次，立案结案数据等情况报信息举报中心，在区文委内部公布，同时按市区的要求，按时上报。

举办消防知识讲座　7月21日上午，区文委邀请北京市消防局专家为门头沟区文化娱乐场所法人代表、安全负责人举办高温汛期防火知识讲座，普及日常办公区域、家庭常见火灾的具体防范措施及预防处理方法。

获奖情况

集体

区文委　被评为2016年度北京市文化市场暨“扫黄打非”先进单位。

区文化馆　在门头沟区2016年“我身边的好规矩”舞台剧比赛中，创编的小品《买单》荣获一等奖、最佳剧本奖；区文化馆选送的《鼓舞》获“舞动北京”群众广场舞大赛银奖。

个人

张　鹤　获2016年度北京市文化市场暨“扫黄打非”先进个人称号。

门头沟区文化委员会

书　记　曲书法

主　任　常　蓉

（赵　彬）

房　山　区

概　况

房山区地处京郊西南，总面积2019平方公里，山区、丘陵和平原各占1/3。下辖28个乡镇、街道、地区办事处，459个行政村，145个社区居委会。全区常住人口109.6万人。

房山区文化委员会（以下简称区文委）是房山区政府管理文化工作的职能部门，下设办公室、文化科、文物科、市场科、行政执法队5个职能科、室、队，管理的文化事业单位有房山区文化活动中心、房山区文物保护所。

2016年，区文委按照中央和市委关于加快构建现代公共文化服务体系的政策部署，积极落实房山区“一区一城”功能定位和京保石发展轴桥头堡奋斗目标的新思路、新举措，解放思想、大胆开拓、聚焦基层、扎实工作，努力推动房山从文化大区向文化强区迈进。

2016年文化艺术发展

重要会议、调研

2016年度工作部署会　2月23日，区文委召开2016年工作部署会。会议就文化、文物、文化市场管理与“扫黄打非”、首都公共文化示范区创建等工作进行了安排部署。

京冀文化交流合作工作调研　5月4日，区文委执法队到保定市文广新局调研。双方就进一步扩大京冀文化市场管理暨“扫黄打非”合作交换了意见，调研人员到保定市区某网吧进行了实地查看和调研。

基层文化工作培训会　5月19日，区文委召开基层文化工作培训会，深入贯彻落实中共中央办公厅、国务院办公厅《关于加快构建现代公共文化服务体系的意见》和北京市“1＋3”公共文化政策文件精神，全力推进创建首都公共文化服务示范区工作。会议邀请市文化局公共文化处处长刘贵民、市文化执法总队综合处处长李广建解读北京市“1＋3”公共文化政策和扫黄打非工作。

创建首都公共文化服务示范区现场会　10月27日，区文委召开创建首都公共文化服务示范区现场工作会。28个乡镇（街道）的文化主管领导及文体中心主任参加会议。会议组织参观韩村河镇西南章村综合文化室等4个示范点，通报了文化、文物、文化市场、管理等工作中存在的问题，对下一阶段工作进行部署。

市发改委领导调研公共文化设施管理运行情况　11月16日，市发改委调研组对房山区公共文化资源配置、设施管理运行情况进行了调研和座谈。调研组对西潞街道文化活动中心、苏庄三里社区、拱辰街道北关东路社区进行了实地调研，就设施建设、功能布局、服务规范、活动开展等方面做了全面考察。

文化设施建设

区级建设项目　区群众文化活动中心项目（新文、图两馆）完成验收。该项目总用地面积17125平方米，总建筑面积27173平方米，其中，文化馆建筑面积9263平方米，图书馆总建筑面积15840平方米，公共配套用房建筑面积2070平方米。

基层文化设施建设　推进首都公共文化服务示范区创建工作，成立了创建办，制定了《房山区公共文化服务体系建设联席会议议事规则》；对房山区28个乡镇（街道）综合文化中心进行了实地调查摸底，制定下发了《房山区文化委员会关于公共文化服务示范点建设的实施方案》；推出了8个区级示范点，包括3个乡镇（街道）、3个行政村和2个社区，并召开了创建首都公共文化服务示范区现场会；制定了关于公共文化设施专项建设、服务规范、资源整合、人才队伍建设等17个符合地区群众需求的现代公共文化服务体系配套制度。确定了城关街道、霞云岭乡2个乡镇（街道）综合文化中心改造修缮项目，2个项目正在进行中；为28个乡镇（街道）建设电子阅览室，年底前完成电子阅览室建设的70%；与北京市普巴软件公司合作，完成数字管理服务平台建设以及中心机房建设；文化中心信息交互系统“世界之窗”“中国之窗”“房山文物”“房山旅游”项目全面完工，窗口版面先后进行了2次改版，信息交互内容已经制作完成，专用机架与信息展示设备已经完成并进行了初次组合调试，已经具备使用功能，新馆开馆后可全面投入使用；完成文化信息共享工程，建设乡镇电子阅览室18个，完成了基层设备维修工作2次。

文化活动

十项才艺系列大赛颁奖及展演 1月18日，“青春志　兰韵情”房山区大、中、小学生十项才艺系列大赛颁奖及展演在窦店民族文化宫举行。共评选出一等奖66个，二等奖96个，三等奖153个，优秀组织奖36个。展演在合唱《歌声与微笑》中拉开帷幕，演出有歌舞、校园剧、器乐、曲艺表演、现场书画等节目。

房山区2016年春节百姓大联欢活动 2月1日，“一区一城新征程”房山区2016年春节百姓大联欢活动在窦店民族文化宫举行。全区14个乡镇、街道600名群众演员表演了情景舞蹈《房山百姓迎新春》、《十二生肖畅房山》、歌舞联唱《爱在房山》等11个原创歌舞、小品、戏曲等曲目。

房山区2016年春节百姓大联欢活动

文化惠民公益行 2月3日—4日，“一区一城新征程”房山区2016年文化惠民公益行分别在北京市良乡监狱、驻区部队礼堂举办文艺演出。3日，区文化活动中心的演员为狱警和服刑人员送上了杂技节目。4日，文化活动中心组织了30余名演员在部队礼堂为官兵献上了丰富多彩的演出。

房山区2016年元宵节民俗展演活动 2月22日，2016年元宵节传统戏曲、杂技系列民俗展演活动——“正月十五看大戏”拉开帷幕。民俗展演分别在良乡影剧院、燕山影剧院、窦店民族文化宫进行，演出评剧、杂技、河北梆子剧节目，均为文化部、北京市文化局评选出的优秀获奖传统剧目和多次出访世界各国的经典节目。

2016书香中国·北京阅读季启动仪式 在第21个“世界读书日”到来之际，4月12日，由国家新闻出版广电总局和北京市人民政府共同主办的2016书香中国·北京阅读季启动仪式在房山区良乡体育馆举行，拉开了2016年书香中国·北京阅读季的序幕。活动以“阅读经典梦圆中华”为主题，构建阅读经典弘扬爱国精神、阅读历史坚定理想信念、阅读时代点亮心中梦想为三个主题篇章。

“分享阅读　交换快乐”——房山区第六届换书大集 4月22日，以“分享阅读　交换快乐”为主题的房山区第六届换书大集拉开序幕。换书活动持续2天，同时开辟2个会场开展交换活动。活动吸引了3000余名群众及学生参与，共交换图书4000余册，作家现场签名赠书700余册，为全区读书爱好者搭建了分享阅读的平台。

房山区庆祝建党95周年文艺演出 6月17日，“永远跟党走”红色七月专场文艺演出在府前广场拉开序幕。北京燕都神韵艺术团表演了《绣红旗》《映山红》《十送红军》《美丽中国走起来》等节目。

长阳音乐节 8月26日，2016长阳音乐节在北京房山长阳音乐主题公园激情开唱，在长阳音乐主题公园持续3天上演。秉承着“最有范儿”“最音乐”“最互动”“最有趣”的宗旨，打造最本土的音乐节品牌。

第四届北京市文化惠民消费季暨房山区戏剧节系列文化活动 9月8日，“惠文化　惠生活”——第四届北京市文化惠民消费季暨房山区戏剧节系列文化活动启动仪式在房山区良乡影剧院举行。戏剧节在话剧《没有共产党就没有新中国》中拉开了帷幕，9月—11月，共举办了50多场惠民消费演出。

房山区2016年重阳节群众系列文化活动开幕 10月13日，房山区2016年重阳节群众系列文化活动暨“周口店·幽岚山”第五届红叶节在周口店镇黄山店村坡峰岭景区开幕。活动持续到11月15日。景区推出“山货大集市”、“大闹快活林”歌王争霸赛、“欢乐秋老虎”亲子农事体验、“手工酸枣汁”万人品尝等多项地域特色活动。

2016年房山区“文化周末大舞台”系列活动闭幕式 10月22日，“一区一城新征程”2016年房山

区“文化周末大舞台”系列活动闭幕式在房山区府前广场举行。“文化周末大舞台”活动从4月开始，历时7个月。其中，主舞台演出27场，“金曲周末大家唱”演出26场，“文化周末大戏台”演出26场，“文化周末大课堂”演出26场，“电影周末场”演出27场，“乡镇大舞台”演出260场，“周末相声俱乐部”演出27场。

房山区2016年首都市民系列文化活动　房山区2016年共举办首都市民系列文化活动1925场，参与群众约146万人次。群众系列文化活动围绕歌唱北京、舞动北京、艺韵北京、戏聚北京、影像北京和阅读北京六大板块，形成三级文化活动联动机制，打造区级、乡镇（街道）级、村（社区）级文化特色品牌活动，贯穿全年，覆盖全区。

2017年房山区新年音乐会　12月30日，2017年房山区新年音乐会在房山区窦店民族文化宫举办。活动邀请北京交响乐团演奏，全区群众共计1000余人观看了演出。

队伍建设

开展基层文化工作培训　2016年，开展舞蹈、戏曲培训班共有来自房山区28个乡镇街道办事处的100名文化组织员骨干参加。开展公共文化服务培训，区文委组织机关、文化活动中心分4批在中央文化管理干部学院进行了每批为期3天的业务培训。举办了全区创建工作暨培训会，全区28个乡镇（街道）120余文化工作者参加了培训。开展了对乡镇主管领导、文体中心干部“扫黄打非”专题培训。通过以会代训的方式对文化市场经营单位的法人或主要负责人以及从业人员进行法律、行业法规及安全生产法的培训。以现场实操的方式为大安山乡基层图书室管理员进行了业务辅导与培训，共培训1次，培训人数10人。推进馆办团队的建设，定期对海逸合唱团、少儿舞蹈团、少儿朗诵团、少儿合唱团、老年舞蹈团、阿卡贝拉男子声乐组合7支团队进行辅导培训。开展“百场公益讲座”，全年完成100余场讲座，内容涵盖音乐、摄影、朗诵、养生等。开办良乡文庙国学馆课程，良乡文庙国学与茗儒茶道公益讲堂项目自5月12日正式在良乡文庙开讲，每周四、每周六各2节课，分为国学与茶道2个班，同时开课，共开展活动54次、216课时，学员12960人次。采取点单式服务，全年共派出辅导老师2000人次，开设主持、音响、舞蹈、声乐课，共计2000课时，每次辅导学员约50人，共辅导100000人次。面向老年人开设舞蹈班和声乐班项公益课程，开课40周、培训2400人次。做好房山二小朗诵基地、孤山口小学朗诵基地、良乡三中朗诵基地等7个诗歌朗诵学会的培训工作，全年共开设224次、学员11200人次。北京市房山区文学艺术学会共开设文化艺术类教学班62个，培训学员895名，10000余人次。

文化惠民演出

组织北京市农村“文艺演出星火工程”1468场，其中，北京燕都神韵艺术团等28支专业团队演出470场，北京韵青苑艺术团等38支非专业团队演出998场，参演演员达到4万多人次，观众人数50万多人次。组织文化下乡演出1110场，其中，北京泉胜博艺艺术团等15支区级演出团队演出452场，燕都文化艺术团等23支镇级演出团队演出462场，南关村民间艺术团等196支村级演出团队演出196场。组织北京节日乐艺术团等76支演出团队开展“专业团队周末场演出”50场，观众25000多人次。组织北京市“百姓周末大舞台”演出6场，观众3万余人。

文化志愿者服务

开展政策法规进社区宣传活动，共开展8次，服务受众4500人次；开展社区敬老上门服务，共完成28次，受众620人次；开展“欢乐的节日”文化志愿服务，共完成55次，服务受众1650人次；开展“残疾人艺术团”艺术指导志愿服务，每月服务4次，累计服务3072人次；开展“风铃”志愿者活动日活动，累计完成8次，服务受众2400人次。

京津冀协同发展

举办了京津冀文化市场管理“扫黄打非”联防协作工程座谈会暨战略合作协议签字仪式，北京、天津、河北扫黄打非办签署了《京津冀文化市场管理“扫黄打非”联防协作工程战略合作协议书》，启动京津冀文化市场管理“扫黄打非”联防协作工程建设。编制《京冀拒马河工程》画册；参与“地域一体·文化一脉”——京津冀历史文化展，将唐幽州卢龙节度使刘济夫人的十二生肖彩绘描金墓志盖带到首都博物馆、天津博物馆、河北博物院进行展示；参加由北京文化艺术活动中心组织的庆祝建党95周年——京津冀民间绘画邀请展，汇总并报送了房山区优秀民间绘画作品。

文化市场管理

行政审批　受理行政许可事项51件，其中，新设立的行政许可单位27家；受理变更项目审批24家；注销单位10家。

专项整治　开展“净网”“清源”“护苗”“净空”等专项检查行动，共出动执法人员1205人次，检查场所517家次。处理群众投诉举报69单，行政处罚立案32起，结案32起；罚款5.57万元。联合区工商分局、区公安分局等执法单位，先后取缔“黑网吧”11家，取缔“黑歌厅”2家。

燕山地区文化工作

燕山地区位于房山区中部，地处首都西南重要门户地段，区域面积40.8平方公里，辖区常住人口近

10万人，距离北京城区约35公里。燕山文化卫生分局隶属燕山工委、办事处领导，负责燕山地区文化卫生工作。局机关设文化文物市场管理科和文化行政执法分队，分局下设副处级事业单位燕山文化活动中心（燕山文化馆、燕山图书馆、燕山影剧院）。

2016年，燕山文卫分局围绕文化为民、文化利民、文化乐民的发展理念，正确把握文化发展趋势，着力加强地区公共文化建设和管理，为“十三五”时期开好局，努力推进地区文化发展与繁荣，以文化软实力为“活力、美丽、幸福”新燕山发展凝聚力量。

春节期间系列文化活动　以“欢歌笑语迎新春、文化惠民过大年”为主题，举办百姓大联欢文艺演出、民俗展览、电影放映等10个大项33个小项的系列文化活动；开展京津冀木版年画展、书画展、百姓花灯制作征集展、春节楹联展、元宵节猜灯谜活动和图书交换等各类活动；“春之祝福”群众文艺精品送社区巡演、文化志愿者送福进社区活动、“文艺惠民”周末场演出和电影放映等活动。

京津冀文化协同发展　春节期间，联合天津市西青区、河北省衡水市文化部门，举办“民俗印记”燕山地区京津冀一体化文化交流暨传统木版年画展。将杨柳青和武强木版年画中杨家将（穆桂英）题材单独整理呈现，体现京津冀文化领域的协同发展和三地“非遗”文化融合。

夏日文化广场暨第八届文化艺术节系列活动　燕山夏日文化广场活动自6月8日开幕至9月9日结束。共举办文艺演出18场，第八届文化艺术节赛事6场，包括声乐、器乐、舞蹈、戏曲、书画、摄影等6大赛事10个单项，参与活动的演员和选手达到1500人次，累计服务的观众近3万人次。

纪念红军长征胜利80周年和建党95周年系列文化活动　开展了原创诗歌朗诵展演展示、图片展以及演讲比赛等一系列文化活动。举办了纪念长征胜利80周年大型史诗文艺演出。

品牌文化活动　燕山地区先后开展了春节系列文化活动、夏日文化广场、文化节系列活动、长征胜利80周年纪念活动等品牌文化活动，累计受众达10万人以上。

群众文化艺术惠民培训活动　在文化活动中心聘请专业艺术教师集中授课，开展魔术舞蹈、模特展示、情景歌舞剧、广场舞、合唱5个门类艺术培训。

文化艺术“三送”活动　送专业艺术院团进社区，共完成文艺演出26场；送传统文化艺术进基层活动，组织专业艺术院团，将京剧、评剧、皮影戏、木偶戏4个门类的演出送到各街道社区、地区全部中小学、幼儿园、养老院和驻区部队，完成演出52场次；送专业艺术教师进社区活动，各类著名专业

燕山地区举办建党95周年图片展

艺术教师对社区艺术团队和文艺骨干进行时装表演、舞蹈、舞台剧、国画、书法等方面艺术辅导，累计培训300余人。

文化支援建设　在河北省保定市唐县罗庄乡岸上村建立燕山图书馆分馆，为其送去5000余册图书、6台电脑和5组书架。分馆现已揭匾开放，解决了当地村民的看书难问题。

公共文化建设　文化大讲堂推出书法、绘画、摄影、朗诵等30场文化大讲堂系列特色讲座。文化志愿者开展基础性、常态化公益服务，为社区、养老院、慈康社送爱心，累计服务时长5000余小时。开展文化志愿者微课堂活动80场、“凤凰之韵”摄影队培训活动25场。以“凤凰之韵”摄影队为技术支持，举办了摄影展，评选出210幅作品参展。“六一”期间，承办“欢乐童年　手绘燕山”燕山地区儿童百米涂鸦绘画活动，120个家庭积极参与。

公共图书借阅服务提升质量，全民阅读打造“书香燕山”全年接待读者10397人次。利用首图配备的数据库，共享工程网络资源、配套的音像、影视资源，为读者提供更丰富的文献资料。少儿科普分中心建设工作正在开展中。开展世界读书日系列活动。联合燕山言石读书会举办主题亲子阅读活动。举行“分享阅读、交换快乐”北京市第六届换书大集分会场活动。特聘专家举办了“我的藏书票”讲座。开展“小小图书管理员”学生社会实践活动及红领巾读书活动。送书下基层，送书7400余册。

“非遗”保护　举办燕山地区首届剪纸艺术作品展，开展了剪纸培训班。燕山非遗办筹备的《杨家将（穆桂英）的传说》寻记一书已完成资料收集、整理和编撰工作，杨家将（穆桂英）传说微视频正在制作中。与彼岸花书院联合举办“彼岸花书画印三人展”。

文化市场管理　全年检查歌舞娱乐场所、互联网上网经营服务单位、电子游艺厅等单位累计100余家次，处罚2家娱乐场所、纠正安全生产隐患10余处。

获奖情况

集体

房山区文化活动中心　荣获第十一届“舞动北京”群众广场舞蹈大赛团体金奖；荣获“为你歌唱”——来自百姓的心声第二届北京中老年声乐比赛颁奖音乐会优秀组织奖；荣获首都市民系列文化活动——歌唱北京第三届“我爱唱歌”——2016京津冀百姓唱大赛优秀组织奖；荣获北京市直机关工委第六届书香中国·北京阅读季优秀组织奖；荣获2016京津冀歌手大赛优秀组织奖；荣获2016“谁与争锋”第三届戏曲票友大赛优秀组织奖；荣获“影像北京”纪念长征胜利80周年书法美术摄影作品展组织奖；荣获第四届北京惠民消费季优秀组织奖。

房山区文化活动中心舞蹈团　荣获北京首届全民时尚舞蹈大赛金奖、最佳传承奖。

海逸合唱团　荣获第三届“北京之声”首都市民合唱周中老年组金奖、年度示范组银奖。

文化活动中心馆办团队　“新北京组合”荣获北京市第二十七届农民艺术节二等奖。

个人

黄　莉　荣获“为你歌唱”——来自百姓的心声第二届北京中老年声乐比赛颁奖音乐会金奖。

赵培霞　荣获“为你歌唱”——来自百姓的心声第二届北京中老年声乐比赛颁奖音乐会优秀辅导员称号。

毋舒杰　荣获第十一届“舞动北京”群众广场舞蹈大赛单项创作表演金奖。

孙　艳　荣获第十三届“和平杯”中国京剧票友大赛个人优秀组织奖。

袁　杨　荣获2016京津冀歌手大赛铜奖。

刘　强　荣获“影像北京”纪念长征胜利80周年书法美术摄影作品展一等奖、优秀奖。

龙海滨　荣获“影像北京”纪念长征胜利80周年书法美术摄影作品展优秀奖。

房山区文化委员会

书　记　胡淑苹
主　任　胡淑苹

（付　立）

大　兴　区

概　况

大兴区位于北京南部，距离市区不足10公里，面积1052平方公里。常住人口169.4万人。辖区内有14个镇、8个街道办事处，437个村、195个社区居委会。

大兴区文化委员会（以下简称区文委）是大兴区政府管理文化的职能部门。下设办公室、人事教育科、文化市场管理科（社会文化管理所）、文化科、行政执法队，实有人数33人。所属企事业单位有图书馆、文化馆、文物管理所、大兴区文化活动服务中心、新华书店，所属社团有北京万兴歌舞团、北京南海画院。

2016年，区文委深入贯彻习近平总书记重要讲话精神，紧紧围绕区政府重点工作，充分发挥文化引领风尚、教育人民、服务社会、推动发展的作用，结合自身工作职能，深化服务观念、统筹意识、创新精神，紧紧围绕年初确定的工作目标，精心部署，狠抓落实，全面推进全区文化事业的发展。

2016年文化艺术发展

重要会议、调研

首都公共文化服务示范区创建工作部署会　2月2日，大兴区召开首都公共文化服务示范区创建工作部署会，全区53家公共文化服务体系建设联席会议成员单位行政“一把手”、主管领导参加会议。会议介绍了大兴区创建首都公共文化服务示范区建设总体情况、工作推进情况和下一步工作，并对示范区创建工作方案进行部署。

新编京剧《南海子》专家研讨会　3月3日，大兴区文委在北京戏曲艺术职业学院召开新编京剧《南海子》专家研讨会。著名京剧表演艺术家、京剧界知名人士孙玉敏、杨少春、关静兰等，剧组主创人员编剧刘侗、制作人许翠、作曲谢振强、主演杨少鹏等30余人参加研讨，并对该剧提出意见和建议。

“两个规划”阶段性会商会议　3月30日，区文委就大兴区“十三五”时期文化事业发展规划和大兴区文化设施布局规划召开会议进行阶段性会商。北京市社科院、北京市规划设计院、北京石油化工学院和区文委相关工作人员参加会议。会议分别听取了“两个规划”的进展情况，对规划编制过程中存在的问题进行协商。

陈冬到大兴区调研　6月30日，北京市文化局局长陈冬到大兴区调研，副区长陈晓君陪同调研。陈冬一行先后参观了李可染画院和澄怀美术馆，听取了两家单位负责人的介绍，对大兴区在首都公共文化服务示范区创建工作中，通过政府购买社会服务、引进高雅艺术等进行文化空间拓展，吸引市民享受公益文化服务的做法给予充分肯定。陈冬指出，当前，大兴区要紧抓世界月季洲际大会和新机场建设的机遇，有效整合区内文化资源，合理利用地域

优势和环境优势，做好《“十三五”时期文化事业发展规划》和《大兴区文化设施空间布局规划》，统筹建设博物馆群，进一步促进大兴区对外文化交流，提升区域文化内涵，扩大知名度和影响力。

大兴区创建首都公共文化服务示范区推进会　9月23日，区文委组织召开了大兴区创建首都公共文化服务示范区推进会。会议上，各镇街简要汇报了创建工作完成情况，文化科针对创建指标对各镇街进行模拟提问。会议肯定工作成绩，找出了问题，对创建工作是有力的推进和鼓励。

《大兴区和北京经济技术开发区“十三五”时期文化事业发展规划》正式发布　12月8日，历经2年编制的《大兴区和北京经济技术开发区“十三五”时期文化事业发展规划》正式发布。该规划以《京津冀协同发展规划纲要》《北京市国民经济和社会发展第十三个五年规划纲要》等规划、政策为依据，注重前瞻性、现实性与落地性的统一，于2015年6月完成初稿。经过11轮阶段会商和4轮书面征求意见，最终形成《新区“十三五”时期文化事业发展规划（讨论稿）》，并于2016年11月9日于大兴区政府第六十五次常务会议审议通过。

重要活动

全国鼓舞邀请赛　4月26日，2016首都市民系列文化活动——全国鼓舞邀请赛开幕，该届全国鼓舞邀请赛首先在京津冀范围内进行初赛筛选，经过角逐，北京市4支队伍和河北省2支队伍成功晋级。6月23日，大赛进入决赛，晋级队伍与山西、云南等地的优秀队伍同台竞技。邀请赛共有来自北京、河北、山西、云南等地的10支参赛队伍、300余人参加，每支参赛队伍都在舞台上献上精彩的表演，展现出不同地区的精神风貌。

2016世界月季洲际大会　5月19日，2016世界月季洲际大会暨第14届世界古老月季大会、第7届中国月季展和第8届北京月季文化节在北京市大兴区魏善庄开幕，世界首座月季博物馆也正式开馆。开幕式现场云集了来自全球40余个国家的800余位月季专家大咖、行业人士和月季爱好者。大会期间举办多场主题演讲及高端论坛。5月20日晚，“月季之约”插花花艺秀在世界月季洲际大会会展中心举办。民族乐器大串烧、跨国插花表演、旗袍模特秀、插花花艺秀，精彩纷呈的节目展示了月季之美，使中外来宾感受插花艺术之美，普及了月季花卉知识。

2016“美丽月季　美好家园”系列主题文化活动之书画摄影巡展开幕　8月9日上午，由区委宣传部、区月季办、区文委、区文联联合举办的2016“美丽月季　美好家园”系列主题文化活动之书画摄影巡展首展仪式在中华世纪坛启动。展览历时2个多月，从2000多幅书画摄影作品中脱颖而出

大兴区“迎月季盛会”大型交响音乐会专场演出

的150余幅佳作正式亮相公众面前，正式开启了“后月季时代”文化艺术大门。该次活动是大兴区南海子文化活动季的重头戏，也是首都市民系列文化活动的重要内容。展览以书法、绘画、摄影为主要展示作品，主题鲜明，内容丰富，吸引众多书画摄影爱好者前来欣赏。绘画作品将自然与人文相结合，将花鸟与人物相呼应，借助油画、中国画、版画等多种艺术形式和表现手法将作者心中的月季主题完美呈现；书法作品中，楷书、隶属、篆书、行书各有所长，运笔生动，气韵饱满；摄影作品则在光影、构图、色彩的运用上显现了专业的水准，巧妙记录了月季盛开的壮美景象。

“严守纪律　做合格党员”主题交流活动　9月27日上午，由区文委主办，区图书馆承办的“严守纪律　做合格党员”主题交流活动在图书馆地下多功能厅举办。此次主题交流活动分别通过三种形式进行：一是由区文委系统各单位发放自行编制的“两学一做”交流学习折页，以图文并茂的方式展示各自单位的活动开展经验，相互监督、相互了解、互相学习。二是区文委系统全体党员共同学习《中国共产党廉洁自律准则》和《中国共产党纪律处分条例》，主讲人结合PPT深入解读新修订的准则、条例，重点解释“修订了什么”的问题。三是开展由区文委系统各单位代表队参加的知识竞赛活动，共有7支代表队参赛，新华书店代表队获得知识竞赛的第一名。

月季大会文化活动圆满完成　11月30日，月季大会文化活动圆满完成。围绕世界月季洲际大会这一重点工作，区文委自3月1日起组织开展了开幕式热场、招待酒会、颁奖答谢晚会等会前、会时、会后3个阶段的24项文化活动。截至11月30日，世界月季洲际大会所有阶段的文化活动全部圆满、顺利完成，得到了社会各界的一致肯定。

文化惠民

元旦惠民演出　元旦期间，亲子互动儿童剧《植物大战僵尸》与2016新年综艺晚会两大演出齐上阵。每场演出均设有低票价惠民席位，旨在让更

多观众走进剧场，欣赏高水平的文化精品。观众购票热情高涨，所有场次演出票均销售一空。

70余项精彩文化活动扮靓春节　春节期间，广泛开展“南海子文化活动季”系列活动，大兴区共组织安排重点文化活动70余项，遍及区、镇街、村社。

文化大餐进军营　1月15日，由区人武部、区文委主办的“美丽新区我的家”精品文艺节目展演暨迎新春军民联谊会在驻大兴区部队举行。军地领导、部队官兵、各界群众欢聚一堂，共享由区文委带来的“新年文化大餐”。

2016年农村文艺演出“星火工程”随梨花节一同启动　4月1日，第23届大兴梨花旅游文化节在庞各庄镇开幕，与此同时，2016年农村文艺演出“星火工程”也一同启动。开幕式上，除了有“星火工程”演出团的专业表演外，还有“梨花古村”的沙画表演与京剧名家杜振杰、张慧芳的精彩演出。

2016年南海子文化季系列活动　10月26日，由区委宣传部、区文委主办，北京万兴歌舞团承办的2016年南海子文化季系列活动——“艺韵南海　魅力新区”精品节目展演活动举行。精品节目展演活动回顾了全年以“南海子文化”开展的丰富多彩的文化活动，展现了新区人民精彩纷呈的文化生活。

社区文化

潞二村举办新春大拜年活动　1月21日，长子营镇潞城营二村举办“绿色发展新长子　文化惠民奔小康”新春大拜年活动。开展了有奖猜谜、月季主题展览、“大兴记忆”主题展览等多项文化活动。区图书馆向潞二村民赠送了1000余册精品书刊，区内知名书法家为每家每户写春联、送“福”字。此外，由支持单位带来的义诊、配钥匙、修电脑等生活服务也同样受到了热烈欢迎。

林校路街道社区原创节目大赛　2月3日，林校路街道社区原创节目大赛暨邻里节十周年文艺会演举行。10个社区的原创节目进入决赛展示风采，为来自街道和社区的近500人送上新春文化大餐，演出歌舞、情景剧、快板表演等，所有的节目都是社区居民自编自演。

瀛海镇开展“五四”青年节系列活动　5月4日，瀛海镇宣传部、团委等部门开展了以“举五四火炬，当时代先锋”为主题的系列活动。多部门联合组织上街宣传活动，向社区居民发放宣传海报、宣传手册共计2000余册。另外，还组织各社区青年观看《百团大战》等爱国主义影片，开展征文及演讲比赛等活动。

大马坊村举办“七一”诗友会活动　6月30日，礼贤镇大马坊村的“田野之歌”诗友会组织刘瑞芝、陈殿丰等20多名会员开展了一次以庆祝建党95周年为主题的诗歌朗诵活动。参加活动的会员们纷纷用自己的真情实感朗诵了自己为这次活动创做得最精彩的10首诗歌，并表演了文艺节目。

西红门镇举行纪念长征胜利80周年文艺会演　10月18日，西红门镇精心组织以纪念长征胜利80周年为主题的系列纪念活动，内容包括主题书画展、观看红色影片、广场舞、文艺会演、惠民演出到基层等形式。文艺会演得到了全镇27个村和18个社区等50余家单位的积极参与，演员近千人。演出的合唱《长征组歌·四渡赤水出奇兵》《延安颂》旨在重温红军长征光辉历史，原创表演唱《梦回延安》、诗朗诵《长征路民族魂》、器乐演奏《人民军队忠于党》烘托出了浓厚的红色氛围，鲜明地表现了时代特色，以多种形式弘扬长征精神。

队伍建设

参加北京市群众文学创作活动　4月，北京文化艺术活动中心于在全市范围内开展了北京市群众文学创作辅导系列活动，活动包括作品征集、创作研讨、作品点评、成果展示等活动。经过1个多月的作品征集活动，大兴区共征集上报123篇（部）作品。其中，个人文学作品集10部，综合类作品集1部，单篇作品上报诗歌50首，散文28篇，小说24篇，曲艺作品10篇。9月19日—20日，大兴文化馆文学部组织大兴区20余名文学爱好者参加了北京市文化艺术活动中心举办的北京群众文学范畴的综合类作品集和诗歌、散文单篇作品研讨会。

图书馆

儿童阅读大赛圆满落幕　由区文委、区委社会工作委员会、区总工会主办，区图书馆、区早教协会承办的“用声音传播经典——我是蓓蕾之星”儿童阅读大赛决赛于1月24日在大兴区图书馆地下一层多功能厅举行。小种子、小幼芽、小蓓蕾3个组的24位优秀的小朋友进入了决赛角逐。

青少年寒假Photoshop培训班开班　1月25日，区图书馆多媒体信息服务中心为青少年读者举办的寒假Photoshop（图像处理）培训班开班。该次培训为期5天，主要向小学员们教授Photoshop软件的使用方法和图片处理技巧。任课教师由阅览室工作人员担任。

举办“蓓蕾嘉年华”　1月31日，在新春佳节来临之际，区图书馆举办了“蓓蕾嘉年华”联欢活动。活动包括胖胖老师讲故事、手工皂制作、香蕉酥制作、有奖猜谜等环节，近百名小朋友和家长齐聚一堂共迎新春。

多项措施做好节前安全工作　9月30日，区图书馆召开安全工作部署会，对馆内的安全管理工作进行安排，并制定应急预案，确保相应的措施及人员到位。会后，由馆长带领班子成员对全馆进行严格细致的巡查，重点排查并整改消防、用电等安全隐患，做好馆内防恐、防爆、防汛工作。通过该次安全巡查，确保假期的服务工作稳定有序地开展，为读者提供一个安全、和谐的阅读环境。

文化馆站

2016第十一届“舞动北京”群众广场舞蹈大赛复赛（郊区组）在大兴区举办　9月11日，2016第十一届“舞动北京”群众广场舞蹈大赛复赛郊区组比赛在大兴世界月季主题园举行。来自延庆、通州、门头沟、大兴、密云、房山等10个郊区县的30多支广场舞蹈团队会聚在一起进行交流、竞技。

非物质文化遗产保护工作

开展第五批区级“非遗”项目申报工作　3月22日，第五批大兴区级“非遗”项目申报工作会议在文化馆召开。会上，主管领导对申报工作做了整体工作部署，相关工作人员对具体申报流程做了细致讲解。

大兴区举办“月季盛放五月天　文化演绎新生活”精品文化巡演及“非遗”展示

6个项目列入第五批大兴区区级“非遗”　11月29日，大兴区第五批区级非物质文化遗产代表性项目名录专家评审会召开，6个具有代表性的非物质文化遗产项目列入名录。审会上，专家们审阅申报书、观看申报片并进行充分的讨论，采取无记名投票的方式进行表决，其中，“沙河村挂灯习俗”“东黄垡村同乐会”“程氏八卦掌”“金氏风筝制作技艺”“北京清香型高度酒酿制技艺”“永定河民生习俗”6个申报项目获得专家全票通过，批准列入第五批大兴区级非物质文化遗产代表性项目名录推荐名单。“永定河民生习俗”经过专家们的热烈讨论，一致同意推荐申报北京市级非物质文化遗产。截至2016年，已有25个项目进入大兴区级非物质文化遗产名录，5个项目进入市级名录，4个项目进入国家级名录。

艺术品展览

参加“最美环卫人摄影展”　12月21日，“最美环卫人摄影展”活动启动式在首都图书馆二期展厅举办。展览由北京市文化艺术活动中心、北京市文化志愿者服务中心、北京市市政市容委、北京环境卫生工程集团有限公司联合主办。大兴区文化志愿者分中心积极组织区内摄影文化志愿者参赛，大兴区荣获二等奖1名、三等奖3名，大兴区文化志愿者分中心获得“优秀组织奖”。

文化市场管理

消防安全应急演练　8月23日，区文化执法队开展了消防安全应急演练，演练模拟突发火灾事件，场面逼真，衔接紧凑。参演人员反应迅速、处置得当、有条不紊。对企业职工应掌握的排查火灾隐患、会扑救初期火灾、发生火灾时会引导人员疏散和能够经常性开展消防宣传“四个能力”进行全方位诠释，达到了预期效果。

全面完成演出场所经营单位换证工作　12月5日，区文委全面完成全区6家演出场所经营单位换证工作，通过换证工作了解和掌握了全区演出场所发展趋势，规范了经营秩序。全区演出场所经营单位资产总额353639万元，演出场次15527场，从业人员524人，年收入14926万元，利润6937万元，税收7396万元。

文化娱乐场所经营单位安全生产培训会　12月15日下午，区文委行政执法队组织召开了全区文化娱乐场所经营单位安全生产培训会。全区各文化娱乐场所经营单位的法定代表人和主要负责人员参加了该次培训。会议要求各经营单位负责人要充分认识安全生产工作的重要性和重要意义，健全和落实各项安全生产相关制度，加强对在岗人员的安全教育，确保各项安全工作措施落实到位。同时，各文化市场经营单位会后要立即开展自查自纠安全生产隐患。会后，区文委执法队与各经营单位签订了《2017年安全生产责任书》《烟花爆竹承诺书》和《反恐防爆安全责任书》。

获奖情况

集体

区图书馆　荣获“第六届全国服务农民　服务基层文化建设先进集体”称号。

区文化志愿者分中心　荣获“最美环卫人摄影展”优秀组织奖。

阳光艺术团　荣获“舞动北京全民广场舞大赛”总决赛季军。

大兴区文化馆　荣获北京市首届时尚舞蹈大赛最具古典风范奖、成人组金奖、优秀组织奖；舞蹈《太液晴波》获得群星奖北京市选拔赛第三名、第三届“舞动北京”中老年舞蹈大赛创作表演一等奖，第八届华北五省舞蹈比赛创作表演一等奖、优秀组织奖。

个人

魏翠萍　《一只羊的恩惠》（组诗）荣获“东丽杯”群众文学评选活动单篇二等奖。

张秀华　荣获京津冀评剧戏迷票友电视大赛一等奖。

吴连才　荣获京津冀评剧戏迷票友电视大赛荣获二等奖。

大兴区文化委员会

书　记　王　健
主　任　王　健

（韩　莉）

密　云　区

概　况

密云区位于北京东北部燕山山脉脚下，距首都国际机场35公里。总面积2229.45平方公里，常住人口48.3万人，辖17个镇，2个街道办事处、1个地区办事处，共334个行政村，96个社区居委会。

密云区文化委员会（以下简称区文委）是主管全区文化、文物、新闻出版和广播电影电视工作的政府职能部门。设有文化活动指导科、文化市场管理科、法制科和党政办公室4个职能科室及文化行政执法队（副处级）。下属文化馆、图书馆、文物管理所、博物馆、大剧院、电影发行放映管理中心（简称电影中心）和新华书店7家单位。

2016年，在区委、区政府的正确领导下，区文委坚持围绕中心，服务大局，以“十三五”规划开局之年、密云撤县设区为契机，严格文化工作目标管理责任制和政府绩效管理考核，进一步加强基层文化建设，加快构建现代公共文化服务体系，为全面建设和谐宜居的首善之区做出了新的贡献。

2016年文化艺术发展

文化建设

公共文化建设　年内，区级文化核心区集聚辐射功能和示范带动作用进一步增强，持续推进图书馆、文化馆和博物馆免费开放工作制度化、规范化建设。文化馆、图书馆开通微信公众号；强化“三馆一站”即文化馆、图书馆、博物馆以及镇街文化服务中心（站）免费开放工作，召开“三馆一站”免费开放资金专项会议，严格要求配套资金使用，加强监督、指导，推进巩固免费开放工作。

重要文化活动

2016年群众系列文化活动启动式　1月30日，“新区新形象　共筑和谐美好家园”——密云区2016年群众系列文化活动启动式在密云大剧院举行。启动式由区委宣传部、机关工委、区文委、文明办、社工委、广电中心、文联共同主办，文化馆承办。启动式上展演了舞蹈《迎春鞭花乐》、京东大鼓《文艺花开春满园》和歌曲《复兴之歌》等精品文艺节目。2016年群众系列文化活动以基层群众文化活动为主，重点举办戏曲曲艺大赛、歌手大赛等五大精品赛事，开展农村文艺演出星火工程、送图书送电影下乡、文化志愿服务等文化惠民活动，举办春节、中秋、国庆等节日庆典活动，承办“我爱唱歌”百姓歌手大赛等市级重要赛事。

仇立权生肖美术作品展　4月28日上午，迎“五一”画说国学经典——仇立权丙申年生肖美术作品展在密云区文化馆展厅开展。该次展览共展出生肖美术作品40余幅，大都以生肖猴子为主题。画展开展当日，仇立权还在现场与密云区的书画爱好者进行书画交流展示。展览于6月10日结束。

密云区2016年戏曲曲艺大赛决赛　4月29日，密云区2016年戏曲曲艺大赛决赛在密云大剧院举办。大赛由区委宣传部、区直机关工委、文化委、文明办、社工委、广电中心和文联共同主办，区文化馆承办。大赛以“新区新形象，共筑和谐美好家园”为主题，旨在丰富群众精神文化生活，挖掘培育戏曲曲艺人才和原创艺术作品。大赛从3月开始前期宣传发动，120余名选手参赛，经过初赛和复赛激烈角逐，24名选手晋级决赛。决赛邀请国家一级演员、中国曲艺牡丹奖获得者王玉兰等5位专家担任评委，最终评选出戏曲组一等奖3名，二等奖6名，三等奖9名；曲艺组一等奖1名，二等奖2名，三等奖3名。该次大赛通过密云360网站和区文化馆微信公众号进行宣传，提高了群众知晓率与参与率。

密云区纪念红军长征胜利80周年暨2016年“五月的鲜花”合唱大赛　6月25日，密云区纪念红军长征胜利80周年暨2016年“五月的鲜花”合唱大赛在密云大剧院举办。大赛由区委宣传部、区总工会、区文委、区直机关工委、文明办、社工委、广电中心和文联共同主办，由区文化馆承办，各镇街、各工委和密云大剧院、密云360网站、密云区音乐家协会及有关单位共同协办。副区长郭洪泉、区总工会主席何丽娟出席并观看了比赛。大赛从5月初宣传发动，各镇街、各单位精心组织，积极参与，全区共28支代表队、1500多名演职人员参加了大赛。大赛邀请著名指挥家、国家一级演员、中央交响乐团驻团指挥左文龙等5位专家担任评委，共评选出农口组一、二、三等奖16名，城口组一、二、三等奖12名。密云镇、巨各庄镇代表队和教委、公安局代表队分获农口组与城口组第一名。大赛还评选出了优秀指挥奖和优秀伴奏奖各1名。

密云区2016年电视歌手大赛　8月13日，密云区2016年电视歌手大赛决赛在密云大剧院举行。大

赛由区委宣传部、区总工会、区直机关工委、区文委、文明办、社工委、广电中心和文联共同主办，区文化馆承办。大赛从7月开始前期宣传发动，170余名选手报名参赛，经过初赛和复赛激烈角逐，20名选手晋级决赛。决赛邀请中国人民解放军总政歌剧团著名女高音歌唱家、国家一级演员王静等五位专家担任评委，综合现场演唱、密云360网络投票、才艺表演和作品原创4部分成绩，最终评选出青年组、中年组、老年组3个组别的一、二、三等奖。大赛通过《劳动午报》和密云文化馆微信公众号等媒介进行宣传，提高了知晓率和参与率。

2016“舞动北京”全民广场舞大赛选拔赛暨密云区2016年霸王鞭舞蹈大赛 8月25日—26日，密云区2016“舞动北京”全民广场舞大赛选拔赛暨密云区2016年霸王鞭舞蹈大赛在密云大剧院举行。大赛分镇街和社会两个组别进行，53支广场舞、霸王鞭舞蹈队，共1500余人参加比赛，中国艺术研究院研究员梁力生、中国舞蹈家协会会员孙冰等专家担任评委，镇街组评选出一等奖8名、二等奖12名、三等奖15名，社会组评选出一等奖6名、二等奖6名、三等奖6名。根据大赛评选结果，将推选11支优秀表演团队参加北京市广场舞大赛。“舞动北京”群众舞蹈大赛由北京市委宣传部、北京市文化局、北京电视台、各区文化委员会联合主办，此前已成功举办10届。

“十月赞歌”——密云区庆祝建国67周年专场演出 9月28日，“十月赞歌”——密云区庆祝建国67周年专场演出在密云大剧院举行。演出由区委宣传部、区直机关工委、区文委、文明办、社工委、广电中心和文联共同主办，区文化馆承办，密云大剧院、密云区音乐家协会、密云360网站共同协办。演出涵盖歌曲、舞蹈、戏曲、诗朗诵、小品等艺术形式，表演了舞蹈《美丽中国》、配乐诗朗诵《燕山明珠的记忆》和小品《双喜临门》等文艺节目。

“长征颂”——密云区纪念红军长征胜利80周年演唱会 10月19日，“长征颂”——密云区纪念红军长征胜利80周年演唱会在密云大剧院隆重举办。大赛由区委宣传部、区直机关工委、区文委、文明办、社工委、广电中心、文联共同主办，区文化馆承办，密云大剧院、区音乐家协会和密云360网站协办。有关部门负责同志和各界干部群众代表观看了演出。演唱会在大合唱《突破封锁线》《遵义会议放光辉》《四渡赤水出奇兵》中拉开序幕，演出了独唱《七律·长征》《山丹丹开花红艳艳》和诗朗诵《长征颂》等节目。

密云区2016年原创文艺作品大赛 11月26日，密云区2016年原创文艺作品大赛决赛在密云大剧院举办。大赛由区委宣传部、区文委、区直机关工委、区文明办、区社工委、区广电中心和区文联共同主办，区文化馆承办，各镇街、各工委、密云大剧院、密云360网站共同协办。原创文艺作品大赛作为密云一项品牌赛事，已连续举办4届，该届大赛以“艺术创作出精品　文艺演出惠民生”为主题。大赛从11月初开始宣传宣传发动，各镇街、各工委和社会团体推荐的62个优秀原创文艺作品参加了复赛，16个作品进入决赛。经国家一级演员、中国戏剧梅花奖获得者王洪玲等5位专家细致评审，由古韵馨声演艺社选送的京东大鼓《合格党员交出的一份答卷》、果园街道选送的群口快板《俺村建起了养老院》、穆家峪镇新农村小学选送的诗朗诵《那片红色的记忆》荣获大赛一等奖，其余原创文艺作品分获二、三等奖。

参加赛会展演活动 积极参加赛会展演活动。1月15日，吉祥彩蝶舞蹈团表演的舞蹈《红袖吟春》在密云大剧院参与密云360网络春晚录制。1月21日，北京市第二十六届农民艺术节“乡村大舞台”决赛中，密云区小品《豆腐西施豆腐宴》荣获三等奖。1月26日，组织京剧《咏梅》、歌伴舞《复兴之歌》等节目参与了区工会组织的“密云区总工会成立65周年文艺演出”活动。6月13日，“为你歌唱——来自百姓的心声”第二届北京中老年声乐比赛决赛中，密云区选手分获老年组二等奖1名、中年组三等奖3名。9月24日，北京市第十一届“舞动北京”全民广场舞大赛决赛上，密云区广场舞《吉祥欢歌》获得创作奖银奖，区文化馆获得郊区组团体金奖。

惠民文化消费活动 开展密云区2016年惠民文化消费季活动。新华书店举办了“4·23”世界读书日、“六一”国际儿童节优惠售书和赴边远山区农贸市场下乡售书活动。大剧院邀请北京畅春园评剧团等优秀院团举办“周末场演出”64场、“百姓大舞台”6场，组织中、小学生3万多人次观看了环保题材舞台剧《飞吧，丹顶鹤》与课本剧《皇帝的新衣》和《开罗宣言》《我的战争》等主旋律电影。按照区总工会部署，开展春节、“五一”期间工会会员持京卡免费观影活动。根据市文资办要求，8月—9月开展惠民补贴观影活动。

农村“文艺演出星火工程” 精心组织农村“文艺演出星火工程”。制定密云区2016年“文艺演出星火工程”工作方案，组织北京市曲剧团、渔阳风采艺术团等文艺团体为基层镇村演出1140场。

培训

举办专业技能培训 5月14日，北京节日合唱团到密云区进行合唱指挥示范培训和展演，来自基层合唱团队的学员及部分声乐骨干400余人参加了培训。年内，开展书法、戏曲等文化馆阵地培训，共15个

北京节日合唱团在密云区举办周末场音乐会

项目 26 个培训班，共培训文艺爱好者 9000 余人。

文化志愿服务活动

年内，组织文化志愿者开展送“福”下乡活动，深入溪翁庄等镇为群众书写春联和“福”字，并表演文艺节目。参加“爱满京城”——北京市 2016 年学雷锋志愿服务推动日系列活动，走进留守儿童校园——冯家峪镇中心小学、走进外来务工子女学校——穆家峪镇新农村小学和沿湖社区，进行书画、舞蹈等艺术辅导；在新农村小学举行庆“六一”文艺展演；走进高岭、古北口及密云水库等驻密云部队开展庆“八一”慰问演出；开展摄影志愿服务进山区活动。享受文化志愿服务群众达到 6.9 万余人次。

非物质文化遗产保护工作

年内，经对全区进行摸底调查，将河北梆子和评剧 2 个曲种、共 8 支戏曲团队录入全国地方戏曲普查系统，圆满完成了戏曲剧种普查工作。组织非遗舞蹈《鞭花飞扬》，参加 2016 我爱北京市民新春联欢会。举办“传承技艺鲁班枕　编书赠予传承人”活动，把鲁班枕制作技艺编印成书捐赠给鲁班枕传承人。结合清明、端午、七夕、中秋等传统节日，举办“诗词颂先烈　歌咏祭英雄”文艺节目展演、“丙申再赏端午食文化　二〇一六角黍赛飘香”、“七夕乞巧学技艺　传承非遗一家亲”和“皓魄当空宝镜升·传统文化尽繁荣”密云区 2016 年中秋文艺晚会等活动。开展以“让文化遗产融入现代生活”为主题的第 11 个文化遗产日宣传活动。举办了“密云区非物质文化遗产保护成果展”“弘扬非遗手工技艺　展示民间艺术风采”活动和“密云区优秀传统文艺节目荟萃展演”。

文化交流

第三届“我爱唱歌”——2016 年京津冀百姓歌手大赛　11 月 10 日，第三届“我爱唱歌”——2016 年京津冀百姓歌手大赛在密云大剧院举行。大赛由北京市文化局、北京市文联、天津市文化广播影视局、河北省文化厅共同支持，北京文化艺术活动中心、天津市群众艺术馆、河北省群众艺术馆、北京市音乐家协会、密云区文化委员会共同主办，密云区文化馆承办，各区文委、文化馆和密云大剧院、密云 360 网共同协办。“我爱唱歌”——北京市百姓歌手大赛此前已连续举办 2 届，2016 年首次由京津冀三地共同举办，旨在繁荣群众精品文艺创作，进一步推进京津冀文化协同发展。大赛从 9 月宣传发动，历时 2 个多月，京津冀三地分别组织了初赛、复赛，88 名选手进入决赛。决赛分演唱和才艺展示 2 个环节进行，邀请国家一级演员、中国人民解放军总政歌剧团著名女高音歌唱家王静等 5 位专家担任评委，最终评选出少年、青年、中年和原创 4 个组别的金、银、铜奖，并评选了优秀组织奖。大赛还通过密云 360 网站和微信公众号设立网络投票环节，评选出最佳人气奖 3 名。

京津冀文化交流活动　年内，选送原创舞蹈《红袖吟春》，参加 2016 年河北省承德市兴隆县春节联欢会演出录制。推荐优秀作品，参加庆祝建党 95 周年——京津冀民间绘画邀请展和京津冀辽四省市十五区县书画影作品联展。

图书馆

年内，图书馆接待读者 5 万多人次，借阅图书 14 万多册次；为溪翁庄等 5 个图书馆分馆定期更换图书，送书下乡 40 多次。启动密云区第六届全民阅读季，举办“换书大集”“就爱你阅读”签名、少儿国学系列讲座和“书香密云　全民阅读”工作成果展等活动，深入推进红领巾读书活动，营造了浓郁的读书氛围。

文化市场管理

行政审批工作　年内，推进简政放权，强化审批服务，梳理文化行政许可事项及程序性规定，制定行政许可事项通用责任清单，行政许可事项及程序性规定和通用责任清单全部实现网上公开。完成文化娱乐场所年审换证等企业年度核验初审工作。全年审批文化场所 53 家，全区文化场所共 383 家。

文化市场管理暨“扫黄打非”工作　年内，举办 2016 京承战略合作文化执法法制培训班，深化京冀“扫黄打非·护城河工程”京承地区文化市场战略合作，开展与新疆克拉玛依市城市管理行政执法局对口帮扶工作。制定实施《2016 年密云区文化市场管理暨“扫黄打非”工作方案》，明确属地管理责任，履行行业监管职责，加强“两节”“两会”等重要时期、重点时段文化市场执法检查，深入开展“扫黄打非”及“清源”“净网”“护苗”等专项行动，推进密云文化市场繁荣发展。共出动执法人员 2800 多人次，检查文物保护、文化经营单位 2600 多家次，罚款人民币 9.64 万元。安全监管工作年内，强化安全生产责任制落实，签订《密云区文化委员

会文化娱乐场所经营单位安全生产责任书》《北京市文化经营场所依法文明安全燃放烟花承诺书》，举办2016年北京市密云区文化经营单位安全生产大型公开课。

文化法治建设　年内，开展“3·18”文化市场法治宣传日等宣传活动，举办文化市场法律法规培训班。制定并公开行政处罚、行政强制、行政检查等责任清单、权力清单及流程图，建立完善行政许可和行政处罚“双随机、一公开”和“双公示”工作机制。做好“行刑”衔接工作，将做出行政处罚的一般程序案件及时录入行政执法与刑事司法信息共享平台。

2016年北京市密云区文化市场法律法规培训班

获奖情况

集体

区文委行政执法队　荣获中宣部、文化部和国家新闻出版广电总局颁发的“第六届全国服务农民服务基层文化建设文化市场管理和‘扫黄打非’机构先进集体”称号；荣获2015—2016年度北京市“扫黄打非”暨文化市场管理工作先进集体称号；荣获北京市文化市场行政执法总队纪念长征胜利80周年征文优秀组织奖。

区图书馆　荣获2016年北京市红领巾读书活动优秀组织奖；荣获北京市红领巾读书活动“书香溢我家”家庭情景剧比赛一等奖。

密云二小、密云三小、密云六小　被评为2016年北京市红领巾读书活动先进示范单位。

区文化馆　荣获第三届“北京之声”——2016首都市民合唱周优秀组织单位奖；荣获2016“舞动北京”全民广场舞大赛组织贡献奖；荣获第十一届“舞动北京”群众广场舞蹈大赛创作表演银奖；荣获第十一届“舞动北京”群众广场舞蹈大赛郊区（团体）金奖；荣获2016“谁与争锋”第三届戏曲票友大赛决赛优秀组织奖；荣获第二届宣南杯京津冀鼓曲大赛组织奖；荣获“影像北京”——纪念长征胜利80周年书法美术摄影作品展组织奖；荣获庆祝中国共产党成立95周年为你歌唱第二届北京市中老年声乐比赛组织奖；荣获第三届“我爱唱歌”——2016年京津冀百姓歌手大赛优秀组织奖。

区文化馆文化志愿者合唱团　荣获第三届“北京之声”——2016首都市民合唱周展演比赛老年组银奖。

区青少年宫合唱团　荣获2016“谁与争锋”第三届戏曲票友大赛决赛优秀组织奖；荣获第三届“北京之声”——2016首都市民合唱周展演比赛青少年组金奖。

区文化馆吉祥彩蝶舞蹈团　荣获2016“谁与争锋”第三届戏曲票友大赛决赛优秀组织奖；荣获2016“舞动北京”全民广场舞大赛优秀团队奖。

个人

张修龙　荣获2015—2016年度北京市“扫黄打非”暨文化市场管理工作先进个人称号；荣获北京市文化市场行政执法2016年度办案标兵称号。

张合青　荣获北京市文化市场行政执法总队纪念长征胜利80周年征文二等奖；荣获北京市文化市场行政执法2016年度办案标兵称号。

王海龙　荣获北京市文化市场行政执法2016年度办案能手称号。

周正阳　荣获北京市文化市场行政执法2016年度办案能手称号。

刘延修　荣获第三届“我爱唱歌”——2016年京津冀百姓歌手大赛青年组金奖。

郭　飞　荣获第三届“我爱唱歌”——2016年京津冀百姓歌手大赛青年组金奖。

丛培杰　荣获第三届“我爱唱歌”——2016年京津冀百姓歌手大赛中年组金奖。

张云绮　荣获“影像北京”——纪念长征胜利80周年书法美术摄影作品展青少年组金奖。

王皓轩　荣获2016年度北京市红领巾读书活动“童眼看京城”电子书制作大赛二等奖。

王玉如　荣获2016年度北京市红领巾读书活动“童眼看京城”电子书制作大赛优秀指导教师称号。

程翘楚　荣获2016年度北京市红领巾读书活动第十七届“读书小状元”称号。

段海婷　荣获2016年度北京市红领巾读书活动第十七届“读书小状元”称号。

刘馨泽　荣获2016年度北京市红领巾读书活动第十七届“读书小状元”称号。

席艺唐　荣获2016年度北京市红领巾读书活动第十七届“读书小状元”称号。

邹玥堃　荣获2016年度北京市红领巾读书活动第十七届“读书小状元”称号。

胡净涵　荣获2016年北京市红领巾读书活动

“心有榜样”讲故事比赛二等奖。

褚春艳　荣获2016年北京市红领巾读书活动“心有榜样”讲故事比赛优秀指导教师称号。

密云区文化委员会

书　记　李洪仕（12月免）
　　　　郝加瑞（12月任）
主　任　李洪仕（12月免）
　　　　郝加瑞（12月任）

（李红生　马　超）

延　庆　区

概　况

延庆地处北京西北部，三面环山，一面临水，平均海拔500米以上，地域总面积1993.75平方公里。其中，山区面积占72.8%，平原面积占26.2%，水域面积占1%。生态环境优良，是首都西北重要的生态屏障。下辖11镇4乡、376个行政村，3个街道办事处、30个社区。常住人口31.6万人。

延庆区文化委员会（以下简称区文委）是负责全区文化、文物、广播电视、新闻出版、版权执法与监督的政府文化行政主管部门。机关设文化科、文物科、市场科、行政执法队、政办室、财务审计科6个科室，下属有文化馆、图书馆、文物管理所、文化中心后勤服务中心、公益电影放映中心、新华书店6家单位，共有在编职工128人。

2016年是“十三五”规划的开局之年，是延庆撤县设区的起始之年。一年来，在区委、区政府的正确领导下，区文委围绕2019年世园会、2022年冬奥会等绿色大事，以构建现代公共文化服务体系为目标，不断完善基层文化设施，巩固基层文化队伍，加强文化遗产的保护与传承，为促进区域文化发展，提升公共文化服务水平，保障人民基本文化权益，做出了新的贡献。

2016年文化艺术发展

文化设施建设

村级文化设施建　完善冬季采暖工作，对全区190个行政村文化室实施室外线路增容改造、外墙保温工程和采暖设备安装工作。采暖面积共计36776.06平方米，在采暖工作展开的同时，歌华有线同步推进党员电教、文化信息共享、电影放映“三网合一”，有效地盘活了农村冬季闲置公共文化设施与资源，解决了农村文化设施因冬季寒冷没有采暖而造成的“半年闲”现象。

乡级文化设施建设　积极推进大榆树镇、井庄镇等5个乡镇文体中心达标建设工作，推进农村文化设备购置项目。为延庆区376个村、30个社区配置音响、乐器、文化类光盘资料，用于群众开展旱船、大鼓、戏剧等文化健身活动；在延庆区15个乡镇、3个街道文化站点配置便携式音响和移动电源设备，用于群众在文化广场、田间地头开展文艺活动。

重要活动

迎新春民俗文化活动　1月30日—31日，区文委举办“情系冬奥　福润京津冀”文化志愿者春节送“福”到家启动仪式暨“推门长城就在屋檐下”永宁古城迎新春文化庙会活动。文化部公共文化司巡视员周广莲，延庆区委常委、宣传部部长、统战部部长祁金利，天津市宁河区副区长杨霞出席开幕式。开幕式上，寓意美好的挂虎眼、精彩的舞狮表演和欢快的舞蹈引得现场观众阵阵喝彩。延庆门神“谭纶”“赵玨”的亮相，更将现场气氛推向高潮，两位门神身披金甲、手拿兵器，为京津冀三地群众驱邪避险、守护平安。京津冀三地的文化志愿者还将三地特色文化艺术品送到市民手中，为三地市民献上新春的祝福。

“果园老农杯”元宵节花会展演　2月22日，延庆区2016年“果园老农杯”元宵节花会展演举行。该届元宵节花会展演活动以“百年花会迎盛事　美丽延庆开新篇”为主题，来自全区各乡镇、街道的36档花会、1400名群众演员，共同演绎了一场极具地方特色的“最炫民俗风”。整个活动持续整整3个小时，来自区内外3.5万余名观众欣赏了这场民俗文化盛宴。2016年元宵节花会是北京成功申冬奥后的第一届，除了传统花会项目，花会展演中还增添了许多冬奥元素，演出队伍打出了冬奥主题标语，表达全区人民对冬奥会的热切期盼和全力支持。演出现场，区文委组织专家评审组对参展的36档花会进行现场评审，最终，井庄镇艾官营村的十八只船和香营乡新庄堡村的高跷荣获最佳表演奖。

“精彩世界　文化长城”2016年中外文化志愿者交流活动　3月28日，以“精彩世界、文化长城”为主题的2016年世界文化·延庆行——中外文化志愿者活动在延庆举行。古巴驻华大使馆政务参赞王永明和区委常委、宣传部部长、统战部部长祁金利出席活动。活动中，中巴双方开展了文化交流，古巴文化志愿者体验了剪纸、书法等中国传统文化，来自古巴的李斯特·阿方索舞蹈团为在场嘉宾表演了精彩的舞蹈。

第九届乡村欢乐节书画影作品展　4月3日，延庆第九届乡村欢乐节书画影作品展在区文化馆展厅开展。该次展览从第九届乡村欢乐节书画影大赛近600件投稿作品中评选出150件进行展览，其中书法75件、绘画27幅、摄影46幅。书法作品中既有工整规矩的楷书、豪放洒脱的行草，也有幽雅娴静的篆书；绘画作品有山水，有花鸟，也有人物；摄影作品有冰雪运动的瞬间，也有社区生活的特写。此次展览，书、画、影作者遍布延庆区3个街道、15个乡镇，范围广泛，群众参加踊跃，展现了延庆区群众文化蓬勃发展的良好态势。

第八届北京端午文化节暨北京市第四届“非遗大观园”端午游园会　6月9日—11日，第八届北京端午文化节暨北京市第四届“非遗大观园”端午游园会在延庆成功举办。该届端午文化节突出“我们的节日”文化内涵，策划了开幕式、闭幕式和四大板块十余项城区主会场活动。北京市第三届“非遗大观园”端午游园会活动共集聚全市区级以上非遗展演、展卖项目52项，规模历届最大。闭幕式正值全国第11个文化遗产日，在青龙桥火车站举办端午“武状元”颁奖仪式，并以“强国路·中国梦·人人当自强”为主题开展系列宣传活动，让文化遗产融入现代生活。

第八届北京端午文化节暨北京市第四届“非遗大观园”端午游园会闭幕式在青龙桥火车站举办

延庆区消夏避暑季夏日文化广场活动　7月22日，延庆区2016年消夏避暑季“群众文艺大会演”暨夏日文化广场活动在会展中心广场拉开帷幕。此次活动从7月22日持续到8月27日，以“美丽延庆——北京山水大舞台”为主题，以会展中心广场为主会场，15个乡镇和3个街道办事处文化广场为分会场，开展丰富多彩的演出活动近百场。通过舞蹈、歌曲、戏曲等多种艺术形式，展现延庆区群众热爱祖国、朝气蓬勃、昂扬向上的精神面貌和延庆区美丽、幽静的自然环境，为广大群众提供了丰盛的夏日文化大餐，进而满足了基层群众高质量的文化需求。

纪念北京申冬奥成功一周年活动暨冬奥会会徽全球征集发布仪式　7月31日，在北京成功申办2022年冬奥会一周年之际，以“从长城发出的邀请”为主题的纪念北京申冬奥成功一周年活动在八达岭长城望京文化广场举办。活动面向全球征集北京2022年冬奥会会徽和冬残奥会会徽设计方案。区文委组织编排了《请到长城来滑雪》《最炫广场舞》和《威风锣鼓——普天同庆》3个节目参加活动演出。

文化惠民演出

公益演出　2016年，完成了“星火工程”演出1128场，“周末场演出”54场，“百姓周末大舞台”6场，年累计演出总时长超过10万小时，惠及群众近20万人次。举办以“美丽延庆——北京山水大舞台”为主题的戏曲艺术节活动，将评剧、豫剧、河北梆子、晋剧中的传统优秀曲目送到了百姓身边。

文化人才队伍建设

文化组织员队伍建设　自延庆区376名行政村群众文化组织员上岗以来，不断加强对群众文化组织员队伍的建设管理工作。2016年，群众文化组织员队伍建设项目顺利通过文化部公共文化服务体系示范项目验收。

文艺骨干队伍建设管理　2016年，延庆区有文艺骨干达1万余人，全区文艺爱好者2万人，全区拥有农民文艺团队30余支、花会队伍300余支。通过广泛开展艺术培育工程，2016年开展各类文艺培训近3万人次，形成了基层文化建设的有力人才支撑。

文化市场监督员建设管理　坚持每季度对延庆区聘任的28名文化市场监督员至少开展一次座谈会或培训会，向监督员讲解相关法律法规知识，监督技能等，不断地提高文化市场监督员的职业素质。

非物质文化遗产保护工作

建设永宁幼儿园延庆高跷、延庆火勺传承基地　5月31日，区文委命名永宁幼儿园为延庆区级非物质文化遗产项目延庆火勺、延庆高跷传承基地。此次传承基地命名活动，旨在传承文脉，创造未来，以传承延庆传统“非遗”项目为重点，让更多的孩子学习“非遗”项目，热爱传统文化，将文化的种子播撒在孩子的心田，努力探索幼儿文化传承与创新的发展之路，探索儿童的智力开发与精神培养相互融合发展的路径。

寻找长城传说主题夏令营　8月，寻找长城传说主题夏令营举行，来自“八达岭长城传说”传承基地八达岭中心小学的80名学生参与此次夏令营活动。通过夏令营参观古迹点、听传说故事等多项活动，使每一名营员能够实现“五个一”的活动目标。即：能讲述一个长城传说，能搜集一个长城传说，能掌握一段长城历史，能了解一个长城人物，能提炼一种长城精神。“寻找长城传说主题夏令营”活动以

“理解和热爱　责任与担当”为主题，增强少年儿童的责任心，在夏令营活动中树立长城精神。培养少年儿童积极进取的人生态度、提高对传统文化的认知能力、激发挑战困境的决心勇气，为传承“八达岭长城传说”奠定基石。

编著《延庆竹马》　“延庆竹马”在北京地区是十分重要的传统舞蹈品类，也是北京市级非物质文化遗产，2016年10月，《延庆竹马》一书的编写工作顺利完成，是对延庆区非物质文化遗产保护工作的一项重要的贡献。《延庆竹马》共分为六个篇章，分别为中国竹马文化概览、延庆竹马概述、延庆竹马的技艺特征、延庆竹马的相关习俗、延庆竹马的文化性、延庆竹马的发展。

拍摄长城传说故事会、制作八达岭长城传说动画片　年初，组织拍摄长城传说故事会，制作八达岭长城传说动画片，以崭新的形式宣传国家级非物质文化遗产代表性项目“八达岭长城传说”。

文化馆

文学讲座　4月29日，中国作协会员、北京作协理事、中国民协副主席刘一达受邀到延庆区文化馆举办文学讲座，全区四十余名文学爱好者参加。刘一达结合自身创作实际，深入浅出地从文学创作要持之以恒；文学创作要加强自身修养、不断超越自我；文学创作要善于提炼精髓，抓核心；文学创作要接地气以及文学创作要走出去五个方面向大家讲解了如何进行文学创作。刘一达以风趣幽默地语言风格以及深厚的文学功底深受听众喜爱，使延庆区文学爱好者受益匪浅。

绘画、摄影创作培训　5月18日—19日，组织延庆区绘画、摄影爱好者到玉渡山和大海坨村进行创作培训，共26人参加该次活动。北京群众艺术活动中心创作部主任张明伟和绘画部董云老师对创作进行辅导。该次培创作训活动给延庆区绘画、摄影爱好者提供一个相互交流、学习的平台，激发了大家的创作欲望。

北京市第八届端午文化节志愿者微庙行动文旅推介活动　5月21日和28日，以“休闲延庆　多彩端午”为主题的北京市第八届端午文化节志愿者微庙行动文旅推介活动分别在北海公园团城广场与植物园举行。此次活动由区文委、区旅游委和北海公园共同开展。此次活动向游客预告了延庆端午节的特色活动、推荐了3条两日游线路，旨在推介端午期间延庆旅游文化活动项目以及推广延庆独具魅力的非物质文化遗产。

京蒙文化交流绘画作品展　6月6日—11日，京蒙文化交流绘画作品展在区文化馆举办。展览展出了反映老北京和内蒙古乌兰察布地区民俗的绘画作品80幅。乌兰察布市委常委、宣传部部长云淮，中国美术家协会理事、中国国家画院研究员苗再新，解放军艺术学院政治部原副主任赵欣欣，乌兰察布市委副巡视员王玉水，延庆区区委常委、宣传部部长、统战部部长祁金利出席开幕式。

八一军民联欢会　7月28日，以“强军兴镇　鱼水情深”为主题的庆“八一”军民联欢会在康庄镇文体中心成功举办。区文化馆群艺干部盛爱芳结合康庄镇历史与镇情精心编排策划了整场演出。演出分为3个篇章：古塞雄风、强军战歌、鱼水情深。其中古塞雄风篇章由金戈铁马、浴血奋战、和平解放3个部分演绎了康庄镇自元朝起历经明清、抗日战争和解放战争的军事文化历史，共103名演员参与该篇章的演出。区文化馆演职人员还为晚会带来《美落子》《兵哥哥》《班长的红玫瑰》等精彩节目。

李有来书画小品邀请展　8月28日，“逸兴遄飞”李有来书画小品邀请展在区文化馆举办。此次展览共展出李有来书画小品60幅。李有来是当代著名书法名家，现为中国书法家协会理事、北京书法家协会副主席。其书作笔法精湛、娴熟，变化丰富，意境悠远，令人寻味。

群众广场舞蹈大赛　8月29日，“舞动北京”全民广场舞蹈大赛延庆海选赛暨延庆区第七届群众广场舞蹈大赛在世界葡萄博览园举办，来自全区15个乡镇、3个街道、共25支队伍参加比赛。最终，香水园街道选送的《阳光路上》、儒林街道选送的《感到幸福你就拍拍手》等6支参赛舞蹈成功晋级，代表延庆区参加全市复赛。

群众合唱节　9月28日，以“最美大歌声献给党”为主题的延庆区第九届群众合唱节在文化馆剧场举办。来自全区15个乡镇、3个街道的18支合唱队伍同台竞技，充分展示延庆区群众的爱国主义热情、昂扬的精神面貌。最终，康庄镇代表队获得乡镇组一等奖，香水园街道代表队获得街道组一等奖。

群众艺术大课堂　2016年，面向全区群众免费开放舞蹈、器乐、书画教室；持续开展“群众艺术大课堂”，开设书法、绘画、文学、器乐、舞蹈等课程。根据群众需求，新增篆刻课程，开课伊始便深受群众喜爱，上课人数不断增长。全年共计开课271次，受众7380人次。通过大课堂，网罗、培育和凝聚了一批优秀人才，也为延庆群众提供了一个良好的学习平台。

志愿服务　2016年，区文化馆以农村为重点服务区域，以外来务工子弟、老年人和残疾人为重点服务对象，组织文艺志愿服务队伍走进区域内各乡镇、街道，进行声乐、器乐、舞蹈培训和演出。2016年，文化馆志愿者、志愿者分中心到各街道、

延庆区第九届群众合唱节

乡镇温馨家园、养老院慰问演出52场；"送福到家"写春联、"福"字4700余幅；器乐培训22批次，168人次；舞蹈、合唱、化妆培训86批次3700人次。志愿服务在社会形成较大反响，既为群众，尤其是弱势群体，丰富了业余生活，又为群众之间相互沟通、交流提供了一个平等友爱的大舞台。

图书馆

基本情况 2016年，延庆区图书馆增购新书11679种、56589册，新办读者证2712个，累计持证读者24682人，到馆人次达151519人次，图书流通187907册次，电话续借4210次，修订图书1175册；依托馆藏资源，举办各类读书活动29次，参与人数累计达到12158人次；组织"妫川大讲堂"讲座12场，331人次参加；为106个基层图书室配送图书108次、52106册，圆满完成了下乡送书任务。在保障现有图书配送点正常工作的同时，发展新的图书配送点7个。另外自制印发6期1000多份的科技信息资料给图书配送点。

换书大集活动 4月7日—4月23日，举办第一届换书大集活动。共换出图书1746册、期刊282本，回收图书1132册、刊物115本，换书人数达到359人。

图书漂流活动 4月初，开展"书香延庆 诚信漂流"——图书漂流活动。工作人员精心挑选近300册内容健康、可读性强、外观整洁的图书，做了整理分类、信息登记、贴漂流卡、加盖专用章等处理，于4月底正式上架漂流。以此形式，让书籍、知识和信任传递，从而充分体现了"书是为了用的"理念。之后，累计接收的500余册捐赠图书均已上架漂流。

世界读书日活动 4月23日，组织开展世界图书日系列活动，接待师生、乡镇党员等到馆参观、办展览、发资料、举行"好刊推荐"排行榜、开展演讲比赛等。通过"4·23"世界读书日系列活动的开展，弘扬了尊重知识、崇尚文明的阅读理念，养成了公众良好的阅读习惯，丰富了公众文化生活，提高了公众文化素质，为建设学习型城市、学习型社会、文明社区做出贡献。

"红领巾读书"活动 图书馆开展以"心有榜样 弘扬风尚"为主题的2016年"红领巾读书"活动。"红读"活动涉及全区15所小学、5所中学60%以上学生参与，人次达14991人。其中，郭妍希、高胜寒、王紫依分别获得"心有榜样"红领巾讲故事比赛市级三等奖；《爸爸陪我读书》获"书香溢我家"家庭情景剧比赛市级三等奖，欧洋娇获最佳编剧奖，牛若涵、王远获最佳表演奖；翟敬涵创作的《迎冬奥》获得第四届"我的藏书票"设计比赛市级三等奖；《童眼看京城》电子书制作市级赛中，李萌萌获一等奖，王情、马越洋分获二等奖，祝婷萱三等奖；郝玉杰、王艺涵等5名同学获得第十七届市级"读书小状元"光荣称号；设立的"红读专架"向广大少年儿童读者推荐了优秀图书20余种。

文化市场管理

行政审批工作　全年共受理行政许可事项23项。其中，设立及变更出版物经营单位9家，互联网上网服务营业场所4家，歌舞娱乐场所1家，电子游艺娱乐场所1家，营业性文艺表演团体1家，电影院1家，营业性演出许可5家38场次，注销文化经营单位1家。

专项整治　组织开展“扫黄打非”专项整治工作，坚持“打防并举、标本兼治、综合治理”的方针。2016年开展了以全国“两会”期间文化市场“扫黄打非”专项保障工作为主的20余个专项行动，共出动执法检查300余次，出动执法人员1613人次；共检查各类文化娱乐场所960余家次，立案10起，罚款29000元。

获奖情况

集体

区图书馆　荣获2016年北京市红领巾读书活动优秀组织奖。

区文化馆　在第十一届“舞动北京”群众广场舞蹈大赛中荣获团体铜奖；在“影像北京”纪念长征胜利80周年书法美术摄影作品展中荣获优秀组织奖；在2016环渤海风采小幅油画邀请展中荣获优秀组织奖；在“谁与争锋”北京市第三届戏曲票友大赛中荣获优秀组织奖；在第三届“东方少年　中国梦”新创意中小学生作文大赛中荣获优秀组织奖；创编舞蹈《请到长城来滑雪》荣获第十一届“舞动北京”群众广场舞蹈大赛创作表演金奖；创编舞蹈《栽种世园希望树》荣获北京市第26节农民艺术节“乡村大舞台”二等奖。

个人

郭延辉　论文《管见文化馆法人治理结构的体制创新》荣获2015年第二届中国文化馆年会北京地区征文活动二等奖。

晏怀英　论文《依托当地文化资源，打造本土文化队伍的研究》荣获2015年第二届中国文化馆年会北京地区征文活动三等奖。

闫兴国　绘画作品《不忘初心》荣获“影像北京”纪念长征胜利80周年书法摄影作品展一等奖。

刘　涛　在庆祝中国共产党成立95周年“为你歌唱”第二届北京市中老年声乐比赛中荣获优秀辅导奖。

延庆区文化委员会

书　记　马健壮（2月免）
叶　东（2月任）

主　任　张　迁

（赵　迎）

◀7 月 1 日，东城区纪念建党 95 周年、长征胜利 80 周年文艺演出暨 2016 年东城区群众文化展演季开幕式在东城区文化馆举行

◀2016“舞动北京”全民广场舞大赛东城区选拔赛

▶北京第九届龙潭端午文化节在龙潭公园举办

▶8 月 27 日，东城区百姓周末大舞台在玉蜓公园演出

▲7 月 22 日，东城区庆祝八一建军节慰问武警天安门支队军民联欢晚会

◀9 月 14 日，东城区 2016 年钟鼓楼中秋诗会

▼4 月 2 日，“书海听涛——我们的时代与人生：刘心武对话张颐武”在东城区第一图书馆举行

▲7 月 25 日，第二届“曹灿杯”全国青少年朗诵大赛颁奖典礼在北京红剧场举行

◀ 3 月 3 日，中共西城区委书记卢映川在西城区第一图书馆参加志愿服务活动

▶ 西城区万人走进艺术殿堂惠民演出

◀ 1 月 23 日，西城区第一文化馆群星大舞台——“是的，小熊”2016 新年音乐会

▶ 3 月 8 日，2016 年西城区第一文化馆舞蹈队十周年舞蹈专场演出

▶ 10 月 19 日，西城区第一文化馆演出的曲艺原创作品京韵大鼓《丰碑》在第十一届中国艺术节群星奖决赛中获曲艺类获奖作品奖

◀ 西城区第二文化馆举办的第二届“西城美声音”——美丽家园社区声乐大赛

◀ 原创音乐剧《北京人家口技人生》（西城区文化委员会出品）

▶ 4 月 16 日，日本绘本作家、纸戏剧达人和歌山静子（中右）在西城区少儿图书馆为小朋友们讲纸戏剧《猫咪小白》

9 月，朝阳区“旋舞朝阳”群众交谊舞展演

9 月，2016 年民族器乐品牌团队认定比赛在国声京剧团举行

首届京津冀地区民间花会展演在朝阳区举行

4 月 23 日，第六届北京换书大集朝阳区分会场

▶ 5 月，第十一届潮流音乐节在 798 艺术区玫瑰之名艺术中心举行

◀ 8 月，第 15 界“金刺猬”大学生戏剧节在朝阳区举办

▶ 11 月，北京市首家社区流动美术馆在呼家楼街道金台社区揭幕

◀ 4 月 4 日，孙河乡上辛堡村举办上辛堡春季文化庙会

◀8 月 24 日，全国人大常委会法工委副主任许安标（前排右一）等领导调研海淀公共文化建设

▲6 月 14 日，朝阳区十五届人大常委会第五十七次主任会议，研究海淀区创建国家公共文化服务体系示范区工作

▼新建的海淀区北部文化中心

▼5 月 18 日，第六届“青春的海”中关村国际青年艺术季开幕式在中华世纪坛举行

◀ 6 月 18 日，中共海淀区委常委、宣传部部长陈名杰在中间艺术园区艺术广场举行的 2016 年第二届中关村儿童演出季开幕式上发言

◀ 10 月 18 日，中关村金秋演出季新闻发布会

▶ 6 月 21 日，海淀区文化委员会举办安全生产月公开课培训

▶ 3 月 3 日，海淀区文化委员会主任陈静（左二）带队到爱奇艺公司调研文化数字化建设

1月26日，丰台区2016年文化、科技、卫生“三下乡”集中示范活动启动仪式

春节文化惠民演出舞蹈《大红灯笼》

“我的丰台·我的家”群众合唱大赛

丰台区北宫森林音乐厅金秋演出季活动

▶ 获第十七届群星奖优秀作品奖的原创男声小组唱《四合院儿》（丰台区文化馆演出）

▶ “花开丰台”端午文化游园会优秀“非遗”项目小车会表演

▶ “书香丰台”阅读系列活动走进军营

◀ 丰台区参与的高雄灯会艺术节暨第五届北京特色周开幕式在台湾高雄香蕉码头主会场举行

4 月 29 日，全国广场舞培训基地在位于石景山区的北京市黄庄职业高中揭牌

“歌聚石景山　颂歌献给党”群众合唱比赛

石景山区 2016 年重阳诗歌会

石景山区文化馆、石景山区图书馆民间文学“声音故事”专场慰问演出走进军营

▶ 5月6日，石景山区第33届"古城之春"艺术节开幕式演出在区文化馆举行

◀ 原创魔幻儿童剧《石景山的传说》

◀ 石景山区文化馆组织创作的原创话剧《京西那一片晚霞》（北京一九九八国际青年艺术剧团、北京高普文化艺术有限公司制作演出）

▶ 石景山区文化馆金枫舞蹈团在国家大剧院演出原创舞蹈《邻里守望》

▶ 12 月 8 日，在通州区第六次党代会阅读空间服务活动上，中共通州区委书记杨斌（前）在《北京城市副中心通州历史文化丛书》上签名

▲ 10 月 26 日，通州区纪念中国工农红军长征胜利 80 周年文艺演出

▼ 9 月 23 日，运河艺术节开幕式在通州区文化馆一层小剧场举行

▼ 7 月 30 日，通州区文化馆举办“运河好声音”——京津冀歌手大赛

◀5 月 20 日，通州区副区长陈少敏（左五）等领导到区图书馆调研

◀1 月 17 日，结伴同行 2016 年新春联欢会在通州区文化馆一层小剧场举办

▶1 月 21 日，“乡村大舞台”文艺演出在通州区文化馆一层小剧场举办

◀2016 年通州区“我的舞台”文艺演出

▶ 7月1日，顺义区举办纪念建党95周年暨党史宣传月主题文艺演出活动

▶ 9月10日，顺义区图书馆手机APP推广宣传活动

◀ 2月19日，顺义区第十四届“赵全营杯”民间花会大赛暨京津冀三地民间花会闹元宵展演

▶ 2016年顺义区第五届“李桥杯”器乐大赛颁奖庆典

▲4 月 28 日，顺义区第二十三届"五月的鲜花"系列群众文化活动启动仪式

▶ 2016 年顺义区首届群众广场舞大赛

▶ 顺义区第十届"天竺杯"合唱大赛

▶ 顺义区向"放歌新顺义"全国歌曲征集优秀作品获奖代表颁发证书

◀ 2016 年“放歌新怀柔”夏日文化广场开幕式暨怀柔区庆祝建党 95 周年专场演出

▶ 怀柔区第 26 届群众艺术节文艺演出

◀“视野 · 国际”第三届北京怀柔艺术季闭幕演出

▶ 2016 年怀柔区红领巾读书活动“书香溢我家”家庭情景剧比赛剧目《定家训》

◀10 月 20 日，2016 年怀柔区首届“雁栖湖文学艺术奖”颁奖

▶2016 怀柔汤河川满族民俗风情节开幕演出

◀怀柔区纪念长征胜利 80 周年诵读活动

▶“影耀会都·光彩怀柔”国际摄影邀请展在首都博物馆展出

4 月 15 日，中共平谷区委书记王成国（左六）出席桃花音乐节主题演出活动

8 月 19 日，老年文艺协会庆祝建党 95 周年暨长征胜利 80 周年文艺演出在平谷区文化馆小剧场举行

1 月 21 日，北京农民艺术节文艺演出

4 月 22 日，“携手京津冀 欢乐进万家”活动在桃花大舞台举行

▶ 2月22日，平谷区第六届中国乐谷欢乐节暨2016年秧歌花会大拜年活动

▶ 6月29日，首届京津冀“诵经典、忆先贤”纪念建党95周年诵读邀请赛在平谷区文化礼堂举办

◀ 7月13日，2016年平谷区“我要大声唱”青年歌手大赛颁奖

◀ 10月21日，“美丽平谷，爱在家乡”说演唱会演

1 月 29 日，中宣部副部长庹震（右三）一行到昌平区陈庄和辛力庄益民书屋考察慰问

9 月 23 日，中国文联副主席、中国杂技家协会主席边发吉（左三）、中国杂技家协会分党组书记王仁刚（左四）、中共昌平区委书记侯君舒（左二）、中共北京市委宣传部副部长余俊生（左五）、北京市文联党组书记沈强（右一）、北京演艺集团董事长康伟（左一）共同启动第三届中国北京国际魔术大会

7 月 8 日，“清风颂” 昌平区庆祝建党 95 周年廉政文艺演出

11 月 16 日，昌平区第十八届艺术节开幕暨美丽昌平戏曲大赛颁奖展演

▶ 9 月 23 日，FISM 国际魔术联盟主席多美尼克·丹特（右）向昌平区人民政府颁发“世界魔术突出贡献奖”，中共昌平区委常委、宣传部部长刘绍坚（左）上台领奖

◀ 9 月 8 日，大型原创现代评剧《云水情》在昌平退干中心举行首演（北京宇扬文化传媒有限公司出品）

◀ 1 月 29 日，昌平区团拜会文艺演出

▶ 11 月 11 日，儿童文学作家杨红樱（右）做客第 41 期昌平读书汇

▲6 月 30 日，门头沟区庆祝建党 95 周年原创作品交响音乐会

◄8 月 18 日，第十届中国北京永定河文化节开幕式主题演出

◄6 月 8 日，在永定楼开展“盛世舞太平”——京西太平鼓非物质文化遗产展演活动

◄3 月 31 日，2016 门头沟区清明节大型民族音乐会

▲门头沟区第 27 届文化艺术节“乡村大舞台”区级展演

▶ 大型实景音乐舞台剧《戒台梵音》(门头沟区文化委员会、门头沟区旅游发展委员会出品)

▶ 门头沟区东辛房街道石门营五区社区“金猴闹春千家福”第四届社区春晚

▶ 12 月 22 日，2016 年门头沟区红领巾读书活动之“心有榜样”讲故事比赛活动颁奖

▶2 月 1 日，房山区 2016 年春节百姓大联欢活动在窦店民族文化宫举行

◀2 月 22 日，房山区 2016 年元宵节传统戏曲、杂技系列民俗展演活动

◀12 月 30 日，2017 年房山区新年音乐会在房山区窦店民族文化宫演出

◀4 月 22 日，“分享阅读　交换快乐”房山区第六届换书大集

▲7 月 1 日，纪念中国共产党成立 95 周年“与太阳一同升起”暨燕山文化馆王健诗歌作品朗诵会

▲7 月 27 日，京津冀文化市场管理“扫黄打非”联防协作工程座谈会暨战略合作协议签署仪式在房山区举行

▲9 月 8 日，话剧《没有共产党就没有新中国》（房山区霞云岭乡人民政府和北京一九九八国际青年艺术剧团共同制作、排演）

▼燕山地区 2016 年夏日文化广场暨第八届文化艺术节开幕式演出

2月1日，“温暖之春”春节晚会现场

4月24日，大兴区精品文化巡演

大兴区文化馆举办广场舞小教员培训

6月4日，大兴区举办百姓周末大舞台活动

◀ 9 月 28 日，大兴区举办 2016 新区“两学一做”学习教育集中展示演出

▶ 1 月 22 日，星火工程业余团队培训活动

◀ 大兴区对星火工程演出团进行评审

▶ 7 月 28 日，北京万兴歌舞团到部队开展节日慰问演出

▲ 10 月 19 日，“长征颂”——密云区纪念红军长征胜利八十周年演唱会在密云大剧院举办

◀ 1 月 30 日，密云区 2016 年群众系列文化活动启动式暨优秀文艺节目展演在密云大剧院举行

◀ 4 月 29 日，密云区 2016 年戏曲曲艺大赛决赛在密云大剧院举办

▶ 8 月 13 日，密云区 2016 年电视歌手大赛决赛在密云大剧院举办

▶ 6 月 25 日，密云区纪念红军长征胜利 80 周年暨 2016 年“五月的鲜花”合唱大赛在密云大剧院举办

▶ 9 月 13 日，密云区 2016 年中秋晚会

▶ 6 月 11 日，2016 密云区优秀传统节目荟萃展演

▶ 11 月 26 日，密云区 2016 年原创文艺作品大赛决赛在密云大剧院举办

◀1 月 21 日，延庆区百姓春节联欢晚会在区文化馆剧场举办

◀永宁古城迎新春文化庙会

▶2 月 22 日，延庆区“果园老农杯”元宵节花会展演活动

◀延庆区第九届乡村欢乐节书画影作品展在区文化馆展出

▶ 6 月 9 日，第八届北京端午文化节暨北京市第四届“非遗”大观园“端午游园会”开幕式在妫川广场举行

▲ 7 月 29 日，延庆区 2016 年群众文艺大会演暨夏日文化广场活动在八达岭会展中心广场举办

◀ 4 月 23 日，区图书馆举办换书大集活动

▶ 10 月 22 日，在大庄科乡沙塘沟村举办纪念红军长征胜利 80 周年暨大庄科开放式红色体验基地启动仪式文艺演出

索　引

笔画索引

10 首申冬奥歌曲获评优秀…………………………（107）
2014—2015 中骏杯《小说选刊》双年奖………（48）
《2015 中国艺术发展报告》…………………………（35）
2015 中国当代艺术年鉴展…………………………（27）
2015 中国网络文化产业年会………………………（22）
2015 中国散文排行榜………………………………（47）
2015 平谷摄影艺术精品展…………………………（158）
2015 年度《当代》长篇小说年度奖………………（47）
2015 年度中国作家出版集团奖……………………（47）
2016“天工开悟中国当代艺术大展”………………（27）
2016“休闲胜地·醉美平谷”摄影作品展………（162）
2016“欢乐春节”活动摄影展……………………（161）
2016“我爱北京”大栅栏国际摄影展……………（161）
2016“彼岸花开”民族地区艺术院校进京展演（23）
2016“金刺猬”大学生戏剧节……………………（205）
2016“契约关系”演出季…………………………（67）
2016“樱花杯”全国青少年美术作品展赛………（136）
2016《民族文学》人口较少民族作家
暨朝鲜文版作家翻译家培训班……………………（54）
2016《民族文学》重点作家培训班………………（53）
2016·北京文艺论坛………………………………（34）
2016·北京青年文艺评论人才读书研讨班………（30）
2016 千家店山水戏剧周……………………………（65）
2016 中拉文化交流年………………………………（31）
2016 中国艺术品产业博览会………………………（28）
2016 中国文化产业指数发布会……………………（22）
2016 中国文联澳门艺术人才访学交流团…………（29）
2016 中国张家口（国际）摄影大展………………（169）
2016 中国国际文化艺术博览会……………………（22）
2016 中国国家画院“一带一路”
采风写生作品展……………………………………（134）
2016 中国国家画院年展书法
篆刻院作品展………………………………………（152）
2016 中国舞蹈十二天………………………………（115）
2016 中国舞蹈年度巡礼专场晚会…………………（115）
2016 中国舞蹈新人新作晚会………………………（114）
2016 中国雕塑邀请展………………………………（133）
“2016 中俄青少年艺术嘉年华”
北京专场文艺演出…………………………………（23）
2016 巴黎中国曲艺节………………………………（84）
“2016 未来艺术志”系列主题活动………………（25）
2016 北京 798 艺术节………………………………（24）
2016 北京大学生音乐节……………………………（97）
2016 北京少儿曲艺比赛……………………………（82）
2016 北京青年戏剧节………………………………（66）
2016 北京音乐生活展………………………………（99）
2016 北京舞蹈双周…………………………………（115）
2016 亚洲好书榜……………………………………（49）
2016 当代小剧场戏曲艺术节………………………（67）
2016 年“北京故事”优秀小剧场剧目展演………（65）
2016 年“我与中华古籍”创客大赛………………（178）
2016 CBDF 国标舞艺术表演舞精品展演…………（115）
2016 年少儿报刊阅读季……………………………（44）
2016 年中国科学院知识服务资源
保障高层论坛………………………………………（177）
2016 年北京乐器展…………………………………（98）
2016 年北京市优秀网络文学
原创作品发布活动…………………………………（49）
2016 年北京市学生街舞比赛………………………（205）
2016 年北京戏曲文化周……………………………（64）
2016 年北京国际特色文化展………………………（28）
2016 年北京高校图书馆面向中小学生
开放活动启动仪式…………………………………（179）
2016 年吉林省优秀戏曲剧目进京展演……………（72）
2016 年西城区中秋节群众游园赏月活动…………（204）
2016 年全国乡村春节联欢晚会……………………（198）

2016 年全国少儿诗词在线诵读
活动正式启动……（180）
2016 年全国公共图书馆技术部主任会议……（174）
2016 年全国文化产业工作会议……（24）
2016 年全国音乐与舞蹈领域艺术
专业学位研究生教育研讨会……（108）
2016 年两岸小剧场艺术节……（66）
2016 年非洲剧院管理人才研修班……（76）
2016 年国家艺术院团演出季……（25）
2016 年国家图书馆楹联文化展……（185）
2016 年度“乡土课堂”正式开讲……（177）
2016 年度“青年艺术 100”北京启动展……（27）
2016 年度中国散文年会……（46）
2016 年度亚洲儿童青少年艺术节
联盟会议……（63）
2016 全国素描艺术大展……（130）
“2016 创新中国”发明音乐会……（103）
2016 扶贫日书法名家邀请展……（153）
2016 抗洪纪实摄影展……（162）
“2016 我爱北京”——市民新春联欢会……（23）
2016 昌平区青少年魔术迎春会……（88）
2016 香山静宜园皇家重阳音乐会……（102）
“2016 差距”摄影展……（157）
2016 首届中国古筝艺术论坛……（154）
2016 第十三届中国文化产业新年论坛……（32）
2016 第三届戏曲票友大赛……（206）
2016 第三届音乐产业高端论坛……（108）
2016 鲁迅文化论坛……（52）
2016 腾讯书院文学奖……（49）
2016 潮流音乐节……（97）
2017 北京新年音乐会……（104）
2017 年新年戏曲晚会……（67）
20 万张庙会门票免费向公众发放……（203）
20 位中青年画家“深入生活、扎根人民”
主题实践活动成果汇报展览……（132）
21 世纪年度最佳外国小说奖……（47）
3D 迷你歌剧《湮灭》到京演出……（106）
50 余家文学网站代表及作家签署网络
文学行业自律倡议书……（44）
56 民族半世纪爱情镜像摄影展……（170）
77 文创生活节……（24）
99 个中国人肖像故事手机摄影展……（160）
BALIS 管理中心与 NSTL 签订合作协议……（189）
M 地铁·图书馆“童书专列”……（184）

一画

《一个记者的九年长征》……（42）
《一百元》……（40）

二画

《丁西林民国喜剧三则》上演……（64）
丁培收徒杨林……（76）
十月文学院……（43）
《七号工作室》……（41）
“人民形象·中国精神”中国艺术研究院
艺术创作大展……（128）
八闽古村落古民居摄影展……（166）
《九眼石》……（40）
儿童“非遗”作品专题展……（202）
儿童剧《成语魔方三》……（62）
儿童剧《孙大圣之神秘伙伴》……（62）
儿童剧《时间森林》……（62）
儿童剧《足球少年》……（62）
儿童剧《我们在一起》……（62）
儿童剧《奔跑吧！小球星》……（62）
儿童剧《美食大冒险》……（62）
儿童剧《航天奇妙夜》……（62）
儿童舞剧《梦》……（198）
“刀笔纵横”现代刻字艺术大讲堂……（153）

三画

《三色玫瑰》……（40）
三庆园复建重张……（56）
三高文化专项基金……（93）
于源春琵琶独奏音乐会……（96）
寸耕堂陶印展……（149）
“大师与少年”校园音乐会……（204）
大好河山光耀中华公益演唱会……（99）
大连话剧团进京演出……（70）
大学图书馆可持续发展战略学术研讨会……（176）
大型民族音乐《寻找杜甫》……（94）
大型交响套曲《长征》……（95）
“大美京郊”——第七届北京·美丽乡村
书法艺术展……（152）
“大美篆刻”——走进生活中的
篆刻艺术作品展……（151）
大逗相声四周年庆典演出……（80）
“大家说”曾翔书法展……（151）
“万卷河山”中国美术馆
“典藏活化”系列展……（124）
“上海三部曲”进京演出……（70）
上海现代人剧社进京演出……（68）
上海京剧院进京演出……（72）

上海越剧院 2016 年新剧目北京展演……………（70）
“小不点大视界”微剧场进京演出………………（70）
《小心》……………………………………………（40）
小剧场戏剧专业委员会……………………………（56）
小剧场京剧《明朝那点事儿——审头刺汤》……（58）
小剧场话剧《人间童话》…………………………（60）
小剧场话剧《长子》………………………………（60）
小剧场话剧《罗刹国》……………………………（62）
小剧场话剧《特殊病房》…………………………（58）
小剧场话剧《催眠》………………………………（59）
山东日照旅游风光摄影展…………………………（167）
山东东营雪莲大剧院进京演出……………………（71）
山东梆子进京演出…………………………………（71）
千名基层文化骨干培训工程………………………（207）
广西柳州三江农民画晋京展………………………（141）
广州话剧艺术中心进京演出………………………（72）
门头沟原创作品交响音乐…………………………（99）
《义乌之囚》………………………………………（39）
“女人的房间”摄影展……………………………（168）
《女司机》…………………………………………（39）
女科幻作家郝景芳入围雨果奖……………………（48）
习近平在中国文联十大、中国作协九大
　开幕式上发表讲话………………………………（22）
马士达作品展………………………………………（154）
马长礼逝世…………………………………………（75）
马克思主义文艺理论与当代文艺
　实践座谈会………………………………………（33）
“乡土中国”摄影艺术大展………………………（159）
乡音版《临川四梦》进京演出……………………（72）

四画

《丰碑》荣获文化部第十七届“群星奖”………（206）
王冬龄书法艺术展…………………………………（154）
王宁摄影作品展……………………………………（160）
王庆淮山水画作品展………………………………（143）
王和声从艺 45 周年纪念音乐会…………………（108）
王金璐逝世…………………………………………（73）
王念堂期颐书法展…………………………………（150）
王建中艺术作品展…………………………………（133）
王界山画展…………………………………………（133）
王彦斌摄影艺术作品展……………………………（162）
王琦逝世……………………………………………（148）
开展首都市民系列文化活动………………………（201）
天水市西秦腔研究院进京演出……………………（69）
天津人物画发展研讨会……………………………（135）
“天津——京剧艺术的重镇”展览………………（76）
天津法官进京演话剧………………………………（69）
天桥・华人春天艺术节……………………………（23）
“天路雪之旅・雪场乐之行”
　摄影交流活动……………………………………（166）
韦江凡作品展………………………………………（127）
韦江凡逝世…………………………………………（145）
《云柜》……………………………………………（39）
“云南怒江生物多样性”摄影展…………………（169）
“艺术民族志的书写”学术研讨会………………（34）
艺术家为大栅栏居民写春联………………………（198）
“艺海同舟”——港澳台鲁首届名家
　邀请展（北京站）………………………………（144）
木偶剧《红军的战马》……………………………（62）
木偶剧《熊猫和小鼹鼠》…………………………（62）
“不一样的东莞”摄影作品展……………………（166）
太阳花儿童舞台艺术联盟…………………………（56）
太原市晋剧艺术研究院进京演出…………………（68）
区域联盟建设研讨会暨 2016 年北京地区
　高校图书馆馆长交流会…………………………（173）
“互绘・相知”——中外美术作品展……………（141）
“互联网＋”文化馆现代化建设与
　发展培训班………………………………………（207）
日本丸善雄松堂株式会社代表团访问
　首都图书馆………………………………………（187）
中央民族大学音乐学院教师作品音乐会…………（103）
中央民族歌舞团 2016 冬季欢乐周………………（116）
中央企业书法专业委员会…………………………（149）
中央军委慰问驻京部队老干部
　迎新春文艺演出…………………………………（202）
中央戏剧学院舞剧系舞剧剧目专场演出…………（115）
中央芭蕾舞团版芭蕾舞剧《舞姬》………………（113）
中央财经大学沙河校区图书馆开馆试运行………（188）
中央国家机关干部职工文艺会演…………………（201）
中央国家机关举办第四届职工
　书画摄影展………………………………………（202）
中央音乐学院国际室内乐音乐节…………………（103）
“中华水塔・三江源国家公园生态
　保护成果”摄影展………………………………（169）
中华文化促进会文化产权市场协作体……………（20）
《中华古籍保护计划“十三五”
　时期规划纲要》编制审议会议…………………（173）
中华史诗美术大展…………………………………（133）
中华民族大团结全国美术作品展…………………（125）
《中华曲艺艺谚艺诀和专业术语》
　编写启动…………………………………………（81）
中华曲艺海外行巴拿马站演出……………………（83）
中华曲艺海外行赴西班牙演出……………………（84）
中华曲艺情港澳展演・香港站……………………（85）
“中华传统文化百部经典”编纂全面启动………（189）

《中华传统文化经典百篇》……………………（35）
中华诵读大赛颁奖……………………………（49）
中国人民抗日战争纪念馆获赠
《重读抗战家书》书法作品 …………………（155）
中国儿童艺术剧院庆祝建院 60 周年 …………（73）
中国儿童文学研究会召开
研讨会暨换届大会…………………………（46）
中国工商银行首届书法美术摄影展 …………（202）
中国大众文化学会书画院……………………（123）
中国大众文化学会第四次
全国会员代表大会…………………………（26）
中国女性图书馆………………………………（191）
中国艺术研究院工笔画精品展 ………………（124）
中国艺术研究院艺术创作大展 ………………（27）
中国艺术研究院中青年艺术家系列展 ………（129）
中国艺术研究院中国雕塑院建院
九周年雕塑展………………………………（127）
中国艺术研究院曲艺研究所成立 30 周年
学术座谈会…………………………………（86）
中国艺术研究院著名艺术家系列
精品捐赠展…………………………………（26）
中国艺术职业教育学会社会艺术教育
机构工作委员会……………………………（19）
中国少数民族典籍文化展……………………（185）
中国少数民族精品音乐会“湘桂琼”…………（102）
《中国公共艺术年鉴（2015）》…………………（35）
中国文艺评论家协会艺术产业研究委员会 ……（19）
中国文艺评论家协会曲艺杂技艺术委员会 ……（88）
中国文艺评论家协会新设立 4 个
专业委员会…………………………………（20）
中国文化中心数字图书馆上线 ………………（184）
中国文化网上线………………………………（35）
中国文学艺术界 2016 春节大联欢 ……………（23）
中国文联文艺工作者职业道德建设委员会 ……（20）
中国文联文艺工作者职业道德建设委员会 ……（43）
中国文联文艺志愿服务团到房山慰问演出 ……（200）
中国文联老同志书法美术摄影作品展 …………（27）
中国文联第二期少数民族地区文艺骨干
（藏族地区）研修班 …………………………（29）
中国文联第十次全国代表大会 ………………（26）
中国文联第三期少数民族地区文艺骨干
（新疆地区）研修班 …………………………（29）
中国古建筑摄影展……………………………（158）
中国乐谷·华东乐库乐器城 …………………（93）
“中国写意——来自中国美术馆的艺术”
墨西哥展……………………………………（142）
“中国写意——来自中国美术馆的展览”
法国展………………………………………（140）
中国写意油画学派名家研究展 ………………（138）
中国民协第九次全国代表大会 ………………（24）
中国民间文艺家协会民族音乐文化产业
研究委员会…………………………………（93）
中国民族古籍再生保护成果展 ………………（185）
中国民族图书馆获赠“第三届向全国
推荐百种优秀民族图书”……………………（181）
中国民族歌剧传承发展座谈会 ………………（107）
中国皮影艺术委员会…………………………（56）
中国地质图书馆………………………………（190）
中国当代工艺美术双年展……………………（128）
中国曲协艺术团访问韩国……………………（84）
中国曲协志愿服务团赴赤水演出 ……………（84）
中国自然之声油画艺术研究院第二届
中国风景油画邀请展………………………（124）
中国合唱协会成立 30 周年座谈会 ……………（109）
中国杂协第七届理事会第二次会议 …………（89）
《中国杂技 国内叫座 国际叫好》……………（91）
“中国好风光”全国摄影大展 …………………（167）
《中国好诗·第二季》丛书 ……………………（42）
中国报业书法展………………………………（202）
中国作协向北师大捐赠图书 …………………（43）
中国作协向北京师范大学图书馆捐赠图书 ……（181）
中国作家协会第八届主席团第九次会议 ………（46）
中国作家协会第九次全国代表大会 …………（46）
中国作家馆开馆………………………………（44）
中国汽车图书馆正式揭牌成立 ………………（173）
中国青年男高音声乐大赛……………………（107）
中国现代书法 30 年学术研讨会 ………………（155）
中国抽象艺术研究展…………………………（125）
中国国家交响乐团团庆六十周年
系列音乐会…………………………………（109）
中国国家画院成立多个画种的研究机构 ………（136）
中国国家画院青年画院中国画作品展 …………（129）
中国国家图书馆与日本国立国会图书馆
举行第 35 次业务交流活动 ……………………（188）
中国国家话剧院赴台演出……………………（71）
中国国家博物馆获捐蒋兆和油画《蒋光鼐像》…（144）
《中国岩画（中英文）》期刊创刊推介会 ………（135）
中国图书馆学会高职院校图书馆分会成立 ……（172）
中国京剧优秀青年演员研究生班 20 周年
系列活动……………………………………（66）
中国京族高脚罾暨广西防城港民族文化
进京展演……………………………………（32）
中国油画艺术国际巡展………………………（140）
中国油画艺术国际巡展归国汇报展
暨 2016 中国国家画院年展油画院展 …………（132）
中国诗歌万里行走进首发集团活动 …………（45）

中国诗歌对外翻译与传播国际高层论坛………（51）
《中国话剧艺术史》出版………（76）
“中国故事”音乐会………（97）
中国—南亚图书馆管理与
服务高级研修班………（190）
“中国科讯”APP 公开试用………（182）
中国音乐学院国乐节系列活动………（104）
中国美术国际交流公益基金设立………（135）
中国美术馆馆藏杨之光作品陈列展………（145）
中国美术馆藏连环画原作精品展………（127）
中国绘画发展百年之路研讨会………（136）
中国陶瓷艺术发展基金创作基地揭牌………（135）
“中国梦·劳动美”第三届全国职工
摄影书画展………（203）
“中国梦·翰墨朝阳”第二届全国书法大赛……（153）
《中国野人》………（40）
中国笙文化国际艺术节………（101）
中国童书博览会童书榜发布………（48）
中国摄影大师齐观山影像遗珍展启动仪式……（169）
中国摄影留学生学术研讨会暨作品展………（165）
中国照相馆进京 60 年图片展………（161）
《中国新古体诗选》首发式………（45）
中国新诗百年与翻译主题对谈………（53）
中国歌剧舞剧院举办公益慰问演出………（115）
中国歌剧舞剧院舞剧团 60 周年
团庆系列活动………（116）
中国舞蹈考级 10 周年全国教学成果展演………（207）
中国舞蹈考级 10 周年教学成果展演………（200）
“中国精神·中国梦——美丽乡村行”
写生采风作品展………（127）
“中国演艺走出去”品牌译介与传播
高级研修班………（30）
中国演出行业协会艺术普及教育委员会………（20）
中国豫剧优秀剧目北京展演月………（69）
中图学会公共图书馆分会 2016 年
工作会议………（175）
中科院科技论文预发布平台………（183）
中科院举办“科技组歌”音乐会………（201）
中俄彼此最具影响的十部文学作品评选………（48）
中美汽车文化摄影展………（167）
中美欧爵士名家音乐会………（99）
中原风·河南省书法美术摄影作品晋京展……（31）
“中唱优秀音乐家出版基金项目”系列
专辑出版发布会………（110）
中韩书法研讨交流会………（154）
中奥文学交流报告会………（51）
中篇小说集《北京往事》………（38）
内蒙古民族艺术剧院进京演出………（72）
“水立方杯”海外华裔青少年中文歌曲大赛……（107）
水利老摄影家协会………（156）
“贝蒂丹斯杯”2015 年北京市体育
舞蹈锦标赛………（117）
《见证》………（41）
长征七号运载火箭首飞搭载中华
典籍交接仪式………（183）
长诗《致马雅可夫斯基》………（42）
长篇小说《日熄》获香港“红楼梦奖”………（48）
长篇小说《暗斗》………（198）
《从 0 到 1》系列魔术教材正式发布………（89）
“父与子”摄影展………（168）
公园景区开展文化活动迎端午………（200）
公益文化惠民活动蓬勃开展………（201）
《风中事》………（38）
丹青逸韵：广西书画院书画展………（143）
《文艺理论与批评》创刊 30 周年
纪念研讨会………（34）
“文化中国·森茂杯”2016 全国优秀书法
作品展评选活动………（153）
文化市场经营单位………（21）
文化部老艺术家赴北京房山送演出………（198）
文化部老年大学民乐队专场音乐会………（200）
“文传榜·2015”………（30）
“文津经典诵读”诗歌吟诵会………（178）
“心有榜样”讲故事比赛………（180）
“心智与图式”绘画作品展………（142）
尹永宏乡村人文纪实摄影展………（169）
引汉济渭摄影与水文化思考研讨会………（163）
以色列巴切瓦舞团到京演出………（120）
以色列哈比玛国家剧院到京演出………（69）
双城皮影艺人进京演出………（72）
“书心舒怀”——书法楹联名家邀请展………（151）
“书香·传爱”名家进校园活动在北京
启喑实验学校举办………（204）
“书香首图　悦读阅美”中小学校外
实践活动………（180）
“书香溢我家”家庭情景剧比赛………（180）

五画

“打开音乐之门”系列音乐会………（99）
甘肃省“双联”行动精准扶贫精准脱贫
主题晚会进京演出………（31）
世界文学的互译专家交流会………（52）
“世界在门外闪光”系列诗歌音乐会………（101）
世界视野中的中国儿童文学学术论坛………（52）
《世间已无陈金芳》………（38）

古巴李斯特·阿方索舞蹈团到京演出 …………（118）
《古本戏曲丛刊》第六集出版座谈会 ……………（175）
“古旧变流行”艺术沙龙 …………………………（66）
丙申名家邀请展 1899—1994 ……………………（26）
平谷第八届上元雅集“友谊奖”书法展 ………（150）
“东方画艺”——15 至 19 世纪中
韩日绘画展………………………………………（143）
东北师范大学音乐学院进京演出 ………………（119）
东北抗日联军专题三部书首发 …………………（192）
《东京审判文献资源数据库》出版 ……………（191）
东城区 2016 年摄影艺术作品展 ………………（160）
东城区少年宫成为北京市青少年
曲艺教育基地……………………………………（79）
东城青少年文化艺术学院曲艺新项目
启动式暨精品展演………………………………（81）
卡雷拉斯到京演出………………………………（106）
“北方情思”民族音乐会 ………………………（101）
北戏书馆平谷分馆………………………………（78）
《北鸢》…………………………………………（38）
北京、张家口签订文化合作框架协议 …………（21）
“北京·年轮”系列影像展 ……………………（158）
北京·陕西曲艺优秀作品专场演出 ……………（85）
北京 PVPC 童声合唱团专场音乐会……………（204）
北京十一学校青少年摄影教育基地 ……………（157）
北京十月文学月…………………………………（45）
北京人艺版话剧《樱桃园》……………………（59）
北京人艺赴新加坡演出…………………………（68）
北京工艺美术博物馆获捐梁永和作品 …………（144）
北京工艺美术博物馆新馆………………………（124）
北京工业职业技术学院图书馆 …………………（191）
北京工业职业技术学院图书馆
新馆开馆仪式……………………………………（188）
“北京之夜”杂技精品专场演出
在保加利亚举办…………………………………（91）
北京专题图片展览………………………………（168）
北京少儿曲艺传承培训基地海淀区
民族小学基地……………………………………（79）
北京公园风景区开展迎新春文化活动 …………（199）
北京公益摄影协会成立…………………………（157）
“北京风情”——大型原创民族交响音乐会……（96）
北京风雷京剧团赴台演出………………………（69）
北京文化艺术基金启动运作 ……………………（21）
《北京文化创意产业发展白皮书
（2016）》发布…………………………………（22）
北京文化产权交易中心中国书画
艺术品交易平台…………………………………（123）
北京东城·河北正定 2016 年书法
创意作品巡展……………………………………（154）
北京外国语大学师生摄影作品收藏展 …………（159）
北京市人民政府办公厅转发市文化局等
部门《关于政府向社会力量购买公共
文化服务的实施意见》发布……………………（196）
北京市区（局）、产（行）业文联原创
文艺节目展演……………………………………（26）
北京市公共图书馆基层图书服务资源
整合工作专题会…………………………………（174）
北京市公共图书馆馆长工作会 …………………（176）
北京市文化创意创新创业大赛 …………………（30）
北京市文化局与中国戏曲学院签订
战略合作框架协议………………………………（63）
北京市文联书画创展基地揭牌 …………………（136）
北京市写作学会成立 30 周年庆祝大会…………（50）
北京市优秀少儿题材舞台剧目展演 ……………（64）
《北京市杂技市场营销现状分析与建议》………（91）
北京市青少年“书香北京　阅读有我”
活动展示…………………………………………（181）
北京市图书馆协会医院图书馆专业委员会
2016 年年会 ……………………………………（174）
北京市河北梆子剧团五省巡演 …………………（70）
北京市学校中华传统文化促进会 ………………（20）
北京市政府发布《关于支持戏曲传承发展的
实施意见》………………………………………（21）
北京市剧院运营服务平台公布第一阶段入围
展演剧目…………………………………………（23）
北京市剧院运营服务平台公布第二阶段入围
展演剧目…………………………………………（24）
北京市教师作家协会……………………………（43）
北京市教育学会中小学教育文献信息研究会
2016 学术年会 …………………………………（176）
北京市第八十中学建校六十年摄影、
书画作品展………………………………………（203）
北京市群众舞蹈编导创作班 ……………………（207）
北京发布实施《“十三五”时期加强全国
文化中心建设规划》……………………………（21）
北京老舍文学院…………………………………（43）
北京当代中国写意油画研究院 …………………（124）
《北京曲艺 60 年》画册及系列丛书首发式……（80）
北京曲艺创作传承基地…………………………（79）
北京曲艺抢救性保护二期工程系列演出 ………（80）
北京曲协与绍兴曲协交流座谈 …………………（84）
北京曲协第四届理事会第九次会议 ……………（80）
北京曲剧《徐悲鸿》……………………………（57）
北京竹乐团专场音乐会…………………………（99）
北京欢乐谷第十届国际魔术节 …………………（89）
北京杏坛美术馆第一期书法高研班结业展 ……（152）
北京社区舞蹈大赛………………………………（205）

北京画院画家小幅油画展…………………………(125)
北京卓越人才(舞蹈)培养高校联盟
　系列活动…………………………………………(116)
北京国际图书博览会………………………………(45)
北京国际经济贸易资料中心在首图成立………(173)
北京国际摄影周2016……………………………(164)
北京美协第十五届新人新作展…………………(130)
北京首届全民时尚舞蹈大赛……………………(117)
北京教育学院图书馆组织开展中小学
　图书馆课程活动…………………………………(177)
《北京晚报》读者俱乐部新兴相声馆……………(79)
北京普及宣传《艺术品经营管理办法》…………(20)
北京摄影家协会第五届第八次理事会…………(163)
"北京意象·休闲平谷"绘画作品展……………(133)
北京管乐交响乐团音乐会………………………(100)
"北海皇家邮驿"摄影展…………………………(159)
叶小纲作品专场音乐会……………………………(96)
叶广芩京味文学创作研讨会………………………(53)
"甲骨文·悦读"公共图书馆开馆………………(172)
申万胜向中国人民革命军事博物馆
　捐赠书法作品……………………………………(155)
田世光百年诞辰纪念展…………………………(146)
田间百年诞辰纪念座谈会…………………………(51)
田战义收徒…………………………………………(86)
史民峰摄影艺术作品展…………………………(161)
"兄弟本色"组合演唱会…………………………(104)
四川省遂宁杂技团进京演出………………………(91)
四川省歌舞剧院进京演出………………………(118)
"生于80年代"——卢北峰摄影展……………(159)
《白茅岭之狼一夜》………………………………(39)
《白帽子军团》……………………………………(41)
"用音乐点亮人生"慈善音乐会…………………(97)
印度作曲家作品音乐会…………………………(101)
乐队首席与声部首席人才培养项目……………(110)
乐泉向中国美术馆捐赠书法作品………………(155)
《冬饮丛书》等系列珍贵
　典籍入藏国图……………………………………(181)
"包公杯"作品征集活动座谈会…………………(82)
市文联组织首都艺术家开展元旦、
　春节文化慰问活动………………………………(199)
"市民学习计划"主题活动………………………(178)
市直机关第四届文化艺术节……………………(200)
立陶宛OKT剧团到京演出…………………………(68)
立陶宛国家话剧院到京演出………………………(71)
立陶宛维尔纽斯小剧院到京演出…………………(71)
玄一书道展暨崔学路书法展……………………(150)
"半缘君"——周娟民族管弦乐
　作品音乐会………………………………………(103)
宁夏回族自治区演艺集团歌舞剧院
　进京演出…………………………………………(119)
宁夏演艺集团话剧院进京演出……………………(68)
宁德市畲族歌舞团进京演出……………………(119)
"记录崇高精神，凝聚闪光力量"摄影展………(161)
司徒安雕塑绘画艺术展…………………………(142)
民间戏剧社团骨干人才培训………………………(76)
《民族文学》2015年度奖…………………………(47)
"民族记忆　精神家园"——国家珍贵
　古籍特展…………………………………………(185)
民族舞剧《太平鼓声声》…………………………(114)
民族舞剧《太阳的女儿》进京演出……………(119)
"民族管弦乐作品创作与研究"结项演出………(99)
《出警》……………………………………………(41)
《阡陌家园》专场晚会……………………………(114)
加快数字化建设…………………………………(197)
加拿大炫光马戏工厂到京演出……………………(90)
加拿大圆核CAVALIA剧团到京演出……………(90)
加拿大彩纸花剧团到京演出………………………(71)
"加强与改进文艺批评"专题研讨会……………(32)
加强文艺批评恳谈会………………………………(34)
加强地方戏人才培养工作会议……………………(66)
加强通州城市副中心文化设施建设……………(197)
加强基层设施建设………………………………(197)
发放免费庙会门票………………………………(198)
圣彼得堡国立戏剧学院到京演出…………………(69)
对日战犯审判三部历史文献首发出版…………(192)
台州乱弹剧团进京演出……………………………(68)
"台湾灯会"旅行摄影展…………………………(166)
台湾戏曲学院暑期杂技研习班……………………(90)
台湾戏剧表演家剧团进京演出……………………(68)
台湾学子暑期在首图……………………………(188)
台湾蟲舞剧场进京演出…………………………(120)
台湾舞蹈家许芳宜进京演出……………………(120)
《母语》……………………………………………(40)
丝绸之路国际剧院联盟……………………………(20)
丝绸之路国际剧院联盟……………………………(57)
"丝路之梦"——兰州美术作品展………………(139)
"丝路新语——我们新疆好地方"
　美术作品展………………………………………(141)

六画

托克托县乌兰牧骑进京演出………………………(70)
老甲大写意作品展………………………………(127)
老舍作品展演………………………………………(34)
《地下三尺》………………………………………(39)
亚瑟·鲁宾斯坦国际青少年钢琴比赛…………(107)

再遇芥子园——《芥子园画传》与
当代名家对话展…………………………………（187）
协同推进京津冀文艺事业创新
发展培训班……………………………………（29）
西方音乐巨匠手稿展……………………………（96）
西安话剧有限责任公司进京演出………………（70）
西安美术学院版画系教师作品展………………（137）
西安演艺集团进京演出…………………………（71）
西安演艺集团歌舞剧院进京演出………………（118）
西班牙玛利亚·佩姬舞蹈团到京演出…………（118）
《压数量提质量力推精品——聚焦全国性
文艺评奖改革》………………………………（32）
“在水一方”经典老歌专场音乐会……………（100）
百老汇音乐剧《窈窕淑女》到京演出…………（105）
“百年振邦”交响音乐会………………………（110）
《百年密意》……………………………………（37）
《百名摄影师聚焦加拿大》画册首发…………（171）
《百名摄影师聚焦陕西》画册首发……………（171）
百姓摄影家公益影像展…………………………（202）
毕加索走进中国艺术展…………………………（140）
光明·中国探月公益音乐会……………………（108）
“当东方遇见西方”主题音乐会………………（101）
当代没骨画邀请展………………………………（129）
当代京剧名家收徒传艺工程成果
汇报演出………………………………………（67）
“岁月流歌”演唱会……………………………（100）
回婉华逝世………………………………………（86）
网络文学版权保护研讨会………………………（51）
朱立人逝世………………………………………（121）
朱奕龙向中国美术馆捐赠于右任书法作品……（155）
朱宪民摄影作品展………………………………（157）
朱韬独唱音乐会…………………………………（101）
传承发展戏曲艺术经验交流现场会……………（75）
传统文房制砚技艺精品展………………………（28）
伍必端艺术研究展………………………………（130）
“优美遂宁 ‘三城’魅力”摄影展…………（166）
延边歌舞团进京演出……………………………（119）
任继愈百年诞辰纪念活动………………………（190）
《华乐大典》系列图书新书发布会……………（111）
自闭症儿童公益摄影展…………………………（158）
“向人民汇报”音乐会…………………………（103）
“向党汇报”——纪念中国共产党成立
95周年优秀曲艺节目展演……………………（80）
《后禊帖》江超作品展…………………………（126）
“行走·发现”摄影作品展……………………（157）
全国少儿美术优秀作品汇报展…………………（128）
全国古籍普查登记工作调研会议………………（175）
全国电力环保主题摄影大展……………………（158）
全国企业书法美术摄影精品展…………………（202）
全国建筑院校情报网第二十八届年会…………（176）
全国党校系统图书馆工作会议…………………（174）
全国高校“中国音乐国际教育与
文化传播人才建设”联席会…………………（103）
全国基层院团戏曲会演…………………………（64）
全球化视野下的舞台艺术发展活动……………（32）
“创建文明城区共享和谐生活”摄影展………（158）
杂技创作人才培养培训班结项汇报展演………（89）
杂技音乐剧《新鹊桥会》进京演出……………（90）
杂技舞台剧《熊猫当家》………………………（88）
“多彩中华”新年音乐会………………………（104）
庆祝中国共产党成立95周年“一带一路”
主题民间工艺美术展…………………………（128）
庆祝中国共产党成立95周年全国
美术作品展……………………………………（128）
庆祝中国共产党成立95周年全国
美术作品展……………………………………（145）
庆祝中国共产党成立95周年音乐会…………（109）
庆祝中国共产党成立95周年美术作品展览……（146）
庆祝中国共产党成立95周年摄影展…………（160）
刘长瑜收徒李晨…………………………………（76）
刘玉泉花鸟画展…………………………………（140）
刘白羽百年诞辰纪念座谈会……………………（50）
刘兰芳、王印权夫妇收徒………………………（86）
刘运君山水画展…………………………………（138）
刘奇葆到国家图书馆调研………………………（176）
刘知白艺术展……………………………………（147）
刘焕章雕塑艺术展………………………………（132）
刘嘉楠摄影展……………………………………（158）
刘震云获“影响中国”2016年度
文化学者称号…………………………………（50）
刘德海琵琶讲座…………………………………（110）
交响套曲“为你唱歌”…………………………（94）
交响童话作品《奥当女孩》……………………（95）
“决胜十三五，全面建小康”全国征联活动……（153）
江苏优秀现代戏市场推广演出（北京站）……（70）
江苏省国画院60年·中国画书法作品展………（140）
江新蓉逝世………………………………………（75）
“汤显祖在今天”研讨会………………………（73）
安庆市黄梅戏艺术剧院进京演出………………（69）
安道一北朝佛教摩崖经原拓书法展……………（153）
许俊中国画展……………………………………（131）
“农民工·我的兄弟姐妹”摄影展……………（169）
讽刺喜剧《拉黑》………………………………（59）
“寻光觅影 聚焦颐和”摄影展………………（160）
《寻找张展》……………………………………（38）
“孙中山与华侨华人”主题图片展……………（162）

孙浩水墨作品展……（130）
孙滋溪艺术展……（126）
孙滋溪逝世……（145）
孙路坦培拉绘画作品展……（126）
孙毓敏、赵葆秀、叶金援举办集体收徒仪式……（76）
阳光地带书画十人展……（126）
《她们》……（38）
戏曲艺术人才培养“千人计划”第一期高级研修班……（76）
戏曲评论高级研修班……（76）
“戏韵丹青”——戏画八名家作品展……（125）
欢乐春节·地坛文化庙会全球行……（206）
“红色记忆”——纪念中国共产党成立95周年馆藏文献展……（186）
《红军的战马》《熊猫和小鼹鼠》首演新闻发布会……（66）
纪念丁玲逝世三十周年座谈会……（50）
纪念天津美术学院办学110周年教师作品展……（142）
纪念中国工农红军长征胜利80周年美术作品展……（147）
纪念中国共产党成立95周年全国书法名家邀请展……（151）
纪念中国舞蹈史研究60年学术研讨会……（116）
纪念卞祖善从艺55周年专场音乐会……（110）
纪念白登云110周年诞辰学术研讨会……（75）
纪念刘立福暨青年评书演员交流展演……（85）
纪念关学曾逝世10周年专场演出……（86）
纪念汤显祖逝世400周年优秀剧目展演……（74）
纪念孙颖学术成果系列活动……（120）
纪念红军长征胜利80周年专题研讨会……（33）
纪念红军长征胜利80周年中央美院“接力”系列展……（148）
纪念红军长征胜利80周年文艺晚会……（25）
纪念红军长征胜利80周年全军美术作品展览……（146）
纪念红军长征胜利80周年军旅书家邀请展……（155）
纪念红军长征胜利80周年音乐会……（109）
纪念红军长征胜利八十周年全国名家书画艺术大展……（147）
纪念红军长征胜利八十周年美术作品创作展……（147）
纪念周巍峙100周年诞辰座谈会……（109）
纪念徐新音乐会……（109）
纪念高元钧100周年诞辰系列活动……（86）
纪念戴爱莲百年诞辰系列活动……（120）

七画

《麦子熟了》……（39）
麦克·山下“一带一路”摄影展……（167）
“走出边缘”——中国女性艺术发展研究文献展……（27）
“走向自由”——古元艺术的内在精神展……（128）
邯郸学院艺术学院美术作品展……（143）
芭蕾舞剧《大红灯笼高高挂》首演15周年纪念演出……（120）
苏民逝世……（74）
苏州吴中区评弹团进京演出……（84）
杜鸣心作品专场音乐会……（97）
杜滋龄中国画作品展……（143）
《极花》……（37）
《李木的每一天》……（40）
李世济逝世……（73）
李兰英逝世……（170）
李伟菘、李偲菘30周年作品音乐会……（104）
李延声艺术展……（131）
李克勤、容祖儿演唱会……（105）
李宝林八十艺术展……（132）
李斯特逝世130周年纪念展……（141）
李毓芳逝世……（74）
李震坚艺术展……（138）
杨绛逝世……（50）
杨振宁夫妇向中国美术馆捐赠熊秉明的雕塑作品……（144）
杨晓阳美术作品展……（133）
吴大羽作品展……（142）
吴休作品展……（126）
吴钊“古琴正韵”音乐会……（97）
吴岳林高胡交响音乐会……（104）
吴素秋逝世……（74）
吴桂苓逝世……（74）
吴颂今作品音乐会……（101）
吴裕泰第六届新春茶文化庙会……（203）
“我们的中国梦，文化进万家”舞蹈教学成果展示……（198）
“我们的中国梦，文化进万家”舞蹈教学成果展示……（207）
“我的嘉陵江”摄影展……（169）
“我看见的世界”摄影作品展……（159）
何塞–玛丽亚·卡诺艺术展……（137）
《你可以做无数道小菜，也可以只做一道大菜》……（41）
“你好丰台”摄影展……（158）
近现代艺术大师油画作品展……（125）

余隆入选美国艺术与科学学院院士 ……………（105）
“坐上贝格尔号，驶向书中的博物世界”
主题展览……………………………………（186）
“岛语”摄影作品回顾展 ……………………（162）
邹佩珠纪念展…………………………………（145）
“迎丙申猴年”——楹联书法展…………………（150）
言恭达向中国人民革命军事博物馆捐赠
书法作品……………………………………（155）
“沙出重维”演唱会 …………………………（100）
沧州曲艺进京展演……………………………（84）
沈尧伊《地球的红飘带》连环画
原作研究展…………………………………（129）
沈尧伊作品十年汇选（2005—2015）展………（145）
沈延太摄影艺术纪念展………………………（171）
沈阳书画院写生创作精品特展 ………………（139）
沈启鹏绘画六十年回顾展……………………（139）
完成第二批国家公共文化服务体系
示范区（项目）的验收工作…………………（197）
启动首都公共文化服务示范区创建工作 ………（197）
社会主义核心价值观少儿声乐套曲发布 ………（98）
君乡书院………………………………………（19）
张印泉摄影研讨会……………………………（165）
张伟民花鸟画展………………………………（142）
张仲亭书国学经典作品展……………………（153）
张江舟、罗伯特·哈特曼艺术交流展 …………（137）
张君秋京剧艺术研究会………………………（56）
张杰世界巡回演唱会…………………………（105）
张凭艺术回顾展………………………………（126）
张重庆油画艺术展……………………………（131）
张家口戏曲艺术研究院进京演出 ……………（32）
张德林书法展…………………………………（154）
张藜逝世………………………………………（108）
阿那亚社区话剧社进京演出 …………………（72）
阿洪尼克独唱音乐会…………………………（101）
阿根廷欲望探戈舞团到京演出 ………………（119）
阿鸽作品展……………………………………（137）
陈半丁诞辰 140 周年纪念展…………………（147）
陈师曾 140 周年诞辰特展……………………（147）
陈志清收徒凌珂………………………………（76）
“陈忠实的创作道路”研讨会 …………………（51）
陈勃摄影七十周年研讨会……………………（163）
陈堃銶捐赠王选所藏京昆资料 ………………（67）
《纳西族现当代作家作品选集》
丛书出版发布会……………………………（45）

八画

武汉楚剧院进京演出…………………………（72）
武汉歌舞剧院进京演出………………………（104）
“青少年中华传统文化教育基地”
授牌仪式……………………………………（172）
青少年戏剧教育研讨会………………………（75）
青年纪实摄影师联展…………………………（162）
青年京剧演员挑战赛颁奖……………………（68）
青岛市京剧院进京演出………………………（71）
青岛演艺集团进京演出………………………（118）
青铜葵花儿童小说奖…………………………（47）
英国“STOMP 打击乐团”到京演出……………（105）
英国 NBT 芭蕾舞团到京演出…………………（118）
英国 TNT 剧院到京演出………………………（69）
英国冰雪夏洛特剧团到京演出 ………………（72）
英国皇家莎士比亚剧团到京演出 ……………（68）
英国皇家爱乐乐团到京演出 …………………（106）
英国新冒险舞团到京演出……………………（119）
英国壁虎剧团到京演出………………………（68）
范曾向国家博物馆捐赠书法作品 ……………（155）
范曾著《锦文掇英——学研习近平
用典心得》书法作品捐赠展…………………（150）
《直立行走》……………………………………（38）
林少忠逝世……………………………………（170）
林忆莲个人演唱会……………………………（106）
林奕华携新作进京演出………………………（72）
林毅凉山公益行摄影展………………………（167）
构建文化活动配送体系………………………（197）
杭州越剧传习院进京演出……………………（70）
《软埋》…………………………………………（38）
“非遗”舞剧《傩·情》…………………………（114）
昆曲《孔子之入卫铭》…………………………（57）
昆曲《怜香伴》…………………………………（57）
《昆曲艺术大典》首发式在京举行……………（77）
“国戏视界 2016”中国戏曲学院新媒体
艺术系作品展………………………………（27）
国际野生生物摄影年赛获奖作品展 …………（167）
国际摄影邀请展………………………………（157）
国际新经典艺术节……………………………（25）
国图打造日本对华调查档案
资料数字化服务平台………………………（184）
国图发布“全国古籍普查登记基本
数据库”和“中华古籍资源库”………………（184）
国图全面启动 2016 年春节系列活动 …………（178）
国图馆长会见世界卫生组织驻华代表 …………（187）
国图馆长助理会见澳大利亚驻华大使 …………（187）
国图馆长韩永进会见国际图联
主席和秘书长………………………………（188）
国图联合业界开展图书馆公开课
世界读书日专题活动………………………（179）

国家大剧院八月合唱节……………………………(100)
国家大剧院五月音乐节……………………………(97)
国家大剧院五月音乐节
“走出去”公益演出……………………………(202)
国家大剧院戏剧演员队……………………………(56)
国家大剧院版话剧《仲夏夜之梦》……………(59)
国家大剧院版歌剧《水仙女》……………………(94)
国家大剧院版歌剧《麦克白》……………………(95)
国家大剧院版歌剧《唐豪瑟》……………………(94)
国家大剧院版歌剧《歌女乔康达》………………(94)
国家大剧院唱片公司发布自主品牌及产品……(111)
国家大剧院歌剧节·2016…………………………(96)
国家大剧院慰问首都外来务
工人员专场演出……………………………………(201)
国家大剧院慰问首都外来务
工人员专场演出……………………………………(96)
国家开放大学书画艺术教育研究院
书法学院……………………………………………(149)
国家图书馆挂牌全国少儿报刊阅读基地………(173)
国家京剧院优秀剧目展演…………………………(63)
国家京剧院版京剧《党的女儿》…………………(57)
国家科技图书文献中心与威立出版社开通
回溯期刊数据库……………………………………(189)
国家哲学社会科学文献中心正式上线…………(185)
国家数字图书馆体验区亮相第十三届
中国国际网络文化博览会…………………………(182)
国粹幽默剧《大圣归来》…………………………(57)
“明于古今”——书法博士九人学术展…………(151)
迪尔曼·克瑞恩铂金印相影像展………………(170)
“呼唤北京文学的高峰时代”论坛………………(52)
罗工柳、郁风、彦涵、丁聪百年诞辰
纪念座谈会…………………………………………(147)
罗工柳百年诞辰纪念展……………………………(144)
罗大佑作品演唱会…………………………………(102)
罗马尼亚儿童喜剧歌剧院到京演出……………(118)
罗红摄影艺术馆开馆………………………………(157)
罗志祥“疯狂世界”巡回演唱会………………(105)
图像·画意：当代工笔画学术邀请展…………(133)
佩德罗·梅耶尔的摄影作品展…………………(168)
金台社区流动美术馆………………………………(124)
金雅琴逝世…………………………………………(74)
《命悬一丝》…………………………………………(39)
《朋霍费尔从五楼纵身一跃》……………………(40)
周中耀工笔画艺术展………………………………(137)
周正逝世……………………………………………(73)
周东朝从艺48年唢呐作品音乐会………………(110)
周华健巡回演唱会…………………………………(106)
周笔畅个人摄影展…………………………………(170)
周逢俊中国画展……………………………………(137)
周巍峙百年诞辰音乐会……………………………(110)
“京什书缘”书法交流展…………………………(154)
京台两社区网上联谊共度中秋…………………(207)
“京华墨韵”——第十八届北京书法
篆刻精品展…………………………………………(152)
京杭大运河再骑行刘世昭摄影展………………(161)
京味儿图书英国巡展………………………………(45)
京城古树记忆摄影展………………………………(159)
京津冀“非遗”藏品展示月………………………(28)
“京津冀三地同源唱曲艺”活动启动……………(82)
京津冀公共文化服务示范走廊发展联盟
首次联络员会议……………………………………(22)
京津冀文学期刊与创作主题论坛………………(53)
京津冀杂技精品节目展演…………………………(90)
京津冀杂技精品节目展演研讨会………………(91)
京津冀声乐表演邀请赛……………………………(107)
京津冀图书馆发展合作研讨会…………………(176)
京津冀河北梆子名家名段演唱会………………(63)
京津冀群众精品文艺节目展演…………………(201)
京都十五子摄影作品展……………………………(162)
京剧《大钊先生》…………………………………(57)
京剧名家名段演唱会………………………………(64)
京剧表演艺术家孙毓敏捐书仪式………………(181)
京演交响乐团建团大型交响音乐会……………(97)
郑佩佩进京演出……………………………………(69)
单弦、岔曲艺术展演………………………………(81)
法兰西艺术院院士作品邀请展…………………(139)
法国钢琴家朱利安到京演出……………………(104)
法国洛林芭蕾舞团到京演出……………………(118)
河北传媒学院进京演出……………………………(71)
河北省优秀剧目进京展演…………………………(70)
河北省河北梆子剧院进京演出…………………(71)
河北美术作品进京展………………………………(142)
河北梆子《张居正》………………………………(57)
河南省周口市书画名家作品晋京展……………(141)
河南豫剧院进京演出………………………………(72)
学生版音乐剧《妈妈咪呀！》……………………(198)
《“定远”的碎片》…………………………………(42)
《空色林澡屋》………………………………………(39)
《空巢：乡村留守老人生活现状启示录》………(41)
实验戏《追梦人》…………………………………(60)
《诗刊》2015年度陈子昂诗歌奖…………………(47)
诗集《疼痛》………………………………………(42)
“诗意的流动”——中国铁路美术作品展………(132)
“视觉档案古都卷之北京”
摄影设计交流展……………………………………(161)
话剧《二马》………………………………………(61)

话剧《人生不适情》…………………………（60）
话剧《又到满山红叶时》……………………（59）
话剧《大师》…………………………………（58）
话剧《大先生》………………………………（58）
话剧《小雨的冰糖葫芦》……………………（59）
话剧《五脊六兽》……………………………（61）
话剧《比萨斜塔》……………………………（60）
话剧《从湘江到遵义》………………………（60）
话剧《乌托咖啡馆》…………………………（60）
话剧《世界就在我眼前》……………………（61）
话剧《他有两把左轮手枪和
　黑白相间的眼睛》…………………………（58）
话剧《杜甫》…………………………………（58）
话剧《启功》…………………………………（61）
话剧《玩家》…………………………………（60）
话剧《狐狸》…………………………………（58）
话剧《实现》…………………………………（59）
话剧《独自温暖》……………………………（61）
话剧《亲亲咖啡豆》…………………………（61）
话剧《亲密》…………………………………（59）
话剧《美好的日子》…………………………（59）
话剧《给我一颗西地那非》…………………（57）
话剧《爱在无爱城》…………………………（58）
话剧《晚安，妈妈》…………………………（61）
话剧《谋杀电视机》…………………………（60）
话剧《搁浅》…………………………………（60）
话剧《魂·毒》………………………………（61）
话剧《福斯塔夫狂想曲》……………………（58）
话剧《摔出一片天》…………………………（59）
话剧《爆米花》………………………………（61）
《陌上》………………………………………（38）
陕西人民艺术剧院进京演出…………………（69）
陕西府谷赵勇摄影作品晋京展………………（169）
“经典芭蕾三合一”晚会……………………（114）

九画

“春韵天成　美丽昆明”摄影艺术展…………（166）
“城市·故事”全国主题摄影大展……………（158）
赵沨百年诞辰纪念学术活动…………………（110）
赵梁 ART“东方灵欲三部曲”
　分享推荐会…………………………………（116）
赵绪成水墨艺术展……………………………（141）
赵羡藻摄影艺术展……………………………（167）
赵燕侠收徒朱虹、熊明霞……………………（76）
郝平版画作品展………………………………（143）
《茧》…………………………………………（38）
荣宝斋中国画双年展 2016…………………（128）
荣宝斋藏近现代名家楹联作品展……………（151）
《故乡的人，他乡的我》……………………（42）
故宫学院中国画研究院………………………（123）
故宫藏历代书画展……………………………（130）
南水北调中线工程摄影展……………………（168）
南方戏曲演出季………………………………（65）
南方歌舞团进京演出…………………………（104）
“南北魔术之道”——魔术的传承与
　时代研讨会…………………………………（91）
“南极日记”纪实摄影个展…………………（160）
南京市话剧团进京演出………………………（69）
南部战区陆军战士杂技团进京演出…………（91）
相声《不让说》………………………………（80）
相声《我知道》………………………………（80）
相声《新与旧》………………………………（79）
柳青百年诞辰纪念座谈会……………………（50）
《柳青传》……………………………………（41）
威尼斯与威尼斯画派展………………………（138）
威廉·埃格斯顿摄影作品展…………………（168）
轻型文化民俗庙会……………………………（203）
轻舞剧《26 分贝》…………………………（113）
临沂市书画作品晋京展………………………（139）
《星期二咖啡馆》……………………………（40）
“哈尼交响·欢乐新春”音乐会……………（93）
哈萨克斯坦图书角揭幕仪式在中国国家
　图书馆举行…………………………………（188）
“咪咕音乐·音为青春”中国大学音乐
超级联赛………………………………………（106）
“看·真的·印度”摄影作品展……………（158）
“看山见雨”个人摄影作品展………………（160）
香港导演林奕华携其作品进京演出…………（105）
香港春天实验剧团进京演出…………………（69）
香港舞蹈总会到京演出………………………（119）
重庆市歌舞团进京演出………………………（119）
重庆芭蕾舞团进京演出………………………（119）
复排民族歌剧《小二黑结婚》………………（95）
《保护非物质文化遗产公约》
　成果框架专家会……………………………（33）
保罗·卡普尼格罗“直接摄影”原作展……（167）
俄罗斯小提琴家文格洛夫到京演出…………（106）
俄罗斯艺术家达西家族作品展………………（144）
俄罗斯图列茨基合唱团到京演出……………（106）
俄罗斯的心灵作品展…………………………（140）
俄罗斯的莫斯科柴可夫斯基交响乐团
　到京演出……………………………………（106）
“追逐梦想·光彩绽放”合唱音乐会………（204）
“追梦之旅”张海书法展……………………（150）
《独药师》……………………………………（37）

音乐剧《小公主》……………………………………（ 95 ）
音乐剧《马达加斯加》到京演出 ………………（105）
音乐剧《天堂树》…………………………………（ 95 ）
音乐剧《布莱梅乐队》……………………………（ 94 ）
音乐剧《犹太人在上海》进京演出 ……………（105）
音乐剧《虎妈猫爸》………………………………（ 93 ）
音乐剧《音乐之声》中文版 ……………………（ 94 ）
音乐剧《墨・海》…………………………………（ 95 ）
彦涵百年诞辰纪念展………………………………（146）
闻立鹏油画艺术展…………………………………（126）
闽籍艺术名家书画（北京）邀请展 ……………（138）
“美术馆的历史与未来趋势”
　国际学术研讨会…………………………………（135）
“美丽中国 幸福香港”——2016 香港
　美协会员展………………………………………（140）
“美丽月季　美好家园”书画摄影巡展…………（202）
“美丽的苍穹”星空摄影展………………………（158）
“美丽的罗马尼亚”摄影展………………………（169）
“美丽南方・广西”——中国美术作品展………（143）
“美丽厦门”当代美术作品进京展………………（138）
美国版《成语魔方》………………………………（ 71 ）
美国保罗・泰勒舞现代舞团到京演出 …………（120）
美国洛杉矶演员班剧团到京演出 ………………（ 72 ）
《美国埃默里大学神学院图书馆藏
　中文古籍目录》发布座谈会……………………（175）
《美国森林》………………………………………（ 39 ）
美国詹妮弗・穆勒舞蹈团到京演出 ……………（120）
美国管风琴演奏家卡彭特到京演出 ……………（106）
送欢乐下基层慰问笔会……………………………（152）
“前海学派与中国戏曲”学术研讨会……………（ 75 ）
首图“中华美德少年行——家风故事
　宣讲活动”………………………………………（179）
首图“我的数字生活”2016 年数字
　资源主题展………………………………………（186）
首图“梦回临川四百年——汤显祖
　戏曲文献展”……………………………………（186）
首图历史文献阅览室恢复开放 …………………（183）
首图少儿馆重新开放………………………………（183）
首图引进“OverDrive 赛阅数字图书馆”………（182）
“首图动漫在线”推出《幸福四合院之
　京味儿趣玩》……………………………………（182）
首届艺术产业园区发展论坛 ……………………（ 32 ）
首届少儿环保公益绘画大赛 ……………………（136）
首届中国历史名园摄影作品展 …………………（159）
首届中国民族影像志摄影大展 …………………（162）
首届中国美术馆收藏青年美术作品展 …………（129）
首届龙都书画名家进京作品交流展 ……………（137）
首届龙榆生韵文学奖………………………………（ 50 ）
首届北京大学“数字人文论坛”…………………（177）
首届北京街道市民摄影大展 ……………………（163）
首届全国少儿皮影传习成果展演 ………………（ 66 ）
首届全国中青年网络文艺人才研修班 …………（ 30 ）
首届全国传记文学创作会…………………………（ 52 ）
首届全国残疾人书画展……………………………（134）
首届青年报告文学理论家研讨会 ………………（ 51 ）
首届国际学院版画联盟邀请展 …………………（130）
首届海峡两岸新锐作家好书奖 …………………（ 48 ）
首届摄影曙光学校青少年摄影
　教育研讨会………………………………………（163）
首届舞蹈美育研讨会………………………………（116）
首都艺术家赴内蒙古交流…………………………（ 31 ）
首都艺术家赴西藏交流……………………………（ 31 ）
首都艺术家赴新疆交流……………………………（ 31 ）
首都文艺家创作采风作品展 ……………………（ 27 ）
首都书画家到马驹桥写春联送福字 ……………（198）
首都市民合唱周系列活动…………………………（200）
首都老干部歌咏大会………………………………（200）
首都图书馆荣获“全国科普教育基地
　（2015—2019）”称号 …………………………（187）
首都图书馆移动版官网正式上线 ………………（183）
首都摄影志愿者走进丰台摄影志愿活动 ………（163）
宣南书馆迁址重张…………………………………（ 81 ）
“宫苑撷英”中国工笔重彩花鸟画展……………（129）
语言杂技剧《北京》………………………………（ 88 ）
祝大年百年诞辰纪念展……………………………（146）
“说说摄影收藏的事儿”艺术沙龙 ……………（164）
姚鸣京艺术展………………………………………（126）
姚钟华绘画艺术展…………………………………（142）
贺友直艺术回顾展…………………………………（147）
贺岁剧《莎士比亚别生气》………………………（ 61 ）

十画

秦宣夫 110 周年诞辰专题展………………………（146）
袁世海 100 周年诞辰系列活动……………………（ 73 ）
袁武水墨人物画展…………………………………（129）
埃及丽达民间艺术团到京演出 …………………（118）
恭王府中秋赏月文化活动…………………………（204）
荷兰小虎队打击乐团到京演出 …………………（105）
《核桃园的一个下午》……………………………（ 41 ）
索尔蒂中国大师班…………………………………（110）
索尼世界摄影大赛获奖作品展 …………………（168）
栗原小卷到京演出…………………………………（ 72 ）
贾芝逝世……………………………………………（ 34 ）
钱穆版《中国文学史》研讨暨新书发布会 ……（ 44 ）
铁娘子乐队到京演出………………………………（105）

铃木忠志携作品到京演出…………………………（ 72 ）
笔墨纸砚系列论坛…………………………………（134）
徐竹初木偶雕刻作品捐赠展 ………………………（137）
徐佳莹个人演唱会…………………………………（105）
徐培晨百猴迎春展…………………………………（136）
“爱，不隔阂”公益摄影展 ………………………（159）
“胴影”吕西安·克莱格人体摄影作品展 ………（167）
胶东风情——烟台美术作品展……………………（138）
高校摄影教育与青年影像研讨会 …………………（166）
“高僧墨宝 丹青中国”——当代
　佛教高僧书画展…………………………………（151）
高冀生钢笔建筑速写画展…………………………（125）
郭乃安先生追思会暨学术思想研讨会 ……………（109）
郭文景作品音乐会…………………………………（103）
郭颂逝世……………………………………………（109）
《疼痛的农村——“越南媳妇”
　出逃背后调查》…………………………………（ 42 ）
《畜生》……………………………………………（ 40 ）
海南省琼剧院进京演出……………………………（ 68 ）
海峡两岸艺术家书画摄影交流展 …………………（ 31 ）
海淀区北部文化中心………………………………（196）
海螺沟进首都高校摄影展…………………………（168）
“悦读阅美”——2015 年请读书目主题展………（185）
容珍堂美术馆………………………………………（123）
“诺贝尔之夜”文学沙龙 …………………………（ 45 ）
“祥泰之州”书画作品展 …………………………（141）
《剧荟·新原创歌剧咏叹调选辑》
　钢琴版唱片首发式………………………………（111）
骏隆文化艺术中心…………………………………（123）

十一画

理论征文助推全市群众文化发展 …………………（207）
推动京津冀公共文化协同发展 ……………………（201）
推动信息服务发展创新高层论坛 …………………（177）
推进示范志愿项目…………………………………（201）
推进京津冀社区文化协同
　发展座谈交流活动………………………………（ 33 ）
教育学院图书馆支持中小学生
　综合实践课程……………………………………（182）
基于社交的图书馆知识空间建设学术研讨会……（174）
“基弗在中国”展 …………………………………（143）
基层公共文化人才队伍调查统计工作 ……………（197）
基层劳动者风采美术作品展 ………………………（134）
黄宏在都柏林大学举办曲艺讲座 …………………（ 85 ）
黄胄作品展…………………………………………（131）
菊影戏剧研究中心…………………………………（ 56 ）
萧朗书画艺术展……………………………………（146）
《梅兰芳全集》首发式在京举行 …………………（ 77 ）
梅葆玖百日祭京剧交响音乐会 ……………………（ 74 ）
梅葆玖逝世…………………………………………（ 73 ）
曹文轩荣获国际安徒生奖座谈会
　暨作品研讨会……………………………………（ 51 ）
曹文轩获 2016 年度国际安徒生奖 ………………（ 48 ）
《曹禺年谱长编》出版暨纪念曹禺
　逝世 20 周年座谈会 ……………………………（ 51 ）
常祥霖赴津做讲座…………………………………（ 83 ）
晨兴音乐桥 20 周年古典音乐季 …………………（ 99 ）
悬疑话剧《判你有罪》……………………………（ 59 ）
野马马头琴乐团成立 30 周年庆典音乐会 ………（105）
崔如琢故宫大展……………………………………（125）
崔健演唱会…………………………………………（102）
第 10 届中国摄影金像奖获奖者摄影作品展 ……（160）
第 16 届“京味儿文化之旅”赴台展示 …………（ 31 ）
第 18 届《当代》文学拉力赛颁奖 ………………（ 50 ）
第 19 届亚太管乐大会 ……………………………（100）
第 21 届人民大会堂·北京新年音乐会 …………（104）
第 23 回“书画名家作品国际联展”……………（151）
第 28 届中国华北摄影艺术展 ……………………（169）
第 33 届中日名家书法联展 ………………………（153）
第 34 届世界艺术史大会 …………………………（ 33 ）
第一届北京肖邦国际青少年钢琴比赛 ……………（107）
第一届北京环保儿童艺术节 ………………………（ 65 ）
第一届首都杂技（魔术）文艺人才培训班 ………（ 89 ）
第一期全国佛教古籍保护管理研修班 ……………（190）
第二届“石景宜博士杯——华夏
　书画创作大赛”…………………………………（136）
第二届“宣南杯”京津冀鼓曲大赛 ………………（ 82 ）
第二届中国当代陶瓷艺术大展 ……………………（127）
第二届中国原创话剧邀请展 ………………………（ 63 ）
第二届世界华文文学大会…………………………（ 46 ）
第二届世界诗歌日音乐会…………………………（ 96 ）
第二届北京天桥音乐剧演出季 ……………………（102）
第二届北京中老年声乐比赛活动 …………………（205）
第二届北京摄影艺术大展…………………………（161）
第二届北京新舞蹈国际艺术节 ……………………（115）
第二届全国少年儿童“我的藏书票”
　设计大赛…………………………………………（181）
第二届全国中小学舞蹈教育研讨会 ………………（116）
第二届全国高校曲艺教育峰会 ……………………（ 80 ）
第十一届中国北京国际文化创意
　产业博览会………………………………………（ 28 ）
第十一届中国摄影艺术节…………………………（165）
第十一届文津图书奖………………………………（187）
第十一届文津图书奖颁奖暨国图公开课
　一周年特别活动…………………………………（179）

第十一届北京九门爵士音乐周 ……………………（102）
第十一届全国艺术院校院（校）
长高峰论坛…………………………………………（34）
第十一届全国少数民族文学创作
“骏马奖”…………………………………………（49）
第十九届中国国际照相机械影像器材与
技术博览会…………………………………………（164）
第十九届北京国际音乐节…………………………（102）
第十三届中国国际合唱节…………………………（100）
第十五届北京电影学院漫画节 ……………………（135）
第十六届“相约北京”艺术节 ……………………（23）
第十六届 PHE 国际青少年书画
大会美育盛典………………………………………（135）
第十六届平遥国际摄影大展可持续
发展研讨会…………………………………………（165）
第十届 AAC 艺术中国·年度
影响力评选颁奖……………………………………（30）
第十届中华图书特殊贡献奖 ………………………（49）
第十届中国工笔画作品展…………………………（134）
第十届中国舞蹈“荷花奖”当代舞、
现代舞评奖活动……………………………………（117）
第七届“北京·南锣鼓巷戏剧节”………………（64）
第七届北京双年展创作研讨会 ……………………（135）
第七届北京青年相声节……………………………（83）
第七届全球华语科幻星云奖 ………………………（49）
第七届怀柔国际标准舞艺术节 ……………………（117）
第八届北京文化志愿者“送福到家”活动 ……（198）
第八届北京端午文化节……………………………（204）
第八届北京端午文化节……………………………（28）
第八届傅雷翻译出版奖……………………………（49）
第九届中国曲艺牡丹奖……………………………（83）
第九届中国国际青年艺术周 ………………………（24）
第九届恭王府“非遗”演出季 ……………………（28）
第三届“北京之声”2016 首都市民合唱周……（206）
第三届“我爱唱歌”——2016 年京津
冀百姓歌手大赛……………………………………（206）
第三届 798 国际儿童艺术节………………………（25）
第三届中国北京国际魔术大会 ……………………（89）
第三届中国油画双年展……………………………（130）
第三届世界华侨华人美术书法展 …………………（131）
第三届北京大学生小剧场戏剧节 …………………（67）
第三届北京大学生魔术交流大会 …………………（90）
第三届北京市老年舞蹈大赛 ………………………（205）
第三届北京曲剧艺术节……………………………（63）
第三届国际华文诗歌奖……………………………（50）
第三届魔法小巨人首都少儿魔术大赛 ……………（89）
第五届“兰亭杯”北京中小学生
书法大赛……………………………………………（153）
第五届“民族管弦乐（青少年题材）
新作品评选”揭晓…………………………………（107）
第五届“动漫北京”………………………………（22）
第五届《中国作家》郭沫若诗歌奖 ………………（48）
第五届北京青年艺术节……………………………（25）
第五届全国少数民族文艺会演 ……………………（24）
第五届全国少数民族文艺会演 ……………………（65）
第五届全国乐器学研讨会…………………………（108）
第五届国家大剧院舞蹈节…………………………（115）
第五届图书馆资源建设学术
交流论坛……………………………………………（177）
第五届唐弢青年文学研究奖 ………………………（47）
第六届“聚焦美丽乡村”摄影展 …………………（157）
第六届中国儿童戏剧节……………………………（64）
第六届北京国际标准舞大赛 ………………………（117）
第六届北京换书大集………………………………（179）
第六届北京阅读季…………………………………（44）
第六届全国侦探推理小说大赛 ……………………（49）
第六届国际戏剧表演学院奖 ………………………（68）
《第四极——中国“蛟龙”号挑战深海》………（41）
第四届“包商银行杯”中国
国际摄影双年展……………………………………（170）
第四届“非遗”文化嘉年华 ………………………（29）
第四届《人民文学》长篇小说双年奖 ……………（48）
第四届艺术与科学国际学术研讨会 ………………（33）
第四届艺术院校京剧专业中青年
教师高级进修班教学成果汇报演出………………（64）
第四届北京文学艺术品展示会 ……………………（25）
第四届北京剧本推介会……………………………（45）
第四届北京惠民文化消费季 ………………………（21）
第四届冯牧文学奖…………………………………（48）
第四届亚洲新闻摄影比赛…………………………（164）
第四届全国相声小品优秀节目展演 ………………（82）
第四届架上连环画展………………………………（134）
“敛步随音”中西室内乐新作品音乐会…………（98）
“领袖·人民”中国国家博物馆藏现代
经典美术作品展……………………………………（124）
章回鼓书《古城暗战》……………………………（79）
章红艳大仓正之助琵琶·鼓音乐会 ………………（106）
章祖安书法展………………………………………（154）
《望春风》…………………………………………（38）
阎肃逝世……………………………………………（108）
阎肃歌词作品合唱音乐会…………………………（96）
清华大学艺术博物馆………………………………（123）
清华大学文化创意发展研究院 ……………………（20）
清华大学世界文学与文化研究院 …………………（43）
清华大学图书馆举办北馆（李文正馆）
开馆典礼……………………………………………（189）

"深入生活、扎根人民"文艺创作成果
展演舞蹈专场……………………………………（114）
"深入生活、扎根人民"主题实践活动
成果摄影展………………………………………（161）
深圳市福田区公共文化体育发展
中心进京演出……………………………………（70）
"情系雪域高原"摄影作品展……………………（160）
宿州市演艺集团进京演出…………………………（70）
谌北新油画艺术展…………………………………（139）
《隐形者》首发式…………………………………（43）
"绿原仙境·巴彦淖尔"全国摄影大展…………（167）
"绿海家园　四季如歌"摄影创作精品展………（162）

十二画

越南摄影绘画作品展………………………………（31）
超级大提琴2016……………………………………（96）
超剧场………………………………………………（56）
喜迎G20·西泠印社文化艺术系列活动…………（154）
彭松逝世……………………………………………（120）
彭斯绘画展…………………………………………（129）
散文集《人生记忆》………………………………（42）
散文集《去年天气旧亭台》………………………（42）
董锦汉大型二胡交响音画音乐会…………………（98）
"敬畏千年·房山石经"大型佛教
艺术音乐会………………………………………（98）
韩美林八十大展……………………………………（134）
韩善续逝世…………………………………………（74）
《韩熙载夜宴图》数字艺术展……………………（27）
朝阳区温榆河、通惠河影像展……………………（162）
"最后的村庄"展览………………………………（26）
"最美环卫人"——2016年北京文化志愿者
主题摄影展………………………………………（203）
最高人民法院数字图书馆上线……………………（184）
《喀什噶尔》………………………………………（37）
黑龙江艺术职业学院等进京演出…………………（118）
黑龙江代表团舞蹈诗《乌苏里传歌》
进京演出…………………………………………（119）
《智库理论与实践》创刊…………………………（191）
傅山书画精品展……………………………………（143）
傅庚辰作品音乐会…………………………………（103）
粤剧《魂牵珠玑巷》惠民巡演（北京站）………（70）
"街拍中国"2016年度摄影师群展………………（162）
鲁迅135周年诞辰、逝世80周年座谈会…………（50）
"鲁迅文化遗产与当代中国"
国际学术研讨会…………………………………（52）
鲁迅文学院举行散文创作论坛……………………（52）
鲁迅文学院第二十七届少数民族文学
创作培训班………………………………………（54）
鲁迅文学院第二十九届中青年作家
高级研讨班………………………………………（53）
鲁迅文学院第二十三期少数民族文学
创作培训班………………………………………（53）
鲁迅文学院第二十五期少数民族文学
创作培训班………………………………………（53）
鲁迅文学院第二十六期少数民族文学
创作培训班………………………………………（54）
鲁迅文学院第二十四期少数民族文学
创作培训班………………………………………（53）
鲁迅文学院第九届网络文学作家培训班…………（53）
鲁迅文学院第三十一届中青年作家高级
研讨班（诗歌班）………………………………（54）
鲁迅文学院第三十届中青年作家高级
研讨班（儿童文学班）…………………………（54）
鲁迅逝世80周年纪念展…………………………（144）
鲁院举行"群山合唱——新一代作家的
锚定与塑形"研讨会……………………………（52）
猴年新春北京文化活动……………………………（199）
"童心向党"歌咏活动优秀节目展览……………（204）
童心摄影俱乐部……………………………………（156）
《普通高校图书馆规程（修订）》解读暨
"教育部高校图书馆事实数据库系统"
培训会……………………………………………（189）
曾成钢中华民族大团结主题雕塑
创作观摩展………………………………………（126）
湖北省优秀剧目北京行……………………………（69）
湖北省国画作品展…………………………………（139）
湖南省歌舞剧院进京演出…………………………（119）
"湘戏进京"展演…………………………………（71）
谢云书画艺术展……………………………………（150）

十三画

"摄影之外"——中青年人才培训班……………（165）
摄影译文研讨会……………………………………（165）
摄影画册《荷花四部曲》出版……………………（171）
摄影家眼中的澳门摄影图片展……………………（166）
"摄影家银行卡"发行……………………………（164）
摇滚30年吉歌之声北京巡回演唱会……………（97）
"蓝色国土　美丽河北"全国
海洋摄影展………………………………………（168）
颐和园文化创意产品展……………………………（22）
献给孩子们的歌剧音乐会…………………………（98）
"鉴古开今"——军旅书法家作品展……………（151）
靖江市锡剧团进京演出……………………………（69）
新中国美术家系列——山东省国画作品展………（141）

新中国美术家系列——黑龙江省国画作品展……（140）
新中国美术家系列——福建省国画作品展……（140）
新文艺组织及非京籍、体制外文艺
　工作者座谈会……（33）
新修订的《北京市惠民低价票演出补贴
　项目管理办法》正式执行……（21）
新疆生产建设兵团歌舞剧团进京演出……（119）
意大利19世纪末—20世纪初绘画精品展……（140）
"意象·净土"音乐会……（99）
"数据驱动知识发现：情报学与数据科学的
　交互与融汇"国际研讨会……（174）
福建地方戏经典折子晋京展演……（72）
群众文艺创作成果丰硕……（201）
群众文化组织员建设……（197）
群众摄影文化活动作品展……（202）
群声曲艺团成立15周年庆典演出……（80）
缤纷童年艺术节……（24）

十四画

"截句诗丛"首发……（44）
歌剧《长征》……（94）
歌剧《红军不怕远征难》……（95）
歌剧《杜鹃山》……（95）
歌剧兴趣培养学校《长征》主题会演……（205）
《蜻蜓眼》……（37）
舞台剧《左耳》……（58）
"舞动北京"全民广场舞大赛……（205）
舞剧《七尺》……（114）
舞剧《九死一生·长征》……（113）
舞剧《方圆》……（113）
舞剧《兰花花》……（113）
舞剧《丝路长城》……（113）
舞剧《英雄·玛纳斯》进京演出……（119）
舞剧《昭君出塞》……（113）
舞剧《悟空》……（113）
舞剧《遥遥南水》……（114）
舞蹈《UNKNOWN 未·知》……（113）
舞蹈《以爱之名》……（113）
舞蹈作品集《沉香Ⅲ》舞蹈专场演出……（115）
舞蹈诗《长征——向80年前的
　壮举深深鞠躬》……（114）
舞蹈剧场《唐诗逸舞》……（114）
谭权书捐赠作品展……（133）
"谭盾音乐桥·经典影乐"交响音乐会……（102）
《骡子》……（42）

十五画

"撩·动"巫文云个人影展……（159）
暴风摇滚公益基金会……（93）
"影观达茂"新书发布……（171）
"影像北京"——纪念长征胜利80周年
　书法、美术、摄影作品展……（203）
黎巴嫩卡拉卡拉舞蹈团到京演出……（118）
摩纳哥蒙特卡洛芭蕾舞团到京演出……（120）
澳大利亚大风车剧团到京演出……（71）

十六画

燕守平收徒王媛媛……（76）
燕守平收徒梁秀秀……（76）
"薪火相传"系列剧目展演……（65）
"翰墨传承"——中国美术馆
　当代书法邀请展（2015）……（150）
"翰墨传承"——中国美术馆
　当代书法邀请展（2016）……（151）
"翰墨凝香"——北京第二届
　女书法家作品展……（152）
黔东南州歌舞团进京演出……（120）
"镜头中的朝阳·爱在朝阳"摄影展……（160）

十七画

藏族舞者白玛次仁进京演出……（119）
"繁星计划"——当代青年艺术家
　推广活动北京站首展……（26）
徽剧再进三庆园演出……（67）

十九画

《爆炸现场》……（41）

二十画

魔幻诗剧《从前有个山》……（95）

拼音索引

10首申冬奥歌曲获评优秀…………………………(107)
2014—2015中骏杯《小说选刊》双年奖………(48)
2015年度《当代》长篇小说年度奖……………(47)
2015年度中国作家出版集团奖…………………(47)
2015平谷摄影艺术精品展………………………(158)
2015中国当代艺术年鉴展………………………(27)
2015中国散文排行榜……………………………(47)
2015中国网络文化产业年会……………………(22)
《2015中国艺术发展报告》……………………(35)
2016"彼岸花开"民族地区艺术院校
进京展演…………………………………………(23)
2016"欢乐春节"活动摄影展…………………(161)
2016"金刺猬"大学生戏剧节…………………(205)
2016"契约关系"演出季………………………(67)
2016"天工开悟中国当代艺术大展"…………(27)
2016"我爱北京"大栅栏国际摄影展…………(161)
2016"休闲胜地·醉美平谷"摄影作品展……(162)
2016"樱花杯"全国青少年美术作品展赛……(136)
2016《民族文学》人口较少民族作家
暨朝鲜文版作家翻译家培训班…………………(54)
2016《民族文学》重点作家培训班……………(53)
2016·北京青年文艺评论人才读书研讨班……(30)
2016·北京文艺论坛……………………………(34)
2016巴黎中国曲艺节……………………………(84)
2016北京798艺术节……………………………(24)
2016北京大学生音乐节…………………………(97)
2016北京青年戏剧节……………………………(66)
2016北京少儿曲艺比赛…………………………(82)
2016北京舞蹈双周………………………………(115)
2016北京音乐生活展……………………………(99)
"2016差距"摄影展 ……………………………(157)
2016昌平区青少年魔术迎春会…………………(88)
2016潮流音乐节…………………………………(97)
"2016创新中国"发明音乐会 …………………(103)
2016当代小剧场戏曲艺术节……………………(67)
2016第三届戏曲票友大赛………………………(206)
2016第三届音乐产业高端论坛…………………(108)
2016第十三届中国文化产业新年论坛…………(32)
2016扶贫日书法名家邀请展……………………(153)
2016抗洪纪实摄影展……………………………(162)
2016鲁迅文化论坛………………………………(52)
2016年"北京故事"优秀小剧场
剧目展演…………………………………………(65)
2016年"我与中华古籍"创客大赛……………(178)
2016 CBDF国标舞艺术
表演舞精品展演…………………………………(115)
2016年北京高校图书馆面向中小学生
开放活动启动仪式………………………………(179)
2016年北京国际特色文化展……………………(28)
2016年北京乐器展………………………………(98)
2016年北京市学生街舞比赛……………………(205)
2016年北京市优秀网络文学原创作品
发布活动…………………………………………(49)
2016年北京戏曲文化周…………………………(64)
2016年度"青年艺术100"北京启动展………(27)
2016年度"乡土课堂"正式开讲………………(177)
2016年度亚洲儿童青少年艺术节
联盟会议…………………………………………(63)
2016年度中国散文年会…………………………(46)
2016年非洲剧院管理人才研修班………………(76)
2016年国家图书馆楹联文化展…………………(185)
2016年国家艺术院团演出季……………………(25)
2016年吉林省优秀戏曲剧目进京展演…………(72)
2016年两岸小剧场艺术节………………………(66)
2016年全国公共图书馆技术部主任会议………(174)
2016年全国少儿诗词在线诵读活动
正式启动…………………………………………(180)
2016年全国文化产业工作会议…………………(24)
2016年全国乡村春节联欢晚会…………………(198)
2016年全国音乐与舞蹈领域艺术专业
学位研究生教育研讨会…………………………(108)
2016年少儿报刊阅读季…………………………(44)
2016年西城区中秋节群众游园赏月活动………(204)
2016年中国科学院知识服务资源
保障高层论坛……………………………………(177)
2016千家店山水戏剧周…………………………(65)

2016 全国素描艺术大展…………………………(130)
2016 首届中国古篆艺术论坛……………………(154)
2016 腾讯书院文学奖……………………………(49)
“2016 未来艺术志”系列主题活动 ……………(25)
“2016 我爱北京”—市民新春联欢会…………(23)
2016 香山静宜园皇家重阳音乐会………………(102)
2016 亚洲好书榜…………………………………(49)
“2016 中俄青少年艺术嘉年华”北京专场
文艺演出………………………………………(23)
2016 中国雕塑邀请展……………………………(133)
2016 中国国际文化艺术博览会…………………(22)
2016 中国国家画院“一带一路”
采风写生作品展………………………………(134)
2016 中国国家画院年展书法篆刻院作品展……(152)
2016 中国文化产业指数发布会…………………(22)
2016 中国文联澳门艺术人才访学交流团………(29)
2016 中国舞蹈年度巡礼专场晚会………………(115)
2016 中国舞蹈十二天……………………………(115)
2016 中国舞蹈新人新作晚会……………………(114)
2016 中国艺术品产业博览会……………………(28)
2016 中国张家口（国际）摄影大展……………(169)
2016 中拉文化交流年……………………………(31)
2017 北京新年音乐会……………………………(104)
2017 年新年戏曲晚会……………………………(67)
20 万张庙会门票免费向公众发放………………(203)
20 位中青年画家“深入生活、扎根人民”
主题实践活动成果汇报展览…………………(132)
21 世纪年度最佳外国小说奖……………………(47)
3D 迷你歌剧《湮灭》到京演出 ………………(106)
50 余家文学网站代表及作家签署网络文学
行业自律倡议书………………………………(44)
56 民族半世纪爱情镜像摄影展…………………(170)
77 文创生活节……………………………………(24)
99 个中国人肖像故事手机摄影展………………(160)
BALIS 管理中心与 NSTL 签订合作协议 ………(189)
M 地铁·图书馆“童书专列”……………………(184)

A

阿鸽作品展………………………………………(137)
阿根廷欲望探戈舞团到京演出 …………………(119)
阿洪尼克独唱音乐会……………………………(101)
阿那亚社区话剧社进京演出 ……………………(72)
埃及丽达民间艺术团到京演出 …………………(118)
“爱，不隔阂”公益摄影展………………………(159)
安道一北朝佛教摩崖经原拓书法展 ……………(153)
安庆市黄梅戏艺术剧院进京演出 ………………(69)
澳大利亚大风车剧团到京演出 …………………(71)

B

八闽古村落古民居摄影展………………………(166)
芭蕾舞剧《大红灯笼高高挂》首演 15 周年
纪念演出………………………………………(120)
《白茅岭之狼一夜》………………………………(39)
《白帽子军团》……………………………………(41)
百老汇音乐剧《窈窕淑女》到京演出 …………(105)
《百名摄影师聚焦加拿大》画册首发 …………(171)
《百名摄影师聚焦陕西》画册首发 ……………(171)
《百年密意》………………………………………(37)
“百年振邦”交响音乐会…………………………(110)
百姓摄影家公益影像展…………………………(202)
“半缘君”——周娟民族管弦乐
作品音乐会……………………………………(103)
“包公杯”作品征集活动座谈会…………………(82)
《保护非物质文化遗产公约》成果
框架专家会……………………………………(33)
保罗·卡普尼格罗“直接摄影”原作展 ………(167)
暴风摇滚公益基金会……………………………(93)
《爆炸现场》………………………………………(41)
“北方情思”民族音乐会…………………………(101)
“北海皇家邮驿”摄影展…………………………(159)
北京、张家口签订文化合作框架协议 …………(21)
“北京·年轮”系列影像展………………………(158)
北京·陕西曲艺优秀作品专场演出 ……………(85)
北京 PVPC 童声合唱团专场音乐会……………(204)
北京当代中国写意油画研究院 …………………(124)
北京东城·河北正定 2016 年书法创意
作品巡展………………………………………(154)
北京发布实施《“十三五”时期加强全国
文化中心建设规划》…………………………(21)
北京风雷京剧团赴台演出………………………(69)
“北京风情”——大型原创民族
交响音乐会……………………………………(96)
北京工业职业技术学院图书馆 …………………(191)
北京工业职业技术学院图书馆新馆
开馆仪式………………………………………(188)
北京工艺美术博物馆获捐梁永和作品 …………(144)
北京工艺美术博物馆新馆………………………(124)
北京公益摄影协会成立…………………………(157)
北京公园风景区开展迎新春文化活动 …………(199)
北京管乐交响乐团音乐会………………………(100)
北京国际经济贸易资料中心在首图成立 ………(173)
北京国际摄影周 2016……………………………(164)
北京国际图书博览会……………………………(45)
北京画院画家小幅油画展………………………(125)
北京欢乐谷第十届国际魔术节 …………………(89)

北京教育学院图书馆组织开展中小学
图书馆课程活动……（177）
北京老舍文学院……（43）
北京美协第十五届新人新作展……（130）
北京普及宣传《艺术品经营管理办法》……（20）
北京曲剧《徐悲鸿》……（57）
北京曲协第四届理事会第九次会议……（80）
北京曲协与绍兴曲协交流座谈……（84）
《北京曲艺 60 年》画册及系列丛书首发式……（80）
北京曲艺创作传承基地……（79）
北京曲艺抢救性保护二期工程系列演出……（80）
北京人艺版话剧《樱桃园》……（59）
北京人艺赴新加坡演出……（68）
北京少儿曲艺传承培训基地海淀区
民族小学基地……（79）
北京社区舞蹈大赛……（205）
北京摄影家协会第五届第八次理事会……（163）
北京十一学校青少年摄影教育基地……（157）
北京十月文学月……（45）
北京市第八十中学建校六十年摄影、
书画作品展……（203）
北京市公共图书馆馆长工作会……（176）
北京市公共图书馆基层图书服务资源
整合工作专题会……（174）
北京市河北梆子剧团五省巡演……（70）
北京市教师作家协会……（43）
北京市教育学会中小学教育文献信息
研究会 2016 学术年会……（176）
北京市剧院运营服务平台公布第二阶段
入围展演剧目……（24）
北京市剧院运营服务平台公布第一阶段
入围展演剧目……（23）
北京市青少年“书香北京　阅读有我”
活动展示……（181）
北京市区（局）、产（行）业文联原创
文艺节目展演……（26）
北京市群众舞蹈编导创作班……（207）
北京市人民政府办公厅转发市文化局等
部门《关于政府向社会力量购买公共文化
服务的实施意见》发布……（196）
北京市图书馆协会医院图书馆专业委员会
2016 年年会……（174）
北京市文化创意创新创业大赛……（30）
北京市文化局与中国戏曲学院签订战略
合作框架协议……（63）
北京市文联书画创展基地揭牌……（136）
北京市写作学会成立 30 周年庆祝大会……（50）
北京市学校中华传统文化促进会……（20）
北京市优秀少儿题材舞台剧目展演……（64）
《北京市杂技市场营销现状分析与建议》……（91）
北京市政府发布《关于支持戏曲传承发展的
实施意见》……（21）
北京首届全民时尚舞蹈大赛……（117）
北京外国语大学师生摄影作品收藏展……（159）
《北京晚报》读者俱乐部新兴相声馆……（79）
北京文化产权交易中心中国书画艺术品
交易平台……（123）
《北京文化创意产业发展白皮书
（2016）》发布……（22）
北京文化艺术基金启动运作……（21）
北京杏坛美术馆第一期书法高研班结业展……（152）
“北京意象·休闲平谷”绘画作品展……（133）
“北京之夜”杂技精品专场演出
在保加利亚举办……（91）
北京竹乐团专场音乐会……（99）
北京专题图片展览……（168）
北京卓越人才（舞蹈）培养高校联盟
系列活动……（116）
北戏书馆平谷分馆……（78）
《北鸢》……（38）
“贝蒂丹斯杯”2015 年北京市体育
舞蹈锦标赛……（117）
笔墨纸砚系列论坛……（134）
毕加索走进中国艺术展……（140）
缤纷童年艺术节……（24）
丙申名家邀请展 1899—1994……（26）
“不一样的东莞”摄影作品展……（166）

C

沧州曲艺进京展演……（84）
曹文轩获 2016 年度国际安徒生奖……（48）
曹文轩荣获国际安徒生奖座谈会
暨作品研讨会……（51）
《曹禺年谱长编》出版暨纪念曹禺
逝世 20 周年座谈会……（51）
长篇小说《暗斗》……（198）
长篇小说《日熄》获香港“红楼梦奖”……（48）
长诗《致马雅可夫斯基》……（42）
长征七号运载火箭首飞搭载中华
典籍交接仪式……（183）
常祥霖赴津做讲座……（83）
超级大提琴 2016……（96）
超剧场……（56）
朝阳区温榆河、通惠河影像展……（162）
陈半丁诞辰 140 周年纪念展……（147）

陈勃摄影七十周年研讨会…………………………(163)
陈堃銶捐赠王选所藏京昆资料 …………………(67)
陈师曾140周年诞辰特展…………………………(147)
陈志清收徒凌珂……………………………………(76)
“陈忠实的创作道路”研讨会 ……………………(51)
晨兴音乐桥20周年古典音乐季 …………………(99)
谌北新油画艺术展…………………………………(139)
“城市·故事”全国主题摄影大展 ………………(158)
《出警》……………………………………………(41)
传承发展戏曲艺术经验交流现场会 ……………(75)
传统文房制砚技艺精品展…………………………(28)
“创建文明城区共享和谐生活”摄影展 …………(158)
“春韵天成　美丽昆明”摄影艺术展 ……………(166)
《从0到1》系列魔术教材正式发布 ……………(89)
崔健演唱会…………………………………………(102)
崔如琢故宫大展……………………………………(125)
寸耕堂陶印展………………………………………(149)
《畜生》……………………………………………(40)
重庆芭蕾舞团进京演出……………………………(119)
重庆市歌舞团进京演出……………………………(119)

D

“打开音乐之门”系列音乐会 ……………………(99)
大逗相声四周年庆典演出…………………………(80)
大好河山光耀中华公益演唱会 …………………(99)
“大家说”曾翔书法展 ……………………………(151)
大连话剧团进京演出………………………………(70)
“大美京郊”——第七届北京·美丽乡村
　书法艺术展………………………………………(152)
“大美篆刻”——走进生活中的篆刻
　艺术作品展………………………………………(151)
“大师与少年”校园音乐会 ………………………(204)
大型交响套曲《长征》……………………………(95)
大型民族音乐《寻找杜甫》………………………(94)
大学图书馆可持续发展战略学术研讨会 ………(176)
丹青逸韵：广西书画院书画展 …………………(143)
单弦、岔曲艺术展演………………………………(81)
当代京剧名家收徒传艺工程
　成果汇报演出……………………………………(67)
当代没骨画邀请展…………………………………(129)
“当东方遇见西方”主题音乐会 …………………(101)
“刀笔纵横”现代刻字艺术大讲堂 ………………(153)
“岛语”摄影作品回顾展 …………………………(162)
迪尔曼·克瑞恩铂金印相影像展 ………………(170)
《地下三尺》………………………………………(39)
第10届中国摄影金像奖获奖者摄影作品展 ……(160)
第16届“京味儿文化之旅”赴台展示 …………(31)
第18届《当代》文学拉力赛颁奖 ………………(50)
第19届亚太管乐大会 ……………………………(100)
第21届人民大会堂·北京新年音乐会 …………(104)
第23回“书画名家作品国际联展”……………(151)
第28届中国华北摄影艺术展 ……………………(169)
第33届中日名家书法联展 ………………………(153)
第34届世界艺术史大会 …………………………(33)
第八届北京端午文化节……………………………(204)
第八届北京端午文化节……………………………(28)
第八届北京文化志愿者
　“送福到家”活动 ………………………………(198)
第八届傅雷翻译出版奖……………………………(49)
第二届“石景宜博士杯——华夏书
　画创作大赛”……………………………………(136)
第二届“宣南杯”京津冀鼓曲大赛 ……………(82)
第二届北京摄影艺术大展…………………………(161)
第二届北京天桥音乐剧演出季 …………………(102)
第二届北京新舞蹈国际艺术节 …………………(115)
第二届北京中老年声乐比赛活动 ………………(205)
第二届全国高校曲艺教育峰会 …………………(80)
第二届全国少年儿童“我的藏书票”
　设计大赛…………………………………………(181)
第二届全国中小学舞蹈教育研讨会 ……………(116)
第二届世界华文文学大会…………………………(46)
第二届世界诗歌日音乐会…………………………(96)
第二届中国当代陶瓷艺术大展 …………………(127)
第二届中国原创话剧邀请展 ……………………(63)
第九届恭王府“非遗”演出季 …………………(28)
第九届中国国际青年艺术周 ……………………(24)
第九届中国曲艺牡丹奖……………………………(83)
第六届“聚焦美丽乡村”摄影展 ………………(157)
第六届北京国际标准舞大赛 ……………………(117)
第六届北京换书大集………………………………(179)
第六届北京阅读季…………………………………(44)
第六届国际戏剧表演学院奖 ……………………(68)
第六届全国侦探推理小说大赛 …………………(49)
第六届中国儿童戏剧节……………………………(64)
第七届“北京·南锣鼓巷戏剧节”………………(64)
第七届北京青年相声节……………………………(83)
第七届北京双年展创作研讨会 …………………(135)
第七届怀柔国际标准舞艺术节 …………………(117)
第七届全球华语科幻星云奖 ……………………(49)
第三届“北京之声”2016首都
　市民合唱周………………………………………(206)
第三届“我爱唱歌”——2016年京津
　冀百姓歌手大赛…………………………………(206)
第三届798国际儿童艺术节………………………(25)
第三届北京大学生魔术交流大会 ………………(90)

第三届北京大学生小剧场戏剧节 ………………（ 67 ）
第三届北京曲剧艺术节……………………………（ 63 ）
第三届北京市老年舞蹈大赛 ……………………（205）
第三届国际华文诗歌奖……………………………（ 50 ）
第三届魔法小巨人首都少儿魔术大赛 …………（ 89 ）
第三届世界华侨华人美术书法展 ………………（131）
第三届中国北京国际魔术大会 …………………（ 89 ）
第三届中国油画双年展……………………………（130）
第十届 AAC 艺术中国・年度影响力
　评选颁奖…………………………………………（ 30 ）
第十届中国工笔画作品展…………………………（134）
第十届中国舞蹈“荷花奖”当代舞、
　现代舞评奖活动…………………………………（117）
第十届中华图书特殊贡献奖 ……………………（ 49 ）
第十九届北京国际音乐节…………………………（102）
第十九届中国国际照相机械影像器材与
　技术博览会………………………………………（164）
第十六届“相约北京”艺术节 …………………（ 23 ）
第十六届 PHE 国际青少年书画大会
　美育盛典…………………………………………（135）
第十六届平遥国际摄影大展可持续
　发展研讨会………………………………………（165）
第十三届中国国际合唱节…………………………（100）
第十五届北京电影学院漫画节 …………………（135）
第十一届北京九门爵士音乐周 …………………（102）
第十一届全国少数民族文学创作
　“骏马奖”………………………………………（ 49 ）
第十一届全国艺术院校院（校）
　长高峰论坛………………………………………（ 34 ）
第十一届文津图书奖………………………………（187）
第十一届文津图书奖颁奖暨国图公开课
　一周年特别活动…………………………………（179）
第十一届中国北京国际文化创意
　产业博览会………………………………………（ 28 ）
第十一届中国摄影艺术节…………………………（165）
《第四极——中国“蛟龙”号挑战深海》………（ 41 ）
第四届“包商银行杯”中国国际
　摄影双年展………………………………………（170）
第四届“非遗”文化嘉年华 ……………………（ 29 ）
第四届《人民文学》长篇小说双年奖 …………（ 48 ）
第四届北京惠民文化消费季 ……………………（ 21 ）
第四届北京剧本推介会……………………………（ 45 ）
第四届北京文学艺术品展示会 …………………（ 25 ）
第四届冯牧文学奖…………………………………（ 48 ）
第四届架上连环画展………………………………（134）
第四届全国相声小品优秀节目展演 ……………（ 82 ）
第四届亚洲新闻摄影比赛…………………………（164）
第四届艺术与科学国际学术研讨会 ……………（ 33 ）
第四届艺术院校京剧专业中青年教师
　高级进修班教学成果汇报演出…………………（ 64 ）
第五届“动漫北京”………………………………（ 22 ）
第五届“兰亭杯”北京中小学生书法大赛 ……（153）
第五届“民族管弦乐（青少年题材）
　新作品评选”揭晓………………………………（107）
第五届《中国作家》郭沫若诗歌奖 ……………（ 48 ）
第五届北京青年艺术节……………………………（ 25 ）
第五届国家大剧院舞蹈节…………………………（115）
第五届全国乐器学研讨会…………………………（108）
第五届全国少数民族文艺会演 …………………（ 24 ）
第五届全国少数民族文艺会演 …………………（ 65 ）
第五届唐弢青年文学研究奖 ……………………（ 47 ）
第五届图书馆资源建设学术交流论坛 …………（177）
第一届北京环保儿童艺术节 ……………………（ 65 ）
第一届北京肖邦国际青少年钢琴比赛 …………（107）
第一届首都杂技（魔术）文艺人才培训班 ……（ 89 ）
第一期全国佛教古籍保护管理研修班 …………（190）
丁培收徒杨林………………………………………（ 76 ）
《丁西林民国喜剧三则》上演 …………………（ 64 ）
《“定远”的碎片》………………………………（ 42 ）
东北抗日联军专题三部书首发 …………………（192）
东北师范大学音乐学院进京演出 ………………（119）
东城青少年文化艺术学院曲艺新项目
　启动式暨精品展演………………………………（ 81 ）
东城区 2016 年摄影艺术作品展 ………………（160）
东城区少年宫成为北京市青少年曲艺
　教育基地…………………………………………（ 79 ）
“东方画艺”——15 至 19 世纪中
　韩日绘画展………………………………………（143）
《东京审判文献资源数据库》出版 ……………（191）
《冬饮丛书》等系列珍贵典籍入藏国图 ………（181）
董锦汉大型二胡交响音画音乐会 ………………（ 98 ）
“胴影”吕西安・克莱格人体摄影作品展 ……（167）
《独药师》…………………………………………（ 37 ）
杜鸣心作品专场音乐会……………………………（ 97 ）
杜滋龄中国画作品展………………………………（143）
对日战犯审判三部历史文献首发出版 …………（192）
“多彩中华”新年音乐会 ………………………（104）

E

俄罗斯的莫斯科柴可夫斯基交响乐团
　到京演出…………………………………………（106）
俄罗斯的心灵作品展………………………………（140）
俄罗斯图列茨基合唱团到京演出 ………………（106）
俄罗斯小提琴家文格洛夫到京演出 ……………（106）
俄罗斯艺术家达西家族作品展 …………………（144）

儿童“非遗”作品专题展……………………………(202)
儿童剧《奔跑吧！小球星》………………………(62)
儿童剧《成语魔方三》……………………………(62)
儿童剧《航天奇妙夜》……………………………(62)
儿童剧《美食大冒险》……………………………(62)
儿童剧《时间森林》………………………………(62)
儿童剧《孙大圣之神秘伙伴》……………………(62)
儿童剧《我们在一起》……………………………(62)
儿童剧《足球少年》………………………………(62)
儿童舞剧《梦》……………………………………(198)

F

发放免费庙会门票…………………………………(198)
法国钢琴家朱利安到京演出 ……………………(104)
法国洛林芭蕾舞团到京演出 ……………………(118)
法兰西艺术院院士作品邀请展 …………………(139)
“繁星计划”——当代青年艺术家推广
活动北京站首展…………………………………(26)
范曾向国家博物馆捐赠书法作品 ………………(155)
范曾著《锦文掇英——学研习近平
用典心得》书法作品捐赠展……………………(150)
“非遗”舞剧《傩·情》…………………………(114)
《丰碑》荣获文化部第十七届“群星奖”………(206)
《风中事》…………………………………………(38)
讽刺喜剧《拉黑》…………………………………(59)
福建地方戏经典折子晋京展演 …………………(72)
“父与子”摄影展 ………………………………(168)
复排民族歌剧《小二黑结婚》……………………(95)
傅庚辰作品音乐会…………………………………(103)
傅山书画精品展……………………………………(143)

G

甘肃省“双联”行动精准扶贫精准脱贫
主题晚会进京演出………………………………(31)
高冀生钢笔建筑速写画展…………………………(125)
“高僧墨宝 丹青中国”——当代佛教
高僧书画展………………………………………(151)
高校摄影教育与青年影像研讨会 ………………(166)
歌剧《杜鹃山》……………………………………(95)
歌剧《红军不怕远征难》…………………………(95)
歌剧《长征》………………………………………(94)
歌剧兴趣培养学校《长征》主题会演 …………(205)
公益文化惠民活动蓬勃开展 ……………………(201)
公园景区开展文化活动迎端午 …………………(200)
“宫苑撷英”中国工笔重彩花鸟画展 …………(129)
恭王府中秋赏月文化活动…………………………(204)
构建文化活动配送体系……………………………(197)
古巴李斯特·阿方索舞蹈团到京演出 …………(118)
《古本戏曲丛刊》第六集出版座谈会 …………(175)
“古旧变流行”艺术沙龙 ………………………(66)
故宫藏历代书画展…………………………………(130)
故宫学院中国画研究院……………………………(123)
《故乡的人，他乡的我》…………………………(42)
光明·中国探月公益音乐会 ……………………(108)
广西柳州三江农民画晋京展 ……………………(141)
广州话剧艺术中心进京演出 ……………………(72)
郭乃安先生追思会暨学术思想研讨会 …………(109)
郭颂逝世……………………………………………(109)
郭文景作品音乐会…………………………………(103)
国粹幽默剧《大圣归来》…………………………(57)
国际摄影邀请展……………………………………(157)
国际新经典艺术节…………………………………(25)
国际野生生物摄影年赛获奖作品展 ……………(167)
国家大剧院八月合唱节……………………………(100)
国家大剧院版歌剧《歌女乔康达》………………(94)
国家大剧院版歌剧《麦克白》……………………(95)
国家大剧院版歌剧《水仙女》……………………(94)
国家大剧院版歌剧《唐豪瑟》……………………(94)
国家大剧院版话剧《仲夏夜之梦》………………(59)
国家大剧院唱片公司发布自主品牌及产品 ……(111)
国家大剧院歌剧节·2016…………………………(96)
国家大剧院慰问首都外来务工人员
专场演出…………………………………………(201)
国家大剧院慰问首都外来务工人员
专场演出…………………………………………(96)
国家大剧院五月音乐节……………………………(97)
国家大剧院五月音乐节“走出去”公益演出……(202)
国家大剧院戏剧演员队……………………………(56)
国家京剧院版京剧《党的女儿》…………………(57)
国家京剧院优秀剧目展演…………………………(63)
国家开放大学书画艺术教育研究院
书法学院…………………………………………(149)
国家科技图书文献中心与威立出版社
开通回溯期刊数据库……………………………(189)
国家数字图书馆体验区亮相第十三届
中国国际网络文化博览会………………………(182)
国家图书馆挂牌全国少儿报刊阅读基地 ………(173)
国家哲学社会科学文献中心正式上线 …………(185)
国图打造日本对华调查档案资料数字化
服务平台…………………………………………(184)
国图发布“全国古籍普查登记基本
数据库”和“中华古籍资源库”………………(184)
国图馆长韩永进会见国际图联主席
和秘书长…………………………………………(188)

国图馆长会见世界卫生组织驻华代表…………（187）
国图馆长助理会见澳大利亚驻华大使…………（187）
国图联合业界开展图书馆公开课
世界读书日专题活动………………………………（179）
国图全面启动2016年春节系列活动……………（178）
“国戏视界2016”中国戏曲学院新媒体
艺术系作品展……………………………………（27）

H

“哈尼交响·欢乐新春”音乐会…………………（93）
哈萨克斯坦图书角揭幕仪式在中国国家
图书馆举行………………………………………（188）
海淀区北部文化中心………………………………（196）
海螺沟进首都高校摄影展…………………………（168）
海南省琼剧院进京演出……………………………（68）
海峡两岸艺术家书画摄影交流展…………………（31）
邯郸学院艺术学院美术作品展……………………（143）
韩美林八十大展……………………………………（134）
韩善续逝世…………………………………………（74）
《韩熙载夜宴图》数字艺术展……………………（27）
“翰墨传承”——中国美术馆当代书法
邀请展（2015）……………………………………（150）
“翰墨传承”——中国美术馆当代
书法邀请展（2016）………………………………（151）
“翰墨凝香”——北京第二届女书法家
作品展……………………………………………（152）
杭州越剧传习院进京演出…………………………（70）
郝平版画作品展……………………………………（143）
何塞－玛丽亚·卡诺艺术展………………………（137）
河北梆子《张居正》………………………………（57）
河北传媒学院进京演出……………………………（71）
河北美术作品进京展………………………………（142）
河北省河北梆子剧院
进京演出…………………………………………（71）
河北省优秀剧目进京展演…………………………（70）
河南省周口市书画名家
作品晋京展………………………………………（141）
河南豫剧院进京演出………………………………（72）
荷兰小虎队打击乐团到京演出……………………（105）
《核桃园的一个下午》……………………………（41）
贺岁剧《莎士比亚别生气》………………………（61）
贺友直艺术回顾展…………………………………（147）
黑龙江代表团舞蹈诗《乌苏里传歌》
进京演出…………………………………………（119）
黑龙江艺术职业学院等进京演出…………………（118）
《红军的战马》《熊猫和小鼹鼠》
首演新闻发布会…………………………………（66）
“红色记忆”——纪念中国共产党成立
95周年馆藏文献展…………………………………（186）
猴年新春北京文化活动……………………………（199）
《后禊帖》江超作品展……………………………（126）
“呼唤北京文学的高峰时代”论坛………………（52）
湖北省国画作品展…………………………………（139）
湖北省优秀剧目北京行……………………………（69）
湖南省歌舞剧院进京演出…………………………（119）
“互绘·相知”——中外美术作品展……………（141）
“互联网＋”文化馆现代化建设与
发展培训班………………………………………（207）
《华乐大典》系列图书新书发布会………………（111）
话剧《爱在无爱城》………………………………（58）
话剧《爆米花》……………………………………（61）
话剧《比萨斜塔》…………………………………（60）
话剧《从湘江到遵义》……………………………（60）
话剧《大师》………………………………………（58）
话剧《大先生》……………………………………（58）
话剧《独自温暖》…………………………………（61）
话剧《杜甫》………………………………………（58）
话剧《二马》………………………………………（61）
话剧《福斯塔夫狂想曲》…………………………（58）
话剧《搁浅》………………………………………（60）
话剧《给我一颗西地那非》………………………（57）
话剧《狐狸》………………………………………（58）
话剧《魂·毒》……………………………………（61）
话剧《美好的日子》………………………………（59）
话剧《谋杀电视机》………………………………（60）
话剧《启功》………………………………………（61）
话剧《亲密》………………………………………（59）
话剧《亲亲咖啡豆》………………………………（61）
话剧《人生不适情》………………………………（60）
话剧《实现》………………………………………（59）
话剧《世界就在我眼前》…………………………（61）
话剧《摔出一片天》………………………………（59）
话剧《他有两把左轮手枪和黑白
相间的眼睛》……………………………………（58）
话剧《玩家》………………………………………（60）
话剧《晚安，妈妈》………………………………（61）
话剧《乌托咖啡馆》………………………………（60）
话剧《五脊六兽》…………………………………（61）
话剧《小雨的冰糖葫芦》…………………………（59）
话剧《又到满山红叶时》…………………………（59）
欢乐春节·地坛文化庙会全球行…………………（206）
黄宏在都柏林大学举办曲艺讲座…………………（85）
黄胄作品展…………………………………………（131）
徽剧再进三庆园演出………………………………（67）
回婉华逝世…………………………………………（86）

J

基层公共文化人才队伍调查统计工作 …………（197）
基层劳动者风采美术作品展 ……………………（134）
“基弗在中国”展 …………………………………（143）
基于社交的图书馆知识空间建设
学术研讨会……………………………………（174）
《极花》…………………………………………（37）
“记录崇高精神，凝聚闪光力量”摄影展 ……（161）
纪念白登云110周年诞辰学术研讨会…………（75）
纪念卞祖善从艺55周年专场音乐会 …………（110）
纪念戴爱莲百年诞辰系列活动 …………………（120）
纪念丁玲逝世三十周年座谈会 …………………（50）
纪念高元钧100周年诞辰系列活动……………（86）
纪念关学曾逝世10周年专场演出 ……………（86）
纪念红军长征胜利80周年
军旅书家邀请展………………………………（155）
纪念红军长征胜利80周年
全军美术作品展览……………………………（146）
纪念红军长征胜利80周年文艺晚会 …………（25）
纪念红军长征胜利80周年音乐会 ……………（109）
纪念红军长征胜利80周年中央美院
“接力”系列展 ………………………………（148）
纪念红军长征胜利80周年专题研讨会 ………（33）
纪念红军长征胜利八十周年美术
作品创作展……………………………………（147）
纪念红军长征胜利八十周年
全国名家书画艺术大展………………………（147）
纪念刘立福暨青年评书演员
交流展演………………………………………（85）
纪念孙颖学术成果系列活动 …………………（120）
纪念汤显祖逝世400周年优秀
剧目展演………………………………………（74）
纪念天津美术学院办学110周年
教师作品展……………………………………（142）
纪念徐新音乐会…………………………………（109）
纪念中国工农红军长征胜利80周年
美术作品展……………………………………（147）
纪念中国共产党成立95周年全国书法
名家邀请展……………………………………（151）
纪念中国舞蹈史研究60年学术研讨会 ………（116）
纪念周巍峙100周年诞辰座谈会………………（109）
加快数字化建设…………………………………（197）
加拿大彩纸花剧团到京演出 ……………………（71）
加拿大炫光马戏工厂到京演出 …………………（90）
加拿大圆核CAVALIA剧团到京演出…………（90）
加强地方戏人才培养工作会议 …………………（66）
加强基层设施建设………………………………（197）
加强通州城市副中心文化设施建设 ……………（197）
加强文艺批评恳谈会……………………………（34）
“加强与改进文艺批评”专题研讨会 …………（32）
“甲骨文·悦读”公共图书馆开馆 ……………（172）
贾芝逝世…………………………………………（34）
《茧》……………………………………………（38）
《见证》…………………………………………（41）
“鉴古开今”——军旅书法家作品展…………（151）
江苏省国画院60年·中国画书法作品展 ……（140）
江苏优秀现代戏市场推广演出（北京站）……（70）
江新蓉逝世………………………………………（75）
交响套曲“为你唱歌”…………………………（94）
交响童话作品《奥当女孩》……………………（95）
胶东风情——烟台美术作品展…………………（138）
教育学院图书馆支持中小学生
综合实践课程…………………………………（182）
“街拍中国”2016年度摄影师群展 …………（162）
“截句诗丛”首发………………………………（44）
金台社区流动美术馆……………………………（124）
金雅琴逝世………………………………………（74）
近现代艺术大师油画作品展 ……………………（125）
京城古树记忆摄影展……………………………（159）
京都十五子摄影作品展…………………………（162）
京杭大运河再骑行刘世昭摄影展 ………………（161）
“京华墨韵”——第十八届北京书法
篆刻精品展……………………………………（152）
京津冀“非遗”藏品展示月 ……………………（28）
京津冀公共文化服务示范走廊发展
联盟首次联络员会议…………………………（22）
京津冀河北梆子名家名段演唱会 ………………（63）
京津冀群众精品文艺节目展演 …………………（201）
“京津冀三地同源唱曲艺”活动启动 …………（82）
京津冀声乐表演邀请赛…………………………（107）
京津冀图书馆发展合作研讨会 …………………（176）
京津冀文学期刊与创作主题论坛 ………………（53）
京津冀杂技精品节目展演………………………（90）
京津冀杂技精品节目展演研讨会 ………………（91）
京剧《大钊先生》………………………………（57）
京剧表演艺术家孙毓敏捐书仪式 ………………（181）
京剧名家名段演唱会……………………………（64）
“京什书缘”书法交流展………………………（154）
京台两社区网上联谊共度中秋 …………………（207）
京味儿图书英国巡展……………………………（45）
京演交响乐团建团大型交响音乐会 ……………（97）
“经典芭蕾三合一”晚会………………………（114）
“敬畏千年·房山石经”大型佛教
艺术音乐会……………………………………（98）
靖江市锡剧团进京演出…………………………（69）

“镜头中的朝阳·爱在朝阳”摄影展…………（160）
《九眼石》………………………………（40）
菊影戏剧研究中心………………………（56）
《剧荟·新原创歌剧咏叹调选辑》钢琴版唱片首发式……………………………（111）
“决胜十三五，全面建小康”全国征联活动…………………………（153）
君乡书院…………………………………（19）
骏隆文化艺术中心………………………（123）

K

《喀什噶尔》………………………………（37）
卡雷拉斯到京演出………………………（106）
开展首都市民系列文化活动……………（201）
“看·真的·印度”摄影作品展………（158）
“看山见雨”个人摄影作品展…………（160）
《空巢：乡村留守老人生活现状启示录》………（41）
《空色林澡屋》……………………………（39）
昆曲《孔子之入卫铭》…………………（57）
昆曲《怜香伴》…………………………（57）
《昆曲艺术大典》首发式在京举行……（77）

L

“蓝色国土　美丽河北”全国海洋摄影展………（168）
老甲大写意作品展………………………（127）
老舍作品展演……………………………（34）
黎巴嫩卡拉卡拉舞蹈团到京演出………（118）
李宝林八十艺术展………………………（132）
李克勤、容祖儿演唱会…………………（105）
李兰英逝世………………………………（170）
《李木的每一天》………………………（40）
李世济逝世………………………………（73）
李斯特逝世130周年纪念展……………（141）
李伟菘、李偲菘30周年作品音乐会……（104）
李延声艺术展……………………………（131）
李毓芳逝世………………………………（74）
李震坚艺术展……………………………（138）
理论征文助推全市群众文化发展………（207）
立陶宛OKT剧团到京演出………………（68）
立陶宛国家话剧院到京演出……………（71）
立陶宛维尔纽斯小剧院到京演出………（71）
栗原小卷到京演出………………………（72）
“敛步随音”中西室内乐新作品音乐会………（98）
“撩·动”巫文云个人影展……………（159）
林少忠逝世………………………………（170）
林忆莲个人演唱会………………………（106）
林奕华携新作进京演出…………………（72）
林毅凉山公益行摄影展…………………（167）
临沂市书画作品晋京展…………………（139）
铃木忠志携作品到京演出………………（72）
“领袖·人民”中国国家博物馆藏现代经典美术作品展…………………………（124）
刘白羽百年诞辰纪念座谈会……………（50）
刘德海琵琶讲座…………………………（110）
刘焕章雕塑艺术展………………………（132）
刘嘉楠摄影展……………………………（158）
刘兰芳、王印权夫妇收徒………………（86）
刘奇葆到国家图书馆调研………………（176）
刘玉泉花鸟画展…………………………（140）
刘运君山水画展…………………………（138）
刘长瑜收徒李晨…………………………（76）
刘震云获“影响中国”2016年度文化学者称号…………………………（50）
刘知白艺术展……………………………（147）
柳青百年诞辰纪念座谈会………………（50）
《柳青传》………………………………（41）
鲁迅135周年诞辰、逝世80周年座谈会……………………………（50）
鲁迅逝世80周年纪念展…………………（144）
“鲁迅文化遗产与当代中国”国际学术研讨会…………………………………（52）
鲁迅文学院第二十九届中青年作家高级研讨班…………………………………（53）
鲁迅文学院第二十六期少数民族文学创作培训班……………………………（54）
鲁迅文学院第二十七届少数民族文学创作培训班……………………………（54）
鲁迅文学院第二十三期少数民族文学创作培训班……………………………（53）
鲁迅文学院第二十四期少数民族文学创作培训班……………………………（53）
鲁迅文学院第二十五期少数民族文学创作培训班……………………………（53）
鲁迅文学院第九届网络文学作家培训班………（53）
鲁迅文学院第三十届中青年作家高级研讨班（儿童文学班）……………（54）
鲁迅文学院第三十一届中青年作家高级研讨班（诗歌班）……………（54）
鲁迅文学院举行散文创作论坛…………（52）
鲁院举行“群山合唱——新一代作家的锚定与塑形”研讨会……………（52）
罗大佑作品演唱会………………………（102）
罗工柳、郁风、彦涵、丁聪百年诞辰纪念座谈会…………………………（147）

罗工柳百年诞辰纪念展……………………………………(144)
罗红摄影艺术馆开馆……………………………………(157)
罗马尼亚儿童喜剧歌剧院到京演出 ……………(118)
罗志祥“疯狂世界”巡回演唱会 ………………(105)
《骡子》……………………………………………………(42)
“绿海家园　四季如歌”摄影创作精品展………(162)
“绿原仙境·巴彦淖尔”全国摄影大展…………(167)

M

马克思主义文艺理论与当代文艺
　实践座谈会……………………………………………(33)
马士达作品展……………………………………………(154)
马长礼逝世………………………………………………(75)
麦克·山下“一带一路”摄影展 ………………(167)
《麦子熟了》……………………………………………(39)
梅葆玖百日祭京剧交响音乐会 …………………(74)
梅葆玖逝世………………………………………………(73)
《梅兰芳全集》首发式在京举行 ………………(77)
《美国埃默里大学神学院图书馆藏
　中文古籍目录》发布座谈会……………………(175)
美国版《成语魔方》…………………………………(71)
美国保罗·泰勒舞现代舞团到京演出 ………(120)
美国管风琴演奏家卡彭特到京演出 …………(106)
美国洛杉矶演员班剧团到京演出 ……………(72)
《美国森林》……………………………………………(39)
美国詹妮弗·穆勒舞蹈团到京演出 …………(120)
“美丽的苍穹”星空摄影展…………………………(158)
“美丽的罗马尼亚”摄影展…………………………(169)
“美丽南方·广西”——中国美术作品展………(143)
“美丽厦门”当代美术作品进京展………………(138)
“美丽月季　美好家园”书画摄影巡展…………(202)
“美丽中国 幸福香港”——2016 香港
　美协会员展……………………………………………(140)
“美术馆的历史与未来趋势”国际
　学术研讨会……………………………………………(135)
门头沟原创作品交响音乐……………………………(99)
“咪咕音乐·音为青春”中国大学音乐
　超级联赛………………………………………………(106)
民间戏剧社团骨干人才培训 ……………………(76)
“民族管弦乐作品创作与研究”结项演出……(99)
“民族记忆　精神家园”——国家珍贵
　古籍特展………………………………………………(185)
《民族文学》2015 年度奖 …………………………(47)
民族舞剧《太平鼓声声》……………………………(114)
民族舞剧《太阳的女儿》进京演出 …………(119)
闽籍艺术名家书画（北京）邀请展 …………(138)
“明于古今”——书法博士九人学术展…………(151)
《命悬一丝》……………………………………………(39)
摩纳哥蒙特卡洛芭蕾舞团到京演出 …………(120)
魔幻诗剧《从前有个山》……………………………(95)
《陌上》…………………………………………………(38)
《母语》…………………………………………………(40)
木偶剧《红军的战马》………………………………(62)
木偶剧《熊猫和小鼹鼠》……………………………(62)

N

《纳西族现当代作家作品选集》丛书出版
　发布会…………………………………………………(45)
“南北魔术之道”——魔术的传承与
　时代研讨会……………………………………………(91)
南部战区陆军战士杂技团进京演出 …………(91)
南方歌舞团进京演出…………………………………(104)
南方戏曲演出季………………………………………(65)
“南极日记”纪实摄影个展………………………(160)
南京市话剧团进京演出………………………………(69)
南水北调中线工程摄影展……………………………(168)
内蒙古民族艺术剧院进京演出 ………………(72)
“你好丰台”摄影展…………………………………(158)
《你可以做无数道小菜，也可以只做
　一道大菜》……………………………………………(41)
宁德市畲族歌舞团进京演出 ……………………(119)
宁夏回族自治区演艺集团歌舞剧院进京演出……(119)
宁夏演艺集团话剧院进京演出 ………………(68)
“农民工·我的兄弟姐妹”摄影展……………(169)
“诺贝尔之夜”文学沙龙 …………………………(45)
女科幻作家郝景芳入围雨果奖 ………………(48)
“女人的房间”摄影展………………………………(168)
《女司机》………………………………………………(39)

P

佩德罗·梅耶尔的摄影作品展 ………………(168)
《朋霍费尔从五楼纵身一跃》……………………(40)
彭斯绘画展………………………………………………(129)
彭松逝世…………………………………………………(120)
平谷第八届上元雅集“友谊奖”书法展 ……(150)
《普通高校图书馆规程（修订）》解读暨
　“教育部高校图书馆事实数据库系统”
　培训会…………………………………………………(189)

Q

《七号工作室》………………………………………(41)
启动首都公共文化服务示范区创建工作 ……(197)

千名基层文化骨干培训工程……………………（207）
《阡陌家园》专场晚会……………………………（114）
"前海学派与中国戏曲"学术研讨会……………（75）
钱穆版《中国文学史》研讨暨新书发布会……（44）
黔东南州歌舞团进京演出…………………………（120）
秦宣夫110周年诞辰专题展………………………（146）
青岛市京剧院进京演出……………………………（71）
青岛演艺集团进京演出……………………………（118）
青年纪实摄影师联展………………………………（162）
青年京剧演员挑战赛颁奖…………………………（68）
青少年戏剧教育研讨会……………………………（75）
"青少年中华传统文化教育基地"授牌仪式……（172）
青铜葵花儿童小说奖………………………………（47）
轻舞剧《26分贝》…………………………………（113）
轻型文化民俗庙会…………………………………（203）
清华大学世界文学与文化研究院…………………（43）
清华大学图书馆举办北馆（李文正馆）
　开馆典礼…………………………………………（189）
清华大学文化创意发展研究院……………………（20）
清华大学艺术博物馆………………………………（123）
《蜻蜓眼》…………………………………………（37）
"情系雪域高原"摄影作品展……………………（160）
庆祝中国共产党成立95周年"一带一路"
　主题民间工艺美术展……………………………（128）
庆祝中国共产党成立95周年
　美术作品展览……………………………………（146）
庆祝中国共产党成立95周年全国
　美术作品展………………………………………（128）
庆祝中国共产党成立95周年全国
　美术作品展………………………………………（145）
庆祝中国共产党成立95周年摄影展……………（160）
庆祝中国共产党成立95周年音乐会……………（109）
区域联盟建设研讨会暨2016年北京地区
　高校图书馆馆长交流会…………………………（173）
全国党校系统图书馆工作会议……………………（174）
全国电力环保主题摄影大展………………………（158）
全国高校"中国音乐国际教育与文化传播
　人才建设"联席会………………………………（103）
全国古籍普查登记工作调研会议…………………（175）
全国基层院团戏曲会演……………………………（64）
全国建筑院校情报网第二十八届年会……………（176）
全国企业书法美术摄影精品展……………………（202）
全国少儿美术优秀作品汇报展……………………（128）
全球化视野下的舞台艺术发展活动………………（32）
群声曲艺团成立15周年庆典演出………………（80）
群众摄影文化活动作品展…………………………（202）
群众文化组织员建设………………………………（197）
群众文艺创作成果丰硕……………………………（201）

R

"人民形象·中国精神"中国艺术研究院
　艺术创作大展……………………………………（128）
任继愈百年诞辰纪念活动…………………………（190）
日本丸善雄松堂株式会社代表团访问
　首都图书馆………………………………………（187）
荣宝斋藏近现代名家楹联作品展…………………（151）
荣宝斋中国画双年展2016………………………（128）
容珍堂美术馆………………………………………（123）
《软埋》……………………………………………（38）

S

三高文化专项基金…………………………………（93）
三庆园复建重张……………………………………（56）
《三色玫瑰》………………………………………（40）
散文集《去年天气旧亭台》………………………（42）
散文集《人生记忆》………………………………（42）
"沙出重维"演唱会………………………………（100）
山东梆子进京演出…………………………………（71）
山东东营雪莲大剧院进京演出……………………（71）
山东日照旅游风光摄影展…………………………（167）
陕西府谷赵勇摄影作品晋京展……………………（169）
陕西人民艺术剧院进京演出………………………（69）
上海京剧院进京演出………………………………（72）
"上海三部曲"进京演出…………………………（70）
上海现代人剧社进京演出…………………………（68）
上海越剧院2016年新剧目北京展演……………（70）
社会主义核心价值观少儿声乐套曲发布…………（98）
摄影画册《荷花四部曲》出版……………………（171）
摄影家眼中的澳门摄影图片展……………………（166）
"摄影家银行卡"发行……………………………（164）
摄影译文研讨会……………………………………（165）
"摄影之外"——中青年人才培训班……………（165）
申万胜向中国人民革命军事博物馆
　捐赠书法作品……………………………………（155）
"深入生活、扎根人民"文艺创作成果
　展演舞蹈专场……………………………………（114）
"深入生活、扎根人民"主题实践活
　成果摄影展………………………………………（161）
深圳市福田区公共文化体育发展中心
　进京演出…………………………………………（70）
沈启鹏绘画六十年回顾展…………………………（139）
沈延太摄影艺术纪念展……………………………（171）
沈阳书画院写生创作精品特展……………………（139）
沈尧伊《地球的红飘带》连环画
　原作研究展………………………………………（129）

沈尧伊作品十年汇选（2005—2015）展………（145）
“生于80年代”——卢北峰摄影展………………（159）
圣彼得堡国立戏剧学院到京演出…………………（69）
诗集《疼痛》………………………………………（42）
《诗刊》2015年度陈子昂诗歌奖…………………（47）
“诗意的流动”——中国铁路美术作品展………（132）
十月文学院…………………………………………（43）
实验戏《追梦人》…………………………………（60）
史民峰摄影艺术作品展……………………………（161）
《世间已无陈金芳》………………………………（38）
世界视野中的中国儿童文学学术论坛……………（52）
世界文学的互译专家交流会………………………（52）
“世界在门外闪光”系列诗歌音乐会……………（101）
“市民学习计划”主题活动………………………（178）
市文联组织首都艺术家开展元旦、
　春节文化慰问活动………………………………（199）
市直机关第四届文化艺术节………………………（200）
“视觉档案古都卷之北京”摄影
　设计交流展………………………………………（161）
首都老干部歌咏大会………………………………（200）
首都摄影志愿者走进丰台摄影志愿活动…………（163）
首都市民合唱周系列活动…………………………（200）
首都书画家到马驹桥写春联送福字………………（198）
首都图书馆荣获“全国科普教育基地
　（2015—2019）”称号…………………………（187）
首都图书馆移动版官网正式上线…………………（183）
首都文艺家创作采风作品展………………………（27）
首都艺术家赴内蒙古交流…………………………（31）
首都艺术家赴西藏交流……………………………（31）
首都艺术家赴新疆交流……………………………（31）
首届北京大学“数字人文论坛”…………………（177）
首届北京街道市民摄影大展………………………（163）
首届国际学院版画联盟邀请展……………………（130）
首届海峡两岸新锐作家好书奖……………………（48）
首届龙都书画名家进京作品交流展………………（137）
首届龙榆生韵文学奖………………………………（50）
首届青年报告文学理论家研讨会…………………（51）
首届全国残疾人书画展……………………………（134）
首届全国传记文学创作会…………………………（52）
首届全国少儿皮影传习成果展演…………………（66）
首届全国中青年网络文艺人才研修班……………（30）
首届少儿环保公益绘画大赛………………………（136）
首届摄影曙光学校青少年摄影教育研讨会………（163）
首届舞蹈美育研讨会………………………………（116）
首届艺术产业园区发展论坛………………………（32）
首届中国历史名园摄影作品展……………………（159）
首届中国美术馆收藏青年美术作品展……………（129）
首届中国民族影像志摄影大展……………………（162）
首图“梦回临川四百年——汤显祖
　戏曲文献展”……………………………………（186）
首图“我的数字生活”2016年数字
　资源主题展………………………………………（186）
首图“中华美德少年行——家风故事
　宣讲活动”………………………………………（179）
“首图动漫在线”推出《幸福四合院之
　京味儿趣玩》……………………………………（182）
首图历史文献阅览室恢复开放……………………（183）
首图少儿馆重新开放………………………………（183）
首图引进“OverDrive赛阅数字图书馆”………（182）
“书香·传爱”名家进校园活动在北京
　启喑实验学校举办………………………………（204）
“书香首图　悦读阅美”中小学校外实践活动……（180）
“书香溢我家”家庭情景剧比赛…………………（180）
“书心舒怀”——书法楹联名家邀请展…………（151）
“数据驱动知识发现：情报学与数据科学的
　交互与融汇”国际研讨会………………………（174）
双城皮影艺人进京演出……………………………（72）
“水立方杯”海外华裔青少年中文歌曲大赛……（107）
水利老摄影家协会…………………………………（156）
“说说摄影收藏的事儿”艺术沙龙………………（164）
司徒安雕塑绘画艺术展……………………………（142）
丝绸之路国际剧院联盟……………………………（20）
丝绸之路国际剧院联盟……………………………（57）
“丝路新语——我们新疆好地方”
　美术作品展………………………………………（141）
“丝路之梦”——兰州美术作品展………………（139）
四川省歌舞剧院进京演出…………………………（118）
四川省遂宁杂技团进京演出………………………（91）
送欢乐下基层慰问笔会……………………………（152）
苏民逝世……………………………………………（74）
苏州吴中区评弹团进京演出………………………（84）
宿州市演艺集团进京演出…………………………（70）
“岁月流歌”演唱会………………………………（100）
孙浩水墨作品展……………………………………（130）
孙路坦培拉绘画作品展……………………………（126）
孙毓敏、赵葆秀、叶金援举办
　集体收徒仪式……………………………………（76）
“孙中山与华侨华人”主题图片展………………（162）
孙滋溪逝世…………………………………………（145）
孙滋溪艺术展………………………………………（126）
索尔蒂中国大师班…………………………………（110）
索尼世界摄影大赛获奖作品展……………………（168）

T

《她们》……………………………………………（38）

台湾蟲舞剧场进京演出…………………………（120）
“台湾灯会”旅行摄影展………………………（166）
台湾舞蹈家许芳宜进京演出 …………………（120）
台湾戏剧表演家剧团进京演出 ………………（ 68 ）
台湾戏曲学院暑期杂技研习班 ………………（ 90 ）
台湾学子暑期在首图……………………………（188）
台州乱弹剧团进京演出…………………………（ 68 ）
太阳花儿童舞台艺术联盟………………………（ 56 ）
太原市晋剧艺术研究院进京演出 ……………（ 68 ）
“谭盾音乐桥·经典影乐”交响音乐会 ………（102）
谭权书捐赠作品展………………………………（133）
“汤显祖在今天”研讨会………………………（ 73 ）
《疼痛的农村——“越南媳妇”
出逃背后调查》………………………………（ 42 ）
天津法官进京演话剧……………………………（ 69 ）
“天津——京剧艺术的重镇”展览 ……………（ 76 ）
天津人物画发展研讨会…………………………（135）
“天路雪之旅·雪场乐之行”
摄影交流活动 …………………………………（166）
天桥·华人春天艺术节…………………………（ 23 ）
天水市西秦腔研究院进京演出 ………………（ 69 ）
田间百年诞辰纪念座谈会………………………（ 51 ）
田世光百年诞辰纪念展…………………………（146）
田战义收徒………………………………………（ 86 ）
铁娘子乐队到京演出……………………………（105）
童心摄影俱乐部…………………………………（156）
“童心向党”歌咏活动优秀节目展览 …………（204）
图像·画意：当代工笔画学术邀请展 …………（133）
推动京津冀公共文化协同发展 ………………（201）
推动信息服务发展创新高层论坛 ……………（177）
推进京津冀社区文化协同发展
座谈交流活动…………………………………（ 33 ）
推进示范志愿项目………………………………（201）
托克托县乌兰牧骑进京演出 …………………（ 70 ）

W

完成第二批国家公共文化服务
体系示范区（项目）的验收工作……………（197）
“万卷河山”中国美术馆“典藏活化”
系列展…………………………………………（124）
王冬龄书法艺术展………………………………（154）
王和声从艺 45 周年纪念音乐会 ………………（108）
王建中艺术作品展………………………………（133）
王界山画展………………………………………（133）
王金璐逝世………………………………………（ 73 ）
王念堂期颐书法展………………………………（150）
王宁摄影作品展…………………………………（160）
王琦逝世…………………………………………（148）
王庆淮山水画作品展……………………………（143）
王彦斌摄影艺术作品展…………………………（162）
网络文学版权保护研讨会………………………（ 51 ）
《望春风》………………………………………（ 38 ）
威廉·埃格斯顿摄影作品展 …………………（168）
威尼斯与威尼斯画派展…………………………（138）
韦江凡逝世………………………………………（145）
韦江凡作品展……………………………………（127）
“文传榜·2015”………………………………（ 30 ）
文化部老年大学民乐队专场音乐会 …………（200）
文化部老艺术家赴北京房山送演出 …………（198）
文化市场经营单位………………………………（ 21 ）
“文化中国·森茂杯”2016 全国优秀书法
作品展评选活动………………………………（153）
“文津经典诵读”诗歌吟诵会 …………………（178）
《文艺理论与批评》创刊 30 周年
纪念研讨会……………………………………（ 34 ）
闻立鹏油画艺术展………………………………（126）
“我的嘉陵江”摄影展 …………………………（169）
“我看见的世界”摄影作品展 …………………（159）
“我们的中国梦，文化进万家”
舞蹈教学成果展示……………………………（198）
“我们的中国梦，文化进万家”
舞蹈教学成果展示……………………………（207）
吴大羽作品展……………………………………（142）
吴桂苓逝世………………………………………（ 74 ）
吴颂今作品音乐会………………………………（101）
吴素秋逝世………………………………………（ 74 ）
吴休作品展………………………………………（126）
吴裕泰第六届新春茶文化庙会 ………………（203）
吴岳林高胡交响音乐会…………………………（104）
吴钊“古琴正韵”音乐会………………………（ 97 ）
伍必端艺术研究展………………………………（130）
武汉楚剧院进京演出……………………………（ 72 ）
武汉歌舞剧院进京演出…………………………（104）
舞蹈《UNKNOWN 未·知》…………………（113）
舞蹈《以爱之名》………………………………（113）
舞蹈剧场《唐诗逸舞》…………………………（114）
舞蹈诗《长征——向 80 年前的
壮举深深鞠躬》………………………………（114）
舞蹈作品集《沉香Ⅲ》舞蹈专场演出 …………（115）
“舞动北京”全民广场舞大赛 …………………（205）
舞剧《方圆》……………………………………（113）
舞剧《九死一生·长征》………………………（113）
舞剧《兰花花》…………………………………（113）
舞剧《七尺》……………………………………（114）
舞剧《丝路长城》………………………………（113）

舞剧《悟空》……………………………………………(113)
舞剧《遥遥南水》………………………………………(114)
舞剧《英雄·玛纳斯》进京演出 ………………………(119)
舞剧《昭君出塞》………………………………………(113)
舞台剧《左耳》…………………………………………(58)

X

西安话剧有限责任公司进京演出 ………………………(70)
西安美术学院版画系教师作品展 ………………………(137)
西安演艺集团歌舞剧院进京演出 ………………………(118)
西安演艺集团进京演出…………………………………(71)
西班牙玛利亚·佩姬舞蹈团到京演出 …………………(118)
西方音乐巨匠手稿展……………………………………(96)
习近平在中国文联十大、中国作协九大
　开幕式上发表讲话……………………………………(22)
喜迎 G20·西泠印社文化艺术系列活动………………(154)
戏曲评论高级研修班……………………………………(76)
戏曲艺术人才培养“千人计划”第一期
　高级研修班……………………………………………(76)
“戏韵丹青”——戏画八名家作品展……………………(125)
献给孩子们的歌剧音乐会………………………………(98)
“乡土中国”摄影艺术大展 ……………………………(159)
乡音版《临川四梦》进京演出 …………………………(72)
相声《不让说》…………………………………………(80)
相声《我知道》…………………………………………(80)
相声《新与旧》…………………………………………(79)
香港春天实验剧团进京演出 ……………………………(69)
香港导演林奕华携其作品进京演出 ……………………(105)
香港舞蹈总会到京演出…………………………………(119)
“湘戏进京”展演 ………………………………………(71)
“祥泰之州”书画作品展 ………………………………(141)
“向党汇报”——纪念中国共产党成立
　95 周年优秀曲艺节目展演 …………………………(80)
“向人民汇报”音乐会 …………………………………(103)
萧朗书画艺术展…………………………………………(146)
“小不点大视界”微剧场进京演出 ……………………(70)
小剧场话剧《催眠》……………………………………(59)
小剧场话剧《罗刹国》…………………………………(62)
小剧场话剧《人间童话》………………………………(60)
小剧场话剧《特殊病房》………………………………(58)
小剧场话剧《长子》……………………………………(60)
小剧场京剧《明朝那点事儿——审头刺汤》…………(58)
小剧场戏剧专业委员会…………………………………(56)
《小心》…………………………………………………(40)
协同推进京津冀文艺事业创新发展培训班 ……………(29)
谢云书画艺术展…………………………………………(150)
“心有榜样”讲故事比赛 ………………………………(180)
“心智与图式”绘画作品展 ……………………………(142)
新疆生产建设兵团歌舞剧团进京演出 …………………(119)
新文艺组织及非京籍、体制外文艺
　工作者座谈会…………………………………………(33)
新修订的《北京市惠民低价票演出补贴
　项目管理办法》正式执行……………………………(21)
新中国美术家系列——福建省国画作品展……………(140)
新中国美术家系列——黑龙江省
　国画作品展……………………………………………(140)
新中国美术家系列——山东省国
　画作品展………………………………………………(141)
“薪火相传”系列剧目展演 ……………………………(65)
《星期二咖啡馆》………………………………………(40)
“行走·发现”摄影作品展 ……………………………(157)
“兄弟本色”组合演唱会 ………………………………(104)
徐佳莹个人演唱会………………………………………(105)
徐培晨百猴迎春展………………………………………(136)
徐竹初木偶雕刻作品捐赠展 ……………………………(137)
许俊中国画展……………………………………………(131)
宣南书馆迁址重张………………………………………(81)
玄一书道展暨崔学路书法展 ……………………………(150)
悬疑话剧《判你有罪》…………………………………(59)
学生版音乐剧《妈妈咪呀！》…………………………(198)
“寻光觅影　聚焦颐和”摄影展 ………………………(160)
《寻找张展》……………………………………………(38)

Y

乐队首席与声部首席人才培养项目 ……………………(110)
乐泉向中国美术馆捐赠书法作品 ………………………(155)
《压数量提质量力推精品——聚焦全国性
　文艺评奖改革》………………………………………(32)
亚瑟·鲁宾斯坦国际青少年钢琴比赛 …………………(107)
延边歌舞团进京演出……………………………………(119)
言恭达向中国人民革命军事博物馆
　捐赠书法作品…………………………………………(155)
阎肃歌词作品合唱音乐会………………………………(96)
阎肃逝世…………………………………………………(108)
彦涵百年诞辰纪念展……………………………………(146)
燕守平收徒梁秀秀………………………………………(76)
燕守平收徒王媛媛………………………………………(76)
阳光地带书画十人展……………………………………(126)
杨绛逝世…………………………………………………(50)
杨晓阳美术作品展………………………………………(133)
杨振宁夫妇向中国美术馆捐赠熊秉明的
　雕塑作品………………………………………………(144)
姚鸣京艺术展……………………………………………(126)
姚钟华绘画艺术展………………………………………(142)

摇滚30年吉歌之声北京巡回演唱会…………（97）
野马马头琴乐团成立30周年
庆典音乐会……………………………………（105）
叶广芩京味文学创作研讨会…………………（53）
叶小纲作品专场音乐会………………………（96）
《一百元》……………………………………（40）
《一个记者的九年长征》……………………（42）
颐和园文化创意产品展………………………（22）
以色列巴切瓦舞团到京演出…………………（120）
以色列哈比玛国家剧院到京演出……………（69）
《义乌之囚》…………………………………（39）
“艺海同舟”——港澳台鲁首届名家邀请展
（北京站）……………………………………（144）
艺术家为大栅栏居民写春联…………………（198）
“艺术民族志的书写”学术研讨会…………（34）
意大利19世纪末—20世纪初绘画精品展……（140）
“意象·净土”音乐会………………………（99）
音乐剧《布莱梅乐队》………………………（94）
音乐剧《虎妈猫爸》…………………………（93）
音乐剧《马达加斯加》到京演出……………（105）
音乐剧《墨·海》……………………………（95）
音乐剧《天堂树》……………………………（95）
音乐剧《小公主》……………………………（95）
音乐剧《音乐之声》中文版…………………（94）
音乐剧《犹太人在上海》进京演出…………（105）
尹永宏乡村人文纪实摄影展…………………（169）
引汉济渭摄影与水文化思考研讨会…………（163）
《隐形者》首发式……………………………（43）
印度作曲家作品音乐会………………………（101）
英国“STOMP打击乐团”到京演出…………（105）
英国NBT芭蕾舞团到京演出…………………（118）
英国TNT剧院到京演出………………………（69）
英国壁虎剧团到京演出………………………（68）
英国冰雪夏洛特剧团到京演出………………（72）
英国皇家爱乐乐团到京演出…………………（106）
英国皇家莎士比亚剧团到京演出……………（68）
英国新冒险舞团到京演出……………………（119）
“迎丙申猴年”——楹联书法展……………（150）
“影观达茂”新书发布………………………（171）
“影像北京”——纪念长征胜利80周年
书法、美术、摄影作品展……………………（203）
“用音乐点亮人生”慈善音乐会……………（97）
“优美遂宁 ‘三城’魅力”摄影展………（166）
于源春琵琶独奏音乐会………………………（96）
余隆入选美国艺术与科学学院院士…………（105）
语言杂技剧《北京》…………………………（88）
袁世海100周年诞辰系列活动………………（73）
袁武水墨人物画展……………………………（129）
“悦读阅美”——2015年请读书目主题展……（185）
越南摄影绘画作品展…………………………（31）
粤剧《魂牵珠玑巷》惠民巡演（北京站）……（70）
《云柜》………………………………………（39）
“云南怒江生物多样性”摄影展……………（169）

Z

藏族舞者白玛次仁进京演出…………………（119）
杂技创作人才培养培训班结项汇报展演………（89）
杂技舞台剧《熊猫当家》……………………（88）
杂技音乐剧《新鹊桥会》进京演出…………（90）
再遇芥子园——《芥子园画传》
与当代名家对话展……………………………（187）
“在水一方”经典老歌专场音乐会…………（100）
曾成钢中华民族大团结主题雕塑
创作观摩展……………………………………（126）
张德林书法展…………………………………（154）
张家口戏曲艺术研究院进京演出……………（32）
张江舟、罗伯特·哈特曼艺术交流展………（137）
张杰世界巡回演唱会…………………………（105）
张君秋京剧艺术研究会………………………（56）
张藜逝世………………………………………（108）
张凭艺术回顾展………………………………（126）
张伟民花鸟画展………………………………（142）
张印泉摄影研讨会……………………………（165）
张仲亭书国学经典作品展……………………（153）
张重庆油画艺术展……………………………（131）
章红艳大仓正之助琵琶·鼓音乐会…………（106）
章回鼓书《古城暗战》………………………（79）
章祖安书法展…………………………………（154）
赵沨百年诞辰纪念学术活动…………………（110）
赵梁ART“东方灵欲三部曲”分享推荐会……（116）
赵羡藻摄影艺术展……………………………（167）
赵绪成水墨艺术展……………………………（141）
赵燕侠收徒朱虹、熊明霞……………………（76）
郑佩佩进京演出………………………………（69）
《直立行走》…………………………………（38）
《智库理论与实践》创刊……………………（191）
中奥文学交流报告会…………………………（51）
“中唱优秀音乐家出版基金项目”系列
专辑出版发布会………………………………（110）
中俄彼此最具影响的十部文学作品评选………（48）
中国报业书法展………………………………（202）
中国抽象艺术研究展…………………………（125）
中国大众文化学会第四次全国会员代表大会……（26）
中国大众文化学会书画院……………………（123）
中国当代工艺美术双年展……………………（128）

中国地质图书馆……………………………………（190）
中国儿童文学研究会召开研讨会
　暨换届大会……………………………………（46）
中国儿童艺术剧院庆祝建院60周年……………（73）
中国歌剧舞剧院举办公益慰问演出……………（115）
中国歌剧舞剧院舞剧团60周年
　团庆系列活动…………………………………（116）
中国工商银行首届书法美术摄影展……………（202）
《中国公共艺术年鉴（2015）》……………………（35）
中国古建筑摄影展………………………………（158）
"中国故事"音乐会………………………………（97）
中国国家博物馆获捐蒋兆和油画
　《蒋光鼐像》……………………………………（144）
中国国家画院成立多个画种的研究机构………（136）
中国国家画院青年画院中国画作品展…………（129）
中国国家话剧院赴台演出………………………（71）
中国国家交响乐团团庆六十周年
　系列音乐会……………………………………（109）
中国国家图书馆与日本国立国会图书馆
　举行第35次业务交流活动……………………（188）
"中国好风光"全国摄影大展……………………（167）
《中国好诗·第二季》丛书………………………（42）
中国合唱协会成立30周年座谈会………………（109）
《中国话剧艺术史》出版…………………………（76）
中国绘画发展百年之路研讨会…………………（136）
中国京剧优秀青年演员研究生班20周年
　系列活动………………………………………（66）
中国京族高脚罾暨广西防城港民族
　文化进京展演…………………………………（32）
"中国精神·中国梦——美丽乡村行"
　写生采风作品展………………………………（127）
"中国科讯"APP公开试用………………………（182）
中国乐谷·华东乐库乐器城……………………（93）
中国美术馆藏连环画原作精品展………………（127）
中国美术馆馆藏杨之光作品陈列展……………（145）
中国美术国际交流公益基金设立………………（135）
"中国梦·翰墨朝阳"第二届全国书法大赛……（153）
"中国梦·劳动美"第三届全国
　职工摄影书画展………………………………（203）
中国民间文艺家协会民族音乐文化
　产业研究委员会………………………………（93）
中国民协第九次全国代表大会…………………（24）
中国民族歌剧传承发展座谈会…………………（107）
中国民族古籍再生保护成果展…………………（185）
中国民族图书馆获赠"第三届向全国
　推荐百种优秀民族图书"………………………（181）
中国—南亚图书馆管理与服务高级研修班……（190）
中国女性图书馆…………………………………（191）
中国皮影艺术委员会……………………………（56）
中国汽车图书馆正式揭牌成立…………………（173）
中国青年男高音声乐大赛………………………（107）
中国曲协艺术团访问韩国………………………（84）
中国曲协志愿服务团赴赤水演出………………（84）
中国人民抗日战争纪念馆获赠
　《重读抗战家书》书法作品……………………（155）
中国少数民族典籍文化展………………………（185）
中国少数民族精品音乐会"湘桂琼"……………（102）
中国摄影大师齐观山影像遗珍展
　启动仪式………………………………………（169）
中国摄影留学生学术研讨会暨作品展…………（165）
中国笙文化国际艺术节…………………………（101）
中国诗歌对外翻译与传播国际高层论坛………（51）
中国诗歌万里行走进首发集团活动……………（45）
中国陶瓷艺术发展基金创作基地揭牌…………（135）
中国童书博览会童书榜发布……………………（48）
中国图书馆学会高职院校图书馆分会成立……（172）
中国文化网上线…………………………………（35）
中国文化中心数字图书馆上线…………………（184）
中国文联第二期少数民族地区文艺骨干
　（藏族地区）研修班……………………………（29）
中国文联第三期少数民族地区文艺骨干
　（新疆地区）研修班……………………………（29）
中国文联第十次全国代表大会…………………（26）
中国文联老同志书法美术摄影作品展…………（27）
中国文联文艺工作者职业道德建设委员会……（20）
中国文联文艺工作者职业道德建设委员会……（43）
中国文联文艺志愿服务团到房山慰问演出……（200）
中国文学艺术界2016春节大联欢………………（23）
中国文艺评论家协会曲艺杂技艺术委员会……（88）
中国文艺评论家协会新设立
　4个专业委员会…………………………………（20）
中国文艺评论家协会艺术产业研究委员会……（19）
中国舞蹈考级10周年教学成果展演……………（200）
中国舞蹈考级10周年全国教学成果展演………（207）
中国现代书法30年学术研讨会…………………（155）
"中国写意——来自中国美术馆的艺术"
　墨西哥展………………………………………（142）
"中国写意——来自中国美术馆的展览"
　法国展…………………………………………（140）
中国写意油画学派名家研究展…………………（138）
《中国新古体诗选》首发式………………………（45）
中国新诗百年与翻译主题对谈…………………（53）
《中国岩画（中英文）》期刊创刊推介会…………（135）
中国演出行业协会艺术普及教育委员会………（20）
"中国演艺走出去"品牌译介与传播
　高级研修班……………………………………（30）

《中国野人》……（40）
中国艺术研究院工笔画精品展……（124）
中国艺术研究院曲艺研究所成立30周年
学术座谈会……（86）
中国艺术研究院艺术创作大展……（27）
中国艺术研究院中国雕塑院建院九周年
雕塑展……（127）
中国艺术研究院中青年艺术家系列展……（129）
中国艺术研究院著名艺术家系列
精品捐赠展……（26）
中国艺术职业教育学会社会艺术教育
机构工作委员会……（19）
中国音乐学院国乐节系列活动……（104）
中国油画艺术国际巡展……（140）
中国油画艺术国际巡展归国汇报展
暨2016中国国家画院年展油画院展……（132）
中国豫剧优秀剧目北京展演月……（69）
《中国杂技　国内叫座　国际叫好》……（91）
中国杂协第七届理事会第二次会议……（89）
中国照相馆进京60年图片展……（161）
中国自然之声油画艺术研究院第二届
中国风景油画邀请展……（124）
中国作家馆开馆……（44）
中国作家协会第八届主席团第九次会议……（46）
中国作家协会第九次全国代表大会……（46）
中国作协向北京师范大学图书馆捐赠图书……（181）
中国作协向北师大捐赠图书……（43）
中韩书法研讨交流会……（154）
“中华传统文化百部经典”编纂全面启动……（189）
《中华传统文化经典百篇》……（35）
《中华古籍保护计划“十三五”
时期规划纲要》编制审议会议……（173）
中华民族大团结全国美术作品展……（125）
中华曲艺海外行巴拿马站演出……（83）
中华曲艺海外行赴西班牙演出……（84）
中华曲艺情港澳展演·香港站……（85）
《中华曲艺艺谚艺诀和专业术语》
编写启动……（81）
中华史诗美术大展……（133）
“中华水塔·三江源国家公园生态保护成果”
摄影展……（169）
中华诵读大赛颁奖……（49）
中华文化促进会文化产权市场协作体……（20）
中科院举办“科技组歌”音乐会……（201）
中科院科技论文预发布平台……（183）
中美欧爵士名家音乐会……（99）
中美汽车文化摄影展……（167）
中篇小说集《北京往事》……（38）
中图学会公共图书馆分会2016年工作会议……（175）
中央芭蕾舞团版芭蕾舞剧《舞姬》……（113）
中央财经大学沙河校区图书馆开馆试运行……（188）
中央国家机关干部职工文艺会演……（201）
中央国家机关举办第四届
职工书画摄影展……（202）
中央军委慰问驻京部队老干部
迎新春文艺演出……（202）
中央民族大学音乐学院教师作品音乐会……（103）
中央民族歌舞团2016冬季欢乐周……（116）
中央企业书法专业委员会……（149）
中央戏剧学院舞剧系舞剧剧目专场演出……（115）
中央音乐学院国际室内乐音乐节……（103）
中原风·河南省书法美术摄影
作品晋京展……（31）
周笔畅个人摄影展……（170）
周东朝从艺48年唢呐作品音乐会……（110）
周逢俊中国画展……（137）
周华健巡回演唱会……（106）
周巍峙百年诞辰音乐会……（110）
周正逝世……（73）
周中耀工笔画艺术展……（137）
朱立人逝世……（121）
朱韬独唱音乐会……（101）
朱宪民摄影作品展……（157）
朱奕龙向中国美术馆捐赠于右任书法作品……（155）
祝大年百年诞辰纪念展……（146）
“追梦之旅”张海书法展……（150）
“追逐梦想·光彩绽放”合唱音乐会……（204）
自闭症儿童公益摄影展……（158）
邹佩珠纪念展……（145）
“走出边缘”——中国女性艺术发展
研究文献展……（27）
“走向自由”——古元艺术的内在精神展……（128）
最高人民法院数字图书馆上线……（184）
“最后的村庄”展览……（26）
“最美环卫人”——2016年北京文化志愿者
主题摄影展……（203）
“坐上贝格尔号，驶向书中的博物世界”
主题展览……（186）